2026년 표준지공시지가
조사·평가 업무요령

국토교통부. 한국부동산원

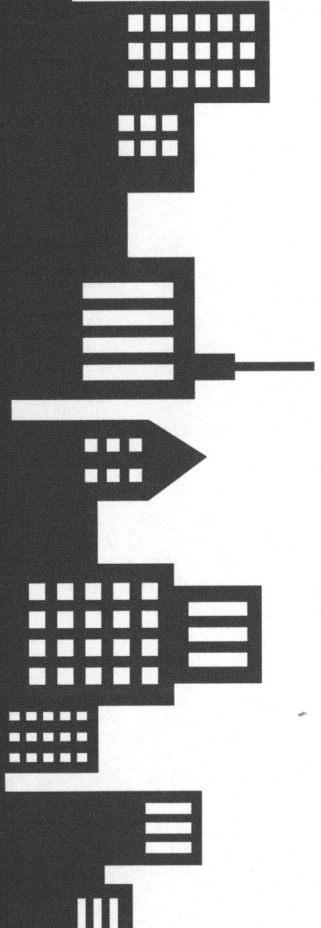

목 차 _ Contents

Ⅰ. 표준지공시지가 조사·평가 계획 ·· 7
   1. 표준지공시지가 조사·평가의 개요 ·· 9
   2. 표준지공시지가 조사·평가지역의 구분 ··· 10
   3. 2026년 표준지공시지가 조사·평가 추진일정 ································ 11
   4. 2026년 표준지공시지가 조사·평가의 기본방침 ···························· 15

Ⅱ. 표준지공시지가 조사·평가 단계별 업무사항 ································ 19
   1. 표준지공시지가 조사·평가 교육의 실시 ······································ 21
   2. 현 장 조 사 ·· 23
   3. 표준지의 선정 및 표준지 수 조정 ·· 28
   4. 표준지의 가격결정 ··· 32
   5. 표준지 조사·평가보고서의 제출 ··· 32
   6. 행정지도사항 ·· 33

Ⅲ. 조사·평가 업무단계별 제출보고서 ·· 35

Ⅳ. 표준지 토지특성 조사요령 ··· 39
   1. 토지특성 조사의 의의 ·· 41
   2. 토지특성 조사요령 ··· 41
   3. 토지특성 조사 및 가격평가 시 유의사항 ··································· 116
   4. 일단지의 평가 ·· 126
   5. 전통시장의 조사 ·· 130

Ⅴ. 표준지의 수익가격 평가기준 ··· 131
   1. 표준지의 수익가격평가 운용기준 ··· 133
   2. 표준지의 수익가격 평가모형 ·· 144
   3. 임대동향표본 등을 활용한 수익가격 산출 의무화 범위 ··········· 153

목 차 _Contents

VI. 가격균형협의 ……………………………………………… 155
1. 가격균형협의 개요 ………………………………………… 157
2. 공시가격 시장분석회의 …………………………………… 160
3. 특수토지 가격균형협의 …………………………………… 160
4. 시·군·구 내 가격균형협의 ……………………………… 162
5. 시·군·구 간 가격균형협의 ……………………………… 164
6. 공시가격(표준지·표준주택) 균형협의 ………………… 166
7. 전국 가격균형협의 ………………………………………… 167

VII. 지역분석조서의 작성 …………………………………… 169
1. 지역분석 개요 ……………………………………………… 171
2. 지역분석조서의 작성원칙 ………………………………… 172
3. 지역분석조서의 작성요령 ………………………………… 173

VIII. 단계별 표준지 심사 및 검증체계 …………………… 199
1. 단계별 표준지 심사 및 검증체계 목적 ………………… 201
2. 표준지 심사 및 검증체계 절차 ………………………… 201
3. 법인등 자체검토 …………………………………………… 202
4. 지자체 사전검토 …………………………………………… 204
5. 공시가격 점검반 …………………………………………… 205

IX. 표준지 선정심사, 시가수준 기초심사 ………………… 207
1. 표준지 선정심사, 시가수준 기초심사 개요 …………… 209
2. 표준지 선정심사, 시가수준 기초심사 제출자료 ……… 212

X. 표준지 조사·평가보고서 사전검수 …………………… 229
1. 표준지 조사·평가보고서 사전검수 개요 ……………… 231
2. 사전검수 시 제출자료 …………………………………… 234

목 차 _ Contents

ⅩⅠ. 표준지 선정 재심사, 조사·평가보고서 검수 및 제출 ········· 235
   1. 표준지 선정 재심사 ··· 237
   2. 조사·평가보고서 검수 ·· 238
   3. 조사·평가보고서 제출 ·· 247

ⅩⅡ. 각종 보고서의 작성요령 ·· 249
   1. 각종 보고서의 작성방법 ··· 251
   2. 보고서의 제출 등 ·· 285

ⅩⅢ. 2026년 표준지공시지가 조사·평가 업무요령 중 주요 개정내용 ··· 287
   1. 「Ⅰ. 표준지공시지가 조사·평가 계획」 ··············· 289
   2. 「Ⅱ. 표준지공시지가 조사·평가 단계별 업무사항」 ········· 295
   3. 「Ⅲ. 조사·평가 업무단계별 제출보고서」 ·············· 296
   4. 「Ⅳ. 표준지 토지특성 조사요령」 ·························· 298
   5. 「Ⅵ. 가격균형협의」 ·· 302
   6. 「Ⅷ. 단계별 표준지 심사 및 검증체계」 ················ 304

I. 표준지공시지가 조사·평가 계획

2026년
표준지공시지가 조사·평가 업무요령

1. 표준지공시지가 조사·평가의 개요 ·························· 9
   가. 조사·평가의 목적
   나. 조사·평가의 근거
   다. 표준지공시지가의 개념
   라. 표준지공시지가의 효력

2. 표준지공시지가 조사·평가지역의 구분 ················· 10
   가. 단수 조사·평가지역과 복수 조사·평가지역
   나. 단수 조사·평가지역 중 복수 조사·평가 전환가능 지역

3. 2026년 표준지공시지가 조사·평가 추진일정 ······ 11
   가. 조사·평가의 절차
   나. 2026년 표준지공시지가 조사·평가 세부일정

4. 2026년 표준지공시지가 조사·평가의 기본방침 ·· 15
   가. 공시지가의 정확성 제고
   나. 공시지가의 적정성 제고
   다. 공시지가(시가수준)의 균형성 확보
   라. 공시지가의 투명성 확보

1 표준지공시지가 조사·평가의 개요

가. 조사·평가의 목적
매년 1월 1일 기준의 토지에 대한 적정가격을 평가·공시하여 토지에 대한 감정평가의 기준과 개별공시지가 등 각종 행정목적을 위한 지가산정의 기준으로 적용하기 위함

나. 조사·평가의 근거 [부동산공시법 제3조제1항]
국토교통부장관은 토지이용상황이나 주변 환경, 그 밖의 자연적·사회적 조건이 일반적으로 유사하다고 인정되는 일단의 토지 중에서 선정한 표준지에 대하여 매년 공시기준일 현재의 단위면적당 적정가격을 조사·평가하고, 중앙부동산가격공시위원회의 심의를 거쳐 이를 공시함

다. 표준지공시지가의 개념 [부동산공시법 제2조제5호 및 제3조제1항]
1) "표준지공시지가"라 함은 「부동산 가격공시에 관한 법률」(이하 부동산공시법이라 한다)의 규정에 의한 절차에 따라 국토교통부장관이 조사·평가하여 공시한 표준지의 단위면적당(㎡) 적정가격(適正價格)을 말함

2) "적정가격"이라 함은 당해 토지에 대하여 통상적인 시장에서 정상적인 거래가 이루어지는 경우 성립될 가능성이 가장 높다고 인정되는 가격을 말함

라. 표준지공시지가의 효력 [부동산공시법 제9조]
1) 토지시장의 지가정보를 제공함
2) 일반적인 토지거래의 지표가 됨
3) 국가·지방자치단체 등의 기관이 그 업무와 관련하여 지가를 산정하는 경우에 그 기준이 됨
4) 감정평가법인등이 개별적으로 토지를 감정평가하는 경우에 그 기준이 됨

2 표준지공시지가 조사·평가지역의 구분

가. 단수 조사·평가지역과 복수 조사·평가지역

1) 단수 조사·평가지역

부동산공시법 시행령 제7조제4항의 각 호 요건을 모두 갖춘 지역으로서, 국토교통부장관이 별도로 선정하여 하나의 감정평가법인등에 조사·평가를 의뢰할 수 있는 지역

<부동산공시법 시행령 제7조제4항의 각 호>

1. 최근 1년간 읍·면·동별 지가변동률이 전국 평균 지가변동률 이하인 지역
2. 개발사업이 시행되거나 「국토의 계획 및 이용에 관한 법률」 제2조제15호에 따른 용도지역 또는 같은 조 제16호에 따른 용도지구가 변경되는 등의 사유가 없는 지역

---

2) 복수 조사·평가지역

단수 조사·평가지역으로 선정되지 않은 지역으로서 둘 이상의 감정평가법인등에게 조사·평가를 의뢰하는 지역

나. 단수 조사·평가지역 중 복수 조사·평가 전환가능 지역

- 근거 : 부동산공시법 시행령 제7조제4항 및 「표준지공시지가 조사·평가를 위한 감정평가법인등 선정에 관한 기준」(국토부 고시) 제3조제4항
- 내용 : 부동산공시법 시행령 제7조제4항에 따른 표준지 중 아래 조건에 해당하는 경우 단수 조사·평가 대상 표준지에서 제외할 수 있음(복수 조사·평가 대상)
  ① 개발사업 시행 또는 변경으로 가격변동이 예상되는 표준지
  ② 「국토의 계획 및 이용에 관한 법률」에서 도시·군관리계획의 변경으로 가격 변동이 예상되는 표준지
  ③ 골프장 등 업무난이도가 현저히 높은 표준지

④ 하나의 감정평가법인등에게 의뢰하는 표준지가 시·군·구별 표준지 수의 90% 이상인 경우로 표준지공시지가 조사·평가를 안정적으로 수행하기 위해 국토교통부장관이 지정한 읍·면·동의 표준지

3 2026년 표준지공시지가 조사·평가 추진일정

가. 조사·평가의 절차

일정	내용	주체
2025. 8. 4.(월)	표준지 선정 및 가격평가의뢰	국토교통부
2025. 8. 4.(월) ~ 12. 9.(화)	표준지 선정 및 조사, 지역분석, 가격 평가 * 증·감조정 신청 : '25.9.19. ~ 9.23.	조사·평가자
2025. 8. 6.(수) ~ 9. 19.(금)	조사·평가 담당자 교육	국토교통부 및 한국부동산원
2025. 10. 17.(금)	공시가격 시장분석회의 (표준지·표준주택)	조사·평가자
2025. 10. 21.(화) ~ 10. 24.(금)	법인등 자체 검토	감정평가법인등
2025. 10. 27.(월) ~ 11. 4.(화)	표준지 선정심사, 시가수준 기초심사	국토교통부 심사위원단
2025. 11. 13.(목) ~ 11. 14.(금)	공시가격 균형협의 (표준지·표준주택 간)	조사·평가자
2025. 11. 20.(목) ~ 11. 26.(수)(5일)	시가수준 심층심사	외부점검단
2025. 11. 20.(목) ~ 11. 26.(수)(5일)	지자체 사전검토	국토교통부
2025. 12. 1.(월) ~ 12. 9.(화)	조사·평가보고서 사전검수	국토교통부 심사위원단
2025. 12. 10.(수) ~ 12. 11.(목)	공시가격 특별점검	국토교통부 심사위원단

2026년 표준지공시지가 조사·평가 업무요령

일정	업무	담당
2025. 12. 18.(목) ~ 2026. 1. 6.(화) (20일)	의견청취 (표준지 소유자, 시·도지사, 시장·군수·구청장,)	조사·평가자
2025. 12. 24.(수)	공시가격(안) 시·도 협의회	국토교통부
2025. 12. 31.(수) ~ 2026. 1. 7.(수)	공시가격 심층점검	외부점검단
2026. 1. 5.(월) ~ 1. 7.(수)	법인등 자체 검토 (용도지역 변경 등 특성확인)	감정평가법인등
2026. 1. 8.(목) ~ 1. 15.(목)	표준지 선정 재심사 및 조사·평가보고서 검수	국토교통부 심사위원단
2026. 1. 16.(금)	공시가격 특별점검	국토교통부
2026. 1. 19.(월)	조사·평가보고서 접수	국토교통부
2026. 1. 20.(화)	중앙부동산가격공시위원회 심의	국토교통부
2026. 1. 23.(금)	표준지공시지가 공시	국토교통부
2026. 1. 23.(금) ~ 2. 23.(월) (30일)	이의신청 접수	국토교통부
2026. 1. 26.(월) ~ 2. 27.(금)	이의신청 표준지 조사·평가	조사·평가자
2026. 3. 3.(화)	이의신청 심층심사	외부점검단
2026. 3. 5.(목)	이의신청 재조사·평가보고서 검수	국토교통부 심사위원단
2026. 3. 10.(화)	이의신청 재조사·평가보고서 접수	국토교통부
2026. 3. 11.(수)	중앙부동산가격공시위원회 심의	국토교통부
2026. 3. 13.(금)	표준지공시지가 조정공시	국토교통부

나. 2026년 표준지공시지가 조사·평가 세부일정

구 분	추 진 내 용	추 진 일 정
○ 조사 의뢰 및 조사자 교육	- 표준지 선정 및 가격평가 의뢰 • 단수 조사·평가 대상지역 선정 - 표준지공시지가 조사·평가 담당자 교육	· 2025. 8. 4. · 2025. 8. 4. ~ 9. 19.
○ 현장조사준비	- 조사평가자료 조사·평가자 간 인수인계 • 전년도 전산자료, 도면 및 가격조사자료 등	· 2025. 8. 5. ~ 8. 21.
○ 표준지 선정 및 조사	- 표준지 선정·지역분석 및 가격평가 • 거래사례·평가선례 등 자료구축 • 지역특성·지가동향 등 분석 - 시·군·구별 표준지 증감요청 - 시·군·구별 표준지 조정통보	· 2025. 8. 4. ~ 12. 9. · 2025. 9. 19. ~ 9. 23. · 2025. 9. 30.
○ 공시가격 시장분석회의 등	- 공시가격 시장분석회의 - 시·군·구 내 및 특수토지 가격균형협의 - 시·군·구 간 및 특수토지 가격균형협의 • 지역 간 가격수준협의 • 특수토지 가격균형협의서 제출 (조사평가자 → 한국부동산원)	· 2025. 10. 17. · 2025. 11. 13. ~ 11. 14. · 2025. 11. 13. ~ 11. 14. · 2025. 11. 14.
○ 법인등 자체검토	- 검토결과에 법인등 대표 확인·서명	· 2025. 10. 21. ~ 10. 24.
○ 표준지 선정심사, 시가수준 기초심사 및 표준지 확정	- 가격조사자료의 정리 등 - 표준지 교체 선정 • 표준지 증감현황·교체사유별 내역 작성 • 신규·삭제 필지별 내역 등 작성 - 표준지 선정협의(시·군·구) • 표준지 선정협의 결과서 작성 - 표준지 선정심사, 시가수준 기초심사 - 표준지 확정	· 2025. 10. 13. ~ 10. 20. · 2025. 10. 13. ~ 10. 20. · 2025. 10. 13. ~ 10. 20. · 2025. 10. 20. · 2025. 10. 27. ~ 11. 4. · 2025. 11. 4.
○ 공시가격 균형협의 등	- 공시가격(표준지·표준주택 간) 균형협의 • 표준지 및 표준주택 시가수준 및 특성 간의 균형성 등을 협의	· 2025. 11. 13. ~ 11. 14.

구 분	추 진 내 용	추 진 일 정
○ 시가수준 심층심사	- 주요 부동산 집중 점검, 통계 정합성 검토	· 2025. 11. 20. ~ 11. 26.
○ 지자체 사전검토	- 표준지 선정 및 특성 등에 대한 지자체 사전검토	· 2025. 11. 20. ~ 11. 26.
○ 조사·평가보고서 사전검수	- 표준지 조사·평가보고서 검수 (검색프로그램 활용) - 표준지 선정 및 의견청취가격 확정	· 2025. 12. 1. ~ 12. 9.
○ 공시가격 특별점검	- 시세급등 지역 등 주요부동산 특별점검	· 2025. 12. 10. ~ 2025. 12. 11.
○ 의견청취	- 평가(예정)가격 등 의견청취 (20일) • 소유자, 시·도지사 및 시장·군수·구청장 의견청취결과서 작성 * 시·군·구 부동산가격공시위원회 심의	· 2025. 12. 18. ~ 2026. 1. 6.
○ 공시가격(안) 시·도 협의회	- 표준지공시지가(안)에 대한 시·도 협의회 개최	· 2025. 12. 24.
○ 공시가격 심층점검	- 의견제출 검토 결과 및 표본심사	· 2025. 12. 31. ~ 2026. 1. 7.
○ 법인등 자체 검토	- 법인 등 대표 확인·서명 후 보고서 최종제출	· 2026. 1. 5. ~ 1. 7.
○ 용도지역 변경 등 특성확인	- 지형도면 고시사항 및 현장 재확인	· 2026. 1. 5. ~ 1. 7.
○ 표준지 선정 재심사 및 조사·평가보고서 검수	- 표준지 선정심사, 시가수준 기초심사 이후 변경 내역 재심사 및 조사·평가보고서 검수 (검색프로그램 활용)	· 2026. 1. 8. ~ 1. 15.
○ 공시가격 특별점검	- 공시 전 오류 점검	· 2026. 1. 16.
○ 조사·평가보고서 접수	- 조사·평가보고서 접수 - 중앙부동산가격공시위원회 심의	· 2026. 1. 19. · 2026. 1. 20.
○ 표준지공시지가 공시	- 지가공시(관보공고)	· 2026. 1. 23.
○ 이의신청	- 공시가격 등 이의신청 (30일) - 이의신청 표준지 재조사·평가 - 이의신청 심층심사 (외부점검단) - 이의신청 재조사·평가보고서 검수 - 재조사·평가보고서 접수 - 중앙부동산가격공시위원회 심의	· 2026. 1. 23. ~ 2. 23. · 2026. 1. 26. ~ 2. 27. · 2026. 3. 3. · 2026. 3. 5. · 2026. 3. 10. · 2026. 3. 11.
○ 표준지공시지가 조정공시	- 표준지공시지가 조정공시	· 2026. 3. 13.

4 2026년 표준지공시지가 조사·평가의 기본방침

	기본방향	
◆ 철저한 현장조사와 지역분석	⇨	공시지가의 정확성 제고
◆ 적정시세 반영을 위한 가격분석	⇨	공시지가의 적정성 제고
◆ 공시가격의 특성 및 가격균형	⇨	공시지가의 균형성 확보
◆ 공시관련 정보공개 확대	⇨	공시지가의 투명성 확보

가. 공시지가의 정확성 제고

1) 표준지의 선정기준에 따라 대표성·중용성·안정성 및 확정성 있는 표준지를 선정

- 개별공시지가의 산정에 효율적으로 활용될 수 있도록 2025년 개별공시지가에 대한 검증결과를 토대로 하여 일단의 토지를 대표할 수 있는 표준지를 선정함
- 전년도 비교표준지의 활용실적과 표준지의 과다·과소 활용 원인을 분석하여 2026년 표준지를 지역별로 조정함으로써 표준지의 분포를 적정하게 함
- 표준지 증감조정 및 선정의 적정성 제고를 위해 표준지 분포에 대한 시·도 및 시·군·구 의견을 충분히 수렴함
- 상권변동, 개발사업 등으로 지가가 변동되는 지역의 가격층화를 적시에 반영할 수 있도록 표준지를 선정함

2) 표준지 적정가격 산정을 위해서는 세밀한 지역분석, 정확한 특성조사가 필수적이므로 현장조사를 철저하게 실시

- 소유자에게 표준지 공시예정가격과 특성 조사사항을 병기한 의견청취문을 발송하고 있으므로 조사·평가자들의 철저한 특성조사 수행이 요구됨

3) 표준지 특성조사의 정확성을 제고
- 공시기준일(1.1.) 공부자료(토지이용계획확인서, 토지대장 등)와 대조하여 기초특성을 점검하고 현장조사, GIS자료를 활용하여 특성입력의 적정성을 점검
 * 연말에 용도지역 등이 변경되는 경우가 있으므로 각별히 주의 필요
- 일단지 특성조사에 유의하며, 일단지 관련지번에 대한 지자체 협의필요

4) 지역분석조서 등 관련보고서 작성 철저
- 지역분석조서 작성 시 최신 통계자료, 개발사업 진행상황 등을 조사하여 기재하고 지역별 가격형성요인을 하위시장별로 충실하게 조사·분석하여 기재함

5) 표준지 선정심사, 시가수준 기초심사 및 조사평가서 검수 등 심사절차강화
- 표준지 선정심사, 시가수준 기초심사 이후 표준지가 교체되거나, 용도지역, 이용상황 등 주요 특성이 변경된 경우 표준지 선정 재심사 대상임
- 표준지 선정심사, 시가수준 기초심사 이후에는 특별한 사유가 없는 한 표준지 교체가 제한되며, 표준지 교체가 이루어진 경우 지자체의 협의, 소유자 의견청취 등 표준지 재선정에 따른 절차를 준수해야 함
- 최종 공시(안) 제출전에 법인등의 차원에서 검증절차가 이루어 질 수 있도록 법인등 자체검토 제도 강화
- 소유자 등 의견청취 가격의 오류 및 변동 가능성을 낮추기 위해 의견청취문 발송 전 공시가격(안)의 균형성, 표준지 특성의 정확성 여부를 심사하는 조사·평가보고서 사전검수 절차

6) 표준지공시지가의 수익방식 적용 시 임대차정보 또는 임대동향조사 표본 분석 결과 활용
- 상가건물의 확정일자부 임대차정보(이하 임대사례) 또는 2025년도 임대동향조사 분석결과를 활용하여 수익환원법을 적용한 표준지공시지가의 수익(시산)가격을 산출함
- 전국의 상업용부동산 임대동향조사 일반건축물 표본(오피스빌딩 824표본, 상가 빌딩 11,287표본) 인근에 소재한 표준지에는 수익환원법 적용함

7) 특수토지 전담제 실시
- 평가의 난이도가 높은 특수토지에 대한 전문성 향상, 가격균형성 제고 등을 위해 전문성 있는 평가사가 특수토지 평가를 전담하는 특수토지 전담제 실시함

나. 공시지가의 적정성 제고

1) 부동산 공시가격의 적정시세 반영을 위해 최근의 거래사례·수익사례·평가선례 및 지가동향 등을 철저하게 수집·분석하여 다양한 가격형성요인이 반영된 적정한 시가수준을 조사·평가함

2) 「부동산 거래신고 등에 관한 법률」에 따라 신고된 부동산거래 신고가격의 적정성을 검토하고 시가수준 가격평가에 활용함
- 개발사업지역의 투기적·미실현 개발이익은 배제하여 공시지가의 적정성 제고
- 관계법률 등에 의한 각종 공법상의 행위제한 변경내용 등을 반영한 가격자료를 수집함

3) 「부동산 가격공시에 관한 법률」 제26조의2에 근거한 「부동산 공시가격 현실화 계획」에 따라 적정하게 조사·평가한 시가수준에 현실화율을 적용하여 표준지공시지가를 조사·평가함

다. 공시지가(시가수준)의 균형성 확보

1) 공시지가는 적정가격의 평가와 공시지가 간 가격균형이 가장 중요
- 인근지역 내 유사가격권대별·인근지역 간 공시지가(시가수준)의 균형여부를 철저히 검토하여 공시지가의 민원발생을 예방함
- 지역별·유형별 가격균형성지수(COD)를 제공하여 불균형 지역에 대한 공시가격 균형성을 제고함

2) 실질적이고 입체적인 가격균형협의를 위하여 조사자 간, 시·군·구내, 시·군·구 간, 시·도별, 전국 및 특수토지 등 단계별 가격균형협의를 실시하고 각종 심사 및 검수시 지역별·유형별 가격균형성 제고 현황 점검

3) 주택공시가격과의 특성일치 및 가격 균형
- 개별지·개별주택의 토지특성 일치 및 시가수준의 균형이 유지될 수 있도록 표준지·표준주택 간 가격 및 특성을 상호 검토하여 조사

라. 공시지가의 투명성 확보

1) 표준지 공시예정가격 및 토지특성에 대한 의견청취는 의무규정이므로 소유자의 정확한 주소를 파악하고 통지문 발송 누락에 유의하여야 함
- 부동산공시가격알리미 사이트에서 휴대전화 문자메시지 전송서비스를 신청한 경우에는 해당 표준지 최종 공시지가를 문자메시지로 수신받을 수 있으며, 검토결과(반영·미반영 여부 및 사유) 및 향후 일정 등을 안내받을 수 있음
- 토지소유자 의견제출 하자발생 시 공시 취소요건에 해당되므로 기재 및 반송 필지 인수인계 철저히 하여야 하며 조사평가보고서 검수 시 점검사항임

2) 표준지공시지가 결정통지문은 발송되지 않으므로 최종 공시지가는 2026.1.23.(예정)부터 국토교통부 부동산 공시가격 알리미 사이트(http://www.realtyprice.kr)에서 확인할 수 있음.

3) 소유자 등의 의견제출 및 이의신청 시 성실한 응대로 추가 민원을 예방하고 공시지가에 대한 대국민 신뢰성 확보
- 표준지 소유자가 이의신청한 경우 조사자가 비교 거래사례를 토대로 사정보정, 시점수정, 지역요인 및 개별요인 등 비교를 거쳐 산출한 공시지가 평가근거를 이의신청한 소유자에게 설명 및 제공

4) 부동산가격공시위원회 회의록 공개, 표준지공시지가 평가 기초자료 공개 등을 통해 표준지공시지가에 대한 투명성 제고

2026년
표준지공시지가 조사·평가 업무요령

II 표준지공시지가 조사·평가 단계별 업무사항

1. 표준지공시지가 조사·평가 교육의 실시 ·············· 21
   가. 표준지공시지가 조사·평가 교육의 목적
   나. 표준지공시지가 조사·평가 교육의 구분
   다. 「감정평가법인등의 업무수행 능력평가」 반영
   라. 2026년 표준지공시지가 교육 상세내역

2. 현장조사 ··· 23
   가. 현장조사의 준비
   나. 현장조사의 실시

3. 표준지의 선정 및 표준지 수 조정 ······················ 28
   가. 표준지의 선정
   나. 표준지 선정 시 지자체 협조사항
   다. 표준지 수 조정

4. 표준지의 가격결정 ·· 32

5. 표준지 조사·평가보고서의 제출 ························· 32

6. 행정지도사항 ·· 33

● Ⅱ. 표준지공시지가 조사·평가 단계별 업무사항

 표준지공시지가 조사·평가 교육의 실시

가. 표준지공시지가 조사·평가 교육의 목적
- 표준지공시지가 조사·평가업무 신규참여 감정평가사 등을 대상으로 기초 역량교육을 실시함으로써 공시업무 수행을 위한 기본소양 함양 및 유의사항을 교육시키며,
- 조사·평가자를 대상으로 해당 연도 표준지공시지가 조사·평가의 기본방향 ·조사요령 및 「표준지공시지가 조사·평가 업무요령」의 주요 개정사항 등에 대한 교육을 실시함으로써 공시지가 조사·평가업무를 효율적으로 수행할 수 있도록 한다.
- 효율적인 강의수강을 위해 온·오프라인 교육 및 온라인 평가 실시

나. 표준지공시지가 조사·평가 교육의 구분
- 표준지공시지가 조사·평가 교육은 「참여자 사전준비교육」, 「신규참여자 등 교육」, 「전체 담당자 교육」 및 「신규참여자 전산 실습 교육」 등으로 구분한다.
  ※ 「신규참여자 등 교육」은 신규 참여자 및 2개년('24, '25) 연속 공시업무 미참여자에 한해 실시
  ※ 「특수토지 담당자 추가교육」은 특수토지 담당자에 한해 실시

다. 「감정평가법인등의 업무수행능력 평가」 반영
- 교육 미수료, 숙지도 평가 미응시, 숙지도 재평가 미통과 시 「감정평가법인등의 업무수행능력 평가」에 반영

라. 2026년 표준지공시지가 교육 상세내역

교육명	일시	주요 교육내용
참여자 사전준비교육	8.6.(수)~8.10.(일)	1. '25년 공시 성과와 반성 2. 부동산 공시 판례 및 질의회신 해설
신규참여자 등 교육	8.12.(화)~8.29.(금)	1. 부동산공시 및 토지공시제도 개관 2. 표준지 관련 규정의 이해 3. 개별지 관련 규정의 이해 4. 공시업무와 용도지역·지구 등 공법상 규제사항 　(국토의 계획 및 이용에 관한 법률 중심으로) 5. 공시업무와 도시정비 사업 6. 표준지 업무요령의 이해 I (단계별 업무사항) 7. 표준지 업무요령의 이해 II (토지특성 조사 기초) 8. 표준지 업무요령의 이해 II (토지특성 조사 심화) 9. 토지가격비준표의 이해 10. 개별지 검증의 이해 11. 공시업무와 직업윤리 12. 부동산 실거래 신고제도 및 실거래가지수 13. 표준지 조사·평가 프로그램의 이해 I 　(프로그램 구조, 특성입력 등) 14. 표준지 조사·평가 프로그램의 이해 II 　(심사보고서 검토방법, 가격 결정 등) 15. 가격공시 관련 쟁송 및 민원 사례분석
전체 담당자 교육	8.12.(화)~8.29.(금)	1. '26년 공시지가 정책 방향 2. 공시업무 수행자의 윤리와 책임의식 3. '26년 주요제도개선 및 표준지 업무요령 주요개정사항 4. 상업용 부동산의 이해 및 시장동향 5. 부동산 시장 동향 및 이슈 분석 6. 부동산 공시가격의 활용 7. 표준지 업무요령의 이해 III (실무사례 분석) 8. 특수토지의 이해
특수토지 담당자 추가 교육	8.12.(화)~8.29.(금)	1. 특수토지 업무요령 교육 2. 특수토지 주요 쟁점사항 등 교육
신규참여자 전산 실습 교육	9.15.(월)~9.19.(금)	1. 전산프로그램 구조 2. 전산프로그램 운용법 3. 전산프로그램 유의점 등 ※ 신규 참여자에 해당되지 않더라도, 교육 신청 시 수강 가능

※ 표준지공시지가 조사·평가 업무요령, 공시지가제도 정책방향 등에 대한 숙지도 평가 실시(평가 미응시자 또는 평가점수가 저조한 자는 재교육 및 재평가 실시)

Ⅱ. 표준지공시지가 조사·평가 단계별 업무사항

 현장조사

가. 현장조사의 준비

1) 표준지공시지가 조사·평가 관련자료의 인수인계
   - 조사·평가자는 표준지공시지가 조사·평가 관련자료(현장조사도면, 지적관련공부, 가격조사자료 및 소유자 의견청취문 반송내역 등)를 인수받아 아래 양식의 인수인계서를 작성한 후 한국부동산원에 전산으로 제출한다.

<u>2026년 표준지공시지가 관련자료 인수인계서 (전산제출)</u>

2026년 표준지공시지가 관련자료 인수인계서

담당지역 : ○○(시·도) ○○(군·구)

2025년 표준지공시지가 담당자와 2026년 표준지공시지가 담당자간에 공시지가 관련자료(현장조사도면, 지적관련공부 및 각종 가격조사자료 및 소유자 의견청취문 반송내역 등)를 인수·인계하였음을 확인합니다.

인수자 2026년 표준지공시지가 담당 감정평가사 :　○○소속 ○○○ (날인)
　　　　　　　　　　　　　　　　　　　　　　　　　　○○소속 ○○○ (날인)
인계자 2025년 표준지공시지가 담당 감정평가사 :　○○소속 ○○○ (날인)
　　　　　　　　　　　　　　　　　　　　　　　　　　○○소속 ○○○ (날인)

※ 전년도 소유자 의견청취를 위한 개별통지문이 소유자 변경, 주소오류 등으로 반송된 경우, 해당 필지 목록을 인수·인계하여야 함

2) 조사·평가자료 등의 정리
   - 현장조사도면, 통계연보, 과소·과다활용 표준지 목록 등의 조사·평가자료를 조사·평가자의 업무처리방식에 적합하도록 정리한다.

3) 보안서약서 제출

- 조사・평가자는 보안서약서를 작성하여 한국부동산원에 전산으로 제출한다.

2026년 표준지공시지가 조사·평가 보안서약서 (전산제출)

보 안 서 약 서

본인은 「2026년 표준지공시지가 조사・평가」 업무를 수행함에 있어 조사・평가 관련 자료 및 정보에 대하여 다음 사항을 준수할 것을 서약합니다.

1. 표준지 조사·평가 업무 중 취득한 자료 및 정보를 해당 업무 외에 이용을 금하며 제3자에게 유출하지 않겠습니다.

2. 조사자료 및 전산자료 등으로 취득한 사항에 대해 비밀을 엄수하겠으며, 개인의 영리 목적으로 이용하지 않겠습니다.

3. 개인정보에 해당하는 사항에 대해서는 개인정보보호법에 따라 철저히 보안을 유지 하겠습니다.

4. 표준지 조사·평가 업무는 감정평가법 제10조에 따른 감정평가법인등의 업무로써 같은 법 제25조(성실의무 등) 및 제26조(비밀엄수)를 준수하겠습니다.

만약, 이를 위반하였을 경우 발생되는 민・형사상 및 보안상의 책임과 관련 법규에 의한 조치에 따를 것을 서약합니다.

년   월   일

국토교통부장관 귀하

서약자 담당지역 : ○○(시·도) ○○(군·구)
        소속 :
        성명 :   (서명 또는 인)

4) 이해충돌방지서약서 제출
- 조사·평가자는 이해충돌방지서약서를 작성하여 한국부동산원에 전산으로 제출한다.

2026년 이해충돌방지에 관한 서약서 (전산제출)

이 해 충 돌 방 지 서 약 서

본인은 「2026년 표준지공시지가 조사·평가」 업무를 수행함에 있어 사적 이해관계가 있는 경우 「공직자의 이해충돌방지법」에 따른 이해충돌을 방지하기 위하여 제척·기피·회피 등의 조치를 할 것을 서약합니다.

만약, 이를 위반하였을 경우 관련 법규에 의한 징계 등 조치에 따를 것을 서약합니다.

년   월   일

국토교통부장관 귀하

서약자   담당지역 : ○○(시·도) ○○(군·구)
         소속 :
         성명 :   (서명 또는 인)

5) 시·군·구와의 업무협의
- 시·군·구와의 업무협의 등을 거쳐 공부발급 계획과 표준지 선정방안, 개별지 연계 표준지 특성 및 가격 등을 검토하고 2025년 개별공시지가 검증 시 문제된 사례 등을 확인한다.

나. 현장조사의 실시

1) 현장조사 방법
- 현장조사는 조사·평가자별로 단독 수행함을 원칙으로 한다.
- 다만, 토지특성 판단의 이견조정, 표준지 시가수준 파악, 공시지가 간 가격 균형유지 및 가격자료조사 수집 등 표준지공시지가 조사·평가의 원활한 업무수행 상 불가피한 경우에 한하여 공동수행 할 수 있다.

2) 현장조사사항
- 조사·평가자는 현장조사 시 아래와 같은 사항 등을 실시한다.

◦ 지역분석
- 지역분석은 해당지역의 가격형성요인에 따라 담당지역을 적절하게 세분하여 실시하며, 인접한 지역과 상호 연계성이 유지될 수 있도록 한다.

◦ 표준지의 토지특성 조사
- 표준지의 토지특성 조사는 공부조사 및 실지조사를 병행하여 실시한다.
- 해당 연도의 현장 사진을 본건 표준지를 식별할 수 있도록 촬영(조사자 당 1장 이상)하고 해당 사진을 전산프로그램에 업로드 한다.
- 현장조사 시 조사지번 및 대상 물건을 명확히 확인하고, 사진은 조사대상 물건이 중앙에 위치하도록 촬영한다.
- 사진촬영은 복수평가의 경우 각 조사자가 별개로 촬영하여 업로드 한다. (동일사진 불인정)

◦ 가격조사자료의 수집 및 지가수준의 조사
   - 인근지역 및 동일수급권 안의 유사지역에 있는 거래사례・평가선례 등 가격수준 파악에 참고가 되는 자료를 수집・정리하며 이를 분석하여 해당 지역의 지가수준을 파악한다.

◦ 과소・과다활용 표준지의 원인분석 및 표준지의 선정 등
   - 전년도 개별공시지가 산정 시의 표준지 활용실적을 참고하여 과소・과다 활용된 원인을 분석하고 이를 표준지의 선정 등에 활용한다.

3 표준지의 선정 및 표준지 수 조정

가. 표준지의 선정

1) 표준지는 「표준지의 선정 및 관리지침」에서 정한 기준에 따라 선정하되 다양한 토지유형별로 일반적이고 평균적인 토지이용상황, 가격수준 및 그 변화를 나타낼 수 있도록 선정하여야 한다(표준지의 선정 및 관리지침 제7조제2항).

2) 표준지 상호간 연계성을 고려하여 용도지역·용도지대별 또는 토지이용상황별로 표준지를 균형 있게 분포시키고, 인근토지의 가격비교기준이 되는 토지로서 연도별로 일관성을 유지할 수 있도록 표준지를 선정하여야 한다(표준지의 선정 및 관리지침 제7조제3항).

3) 지역요인의 변동현황 또는 가격충화의 적정한 반영이 필요한 지역, 조세부과 등의 행정목적을 위하여 필요한 지역에 대해서는 표준지의 분포를 조정할 수 있으며, 기존 표준지의 활용실적을 분석하여 과소 또는 과다하게 활용한 필지가 있는 경우에는 표준지가 적절하게 활용될 수 있도록 지역 간 표준지의 분포를 조정할 수 있다(표준지의 선정 및 관리지침 제9조).

4) 표준지 선정 등에 관하여 해당지역을 관할하는 시장·군수·구청장과 협의를 하여야 하며, 필요한 경우 특별시장·광역시장 또는 도지사와 협의할 수 있다. 표준지의 선정에 관하여 협의 할 때에는 지역분석의 결과에 따른 표준지 분포조정의 필요성, 표준지의 활용도 및 신규 표준지의 표준지선정단위구역 등을 검토한다(표준지의 선정 및 관리지침 제13조).

5) 2025년 개별공시지가에 대한 검증결과와 표준지 활용실적을 참고하여 과소·과다활용 원인을 검토하고, 표준지로서의 활용도가 현저히 낮은 표준지는 그 원인을 분석하여 적합한 표준지로 교체하며, 표준지가 과다 활용된 지역은 표준지 선정기준에 부합되는 표준지를 추가로 선정한다.

6) 골프장·스키장·광천지·공원묘지·콘도부지·여객자동차터미널 및 물류터미널 부지 등 특수토지는 최대한 표준지로 선정하며, 일단지 토지 내에 1개의 표준지만을 선정한다. 다만, 관련 법령(관광진흥법 등)에 따라 일단으로 등록이 되어 있더라도 이용상황별 가치구성을 달리하는 경우에는 각각 표준지로 선정할 수 있다. 또한 유사가격권 내 동일 이용상황의 특수토지가 다수인 경우, 대표성 있는 1개의 표준지만 선정할 수 있다.

7) 일시적인 이용상황으로 이용되고 있는 토지, 둘 이상의 용도로 이용되고 있는 토지, 둘 이상의 용도지역으로 구분되는 토지, 대표성이 현저히 낮은 토지는 표준지로 선정하지 아니한다. 다만, 개별공시지가의 산정에 필요하다고 인정되는 경우에는 표준지로 선정할 수 있다.

8) 표준지의 선정은 기존 표준지 수를 기준으로 선정한다. 단, 표준지 분포기준 변경 등으로 해당 시·군·구의 표준지 수가 변동한 경우에는 변동된 표준지 수를 기준으로 선정한다.

9) 용도상 불가분의 관계에 있는 2필지 이상의 일단의 토지(이하 "일단지"라 한다) 중 1필지를 표준지로 선정하는 경우 소재지는 전체 토지 이용상황을 가장 쉽게 확인할 수 있는 필지나 건축물대장상 대표지번 등 대표성 있는 토지를 선정한다.

나. 표준지 선정 시 지자체 협조사항

1) 조사·평가자는 표준지 조사를 실시하기 전 시·도지사 및 시장·군수·구청장에게 건축물 인·허가 사항 등 필요한 자료를 요청하여 확인하고 이를 현장·공부조사 시 대조한다.

2) 조사·평가자는 표준지 조사 시 발견된 특이사항에 대해서는 시·도지사 및 시장·군수·구청장에게 확인을 요청하고, 필요시 공부정비 등을 요청한다.

3) 전년도 특성변경 사항이 1.1일 이후에 공부에 반영되는 경우 지자체에게 해당 사실을 알려줄 것을 사전에 협의·요청한다.

다. 표준지 수 조정

1) 표준지 수 조정 절차
   - 지역요인의 변동현황 또는 가격층화의 적정한 반영이 필요한 지역, 조세부과 등의 행정목적을 위하여 필요한 지역에 대해서는 표준지의 분포를 조정할 수 있다(표준지의 선정 및 관리지침 제9조제1항).

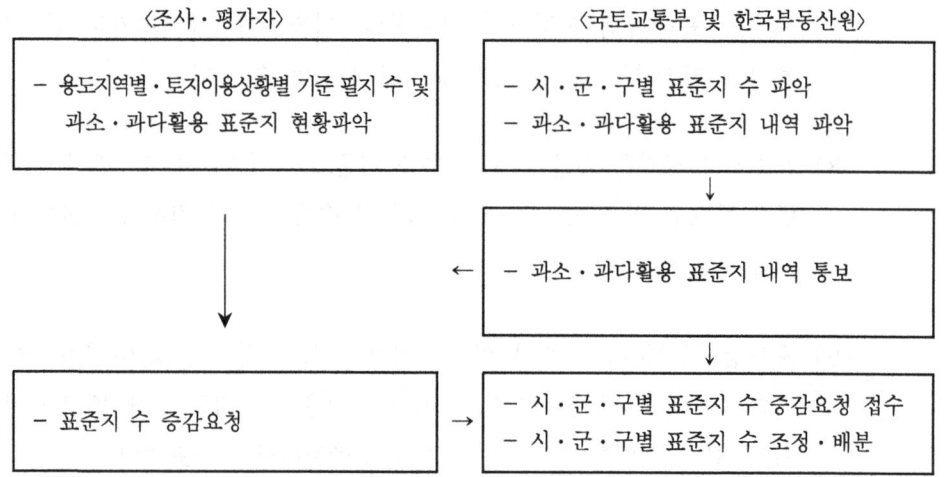

2) 표준지 수 증감요청
   - 국토교통부 및 한국부동산원은 시·군·구에서 제출한 개별공시지가 자료를 토대로 과소·과다 활용된 표준지 내역을 표준지공시지가 처리 프로그램을 통하여 조사·평가자에게 제공한다.

   - 조사·평가자는 제공받은 내용을 분석하여 지방자치단체의 요청 및 개발사업 시행 등의 사유로 표준지의 증감이 필요한 경우에는 표준지공시지가 처리 프로그램을 통하여 표준지 증·감 조정을 신청한다.

- 국토교통부 및 한국부동산원은 조사·평가자로부터 증감조정신청을 받은 결과를 토대로 조정기준에 따라 심사한 후 그 결과를 해당 조사·평가자에게 통보한다.

2026년 표준지 증·감 조정신청 (전산제출)

○○ (시·도) ○○(시·군·구)

구 분		표준지 수
'25년 표준지 수	일반	
	특수	
'26년 요청 표준지 수	일반	
	특수	
증·감		

※ 일반 표준지 담당자는 특수토지 증감여부를 특수토지 담당자 통해 확인 후, 특수토지 표준지 수를 함께 기재하여 신청

※ 작성요령

가. '25년 표준지 수 : '25년도 해당 시·군·구내 총 표준지 수 기재

나. '26년 요청 표준지 수 : '26년도 해당 시·군·구에 필요한 총 표준지 수 기재

다. 증·감 : 금년도 증·감 요청 필지 수 기재

라. 요청사유

① 표준지 증가(감소)조정이 필요한 근거를 구체적으로 기재
  - 지방자치단체 요청, 용도지역별·토지이용상황별 표준지 분포밀도 조정, 개발사업시행 등

② 개발사업시행지 및 도시계획사업 등으로 표준지 수의 증가(감소)가 불가피한 경우에는 사업시행(완료)일, 변경(결정)고시일, 지적고시일, 사업규모, 사업지 내 표준지 수 및 표준지별 개별공시지가 활용필지 수 현황 등 기재 요망

* 용도지역변경 등의 사유로 표준지 수의 증가 또는 감소를 요청하는 경우는 관련 공문 업로드

4 표준지의 가격결정

1) 관계법령에서 정한 사항 및 「표준지공시지가 조사·평가 기준」, 「표준지공시지가 조사·평가 업무요령」 이외의 세부적인 평가기준에 대해서는 감정평가의 일반이론에 의한다.
   - 표준지의 평가는 해당 표준지 특성에 가장 적합한 평가방식 하나를 선택하여 행하되, 다른 평가방식에 따라 산정한 가격과 비교하여 그 적정 여부를 검토한 후 평가가격을 결정한다. 다만, 해당 표준지의 특성 등으로 인해 다른 평가방식을 적용하는 것이 현저히 곤란하거나 불필요한 경우 하나의 평가방식으로 가격을 결정할 수 있으며, 이 경우 조사·평가보고서에 그 사유를 기재하여야 한다.
2) 거래사례·평가선례·탐문가격자료 등 가격조사자료를 충분히 수집하여 정리한 후, 지역요인 및 개별요인 비교와 그 밖의 요인의 보정 등을 행한다.
3) 조사·평가자는 공시가격 시장분석회의, 시·군·구 내, 시·군·구 간 가격균형협의 및 공시가격(표준지-표준주택) 균형협의를 실시한 후 그 결과를 가격결정에 반영하여야 한다.

5 표준지 조사·평가보고서의 제출

1) 표준지에 대한 조사·평가보고서는 「XII. 각종 보고서의 작성요령」 등에 의한다.
2) 조사·평가자는 제출일정을 엄수하여야 하며 조사·평가보고서와 관련자료를 첨부하여 국토교통부의 검수를 받아야 한다.
3) 한국부동산원은 전산입력구조의 표준화·조사내용 오류검색 프로그램의 개발 등 검수에 필요한 조치를 취하고, 보고서 등의 각종 조사·평가보고서(전산자료)를 국토교통부에 전산으로 일괄 제출한다.

6 행정지도사항

가) 국토교통부는 관계법령 및 규정에 따라 조사·평가자가 성실하게 조사·평가업무를 수행하도록 지도·감독하고 한국부동산원은 이를 지원한다.

나) 지도감독의 내용
 1) 국토교통부는 표준지공시지가 조사·평가 교육에 전원이 참석하도록 조치하며 현장조사를 성실하게 수행하도록 지도한다. 또한 정당한 사유 없이 교육에 불참(또는 미수료)하거나 현장조사 등을 불성실하게 수행하는 등 조사·평가 과정상의 중대한 과실이 있는 조사·평가자에 대해서는 그에 상응하는 행정조치를 취한다.
 2) 가격균형협의, 표준지 선정심사, 시가수준 기초심사, 조사·평가보고서 검수 및 접수 등의 지도감독 과정에서 현지조사 또는 도면 등의 서면조사나 질문 등을 통하여 다음의 사항을 점검하고, 조사·평가자로부터 필요한 자료를 제출받아 이를 검토한 후 불성실한 조사·평가자에 대하여는 그에 상응하는 행정조치를 취한다.
  - 현장조사의 성실한 이행여부 및 조사내용의 숙지 정도
  - 가격자료의 수집 및 조사정도와 평가가격 간의 적정한 균형 여부
  - 표준지 선정 및 교체 근거, 분포조정의 타당성 여부
  - 가격균형협의·표준지 선정협의, 심사, 검수 등의 성실한 이행 여부
  - 현장조사도면·표준지 활용분석자료 등 관계자료의 관리 여부
  - 심사, 검수자료의 성실한 준비 여부
  - 기타 관계규정의 성실한 이행 여부 등
 3) 국토교통부장관은 감정평가법인등의 주의·경고·견책·업무정지 및 자격등록취소 등의 횟수를 종합하여 향후 표준지공시지가 조사·평가 업무배정에 반영한다.

4) 조사·평가기간 중 타업무 수행을 위한 장기간의 출장 또는 질병 등으로 인하여 업무수행이 곤란하거나 기타 부동산공시법 등 관계규정에 의한 처분을 받아 업무를 수행함이 곤란하다고 인정되는 경우에는 조사·평가자를 교체한다.

다) 조사·평가자는 현장조사 기간 중 소속 감정평가법인등과 유기적인 업무 전달체계를 확립하여 국토교통부·한국부동산원의 관련공문내용 및 전달사항을 수시로 확인한다.

라) 표준지공시지가 조사·평가업무는 해당 감정평가사와 소속 감정평가법인등이 공동으로 책임을 진다.

마) 한국부동산원은 표준지공시지가의 적정한 조사·평가를 위하여 국토교통부의 지도·점검, 관련 자료의 제출요청 등에 적극 지원과 협조를 하여야 한다.

바) 본 요령에 명시되지 아니한 사항과 기타 본 요령의 해석에 관하여 이견이 있는 경우에는 국토교통부의 지침 또는 해석에 의한다.

2026년
표준지공시지가 조사·평가 업무요령

조사·평가 업무단계별 제출보고서

조사·평가 업무단계별 제출보고서 ·························· 37

조사·평가 업무단계별 제출보고서

구분	보고서 명칭	제출시기	해당 Page	비고
1	2026년 공시지가 관련자료 인수인계서	2025. 8. 21.까지		온라인 제출
2	개인정보보호 관련 보안서약서		23p~25p	
3	이해충돌방지서약서			
4	시·군·구 내 가격균형협의서 및 시·군·구 간 가격균형협의서	2025. 11. 14.까지	163p, 165p	해당지역만 제출 (시·군·구 내)
5	특수토지 가격균형협의서		161p	해당지역만 제출
6	공시가격(표준지·표준주택) 균형협의 결과보고서	2025. 11. 14.까지	추후 공문조치	한국부동산원
7	표준지선정총괄표	표준지 선정심사, 시가수준 기초심사 시 제출 (2025. 10. 27.~ 11. 4.)	214p	-
8	표준지 증감현황		215p	
9	표준지 삭제사유별 내역		216p	
10	삭제 표준지 필지별 내역		217p~218p	
11	표준지 신규사유별 내역		219p	
12	신규 표준지 필지별 내역		220p~221p	
13	2026년 공시지가 표준지 조정내역서		222p~223p	
14	2026년 국·공유지 표준지 선정 현황		224p	
15	표준지 분포밀도 조정 세부 내역		225p	
16	2026년 표준지 선정 협의 결과서		227p	
17	표준지 특성 협의결과		추후 공문조치	

구분	보고서 명칭	제 출 시 기	해당 Page	비 고
18	일단지 내역 확인서	표준지 선정심사, 시가수준 기초심사시 제출	226p	추후 공문 시행
19	법인등 자체검토 결과보고	표준지 선정심사, 시가수준 기초심사 및 표준지 선정 재심사 및 조사·평가보고서 검수 시 제출	추후 공문조치	
20	시·군·구별 지역분석조서	표준지 선정 재심사 및 조사·평가보고서 검수 시 제출 (2026. 1. 8.~ 1. 15.)	178p~198p	—
21	검색내역서		추후 공문조치	
22	표준지조사사항 및 가격평가의견서		252p~255p	
23	표준지소유자의 의견청취결과서		272p	
24	의견청취결과 처리내역서		273p	
25	개발사업시행자의 의견청취결과서		276p	
26	시·도지사 및 시장·군수·구청장의 표준지공시지가 의견청취결과서		277p~279p	
27	표준지가격조사표		269p	
28	표준지위치표시도면		281p~282p	
29	시·군·구별 가격조사자료표		283p	
30	표준지조사·평가보고서	조사·평가보고서 제출 (2026. 1. 19.)	251p	
31	공시지가(안)		268p	

IV

2026년
표준지공시지가 조사·평가 업무요령

표준지 토지특성 조사요령

1. 토지특성 조사의 의의 ················· 41
2. 토지특성 조사요령 ···················· 41
   (1)일련번호 (2)소재지 (3)토지(임야)대장번호 (4)지목
   (5)면적 (6)용도지역 (7)용도지구 (8)기타제한(구역 등):기타
   (8-1)기타제한(지역 등):제주특별자치도 지역
   (9)기타제한(구역 등):도시·군계획시설 (10)농지:구분
   (11)농지:비옥도 (12)농지:경지정리 (12-1)농지:경작여건
   (13)임야 (14)토지이용상황 (15)지형지세:고저 (16)지형지세:형상
   (16-1)지형지세·묘지소재(제주특별자치도만 해당)
   (17)지형지세:방위 (18)도로조건:도로접면
   (19)도로조건:간선도로거리
   (20)유해시설접근성·철도·고속국도 등과의 거리
   (21)유해시설접근성:폐기물처리시설 및 수질오염방지시설 등과의 거리
   (22)위험시설접근성:변전소와의 거리 (23)개발사업:사업방식
   (24)개발사업:사업단계 (25)지리적위치 (26)주위환경
   (27)거래사례 (28)평가선례 (29)전년지가 (30)시가수준
   (31)(32)평가가격 (33)평가의견
3. 토지특성 조사 및 가격평가 시 유의사항 ············ 116
   가. 토지특성 조사 시 유의사항
   나. 가격평가 시 유의사항
4. 일단지의 평가 ························· 126
   가. 일단지 평가의 근거 및 필요성
   나. 일단지 조사·평가의 범위
   다. 토지용도 유형별 일단지의 범위
5. 전통시장의 조사 ······················· 130
   가. 전통시장의 개념 및 구분
   나. 표준지 조사·평가시 전통시장의 적용 범위

IV. 표준지 토지특성 조사요령

1 토지특성 조사의 의의

가) 토지특성조사란 토지가격형성에 중요한 요인으로 작용하고 토지관련자료의 정보요인으로 가치가 있는 것 중 토지특성조사표에 기재된 항목을 조사하는 것을 말한다.

나) 토지특성조사는 토지특성조사표(현장조사 참고양식)를 기준으로 하며 표준지조사·평가보고서, 표준지조사사항 및 가격평가의견서, 표준지가격조사표 등의 작성요령 또한 이하의 기준에 따른다.

다) 토지특성조사는 매년 1월 1일(공시기준일)을 기준으로 하며, 표준지공시지가 조사·평가자는 특성변경 재확인 기간에 시·도 및 시·군·구 고시문, 착공신고서, 건축물 대장 등을 확인하여 용도지역 등 공적 특성과 도로접면 등 물적 특성을 재확인하여야 한다.

라) 표준지공시지가 조사·평가자는 인근의 표준지와 표준주택 간 토지특성이 객관적으로 조사될 수 있도록 표준주택 조사·산정자와 상호 협의하여야 한다. 다만, 광평수 토지 일부에 표준주택이 있는 경우 등 토지·주택 특성을 일치시키지 않는 것이 합리적인 경우에는 표준주택과 인근 표준지의 토지 특성을 일치시키지 않을 수 있다.

2 토지특성 조사요령

(1) 일련번호

가) 일련번호는 행정안전부 행정전산망 지역코드에 의하여 다음과 같이 표시한다.
  1) 10자리 코드 중 5자리를 지역코드로 한다.

2) 일련번호 부여의 우선순위는 행정전산망 코드집의 지역코드순서, 토지대장의 지번순서, 임야대장의 지번순서 및 확정예정지번순서로 한다.

　　(표기방법 예)　　서울특별시 종로구 : 11110-1 부터 11110-끝까지
　　(표기방법 예)　　경기도 용인처인구 : 41461-1 부터 41461-끝까지

나) 일련번호는 시·군·구(자치구가 아닌 "구"를 포함한다)단위로 부여한다.

(2) 소 재 지

가) 토지(임야)대장에 표시된 소재 및 지번을 기재한다.

나) 일단지 중 대표성이 있는 1필지가 표준지로 선정된 때에는 해당 표준지의 소재지를 기재한다.

다) 확정예정지번이 부여된 지역의 토지는 시·군·구의 지적담당 부서 또는 조세담당 부서에서 확정예정지번(블록·롯트)을 확인하여 기재하고, 확정예정지번이 세부필지(롯트)로 구분되어 있지 아니한 경우에는 사업시행자로부터 분양계획도면, 면적 등을 제공받아 블록·롯트번호를 기재하되, 롯트번호가 확정되지 아니한 경우에는 블록단위를 기재한다.

※ 주소정보누리집(www.juso.go.kr)에 도로명주소가 존재하는 경우, 주소정보누리집에 기재된 도로명, 건물번호 및 상세주소(상세 주소가 있는 경우만 해당)를 기재함

※ 확정예정지번이 부여된 토지 일지라도 보상협의 진행률이 낮거나, 소유권 이전의 진행 정도가 미미한 경우 등에는 종전지번으로 조사할 수 있음

(3) 토지(임야)대장번호

토지(임야)대장에서 그 필지의 토지(임야)대장에 표시된 고유번호를 그대로 기재하되, 일단지 중에서 대표성이 있는 1필지가 표준지로 선정된 때에는 해당 표준지의 고유번호를 기재한다.

예) ☐☐ - ☐☐☐ - ☐☐☐ - ☐☐ - ☐ - ☐☐☐☐ - ☐☐☐☐
   시도 시군구 읍면동 리 산   본번   부번

1) 일반지번 : "1"

2) 산 지 번 : "2"

3) 확정예정지번

   ① 표준형 : "3"

   예) 가-5-5 : 3-0005-0005, 가-13-다 : 3-0013-00다

   ② 부번이 세분된 경우 : "4"

   예) 가-372-11-2 : 4-0372-1102, 가-26-10-3 : 4-0026-1003

   예) 가-26-10-가 : 4-0026-10가

4) 블록지번

   ① 표준형 : "5"

   예) BL 5-5 : 5-0005-0005, BL P5-108 : 5-00P5-0108

   ② 롯트부분이 세분된 경우 : "6"

   예) BL 372-11-2 : 6-0372-1102, BL N26-10-3 : 6-0N26-1003

   예) BL N26-10-가 : 6-0N26-10가, BL D20- E- 3 : 6-0D20-0E03

   ③ 지구지역의 표준형 : "7"

   예) 1지구 BL 5-5 : 7-1005-0005,

       2지구 BL P5-108 : 7-20P5-0108

   ④ 지구지역의 롯트부분이 세분된 경우 : "8"

   예) 1지구BL 372-11-2 : 8-1372-1102,

       2지구BL N26-10-3 : 8-2N26-1003

   예) 1지구BL N26-10-가 : 8-1N26-10가,

       2지구BL D20-E-3 : 8-2D20-0E03

5) 기타 : "9"

(블록지번이 아니면서 위 사항으로 구분할 수 없는 경우)

예) 14-?-3 : 9-0014-?03, P14-3-가 : 9-0P14-03가

※ 위 구분은 「공간정보의 구축 및 관리 등에 관한 법률」 상의 구분이 아닌 전산코드 입력을 위한 편의상 구분임

(4) 지 목

가) 지목은 공시기준일 현재의 토지(임야)대장에 표시된 지목을 기재하되, 일단지 중에서 대표성이 있는 1필지가 표준지로 선정된 때에는 해당 표준지의 지목을 기재한다.

나) 전산코드는 2자리로 기재하며 「공간정보의 구축 및 관리 등에 관한 법률」 제67조, 같은 법 시행령 제58조 [지목의 구분]의 규정에 의한다.

지목 구분

전산코드	지 목	약자	전산코드	지 목	약자
01	전	전	15	철도용지	철
02	답	답	16	제 방	제
03	과 수 원	과	17	하 천	천
04	목장용지	목	18	구 거	구
05	임 야	임	19	유 지	유
06	광 천 지	광	20	양 어 장	양
07	염 전	염	21	수도용지	수
08	대	대	22	공 원	공
09	공장용지	장	23	체육용지	체
10	학교용지	학	24	유 원 지	원
11	주 차 장	차	25	종교용지	종
12	주유소용지	주	26	사 적 지	사
13	창고용지	창	27	묘 지	묘
14	도 로	도	28	잡 종 지	잡

(5) 면   적

　　가) 면적은 토지(임야)대장에 표시된 면적을 조사하여 기재한다.

　　나) 환지예정지의 경우에는 환지(예정)면적을 기재한다.

　　다) 일단지 중에서 대표성이 있는 1필지가 표준지로 선정된 때에는 해당 표준지의 면적을 기재하되, 일단지로 조사·평가된 사항을 표시한다.

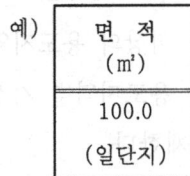

　　※ 표준지공시지가 처리프로그램에서 "외지번입력" 메뉴를 활용하여 외지번을 입력하면 일단지("1")로 자동 기재됨

(6) 용도지역

　　가) 「국토의 계획 및 이용에 관한 법률」 제36조·제79조 및 같은 법 시행령 제30조의 규정에 의한 용도지역을 2개까지 기재한다.

　　※ 용도지역이 3개 이상인 표준지는 "용도지역 3개 이상란"에 별도 표시한다.

　　※ 토지이용계획확인서에 둘 이상의 용도지역이 표기되나 용도지역 경계와 지적선이 일치하는 토지의 경우에는, 실제 한 개의 용도지역일 가능성이 있으므로 이에 대한 사실여부를 재검토하여 용도지역을 기재하여야 한다.

　　- 재검토 결과 한 개의 용도지역일 경우 토지이용계획확인서 변경을 요청하며, 2개 이상의 용도지역이나 면적이 매우 미세한 경우 등에는 최소면적($1m^2$)을 입력하는 등 공부와 일치하게 기재하여야 한다.

　　나) 한 필지에 둘 이상의 용도지역이 구분·지정되어 있는 토지가 불가피하게 표준지로 선정된 경우,

　　　- 둘 이상의 용도지역 간 가격이 유사할 때에는 면적이 넓은 용도지역 순으로 기재하며,

- 둘 이상의 용도지역간 가격 격차가 클 때에는 각각의 용도지역별 토지가격을 비교(각 용도지역별 면적×각 용도지역별 단가)하여 토지가격이 높은 순으로 기재하되, 각각의 용도지역별 면적 및 단가를 기재한다.

다) 일단지 중에서 대표성이 있는 1필지가 표준지로 선정된 때에는 그 일단지 전체를 1필지로 보고 용도지역을 조사하여 기재한다.
- 일단지 내 필지가 둘 이상의 용도지역으로 구분·지정되어 있는 경우에는 일단지 전체 기준 각 용도지역별 지정 면적의 비율로 표준지 용도지역별 면적을 계산하여 기재한다.
※ 다만, 특수토지 일단지의 경우 그 일단지 전체를 대표하는 용도지역의 필지를 선정하고, 선정된 해당 필지의 용도지역별 면적으로 조사·기재할 수 있다.

라) 용도지역은 지형도면 등이 고시된 날을 기준으로 판단하여야 한다.
- 「토지이용규제 기본법」 제8조에서는 지형도면 또는 지적도 등에 지역·지구 등을 명시한 도면(이하 "지형도면 등"이라 한다)을 고시하여야 하는 지역·지구등의 지정의 효력은 지형도면등의 고시를 함으로써 발생한다고 규정하고 있는 바, 용도지역은 지형도면 등이 고시된 날을 기준으로 판단하여야 한다.
※ 특히 연말에 지형도면 등의 고시에 따라 용도지역 변경이 되었으나, 당시 토지이용계획확인서상에는 변경내용이 반영되지 않아 확인서상의 용도지역을 기재하여 오류가 빈번히 발생하는 바, 각별한 주의가 필요함
※ 실제효력발생일이 별도로 있을 경우 해당일 기준으로 판단

마) 개발제한구역은 용도지역은 아니나 그 규제내용이 엄격하므로 용도지역으로 분류하되,
- 한 필지에 개발제한구역과 용도지역이 중복되어 지정된 경우에는 개발제한구역만 기재하고 중복되는 용도지역은 별도 기재한다.

(기재방법 예)

사 례	기재방법
「국토의 계획 및 이용에 관한 법률」 시행령 제30조의 규정에 의한 자연녹지지역이 개발제한구역으로 지정되어 있는 경우	개발제한 (자연녹지)

<예시>

1필지가 중복 지정된 경우	기재방식	
(개발제한구역 / 자연녹지지역)	용도지역1	용도지역2
	개발제한구역 (자연녹지)	-

- 한 필지에 개발제한구역과 다른 용도지역이 각각 구분·지정되어 있는 경우에는 한 필지가 둘 이상의 용도지역이 구분·지정된 경우와 동일한 방식을 적용하여 순서대로 기재한다.

<예시>

1필지가 구분 지정된 경우	기재방식	
개발제한구역(20%) / 자연녹지지역	용도지역1	용도지역2
	자연녹지지역	개발제한구역 (자연녹지)
개발제한구역(80%) / 자연녹지지역	용도지역1	용도지역2
	개발제한구역 (자연녹지)	자연녹지지역
개발제한구역(80%) / 자연녹지지역 / 제2종 일반주거지역	용도지역1	용도지역2
	개발제한구역 (자연녹지)	제2종 일반주거지역

바) 「국토의 계획 및 이용에 관한 법률」 제36조에 의한 도시지역·관리지역·농림지역·자연환경보전지역으로 용도가 지정되지 아니한 지역과 도시지역 중 주거지역·상업지역·공업지역·녹지지역으로 용도가 세분되지 아니한 지역은 용도미지정으로 기재한다.

※ 다음 각호의 구역 등으로 지정·고시된 지역은 도시지역으로 결정·고시된 것으로 본다(「국토의 계획 및 이용에 관한 법률」 제42조제1항).

1. 「항만법」 제2조제4호에 따른 항만구역으로서 도시지역에 연접한 공유수면
2. 「어촌·어항법」 제17조제1항에 따른 어항구역으로서 도시지역에 연접한 공유수면
3. 「산업입지 및 개발에 관한 법률」 제2조제8호 가목부터 다목까지의 규정에 따른 국가산업단지, 일반산업단지 및 도시첨단산업단지
4. 「택지개발촉진법」 제3조에 따른 택지개발지구
5. 「전원개발촉진법」 제5조 및 같은 법 제11조에 따른 전원개발사업구역 및 예정구역(수력발전소 또는 송·변전설비만을 설치하기 위한 전원개발사업구역 및 예정구역을 제외한다)

용도지역구분

구 분		용 도 지 역	전산코드	약 자	기 재 방 법
도시지역	주거지역	제1종전용주거지역	11	1전	1종전주
		제2종전용주거지역	12	2전	2종전주
		제1종일반주거지역	13	1주	1종일주
		제2종일반주거지역	14	2주	2종일주
		제3종일반주거지역	15	3주	3종일주
		준주거지역	16	준주	준 주 거
	상업지역	중심상업지역	21	중상	중심상업
		일반상업지역	22	일상	일반상업
		근린상업지역	23	근상	근린상업
		유통상업지역	24	유상	유통상업
	공업지역	전용공업지역	31	전공	전용공업
		일반공업지역	32	일공	일반공업
		준공업지역	33	준공	준 공 업
	녹지지역	보전녹지지역	41	보전	보전녹지
		생산녹지지역	42	생산	생산녹지
		자연녹지지역	43	자연	자연녹지
	개발제한구역	개발제한구역	44	개제	개발제한
용도미지정		용도미지정지역	51	미정	미 지 정
관리지역		관리지역	61	관리	관리지역
		보전관리지역	62	보관	보전관리
		생산관리지역	63	생관	생산관리
		계획관리지역	64	계관	계획관리
농림지역		농림지역	71	농림	농림지역
자연환경보전지역		자연환경보전지역	81	자보	자연환경

※ 1. 관리지역에 대한 경과조치

① 도시·군관리계획(구「도시계획법」에 의한 도시계획을 말함)은 특별시장·광역시장·특별자치시장·특별자치도지사·시장 또는 군수가 5년마다 그 타당성여부를 재검토하여 정비하여야 하나(「국토의 계획 및 이용에 관한 법률」제34조) 위 규정에 불구하고 지방자치단체장은 이 법 시행일로부터 (2003년 1월 1일부터) 3년 이내에 다음 지역에 대하여 도시·군관리계획을 전반적으로 재검토하여 정비하여야 한다(「국토의 계획 및 이용에 관한 법률」부칙 제8조제1항).

- 「수도권정비계획법」제2조제1호의 규정에 의한 수도권에 속한 시·군
- 광역시 또는 광역시와 경계를 같이하고 있는 시·군
- 즉, 수도권에 있는 시·군, 광역시, 광역시와 경계를 같이하고 있는 시·군은 2005년 말까지, 나머지는 2007년 말까지 관리지역을 세분하여야 함

② 관할구역의 전부가 종전의 「도시계획법」제30조의 규정에 의한 도시계획구역에 해당하는 지방자치단체의 장은 「국토의 계획 및 이용에 관한 법률」제34조 및 제1항의 규정에 불구하고 종전의 「도시계획법」제28조의 규정에 의한 도시계획의 재정비 기한에 맞추어 도시·군관리계획을 전반적으로 재검토하여 이를 정비하여야 한다(「국토의 계획 및 이용에 관한 법률」부칙 제8조제2항).

2. 다른 법률에 의하여 지정된 지역의 용도지역지정 의제

- 관리지역에서 「농지법」에 따른 농업진흥지역으로 지정·고시된 지역은 이 법에 따른 농림지역으로, 관리지역의 산림 중 「산지관리법」에 따라 보전산지로 지정·고시된 지역은 그 고시에서 구분하는 바에 따라 이 법에 따른 농림지역 또는 자연환경보전지역으로 결정·고시된 것으로 본다(「국토의 계획 및 이용에 관한 법률」제42조제2항).

3. 용도지역의 환원

- 「국토의 계획 및 이용에 관한 법률」 제42조제1항에 의한 항만구역, 어항구역, 국가산업단지 및 일반산업단지 및 도시첨단산업단지, 택지개발지구, 전원개발사업구역 및 예정구역(수력발전소 또는 송·변전설비만을 설치하기 위한 전원개발사업구역 및 예정구역을 제외)이 해제되는 경우(개발사업의 완료로 해제되는 경우를 제외한다) 이 법 또는 다른 법률에서 그 구역 등이 어떤 용도지역에 해당되는 지를 따로 정하고 있지 아니한 경우에는 이를 지정하기 이전의 용도지역으로 환원된 것으로 본다. 이 경우 지정권자는 용도지역이 환원된 사실을 대통령령으로 정하는 바에 따라 고시하고, 그 지역을 관할하는 특별시장·광역시장·특별자치시장·특별자치도지사·시장 또는 군수에게 통보하여야 한다.(「국토의 계획 및 이용에 관한 법률」 제42조제4항).

4. 용도지역 미지정 또는 미세분지역에서의 행위제한 등

① 도시지역·관리지역·농림지역 또는 자연환경보전지역으로 용도가 지정되지 아니한 지역에 대하여는 건축제한, 건폐율, 용적률(「국토의 계획 및 이용에 관한 법률」 제76조 내지 제78조)의 규정을 적용함에 있어서 자연환경보전지역에 관한 규정을 적용한다(「국토의 계획 및 이용에 관한 법률」 제79조제1항).

② 도시지역 또는 관리지역이 세부 용도지역으로 지정되지 아니한 경우에는 건축제한, 건폐율, 용적률(「국토의 계획 및 이용에 관한 법률」 제76조 내지 제78조)의 규정을 적용할 때에 해당 용도지역이 도시지역인 경우에는 녹지지역 중 대통령령으로 정하는 지역에 관한 규정을 적용하고, 관리지역인 경우에는 보전관리지역에 관한 규정을 적용한다(「국토의 계획 및 이용에 관한 법률」 제79조제2항).

③ 일반주거지역(구 도시저소득주민의주거환경개선에관한임시조치법 제3조의 규정에 의하여 주거환경개선지구로 지정된 지역을 제외한다.)·1종일반주거지역·2종일반주거지역 또는 3종일반주거지역이 제1종일반주거지역·제2종

일반주거지역 또는 제3종일반주거지역으로 세분·지정되지 아니하거나 다른 용도지역으로 변경되지 아니하는 경우 제2종일반주거지역으로 본다(「국토의 계획 및 이용에 관한 법률 시행령」 부칙<대통령령 제17816호, 2002.12.26> 제9조제1항).

④ 일반주거지역(구 도시저소득주민의주거환경개선에관한임시조치법 제3조의 규정에 의하여 주거환경개선지구로 지정된 지역을 제외한다.)이 제1종일반주거지역·제2종일반주거지역 또는 제3종일반주거지역으로 세분·지정되거나 다른 용도지역으로 변경지정될 때까지 건축제한에 관하여는 대통령령 제16891호 도시계획법시행령개정령 별표18의 규정을 적용하고 건폐율 및 용적률에 관하여는 각각 60퍼센트 이하 및 400퍼센트 이하의 범위안에서 도시계획조례가 정하는 비율에 의한다(「국토의 계획 및 이용에 관한 법률 시행령」 부칙<대통령령 제17816호, 2002.12.26> 제9조제2항).

⑤ 1종일반주거지역·2종일반주거지역 및 3종일반주거지역이 제1종일반주거지역·제2종일반주거지역 또는 제3종일반주거지역으로 세분·지정되거나 다른 용도지역으로 변경지정될 때까지 건축제한·건폐율 및 용적률에 관하여는 대통령령 제16284호 건축법시행령중개정령에 의한 1종일반주거지역·2종일반주거지역 및 3종일반주거지역에 관한 규정을 적용한다(「국토의 계획 및 이용에 관한 법률 시행령」 부칙<대통령령 제17816호, 2002.12.26.> 제9조제3항).

⑥ 2004년 12월 31일 이전 주거환경개선지구로 지정된 지역이 2004년 12월 31일까지 제30조의 규정에 의한 제1종일반주거지역·제2종일반주거지역 또는 제3종일반주거지역으로 세분·지정되지 아니하거나 다른 용도지역으로 변경 지정되지 아니하는 경우 당해 지역은 2005년 1월 1일부터 제3종일반주거지역으로 본다(「국토의 계획 및 이용에 관한 법률 시행령」 부칙<대통령령 제17816호, 2002.12.26> 제9조제4항).

⑦ 2004년 12월 31일 이전 주거환경개선지구로 지정된 지역이 제1종일반주거지역·제2종일반주거지역 또는 제3종일반주거지역으로 세분·지정되지 아니하거나 다른 용도지역으로 변경지정 될 때까지 당해지역 안에서 건축제한에 관하여는 대통령령 제16891호 도시계획시행령개정령 별표18의 규정을 적용한다(「국토의 계획 및 이용에 관한 법률 시행령」 부칙 <대통령령 제17816호,2002.12.26> 제9조제5항).

(7) 용도지구

가) 「국토의 계획 및 이용에 관한 법률」 제37조의 규정에 의한 용도지구가 지정되어 있는 경우에는 그 용도지구를 2개까지 기재한다.

나) 한 필지에 둘 이상의 용도지구가 구분(중복) 지정되어 있는 경우
- 일반필지와 격차율이 큰 순서대로 2개까지 기재한다.
    예) 지정된 용도지구의 비준률이 각각 0.98, 0.95일 경우 용도지구1에는 0.95, 용도지구2에는 0.98에 해당하는 용도지구를 기재
- 제한의 정도가 동일한 경우에는 토지특성조사표상 번호가 빠른 순으로 기재한다.
- 다만, 제한의 정도가 강한 지구의 면적이나 형상이 다른 지구의 이용·개발에 미치는 영향이 미미할 경우에는 다른 지구의 번호를 먼저 기재한다.

다) 한 필지의 일부에 용도지구가 지정되어 있는 경우에 지구의 면적이나 형상이 잔여 토지의 이용·개발에 미치는 영향이 극히 미미할 경우에는 지구 지정이 없는 것으로 본다.

라) 일단지로 조사된 토지는 그 일단지 전체를 1필지로 보고 용도지구를 조사하여 기재한다.

용도지구 구분

구분	용도지구	전산코드	약어
경관지구	자연경관지구	110	자연경관
	시가지경관지구	120	시가경관
	특화경관지구	130	특화경관
	기타경관지구	140	기타경관
고도지구	고도지구	200	고도지구
방화지구	방화지구	300	방화지구
방재지구	방재지구 (시가지방재지구, 자연방재지구)	400	방재지구
보호지구	역사문화환경보호지구	510	역사보호
	중요시설물보호지구	520	시설보호
	중요시설물(항만)보호지구	521	항만보호
	중요시설물(공항)보호지구	522	공항보호
	중요시설물(공용시설)보호지구	523	공용보호
	중요시설물(교정군사)보호지구	524	군사보호
	생태계보호지구	530	생태보호
취락지구	자연취락지구	610	자연취락
	집단취락지구	620	집단취락
	보호취락지구	630	보호취락
개발진흥지구	주거개발진흥지구	710	주거진흥
	산업유통개발진흥지구	720	산업진흥
	관광휴양개발진흥지구	730	관광진흥
	복합개발진흥지구	740	복합진흥
	특정개발진흥지구	750	특정진흥
특정용도제한지구	특정용도제한지구	800	특정용도
복합용도지구	복합용도지구	900	복합용도
기타지구	기타지구	999	기타지구

개정 전		개정 후 (2018.04.19. 시행)	
법	시행령	법	시행령
고도지구	최고고도지구	(최고)고도지구	-
	최저고도지구		
경관지구	자연경관지구	경관지구	자연경관지구
	수변경관지구		
	시가지경관지구		시가지경관지구
미관지구	중심지미관지구		
	일반미관지구		
	역사문화미관지구		특화경관지구
보존지구	역사문화환경보존지구	보호지구	역사문화환경보호지구
	생태계보존지구		생태계보호지구
	중요시설물보존지구		중요시설물보호지구
시설보호지구	공용시설보호지구		
	항만시설보호지구		
	공항시설보호지구		
	학교시설보호지구	특정용도제한지구	
특정용도제한지구	특정용도제한지구		
(신설)		복합용도지구	

※ 「국토의 계획 및 이용에 관한 법률」 개정으로 미관지구는 경관지구로 통합되었으나, 같은 법 부칙<제14795호, 2017.4.18.> 제2조(미관지구에 관한 경과조치)에 따라 이 법 시행일(2018.4.18.)부터 1년 이내에 지구단위계획으로 대체되거나 다른 용도지구로 변경지정 되지 아니한 경우, 해당 미관지구는 동법 제37조제1항제1호에 따른 경관지구로 지정된 것으로 봄

- 종전 미관지구가 지구단위계획으로 대체되거나 다른 용도지구로 변경지정 되지 아니하여 경관지구로 보는 경우에는 「국토의 계획 및 이용에 관한 법률」 시행령 부칙<제28553호, 2017.12.29.>제3조제2항 등에 따라 중심지미관지구 및 일반미관지구는 시가지경관지구(120)로, 역사문화미관지구는 특화경관지구(130)로, 기타미관지구는 기타경관지구(140)로 기재함

※ 「국토의 계획 및 이용에 관한 법률」 제37조제3항 및 같은법 시행령 제31조제4항에 의거 조례로 같은법 제37조제1항 각 호의 용도지구 외의 용도지구의 지정 또는 변경된 경우에는 기타지구(999)로 기재함

※ 「국토의 계획 및 이용에 관한 법률」 시행령 제31조제3항에 의거 도시·군계획조례로 정하는 바에 따라 같은 조 제2항제1호에 따른 경관지구가 추가적으로 세분된 경우에는 기타경관지구(140)로, 특화경관지구가 세분된 경우에는 세분화된 지구와 관계없이 기존의 특화경관지구(130)로 기재함

※ 「국토의 계획 및 이용에 관한 법률」 시행령 제31조제3항에 의거 도시·군계획조례로 정하는 바에 따라 같은 조 제2항제5호에 따른 중요시설물보호지구가 같은 조 제1항의 시설물로 세분화된 경우 시설물별로 항만(521), 공항(522), 공용시설(523), 교정시설·군사시설(524)로 기재함

※ 「국토의 계획 및 이용에 관한 법률」 제37조제1항제8호에 따른 특정용도제한지구를 같은법 시행령 제31조제3항에 의거 도시·군계획조례로 세분하여 지정한 경우 명칭에 관계없이 특정용도제한지구(800)로 기재함

※ 종전의 「도시계획법」 제33조제1항제1호의 규정에 의한 경관지구가 도시계획조례에 의하여 경관지구로 세분·지정되지 아니한 경우에는 기타경관지구(140)로, 종전의 「국토이용관리법」 시행령 제7조제1호 각목의 취락지구·산업촉진지구·시설용지지구 및 「국토의 계획 및 이용에 관한 법률」에 의한 개발진흥지구가 같은 법 시행령 제31조 제2항제8호 각목의 개발진흥지구로 세분·지정되지 아니한 경우에는 기타지구(999)로 기재

(8) 기타제한(구역 등) : 기타

　가) 「국토의 계획 및 이용에 관한 법률」, 「도로법」, 「문화유산법」, 「자연유산법」 등 개별법에 의한 구역(지역)이 지정된 경우에는 2개(기타제한1, 기타제한2)까지 기재한다(비준표 배율은 기타제한1에 한하여 적용됨).

　　- 다만, 한 필지의 일부에 구역 및 지역이 지정되어 있을 경우에 그 지정된 면적이나 형상이 잔여토지의 이용·개발에 미치는 영향이 미미할 때에는 구역 및 지역의 지정이 없는 것으로 간주한다.

　　- 「자연공원법」에 의한 자연공원은 "공원구역 등(020~024)"으로 기재하고 "⑭토지이용상황"란에 실제 이용상황을 기재한다.

　나) 한 필지에 '도시자연공원구역', '일시적 규제지역' 또는 '비오톱'이 지정되었으며 기타제한1에 해당 제한을 기재하는 경우 그 지정면적의 비율을 기재한다. 다만, 지정면적비율이 해당 토지면적의 10% 이하인 경우에는 비율은 기재하되, 이에 따른 감가는 반영하지 않는다.

　　※ 지정면적비율 (　　) %

　　- 한 필지 일부 또는 전부에 '도시자연공원구역', '일시적 규제지역' 또는 '비오톱'이 함께 지정되어 있는 경우는 그 지정면적을 합하여 비율을 기재함(양자 간 중복면적이나, 가격배율이 1.00이 적용되는 경우는 제외하고 계산)

　　※ 이 경우 일반필지와 상기 기타제한(도시자연공원구역, 일시적 규제지역 또는 비오톱) 간 격차율이 동일하다면 「면적」이 큰 구역(지역)을 기타제한1에 기재하며, 면적까지도 동일한 경우에는 「번호」가 빠른 구역(지역)을 기타제한1에 기재한다.

　　※ 「도시공원 및 녹지 등에 관한 법률」 제17조 및 「국토의 계획 및 이용에 관한 법률」 제48조에 의거 지정 효력이 상실된 도시·군계획시설(공원)이 일정기간 규제지역으로 지정되는 경우(예 : 개발행위허가 제한지역 등) '일시적 규제지역'으로 조사함

※ '20년 7월에 지정 효력이 상실된 경우가 대다수이나, 효력이 상실되기 전 지정권자 직권으로 해제된 경우도 포함하여 조사함
- 일단지의 경우에는 일단지 전체면적에 대한 지정면적의 비율을 기재함

다) 한 필지가 둘 이상의 구역 및 지역으로 중복 또는 구분 지정되어 있는 경우
- 일반필지와 격차율이 큰 순서대로 기재한다.
  예) 지정된 기타제한(구역 등)의 비준률이 각각 0.98, 0.95일 경우 기타제한1에는 0.95, 기타제한2에는 0.98에 해당하는 지역·지구를 기재함
- 일반필지와 격차율이 상호 동일한 둘 이상의 구역(지역)에 지정된 경우에는 토지특성조사표상 「번호」가 빠른 구역(지역)을 기타제한1에 기재한다.
- 일반필지와 격차율이 큰 구역(지역)의 지정면적비율이 낮아서 전체 토지의 이용·개발에 미치는 영향이 미미할 경우에는 다른 구역(지역)의 번호를 기재한다.
- '도시자연공원구역', '일시적 규제지역' 또는 '비오톱'이 다른 기타제한(구역 등)과 중복으로 지정된 경우에는 지정면적비율을 고려한 실질 격차율(지정면적비율이 10%이하는 격차율이 0인 점을 감안)을 고려하여 우선 기재한다.
  예) 비오톱(가격배율 0.60, 지정면적비율 30%), 국가유산보호구역(가격배율 0.81)이 중복 지정된 경우,
  → 비오톱 실질 격차율은 0.12(계산식: 1−(0.3×0.60+0.7×1.00)), 국가유산보호구역 격차율은 0.19 이므로,
  → 기타제한1 : 국가유산보호구역, 기타제한2 : 비오톱으로 기재

라) 일단지로 조사된 토지는 그 일단지 전체를 1필지로 보고 기타제한(구역 등)을 조사하여 기재한다.

기타제한의 구분

구 분	전산코드	약 자	기재방법
공원구역	020	공원	공원구역
공원자연보존지구	021	보존	공원자연보존지구
공원자연환경지구	022	환경	공원자연환경지구
공원문화유산지구	023	유산	공원문화유산지구
공원마을지구	024	마을	공원마을지구
고속접도구역	031	고접	고속접도구역
일반접도구역	032	일접	일반접도구역
하천구역	040	하천	하천구역
홍수관리구역	041	홍수	홍수관리구역
상수원보호구역	050	상수	상수원보호구역
상수원보호구역 기타	051	상기	상수원보호구역 기타
수변구역	060	수변	수변구역
특별대책지역	070	특별	특별대책지역
국가유산보호구역	080	국보	국가유산보호구역
군사기지 및 군사시설 보호구역, 비행안전구역	090	군사	군사시설보호구역
시가화조정구역	100	시가	시가화조정구역
전원개발사업구역	120	전원	전원개발사업구역
농공단지	130	농공	농공단지
토지거래허가구역	140	허가	토지거래허가구역
지구단위계획구역	150	지구	지구단위계획구역
수산자원보호구역	160	수산	수산자원보호구역
도시자연공원구역	170	도공	도시자연공원구역
교육환경보호구역	180	교육	교육환경보호구역
친수구역	190	친수	친수구역
공항소음대책지역	200	소음	공항소음대책지역
비오톱	210	비오	비오톱
일시적 규제지역	220	일시	일시적 규제지역
도시혁신구역	300	혁신	도시혁신구역
도시계획시설 입체복합구역	310	입체	도시계획시설 입체복합구역
기타	990	기타	기타

⑳ 공원구역 : 「자연공원법」 제4조에 의하여 자연공원으로 지정된 구역

　※ 공원구역 내 공원자연보존지구 등(21~24)과 같은 세부 지구가 지정되지 않은 토지 등은 공원구역(20)으로 조사함

㉑ 공원자연보존지구 : 「자연공원법」 제18조제1항제1호에 의하여 지정된 지역

㉒ 공원자연환경지구 : 「자연공원법」 제18조제1항제2호에 의하여 지정된 지역

㉓ 공원문화유산지구 : 「자연공원법」 제18조제1항제6호에 의하여 지정된 지역

㉔ 공원마을지구 : 「자연공원법」 제18조제1항제3호에 의하여 지정된 지역

　※ 공원마을지구는 (구)「자연공원법」에 의해 조사된 공원자연마을지구, 공원밀집마을지구, 공원집단시설지구를 포함

㉛ 고속접도구역 : 「도로법」 제11조에 의한 고속국도 및 제48조에 의한 자동차전용도로에 지정된 접도구역

㉜ 일반접도구역 : 「도로법」 제12조, 제15조 및 고속접도구역 외에 지정된 접도구역

　※ 단, 동일 토지 내에서 고속접도구역과 일반접도구역이 혼재(구분지정 혹은 중복지정)하는 경우에는 '고속접도구역'만 지정된 것으로 보아 '일반접도구역'은 표시하지 않는다.

㊵ 하천구역 : 「하천법」 제10조에 의거 지정·고시된 구역

　※ 하천구역은 소하천구역을 포함함

　- 소하천구역 : 「소하천정비법」 제3조의 3에 의하여 결정된 구역

　※ 한 필지에 '하천구역'과 도시·군계획시설의 '하천'이 중복 또는 구분 지정된 경우에는 양자를 모두 기재하되 하천구역에 따른 감가요인은 반영하지 않는다.

㊶ 홍수관리구역 : 「하천법」 제12조에 의하여 지정된 구역

㊾ 상수원보호구역 : 「수도법」 제7조에 의하여 지정된 구역

㊿ 상수원보호구역 기타 : 「수도법」 제7조의2에 의하여 공장설립이 제한되는 상수원보호구역 외의 구역

　※ 공장설립 승인지역은 '기타(990)'로 표기

⑥ 수변구역 : 「한강수계 상수원수질개선 및 주민지원 등에 관한 법률」 제4조, 「낙동강수계 물관리 및 주민지원 등에 관한 법률」 제4조, 「금강수계 물관리 및 주민지원 등에 관한 법률」 제4조 및 「영산강·섬진강수계 물관리 및 주민지원 등에 관한 법률」 제4조에 의거 지정·고시된 구역

   ※ 상기 법률 제4조제2항에 따라 다음에 해당하는 지역은 수변구역에서 제외하여야 하므로 관할 지자체 등 관련 기관을 통해 재확인 필요

   - 상수원보호구역, 개발제한구역, 군사기지 및 군사시설 보호구역, 하수처리구역, 지구단위계획구역(주거형으로 한정), 도시지역(낙동강, 금강, 영산강·섬진강수계), 현지 실태 조사 결과에 따라 제외되는 지역(한강수계), 자연마을 형성 지역으로서 일정 기준에 해당되는 지역(낙동강, 금강수계), 그 밖에 대통령령이 정하는 지역(영산강·섬진강수계)

   - 다만, 하수처리구역은 주민지원사업으로 공공하수시설의 전부 또는 일부가 설치되거나, 관할 지자체 장이 수변구역 지정을 해제하지 아니할 조건으로 수변구역 일부에 공공하수처리시설을 설치한 경우 수변구역 지정을 해제하지 아니함

⑦ 특별대책지역 : 「환경정책기본법」 제38조에 의하여 지정된 구역

⑧ 국가유산 보호구역 : 「문화유산의 보존 및 활용에 관한 법률」 제27조(보호구역), 제13조(역사문화환경 보존지역), 제70조(시·도지정문화유산), 제70조의2(시·도지정문화유산 또는 문화유산자료의 보호물 또는 보호구역)와 「자연유산의 보존 및 활용에 관한 법률」 제13조(보호구역), 제10조(역사문화환경 보존지역), 제40조(시·도자연유산 또는 자연유산자료), 제41조(시·도자연유산 또는 자연유산자료의 보호물 또는 보호구역), 「고도 보존 및 육성에 관한 특별법」 제10조(역사문화환경 특별보존지구, 역사문화환경 보존육성지구)에 의하여 지정된 구역

   ※ 다만, 「문화유산의 보존 및 활용에 관한 법률」 및 「자연유산의 보존 및 활용에 관한 법률」에 의거하여 지정한 역사문화환경 보존지역(현상변경허가대상구역 등)과 「고도 보존 및 육성에 관한 특별법」에 의한 역사문화환경 보존육성지구 중 가격에 미치는 영향이 미미하다고 판단되는 경우에는 기타(990)로 조사함

⑨ 군사시설보호구역 : 「군사기지 및 군사시설 보호법」 제3조 내지 제6조에 의한 군사기지 및 군사시설 보호구역, 비행안전구역(예비항공작전기지는 제외)으로 설정된 구역

　※ 단, 비행안전구역은 작전기지별로 1, 2구역만을 조사함(3~6구역은 기타 (990)로 조사함)

　※ 비행안전구역 2구역의 경우 가격에 미치는 영향이 미미하다고 판단되는 경우에는 시·군·구와 협의하여 기타(990)로 조사함

<군사기지 및 군사시설보호법에 의한 세분>

	구 분	실적용례 (토지이용계획확인서)
1	군사기지 및 군사시설 보호구역	통제보호구역 제한보호구역
2	비행안전구역	전술항공작전기지(1구역~2구역) 지원항공작전기지(1구역~2구역) 헬기전용작전기지(1구역~2구역)

⑩ 시가화조정구역 : 「국토의 계획 및 이용에 관한 법률」 제39조에 의하여 지정된 구역

⑫ 전원개발사업구역 : 「전원개발촉진법」 제5조에 의거 지정·고시된 구역

　※ 전원개발사업구역은 「전원개발촉진법」 제11조에 의한 전원개발사업 예정구역을 포함함

⑬ 농공단지 : 「산업입지 및 개발에 관한 법률」 제8조에 의하여 지정된 구역

　※ 「산업입지 및 개발에 관한 법률」 제2조제8호 라목의 규정에 의하여 「농어촌정비법」 제2조제1호에 따른 농어촌 지역에 지정된 일반산업단지 또는 도시첨단산업단지를 포함함

⑭ 토지거래허가구역 : 「부동산 거래신고 등에 관한 법률」 제10조에 의하여 지정된 구역

⑮ 지구단위계획구역 :「국토의 계획 및 이용에 관한 법률」제51조에 의하여 지정된 구역

※「도시 및 주거환경정비법」제17조제1항에 의하여 정비구역(재정비촉진계획이 결정·고시되었을 때에는 정비구역의 지정 또는 변경의 승인·결정 등이 있는 것으로 봄(도시재정비 촉진을 위한 특별법 제13조))으로 지정·고시가 있는 경우 정비계획 중「국토의 계획 및 이용에 관한 법률」제52조제1항 각호의 어느 하나에 해당하는 사항은 지구단위계획구역으로 결정 · 고시된 것으로 보고 조사함

<국토의 계획 및 이용에 관한 법률 제52조제1항 각호에 해당하는 사항>

1. 용도지역이나 용도지구를 대통령령으로 정하는 범위에서 세분하거나 변경하는 사항
  1의2. 기존의 용도지구를 폐지하고 그 용도지구에서의 건축물이나 그밖의 시설의 용도·종류 및 규모 등의 제한을 대체하는 사항
2. 대통령령으로 정하는 기반시설의 배치와 규모
3. 도로로 둘러싸인 일단의 지역 또는 계획적인 개발·정비를 위하여 구획된 일단의 토지의 규모와 조성계획
4. 건축물의 용도제한, 건축물의 건폐율 또는 용적률, 건축물 높이의 최고한도 또는 최저한도
5. 건축물의 배치·형태·색채 또는 건축선에 관한 계획
6. 환경관리계획 또는 경관계획
7. 보행안전 등을 고려한 교통처리계획
8. 그 밖에 토지 이용의 합리화, 도시나 농·산·어촌의 기능 증진 등에 필요한 사항으로서 대통령령으로 정하는 사항

⑯ 수산자원보호구역 :「국토의 계획 및 이용에 관한 법률」제40조에 의하여 지정된 구역

⑰ 도시자연공원구역 :「국토의 계획 및 이용에 관한 법률」제38조의2에 의해 지정된 구역

⑱ 교육환경보호구역 : 「교육환경 보호에 관한 법률」제8조제1항에 의한 절대보호구역, 상대보호구역으로 설정·고시된 구역

⑲ 친수구역:「친수구역 활용에 관한 특별법」제4조에 의하여 지정된 구역

⑳ 공항소음대책지역 : 「공항소음 방지 및 소음대책지역 지원에 관한 법률」 제5조제1항에 의해 지정된 소음대책지역 중 제1종 지역

㉑ 비오톱 : 각 지방자치단체가 조례에 의하여 '비오톱'으로 지정한 구역으로서 토지이용계획확인서에 등재된 구역

㉒ 일시적 규제지역 : 「도시공원 및 녹지 등에 관한 법률」 제17조 및 「국토의 계획 및 이용에 관한 법률」 제48조에 의거 지정 효력이 상실된 도시·군계획시설(공원)이 일정기간 규제지역으로 지정되는 경우(예 : 개발행위허가 제한지역, 건축허가 및 착공제한지역 등)로서, 「국토의 계획 및 이용에 관한 법률」 제63조에 의하여 지정된 구역

　※ 「국토의 계획 및 이용에 관한 법률」 제63조제1항제4호에 의해 지정된 지구단위계획구역은 코드150의 지구단위계획구역과는 별개로 일시적 규제지역으로 조사함

　※ '20년 7월에 지정 효력이 상실된 경우가 대다수이며, 효력이 상실되기 전 지정권자 직권으로 해제된 경우도 포함하여 조사함

㉚ 도시혁신구역 : 「국토의 계획 및 이용에 관한 법률」 제40조의3에 의하여 지정된 구역

㉛ 도시계획시설 입체복합구역 : 「국토의 계획 및 이용에 관한 법률」 제40조의5에 의하여 지정된 구역

㉟ 기타 : 상기 기타제한(구역 등) 이외 개별법령상 토지이용이 규제되는 경우

　※ 코드기재란에 "990"입력(둘 이상의 기타(990) 제한이 존재하는 경우 한 개의 코드만 입력 가능)후 상세 제한 구역(지역) 지정 현황 별도 기재

　※ 「도로법」 제25조의 '도로구역'은 도시·군계획시설 '지상도로'로 조사하며, ㉟기타로 조사하지 않음

(8-1) 기타제한(지역 등) : 제주특별자치도 지역

가) 제주특별자치도에 한해 「제주특별자치도 설치 및 국제자유도시 조성을 위한 특별법」 제355조·제356조·제357조에 의한 지역·지구가 지정된 경우에는 일반필지와 격차율이 큰 지역·지구 순으로 2개까지 기재한다.

나) 한 필지의 일부 또는 전부에 지역·지구가 지정된 경우에는 그 지정면적의 비율을 기재한다.
- 지정면적비율 (   ) %
- 해당 토지의 일부에 지역(지구)이 지정되어 있을 경우에 그 지정된 면적이 10% 이하이면 비율은 기재하되, 이에 따른 감가는 반영하지 않는다.

다) 지역·지구가 구분(중복) 지정된 경우,
- 일반필지와 격차율이 큰 순서대로 기재한다.
    예) 지정된 지역의 비준률이 각각 0.98, 0.95일 경우 기타제한1에는 0.95, 기타제한2에는 0.98에 해당하는 지역·지구를 기재함

- 일반필지와 격차율이 동일한 지역·지구가 구분(중복)지정된 경우에는 지정면적이 큰 지역·지구 순으로 기재한다.
※ 지정면적비율은 각 지정면적의 합(중복되는 면적이나 가격배율이 1.00으로 적용되는 경우 제외)을 해당 필지의 면적으로 나누어 백분율(%)로 기재한다.

- 일반필지와 격차율이 큰 지역(지구)의 면적비율이 10%이하인 경우에는 격차율이 0인 점을 감안하여 다른 지역(지구)을 먼저 기재한다.

라) 둘 이상의 일단지 토지 중 일부 필지에 대하여 지역·지구가 지정된 경우에는 일단지 전체 면적에 대한 지정면적의 비율을 기재한다.

기타 제한(제주특별자치도 지역)의 구분

구 분	구 분	등급	전산코드	약 자
1그룹	절대보전지역	-	10	절대
1그룹	경관보전지구	1	11	경관1
1그룹	지하수자원보전지구	1	12	지하수1
1그룹	생태계보전지구	1	13	생태계1
2그룹	상대보전지역	-	20	상대
2그룹	경관보전지구	2	21	경관2
2그룹	지하수자원보전지구	2	22	지하수2
2그룹	생태계보전지구	2	23	생태계2
3그룹	경관보전지구	3	30	경관3
3그룹	지하수자원보전지구	3	31	지하수3
3그룹	생태계보전지구	3	32	생태계3
3그룹	경관보전지구	4	33	경관4
3그룹	지하수자원보전지구	4	34	지하수4
3그룹	생태계보전지구	4	35	생태계4
3그룹	경관보전지구	5	36	경관5
3그룹	생태계보전지구	5	37	생태계5

① 절대보전지역 : 「제주특별자치도 설치 및 국제자유도시 조성을 위한 특별법」 제355조에 의하여 자연환경의 고유한 특성을 보호하기 위한 지역으로 지정한 지역

② 상대보전지역 : 「제주특별자치도 설치 및 국제자유도시 조성을 위한 특별법」 제356조에 의하여 자연환경의 보전과 적정한 개발을 유도하기 위한 지역으로 지정한 지역

③ 관리보전지역 : 「제주특별자치도 설치 및 국제자유도시 조성을 위한 특별법」

제357조에 의하여 한라산국립공원, 도시지역 및 제주자치도의 부속도서를 제외한 지역 중 지하수자원·생태계 및 경관을 보전하기 위하여 지정한 지역

- 경관보전지구 : 「제주특별자치도 설치 및 국제자유도시 조성을 위한 특별법」 제357조에 의하여 한라산국립공원, 도시지역 및 제주도의 부속도서를 제외한 지역 중 경관을 보전하기 위하여 지정한 지역

- 지하수자원보전지구 : 「제주특별자치도 설치 및 국제자유도시 조성을 위한 특별법」 제357조에 의하여 한라산국립공원, 도시지역 및 제주도의 부속도서를 제외한 지역 중 지하수자원을 보전하기 위하여 지정한 지역

- 생태계보전지구 : 「제주특별자치도 설치 및 국제자유도시 조성을 위한 특별법」 제357조에 의하여 한라산국립공원, 도시지역 및 제주도의 부속도서를 제외한 지역 중 생태계를 보전하기 위하여 지정한 지역

(9) 기타제한(구역 등) : 도시·군계획시설

가) 「국토의 계획 및 이용에 관한 법률」 제2조제6호 및 같은 법 시행령 제2조에 의한 도시기반시설 중 같은법 제30조의 규정에 의하여 도시·군관리계획으로 결정된 시설(도로법 제25조의 도로구역을 포함)과 기타 관계법령의 규정에 의하여 계획시설로 결정·고시된 토지에 대하여 이를 조사하여 기재한다.

※ 입체이용이 가능한 도시·군계획시설(철도, 광역급행철도, 도로)은 지상 또는 지하로 구분하여 조사하되, 지하도로, 지하철도 및 광역급행철도는 지상의 토지이용상황이 공공용지(예 : 도로, 철도, 공원 등)가 아닌 부지의 지하에 설치된 도로, 철도 및 광역급행철도로서 산악·시가지 등을 통과하기 위한 터널을 포함

※ 일반 지하철도 및 광역급행철도가 중복 지정된 경우에는 지하철도 배율만 적용한다.

※ '도로구역'은 도시·군계획시설 중 '지상도로'로 기재함

※ 한 필지에 '(8)기타제한(구역 등) : 기타'의 '고속접도구역'과 도시·군계획시설 '도로'가 중복 또는 구분 지정된 경우에는 양자를 모두 기재한다.

<참고>

표준지에 '고속접도구역'과 '계획시설 도로'가 모두 조사된 경우, '고속접도구역'의 가격배율은 적용되나, '계획시설 도로'의 가격배율은 미적용

※ 한 필지에 '(8)기타제한(구역 등):기타'의 '도시자연공원구역, 일시적 규제지역 또는 비오톱'과 도시·군계획시설 '공원'이 중복지정된 경우, 각각의 지정면적비율을 기재하고, 중복면적비율은 별도로 기재함

※ 도시·군관리계획으로 결정하지 아니하여도 설치할 수 있는 기반시설에 대하여는 「국토의 계획 및 이용에 관한 법률」 제43조, 같은법 시행령 제35조 및 같은법 시행규칙 제6조를 참조

※ 도시·군계획시설 중 '지상궤도'는 지상철도로 조사하며, '지하궤도'는 지하철도로 조사함

나) 공시기준일 현재 도시·군계획시설사업 등이 착공 내지 완료된 경우에는 "(14)토지이용상황"란에 해당 공공용지 등의 실제이용상황(예 : 도로, 하천, 유원지 등)을 기재하고 "(9)도시·군계획시설" 란에는 기재하지 아니한다. 다만, 지하철도·터널 등, 도축장의 경우에는 예외로 한다.

- 지하철도·터널 등 공시기준일 현재 도시·군계획사업 등이 착공 내지 완료된 경우, 토지이용상황은 지상의 토지이용상황(단독주택, 상업용 등)을 기재하되, 실제 지하철도 등 이용으로 인한 감가를 반영하기 위해 도시·군계획시설은 지하철도 등을 기재한다.

- 도축장은 공시기준일 현재 도시·군계획사업 등이 착공 내지 완료된 경우, "⑭토지이용상황(유해·혐오시설)"과 "⑨도시·군계획시설(도축장)"을 함께 기재한다.

- (구)「도시공원법」에 의한 도시자연공원은 "(9)도시·군계획시설"란에 기재하고 "(14)토지이용상황" 란에는 '공공용지 등' (공원 등)으로 조사하지 않고 실제이용상황을 기재한다.

- 「도시공원 및 녹지 등에 관한 법률」 제17조 및 「국토의 계획 및 이용에 관한 법률」 제48조에 의거 도시공원결정의 효력이 상실되었을 경우 및 「국토의 계획 및 이용에 관한 법률」 제38조의2에 의하여 "도시자연공원구역"으로 지정된 경우에는 도시·군계획시설로 조사하지 아니한다.

다) 한 필지가 둘 이상의 도시·군계획시설에 저촉되는 경우, 일반필지와 격차율이 큰 시설을 1개만 기재하되 가격배율이 1.00미만인 경우의 번호를 기재한다. 다만, 제한의 정도가 강한 도시·군계획시설의 지정면적이 해당 토지면적의 10%이하인 경우에는 면적이 큰 도시·군계획시설의 번호를 기재한다.

- 저촉비율은 토지가격비준표에서 가격배율이 1.00 미만으로 제시되는 시설들의 면적을 합산하여 저촉면적의 비율을 기재한다.

- 다만, 제한의 정도가 동일한 시설들로 구분 또는 중복된 경우에는 면적이 큰 도시·군계획시설번호를 기재한다.

라) 1필지의 일부 또는 전부가 도시·군계획시설에 저촉된 경우에는 그 저촉면적의 비율을 기재한다.
 ※ 저촉률 (   ) %

마) 2필지 이상의 일단지 토지 중 일부 필지만이 도시·군계획시설에 저촉되는 경우에는 일단지 전체면적에 대한 저촉면적의 비율을 기재한다.

도시·군계획시설구분

구 분	전산코드	약자	기재방법
지상도로	011	지상도로	지상도로
지하도로	012	지하도로	지하도로
공원	020	공원	공원
지상철도, 지상궤도	031	지상철도	지상철도
지하철도, 지하궤도	032	지하철도	지하철도
광역급행철도	033	광역급행	광역급행철도
녹지, 공공공지	040	녹지	녹지 등
폐기물처리시설 및 수질오염방지시설	050	폐수	폐기물·수질
열공급설비, 가스공급설비, 유류저장 및 송유설비	060	열공급	열공급설비 등
전기공급설비	070	전기	전기공급설비
도축장	080	도축장	도축장
공동묘지, 화장시설, 봉안시설	090	묘지	공동묘지 등
시장, 유통업무설비	100	시장	시장 등
유원지	110	유원지	유원지
주차장	120	주차장	주차장
자동차정류장	130	정류장	정류장
광장	140	광장	광장
운동장, 체육시설	150	운동장	운동장 등
수도공급설비, 공동구, 하수도	160	수도	수도공급설비 등
공공청사, 학교, 도서관	170	청사	공공청사 등
하천, 유수지, 저수지, 저류지	180	하천	하천
방송·통신시설	190	방송	방송·통신시설
문화시설, 연구시설, 사회복지시설, 공공직업훈련시설 및 청소년수련시설	200	문화	문화시설 등
기타시설	990	기타	기타시설

(10) 농지 : 구분

농지란 전·답, 과수원 그 밖에 그 법적 지목을 불문하고 실제로 농작물 경작지 또는 다년생식물 재배지로 이용되는 토지를 말하며(「농지법」 제2조), 「농지법」 제28조의 규정에 의한 농업진흥지역의 지정여부를 조사하여 다음과 같이 구분·기재한다.

농 지 구 분

전산코드	구	분	기 재 방 법
1	농업진흥지역	농업진흥구역	진 흥
2		농업보호구역	보 호

※ 농지법 제29조 (농업진흥지역의 지정대상)

농업진흥지역의 지정은 「국토의 계획 및 이용에 관한 법률」에 따른 녹지지역·관리지역·농림지역 및 자연환경보전지역을 대상으로 한다. 다만, 특별시의 녹지지역은 제외한다.

※ 관리지역에서 「농지법」 제28조의 규정에 따른 농업진흥지역으로 지정·고시된 지역은 이 법에 따른 농림지역으로 결정·고시된 것으로 본다.
(「국토의 계획 및 이용에 관한 법률」 제42조제2항)

(11) 농지 : 비옥도

농업진흥지역으로 지정된 지역 내에 있는 토지이용상황이 전·답·과수원인 농경지를 대상으로 비옥도를 조사하여 다음과 같이 구분·기재한다.

농지 비옥도 구분

전산코드	약 자	적 용 범 위
1	비 옥	농작물의 작황(作況)이 인근 토지와 유사하거나 그 이상인 토지
2	저습· 사질척박	수렁 등 저습지로 경작이 용이하지 아니하거나 경사지·산림 또는 하천을 개간한 토지와 같이 자갈·모래가 많아 수확량이 떨어지는 토지

(12) 농지 : 경지정리

농업진흥지역으로 지정된 지역 내에 있는 토지이용상황이 전·답·과수원인 농경지를 대상으로 경지정리 여부를 조사하여 다음과 같이 구분·기재한다.

농지 경지정리 구분

전산코드	약 자	적 용 범 위
1	경지정리	경지정리가 되어 있는 농지
2	경지미정리	경지정리가 되어 있지 아니한 농지

(12-1) 농지 : 경작여건

토지이용상황이 전·답·과수원인 농경지 중 농업진흥지역 이외의 토지를 대상으로 경작여건 불리 정도를 조사하여 기재한다.

※ 경작여건 '불리'는 아래 세 가지 조건을 모두 충족한 경우에 한하여 시·군·구와 협의 후 결정함. ① 산간농경지대에 소재하는 맹지 ② 완경사 등(완경사, 급경사, 고지)인 농경지 ③ 상당기간 경작하지 않아 임야화가 진행 중이거나 거의 임야가 되어 접근이 곤란한 경우

※ 경작여건 '불리'는 「농지법」에 따라 토지이용계획확인서에 기재되는 '영농여건불리농지'와 다른 항목으로 이를 혼동하여 기재하지 않도록 주의

농지 경작여건 구분

전산코드	약 자	적 용 범 위
1	보통	경작여건이 보통이상인 경우
2	불리	경작여건이 불리한 경우

(13) 임 야

이용상황이 임야인 토지에 대하여 「산지관리법」 제4조의 규정에 의한 보전산지의 지정여부를 확인하여 기재하되, 한 필지가 보전산지와 준보전산지로 구분된 경우에는 면적이 큰 것 하나를 기재한다.

임 야 구 분

전산코드	약 자	적 용 범 위
1	보전산	보전산지(임업용산지·공익용산지로 구분되나 보전산으로 기재)
2	준보전산	준보전산지

※ 산지의 구분(「산지관리법」 제4조제1항 및 「산지관리법 시행령」 제4조)

보전산지	임업용 산지	(1) 「산림자원의 조성 및 관리에 관한 법률」에 따른 채종림 및 시험림의 산지 (2) 「국유림의 경영 및 관리에 관한 법률」에 따른 보전국유림의 산지 (3) 「임업 및 산촌 진흥촉진에 관한 법률」에 따른 임업진흥권역의 산지 (4) 그 밖에 임업생산 기능의 증진을 위하여 필요한 산지로서 대통령령으로 정하는 산지 　- 형질이 우량한 천연림 또는 인공조림지로서 집단화되어 있는 산지 　- 토양이 비옥하여 입목의 생육에 적합한 산지 　- 「국유림의 경영 및 관리에 관한 법률」 제16조제1항제1호의 규정에 따른 보존국유림 외의 국유림으로서 산림이 집단화되어 있는 산지 　- 지방자치단체의 장이 산림경영 목적으로 사용하고자 하는 산지 　- 그 밖에 임업의 생산기반 조성 및 임산물의 효율적 생산을 위한 산지
	공익용 산지	(1) 「산림문화·휴양에 관한 법률」에 따른 자연휴양림의 산지 (2) 사찰림의 산지 (3) 「산지관리법」 제9조에 따른 산지전용·일시사용제한지역 (4) 「야생생물 보호 및 관리에 관한 법률」 제27조의 규정에 따른 야생생물 특별보호구역 및 같은법 제33조에 따른 야생생물 보호구역의 산지 (5) 「자연공원법」에 따른 공원구역의 산지 (6) 「문화재보호법」에 따른 문화재보호구역의 산지 (7) 「수도법」에 따른 상수원보호구역의 산지 (8) 「개발제한구역의 지정 및 관리에 관한 특별조치법」에 따른 개발제한구역의 산지 (9) 「국토의 계획 및 이용에 관한 법률」에 따른 녹지지역 중 대통령령으로 정하는 녹지지역의 산지 　- 「국토의 계획 및 이용에 관한 법률 시행령」 제30조제4호가목에 따른 보전녹지지역 (10) 「자연환경보전법」에 따른 생태·경관보전지역의 산지

보전
산지
	공익용
	산지
		(11) 「습지보전법」에 따른 습지보호지역의 산지
		(12) 「독도 등 도서지역의 생태계보전에 관한 특별법」에 따른 특정도서의 산지
		(13) 「백두대간 보호에 관한 법률」에 따른 백두대간보호지역의 산지
		(14) 「산림보호법」에 따른 산림보호구역의 산지
		(15) 그 밖에 공익기능 증진을 위하여 필요한 산지로서 대통령령으로 정하는 산지
		   - 「국토의 계획 및 이용에 관한 법률」 제36조제1항제4호에 따른 자연환경보전지역의 산지
		   - 「국토의 계획 및 이용에 관한 법률」 제37조제1항제4호에 따른 방재지구의 산지
		   - 「국토의 계획 및 이용에 관한 법률」 제38조의2제1항에 따른 도시자연공원구역의 산지
		   - 「국토의 계획 및 이용에 관한 법률」 제40조에 따른 수산자원보호구역의 산지
		   - 「국토의 계획 및 이용에 관한 법률 시행령」 제31조제2항제1호가목 및 같은 항 제5호 가목·다목에 따른 자연경관지구, 역사문화환경보호지구 및 생태계보호지구의 산지
		   - 산림생태계·산지경관·해안경관·해안사구(해안모래언덕) 또는 생활환경의 보호를 위하여 필요한 산지
		   - 중앙행정기관의 장 또는 지방자치단체의 장이 공익용산지의 용도로 사용하려는 산지

준보전산지		보전산지 외의 산지

※ 관리지역의 산림 중 "산지관리법"에 따라 보전산지로 지정·고시된 지역은 해당 고시에서 구분하는 바에 따라 이 법에 따른 농림지역 또는 자연환경보전지역으로 결정·고시된 것으로 본다. (「국토의 계획 및 이용에 관한 법률」 제42조제2항).

(14) 토지이용상황

    가) 토지의 실제 이용상황 및 주위의 주된 토지이용상황을 기준으로 다음과 같이 구분하여 기재하되, 일시적인 이용상황은 고려하지 아니한다.

    나) 일시적인 이용상황이란 관계법령에 따라 국가나 지방자치단체의 계획이나 명령 등으로 해당 토지를 본래의 용도로 이용하는 것이 일시적으로 금지되거나 제한되어 다른 용도로 이용하고 있거나 해당 토지의 주위 환경 등으로 보아 현재의 이용이 임시적인 것으로 인정되는 이용을 말한다.

다) 한 필지가 둘 이상의 용도로 이용되는 토지가 불가피하게 표준지로 선정된 경우에는 용도별 면적과 토지의 효용가치를 고려하여 주된 용도를 기재하되, 주된 용도와 부수적인 용도를 구분하기 어려운 경우에는 지가가 더 높게 형성되는 용도를 주된 용도로 본다.

라) 각 용도지역(주거지역, 상업지역, 공업지역, 녹지지역, 용도미지정지역, 관리지역, 농림지역, 자연환경보전지역)내 농경지 또는 임야 등의 경우에는 개발가능성 · 주위환경 등을 고려하여 주거나지(상업나지, 공업나지) 또는 전, 답, 임야 등으로 기재한다.

예1) 각 용도지역 내 농경지를 둘러싸고 있는 인근지역의 주된 용도 토지의 이용상황이 주거지(상업지, 공업지)인 전, 답, 임야 등의 경우에는 주거나지(상업나지, 공업나지)로 기재하고, 인근지역의 주된 용도토지의 이용상황이 농경지 또는 임야인 경우에는 전, 답, 임야 등으로 구분하여 기재한다.

예2) 용도지역만 지정되고 장기간 이행되지 못하여 가까운 장래에 주택지 · 상업지 · 공업지 등으로 이용개발 될 가능성이 희박한 전 · 답 · 임야 등의 경우에는 전 · 답 · 임야 등으로 기재한다.

마) 토지이용상황은 관계법령에 의하여 건축허가를 받고 실공사(착공신고 등 적법한 절차에 따른 실공사를 의미)를 착공한 시점 또는 개발행위허가 등을 받고 실공사를 착공한 시점을 기준으로 건축용도 또는 부지조성의 용도에 맞추어 조사한다.

  - 연말 건축물대장, 허가신고 현황 등을 필히 확인하여 정확한 이용상황 조사 필요

  ※ 다만, 실공사를 착공한 시점을 기준으로 조사하는 것이 불합리한 때에는 해당 시·군·구와 협의하여 종전 토지이용상황으로 조사할 수 있다.

바) 개발사업지의 경우 아래와 같이 조사한다.

- 토지수용 및 환지방식의 개발사업지는 확정예정지번(블록·롯트 포함)의 부여 시점을 기준으로 그 시점 이전에는 종전의 이용상황을 기준으로 기재하고, 그 시점 이후에는 개발사업지 내 용도구획별 획지(또는 필지)를 기준으로 조사하며, 해당 용도목적의 나지로 기재하고, 기타 토지특성은 확정예정지번이 부여된 도면에 의해 조사·기재한다.

  다만, 확정예정지번(블록·롯트 포함) 부여 시점을 기준으로 조사하는 것이 불합리한 때에는 해당 시·군·구와 협의하여 종전의 지번을 기준으로 필지별 종전 토지이용상황으로 조사할 수 있다.

  개발사업지를 개발사업 후의 용도별 획지(또는 필지)로 조사한 이후에 환지방식의 사업지는 환지처분 공고 시점을 기준으로 개별필지별 이용상황을 건축용도에 맞추어 조사하며, 수용방식의 사업지는 실공사 착공(착공신고 등 적법한 절차에 따른 실공사를 의미)과 확정예정지번이 부여된 시점을 기준으로 개별 필지별 토지이용상황을 건축용도에 맞추어 조사한다.

  ※ 수용방식의 경우, 실공사를 착공하였음에도 불구하고, 확정예정지번이 부여되지 않은 경우 해당 시·군·구에 확정예정지번 부여 여부를 확인하여야 한다.

- 관리처분방식의 개발사업지는 실공사(착공신고 등 적법한 절차에 따른 실공사를 의미함)를 착공한 시점을 기준으로, 그 시점 이전에는 종전의 이용상황을 기준으로 기재하고, 그 시점 이후에는 개발사업 후의 용도별 획지를 기준으로 조사하며, 해당 용도목적의 나지로 기재하고, 기타 토지특성은 관리처분계획 등에 의해 조사·기재한다.

  다만, 실공사를 착공한 시점을 기준으로 조사하는 것이 불합리한 때에는 해당 시·군·구와 협의하여 종전의 지번을 기준으로 필지별 종전 토지이용상황으로 조사할 수 있다. (개발사업지 내 유보지의 경우 용도확정 이전까지는 해당 사업목적의 나지로 조사하되, 해당 시·군·구와 협의하여 종전의 지번을 기준으로 필지별 종전 토지이용상황으로 조사할 수 있다.)

개발사업지를 개발사업 후의 용도별 획지(또는 필지)로 조사한 이후에 관리처분방식의 사업지는 소유권 이전고시 시점을 기준으로 개별필지별 이용상황을 건축용도에 맞추어 조사한다.

- 「빈집 및 소규모주택 정비에 관한 특례법」(「소규모주택정비법」)으로 사업이 시행되는 빈집정비사업, 자율주택정비사업, 가로주택정비사업, 소규모재개발사업, 소규모재건축사업 등은 개발사업지로 조사하지 아니함. 다만, 「소규모주택정비법」으로 시행되는 사업들이 하나의 구역계를 이루어 합동개발하는 경우에는 개발사업지로 조사할 수 있으며, 이는 해당 시·군·구에서 결정함.

개발사업지의 토지이용상황 조사 방식 (원칙)

사업방식	시점	조사 및 기재 방식
토지수용 방식	확정예정지번 부여 전 (블록, 롯트포함)	- 종전 이용상황 기준 기재
	확정예정지번 부여 후 (블록, 롯트포함)	- 개발사업지 내 용도구획별 획지(또는 필지) 기준 - 해당용도 목적 나지로 기재 ※ 기타 특성은 확정예정지번이 부여된 도면 기준으로 기재
	실공사착공과 확정예정지번 부여	- 건축 용도에 맞추어 조사
환지방식	확정예정지번 부여 전 (블록, 롯트포함)	- 종전 이용상황 기준 기재
	확정예정지번 부여 후 (블록, 롯트포함)	- 개발사업지 내 용도구획별 획지(또는 필지) 기준 - 해당용도 목적 나지로 기재 ※ 기타 특성은 확정예정지번이 부여된 도면 기준으로 기재
	환지처분 공고 후	- 건축 용도에 맞추어 조사
관리처분 방식	실공사 착공 전	- 종전 이용상황 기준 기재
	실공사 착공 후	- 개발사업 후의 용도별 획지 기준 - 해당용도 목적 나지 ※ 기타 특성은 관리처분계획 기준 기재
	소유권 이전 고시 시점	- 건축 용도에 맞추어 조사

사) 토지이용상황 판단 시 지상건축물의 규모와 용도는 「건축법 시행령」 별표1 및 「주택법 시행령」을 참조하여 결정한다.

아) 지적공부상 철도용지로 등록된 필지의 경우라도 토지이용상황은 실제 이용상황에 맞는 현황을 조사한다.
 ⇒ 공공용지(철도)인 폐선부지, 열차 미운행구간 등 철도유휴부지가 공익 외 목적(영리목적)으로 사용, 임대 또는 대부되는 경우에는 지목에도 불구하고 공공용지(철도)로 보지 아니할 수 있으며, 토지이용상황은 해당 부지의 실제 이용상황과 주위의 주된 토지이용상황을 고려하여 조사하여야 한다.

자) 지목 "하천", 기타제한(구역 등) "하천구역"은 점용허가여부, 인근토지의 이용상황, 일시적 이용상황 여부 등을 감안하여 실제 이용상황에 맞는 현황을 조사하여야 한다.

차) 일단지로 조사된 토지는 그 일단지 전체를 1필지로 보고 토지이용상황을 조사하여 기재한다.

토 지 이 용 상 황 구 분

구 분		범 위	전산코드	기재방법
주거용			100	
	단독주택 용지 [단독주택의 형태를 갖춘 가정어린이집 · 공동생활가정 · 지역아동센터 · 공동육아나눔터 · 작은도서관 및 노인복지시설(노인복지주택제외) 을 포함]	- 단독주택 : 주택용지로서 연립·다세대·아파트 또는 기숙사 부지가 아닌 토지, 주택지 안의 소규모점포가 있는 주택(점포주택)용지 - 다중주택(다음의 요건을 모두 갖춘 주택을 말함) · 학생 또는 직장인 등 여러 사람이 장기간 거주할 수 있는 구조로 되어 있는 것 · 독립된 주거의 형태를 갖추지 않은 것(각 실별로 욕실은 설치할 수 있으나, 취사시설은 설치하지 않은 것을 말한다.) · 1개 동의 주택으로 쓰이는 바닥면적(부설 주차장 면적은 제외. 이하 같음)의 합계가 660제곱미터 이하이고 주택으로 쓰는 층수(지하층은 제외)가 3개 층 이하일 것. 다만, 1층의 전부 또는 일부를 필로티 구조로 하여 주차장으로 사용하고 나머지 부분을 주택(주거목적으로 한정) 외의 용도로 쓰는 경우에는 해당 층을 주택의 층수에서 제외 · 적정한 주거환경을 조성하기 위하여 건축조례로 정하는 실별 최소 면적, 창문의 설치 및 크기 등의 기준에 적합할 것 - 다가구주택(다음의 요건을 모두 갖춘 주택으로서 공동주택에 해당하지 아니하는 것을 말함) · 주택으로 쓰이는 층수(지하층은 제외함)가 3개층 이하일 것. 다만, 1층의 전부 또는 일부를 필로티 구조로 하여 주차장으로 사용하고 나머지 부분을 주택(주거목적으로 한정)외의 용도로 사용하는 경우에는 해당 층을 주택의 층수에서 제외 · 1개 동의 주택으로 쓰이는 바닥면적의 합계가 660㎡ 이하일 것 · 19세대(대지 내 동별 세대수를 합한 세대를 말함) 이하가 거주할 수 있을 것 - 공 관	110	단 독

구 분		범 위	전산코드	기재방법
주거용			100	
	연립주택 용지	주택으로 쓰는 1개 동의 바닥면적(2개 이상의 동을 지하주차장으로 연결하는 경우에는 각각의 동으로 봄)의 합계가 660㎡를 초과하고, 층수가 4개층 이하인 공동주택용지 (4층 이하의 기숙사용지 및 「주택법 시행령」 제10조제1항제2호의 단지형 연립주택용지 포함) ※ 기숙사 : 학교 또는 공장 등의 학생 또는 종업원 등을 위하여 사용되는 것으로서 공동취사 등을 할 수 있는 구조이되, 독립된 주거의 형태를 갖추지 아니한 것	120	연 립
	다세대 주택용지	동당 바닥면적 합계가 660㎡ 이하인 4층 이하의 공동주택용지(2개 이상의 동을 지하주차장으로 연결하는 경우 각각의 동으로 봄, 「주택법 시행령」 제10조제1항제3호의 단지형 다세대주택용지와 「주택법 시행령」 제10조제1항제1호의 원룸형 주택용지 포함)	130	다세대
	아파트 용지	주택으로 쓰이는 층수가 5개층 이상인 공동주택용지 (5층 이상의 기숙사용지 포함)	140	아파트
	주거용 나지	주변의 토지이용상황이 주택지대로서 그 토지에 건축물이 없거나 일시적으로 타용도로 이용되고 있으나, 가까운 장래에 주택용지로 이용·개발될 가능성이 높은 토지 예) 전, 답, 조경수목재배지 등	150	주거나지
	주거용 기타	주변의 토지이용상황이 주택지대로서 관공서, 교육시설(학교, 공공도서관, 전시관 등), 종교시설 또는 창고 등으로 이용되고 있는 토지 ※ 기타로 조사된 경우에는 "※기 타( )"란에 구체적인 토지이용상황을 한글 4자 이내로 기재한다. 예) 기타(관공서, 학교, 교회, 창고 등)	160	주거기타

구 분		범 위	전산코드	기재방법
상업·업무용			200	
	상업용지	상가나 시장, 서비스업 등의 영업을 목적으로 하고 있는 건물부지 예) 시장, 상가, 호텔, 휴게소, 목욕탕, 수영장, 극장, 병원, 주유소, 전기차 충전소(급속충전시설이 설치된 경우) 등	210	상업용
	업무용지	은행, 사무실 등 업무용으로 이용하고 있는 건물부지. 다만, 상업용과 업무용이 복합되어 있는 경우에는 그 사용면적을 기준으로 판단하여 기재한다.	220	업무용
	상업·업무용 나지	주변의 토지이용상황이 상업·업무지대로서 그 토지에 건축물이 없거나 일시적으로 타용도로 이용되고 있으나, 가까운 장래에 상업용 또는 업무용으로 이용·개발될 가능성이 높은 토지 예) 전, 답, 조경수목재배지, 야적장 등	230	상업나지
	상업·업무용 기타	주변의 토지이용상황이 상업·업무지대로서 관공서, 교육시설(학교·공공도서관·전시관 등), 종교시설 또는 주거용건물, 주상용건물, 창고 등으로 이용되고 있는 토지 ※ 기타로 조사된 경우는 "※기 타( )"란에 구체적인 토지이용상황을 한글 4자 이내로 기재한다. 예) 기타(관공서, 학교, 교회, 창고, 주거건물 등)	240	상업기타
주·상복합용			300	
	주·상 복합용지	단일 건물이 주거용과 상업용으로 이용되고 주·부용도의 구분이 용이하지 않은 건물부지(다만, 주택지안의 소규모 점포주택은 단독주택으로 본다)	310	주상용
	주·상 복합용 나지	주변의 토지이용상황이 주택 및 상가혼용지대로서 그 토지에 건축물이 없거나 일시적으로 타용도로 이용되고 있으나, 가까운 장래에 주상복합용으로 이용·개발될 가능성이 높은 토지 예) 전, 답, 조경수목재배지, 야적장 등	320	주상나지
	주·상 복합용 기타	주변의 토지이용상황이 주택 및 상가혼용지대로서 관공서, 교육시설(학교, 공공도서관, 전시관 등), 종교시설 또는 주거용 건물, 창고 등으로 이용되고 있는 토지 ※ 기타로 조사된 경우에는 "※기 타( )"란에 구체적인 토지이용상황을 한글 4자 이내로 기재한다. 예) 기타(관공서, 학교, 교회, 창고, 주거건물 등)	330	주상기타

구 분		범 위	전산코드	기재방법
공업용			400	
	공업용지	제조업 등에 이용되고 있는 토지	410	공업용
	공업용 나지	주변의 토지이용상황이 공업지대로서 그 토지에 건축물이 없거나 일시적으로 타용도로 이용되고 있으나, 가까운 장래에 공업용으로 이용·개발될 가능성이 높은 토지 예) 전, 답, 조경수목재배지, 야적장 등	420	공업나지
	공업용 기타	주변의 토지이용상황이 공업지대로서 관공서, 교육시설(학교, 공공도서관, 전시관 등), 종교시설 또는 창고 등으로 이용되고 있는 토지 ※ 기타로 조사된 경우에는 "※기 타( )"란에 구체적인 토지이용상황을 한글 4자 이내로 기재한다. 예) 기 타(관공서, 학교, 교회, 창고 등)	430	공업기타
	태양광 발전소 부지	「신에너지 및 재생에너지 개발·이용·보급 촉진법」 등에 따른 태양광설비를 설치하여 발전사업 허가를 받은 토지로서, 태양전지로 구성된 모듈과 주변장치 등으로 구성된 일체의 토지 ※ 공장 등 건물 위에 태양광발전설비를 설치한 경우는 조사 대상에서 제외한다.	440	태양광
전			500	
	전	물을 상시적으로 이용하지 아니하고 곡물·원예작물(과수류를 제외한다)·약초·뽕나무·닥나무·묘목·관상수 등의 식물을 주로 재배하는 토지와 식용을 목적으로 죽순을 재배하는 토지	510	전
	과수원	사과·배·밤·호도·귤나무 등 과수류를 집단적으로 재배하는 토지와 이에 접속된 저장고 등 부속시설물 부지. 다만, 주거용 건축물의 부지는 "주거용"으로 한다.	520	과수원
	전 기타	주변의 토지이용상황이 "전"으로서 관공서, 교육시설(학교, 공공도서관, 전시관 등), 종교시설 등으로 이용되고 있는 토지 ※ 기타로 조사된 경우에는 "※ 기타( )"란에 구체적인 토지이용상황을 한글 4자 이내로 기재한다.	530	전기타

구 분		범 위	전산코드	기재방법
	농업용 창고	주변의 토지이용상황이 "전"으로서 농업·축산업·수산업용 창고 등으로 이용되고 있는 토지	540	전창고
	축사	주변의 토지이용상황이 "전"으로서 돈사·계사·우사 등으로 이용되고 있는 토지	550	전축사
답			600	
	답	물을 상시적으로 직접 이용하여 벼·연·미나리·왕골 등의 식물을 주로 재배하는 토지	610	답
	답 기타	주변의 토지이용상황이 "답"으로서 관공서, 교육시설(학교, 공공도서관, 전시관 등), 종교시설 등으로 이용되고 있는 토지 ※ 기타로 조사된 경우에는 "※기 타( )"란에 구체적인 토지이용상황을 한글 4자 이내로 기재한다.	620	답기타
	농업용 창고	주변의 토지이용상황이 "답"으로서 농업·축산업·수산업용 창고 등으로 이용되고 있는 토지	630	답창고
	축사	주변의 토지이용상황이 "답"으로서 돈사·계사·우사 등으로 이용되고 있는 토지	640	답축사
임 야			700	
	조림	계획조림지로 조성된 임야	710	조림
	자연림	자연상태의 임야	720	자연림
	토지임야 (토림)	주변의 토지이용상황으로 보아 순수임야와 구분되며, 주로 경작지 또는 도시(마을)주변에 위치해 있는 구릉지와 같은 임야	730	토지임야

구 분		범 위	전산코드	기재방법
	목장용지	축산업 및 낙농업을 하기 위하여 초지를 조성한 토지, 「축산법」에 의한 가축을 사육하는 축사 등의 부지와 그 부속시설물의 부지. 다만, 주거용 건축물의 부지는 "주거용"으로 한다. ※ 지적공부상 목장용지(지적공부상 전·답인 토지를 포함)일지라도 주변의 토지이용상황이 전·답인 축사부지(돈사, 계사, 우사 등)는 목장용지로 조사하지 아니하고 전축사 또는 답축사로 조사한다.	740	목장용지
	임야 기타	주변의 토지이용상황이 임야로서 관공서, 교육시설(학교, 공공도서관, 전시관 등), 종교시설 또는 창고 등으로 이용되고 있는 토지 ※ 기타로 조사된 경우에는 "※기 타( )"란에 구체적인 토지이용상황을 한글 4자 이내로 기재한다.	750	임야기타
특 수 토 지		비교적 대규모 필지의 토지로서 토지용도가 특수하거나 거래사례가 희소하여 시장가치의 측정이 어려운 토지	800	
	광천지	지하에서 온수·약수·석유류 등이 용출되는 용출구 및 그 유지에 사용되는 부지. 다만, 온수·약수·석유류 등을 일정한 장소로 운송하는 송수관·송유관 및 저장시설의 부지는 제외한다.	810	광천지
	광업용지	광산, 특수채석장(오석, 대리석 등 채석지)용지	820	광업용지
	염전	바닷물을 끌어 들여 소금을 채취하기 위하여 조성된 토지와 이에 접속된 제염장 등 부속시설물의 부지. 다만, 천일제염방식에 의하지 아니하고 동력에 의하여 바닷물을 끌어 들여 소금을 제조하는 공장시설물의 부지를 제외한다.	830	염전
	양어장	육상에 인공으로 조성된 수산생물의 번식 또는 양식을 위한 시설을 갖춘 부지와 이에 접속된 부속시설물의 부지	831	양어·양식
	양식장	일정한 설비를 갖추어 놓고 물고기나 해조, 버섯 따위를 인공적으로 길러서 번식시키는 곳		
	유원지	일반공중의 위락·휴양 등에 적합한 시설물을 종합적으로 갖춘 수영장·유선장·낚시터·어린이놀이터·동물원·식물원·민속촌 등의 토지와 그 부속토지. 단, 일정규모(10,000㎡)이하이거나, 개별공시지가 산정에 지장이 없는 경우는 유원지로 선정하지 아니 할 수 있다.	840	유원지

구 분		범 위	전산코드	기재방법
공원묘지		분묘를 설치하는 구역으로, 사설공원묘지(「도시공원 및 녹지 등에 관한 법률」 상의 사설묘지공원 포함)에 한한다.	850	공원묘지
골프장		3홀 이상의 골프코스를 갖추고 경영하는 골프장 부지	860	골프장
스키장		스키를 위하여 조성된 용지와 그에 부속된 시설물의 부지	870	스키장
경마장		경마를 위하여 조성된 용지와 그에 부속된 시설물의 부지	880	경마장
승마장		승마를 위하여 조성된 용지와 그에 부속된 시설물의 부지	881	승마장
여객 자동차 터미널		「여객자동차 운수사업법」에 의해 여객자동차터미널사업 면허를 받아 시외버스운송사업에 제공되고 있는 공영터미널 또는 공용터미널의 부지. 다만, 해당 여객자동차터미널사업이 지역여건 및 도로교통의 변경 등으로 인해 당초 고유 목적을 달성할 수 없거나 가격균형 제고를 위한 특수토지로서의 선정 필요성이 없다고 판단되는 경우에는 제외 가능	890	여객
콘도 미니엄		관광객의 숙박과 취사에 적합한 시설을 갖추어 이를 그 시설의 회원 등에게 제공하거나 숙박에 딸리는 음식·운동·휴양 또는 연수에 적합한 시설 등을 함께 갖추어 이를 이용하게 하는 업을 위해 조성된 용지와 그에 부속된 시설물의 부지	891	콘도
공항		항공기의 이륙·착륙 및 여객, 화물의 운송을 위한 시설과 그 부대시설 및 지원시설을 갖춘 공공용 비행장 부지	892	공항
고속도로 휴게소		자동차교통망의 중요한 축을 이루며 중요 도시를 연결하는 자동차 전용의 고속교통에 사용되는 도로 주변에 승객과 운전자의 휴식, 차량의 정비 등을 위한 편의시설 부지	893	휴게소
발전소	수력	물이 갖는 위치에너지를 수차의 기계에너지로 바꾸어 그것을 발전기로 전기에너지로 변환하는 발전방식을 사용하는 발전소	895	발전소
	화력	석탄 또는 석유 등을 연료로 사용하는 열기관에 의하여 발전기를 회전시켜 전기를 생성하는 발전소		
	원자력	원자핵이 붕괴할 때 생기는 열에너지를 동력으로 하여 전기를 얻는 발전소		
물류터미널		「물류시설의 개발 및 운영에 관한 법률」 제2조제2호에 따른 물류터미널 로서 물류터미널사업자가 「화물자동차 운수사업법」 제3조제1항제1호에 따른 일반화물자동차운송사업 또는 「해운법」 제2조제3호에 따른 해상화	896	물류

구 분		범 위	전산코드	기재방법
	특수토지 기타	물운송사업에 제공하기 위하여 설치하는 터미널 (「도시·군계획시설의 결정·구조 및 설치기준에 관한 규칙」 제31조제2호) 기타 특수용도로 이용되고 있거나 조성된 용지로서, 토지이용상황 등을 세분화, 특정하기 곤란하여 개별공시지가 산정시 비준표에 의할 경우 그 가격이 적정하지 않은 토지	899	특수기타
공공용지 등		(도시)계획시설로 고시된 토지로서 사업이 착공 내지 완료된 경우나 영리 목적이 아닌 공공성격이 강한 토지	900	
	도로 등	도로(사도 포함), 철도, 녹지, 수도, 공동구	910	도로 등
	하천 등	하천 및 부속토지, 제방, 구거, 유지(댐, 저수지, 소류지, 호수, 연못 등)	920	하천 등
	공원 등	공원(묘지공원 및 도시자연공원을 제외한 도시공원), 사적지	930	공원 등
	운동장 등	운동장, 체육시설, 광장	940	운동장 등
	주차장 등	주차장, 자동차정류장	950	주차장 등
	위험시설	위험시설(변전시설, 송전탑, 유류저장 및 송유설비 등) ※일반주유소(가스충전소를 포함한다)는 제외한다.	960	위험시설
	유해 및 혐오시설	화장장, 공동묘지(「도시공원 및 녹지 등에 관한 법률」상의 공설묘지공원 포함), 납골시설, 쓰레기처리장, 폐기물처리시설, 도축장 등	970	유해·혐오 시설
기 타		'일반토지(주거,상업,주상,공업,전,답,임야)', '특수토지', '공공용지 등'으로 분류하기 곤란한 미분류 토지	990	기 타

(15) 지형지세 : 고저

가) 토지의 고저는 간선도로 또는 주위의 지형지세를 기준으로 조사하되, 해당 토지가 속한 지대의 경사도(측량자료 또는 수치지형도 등 기준)를 고려할 수 있다.
- 고저를 판단함에 있어 지역특성 및 가격균형성 등을 고려하여 시·군·구와 협의 후 결정할 수 있다.
  예) 일대가 다소 경사가 있는 지대이나 평지와 가격격차가 발생하지 않는 지역의 경우 시·군·구와 협의하여 평지로 조사할 수 있다.

나) 간선도로라 함은 「도로법」에 의한 국도·지방도·시도·군도를 말한다. 단, 대중교통수단이 1일 1~2회 통과하는 도로는 제외한다.

다) 일단지 내 토지는 일단지 전체의 고저를 기준으로 토지특성을 조사하여 기재한다.

고 저 구 분

구 분	전산코드	기재방법	내 용
저 지	1	저 지	간선도로 또는 주위의 지형지세보다 현저히 낮은 지대의 토지
평 지	2	평 지	간선도로 또는 주위의 지형지세와 높이가 비슷하거나 경사도가 미미한 토지
완경사지	3	완경사	간선도로 또는 주위의 지형지세보다 높고 경사도가 15° 이하인 지대의 토지
급경사지	4	급경사	간선도로 또는 주위의 지형지세보다 높고 경사도가 15°를 초과하는 지대의 토지
고 지	5	고 지	간선도로 또는 주위의 지형지세보다 현저히 높은 지대의 토지

(16) 지형지세 : 형상

가) 토지의 형상은 다음의 유형 중에서 가장 비슷한 형상을 택하여 기재한다.
나) 일단지 중에서 대표성이 있는 1필지가 표준지로 선정된 때에는 그 일단지 전체를 1필지의 토지로 보고 토지특성을 조사하여 기재한다.
다) 도로에 접하지 아니한 토지(맹지)의 형상은 인근 도로방향을 기준으로 조사하여 기재한다. 다만 둘 이상의 도로가 인접한 경우에는 주된 도로의 방향을 기준으로 판단한다.

※ 토지의 형상을 판단함에 있어 주변의 형상 및 가격 균형성 등을 고려하여 시·군·구와 협의 후 결정할 수 있음

형 상 구 분

구 분	전산코드	기재방법	내 용
정 방 형	1	정방형	정사각형 모양의 토지로서 양변의 길이 비율이 1:1.1 내외인 토지
가로장방형	2	가장형	장방형의 토지로 넓은 면이 도로에 접하거나 도로를 향하고 있는 토지
세로장방형	3	세장형	장방형의 토지로 좁은 면이 도로에 접하거나 도로를 향하고 있는 토지
사다리형	4	사다리	사다리꼴(변형사다리꼴 포함) 모양의 토지
부 정 형	5	부정형	불규칙한 형상의 토지 또는 삼각형 모양의 토지 중 최소외접직사각형 기준 1/3 이상의 면적손실이 발생한 토지
자 루 형	6	자루형	출입구가 자루처럼 좁게 생겼거나 역삼각형의 토지(역사다리형을 포함)로 꼭짓점 부분이 도로에 접하거나 도로를 향하고 있는 토지

※ 토 지 모 양

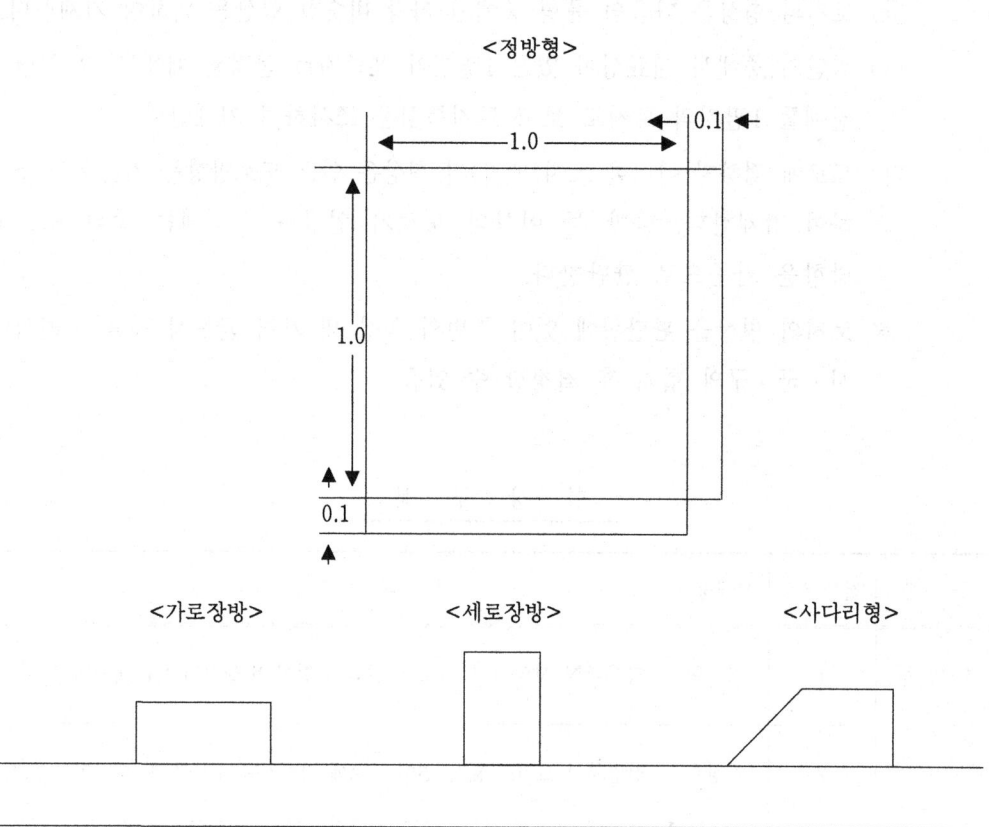

※ 특히 각지인 토지의 가각 정리된 부분이 있을 경우에는 가각이 정리되지 않은 것으로 보고 판단함

< 예 시 >

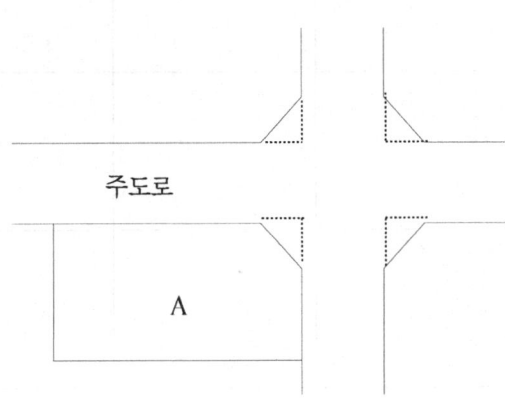

- A 토지 형상은 주된 도로의 방향을 기준으로 판단하여 가로장방형으로 조사

※ 토지 모양 (사다리형과 부정형)
 - 유효면적비율이란 해당필지에 최소외접직사각형을 씌운 후 전체면적(최소외접직사각형 면적) 대비 해당필지의 면적비율을 말함
 - 최소외접직사각형 : 아래 그림의 굵은 선을 말하며, 형상의 각 꼭짓점을 직사각형으로 잇는 형태를 말함

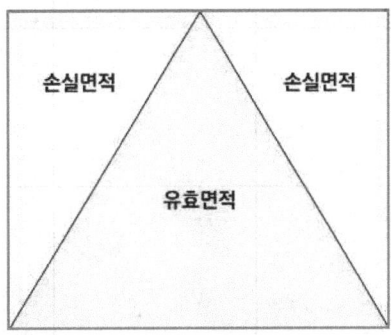

<사다리형>

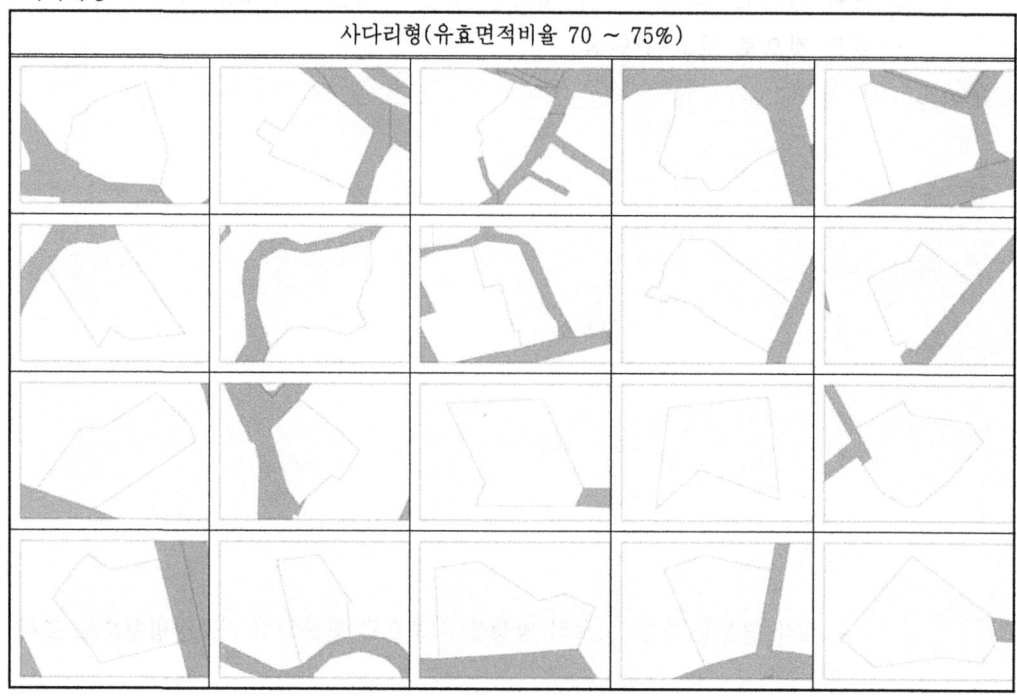

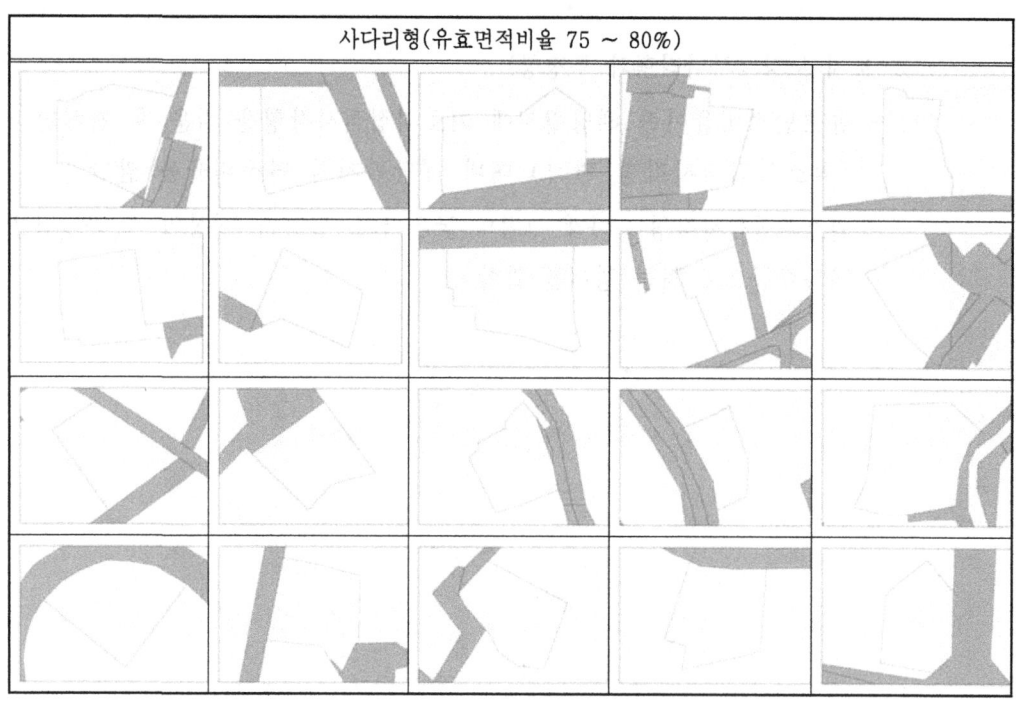

<부정형>

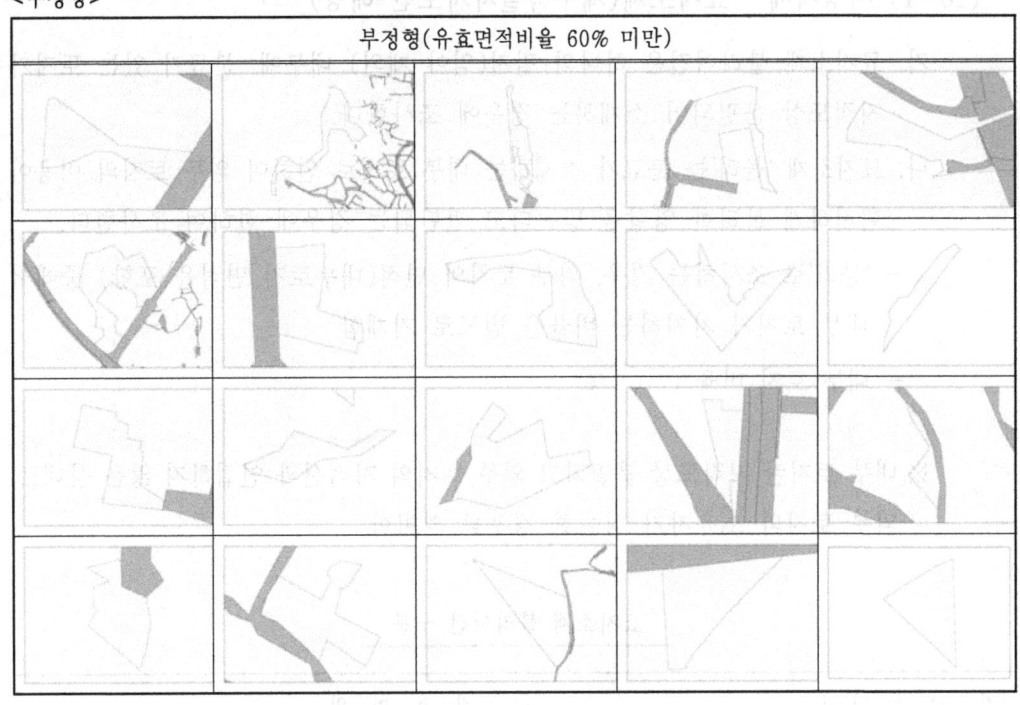

부정형(유효면적비율 60% 미만)

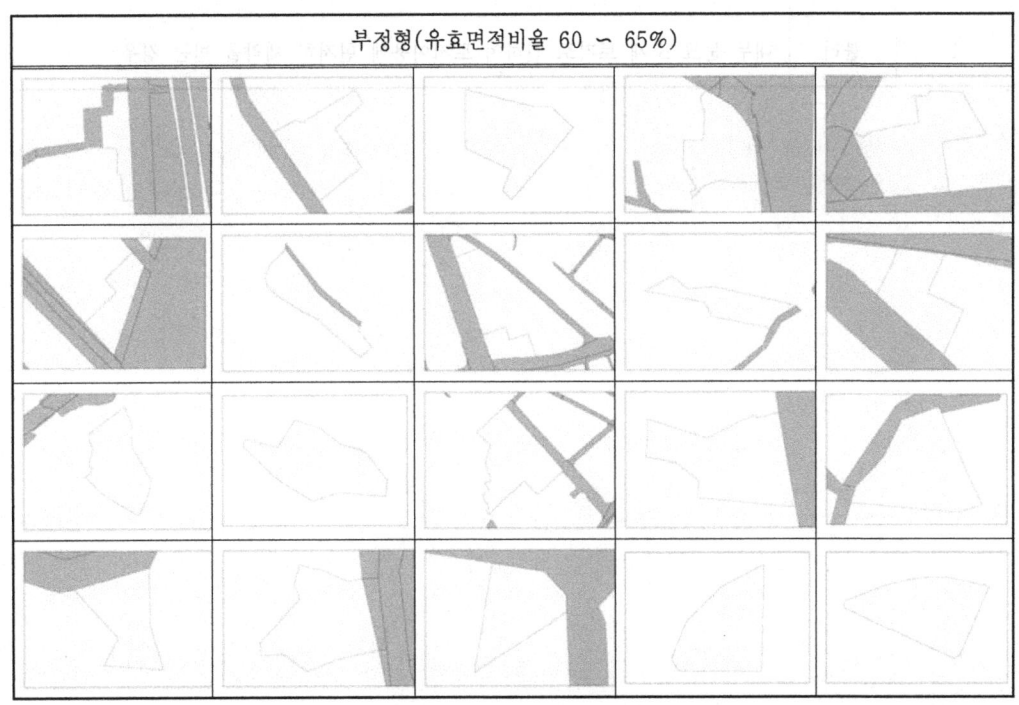

부정형(유효면적비율 60 ~ 65%)

(16-1) 지형지세 : 묘지소재(제주특별자치도만 해당)

   가. 묘지소재 불리여건은 하나의 필지(임야 제외) 내부에, 분묘가 있는 토지가 지적도상 분필되어 소재하는 경우에 조사한다.

   나. 묘지소재 '불리'는 분묘가 소재하는 내부 토지로 인하여 외부 토지의 이용이 현저하게 불리한 영향을 받는다고 판단되는 경우에 한하여 조사한다.

     - '불리'로 조사하는 경우, 외부 토지의 면적(내부토지 면적을 포함) 중에서 내부 토지가 차지하는 비율을 별도로 기재함

     - 내부 토지 비율 (　　) %

※ 내부 토지란 지적도상 분필되고 외부 토지의 지적선과 연접하지 않은 상태로, 외부 토지와 소유자가 상이한 경우를 의미함

묘지소재 불리여건 구분

전산코드	약자	적용범위
1	불리	내부 분묘 소재 토지로 인하여 토지이용에 현저히 제약을 받는 경우

(17) 지형지세 : 방위

방위는 8방위로 표시하되, 토지이용상황이 주거용 또는 임야[목장용지(토지이용상황의 전산코드가 740인 경우) 포함]인 경우에만 조사하여 기재한다.

가) 주거용은 주된 접면도로를 기준으로 하되 판단이 어려운 경우에는 진입로를 기준으로 조사하여 기재한다.

나) 임야는 경사방향을 기준으로 조사하되, 인근 임야의 경사도를 고려하여 주된 경사 방향이라고 판단되는 방위를 조사하여 기재한다.

다) 일단지 내 토지는 일단지 전체의 방위를 기준으로 토지특성을 조사하여 기재한다.

방 위 구 분

구 분	전산코드	구 분	전산코드
남 향	1	서 향	5
남 동 향	2	북 향	6
남 서 향	3	북 동 향	7
동 향	4	북 서 향	8

※ 접면도로 및 경사방향

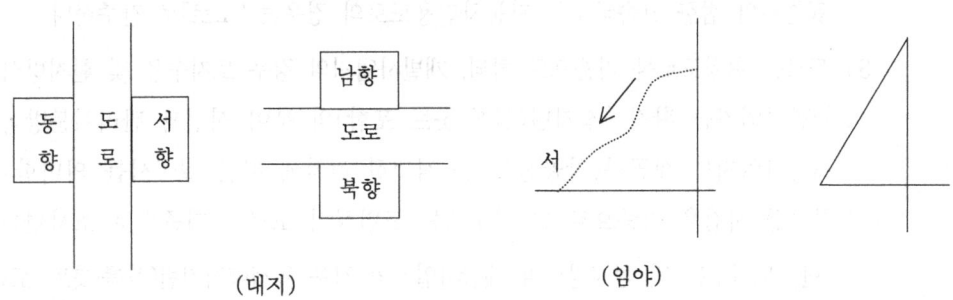

(18) 도로조건 : 도로접면

　가) 표준지가 접한 도로를 다음과 같이 구분하여 기재하되 표준지가 각지 또는 2면 이상에 접한 경우에는 넓은 도로를 기준으로 기재함을 원칙으로 한다. 다만 넓은 도로가 주된 역할을 하지 못하는 경우에는 주된 역할을 하는 도로를 기준으로 기재한다.

　나) 도로접면을 판단함에 있어 주변의 도로접면 및 가격균형성 등을 고려하여 시·군·구와 협의 후 결정할 수 있다.

　다) 일단지 중에서 대표성이 있는 1필지가 표준지로 선정된 때에는 그 일단지 전체를 1필지의 토지로 보고 토지특성을 조사하여 기재한다.

　라) 도로의 분류기준
　　1) 도로의 분류는 인도를 포함한 도로의 폭을 기준으로 하되 비탈면(법면) 부분은 제외한다.
　　2) 도로는 관계법령의 규정에 불구하고 사실상 이용되는 도로와 건설공사중인 도로(조사시점 현재 공사가 진행 중인 구간을 말한다)만을 "도로"로 간주하고, 고속국도와 자동차전용도로 등 차량 진출입이 불가능한 도로와 이용되지 않는 폐도는 "도로"로 보지 아니한다. 다만, 개발행위허가(건축물의 건축, 공작물의 설치, 토지의 형질변경)를 받고 건축물의 부지 등으로 이용 중인 표준지와 접한 고속국도와 자동차전용도로의 경우는 "도로"로 간주한다.
　　3) 도로는 현황도로를 기준으로 하되, 개발사업지의 경우 토지수용 및 환지방식의 개발사업지는 확정예정지번(블록·롯트 포함)의 부여 시점과 관리처분방식의 개발사업지는 실공사(착공신고 등 적법한 절차에 따른 실공사를 의미함)를 착공한 시점을 기준으로 그 이후에는 도면상의 도로를 기준으로 조사한다.
　　- 단, 토지수용 및 환지방식의 개발사업지의 경우 확정예정지번(블록·롯트 포함) 부여 시점을 기준으로 하는 것이 불합리한 때에는 해당 시·군·구와 협의하여 현황 도로를 기준으로 조사할 수 있다.

도로접면구분

구 분	전산코드	기재방법	내 용
광대로한면	01	광대한면	폭 25m 이상의 도로에 한면이 접하고 있는 토지
광대로-광대로 광대로-중 로 광대로-소 로	02	광대소각	광대로에 한면이 접하고 소로(폭8m 이상 12m 미만)이상의 도로에 한면 이상 접하고 있는 토지
광대로-세로(가)	03	광대세각	광대로에 한면이 접하면서 자동차 통행이 가능한 세로(가)에 한면 이상 접하고 있는 토지
중 로 한 면	04	중로한면	폭 12m 이상 25m 미만 도로에 한면이 접하고 있는 토지
중로-중로 중로-소로 중로-세로(가)	05	중로각지	중로에 한면이 접하면서 중로, 소로, 자동차 통행이 가능한 세로(가)에 한면 이상 접하고 있는 토지
소로한면	06	소로한면	폭 8m 이상 12m 미만의 도로에 한면이 접하고 있는 토지
소로-소로 소로-세로(가)	07	소로각지	소로에 한면이 접하면서 소로, 자동차통행이 가능한 세로(가)에 한면 이상 접하고 있는 토지
세로한면(가)	08	세로(가)	자동차 통행이 가능한 폭 8m 미만의 도로에 한면이 접하고 있는 토지
세로(가)-세로(가)	09	세각(가)	자동차 통행이 가능한 세로에 두면 이상 접하고 있는 토지
세로한면(불)	10	세로(불)	자동차 통행이 불가능하나 이륜자동차의 통행이 가능한 세로에 한면이 접하고 있는 토지
세로(불)-세로(불)	11	세각(불)	자동차 통행이 불가능하나 이륜자동차의 통행이 가능한 세로에 두면 이상 접하고 있는 토지
맹 지	12	맹 지	이륜자동차의 통행이 불가능한 도로에 접한 토지와 도로에 접하지 아니한 토지

(주) ① 광대로에 한면이 접하면서 세로한면(불)에 접하는 토지는 광대로한면으로 판단한다.
② 중로에 한면이 접하면서 세로한면(불)에 접하는 토지는 중로한면으로 판단한다.
③ 소로에 한면이 접하면서 세로한면(불)에 접하는 토지는 소로한면으로 판단한다.
④ 세로한면(가)에 한면이 접하면서 세로한면(불)에 접하는 토지는 세로한면(가)로 조사한다.
⑤ 계단도로는 통상적인 도로에 비해 그 기능이 저하됨을 감안하여 해당 도로보다 한 단계 낮은 도로로 조사한다.
※ 세로(가)인 계단도로는 세로(불)로, 소로인 계단도로는 세로(가)로 조사
※ 계단도로 : 전반적인 계통으로 보아 차량의 통행이 가능하나, 구간 중 일부가 계단으로 되어 있어 차량의 자유로운 통행에 지장이 있는 도로
⑥ 동일노선의 도로폭이 일정하지 않는 경우에는 그 도로의 많은 부분을 차지하는 도로폭을 기준으로 판단한다.
⑦ 이면(二面)가로획지는 각지로 판단한다.

⑧ 준각지(準角地)는 각지로 보지 아니하고 한면으로 판단한다. 다만, 접면도로폭이 승용차가 원활하게 교차할 수 있는 정도인 경우에는 각지로 판단한다.

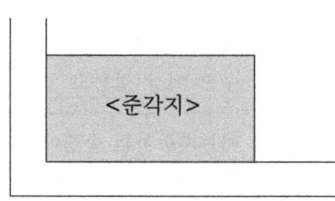

⑨ 보행자도로가 차량통행의 제한 등으로 통상적인 도로에 비해 그 기능이 저하되는 경우에는 계단도로에 준하여 조사한다.

※ 보행자도로 : 보행자의 통행을 위하여 차량의 자유로운 진출입이 제한되는 도로

⑩ 해당지역의 일반적인 면적으로 형성된 획지에 다양한 도로가 접하고 있는 경우에는 접한 도로 중 가장 넓은 도로를 기준(도로의 폭 기준)으로 조사함을 원칙으로 한다.

⑪ 지방도나 군도의 경우에는 지역에 따라 왕복 2차선의 아스팔트포장도로가 현실적으로 폭8m 미만인 경우가 있음. 단순히 도로 폭만을 기준으로 세로로 분류하는 경우에는 지가균형상 불균형을 초래할 수 있으므로 이 경우에는 조사·평가자와 시·군·구간에 협의하여 지방도나 군도에 접한 토지 전체를 "소로"로 구분할 수 있다.

⑫ 세로에 대한 구분기준은 자동차 통행의 여부이며, 이 경우 승용차를 기준으로 구분한다.

< 참 고 자 료 >

■ 막다른 도로에 대한 택지의 특성조사(도로접면과 형상의 구분)

< 사 례 도 면 >

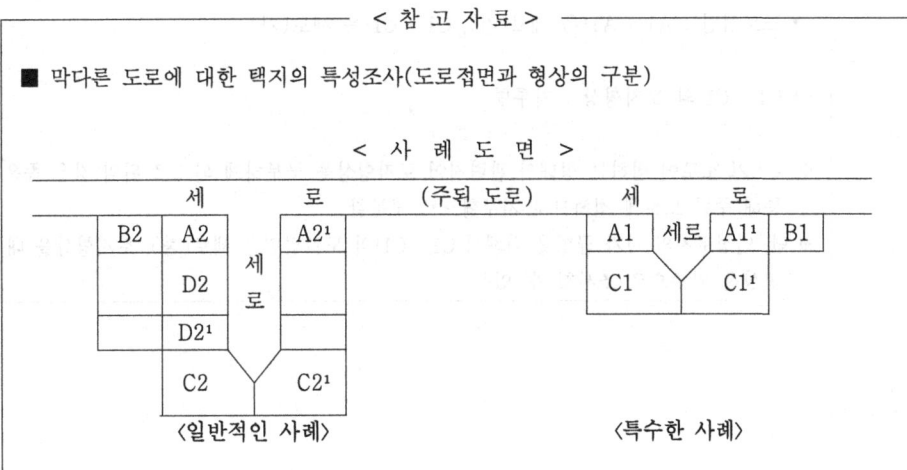

○ 구획정리사업지구나 계획적으로 개발된 지역의 주택지대의 경우에는 막다른 골목의 토지유형이 다수 발생하고 있으며, 이러한 지역의 경우에 도로접면과 형상의 구분이 비준표에 의한 지가산정과 관련하여 문제가 됨

⇒ 사례도면의 경우에 도로에 직접 접한 토지는 가격수준이 동일하거나 가격차가 미세하며(A1·A1¹과 B1, A2·A2¹과 B2), 막다른 골목에 접한 토지(C1, C1¹, C2, C2¹)는 도로에 직접 접한 토지보다 후면지로서 가격이 열세로 산정됨

○ 막다른 도로는 통상적인 도로에 비해 양쪽 방향의 교차통행에 제한을 받게 됨

⇒ 위 사례의 경우에 막다른 도로의 도로폭이 "세로"에 해당하더라도 도로폭이 4m 미만이라면 통상적으로 차량이 진입하여 U턴하는 것이 곤란하게 되므로 통상적인 도로에 비해 기능이 저하되며, 따라서 "세로"보다 한단계 낮은 "세로(불)"로 구분하게 됨

→ 도로접면의 조사 : A2는 세로(가), C2·D2·D2¹는 세로(불)로 구분
⇒ 위 사례의 경우에 막다른 도로의 도로폭이 「통상적으로 차량이 진입하여 U턴이 가능한 일반적인 도로폭」이라면(예 : 5m) "세로"로 구분하게 됨

→ 도로접면의 조사 : A2는 세각(가), C2·D2·D2¹는 세로(가)로 구분

- 특수한 사례의 경우 : 비준표에 의한 지가산정 목적상 다음과 같이 구분

⇒ 사례도면의 경우에서 막다른 소규모 필지의 출입만을 위해 사용되는 "특수한 사례"의 경우에는 공공의 통행에 사용되기 보다는 일부 필지만의 출입을 위하여 사용됨. 따라서 지가산정 목적상 주된 도로를 기준으로 도로접면과 토지형상을 예외적으로 구분함

→ 도로접면 : A1·A1¹은 세로(가), C1·C1¹은 세로(가)

→ C1·C1¹의 토지형상 : 자루형

※ 토지가 도로에 접하는 형태와 관련지어 토지형상을 구분하게 되므로 위의 경우 좁은 출입로를 통해 주된 도로에 접하므로 자루형으로 구분함
※ 단, 인접토지와 지가 균형을 위해서 C1·C1¹의 도로접면을 세로(불), 토지형상을 대상 토지의 형상을 기준으로 조사할 수 있음

(19) 도로조건 : 간선도로거리

　　가) 간선도로의 경계로부터 표준지까지의 도면상의 최단직선거리를 조사하여 기재한다. 다만, 최단직선거리로 조사함이 불합리한 경우(지가왜곡 등)에는 인근지형을 감안한 실제 접근 가능한 직선거리로 조사한다.

　　나) 간선도로라 함은 「도로법」에 의한 국도·지방도·시도·군도를 말한다. 단, 대중교통수단이 1일 1~2회 통과하는 도로는 제외한다.

　　다) 조사필지 주변에 간선도로가 여러개 있을 경우에는 진입이 가장 용이하고 가까운 거리에 있는 간선도로를 기준으로 기재한다.

　　라) 고속국도 및 자동차전용도로는 간선도로로 보지 아니한다.

　　마) 간선도로거리는 관리지역, 농림지역, 자연환경보전지역, 도시지역외 용도미지정지역에 대해서만 조사를 실시한다.

　　바) 일단지 내 토지는 간선도로의 경계로부터 일단지 전체를 기준으로 한 도면상 최단직선거리 또는 실제 접근 가능한 직선거리를 조사하여 기재한다.

　　※ 어느 노선을 간선도로로 판단하는지의 여부는 해당 시·군·구와 필히 사전에 협의하여 결정함

　　※ 간선도로가 없거나 500m를 초과하는 지역은 '00'으로 기재함

거 리 구 분

전산코드	1	2	3
구 분	50m이내	100m이내	500m이내

(20) 유해시설접근성 : 철도·고속국도 등과의 거리

가) 철도·지상전철(경량전철은 제외) 또는 고속국도의 경계로부터 표준지까지의 도면상의 최단직선거리를 조사하여 기재한다.
- 다만, 유해시설의 실제 영향력을 고려하였을 때 최단직선거리로 조사함이 불합리한 경우(지가왜곡 등)에는 인근지형을 감안한 실제 접근 가능한 직선거리로 조사한다.
※ 해당시설물로의 접근에 제한이 있거나, 정확한 위치를 파악하기 어려운 경우에 한하여 제한적으로 해당시설물을 포함하는 부지(필지) 경계를 기준으로 조사할 수 있다. 다만 현황도면 또는 GIS를 활용하여 해당시설물의 파악이 가능한 경우에는 해당시설물 경계를 기준으로 조사하여야 한다.

나) 상기 시설물이 여러 개 같이 있는 경우에는 가장 가까운 거리에 있는 시설물을 선택하여 기재한다.

다) 일단지 내 토지는 철도, 지상전철(경량전철은 제외) 또는 고속국도의 경계로부터 일단지 전체를 기준으로 한 도면상 최단직선거리 또는 실제 접근 가능한 직선거리를 조사하여 기재한다.
※ 철도, 지상전철(경량전철 제외) 및 고속국도가 없거나 500m를 초과하는 지역은 '00'으로 기재함
※ 철도가 운행을 할 수 없게 되어 실제 철도의 운행이 중지되어 그 노선의 전부 또는 일부를 철도운행으로는 더 이상 사용하지 못하게 되어 있는 폐철도부지는 조사에서 제외함

거 리 구 분

전산코드	1	2	3
구 분	50m이내	100m이내	500m이내

라) 상기 시설물에 터널 및 방음벽 등 제어시설이 설치되어 있어 방음효과가 있는 경우 터널 및 방음벽의 시작지점과 끝지점 중 해당 필지와 가장 가까운 지점을 기준으로 거리를 측정하며, 지하도로·지하철도의 경우 지상부 합류지점을 기준으로 거리를 측정한다.

(21) 유해시설접근성 : 폐기물처리시설 및 수질오염방지시설 등과의 거리

    가) 폐기물처리시설 또는 수질오염방지시설(도시계획시설로 결정되어 가동중이거나 또는 대규모의 시설로서 인근지가에 영향을 미칠 것으로 판단되는 쓰레기처리장·소각장 및 폐수종말처리시설 등) 등과의 경계로부터 표준지까지의 도면상의 최단직선거리를 조사하여 기재한다.

      - 다만, 유해시설의 실제 영향력을 고려하였을 때 최단직선거리로 조사함이 불합리한 경우(지가왜곡 등)에는 인근지형을 감안한 실제 접근 가능한 직선거리로 조사한다.

      ※ 해당시설물로의 접근에 제한이 있거나, 정확한 위치를 파악하기 어려운 경우에 한하여 제한적으로 해당시설물을 포함하는 부지(필지) 경계를 기준으로 조사할 수 있다. 다만 현황도면 또는 GIS를 활용하여 해당시설물의 파악이 가능한 경우에는 해당시설물 경계를 기준으로 조사하여야 한다.

    나) 상기 시설물이 여러 개 같이 있는 경우에는 가장 가까운 거리에 있는 시설물을 선택하여 기재한다.

    다) 일단지 내 토지는 폐기물처리시설 또는 수질오염방지시설 등과의 경계로부터 일단지 전체를 기준으로 한 도면상 최단직선거리 또는 실제 접근 가능한 직선거리를 조사하여 기재한다.

      ※ 어느 시설을 폐기물처리시설 및 수질오염방지시설로 판단하는지의 여부는 해당 시·군·구와 필히 사전에 협의하여 결정함

      ※ 폐기물처리·수질오염방지시설이 없거나 500m를 초과하는 지역은 '00'으로 기재함

거 리 구 분

전산코드	1	2	3
구 분	50m이내	100m이내	500m이내

라) 상기 시설물이 지중화되어 있는 경우, 조사대상에서 제외한다.

(22) 위험시설접근성 : 변전소와의 거리

가) 변전소(옥외변전소에 한함) 경계로부터 표준지까지 도면상의 최단직선거리를 조사하여 구분・기재한다.

- 다만, 위험시설의 실제 영향력을 고려하였을 때 최단직선거리로 조사하는 것이 불합리한 경우(지가왜곡 등)에는 인근지형을 감안하여 실제 접근 가능한 직선거리로 조사한다.

※ 해당시설물로의 접근에 제한이 있거나, 정확한 위치를 파악하기 어려운 경우에 한하여 제한적으로 해당시설물을 포함하는 부지(필지) 경계를 기준으로 조사할 수 있다. 다만 현황도면 또는 GIS를 활용하여 해당시설물의 파악이 가능한 경우에는 해당시설물 경계를 기준으로 조사하여야 한다.

나) 표준지 주변에 변전소가 여러 개 있을 경우에는 가장 가까운 거리에 있는 변전소를 기준으로 한다.

다) 일단지 내 토지는 변전소(옥외변전소에 한함)와의 경계로부터 일단지 전체를 기준으로 한 도면상 최단직선거리 또는 실제 접근 가능한 직선거리를 조사하여 기재한다.

※ 어느 시설물을 위험시설 변전소로 할 것인지는 해당 시・군・구와 필히 사전에 협의하여 결정함

※ 옥외변전소가 없거나 600m를 초과하는 지역은 '00'으로 기재함

거 리 구 분

전산코드	1	2	3
구 분	50m이내	100m이내	600m이내

(23) 개발사업 : 사업방식

가) 개발사업이라 함은 「택지개발촉진법」, 「도시 및 주거환경정비법」, 「산업입지 및 개발에 관한 법률」 등의 규정에 의하여 시행되는 택지개발사업, 정비사업, 산업단지개발사업 등을 말한다.
- 단, 「도시재정비 촉진을 위한 특별법」에 의해 지정된 재정비촉진지구내의 존치지역은 개발사업지로 보지 아니할 수 있다.
- 「빈집 및 소규모주택 정비에 관한 특례법」(「소규모주택정비법」)으로 사업이 시행되는 빈집정비사업, 자율주택정비사업, 가로주택정비사업, 소규모재개발사업, 소규모재건축사업 등은 개발사업지로 조사하지 아니함. 다만, 「소규모주택정비법」으로 시행되는 사업들이 하나의 구역계를 이루어 합동개발하는 경우에는 개발사업지로 조사할 수 있으며, 이는 해당 시·군·구에서 결정함

나) 개발사업지 내의 토지는 개발사업의 사업방식을 조사하여 다음과 같이 구분·기재한다.

개발사업방식 구분

전산코드	개발사업방식	약어
1	토지수용방식	수용
2	환지방식	환지
3	관리처분방식	관리
9	기타	기타

(24) 개발사업 : 사업단계

가) 개발사업지 내의 토지는 개발사업의 방식에 따라 각 사업단계를 조사하여 다음과 같이 구분·기재한다.

나) 토지수용 및 환지방식으로 개발되는 개발사업지 내의 토지는 확정예정지번(블록·롯트 포함)이 부여된 시점을 기준으로 확정예정지번 부여 이전과 이후로 구분하여 기재한다.

※ 다만, 확정예정지번(블록·롯트 포함)이 부여되었음에도 불구하고 이를 기준으로 토지특성을 조사하는 것이 불합리한 경우에는 해당 시·군·구와 협의하여 "확정예정지번 부여 이전"으로 기재할 수 있다.

다) 관리처분방식으로 개발되는 개발사업지 내의 토지는 실공사(착공신고 등 적법한 절차에 따른 실공사를 의미함)를 착수한 시점을 기준으로 실공사를 착수한 시점 이전과 이후로 구분하여 기재한다.

※ 다만, 실공사를 착수했음에도 불구하고 이를 기준으로 토지특성을 조사하는 것이 불합리한 경우에는 해당 시·군·구와 협의하여 "실공사 착수 이전"으로 기재할 수 있다.

라) 개발사업지 내 표준지의 경우 토지수용 및 환지방식의 개발사업지 내에서 "확정예정지번(블록·롯트 포함)이 부여되기 이전"과 관리처분방식의 개발사업지 내에서 "실공사 착공(착공신고 등 적법한 절차에 따른 실공사를 의미함) 이전"에는 도시·군계획시설에 의한 감가요인을 반영하지 않는다.

마) 개발사업방식에 관계없이 「도시 및 주거환경정비법」의 '정비구역', 「국토의 계획 및 이용에 관한 법률」의 '지구단위계획구역' 등 사업구역 지정으로 인해 전체 사업지 내 신·증·개축 등의 행위가 제한되어 도시·군계획시설 저촉에 따른 개별토지가격의 감가요인 반영이 불합리한 경우에는 이를 반영하지 않는다.

※ 표준지 조사·평가자와 해당 시·군·구는 반영여부에 대해 협의하여야 한다.

개발사업단계 구분

전산코드	개발사업방식	개발사업단계	약어
1	토지수용방식, 환지방식	확정예정지번 부여 이전	확정이전
2		확정예정지번 부여 이후	확정이후
3	관리처분방식	실공사 착수 이전	실공사 이전
4		실공사 착수 이후	실공사 이후
9	그 외 기타 개발사업방식	기타	기타

※ 착공신고 등 적법한 절차에 따른 실공사를 의미함

(25) 지리적 위치

가) 표준지의 지리적 위치는 소재를 명확히 알 수 있도록 목표물(지리적 위치1)을 정한 후 목표물과의 방향 및 거리(지리적 위치2)를 기재한다.

나) 목표물은 지명·지형지물·공공청사 및 공공시설 등 위치확인이 가능하고 이동이 가급적 적은 것으로 한다.(예 시청, 도청, 읍·면사무소, 은행, 학교, 다리, 역 등)

다) 방향은 8방위를 기준으로 하여 기재한다.
(동측, 서측, 남측, 북측, 남동측, 남서측, 북동측, 북서측)

라) 거리는 목표물의 경계로부터 표준지까지의 도면상의 최단 직선거리를 조사하여 기재한다.
※ 인근(500m 내), 근거리(500m 이상 1km 이내), 원거리(1km 초과)

기재방법 예)

지리적 위치1	지리적 위치2	
목 표 물	방 향	거리 또는 위치
지명, 지형지물, 공공청사, 공공시설 등	8방위 (동측, 서측, 남측, 북측, 남서측, 남동측, 북동측, 북서측)	앞, 옆, 뒤, 입구, 내, 인근, 근거리, 원거리 등

마) 표준지 토지이용상황이 아파트인 경우, 지리적위치1에는 해당 아파트단지명, 지리적위치2에는 "내"를 기재한다.

기재방법 예)

지리적 위치1	지리적 위치2
△△△아파트, ○○○○2단지 아파트, ○○○○아파트 2단지, □□□1차 아파트, □□□아파트 1차 등	내

(26) 주위환경

가) 표준지의 주위환경은 다음 구분 중에서 선정하여 기재한다.

나) 적절한 주위환경을 주위환경구분에서 선정할 수 없는 경우에는 기타란에 12자 이내로 주위환경을 기재한다.

다) 주택지대의 주위환경 선정은 도시지역 및 농어촌 지역에 관계없이 선정할 수 있다.

주위환경구분

구 분		전산코드	약 자	주위환경
상		111	기 상	기존 상가지대
		112	일 상	일반 상가지대
		113	중 상	중심 상가지대
		114	번 상	번화한 상가지대
		115	고 상	고밀도 상가지대
		116	도 상	도심 상가지대
		117	후 상	후면 상가지대
가		118	역 상	역주변 상가지대
		119	노 상	노선 상가지대
		120	성 상	성숙중인 상가지대
		121	미 상	미성숙 상가지대
지		122	정 상	정비된 상가지대
		123	시 상	시장주변 상가지대
		124	주 상	주택 및 상가혼용지대
		125	시 장	시장지대
대		126	아 상	아파트단지주변 상가지대
		151	국 상	국도변 상가지대
		152	지 상	지방도변 상가지대
		153	해 상	해안 상가지대

구 분		전산코드	약 자	주위환경
주 택 지 대	도시 지역	211	기 주	기존 주택지대
		212	신 주	신흥 주택지대
		213	일 주	일반 주택지대
		214	고 주	고급 주택지대
		215	성 주	성숙중인 주택지대
		216	미 주	미성숙 주택지대
		217	정 주	정비된 주택지대
		218	연 주	연립 주택지대
		219	공 주	공동 주택지대
		220	전 주	전원 주택지대
		221	속 주	고속국도주변 주택지대
		222	한 옥	한옥지대
		223	아 파	아파트지대
		224	신 구	신구옥 혼성지대
		225	재 개	주택재개발 예정지대
		226	도 개	도심재개발 예정지대
		227	미 개	미개발지대
		228	개 예	개발 예정지대
	농어촌 지역	251	읍 주	읍소재지 내 주택지대
		252	면 주	면소재지 내 주택지대
		253	읍 농	읍소재지 내 농촌지대
		254	면 농	면소재지 내 농촌지대
		255	근 농	근교 농촌지대
		256	국 농	국도주변 농촌지대
		257	지 농	지방도변 농촌지대
		258	순 농	순수 농촌지대
		259	산 농	산간 농촌지대
		260	해 농	해안 농촌지대
		261	농 어	농어촌지대
		262	해 어	해안 어촌지대
		263	농 취	농촌 취락지대

구 분		전산코드	약 자	주 위 환 경
주택지대	농어촌지역	264	산 취	산간 취락지대
		265	해 취	해안 취락지대
		266	취 개	취락구조 개선마을
		267	해 주	해안 주택지대
		268	관 광	관광단지
공장지대		311	산 단	산업단지
		312	기 공	기존 공장지대
		313	농 공	농공단지
		314	시 공	시가지주변 공장지대
		315	소 공	소규모 공장지대
업무지대		411	도 무	도심 업무지대
		412	일 무	일반 업무지대
		413	상 무	상가 및 업무지대
		414	공 무	공장 및 업무지대
농경지대	자연농경지대	511	순 경	순수 농경지대
		512	산 경	산간 농경지대
		513	국 경	국도주변 농경지대
		514	지 경	지방도주변 농경지대
		515	마 경	마을주변 농경지대
		516	근 경	근교 농경지대
		517	시 경	시가지주변 농경지대
		518	읍 경	읍소재지 내 농경지대
		519	면 경	면소재지 농경지대
		520	해 경	해안 농경지대

구 분		전산코드	약 자	주 위 환 경
농경지대	경지정리지대	551	순 정	순수 경지정리지대
		552	국 정	국도주변 경지정리지대
		553	지 정	지방도주변 경지정리지대
		554	마 정	마을주변 경지정리지대
		555	근 정	근교 경지정리지대
		556	시 정	시가지주변 경지정리지대
		557	읍 정	읍소재지 내 경지정리지대
		558	면 정	면소재지 내 경지정리지대
		559	해 정	해안 경지정리지대
임야지대	야산지대	611	마 야	마을주변 야산지대
		612	순 야	순수 야산지대
		613	국 야	국도주변 야산지대
		614	지 야	지방도주변 야산지대
		615	해 야	해안 야산지대
		616	시 야	시가지주변 야산지대
지대	산림지대	651	마 림	마을주변 산림지대
		652	순 림	순수 산림지대
		653	국 림	국도주변 산림지대
		654	지 림	지방도주변 산림지대
		655	해 림	해안 산림지대
		656	공 림	공원 산림지대
		657	시 림	시가지주변 산림지대
목장지대		711	순 목	순수 목장지대
		712	해 목	해안 목장지대
		713	산 목	산간 목장지대
유원지지대		721	산 유	산간 유원지대
		722	계 유	계곡 유원지대
		723	도 유	도시 유원지대
		724	관 유	관광 유원지대
온천지대		731	온 천	온천지대
		732	온 휴	온천 휴양지대
		733	온 관	온천 관광지대
기 타		999	기 타	12자 이내로 기재

(27) 거래사례

해당 표준지 또는 인근토지에 대한 최근 3년 이내의 거래사례 중 적정한 거래사례를 조사하여 기재함을 원칙으로 하며, 거래일자·소재지·지번·지목·면적(㎡)·용도지역·거래가격(원/㎡)을 전산프로그램을 활용하여 기재한다.

기재예시)

거래사례	거래일자	소재지		지번
	지목	면적(㎡)	용도지역	거래가격(원/㎡)

※ 1. 복합부동산의 경우 배분법에 의한 토지귀속분만을 산출·기재함
　　2. 소재지는 읍·면·동·리만 기재함

(28) 평가선례

해당 표준지 또는 인근토지에 대한 최근 3년 이내의 평가선례 중 적정한 평가선례를 조사하여 기재함을 원칙으로 하며, 기준시점·소재지·지번·지목·면적(㎡)·용도지역·평가목적·평가금액(원/㎡)을 전산프로그램을 활용하여 기재한다.

기재예시)

평가선례	기준시점	소재지	지번	지목
	면적(㎡)	용도지역	평가목적	평가금액(원/㎡)

※ 소재지는 읍·면·동·리만 기재함

(29) 전년지가

　　가. 표준지의 전년도 공시지가(1.1. 기준)를 기재한다.

　　나. 신규표준지의 경우에는 전년도 개별공시지가(1.1. 기준)를 기재한다.

　　다. 1.1.~ 6.30. 기간 중 분할·합병 등 지적사항의 변경으로 지가가 변경된 경우에는 변경된 지가(7.1 기준)를 전년지가로 입력한다.

　　※ 분할·합병, 지적재조사, 확정지번부여, 등록전환의 경우 단순 지번변경으로서 지가 변경을 수반하지 않는 경우에 한하여 7.1. 기준 지가가 존재함에도 불구하고, 전년도 1.1. 기준으로 공시지가를 전년지가로 입력할 수 있음

　　※ 전년지가는 전산프로그램 상 자동 기재되며 신규표준지 및 전년지가가 없는 경우를 제외하고 수정이 불가함

(30) 시가수준

　　해당 표준지의 적정한 지가수준의 범위를 조사하여 기재한다.

(31), (32) 평가가격

　　A, B조 각각의 ㎡당 평가가격을 유효숫자 세자리까지 기재하되, 평가가격이 10만원 이상인 경우에는 유효숫자 네자리까지 기재할 수 있다.

평가가격 기재방법

구 분	A조 평가가격	B조 평가가격	공시지가 공시
평가가격이 10만원 미만인 경우	유효숫자 세자리까지 기재	유효숫자 세자리까지 기재	유효숫자 세자리까지 가능
평가가격이 10만원 이상인 경우	유효숫자 네자리까지 기재	유효숫자 네자리까지 기재	유효숫자 네자리까지 가능

(33) 평가의견

　　표준지의 평가기준 및 평가방법 기타 가격결정에 관한 주요사항 등을 기재한다.

IV. 표준지 토지특성 조사요령

2026년 토지특성조사표 (현장조사 참고양식)

(1)일련번호	(2)소재지	시·도	시·군·구	읍·면·동	리	지	번 (본번-부번)	(5)면적(㎡)	(25)지대지역
(3)도지(일)대장번호									(26)주위환경
									(27)개재사례 (기 타:)

(4)지목	(6)용도지역	(7)용도지구	(8)기타제한(구역 등)	(9)도시군계획시설	(10)구분	(11)도로	(12)경지정리	(13)임야	(14)토지이용상황	(28)평가선례
01전 15답	11 1종전	110 자연녹지	020 공원	011 자동차도로	1 정충 2 보통	1 미흡 2 계획	1 경지정리 2 경지미정리	1 보전산 2 준보전산	100 주거용 110 단독 120 연립 130 다세대 140 아파트 150 주상용 160 주상기타 200 상업용 210 상업·업무용 220 주상복합 300 공업용 320 공장 330 창고 400 전 410 답 420 과수원 430 목장용지 440 기타농지 500 임야 510 자연림 520 인공림 530 토지기타 540 목장용지 550 유지 600 기타 610 광천지 620 양어장 630 염전 640 잡지 ※ 기 타( )	(29)전세자가 (30)시가수준 (31)(32)평가가격 A B
02과수원 16임	12 2종전	120 생산녹지	021 학교	012 자동철도						
03목 17대	13 1종일	130 보전녹지	022 철도	021 자동역사						
04임 18장	14 2종일	140 자연취락	023 공항	022 공영주차장						
05광 19주	15 3종일	150 집단취락	024 전원	031 보행자전용도로						
06염 20도	16 준주	200 준공업	030 위락	032 자전거전용도로						
07대 21창	21 중심상	300 자연림	031 학교	033 고가도로						
08공 22공	22 일반상	400 계획관리	032 공공청사	040 광장						
09학 23주	23 근린상	500 보전관리	033 도서관	050 주차장						
10주 24주	24 유통상	522 생산관리	040 연구시설	060 자동차정류장						
11묘 25체	31 전용공	523 농림	050 사회복지	070 궤도						
12철 26종	32 일반공	534 자연환경	060 청소년	080 하천						
13도 27사	33 준공	610 도시	070 종교	090 유수지						
14하 28잡	41 보전녹	620 취락	080 문화	100 방수설비						
	42 생산녹	630 방재	090 공연	110 유통업무						
	43 자연녹	640 농림	100 유원	120 공동구						
	44 계관	720 농공	110 의료	130 시장						
	51 계관	730 어항	120 공공	140 유통업무설비						
	61 보관	740 준용	130 체육	150 문화시설						
	62 생관	800 취락	140 공원	160 체육시설						
	63 계관	900 기타	150 녹지	170 공공청사						
	64 농림	999 기타	160 수자원	180 문화재						
	71 농림		170 관광휴양	190 사회복지시설						
	81 자보		180 수자원	200 장사시설						
			190 보건위생	210 종합의료시설						
			200 환경기초	300 기타						
			990 기타	310 기타						
			※ 저촉면적(%)	※ 저촉면적(%)						
				(8-1)기타						

(15)고저	(16)형상	(17)방위	(18)도로접면	(19)간선도로거리	(20)철도·고속도로	(21)폐기물·수질오염	(22)변전소와의 거리	(23)사업방식	(24)사업단계	(33)평가의견
1 평지	1 정방형	1 남향	01 광대로한면	1 50m이내	1 50m이내	1 50m이내	1 50m이내	1 수용	1 결정·고시	
2 저지	2 가로장방	2 남동향	02 광대소각	2 100m이내	2 100m이내	2 100m이내	2 100m이내	2 환지	2 실시계획인가	
3 급경사	3 세로장방	3 남서향	03 광대세각	3 500m이내	3 500m이내	3 600m이내	3 600m이내	9 기타	3 공사착공	
4 고지	4 사다리	4 동향	04 중로한면						4 공사완료	
5 완경사	5 삼각형	5 서향	05 중로각지						9 기타	
	6 역삼각	6 북동향	06 소로한면							
	7 부정형	7 북향	07 소로각지							
	8 자루형	8 북서향	08 세로(가)							
	(16-1)표고소음		09 세각(가)							
	0 해당없음		10 세로(불)							
			11 세각(불)							
			12 맹지							

토지특성 조사 및 가격평가 시 유의사항

표준지의 토지특성은 개별공시지가의 산정에 직접 활용되므로 개별공시지가의 공신력 제고를 위하여는 표준지에 대한 정확하고 일관성 있는 토지특성조사 및 가격 평가가 필수적이다.
여기에서는 토지특성 조사 및 가격 평가에 있어 유의할 사항을 수록함으로써 토지특성 판단 및 가격 평가에 대한 기준을 제시하고자 한다.

가. 토지특성 조사 시 유의사항

1) 토지이용상황 (14)

① 주변의 토지이용상황이 상가 및 점포지대로서 한두 필지만이 주거용으로 이용되고 있는 경우의 토지이용상황 구분
 - 주거용으로 조사하는 사례가 있으나 상업용으로 판단하여 상업·업무용 기타(주거건물)로 구분하여야 함
 - 주위환경으로 보아 인근지역은 상업용으로 이용되는 것이 적합한 이용이며, 한두 필지의 주거용지는 상업용으로 지가가 형성됨. 따라서 해당 토지의 개별적인 이용상황은 일시적인 이용상황으로 볼 수 있음

② 주택단지 내에 주택의 일부를 점포로 이용하고 있는 경우의 토지이용상황
 - 상업용이나 주상용으로 조사하는 사례가 있으나 주거용으로 판단하여 주거용으로 조사함

③ 주택단지 내에 하나의 쇼핑센터가 있는 경우에 쇼핑센터의 토지이용상황
 - 상업용으로 조사하여야 함
 - 인근 이용상황이 주택이고 그 중 한 필지가 상업용으로 이용되고 있는 경우에 주위환경에 적합한 이용은 주거용이나, 쇼핑센터는 해당 토지의 효용증진을 위해 주변 토지보다 유효이용상태에 있으므로 일시적 이용 상황으로 볼 수 없음

④ 건물의 일부를 상업용과 주거용으로 이용하고 있는 경우의 토지이용상황
  - 상업지대 내에 일부 토지를 상업용과 주거용으로 이용하고 있는 경우에 주상용으로 조사하는 사례가 있으나 주변토지의 이용상황을 고려하여, 상업·업무용으로 조사하여야 함
  - 주상복합용으로 구분하는 경우는 주거용과 상업용이 거의 대등하거나 주된 용도와 부수적인 용도의 구분이 용이하지 않는 건물로서 주변토지의 현실적인 이용상황도 이에 해당하는 경우임 (주택지대의 소규모점포는 주거용으로 구분)

⑤ 공단지역 내에 있는 '공단에서 근무하는 근로자들을 위한 숙소'로서 주택시설이 있는 토지의 토지이용상황 구분
  - 공단지역은 주위환경을 고려할 때, 대부분의 토지는 공업용지로 이용하는 것이 적합한 이용이나, 공단의 근로자를 위한 숙소는 공단의 효용증진을 목적으로 하는 이용이므로 주거용으로 구분하여야 함

⑥ 토지이용상황의 "나지"나 "기타"와 관련된 사례
  ㉮ 각 용도지역(주거지역, 상업지역, 공업지역, 녹지지역, 용도미지정지역, 관리지역, 농림지역, 자연환경보전지역)내에서 주변의 주된 이용상황이 주거용(상업용, 공업용)이나 한두 필지가 전·답·임야인 경우의 토지이용상황 구분
    - 장래의 개발가능성을 기준으로 주거나지 등으로 조사하거나 대상토지만의 개별적인 이용상황을 기준으로 전·답·임야로 조사하는 사례가 있으나, 주변토지의 현실적인 이용상황을 기준으로 해당 토지의 이용상황이 적합한 지를 판단하고, 일시적 이용상황여부에 따라 판단하여 구분하여야 함
    - 주위환경이 주거지대(상업지대, 공업지대)로서 주변토지의 대부분이 주거용(상업용, 공업용)인 경우에는 최유효이용상태에 부적합하여 일시적인 이용상황으로 판단되므로 주거나지(상업나지, 공업나지)로 구분하여야 함
    - 시가지와 인접되어 가까운 장래에 개발가능성이 높은 농경지는 주변토지의 현실적인 이용상황을 기준으로 최유효이용상태에의 부적합을 조사하고 이용상황이 일시적인지의 여부를 판정하되, 인근토지의 이용상황 조사내용과 일관성있게 구분하여야 함(대부분이 전·답·임야로 구분되며, 특수한 경우에 한하여 주거나지 등으로 구분)

㉮ 전·답 등 농경지에 축사로서 이용되고 있는 축사부지(축사, 계사, 우사 등)이고 지적공부상 목장용지인 경우의 토지이용상황 구분
 - 주변 토지의 주된 이용상황을 기준으로 "전축사" 또는 "답축사"로 구분
 - 임야로 구분되는 목장용지는 주변의 토지이용상황이 대부분 임야로서 축산업을 목적으로 조성된 토지를 말함

㉯ 유료주차장의 토지이용상황 구분
 - 원칙상 해당시설이 장기간 해당 토지이용상황으로 지속될 것으로 예상되는 경우에는 인근의 표준적 이용상황으로 판단한다.
 - 다만, 해당 주차장의 지목이 주차장이며, 도시·군계획시설로 고시된 토지로서 사업이 착공 내지 완료된 경우 또는 지구단위계획으로 조성된 주차장 부지인 경우에는 공공용지로 조사한다.

㉰ 전기차충전소의 토지이용상황 구분
 - 전기차충전소의 경우 인근의 표준적 이용상황으로 조사함을 원칙으로 한다.
 - 다만, 「전기사업법 시행령」 별표1 전기신사업 등록기준(제4조의3제1항 관련) 및 「환경친화적 자동차의 개발 및 보급 촉진에 관한 법률 시행령」 제11조의2, 제18조의5, 제18조의6 제18조의7 등 관련기준에 부합하여 급속충전시설이 설치된 경우, 해당 시설물이 장기간 이용이 지속될 것으로 예상되므로 상업용으로 판단하여 조사한다.

㉱ 관인유치원의 토지이용상황 구분
 - 택지개발지구 내 또는 대단위아파트지구 내의 유치원용지로 분양된 경우에는 주거기타(유치원)로 구분하고, 지구내 유치원용지로 용도지정이 되지 않은 일반택지내의 유치원은 대개 상업용건물의 일부인 경우로서 상업용으로 구분함

㉲ 주위가 전·답인 농경지대로서 전·답의 일부를 창고로 사용하고 있는 경우의 토지이용상황 구분
 - 주위 이용상황을 고려하여 전기타 또는 답기타(일부창고)로 구분하되, 창고 부분의 면적이 더 큰 경우 등 주용도가 창고인 경우에는 전창고 또는 답창고로 구분

㉔ 주위가 전·답인 농경지대로서 토지이용상황이 농업·축산업·수산업용 창고 외의 창고가 입지해 있는 경우
- 주위 이용상황을 고려하여 농경지대의 창고용지 가격을 반영하기 위하여 토지이용상황이 농업·축산업·수산업용 창고 외의 창고가 입지해 있다하더라도 "전창고" 또는 "답창고"로 구분하여 조사할 수 있다.

⑦ 나지에 상업·업무용건물을 건축시 토지이용상황의 조사방법
- 공시지가의 조사·평가시 대상토지에 건물 등의 정착물이 있거나 지상권 기타 토지의 사용·수익을 제한하는 권리가 설정되어 있는 경우에는 「부동산 가격공시에 관한 법률」 시행령 제6조제2항의 규정에 의거 해당 정착물 또는 권리가 존재하지 아니한 것으로 본 적정가격으로 평가하여야 하므로 상업용 토지를 상업·업무용나지와 업무용지 등으로 구분하여 토지특성을 조사하는 것은 공시지가의 가격평가를 위한 것이 아니고 토지관련자료의 정보요인으로 가치를 두고자 하는 것임
- "상업·업무용나지"란 가까운 장래에 상업용·업무용으로 이용될 가능성이 있는 토지를 말하는 것으로서, 동 용도로 개발이 착수된 경우에는 같은 용도로 이용이 시작된 것이므로 나지로 볼 수 없음

⑧ 공업지역 내의 주변 토지이용상황은 공업용이나 대상토지는 작물을 재배하고 있는 경우의 토지이용상황
- 주변 토지이용상황을 고려하여 조사하여야 하나 공업지역내의 토지에 작물을 재배하는 등 일시적으로 사용하고 있다면 공업나지로 조사하여야 할 것임

⑨ 준공업지역 내 자동차운전면허학원의 토지이용상황
- 상업용은 상가나 시장·서비스업 등의 영업을 목적으로 하고 있는 것을 말하며, 공업용은 제조업에 이용되고 있는 토지를 말하는 것으로, 대상토지가 일시적 이용상황이 아닌 경우에는 상업용으로 조사하여야 할 것임

⑩ 2개 이상 용도로 활용되는 표준지의 토지특성조사방법
- 한 필지가 둘 이상의 용도로 이용되는 토지는 표준지로 선정하지 않는 것이 원칙이나, 불가피하게 표준지로 선정된 경우에는 용도별 면적과 토지의

효용가치를 고려하여 주된 용도를 기재하되, 주된 용도와 부수적인 용도를 구분하기 어려운 경우에는 지가가 더 높게 형성되는 용도를 주용도로 보아야 할 것임

⑪ 용도지역만 지정되고 장기간 이행되지 못한 경우 전·답·임야의 토지이용상황
- 용도지역만 지정되고 장기간 이행되지 못하여 가까운 장래에 주택지 등으로 이용개발될 가능성이 희박한 전·답·임야는 현재의 이용상황대로 전·답·임야로 조사하여야 할 것임

⑫ 초식가축 사육에 사용되는 토지에 부속한 주거용 건축물의 토지이용상황
- 축산업을 목적으로「초지법」에 의하여 초지조성을 하였거나「초지법」시행 이전에 임의 개간한 토지로서 초식가축사육에 사용되는 토지 및 그 부속시설물의 부지는 목장용지로 조사하여야 할 것임. 다만, 주거용건축물의 부지는 주거용으로 조사하여야 함

⑬ 토지이용상황 중 광업용지의 경우 가채광량 등 광업권 관련 내용도 조사하여야 하는지 여부
- 광업권은 토지와는 별개의 독립된 물권의 객체로서 토지의 지가공시를 목적으로 하는 표준지의 경우에는 광업권은 없는 것으로 보며, 산림지역 광업용지의 경우 토지이용상황은 광업용지로 조사하되 토지가격은 순수 임야 상태로 평가해야 할 것임

⑭ 간척지(답) 조성을 목적으로 공유수면 매립면허를 득하여 조성된 토지로서 잡종지상태로 방치되어 있는 경우 타용도로 사용시 승인을 받아야 한다면 토지이용상황의 판단은
- 간척농지 조성을 목적으로 공유수면을 매립하였고, 공법상 "답"으로 사용하도록 제한되어 있으며, 다른 용도로 사용하고자 하는 경우에는 농림부장관의 승인을 받아야 한다는 점을 고려한다면 잡종지인 상태는 일시적 이용상황이라고 볼 수 있으므로 "답"으로 판단하여야 할 것임

⑮ 「농지법」과「산지관리법」에 의한 일시사용허가를 통해 설치한 태양광발전소 부지

- 지목변경을 수반하지 않는 일시사용허가에 기초하여 설치한 태양광발전소 부지(사용허가기간 후 원상 복구)라 하더라도 사용기간(최대 20년)과 발전설비 허가(「전기사업법」) 등의 적법한 절차를 거쳐야 하는 점 등을 고려할 때 사용기간 동안은 일시사용허가에 의해 설치한 태양광발전소 부지도 '태양광발전소 부지'로 조사하여야 할 것임
- 인근 이용상황이 임야 및 농경지이더라도 태양광발전소는 해당 토지의 효용증진을 위해 주변 토지보다 유효이용상태에 있으므로 일시적인 이용상황으로 볼 수 없음.

⑯ 출입이 제한된 DMZ, 군부대부지 조사
- DMZ 내 토지는 현장조사가 가능한 경우 실제 이용상황을 기준으로 조사하여야 하나, 출입제한 등으로 실제 이용상황 조사가 불가능한 경우 지목 또는 주위의 주된 토지이용상황 등을 고려하여 조사할 수 있으며, 토지이용상황을 특정하기 곤란한 경우에는 '기타'로 조사할 수 있음
- 군부대부지는 주위의 주된 토지이용상황을 고려하여 토지이용상황을 조사할 수 있으며, 주위의 주된 토지이용상황을 기준으로 조사하는 것이 불합리하다고 판단되는 경우에는 '기타'로 조사할 수 있음
  - 군사시설과 이에 접속된 부속시설물의 부지인 군부대부지로서 수 필지 이상의 토지가 일단을 이루는 경우에는 전체를 일단지로 간주하고 토지특성을 조사할 수 있음
  - 다만, 군사시설 간에 용도를 달리하는 것으로 인정되는 부지는 별도로 일단을 이루는 것으로 조사할 수 있음

2) 지형지세(고저)(15)의 조사

■ 지형지세(고저)의 비준표상 가격배율이 다른 토지특성 조사항목에 비해 상대적으로 크나, 지형지세(고저)를 객관적으로 정확하게 분류하기가 어려움
⇒ 대상토지의 지형지세(고저)를 간선도로 또는 주위의 지형지세를 기준으로

판단하여야 가격배율에 의한 지가산정이 균형 있게 이루어질 수 있음
※ 지형지세(고저)조사시 대상토지 자체만의 지형지세를 기준으로 판정하여 인근 토지간 가격배율 적용상의 불합리한 격차를 발생시키는 사례가 다수 발생
■ 간선도로 또는 주위의 지형지세를 기준으로 판단하되, 주변 토지들의 지형지세를 고려하여 조사하고, 특히 비교표준지와 인근 토지들의 지형지세(고저) 구분이 상호 일치되도록 일관성있게 조사되어야 함

3) 지형지세(형상)(16)의 조사

■ 지형지세(형상)는 도로접면을 기준으로 조사함

■ 토지형상이 모호하여 구분하기가 곤란한 경우에는 조사·평가자와 시·군·구 간에 협의하여 결정하되, 인근토지와 가격균형이 유지되도록 함
※ 단순히 대상토지의 형상만을 기준으로 구분할 경우에는 현실적으로 상당부분이 부정형으로 조사되는 사례가 나타날 수 있으며, 구획정리된 지역 외에는 완벽한 사각형 형태의 토지가 희소하므로 대체로 유사한 경우에는 정방형 또는 장방형으로 판단함

■ 부정형으로 판단하는 경우는 대상토지의 형상으로 인해 최유효이용에 상당한 제약을 받는 경우를 말함. 택지의 경우 형상이 최유효이용에 장애가 될 정도로 심한 경우에 한하여 부정형이나 자루형으로 구분함
- 택지에 있어 최유효이용에 상당한 제약을 받는 경우의 예로서는 형태가 띠모양 토지이거나 지적선의 굴곡이 심하여 통상의 건축에 제약이 있는 경우를 들 수 있음
⇒ 도로건설 등으로 인해 가각정리된 토지는 가각정리된 부분을 포함한 토지의 형상이 정방형이나 장방형인 경우에 정방형 또는 장방형으로 조사

4) 도로접면(18)의 조사

- 동일노선상의 도로 폭에 차이가 있는 경우 표준지가 접한 도로 폭만을 도로접면으로 조사하여야 하는지 여부
    - 노선의 가격은 도로의 계통에 따라 형성되는 경향이 있으므로 동일노선의 도로 폭에 약간의 차이가 있을 때에는 그 노선의 지가형성은 동일하게 형성되므로 그 도로의 주된(많은 부분을 차지하는) 도로 폭을 기준으로 도로접면을 조사해야 할 것임

- 토지의 도로접면 상태가 도면상으로는 접한 것으로 인식되지만 실제 진입이 불가능한 경우의 도로조건
    - 도면상으로 도로에 접하였다고 하더라도 그 접한 도로가 기능을 수행할 수 없는 경우에는 "도로"에 접한 것으로 보지 아니함

5) (도시)계획시설

- (도시)계획시설로 지정되어 있지 않은 필지와 비준표상에 표기되지 않거나 별도의 단서가 없는 (도시)계획시설은 모두 일반(도시)계획시설로 간주한다.
    ※ 「도시공원 및 녹지에 관한 법률」에 의한 사설 묘지공원은 공원으로 조사됨에 불구하고 일반 도시·군 계획시설로 간주한다.

나. 가격평가 시 유의사항

① 광천지의 공시지가는 공구당 가격인지 여부
- 「부동산 가격공시에 관한 법률」제3조의 규정에 의한 공시지가는 토지의 단위면적(㎡) 당 적정가격이므로 지하에서 온수·약수·석유류 등이 용출되는 용출구 및 그 유지에 사용되는 부지(광천지)의 공시지가는 제반 가격형성요인을 감안하여 조사·평가한 공구당 총가격(광천지에 체화되지 아니한 건물, 구축물, 기계·기구 등의 가액제외)을 해당 토지(광천지)의

면적으로 나눈 단위면적(m^2)당 가격임

(공시지가를 조사함에 있어 토지대장상 지목이 광천지로 기재되어 있더라도 용출구외의 일반대지로서 가치를 지닌 부분은 용출구와 별도로 구분 평가하여야 할 것임)

② 종래 1필지의 토지가 도시·군관리계획 등에 의거 직권분할 되었으나, 현재 일단지로 이용되고 있으며, 표준지는 도시계획시설에 저촉되지 않는 토지인 경우에 대한 표준지공시지가 조사·평가방법

- 「표준지공시지가 조사·평가 기준」에 의한 일단지에 해당하는 경우는 그 일단지를 1필지의 토지로 보고 평가하므로, 도로접면 등 토지특성과 도시계획저촉비율은 동일하게 일단지로 조사하여 기재하고 가격은 평균가격으로 하여야 할 것임

③ 재개발사업지내의 일단지 평가를 하는 기준

- 용도상 불가분의 관계에 있는 2필지 이상의 일단의 토지 중에서 대표성이 있는 하나의 필지가 표준지로 선정된 경우, 표준지공시지가를 일단지 기준으로 평가할 수 있는 경우는 해당 사업의 착공신고를 거쳐 공사를 착수하고 해당 토지이용상황으로 볼 때 일단지로 이용되는 것이 사회적·경제적·행정적 측면에서 합리적이고 해당 토지의 가치측면에서도 타당하다고 인정되는 경우라 할 것이며, 일단지의 평가여부는 개별 사업지별로 구체적인 분석을 거쳐 결정되어야 할 것임

④ 표준지에 건물이 소재하는 경우의 공시지가 평가방법

- 표준지공시지가는 표준지에 정착물이나 토지의 사용·수익을 제한하는 사법상권리가 존재하지 아니하는 것으로 보고 평가함

⑤ 환지처분 이전에 환지예정지로 지정되어 환지예정지의 위치 및 확정예정지번(블록·롯트) 등이 부여되었으나, 해당 지역의 환지예정지 지정처분에 대하여 행정소송에 따른 법원의 집행정지 결정이 있는 경우 사업시행지구 안에 소재하는 표준지의 공시지가 평가방법 (법률전문가의 의견)

- 환지예정지 지정처분이 있는 해당 사업시행지구안의 표준지에 대해 법원에서 행정소송법에 따른 "효력정지"가 아닌 "집행정지" 결정이 있는 경우에는

환지예정지 지정처분의 효력은 유효한 것으로 간주하여야 할 것임
⑥ 개발사업지구의 단계별 지가상승 분석
- 사업의 특성에 따라 상이하므로 사업의 종류·기간·시행처 등을 조사하여 각각 달리 적용하여야 할 것이나, 일반적으로 다음 도표와 같이 분석됨

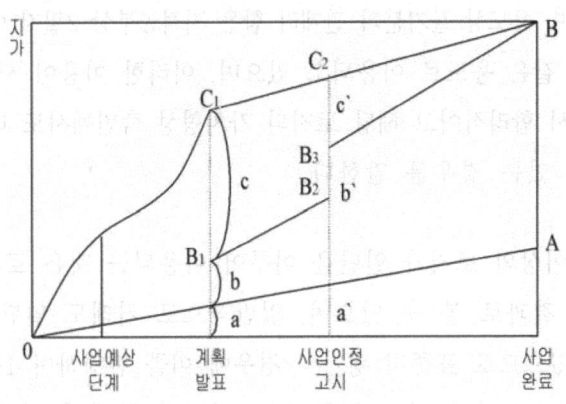

- A : 공익사업의 시행이 없었을 경우의 지가곡선
- B1~B2~B3~B : 개발의 진행에 따라 개발이익을 적절히 반영시킨 공시지가 수준곡선
- C1~C2~B : 투기가격을 포함하여 거래되고 있는 현실가격곡선
- a, a' : 시가수준상승분
- b, b' : 공시지가에 반영시킨 개발이익분
- c, c' : 투기가격 수준
- a+b, a'+b' : 공시지가 수준

4 일단지의 평가 (표준지공시지가 조사·평가 기준 제20조 관련)

가. 일단지 평가의 근거 및 필요성

① 일단지라 함은 용도상 불가분의 관계에 있는 2필지 이상의 일단의 토지를 의미하며, 용도상 불가분의 관계라 함은 지적공부상 2필지 이상의 토지가 일단을 이루어 같은 용도로 이용되고 있으며, 이러한 이용이 사회적·경제적·행정적 측면에서 합리적이고 해당 토지의 가치형성 측면에서도 타당하다고 인정되는 관계에 있는 경우를 말한다.

② 2필지 이상의 토지가 일단을 이루어 이용되는 것은 토지의 합리적·최유효 이용의 결과로 볼 수 있으며, 일반적으로 거래도 일단으로 이루어진다고 볼 수 있으므로 표준지 평가의 경우에 이를 반영하여 1필지의 토지로 보고 평가하는 것이 현실에 부합되며, 일단지 중에서 선정된 표준지를 지적공부상의 개별적인 토지로 보고 평가하는 경우에는 부당하게 낮거나 높은 가격으로 평가될 수 있다.

나. 일단지 조사·평가의 범위

① 용도상 불가분의 관계의 판정
   - 일단지의 범위는 용도상 불가분의 관계의 범위와 직접 관련된다. 용도상 불가분의 관계의 판정은 용도상 불가분의 관계의 현실적이고 외부적인 인식 및 사회관념에의 적합성 등을 참작하여 개별적인 토지용도별로 구체적으로 판정될 수 있다.

② 「공간정보의 구축 및 관리등에 관한 법률」상의 지목과의 관계
   - 일단지의 범위는 용도상 불가분의 관계를 기준으로 판정하므로 「공간정보의 구축 및 관리등에 관한 법률」상의 지목개념과는 반드시 일치하는 것은

아니다. 용도상 가치가 명확하게 구분되어 사회통념상 가치형성이 달라 용도상 불가분의 관계가 명확하지 않다고 인정되는 경우에는 용도상 불가분의 관계로 볼 수 없다.

③ 토지소유권과의 관계
- 일단으로 이용되고 있는 2필지 이상의 토지는 일반적으로 토지소유자가 1인이거나 공유관계에 있는 것이 대부분이지만, 각각의 토지소유자가 다른 경우에도 토지의 최유효이용의 결과로서「표준지공시지가 조사·평가기준」제20조제2항의 규정에 따라 용도상 불가분의 관계에 있는 경우에는 일단지로 평가한다.

④ 일단지와 일시적인 이용상황
- 일시적인 이용상황은 표준지 조사·평가시에 배제하고 있으므로 현재의 이용상황이 주위환경 등의 사정으로 보아 일시적인 것으로 인정되는 경우에는 일단지의 판정기준이 되는 용도상 불가분의 관계에 대한 확정성이 결여되므로 일단지로 보지 않는 것이 타당하다.

⑤ 건축중인 토지의 일단지 조사·평가 적용시점
-「표준지공시지가 조사·평가 기준」제20조제4항에 의하여 건축중에 있는 토지와 공시기준일 현재 나지상태이나 건축허가 등을 받고 공사를 착수한 때에는 일단지로 조사·평가하게 되며, 토지특성 중 이용상황을 나지상태로 조사하지 아니한다.「건축법」제11조의 규정에 의한 건축허가와 같은 법 제21조의 규정에 의한 착공신고를 필하고 건축물의 기초공사 등을 착수하여 일단의 토지가 하나의 건축물(부속 건축물을 포함한다)등의 부지로서 이용되는 것이 객관적으로 인식되는 시점을 "공사를 착수한 때"로 본다.

다. 토지용도 유형별 일단지의 범위

① 주거용지는 주로 아파트부지 등 공동주택용지가 일단지 평가의 대상이 된다.
  * 개발사업지내 유보지의 경우 용도확정 이전까지는 해당 사업목적의 나지로 조사·평가함

② 상업·업무용지는 주로 광대로변의 고밀도 상가지대 또는 업무지대에서 일단지로 이용되는 경우가 많다.
  - 각기 소유자가 다른 여러 필지의 토지 위에 하나의 건축물을 건축하여 그 건물을 수평적으로 구분하여 소유·이용하고 있는 경우에는 일단지로 조사·평가한다. 지상건물이 공유지분으로 등기되어 있으나 일부 소유자가 소유토지에 지상건물을 수직적으로 구분하여 소유·이용하고 있어 건물 외관상으로 다른 소유자의 건물과 구분이 가능한 경우에는 가치형성 상 구분여부를 판단하여 일단지 조사·평가범위를 판정한다.
  - 상업·업무용지의 건축물이 준공된 이후에 후면에 있는 토지를 매입하여 부족한 주차장 용지로 이용하고 있어 그 후면지가 건축물의 대지면적에 포함되어 있지 아니한 경우에는 용도상 불가분의 관계에 대한 확정성이 결여되고 가치형성 상 구분되므로 일단지로 조사·평가하지 아니한다.

③ 공업용지가 2필지 이상이 하나의 사업체의 부지로서 일단으로 이용되고 있는 경우에는 일단지 조사·평가의 대상이 된다.

④ 전·답 등의 농경지와 임야는 특별한 경우를 제외하고는 용도상 불가분의 관계에 대한 확정성이 결여되고 일단지의 범위를 판정하기가 곤란하므로 일단지의 조사·평가 대상이 되기 어렵다.
  - 다만, 과수원으로서 지상에 과수목이 있어 용도상 불가분의 관계의 범위구분이 명확한 경우에는 일단지로 조사·평가할 수 있다. 이 경우에 과수원내에 있는 주거용 건물의 부지는 용도상 명확히 구분되므로 일단지 조사·평가의 범위에 포함되지 않는 것이 타당하다.

라. 일단지 조사·평가와 토지특성의 조사

특성항목	조 사 방 법
면 적	일단지 중에서 대표성이 있는 1필지가 표준지로 선정된 때에는 해당 표준지의 면적을 기재하되, 일단지로 조사·평가된 사항을 표시한다.
용도지역	일단지 전체를 1필지로 보고 용도지역을 조사하여 기재한다. - 일단지 내 필지가 둘 이상의 용도지역으로 구분·지정되어 있는 경우에는 일단지 전체 기준 각 용도지역별 지정 면적의 비율로 표준지 용도지역별 면적을 계산하여 기재한다.
용도지구	일단지 전체를 1필지로 보고 용도지구를 조사하여 기재한다.
기타제한	일단지 전체를 1필지로 보고 기타제한을 조사하여 기재한다.
도시자연공원구역, 일시적 규제지역 또는 비오톱	일단지 전체면적에 대한 지정면적의 비율을 기재한다.
기타제한 (제주도)	일단지 토지 중 일부 필지에 대하여 지역·지구가 지정된 경우에는 일단지 전체면적에 대한 지정면적의 비율을 기재한다.
도시·군 계획시설	일단지 토지 중 일부 필지만이 도시·군계획시설에 저촉되는 경우에는 일단지 전체면적에 대한 저촉면적의 비율을 기재한다.
이용상황	일단지 전체를 1필지로 보고 토지이용상황을 조사하여 기재한다.
고 저	일단지 전체의 고저를 기준으로 토지특성을 조사하여 기재한다.
형 상	일단지 전체를 1필지의 토지로 보고 토지특성을 조사하여 기재한다.
방 위	일단지 전체의 방위를 기준으로 토지특성을 조사하여 기재한다.
도로접면	일단지 전체를 1필지의 토지로 보고 토지특성을 조사하여 기재한다.
간선도로거리	일단지 내 토지는 간선도로의 경계로부터 일단지 전체를 기준으로 한 도면상 최단직선거리 또는 실제 접근 가능한 직선거리를 조사하여 기재한다.
철도·고속국도 등과의 거리	일단지 내 토지는 철도, 지상전철(경량전철은 제외) 또는 고속국도의 경계로부터 일단지 전체를 기준으로 한 도면상 최단직선거리 또는 실제 접근 가능한 직선거리를 조사하여 기재한다.
폐기물처리시설 및 수질오염방지시설 등과의 거리	일단지 내 토지는 폐기물처리시설 또는 수질오염방지시설 등과의 경계로부터 일단지 전체를 기준으로 한 도면상 최단직선거리 또는 실제 접근 가능한 직선거리를 조사하여 기재한다.
변전소와의 거리	일단지 내 토지는 변전소(옥외변전소에 한함)와의 경계로부터 일단지 전체를 기준으로 한 도면상 최단직선거리 또는 실제 접근 가능한 직선거리를 조사하여 기재한다.

5 전통시장의 조사

가. 전통시장의 개념 및 구분

- 전통시장이란 자연발생적으로 또는 사회적·경제적 필요에 의하여 조성되고, 상품이나 용역의 거래가 상호신뢰에 기초하여 주로 전통적 방식으로 이루어지는 장소를 말한다(「전통시장 및 상점가 육성을 위한 특별법」제2조제1호).
- 전통시장 실태조사 기관인 소상공인시장진흥공단에서 전통시장을 ① 등록시장, ② 인정시장, ③ 기타시장(무등록시장)으로 구분하고 있다.

나. 표준지 조사·평가시 전통시장의 적용 범위

- 소상공인시장진흥공단에서 규정한 전통시장 구분(등록시장, 인정시장, 기타시장) 중에서 법정 전통시장인 등록시장 및 인정시장은 전수 조사·평가 대상이다.
  - 법정 전통시장은 시장으로서 인정 받으려는 구역을 표시한 도면 등을 지자체에 제출하고 있는 바, 지자체 공무원의 협조를 구하여 전통시장 지리적 범위 검토에 참고가 가능함
  - 단, 현장조사 등으로 시장으로서 기능이 상실된 경우는 제외
- 기타시장 중 5일장, 지자체에서 관리하고 있지 않은 시장, 상점가(지하도 상점가)는 전통시장에서 제외한다.
- 전통시장 내 타이용상황(업무시설, 주택 등)이거나 전통시장 외 필지일지라도, 전통시장 조사의 취지 및 인접 필지간 균형 등을 고려하여 전통시장으로 입력이 가능하다.

V

2026년
표준지공시지가 조사·평가 업무요령

표준지의 수익가격 평가기준

1. 표준지의 수익가격평가 운용기준 ·················· 133
   가. 수익환원법의 의의
   나. 수익환원법의 적용목적
   다. 임대동향조사의 개요
   라. 표준지 수익가격 평가 절차도
   마. 직접법 운용기준
   바. 간접법 운용기준

2. 표준지의 수익가격 평가모형 ·················· 144
   가. 평가모형
   나. 평가모형의 전제
   다. 투자수익률(y)의 적용
   라. 임대료변동률(g)
   마. 수익가격 산정 및 조정 예시

3. 임대동향표본 등을 활용한 수익가격 산출 의무화 범위 ·· 153
   가. 수익방식의 적용
   나. 수익가격 산출 의무화의 수량적 범위

V. 표준지의 수익가격 평가기준

1 표준지의 수익가격평가 운용기준

가. 수익환원법의 의의

수익환원법은 여러 가지 기준에 따라 다양한 유형으로 분류될 수 있으나 환원율을 사용하는 직접환원법(Direct Capitalization Method)과 할인율을 사용하는 할인현금흐름분석법(DCF분석법 : Discounted Cash Flow analysis)으로 구분해 볼 수 있다.

나. 수익환원법의 적용목적

현행 표준지공시지가 조사·평가시 거래사례비교법 중심의 평가방법 이외에 "표준지에 소재한 상가건물의 확정일자부 임대차정보(이하 "임대사례"라 한다.)" 또는 "『상업용부동산 임대동향조사』 결과에 의한 전국의 임대동향표본"을 활용하여 수익환원법에 의한 공시지가의 수익(시산)가격을 산출·조정함으로써 공시지가의 신뢰성을 제고함을 목적으로 한다.

다. 임대동향조사의 개요

1) 임대동향조사의 개요

(1) 과거에는 부동산 간접투자시장이 비약적으로 성장함에 따라 투자자들이 합리적인 투자판단을 할 수 있는 투자지표(가이드라인)가 요구되는 상황에서 객관적인 투자정보를 시장에 제공하고 시장참여자들이 합리적인 판단을 할 수 있는 각종 부동산지수의 생산이 국내에는 거의 전무한 상황이었으며, 상업·업무용 표준지공시지가 조사·평가시 수익자료의 부족으로 수익환원법에 의한 평가가 현실적으로 곤란하였다.

(2) 이에 공신력 있는 임대동향 정보와 투자수익률 정보를 시장에 제공함으로써 글로벌스탠더드에 부응한 선진적 부동산투자 및 거래질서를 유도하여 부동산시장의 투명성을 확보하고, 표준지공시지가 조사·평가에 수익환원법을 적용하며, 국가 부동산정책 지원 및 민간 부동산경영 정보제공이 가능한 DB를 구축하는데 임대동향 조사의 목적이 있다.

조사배경	주요 조사정보	기대효과
· 부동산시장환경의 급변 · 부동산 거래 및 각종 부동산지수(투자지표 등)의 부재	· 빌딩 기본정보 · 임대료 정보 · 운영수입 및 순영업소득 정보 · 투자수익률 정보	· 선진적 부동산투자 및 거래질서 확보를 통한 시장투명성 제고 · 빌딩관리 및 경영정보 제공 · 표준지 공시지가 조사평가에 수익환원법 적용 · 부동산정책 지원 · 각종 DB구축

※ 기존 임대사례조사라는 명칭은 2014.02.28. 국가승인통계로 승격(승인번호 : 제408001호)됨에 따라 임대동향조사로 명칭 변경

2) 조사대상

전국의 오피스 빌딩(주용도가 업무시설인 6층 이상의 일반건축물), 중대형상가(주용도가 상가 등인 3층 이상이거나, 연면적 330㎡ 초과인 일반건축물), 소규모상가(주용도가 상가 등인 2층 이하이고, 연면적 330㎡ 이하인 일반건축물)인 일반건물 12,111동(오피스빌딩 824표본, 상가 빌딩 11,287표본)을 조사대상으로 한다.

※ 오피스빌딩과 소규모상가의 경우 연면적 50% 이상이 임대되고 있는 건물을 대상으로 함

라. 표준지 수익가격 평가 절차도

〈직접법〉

- 대상 부동산의 **총수익** 자료 수집 및 분석
- ↓
- 대상 부동산의 **총비용** 자료 수집 및 분석
- ↓
- 대상 부동산의 순수익 산출
- ↓
- 소득수익률과 임대료변동률(g) 판단
- ↓
- 대상 건물의 재조달원가 및 **경제적 잔존 내용연수의 적용**
- ↓
- 건물귀속 순수익 산출
- ↓
- 토지귀속 순수익 산출
- ↓
- 사정보정, 시점수정, 표준지 면적 입력
- ↓
- 표준지공시지가의 수익가격(원/㎡) 산정

〈간접법〉

- 임대사례 또는 임대동향표본의 선택
- ↓
- 임대사례 또는 임대동향표본의 총수익 및 총비용 산출
- ↓
- 임대사례 또는 임대동향표본의 순수익 산출
- ↓
- 임대사례 또는 임대동향표본에 적용될 소득수익률
- ↓
- 임대료변동률(g) 판단
- ↓
- 임대사례 또는 임대동향표본의 건물평가가격 적용
- ↓
- 임대사례 또는 임대동향표본의 건물귀속 순수익 산출
- ↓
- 임대사례 또는 임대동향표본의 토지귀속 순수익 산출(원/㎡)
- ↓
- 시점수정, 지역·개별·그 밖의 요인비교
- ↓
- 대상 표준지의 토지귀속 순수익 산출(원/㎡)
- ↓
- 대상 표준지에 적용될 소득수익률(y−g)
- ↓
- 표준지공시지가의 수익가격(원/㎡) 산정

※ ▨ 부분은 전산처리프로그램(수익가격 산정 프로그램)에 의거 산정됨

마. 직접법 운용기준

1) 적용대상

(1) 대상 표준지가 최유효이용 상태로서 수익자료 수집이 가능한 경우

(2) 임대사례 또는 임대동향표본이 표준지로서 최유효이용 상태인 경우(최소한 표준적 이용 이상인 상태). 다만, 임대사례 또는 임대동향표본이 표준지이나 최유효이용 상태에 현저히 미달되는 경우에는 간접법을 적용

2) 총수익의 산출

표준지의 총수익자료를 직접 수집하거나, 대상표준지가 최유효이용 상태의 임대사례 또는 임대동향표본인 경우 수집된 자료를 분석하여 활용한다.

총수익은 연간 임대수입과 임대보증금의 운용이익, 기타수익(관리비, 주차장수입 등)의 합계로 결정하되, 임대보증금에 적용할 운용이율은 본건 표준지(임대동향표본)가 속한 하위시장(상권)별 평균 소득수익률을 적용한다.

3) 총비용의 산출

표준지의 총비용자료를 직접 수집하거나, 대상표준지가 최유효이용상태의 임대사례 또는 임대동향표본인 경우 수집된 자료를 분석하여 활용한다.

4) 대상 부동산의 순수익 산출

표준지공시지가의 수익가격 평가모형에 의해 대상 부동산의 총수익에서 총비용을 차감하여 순수익이 산출된다.

5) 소득수익률

(1) 표준지 수익자료를 직접 조사하는 경우의 소득수익률은 대상표준지가 속한 하위시장별(상권) 소득수익률을 기준으로 결정하되, 대상표준지가 속한 하위시장(상권)별 소득수익률이 없는 경우에는 인근 유사지역의 하위시장(상권)별 평균 소득수익률을 참작하여 결정할 수 있다.

(2) 대상표준지가 최유효이용상태의 임대동향표본인 경우에는 임대동향조사
결과 추계된 임대동향표본의 소득수익률로 결정한다.

6) 임대료변동률(g)
임대료변동률(g)은 시장상황 및 지역여건에 맞게 일정 범위 내에서 결정한다.

7) 건물의 재조달원가
표준지의 수익자료를 직접 조사하는 경우에는 한국부동산원에서 발행한 건물신축단가표를 기준으로 대상 건물의 재조달원가를 결정한다.

8) 경제적 내용연수
건물의 경제적 내용연수 적용은 표준적 상태를 기준으로 한 "기준내용연수"를 적용함을 원칙으로 하되, 표준적 건물보다 설계·시공정도·시공자재 및 유지관리상태 등이 열세인 것은 하한 내용연수나 그 이내를 적용하고, 상기 요인이 우세하며 보존적 성격이 강한 건물은 상한 내용연수를 적용한다.

건물용도	구 조	기준내용연수	하한내용연수	상한내용연수
오피스 빌딩	조적조	45	40	50
	철근콘크리트조	55	50	60
	철골철근콘크리트조	55	50	60
상가 빌딩	조적조	45	40	50
	철근콘크리트조	50	45	55
	철골조 슬래브지붕	45	40	50
	기타(목조)	35	30	40

9) 경제적 잔존 내용연수

향후 계속적으로 수익발생이 예상되는 기간을 기준으로 하되, 대상표준지가 최유효이용상태의 임대동향표본인 경우에는 임대동향표본 조사시 적용한 경제적 잔존 내용연수를 적용한다.

10) 건물귀속 순수익

원가법에 의해 산출된 건물가격에 건물환원이율을 곱한 수익으로 결정한다 (표준지의 수익가격 평가모형에 의해 산출).

11) 토지귀속 순수익

전체순수익에서 건물귀속순수익을 차감하여 산정한 순수익으로 결정한다(표준지의 수익가격 평가모형에 의해 산출).

※ 토지·건물귀속 순수익이 토지, 건물의 기여 정도에 따라 적정하게 산정되었는지 검토

12) 사정보정, 시점수정, 표준지면적

(1) 사정보정

임대조건에 특수한 사정(계속임료로서 정상임료와 현저한 차이가 있는 경우, 특수관계자간의 비정상적인 임대계약 등)이 개입된 경우 보정한다(기준 사정 보정치 : 1.0000).

(2) 시점수정

토지귀속 순수익에 대해 시장상황 및 지역여건에 따른 임대료 변동추세를 반영하여 시점수정을 행한다. 이 경우 해당지역에 대한 임대료동향을 조사·발표한 자료가 있는 경우 이를 반영하되, 지가변동률을 참작할 수 있다.

(3) 표준지 면적

대상표준지의 토지면적을 기입한다(일단지의 경우에는 일단지 전체면적 기입).

13) 표준지공시지가 ㎡당 수익가격 산정

산출된 토지귀속 순수익을 토지의 환원이율(소득수익률)로 환원한 가격으로 결정한다(표준지의 수익가격 평가모형에 의해 산출).

바. 간접법 운용기준

1) 적용대상

(1) 표준지와 임대사례·임대동향표본이 다른 경우로서 표준지의 수익자료 수집 곤란으로 직접법의 적용이 어려운 경우

(2) 임대사례·임대동향표본과 표준지가 동일하나 이용상황이 최유효이용상태에 현저히 미달하는 경우

2) 임대사례·임대동향표본의 순수익

임대동향표본에서 조사된 임대동향의 총수익에서 총비용을 차감하여 임대동향의 순수익을 산출한다(표준지의 수익가격 평가모형에 의해 산출).

3) 임대사례·임대동향표본에 적용될 소득수익률

임대사례·임대동향표본의 토지귀속 순수익 산출을 위한 소득수익률은 임대동향표본 조사 결과 추계된 해당 임대동향표본의 소득수익률, 하위시장별(상권) 소득수익률 등을 적용한다(표준지의 수익가격 평가모형에 의해 산출). 다만, 하위시장별(상권)별 소득수익률이 없는 경우에는 인근 유사지역의 하위시장(상권)별 평균 소득수익률을 참작하여 결정할 수 있다.

4) 임대료변동률(g)

임대료변동률(g)은 2%를 기준으로 시장상황 및 지역여건에 맞게 일정 범위 내에서 결정한다.

5) 건물평가가격의 적용

원가법에 의해 산출된 건물가격 또는 임대동향표본의 건물가격(2025.9.30.기준)을 적용한다(표준지의 수익가격 평가모형에 의해 산출).

6) 경제적 잔존 내용연수

건물의 경제적 잔존 내용연수는 표준적 상태를 기준으로 한 "기준내용연수" 범위내에서 경제적 잔존 내용연수를 적용하되, 임대동향표본 조사시 적용한 경제적 잔존 내용연수 등을 적용한다.

7) 임대사례·임대동향표본 건물귀속 순수익

임대사례·임대동향표본 건물귀속 순수익은 임대사례·임대동향표본의 건물가격에 건물환원이율을 곱한 수익으로 결정한다(표준지의 수익가격 평가모형에 의해 산출).

8) 임대사례·임대동향표본 토지귀속 순수익

임대사례·임대동향표본 전체 순수익에서 건물귀속 순수익을 차감하여 결정한다(표준지의 수익가격 평가모형에 의해 산출).

9) 대상표준지 귀속 순수익

임대사례·임대동향표본 토지귀속 순수익에 시점수정 및 지역·개별요인 비교를 행하여 대상표준지의 토지귀속 순수익을 산출한다.

(1) 시점수정

순수익에 대해 시장상황 및 지역여건에 따른 임대료 변동추세를 반영하여 시점수정을 행한다. 이 경우 해당지역에 대한 임대료동향을 조사·발표한 자료가 있는 경우 이를 반영하되, 지가변동률을 참작할 수 있다.

(2) 지역요인 및 개별요인비교
① 지역요인

지역요인		
조 건	항 목	세항목
가로조건	가로의 폭, 구조 등의 상태	폭
		포장
		보도
		계통 및 연속성
	가구(block)의 상태	가구의 정연성
		가구시설의 상태
접근조건	교통수단 및 공공시설과의 접근성	인근교통시설의 편의성
		인근교통시설의 이용 승객수
		주차시설의 정비
		교통규제의 정도(일방통행, 주정차 금지 등)
		관공서 등 공공시설과의 접근성
환경조건	상업 및 업무시설의 배치상태	백화점·대형상가의 수와 연면적
		전국규모의 상가 및 사무소의 수와 연면적
		관람집회시설의 상태
		부적합한 시설의 상태(공장, 창고, 주택 등)
		기타 고객유인시설 등
		배후지의 인구
		배후지의 범위
		고객의 구매력 등
	경쟁의 정도 및 경영자의 능력	상가의 전문화와 집단화
		고층화 이용정도
	번화성 정도	고객의 통행량
		상가의 연립성
		영업시간의 장단
		범죄의 발생정도
	자연환경	지반, 지질 등
행정적조건	행정상의 규제정도	용도지역, 지구, 구역 등
		용적제한
		고도제한
		기타규제
기타조건	기타	장래의 동향
		기타

② 개별요인

조 건	항 목	세항목
가로조건	가로의 폭, 구조 등의 상태	폭
		포장
		보도
		계통 및 연속성
접근조건	상업지역중심 및 교통시설과의 편의성	상업지역중심과의 접근성
		인근교통시설의 편의성
환경조건	고객의 유동성과의 적합성	고객의 유동성과의 적합성
	인근환경	인근토지의 이용상황
		인근토지의 이용상황과의 적합성
	자연환경	지반, 지질 등
획지조건	면적, 접면너비, 깊이, 형상 등	면적
		접면너비
		깊이
		부정형지, 삼각지, 자루형획지 등
	방위, 고저 등	방위
		고저
		경사지
	접면도로 상태 등	각지
		2면 가로획지
		3면 가로획지
행정적조건	행정상의 규제정도	용도지역, 지구, 구역 등
		용적제한
		고도제한
		기타규제(입체이용제한 등)
기타조건	기타	장래의 동향
		기타

(3) 그 밖의 요인비교

지역·개별요인비교 이외에 토지귀속 순수익에 영향을 미치는 요인이 있는 경우 이를 비교치로 표기한다.

10) 대상 표준지에 적용될 소득수익률(y-g)

임대동향표본 조사 결과 추계된 임대동향표본의 소득수익률을 기준으로 결정하되, 임대동향이 속한 지역의 소득수익률과 현저한 차이가 있는 경우 하위시장(상권)별 평균 소득수익률 등을 참작하여 결정할 수 있다.

11) 표준지공시지가 ㎡당 수익가격 산정

산출된 토지귀속 순수익을 토지의 소득수익률(y-g)로 환원하여 수익가격을 결정한다(표준지의 수익가격 평가모형에 의해 산정).

2. 표준지의 수익가격 평가모형

가. 평가모형

$$P_L = (a - B\frac{y-g}{1-[\frac{1+g}{1+y}]^n}) \times \frac{1-[\frac{1+g}{1+y}]^n}{y-g} + \frac{P_L(1+g)^n}{(1+y)^n}$$

P_L : 토지의 수익가격

a : 토지.건물에 귀속되는 순수익

B : 건물평가가격

y : 투자수익률

g : 임대료변동률, 단 y>g

n : 건물의 경제적 잔존 내용연수

$a_L = (a - B\frac{y-g}{1-[\frac{1+g}{1+y}]^n})$: 토지에 귀속하는 초기년도 순수익

$\frac{1-[\frac{1+g}{1+y}]^n}{y-g}$: 매기의 토지귀속 순수익을 현재가치로 할인하여 합산하는 율

$P_L(1+g)^n$: 보유기간말 매도액

$\frac{P_L(1+g)^n}{(1+y)^n}$: 보유기간말 매도액의 현가

나. 평가모형의 전제

표준지공시지가의 수익가격 평가모형은 나지상태의 토지에 최유효이용상태의 건물을 건축하고 그 상황 하에서 장래의 경제적 잔존 내용연수기간 동안 발생할 예상수익을 할인하는 구조로 되어 있다. 이 모형에서 전제하는 조건은 다음과 같다.

1) 부동산의 임대료와 가격은 건물의 경제적 잔존 내용연수 기간동안 매년 평균

g만큼 변동하는 것으로 가정한다. 따라서 n년 후의 토지가격은 $P_L \times (1+g)^n$ 이다.

2) 건물의 경제적 잔존 내용연수 동안 발생할 것으로 기대되는 건물귀속 순수익의 현가 총합은 건물평가가격과 동일하다고 가정한다. 따라서 아래의 평가모형이 도출된다.

$$B = \sum_{k=1}^{n} a_B \times \frac{(1+g)^{k-1}}{(1+y)^k} = a_B \times \frac{1-[\frac{1+g}{1+y}]^n}{y-g}$$

  B : 건물평가가격
  a_B : 초년도 건물귀속 순수익
  n : 건물의 경제적 잔존 내용연수
  y : 투자수익률
  g : 임대료변동률

3) 매기 발생되는 토지귀속 순수익의 현가합과 보유기간말 복귀가치의 현가합이 토지의 수익가격이 된다. 이때, 종합수익률(y) 및 임대료변동률(가격변동률:g)이 일정하므로 다음과 같은 과정을 거쳐 모형이 단순화되어 별도의 보유기간(n)을 고려하지 않게 된다.

$$토지의\ 수익가격(P_L) = a_L \times \frac{1-[\frac{1+g}{1+y}]^n}{y-g} + \frac{P_L(1+g)^n}{(1+y)^n}$$

이것을 토지의 수익가격(P_L)에 대하여 정리하면,

$$P_L - \frac{P_L(1+g)^n}{(1+y)^n} = a_L \times \frac{1-[\frac{1+g}{1+y}]^n}{y-g} \qquad ①$$

①을 정리하면,

$$P_L(1-[\frac{1+g}{1+y}]^n) = a_L \times \frac{1-[\frac{1+g}{1+y}]^n}{y-g} \qquad ②$$

②를 정리하면,

$$P_L = a_L \times \frac{1-[\frac{1+g}{1+y}]^n}{y-g} \times \frac{1}{1-[\frac{1+g}{1+y}]^n} \qquad ③$$

③을 약분하면,

$$\text{토지의 수익가격}(P_L) = a_L \times \frac{1}{y-g} \qquad ④$$

다. 투자수익률(y)의 적용

1) 표준지의 수익가격 평가모형 상 투자수익률(y)의 성격

표준지공시지가 평가를 위해 채택한 평가모형에서의 투자수익률 성격을 살펴볼 필요가 있다.

앞의 평가모형에서 $a \times \frac{1-[\frac{1+g}{1+y}]^n}{y-g}$ 부분을 살펴보면 여기서의 y는 n년 동안의 매기간의 수익을 현재가치로 할인하는 수익률의 기능을 하고 있으며 g는 매기 등비로 증가하는 비율을 나타내고 있다.

또한 $\frac{P_L(1+g)^n}{(1+y)^n}$ 부분은 자본수익(복귀가치)을 고려하고 있으며 보유기간(n년) 동안 g만큼 상승한 토지가치를 y로 할인하는 것으로 "y"는 건물의 경제적 잔존 내용연수인 n년 기간에 적용하는 수익률(할인율)의 성격을 가지게 된다.

2) 임대동향조사에서의 투자수익률

임대동향표본의 실제 조사된 자료(2025년 9월 30일 기준)를 기초로 하여 투자수익률을 산정한다.

$$\text{투자수익률} = \text{소득수익률} + \text{자본수익률}$$
$$= \frac{\text{순수익}(a_n)}{\text{기초자산가치}(V_n)} + \frac{\text{기말자산가치}(V_{n+1}) - \text{기초자산가치}(V_n)}{\text{기초자산가치}(V_n)}$$

투자수익률은 크게 소득수익률과 자본수익률로 구분되며, 임대에 따른 소득수익에 대한 가치비율이 소득수익률이고, 기말과 기초 자산의 가치변동에 대한 비율이 자본수익률이다.

소득수익률은 대상 부동산의 순수익을 기초자산의 가치로 나누어 구하고 임대동향 표본의 실제 임대료와 운영경비를 기준으로 순수익을 추계한다. 자본수익률은 기말 자산과 기초자산의 가치변동분으로 산정한다.

3) 양 종합수익률의 관계

임대동향조사에서의 투자수익률 자료를 표준지공시지가의 수익가격 평가시 활용하기 위해서는 이들 양자 간의 관계를 규명할 필요가 있다. 만약 DCF모형을 활용하여 1년간의 소득자료를 활용한 수익가격을 나타내면

[V_n : n년도 자산가치(기초자산가치), V_{n+1} : n+1년도 자산가치(기말자산가치), a_n : n년도 순수익, y : 수익률]

$$V_n = \frac{a_n}{1+y} + \frac{V_{n+1}}{1+y} = \frac{a_n + V_{n+1}}{1+y} \qquad ①$$

①식의 양변에 (1+y)을 곱하면,

$$(1+y)\,V_n = a_n + V_{n+1} \qquad ②$$

②식의 양변을 V_n으로 나누면,

$$1+y= \frac{a_n + V_{n+1}}{V_n} = \frac{a_n}{V_n} + \frac{V_{n+1}}{V_n} \qquad ③$$

③식을 y에 대해 정리하면

$$y= \frac{a_n}{V_n} + \frac{V_{n+1}}{V_n} - 1 = \frac{a_n}{V_n} + \frac{V_{n+1} - V_n}{V_n} \qquad ④$$

④식은 표준지의 수익가격 평가모형상의 투자수익률 추계와 같은 구조가 된다.

$$투자수익률 = \frac{순수익(a_n)}{기초자산가치(V_n)} + \frac{기말자산가치(V_{n+1}) - 기초자산가치(V_n)}{기초자산가치(V_n)}$$

따라서, 투자수익률은 1년간의 DCF모형에서 적용하는 수익률과 동일함을 알 수 있고 표준지공시지가의 수익가격 평가를 위해 채택한 모형도 DCF모형을 건물의 경제적 잔존 내용연수기간 동안으로 확장한 것에 지나지 않으므로 임대동향조사의 투자수익률 자료를 활용할 수 있다고 보여진다.

또한, 1년간의 자본수익률만을 고려하고 있는 임대동향조사의 투자수익률 자료를 건물의 경제적 잔존 내용연수 기간 동안 고려하는 표준지의 수익가격 평가모형에 직접적용이 가능한지에 대하여도 검토가 필요하다.

투자수익률 수식을 다시 살펴보면

$$y_n = \frac{a_n}{V_n} + \frac{V_{n+1} - V_n}{V_n}$$ 으로 기본 산식이 구성되어 있다.

표준지공시지가의 수익가격 평가모형에서의 기본가정과 같이 건물 경제적 잔존 내용연수기간 동안 부동산가격과 임대수익이 동일비율 (g:임대료변동률)로 변동한다고 가정하면

$$y_0 = \frac{a_0}{V_0} + \frac{V_0 \times (1+g) - V_0}{V_0}$$

$$y_1 = \frac{a_0 \times (1+g)}{V_0 \times (1+g)} + \frac{V_0 \times (1+g)^2 - V_0 \times (1+g)}{V_0 \times (1+g)}$$

$$y_2 = \frac{a_0 \times (1+g)^2}{V_0 \times (1+g)^2} + \frac{V_0 \times (1+g)^3 - V_0 \times (1+g)^2}{V_0 \times (1+g)^2}$$

……

$$y_n = \frac{a_0 \times (1+g)^n}{V_0 \times (1+g)^n} + \frac{V_0 \times (1+g)^{(n+1)} - V_0 \times (1+g)^n}{V_0 \times (1+g)^n}$$

으로 나타낼 수 있다. 이들을 약분하게 되면

$$y_1 = \frac{a_0}{V_0} + \frac{V_0 \times (1+g) - V_0}{V_0} = \frac{a_0}{V_0} + g$$

$$y_2 = \frac{a_0}{V_0} + \frac{V_0 \times (1+g) - V_0}{V_0} = \frac{a_0}{V_0} + g$$

……

$$y_n = \frac{a_0}{V_0} + \frac{V_0 \times (1+g) - V_0}{V_0} = \frac{a_0}{V_0} + g$$

으로 나타나는 바, 결국

$y_0 = y_1 = y_2 = \cdots\cdots = y_n$ 이므로 모형의 기본가정을 만족시키는 조건하에서 표준지의 수익가격 평가모형상의 투자수익률 자료를 건물의 경제적 잔존 내용연수기간 동안 활용할 수 있다.

다만, 임대동향조사의 투자수익률에서 조사하는 자본수익률 즉,

$\dfrac{V_{(n+1)} - V_n}{V_n}$ 의 장기적인 추정치는 평가모형의 가정에서 g와 일치하나 단기적

으로는 $\frac{V_{(n+1)} - V_n}{V_n} \neq g$ 일 수 있으므로 임대동향조사상의 소득수익률만을 활용하고 g값은 추정하여 y를 구한다.

$$y = \frac{a_0}{V_0} \binom{\text{투자수익률 조사시 산정된 소득수익률}}{\text{;직접환원법에서의 환원이율(소득률)}} : R) + g$$

여기서의 y는 익숙히 보아온 가격변동이 있는 「R = y - g」와 동일함을 알 수 있다.
[R : 종합환원율(소득수익률), y : 투자수익률, g : 임대료변동률]

라. 임대료변동률(g)

g는 임대료 및 부동산 가격변동률(단 y>g)이다. 직접환원법에서는 부동산가격 변동이 없는 것으로 가정하고 있으나 경제성장 추세를 나타내고 있는 우리나라에서는 임대료와 부동산 가격변동률을 고려하지 않을 수 없으므로 이를 고려한 모형을 채택한 것이다. 대부분의 연구에서 임대료와 지가변동은 다소의 시차(time-lag)는 있으나 비교적 높은 상관관계를 보이고 있고 현실적으로도 시계열자료는 지가 변동률이 유일하므로 이를 활용하여 향후 건물의 경제적 잔존 내용연수기간 동안에 적용할 g를 추정하기로 한다.

국토교통부에서 발표한 전국평균·대도시평균·상업지역평균 지가변동률을 지수화 하여 향후 건물의 경제적 잔존 내용연수간의 토지가격변동률(g)을 회귀모형으로 추정한 결과는 다음 표와 같다.

구 분	회귀식	g 추정치 (2003~2053)
전국평균 (1974~2001)	$\hat{Y} = -0.2983 + 1.0259X$	1.99%
대도시평균 (1975~2001)	$\hat{Y} = -0.4855 + 1.2578X$	2.04%
상업지역평균 (1980~2001)	$\hat{Y} = 1.3979 + 0.1912X$	1.93%

※ 지가변동지수 : 국토교통부 발표 각 연도 지가변동률을 지수화함

따라서 건물의 경제적 잔존 내용연수기간 동안 적용할 임대료변동률(g)은 2%를 기준으로 시장상황 및 지역여건에 맞게 ±0.5%의 스프레드(spread)를 적용하여 1.5~2.5% 범위 내에서 결정한다.

마. 수익가격 산정 및 조정 예시

1) 표준지의 수익가격 적용 예

(1) 평가모형

$$P_L = (a - B\frac{y-g}{1-[\frac{1+g}{1+y}]^n}) \times \frac{1-[\frac{1+g}{1+y}]^n}{y-g} + \frac{P_L(1+g)^n}{(1+y)^n}$$

※ 변형식(變形式)

$$P_L = (a - B \times \frac{y-g}{1-[\frac{1+g}{1+y}]^n}) \times \frac{1}{y-g}$$

(2) 적용의 예시

① 순수익(a) : 100,000,000원

② 투자수익률(y)

  y = 소득수익률 + 임대료변동률(g) = 6% + 2% = 8%(0.08)

③ 임대료 변동률(g) : 2%(0.02)

④ 건물의 평가가격(B) : 1,000,000,000원

⑤ 경제적 잔존 내용연수(n) : 30년

⑥ 표준지의 면적 : 1,000㎡

(3) 표준지의 수익가격(P_L)

$$P_L = (1억 - 10억 \times \frac{0.08 - 0.02}{1-[\frac{1.02}{1.08}]^{30}}) \times \frac{1}{0.08 - 0.02}$$

∴ P_L ≒ 447,000,000원(447,000원/㎡)임

2) 표준지의 수익가격(P_L)이 상향되는 경우

   (1) 건물의 평가가격(B)이 낮은 경우
   (2) 경제적 잔존 내용연수(n)가 연장되는 경우
   (3) 임대료변동률(g)이 높은 경우

3) 표준지의 수익가격(P_L)이 하향되는 경우

   (1) 건물의 평가가격(B)이 높은 경우
   (2) 경제적 잔존 내용연수(n)가 단축되는 경우
   (3) 임대료변동률(g)이 낮은 경우

3. 임대동향표본 등을 활용한 수익가격 산출 의무화 범위

가. 수익방식의 적용

상업·업무용 표준지의 인근지역 또는 동일수급권 안의 유사지역에 임대동향표본(국토교통부장관이 매년 임대동향조사를 위하여 선정한 오피스빌딩, 중대형상가, 소규모상가를 말한다)이 소재하는 경우에는 임대사례 또는 임대동향표본을 활용하여 수익환원법에 의한 시산가격을 필히 산정하여야 한다. 다만, 인근지역 또는 동일수급권 안의 유사지역에 비교가능한 적정 거래사례가 충분하여 거래사례비교법으로 평가하는 것이 합리적인 것으로 인정되는 경우나, 음(-)의 수익가격이 산출되는 등 임대사례 또는 임대동향표본을 활용한 수익환원법의 적용이 불합리한 경우에는 예외로 한다.

나. 수익가격 산출 의무화의 수량적 범위

사 례	수익환원법 적용 표준지 수
임대동향 표본 수 > 수익환원법적용가능 표준지 수	수익환원법 적용 표준지 수 적용
임대동향 표본 수 < 수익환원법적용가능 표준지 수	임대동향 표본 수 이상 적용

2026년
표준지공시지가 조사·평가 업무요령

VI 가격균형협의

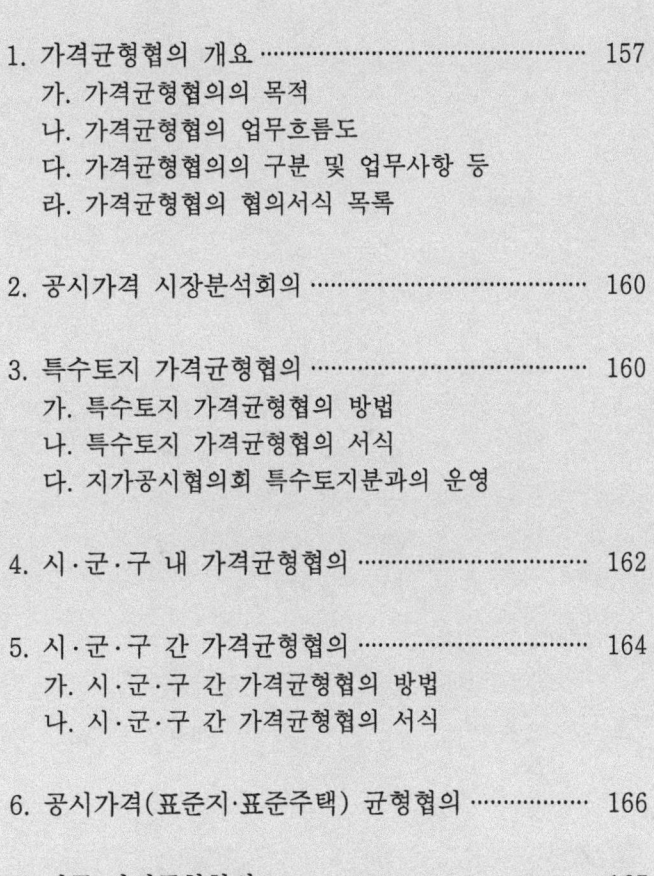

1. 가격균형협의 개요 ········· 157
    가. 가격균형협의의 목적
    나. 가격균형협의 업무흐름도
    다. 가격균형협의의 구분 및 업무사항 등
    라. 가격균형협의 협의서식 목록

2. 공시가격 시장분석회의 ········· 160

3. 특수토지 가격균형협의 ········· 160
    가. 특수토지 가격균형협의 방법
    나. 특수토지 가격균형협의 서식
    다. 지가공시협의회 특수토지분과의 운영

4. 시·군·구 내 가격균형협의 ········· 162

5. 시·군·구 간 가격균형협의 ········· 164
    가. 시·군·구 간 가격균형협의 방법
    나. 시·군·구 간 가격균형협의 서식

6. 공시가격(표준지·표준주택) 균형협의 ········· 166

7. 전국 가격균형협의 ········· 167

Ⅵ. 가격균형협의

1 가격균형협의 개요

가. 가격균형협의의 목적

조사·평가자 상호 간에 거래사례·평가선례 등 가격자료 조사결과를 토대로 적정한 가격수준에 대하여 사전협의함으로써 지역간 공시지가의 균형을 유지하기 위하여 실시한다.

나. 가격균형협의 업무흐름도

단계	지원사항
1. 시가수준 조사·평가	- 전산지원프로그램 배포
2. 공시가격 시장분석회의	- 한국부동산원 지역본부장회의 및 지가공시협의회 운영
3. 특수토지 가격균형협의	- 지가공시협의회 운영
4. 시·군·구 내 가격균형협의	- 가격균형협의 전산지원프로그램 배포
5. 시·군·구 간 가격균형협의	- 가격균형협의 실태점검 계획수립
6. 공시가격(표준지·표준주택) 균형협의 (한국부동산원 지역본부장)	- 시·도별 가격균형협의 운영현황 파악 - 가격균형협의결과 및 실태점검 - 토지-주택 간 특성 및 가격균형 검토
7. 전국 가격균형협의(특수토지 포함) (한국부동산원)	- 한국부동산원 지역본부장회의 및 지가공시협의회 운영

다. 가격균형협의 구분 및 업무사항 등

구 분	장소 (일시)	업무사항	
		담당 감정평가사	국토교통부, 한국부동산원 및 한국부동산원 지역본부장
시가수준 조사·평가	○법인, 현장 등 (8.4.~12.9.)	○시가수준을 평가하여 가격균형협의 시 활용	-
공시가격 시장분석회의	○한국부동산원 (10.17.)	-	○한국부동산원 주관 ○한국부동산원 지역본부장, 지가공시협의회 위원 참석 ○토지·단독 매매동향, 지가변동률 등 통계자료를 분석하여 공시가격의 시장변동률 점검
특수토지 가격균형협의	○법인, 현장 등 (시가수준 심층심사 시까지)	○가격균형협의서 작성 [팀별로 취합 후 한국부동산원 제출]	-
시·군·구 내 가격균형협의	○법인, 현장 등 (시가수준 심층심사 시까지)	○시·군·구내 가격균형협의서 작성 [2팀 이상 참여하는 시·군·구 담당자만 작성. 한국부동산원 제출] (특수토지 제외)	-
시·군·구 간 가격균형협의	○법인, 현장 등 (시가수준 심층심사 시까지)	○협의서 (시·군·구간 가격균형협의서) 작성 후 한국부동산원 제출 (특수토지 제외)	-
공시가격 균형협의 및 지도점검 (표준지·표준주택 간)	○각 공시가격 균형협의 장소 (11.13.~11.14.)	○협의관련자료를 지참하여 공시가격 (표준지·표준주택) 균형협의에 참석 후 시가수준 최종협의 ○토지-단독주택 간 특성 및 가격균형 검토	○지도점검 실시 (국토교통부, 한국부동산원, 한국부동산원 지역본부장) ○전국가격균형협의용 공시가격(표준지·표준주택) 균형협의 결과보고서 작성 후 부동산공시처에 송부(한국부동산원 지역본부장) ○전국가격균형협의 자료검토(부동산원)

라. 가격균형협의 협의서식 목록

구 분	목 록	한국부동산원 제출기한	비 고
특수토지 가격균형협의	특수토지 가격균형협의서	특수토지간 주요사항 검토·완료한 가격균형협의서를 부동산공시처로 송부 (시가수준 심층심사 시까지)	-
시·군·구 내 가격균형협의	시·군·구 내 가격균형협의서	전산프로그램에 의해 작성하여 입력 (시가수준 심층심사 시까지)	-
시·군·구 간 가격균형협의	① 시·군·구 간 가격균형협의서	전산프로그램에 의해 작성하여 입력 (시가수준 심층심사 시까지)	-
	② 주요시설별 가격균형협의서	전산프로그램에 의해 작성하여 입력 (시가수준 심층심사 시까지)	· 시·군·구 내 균형협의가 필요한 주요시설(시장, 역사 등)에 대한 검토
공시가격 (표준지·표준주택) 균형협의	공시가격(표준지·표준주택) 균형협의 결과보고서	한국부동산원 지역본부장이 작성하여 부동산공시처로 제출 (시가수준 심층심사 시까지)	-

공시가격 시장분석회의

- 한국부동산원은 토지·단독 매매동향, 지가변동률 등 통계자료를 분석하여 공시가격의 시장변동률 등을 점검하고 표준지 공시업무 추진계획을 마련하기 위하여 공시가격 시장분석회의를 실시함
- 한국부동산원은 분석회의 결과 및 공시업무 추진계획을 조사·평가자에 전파하여 원활한 가격균형협의를 지원함

특수토지 가격균형협의

가. 특수토지 가격균형협의 방법

- 특수토지 담당 조사·평가자는 인근지역 조사·평가자와 가격균형협의를 실시한 후, 특수토지 가격균형협의서를 작성한다.
- 조사·평가자는 한국부동산원과 지가공시협의회 특수토지분과 위원들이 주관하는 가격균형협의에 참석하여 특수토지 유형별 전국단위의 지가수준을 협의한다(가격균형협의 세부 일정은 추후 통보).

나. 특수토지 가격균형협의 서식

- 특수토지 가격균형협의서는 골프장, 스키장, 광천지, 공원묘지, 콘도부지, 여객자동차터미널부지, 휴게소 등에 대하여 가격균형협의를 실시한 후 다음과 같이 작성한다.
- 작성된 가격균형협의서는 시가수준 심층심사 전까지 전산프로그램으로 제출한다.

특수토지 가격균형협의서

팀명 :　　　　　　　　　　　　　　　　　　　　　　　　2025년 ○ 월 ○ 일
　　　　　　　　담당지역 :　　　　　　감정평가사　(서명 또는 날인)
　　　　　　　　　　　　　　　　　　　감정평가사　(서명 또는 날인)
　　　　　　　　인근지역 :　　　　　　감정평가사　(서명 또는 날인)
　　　　　　　　　　　　　　　　　　　감정평가사　(서명 또는 날인)

< 표 1 >

담당지역 표준지공시지가			인근지역 표준지공시지가			가격비율 적정성 검토	
소재지 지번	특수 토지	명칭	소재지 지번	특수 토지	명칭	가격비율 (%)	균형성 검토의견
		2025년 공시지가			2025년 공시지가		
		2025년 시가수준			2025년 시가수준		
		2026년 공시지가			2026년 공시지가		
		2026년 시가수준			2026년 시가수준		

1. 가격균형협의서는 팀별로 A·B조 공동으로 작성함

2. 특수토지란에는 토지이용상황(14)의 구분에 의하여 골프장, 스키장, 광천지, 공원묘지, 콘도부지, 여객자동차터미널부지, 휴게소 등으로 구분하여 기재하며 명칭란에는 특수토지의 구체적인 명칭을 기재함

3. 가격비율(%) = $\dfrac{\text{인근지역 표준지의 시가수준}}{\text{담당지역 표준지의 시가수준}}$

　(소수점 이하 둘째자리에서 반올림하여 소수점 이하 첫째자리까지 기재. 예시:119.1%)

4. 균형성 검토의견 예시 : "접근조건 및 환경조건 등을 고려할 때 시가수준 간 균형유지" 등

다. 지가공시협의회 특수토지분과의 운영

- 한국부동산원은 특수토지의 전국적인 가격균형을 제고하기 위하여 지가공시협의회 내에 특수토지 평가에 정통한 감정평가사 등으로 특수토지분과를 구성하여 운영한다.
- 특수토지분과는 가격균형협의 이후 제출한 골프장, 스키장, 광천지, 공원묘지, 콘도부지, 여객자동차터미널부지, 휴게소 등의 가격균형협의서 및 가격관련 자료 등을 검토·심의하여 조사·평가자에게 심의의견을 제시할 수 있다.

시·군·구 내 가격균형협의

가. 「시·군·구 내 가격균형협의」는 시·군·구 간 가격균형협의 이전에 실시하여야 하며 2개 팀 이상이 참여하는 시·군·구의 조사·평가자 간에 실시한다.

나. 시·군·구 내의 가격균형유지를 위하여 협의가 필요하다고 판단되는 표준지에 대해 다른 팀의 조사·평가자와 가격균형협의를 실시한 결과를 아래와 같은 양식으로 협의서를 작성한 후 가격균형협의 표준지가 표시된 위치표시도면을 첨부하여 한국부동산원에 제출한다.

※ 시·군·구 내 가격균형협의에 대한 점검은 공시가격(표준지·표준주택) 균형협의 시 실시함

시·군·구 내 가격균형협의서

시·군·구명 :   2025년 ○월 ○일

　　　　담당지역 :　　　　　　감정평가사　　　　　(인)

　　　　인접지역 :　　　　　　감정평가사　　　　　(인)

담당지역 표준지공시지가					인접지역 표준지공시지가					가격비율 적정성 검토	
소재지 지번	용도 지역	토지 이용 상황	2025년 공시지가	주요 시설명	소재지 지번	용도 지역	토지 이용 상황	2025년 공시지가	주요 시설명	가격비율 (%)	균형성 검토의견
			2025년 시가수준					2025년 시가수준			
			2026년 공시지가					2026년 공시지가			
			2026년 시가수준					2026년 시가수준			

※ 작성요령

1. 가격균형협의는 동일 용도지역내의 표준지간에 비교함을 원칙으로 하되 경계지역간의 용도지역이 상이한 경우에는 검토의견란에 "용도지역 상이"로 표기함
2. 용도지역·토지이용상황별로 작성하며 팀별로 작성함
3. 가격균형협의서에는 협의대상 표준지의 위치표시도면을 첨부함
4. 위치표시도면 작성시 담당지역의 테두리는 적색으로, 인접지역 테두리는 녹색으로 표시함
5. 경계지역에 인접한 해당지역의 표준지를 도면상 시계방향에 따라 순차적으로 기재한 후 인접지역의 표준지(가급적 지리상 가까운 토지를 선정)와의 가격을 상호비교하여 협의함
6. 가격비율(%) = $\dfrac{\text{인접지역 표준지의 시가수준}}{\text{담당지역 표준지의 시가수준}}$

   (소수점 이하 둘째자리에서 반올림하여 소수점 이하 첫째자리까지 기재. 예시:119.1%)
7. 균형성 검토의견 예시 : "도로접면, 형상 등을 감안하여 시가수준간 균형유지" 등

5 시·군·구 간 가격균형협의

가. 시·군·구 간 가격균형협의 방법

1) 조사·평가자가 인근 시·군·구와의 가격균형유지를 위하여 현장조사 과정에서 협의가 필요하다고 판단되는 표준지 목록을 한국부동산원 전산망에 입력하면 한국부동산원에서는 협의가 필요한 표준지 목록을 전산망을 통해 상호열람이 가능하도록 조치한다. 조사·평가자는 전산망으로 가격균형협의가 필요한 모든 표준지 목록(담당지역, 인접지역)을 송부받아 가격자료를 토대로 인접 시·군·구 조사·평가자와 직접 「시·군·구 간 가격균형협의」를 실시한다.

2) 경계지역에 인접하여 선정된 표준지 등에 대하여 개별적으로 토지이용상황, 공법상 규제사항 등 주요한 가격형성요인을 비교·분석하여 가격균형성을 검토한다.

3) 시·군·구의 의견을 참고하고, 시·군·구 간 가격균형유지를 위하여 협의가 필요하다고 판단되는 표준지에 대해 경계지역의 조사·평가자와 가격균형협의를 실시하여 가격균형협의서를 작성한 후, 가격균형협의 표준지가 표시된 위치표시도면을 첨부하여 한국부동산원에 제출한다.

4) 시·군·구 간 균형협의가 필요하다고 판단되는 주요시설(시장, 역사 등)에 대하여 별도로 가격균형협의를 실시한다.
   ※ 시·군·구 간 가격균형협의에 대한 점검은 공시가격(표준지·표준주택) 균형협의 시 실시함

나. 시·군·구 간 가격균형협의 서식

- 조사·평가자가 시·군·구간 가격균형협의 시 작성해야 할 서식은 다음과 같다.

시·군·구 간 가격균형협의서

구명 :   2025년 ㅇ월 ㅇ일

담당지역 :   감정평가사   (서명 또는 날인)

인접지역 :   감정평가사   (서명 또는 날인)

담당지역 표준지				인접지역 표준지				가격비율 적정성 검토	
소재지 지번	용도 지역	토지 이용 상황	주요 시설명	소재지 지번	용도 지역	토지 이용 상황	주요 시설명	가격비율 (%)	균형성 검토의견
		2025년 공시지가				2025년 공시지가			
		2025년 시가수준				2025년 시가수준			
		2026년 공시지가				2026년 공시지가			
		2026년 시가수준				2026년 시가수준			

※ 작성요령

1. 가격균형협의는 동일 용도지역내의 표준지간에 비교함을 원칙으로 하되 경계지역 간의 용도지역이 상이한 경우에는 검토의견란에 "용도지역 상이"로 표기함
2. 용도지역·토지이용상황별로 작성하며 팀별로 작성함
3. 가격균형협의서에는 협의대상 표준지의 위치표시도면을 첨부함
4. 위치표시도면 작성시 담당지역의 테두리는 적색으로, 인접지역 테두리는 녹색으로 표시함
5. 경계지역에 인접한 해당지역의 표준지를 도면상 시계방향에 따라 순차적으로 기재한 후 인접지역의 표준지(가급적 지리상 가까운 토지를 선정)와의 가격을 상호비교하여 협의함
6. 가격비율(%) = $\dfrac{\text{인접지역 표준지의 시가수준}}{\text{담당지역 표준지의 시가수준}}$

    (소수점 이하 둘째자리에서 반올림하여 소수점 이하 첫째자리까지 기재. 예시:119.1%)
7. 균형성 검토의견 예시 : "도로접면, 형상 등을 감안하여 시가수준간 균형유지" 등

6 공시가격(표준지·표준주택) 균형협의

가. 조사·평가자는 가격균형협의서식을 지참하여 한국부동산원 지역본부장이 주관하는 「공시가격(표준지·표준주택) 균형협의」에 참석하여 시·군·구별 지역개황과 시가수준 등 협의결과에 대하여 설명한 후 인접행정구역 담당자와 시가수준을 협의하고 최종적으로 협의된 시가수준을 토대로 가격균형협의 서식을 수정·작성하여 한국부동산원 지역본부장에게 제출한다.

나. 조사·평가자는 표준주택 담당자와 표준지 및 표준주택 시가수준 및 특성 간의 균형성 등을 협의하고 최종적으로 협의된 결과를 한국부동산원 지역본부장에게 제출한다.

다. 한국부동산원 지역본부장은 공시가격(표준지·표준주택) 균형협의 결과를 부동산공시처에 제출한다.
   ※ 공시가격(표준지·표준주택) 균형협의시 시·군·구 내 가격균형협의 및 시·군·구 간 가격균형협의에 대한 점검을 실시한다.

라. 공시가격(표준지·표준주택) 균형협의 일정

일 시	시 · 도
2025. 11. 13. (목) ~ 11. 14. (금)	지역별 세부일정은 추후 통보

전국 가격균형협의

가. 한국부동산원은 특수토지 및 시·도별 시가수준 및 변동률 등을 협의하고 표준주택 공시가격 및 지가변동률 등 각종 통계자료 간의 전국적인 균형성을 검토하기 위하여 「전국 가격균형협의」를 실시한다.

나. 한국부동산원 지역본부장은 「공시가격(표준지·표준주택) 균형협의」의 결과를 토대로 지역별 경계 지역 간 시가수준 협의결과 개요를 설명하며, 전반적인 표준지의 지가수준에 대하여 정보를 교환하고 협의함으로써 「전국 가격균형협의」가 이루어지도록 한다.

다. 한국부동산원은 「전국 가격균형협의」의 결과자료를 분석하고 가격관련자료 등을 종합적으로 검토하여 시가수준 및 변동률, 표준주택 공시가격 및 각종 통계자료와의 균형성이 부적정한 지역은 재협의하도록 검토의견을 제시하고 재협의를 제시받은 조사·평가자는 최종적인 협의결과를 한국부동산원에 제출한다.

라. 한국부동산원은 「전국 가격균형협의」 결과를 작성하여 국토교통부에 제출한다.

2026년
표준지공시지가 조사·평가 업무요령

VII. 지역분석조서의 작성

1. 지역분석 개요 ·········· 171
   가. 지역분석의 의의
   나. 지역분석조서의 작성목적

2. 지역분석조서의 작성원칙 ·········· 172

3. 지역분석조서의 작성요령 ·········· 173
   가. 지역개황(시·군·구 전반의 지역요인 분석)
   나. 지역별 가격형성요인 분석(하위시장별 지역분석)
   다. 표준지 선정 및 분포조정
   라. 종합의견

1 지역분석 개요

가. 지역분석의 의의

- 지역분석이라 함은 지역의 지가수준에 전반적인 영향을 미치는 가격형성요인을 일정한 지역범위별로 조사·분석함으로써 지역 내 토지의 표준적인 이용과 지가수준 및 변동추이 등을 판정함을 의미한다.

나. 지역분석조서의 작성목적

1) 지역분석을 통해 인근지역 간 표준지의 적절한 선정 및 분포를 유도하여 평가가격의 연계성과 일관성을 향상시킴으로써 적정한 가격평가의 근거를 마련할 수 있다.
2) 지역분석 결과를 표준화된 양식에 의거 작성함으로써 조사·평가자 상호 간에 평가정보를 공유하고 이를 평가에 효율적으로 활용할 수 있다.
3) 표준지공시지가 조사·평가에 대하여 합리적인 근거를 제시함으로써 평가의 신뢰도를 향상시킬 수 있다.

지역분석조서의 작성원칙

가. 지역분석조서는 시·군·구(자치구가 아닌 구 포함)단위로 작성한다.

나. 조사·평가자는 시·군·구별 공통내용으로 작성한 지역분석조서를 토대로 시·군·구별 지역분석조서를 상호 협의 하에 총괄 작성한다.

다. 총괄 작성된 시·군·구별 지역분석조서는 전산 프로그램을 이용하여 작성·제출한다.

구 분	작성범위	제출시기 등	작성항목 설명
담당지역 지역분석조서	담당지역	「표준지 조사·평가 보고서 검수시」 제출	○ 시·군·구별 공통내용 작성항목 (작성예시 참조) 1. 지역개황 2. 지가수준검토협의 3. 비교표준지 활용현황
시·군·구별 지역분석조서	시·군·구 전체		지역분석조서를 시·군·구별로 총괄 작성함

3 지역분석조서의 작성요령

가. 지역개황(시·군·구 전반의 지역요인 분석)

- 지역의 지가에 전반적인 영향을 미치는 요인을 사회적·경제적·행정적 요인별로 구분하여 기재
- 지역전반의 지가동향을 종합적으로 분석·기재

나. 지역별 가격형성요인 분석(하위시장별 지역분석)

- 가격형성요인 분석은 「국토의 계획 및 이용에 관한 법률」 상의 용도지역별로, 각 용도지역 내에서는 용도지대(상업지대, 주택지대, 공업지대, 농경지대, 임야지대 등) 권역별로 구분하여 분석한다. [해당지역의 지역사정을 감안하여 각 용도지역별 특성에 따라 수개의 권역(대략적으로 3~7개)으로 융통성 있게 분류]
- 권역별 구분에 대한 총괄표를 작성하고, 각 권역별로 위치와 특징을 간략하게 기재한다.
- 각 권역의 표시는 용도지역별로 상업지역(A), 상업지역(B) 등으로 하되, 지가수준이 높은 순서로 권역 번호를 부여한다.

<상업지역 분석>
해당지역의 전반적인 지가수준에 영향을 미치는 지가형성요인을 사회적·경제적·행정적 요인으로 구분하여 기재하되, 특히 상업지역의 수익성에 영향을 미치는 요인에 중점을 두어 기재한다.

◇ 사회적요인
- 배후지의 크기, 배후지 인구의 구조적 특성
- 도로의 폭, 구조, 계통 및 연속성 등

◇ 경제적요인
- 상가의 번화성, 상업시설의 전문화·집단화 정도
- 교통체계의 상태, 교통시설의 편의성, 이용승객수, 주차시설의 정비상태, 교통규제(일방통행, 주정차 금지)의 정도
- 배후지의 범위, 고객의 통행량, 고객의 구매력
- 기타 고객유인시설 (터미널, 백화점, 쇼핑센터 등)

◇ 행정적요인
- 용도지역, 지구, 구역 등에 관한 사항
- 기타 용적제한, 고도제한 등

<주거지역 분석>
해당지역의 전반적인 지가수준에 영향을 미치는 지가형성요인을 사회적·경제적·행정적요인으로 구분하여 기재하되, 특히 주거지역의 쾌적성과 편리성에 영향을 미치는 요인에 중점을 두어 기재한다.

◇ 사회적요인
[쾌적성에 영향을 미치는 요인]
· 기상, 기후 조건
· 공급 및 처리시설의 상태(상하수도, 도시가스 등)
· 위험 및 혐오시설
· 재해발생의 위험성
· 공해발생의 정도

[편리성에 영향을 미치는 요인]
· 도로의 상태(도로의 폭, 구조)
· 교통체계

· 상가(백화점, 대형 쇼핑센터 등), 공공시설(관공서, 학교 등), 편익시설과의 접근성

[기타요인]
· 인구의 상태, 가구수의 변화
· 거주자의 직업, 연령, 학력수준 등

◇ 경제적요인
· 거주자의 소득수준, 고용상태 등
· 경제적 기반의 상태

◇ 행정적요인
· 용도지역, 지구, 구역 등에 관한 사항
· 기타 용도제한, 고도제한 등을 기재

<공업지역 분석>

해당지역의 전반적인 지가수준에 영향을 미치는 지가형성요인을 사회적·경제적·행정적요인으로 구분하여 기재하되, 특히 공업지역의 생산성에 영향을 미치는 요인에 중점을 두어 기재한다.

◇ 사회적요인
· 판매 및 원료구입시장과의 접근성(항만, 공항, 철도, 고속국도 등)
· 노동력 확보의 난이
· 공급, 처리시설(동력, 용수, 배수 등)의 상태
· 공해발생의 위험성

◇ 경제적요인
· 기반산업의 상태

· 관련산업 및 협력업체 간의 위치관계

· 기타 공장진출의 동향 및 장래의 동향 등

◇ 행정적요인

· 용도지역, 지구, 구역 등에 관한 사항

· 기타 규제사항 등

<녹지지역 분석>

해당지역의 전반적인 지가수준에 영향을 미치는 지가형성요인을 사회적·경제적·행정적요인으로 구분하여 기재한다. 특히 택지후보지의 경우에는 표준적 사용의 변동추이 및 지가수준의 변동추이에 유의하여 기재한다.

◇ 사회적요인

[영농경영에 영향을 미치는 요인]

· 경지정리 여부, 관개·배수의 양부

· 재해의 위험성(수해, 기타 재해 등)

· 기상조건(일조, 통풍, 습도, 온도, 강우량 등)

· 토양, 토질, 지세 등

[임업경영에 영향을 미치는 요인]

· 기상조건, 토양, 토질의 양부

· 임도의 배치, 폭, 구조 등

· 지세(표고, 경사도, 경사의 굴곡 등)

◇ 경제적요인

· 교통의 편리성

· 인근취락, 인근시장과의 접근성 등

◇ 행정적요인
  · 보조금, 융자금 등의 조장의 정도
  · 국·도립공원, 보안림 등의 규제
  · 기타 규제사항 등

<용도미지정지역 및 도시지역외의 지역>

용도미지정지역 및 도시지역외의 지역(관리지역, 농림지역, 자연환경보전지역)과 같이 위에서 분류된 범주에 포함되지 않는 지역에 대해서는 위의 용도지역별 분석내용을 참고하여 작성한다.

다. 표준지 선정 및 분포조정

- 표준지의 신규·삭제 현황 및 삭제사유, 전년도 비교표준지의 활용현황을 분석하여 과다·과소활용 집중발생지역, 과다·과소활용 발생원인, 분포조정 및 분포결과를 기재한다.

라. 종합의견

- 해당 시·군·구 지역요인분석, 표준지 분포조정에 관한 의견, 지가수준 및 변동추이 분석, '26년도 가격(안)에 대한 종합의견을 기재한다.

참고자료   지역분석조서 작성예시

Ⅰ. 2026년 ○○구 표준지공시지가 총괄표

1. 표준지공시지가 변동현황

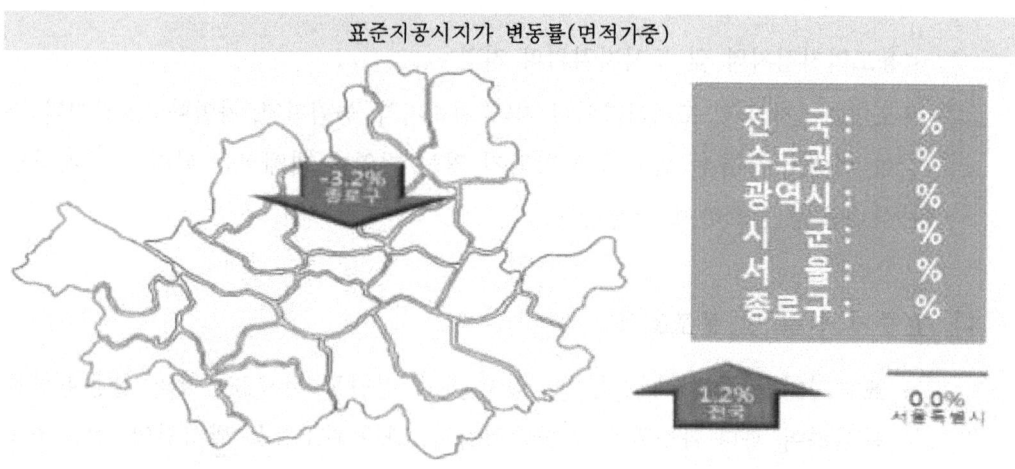

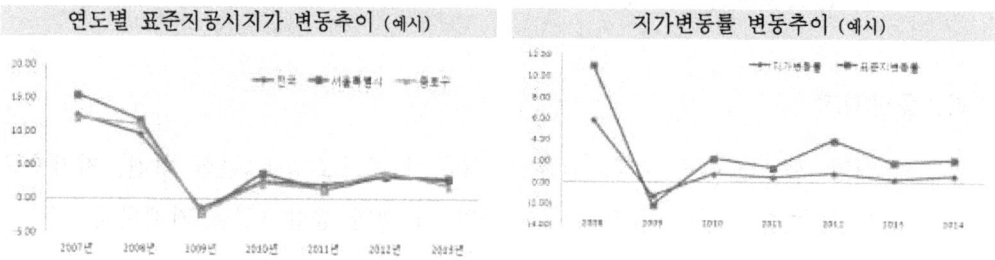

※ 지가변동률은 심사·검수시점에 발표된 최종월 공표분까지 반영
※ 그래프 전산 자동 생성 예정

가. 지역 시장 동향
 - 금년도 해당 지역의 시장 동향 간략히 서술

나. 표준지공시지가 변동사유
 - 주요 변동사유(개발사업 진행 등) 간략히 서술

2. 표준지 분포 현황

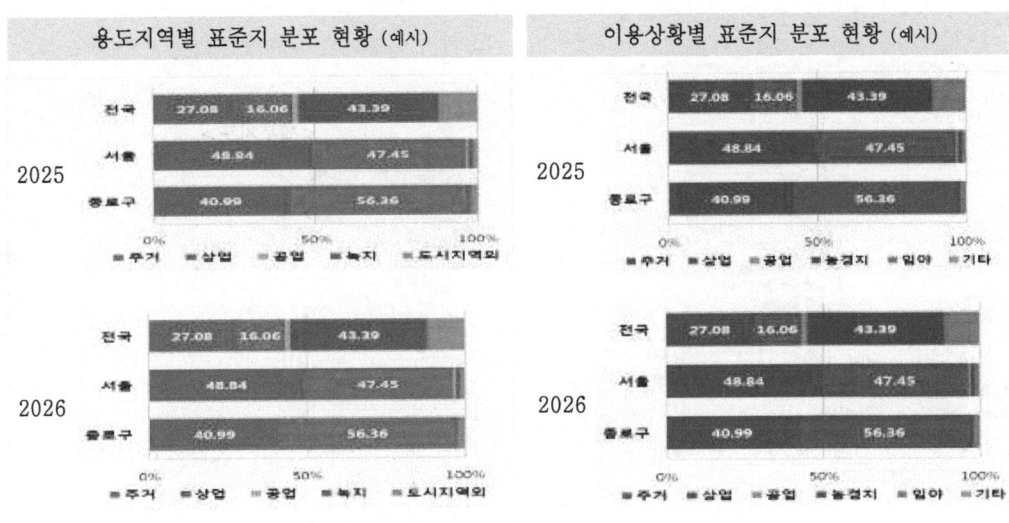

※ 그래프 전산 자동 생성 예정

가. 표준지 분포 조정

- 전년대비 표준지 분포 조정 사항 간략히 서술(용도지역 간 또는 이용상황 간 조정이 없는 경우 생략 가능)

나. 표준지 증감 조정

- 전년대비 해당 지역 표준지 수의 증감이 있는 경우 증감 사유 및 최종 증가 또는 삭제된 표준지 현황 간략히 서술(전년대비 변동이 없는 경우 생략 가능)

Ⅱ. 지역개황

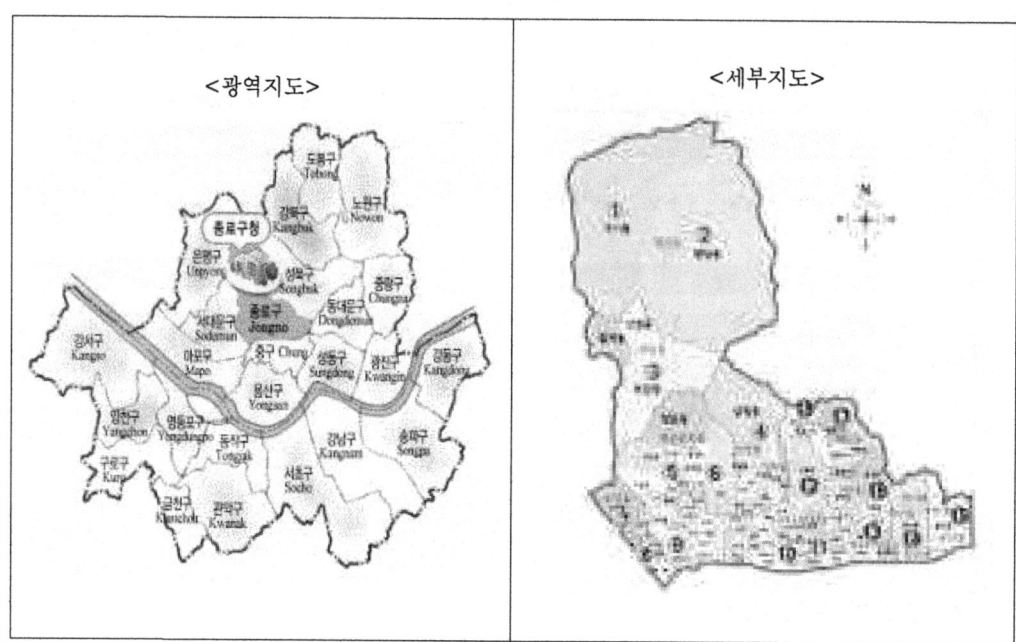

1. 사회적 요인

 가. 자연환경

  - 지역특색을 대표할 수 있는 지형지세 기재, 지가에 미치는 영향 분석

 나. 인문환경

  1) 인구변동분석

   가) 시·군·구 단위 인구변동 추이

연도	세대수 (세대)	전년대비 증감(%)	인구수 (명)	전년대비 증감(%)	세대당 인구(명)
00년					
00년					

   ※ 행정안전부 주민등록 인구통계 기준 전산 자동 입력

나) 읍면동별 인구변동추이

행정동명	인구변화			
	인구수 (명)	세대수 (가구)	세대당 인구(명)	전년대비 인구증감(%)
합계				
00동				
00동				
⋮				

※ 행정안전부 주민등록 인구통계 기준 전산 자동 입력

다) 전출입현황

연도	구분	총 이동		시도 내 이동		시도 간 이동		순이동
		전입	전출	전입	전출	전입	전출	
00년	관악구							

※ KOSIS(국가통계포털) 시군구별 이동자 수 기준 전산 자동 입력

2) 주택 수 및 보급률

연도	일반 가구수	합계 (호)	유형별 주택 수(호)						보급률 (%)
			단독주택	다가구 주택	아파트	연립주택	다세대 주택	기타	
00년									
00년									

* 보급률 = 주택수 합계(호) / 일반가구수

3) 공공 및 편익시설 등 변동 추이

가) 의료기관 현황

연도	종합병원	병원	의원	치과	한방병원	한의원	보건소	보건지소	보건진료소

나) 학교현황

연도	유치원	초등학교	중학교	고등학교	전문대	대학교	대학원	기타학교

다) 주택건설실적(주택유형별 건설실적)

구분	계	단독주택	다가구주택	다세대주택	연립주택	아파트
전국						
수도권						
서울						

※ 국토교통통계누리 기준 전산 자동 입력

라) 미분양현황

구분	'25.1	'25.2	'25.3	'25.4	'25.5	'25.6	'25.7	'25.8	'25.9	'25.10	'25.11	'25.12
전국												
수도권												
서울												
00구												

※ 국토교통통계누리 기준 전산 자동 입력

2. 경제적 요인

가. 지역경제 현황분석

1) 일반 현황

구분	사업체수			종사자수		
	2024	2025	비중	2024	2025	비중
합 계						
농업, 임업, 어업						
광업						
제조업						
건설업						
도소매업						
숙박/음식업						
운수업						
출판/영상/정보서비스업						
금융 및 보험업						
부동산업 및 임대업						
전문,과학,기술서비스업						
시설관리,지원서비스업						
공공행정,국방,사회보장						
교육서비스						
보건/복지 서비스업						
예술,스포츠,여가서비스업						
기타						

- 각종 현황 분석 및 지가에 미치는 영향 분석

2) 주요개발사업 및 개발계획 현황

(2025.11, ○○구청 도시개발과)

가) ○○뉴타운사업
① 목적
② 사업기간
③ 사업규모(면적/사업비 등)
④ 추진현황 및 일정
⑤ 영향권
⑥ 영향권 내 표준지
⑦ 지가수준에 미치는 영향
⑧ 관련자료(도면 등)

나. 경제환경 변화
- 지역의 경제활동 변화 및 예측, 지가수준에 미치는 영향

3. 행정적 요인

가. 행정구역 현황

행정구역 개편사항 요약 및 지가수준에 미치는 영향

나. 용도지역 변경현황

1) 당해연도 변경현황
   - 용도지역 변경사항 요약설명 및 지가수준에 미치는 영향 분석

2) 3년 내 변경현황
   - 3년 내 용도지역 변경사항 요약 설명 및 지가수준에 미치는 영향 분석

다. 용도지역별 개별지 분포현황

구분	계	주거	상업	공업	녹지	미지정	관리	농림	자보
필지									
비율(%)									

라. 토지이용상황별 개별지 분포현황

구분	계	주거용	상업용	공업용	농경지	임야	기타
필지							
비율(%)							

마. 공부상 지목별 개별지 분포현황

구분	계	대	전	답	공장	임야	기타
필지							
비율(%)							

4. 지가동향 분석

가. 지가변동률 현황표

구분	2024년 누계	2025년(11월) 누계
○○구 평균		
○○동		

※ 전산 자동 입력 예정

나. 거래동향 추이(시·군·구 기준)

구 분		2024	2025
전국	거래금액		
	거래건수		
서울특별시	거래금액		
	거래건수		
○○구	거래금액		
	거래건수		

* 상기 정보는 월평균 거래금액 및 거래건수임

※ 전산 자동 입력 예정

다. 표준지공시지가 변동률 추이

구분	2024	2025	2026
전국			
서울특별시			
○○구			

* 표준지 프로그램 > 가격균형 > 가격균형협의 정보 > 가격균형협의 현황 참조

※ 전산 자동 입력 예정

라. 지역 지가동향 분석

1) 지가동향 추이

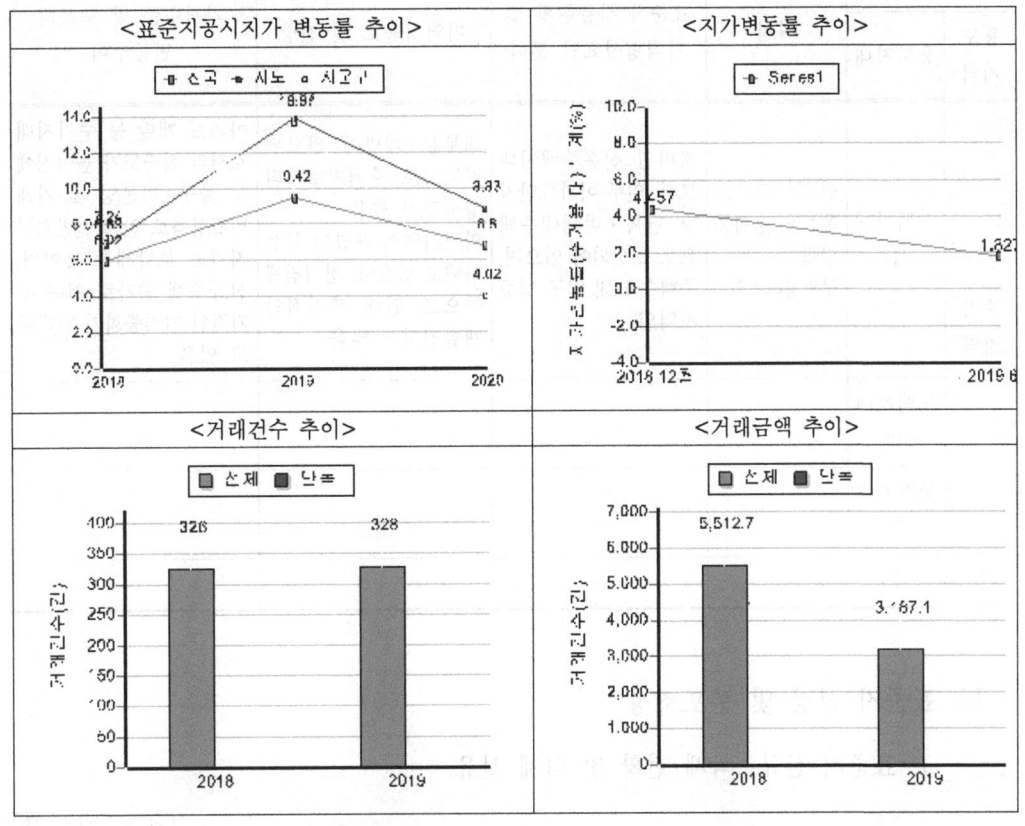

※ 그래프 전산 자동 생성 예정

2) 지가동향 분석
- 지역전반의 지가동향 종합분석(각종 통계자료 추이 및 지가에 미치는 영향을 분석하고 지역 내 특징적인 현상 등 검토를 통해 지역 전체에 대한 미시적·거시적 종합분석 실시

Ⅲ. 지역별 가격형성요인 분석(하위시장별 지역분석)

하위시장 구분		위치	표준적 사용현황 및 가격형성요인 분석	지역성숙도 및 전망	가격수준 및 층화의 변동추이
용도지역	용도지대				
주거지역	주택지대 ①	권곡동, 모종동, 온천동, 용화동 일대 구획정리지역	정비된 신흥주택지대로서, 일부 아파트단지 및 단독·다세대주택으로 구성되어 있으며, 주택수요 및 인구 집중지역임	대부분 개발이 완료된 지역으로 주거지로서의 성숙도가 높음. 외곽지역의 개발이 활성화되고 있으나, 경기침체 등으로 인해 추가적인 개발전망은 낮음	아파트 개발 등 주거지대로서의 성숙도가 높아짐에도 불구, 미분양 및 거래 비활성화로 인해 전반적인 지가는 보합세를 보이며, 신규주택 증가로 인해 추가적인 가격층화가 나타나고 있음
	주택지대 ②				
	상업지대 ①				
⋮	⋮				

Ⅳ. 표준지 선정 및 분포조정

1. 표준지 신규·삭제 현황 및 삭제 사유

(단위 : 필지, %)

행정구역	2025 표준지 수	2026 표준지 수				표준지 증감	교체율(%)	증감률(%)
		계	재선정	삭제	신규			
○○구								
○○동								
○○동								
⋮								

※ 선정결과 심사보고서 > 표준지선정 총괄표 항목 전산 자동 입력 예정

삭제사유	행정구역 개편	용도지역 변경	개발사업 시행	지적사항 변경	형질변경	토지이용 상황변경	분포밀도 조정	기타
교체건수								

※ 표준지 프로그램 > 선정 > 삭제사유별 내역 전산 자동 입력 예정

2. 비교표준지 활용현황

(단위 : 필지)

용도지역·이용상황		필지 수	계	0	1~4	5~20	21~100	101~200	201이상
총계									
제1종 전용 주거 지역	소계								
	주거/상업/공업								
	전/답/임야								
	특수토지 등								
제2종 전용 주거 지역	소계								
	주거/상업/공업								
	전/답/임야								
	특수토지 등								
제1종 일반 주거 지역	소계								
	주거/상업/공업								
	전/답/임야								
	특수토지 등								
제2종 일반 주거 지역	소계								
	주거/상업/공업								
	전/답/임야								
	특수토지 등								
제3종 일반 주거 지역	소계								
	주거/상업/공업								
	전/답/임야								
	특수토지 등								
준주거 지역	소계								
	주거/상업/공업								
	전/답/임야								
	특수토지 등								

(단위 : 필지)

용도지역·이용상황		필지 수	계	0	1~4	5~20	21~100	101~200	201이상
총계									
중심상업지역	소계								
	주거/상업/공업								
	전/답/임야								
	특수토지 등								
일반상업지역	소계								
	주거/상업/공업								
	전/답/임야								
	특수토지 등								
근린상업지역	소계								
	주거/상업/공업								
	전/답/임야								
	특수토지 등								
유통상업지역	소계								
	주거/상업/공업								
	전/답/임야								
	특수토지 등								
전용공업지역	소계								
	주거/상업/공업								
	전/답/임야								
	특수토지 등								
일반공업지역	소계								
	주거/상업/공업								
	전/답/임야								
	특수토지 등								

(단위 : 필지)

용도지역·이용상황	필지 수	계	0	1~4	5~20	21~100	101~200	201이상
총계								
준공업 지역	소계							
	주거/상업/공업							
	전/답/임야							
	특수토지 등							
보전 녹지 지역	소계							
	주거/상업/공업							
	전/답/임야							
	특수토지 등							
생산 녹지 지역	소계							
	주거/상업/공업							
	전/답/임야							
	특수토지 등							
자연 녹지 지역	소계							
	주거/상업/공업							
	전/답/임야							
	특수토지 등							
개발 제한 구역	소계							
	주거/상업/공업							
	전/답/임야							
	특수토지 등							
용도 미지정 지역	소계							
	주거/상업/공업							
	전/답/임야							
	특수토지 등							

(단위 : 필지)

용도지역·이용상황	필지 수	계	0	1~4	5~20	21~100	101~200	201이상
총계								
관리지역	소계							
	주거/상업/공업							
	전/답/임야							
	특수토지 등							
보전관리지역	소계							
	주거/상업/공업							
	전/답/임야							
	특수토지 등							
생산관리지역	소계							
	주거/상업/공업							
	전/답/임야							
	특수토지 등							
계획관리지역	소계							
	주거/상업/공업							
	전/답/임야							
	특수토지 등							
농림지역	소계							
	주거/상업/공업							
	전/답/임야							
	특수토지 등							
자연환경보전지역	소계							
	주거/상업/공업							
	전/답/임야							
	특수토지 등							

※ 표준지 프로그램 > 통계 > 용도/토지별 활용현황 전산 자동 입력 예정

3. 검토 분석

  가. 과소·과다 발생유형

   1) 과소·과다 활용 표준지 발생 유형

    가) 과소 표준지(비교표준지 활용 필지수가 0~4개인 경우)

     ① 집중 발생지역
        -

     ② 발생 유형
        -

    나) 과다 표준지(비교표준지 활용 필지수가 201개 이상인 경우)

     ① 집중 발생지역
        -

     ② 발생 유형
        -

  나. 과소·과다 활용된 표준지의 발생원인 분석

구분	소재지 및 지번	활용 현황	용도 지역	존치 여부	사유 분석
과소활용					ex) 특수한 요인, 분포 과다, 분포 과소, 기타
과다활용					
계	과소활용 : 필지		과다활용 : 필지		계 : 필지

※ 선정심사내역서 > 과소과다 표준지 조정내역 기준 전산 자동 입력 예정

4. 분포밀도 조정

가. 분포밀도 조정현황

2026년 삭제표준지				삭제 후 대체표준지		2026년 신규표준지	
소재지지번	일련번호	용도지역	전년활용수	소재지지번	전년활용수	소재지지번	예상활용수
○○동 15-4	4	1주	3	청운동 18-2	23		
⋮	⋮	⋮	⋮			⋮	⋮

※ 선정심사내역서 > 표준지 분포밀도 조정 세부내역 기준 전산 자동 입력 예정

나. 분포조정 분석

전체적인 분포조정 사유 및 결과 등 종합분석

5. 용도지역·토지이용상황별 표준지 분포현황

가. 분포기준

(단위 : 필지)

이용상황	합계	전용주거(1종)	전용주거(2종)	일반주거(1종)	일반주거(2종)	일반주거(3종)	준주거	중심상업	일반상업	근린상업	유통상업	전용공업	일반공업
합계													
주거용													
상업업무용													
주상복합													
공업용													
전													
답													
임야													
특수토지													
공공용지 등													

이용상황	합계	준공업	보전녹지	생산녹지	자연녹지	개발제한	미정리	관리	보전관리	생산관리	계획관리	농림	자연환경
합계													
주거용													
상업업무용													
주상복합													
공업용													
전													
답													
임야													
특수토지													
공공용지등													

나. 분포현황

1) 시군구 현황

이용상황	합계	전용주거(1종)	전용주거(2종)	일반주거(1종)	일반주거(2종)	일반주거(3종)	준주거	중심상업	일반상업	근린상업	유통상업	전용공업	일반공업
합계													
주거용													
상업업무용													
주상복합													
공업용													
전													
답													
임야													
특수토지													
공공용지등													

이용상황	합계	준공업	보전녹지	생산녹지	자연녹지	개발제한	미정리	관리	보전관리	생산관리	계획관리	농림	자연환경
합계													
주거용													
상업업무용													
주상복합													
공업용													
전													
답													
임야													
특수토지													
공공용지등													

2) 읍면동별 세부내역

(단위 : 필지)

구분	제1종전용주거지역										제2종전용주거지역					
행정구역	합계	소계	주거	상업업무용	주상복합용	공업용	전	답	임야	특수토지	공공용지	소계	주거	상업업무용	주상복합용	공업용	…
00구																	…
A동																	…
B동																	
C동																	
…																	…

※ 표준지 프로그램 > 통계 > 용도/토지별 표준지수 집계 기준 전산 자동 입력 예정

다. 분포기준과 현황이 상이한 사유

표준지의 선정 및 관리지침 상 분포기준과 실제 표준지 분포수가 상이한 사유

라. 분포분석

용도지역, 이용상황의 변화, 가격층화 필요성에 따른 조정 등

V. 종합의견

1. 시·군·구 지역요인분석
- 지역요인의 변동추이 및 주요 변동원인과 지가수준에 미치는 영향을 종합적으로 기재

2. 표준지 분포조정에 관한 의견
- 표준지 교체 및 전체적인 표준지 분포조정 결과와 표준지 분포결과에 대한 종합의견 기술

3. 지가수준 및 변동추이 분석
- 전반적인 지가수준의 현황 및 변동추이
- 지역의 대표적이고 특징적인 지가변동요인과 지가수준에의 영향

4. '26년도 표준지공시지가(안)에 대한 종합의견

VI. 지가수준 협의자료

하위시장 구분			당해지역	인근지역1 (○○시)	인근지역2 (××시)	인근지역3 (△△군)	검토의견
용도지역	이용상황	구분					
주거지역	상업용	표준 수					
		최저값					
		1분위수					
		중위수					
		3분위수					
		최고값					
⋮	⋮						

※ 표준지 프로그램 > 가격균형 > 가격균형성 검토 기준 전산 자동 입력 예정

VIII. 단계별 표준지 심사 및 검증체계

2026년
표준지공시지가 조사·평가 업무요령

1. 단계별 표준지 심사 및 검증체계 목적 ·············· 201

2. 표준지 심사 및 검증체계 절차 ························ 201

3. 법인등 자체검토 ··· 202
    가. 자체검토 목적
    나. 자체검토 방법
    다. 중점 검토사항

4. 지자체 사전검토 ··· 204
    가. 지자체 사전검토 목적
    나. 검토방법

5. 공시가격 점검반 ··· 205
    가. 공시가격 점검반 목적
    나. 점검방법

VIII. 단계별 표준지 심사 및 검증체계

1 단계별 표준지 심사 및 검증체계 목적

「부동산공시법」 제26조의2(적정가격 반영을 위한 계획 수립)의 기초인 시가수준의 적정성 제고, 공시가격의 균형성 및 정확성 제고를 위해 기존 표준지 심사 및 검증체계에서 법인등 자체검토 기능을 강화하였으며 외부전문가를 활용하여 공시가격 및 시가수준 등의 점검을 확대 편성·활용함

2 표준지 심사 및 검증체계 절차

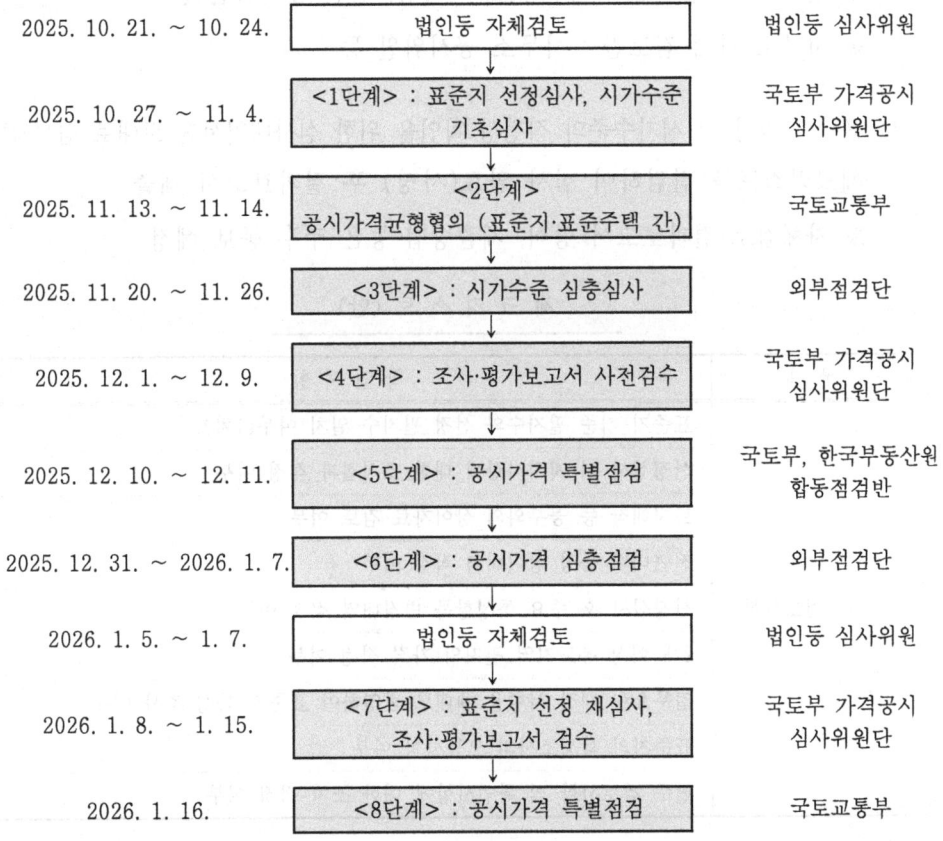

기간	단계	담당
2025. 10. 21. ~ 10. 24.	법인등 자체검토	법인등 심사위원
2025. 10. 27. ~ 11. 4.	<1단계> : 표준지 선정심사, 시가수준 기초심사	국토부 가격공시 심사위원단
2025. 11. 13. ~ 11. 14.	<2단계> 공시가격균형협의 (표준지·표준주택 간)	국토교통부
2025. 11. 20. ~ 11. 26.	<3단계> : 시가수준 심층심사	외부점검단
2025. 12. 1. ~ 12. 9.	<4단계> : 조사·평가보고서 사전검수	국토부 가격공시 심사위원단
2025. 12. 10. ~ 12. 11.	<5단계> : 공시가격 특별점검	국토부, 한국부동산원 합동점검반
2025. 12. 31. ~ 2026. 1. 7.	<6단계> : 공시가격 심층점검	외부점검단
2026. 1. 5. ~ 1. 7.	법인등 자체검토	법인등 심사위원
2026. 1. 8. ~ 1. 15.	<7단계> : 표준지 선정 재심사, 조사·평가보고서 검수	국토부 가격공시 심사위원단
2026. 1. 16.	<8단계> : 공시가격 특별점검	국토교통부

3 법인등 자체검토

가. 자체검토 목적
- 심사·검수 전 법인등에서 자체 검토를 통해 오류내역을 최소화하여 원활한 검수가 이루어질 수 있도록 함

나. 자체검토 방법
1) 공시업무 참여 법인등에서 자체 검토반 구성하여, 법인등의 심사위원에 의한 자체 검토 후 결과 보고
   ※ 법인 자체 검토반 : 법인대표, 지사장, 법인 공시위원 등
   ※ 사무소 자체 검토반 : 사무소 공시위원 등

2) 표준지 특성 및 시가수준의 적정성 확인을 위한 심사내역서를 토대로 심사자별 체크리스트를 점검하여 심사 완료(서명) 후 결과보고서 제출
   ※ 자체검토 결과보고서 양식, 제출방법 등은 추후 통보 예정

체크리스트 (안)

구 분	확 인 사 항
기본 검토사항	표준지 기준 필지수와 선정 필지수 일치 여부(1차)
	선정심사 시 지적사항에 대한 조치결과 적정 여부
	토지대장 등 공부와의 상이자료 검토 여부
	전년대비 특성 상이내역 적정 여부
	선정심사 후 주요 특성항목 변경내역 적정 여부
	2개 이상 용도지역 필지의 가격 적정 여부
	업무요령 개정 사항을 제대로 반영하여 표준지 특성 조사 여부
	표준지의 특성조사의 오류사항 여부
	필수 검토사항 및 확인사항에 대한 조치 적정 여부

구 분	확 인 사 항
시가수준 변동률 적정성 검토	가격균형협의 이후 변동된 경우 사유의 타당성
	전년대비 특성이 변경된 경우 시가수준변동률 적정 반영 여부
표준지공시지가 적정성 검토	표준지공시지가의 변동률 및 시세 반영률 적정 여부
	표준지공시지가 변동률이 큰 필지의 변동사유의 타당성
시가수준의 적정성 검토	시세 반영률이 인접시군구와 균형 유지 여부
	가격균형협의 이후 변동된 경우 사유의 타당성
	참고가격 대비 적정한 시가수준 입력 여부

다. 중점 검토사항

1) 표준지 선정심사, 시가수준 기초심사 전 법인등 자체검토에서는 표준지 선정의 적정성, 특성의 적정성, 시가수준의 적정성, 시가수준 변동률의 적정성 등을 검토

2) 표준지 선정재심사 및 조사·평가보고서 검수 전 법인등 자체검토에서는 기본적 검토사항, 표준지 선정의 적정성, 공시지가의 적정성, 의견청취 결과, 대외공개 참고가격 등을 검토

4 지자체 사전검토

가. 지자체 사전검토 목적

- 표준지 공시업무 전반에 지자체(시·도 및 시·군·구)의 역할 및 참여를 확대함으로써 표준지 특성의 정확성과 가격의 적정성을 제고하며, 지자체의 충분한 의견수렴을 목적으로 함

나. 검토 방법

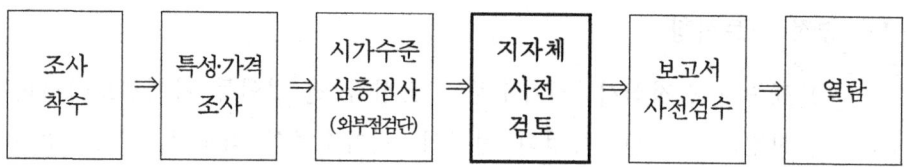

1) 특성 검토 : 가격열람 전 표준지에 대한 특성조사 결과가 공부상 내용과 상이한 경우 지자체에 요청하여 상호 검토(사전검수 전 지자체 검토 요청)

2) 가격 검토 : 검증 시 필요한 공시데이터 목록(지역별·주요 부동산별 공시변동률, 가격변동사유 등)을 조사·평가 프로그램을 통해 검토

※ 열람 이후 의견제출 및 이의신청 검수를 위한 외부점검단에 지자체 담당자가 참여하며, 조사·평가자는 표준지 가격열람 후 시·도 및 시·군·구에서 제출한 주요 의견에 대해 반영 결과 및 검토 사유 등을 회신

5 공시가격 점검반

가. 공시가격 점검반 목적
- 전체 표준지 중 심사대상을 선정하여 해당 표준지의 시가수준 및 특성 등을 심사함으로써 표준지 특성의 정확성 및 가격의 적정성 제고를 목적으로 함

나. 점검방법
1) 주요토지(개발사업, 고가토지, 국민관심 등) 및 오류 가능성이 높은 표준지 등을 심사대상 표본으로 선정하여 시가수준, 특성, 다른 통계와의 정합성 등에 대해 점검

    ※ 점검반 구성 : 외부전문가 점검반(외부점검단), 국토부 및 부동산원 합동점검반, 국토부 가격심사위원단 등

    ※ 외부전문가는 부동산원, 감정평가사, 학계전문가 등으로 구성되며 공정한 점검단 구성을 위해 매년 재선정

2) 부동산원은 표본으로 선정된 표준지 특성 및 가격자료 등을 점검위원에게 제공하고 점검위원은 적정성 여부를 점검한 후 재검토가 필요한 경우 점검의견을 전산프로그램에 입력

3) 조사평가자는 점검위원의 점검의견을 확인하고 의견이 타당하다고 인정되는 경우 이를 반영하여야 하며, 점검의견 반영 여부는 조사·평가보고서 검수 시 확인

4) 중앙부동산가격공시위원회에 외부전문가 점검반의 주요 검토결과를 보고

2026년
표준지공시지가 조사·평가 업무요령

표준지 선정심사, 시가수준 기초심사

1. 표준지 선정심사, 시가수준 기초심사 개요 ········ 209
   가. 심사목적
   나. 심사근거
   다. 심사방법
   라. 심사절차
   마. 심사항목

2. 표준지 선정심사, 시가수준 기초심사 제출자료 ···· 212

● Ⅸ. 표준지 선정심사, 시가수준 기초심사

1 표준지 선정심사, 시가수준 기초심사 개요

가. 심사목적

표준지의 활용성과 대표성을 높이기 위하여 「표준지의 선정 및 관리지침」 따른 합리적 선정여부를 심사하여 2026년도 표준지(안)를 확정하고 시가수준과 시가변동률 점검을 통해 시세조사의 정확성을 제고하기 위함

나. 심사근거

「표준지의 선정 및 관리지침」 제14조

다. 심사방법

1) 표준지 선정심사, 시가수준 기초심사는 252개 시·군·구별 나누어 각 심사반에서 실시. 특수토지는 특수토지 심사반에서 별도 심사

   ※ 심사반 구성 : 국토교통부 주관 심사위원단 위원 등

2) 심사를 받는 조사·평가자는 심사 관련서류(제출자료)를 사전에 점검하여 심사반에 제출

3) 심사반에서는 현장조사도면(GIS프로그램) 및 선정관련 심사보고서, 시가수준 분석자료 등을 활용하여 팀별·개인별로 심사 실시

4) 세부심사평가 기준에 따라 평점표를 활용한 팀별·개인별 점수부여

5) 시·군·구별 표준지 선정심사, 시가수준 기초심사 직전 전산입력이 마감되며, 모든 지역 심사 종료일까지 표준지 교체, 특성변경 등 전산입력 불가

   ※ 지적(보완)사항 발생 지역은 전산입력 마감 해제 요청, 지적사항 보완하고 조치결과 작성 및 제출 후 전산입력 (재)마감

라. 심사절차

심사절차는 기초 심사반 → 일반 심사반 → 심층 심사반으로 구분하며 특수토지는 특수토지 심사반에서 별도 심사

<표준지 선정심사, 시가수준 기초심사절차>

기초 심사반	표준지 특성의 적정성, 시가수준 관련 오류사항 점검, 제반 보고서 작성의 적정성 여부 등
↓	
일반 심사반	표준지 선정의 적정성, 시가수준 점검 등
↓	
심층 심사반	기초, 일반 심사내용을 개별·구체적으로 심화 점검 등

※ 지역별 조사·평가 담당자들은 상기 심사절차를 통해 순차적으로 심사 진행하며, 특수토지는 특수토지 심사반에서 별도 심사

마. 심사항목

심사항목은 표준지 특성의 적정성, 표준지 선정의 적정성, 현장조사 및 도면, 표준지 시가수준의 적정성, 제반보고서 작성의 충실도, 성실도 등으로 구분됨

심사항목	주요 심사내용
표준지 특성의 적정성	ⅰ) 토지대장 상이내역에 대한 점검 ⅱ) 토지이용계획확인서 상이내역에 대한 점검 ⅲ) 토지 이용상황 조사의 적정성 ⅳ) 토지특성 조사의 적정성
표준지 선정의 적정성	ⅰ) 용도지역·이용상황·지목별 분포 및 증감현황의 적정성 ⅱ) 표준지 증설의 적정성 ⅲ) 과소·과다 및 신규·삭제의 적정성 ⅳ) 가격수준별 분포현황의 적합성
현장조사 및 도면	ⅰ) 전자도면 활용성 ⅱ) 현장조사 숙지도
표준지 시가수준의 적정성	ⅰ) 시가수준의 적정성 검토 ⅱ) 참고가격과의 균형성 ⅲ) 최고·최저 표준지의 시세분석의 적정성 ⅳ) 지가수준 숙지도 ⅴ) 거래사례비교법 적용의 타당성
제반 보고서 작성의 충실도	ⅰ) 제출보고서 작성의 적정성
표준지 조사·평가 업무 성실도	ⅰ) 표준지 선정심사에 성실하게 참여 하였는지 여부 ⅱ) 업무 전반에 대하여 담당자의 참여도 ⅲ) 기한 내 마감완료 및 지적사항 조치 완료 여부 등

※ 특수토지 관련 심사항목은 추후 공문참조
※ 시가수준 적정성 심사는 일정변경 가능

2 표준지 선정심사 및 보고서 사전검수 제출자료

- 표준지 선정심사, 시가수준 기초심사 시 제출자료는 다음과 같음

구분	고서명	제출 방법	비 고
제출자료	1. 표준지 선정 총괄표	전산 자동 생성 및 제출	시·군·구별 공동1부
	2. 표준지 증감현황		
	3. 표준지 삭제사유별 내역		
	4. 삭제표준지 필지별 내역		
	5. 표준지 신규사유별 내역		
	6. 신규표준지 필지별 내역		
	7. 표준지 조정내역서	전산 업로드 등	시·도 또는 시·군·구와 공문조치 (시·군·구별 공동1부)
	8. 국·공유지 표준지 선정현황		
	9. 표준지 분포밀도 조정 세부 내역 (팀별 작성)		
	10. 일단지 내역 확인서		
	11. 표준지 선정 협의 결과서		
	12. 중점점검내역서, 선정심사내역서	전산 자동 생성 및 제출	시·군·구별 공동1부
	13. 표준지 지번별 내역		
	14. 표준지가격조사표		
	15. 3방식 입력 점검내역서 (거래사례비교법 부분에 한함)		
	16. 가격조사자료표		

※ 특수토지 담당 팀별 제출자료는 추후 통보
※ 표준지 선정심사, 시가수준 기초심사 필요시 현장조사도면 등 지참 가능

IX. 표준지 선정심사, 시가수준 기초심사

> 표지양식

2026년 표준지 선정결과 심사 보고서

대상지역 : ㅇㅇ 시·도   ㅇㅇ 시·군·구

첨 부 서 식
1. 표준지 선정 총괄표
2. 표준지 증감현황
3. 표준지 삭제사유별 내역
4. 삭제 표준지 필지별 내역
5. 표준지 신규사유별 내역
6. 신규 표준지 필지별 내역
7. 2026년 공시지가 표준지 조정내역서
8. 2026년 국·공유지 표준지 선정현황
9. 표준지 분포밀도 조정 세부 내역
10. 일단지 내역 확인서
11. 2026년 표준지 선정 협의 결과서

ㅇㅇ감정평가법인(또는 사무소) 감정평가사 ㅇㅇㅇ (인)

ㅇㅇ감정평가법인(또는 사무소) 감정평가사 ㅇㅇㅇ (인)

표준지선정총괄표

시·군·구명 :   (단위 : 필지수)

지역명	2025년 표준지 수 (A)	2026년 표준지 수					표준지증감 (△) (B-A=G)	교체율 (D/A)	증감률 (G/A)
		계(B) (C+E)	재선정 (C)	삭제(D)	신규(E)	행정구역 개편(F)			
계									
○○읍									
○○면									
○○동									

※ 작성요령

1. "지역명"란은 읍·면·동명을 기재함
2. "재선정"란은 2025년 표준지 중에서 교체할 필요가 없는 표준지의 수를 기재함
3. "삭제"란은 2025년 표준지 중 2026년 표준지로 선정되지 않은 표준지의 수를 기재함
4. "신규"란은 2026년도에 신규로 선정된 표준지 수를 기재함
5. "표준지증감(△)"란은 2026년 표준지의 수에서 2025년 표준지 수를 뺀 수로 기재함
6. "교체율", "증감률"은 소수점이하 3째자리에서 반올림하여 2째자리까지 기재함
7. 표준지선정총괄표의 계(B)는 표준지증감현황의 용도지역별·이용상황별·지목별 금년도 "계"란의 숫자와 일치하여야 함
8. 표준지선정총괄표의 삭제(D)는 표준지삭제사유별 내역 "계" 및 삭제표준지 필지별 내역의 숫자와 일치하여야 함
9. 표준지선정총괄표의 신규(E)는 신규표준지 필지별 내역의 "계" 및 2026년 표준지 선정 협의 결과서의 숫자와 일치하여야 함
10. 한국부동산원은 시·군·구별로 통계자료를 작성하여 국토교통부에 제출함

표준지증감현황

시·군·구명 :

∘ 용도지역별 현황 (단위 : 필지수)

구 분		전년도 (A)	금년도 (B)	증 감 (C)	증감비율(%) (C/A)
계					
도시 지역	소 계				
	주거지역				
	상업지역				
	공업지역				
	녹지지역				
용도미지정					
관리지역					
농림지역					
자연환경보전지역					

∘ 토지이용상황별 현황 (단위 : 필지수)

구 분	전년도 (A)	금년도 (B)	증 감 (C)	증감비율(%) (C/A)
계				
주거/상업/공업				
전/답/임야				
특수토지 등				

∘ 지목별 현황 (단위 : 필지수)

구 분	전년도 (A)	금년도 (B)	증 감 (C)	증감비율(%) (C/A)
계				
대				
전				
답				
임 야				
기 타				

※ 용도지역별 "계", 토지이용상황별 "계"와 지목별 "계"는 일치되어야 함

표준지 삭제사유별 내역

시·군·구명 :

지역명	계	삭제사유									비고
		① 행정 구역 변경	② 용도 지역 변경	③ 개발 사업 시행	④ 지적 사항 변경	⑤ 형질 변경	⑥ 이용 상황 변경	⑦ 분포 밀도 조정	⑧ 증감 승인	⑨ 기타	
계											
○○읍 ○○면 ○○동											

※ 작성요령

1. "지역명"란은 읍·면·동명을 기재함
2. "기타"란에는 숫자만 표기하되 구체적인 삭제사유는 별지로 첨부함

삭제 표준지 필지별 내역

시 · 군 · 구명 :   (건)

소 재 지 및 지 번	일련번호	지 목	토지이용상황	용도지역	삭제사유
계					

※ 작성요령

1. "소재지 및 지번"란은 읍 · 면 · 동 · 리와 지번을 기재함
2. "일련번호"란은 당해 토지의 전년도 표준지 일련번호를 행정전산망 지역코드 순서에 따라 기재함
3. "삭제사유"란은 "삭제사유 작성요령" 중에서 해당되는 사유(코드)를 선택하여 기재함

참고자료

삭 제 사 유 작 성 요 령

코 드	상 세 범 위
① 행정구역 개편	행정구역이 변경되어 표준지 소재지 등이 변경된 경우 예) 행정구역 개편(금산군에서 대전광역시로 편입)
② 용도지역 변경	용도지역의 변경으로 기존 표준지를 삭제하거나 변경하는 경우
③ 개발사업 시행	○ 택지개발사업, 도시개발사업, 재개발사업 등 개발사업으로 토지의 형질이 변경되어 표준지를 삭제하거나 변경하는 경우 예) 개발사업 시행(○○개발사업) ○ 도로사업 등으로 표준지 전부 또는 일부가 도로 등에 편입되어 삭제하거나 변경하는 경우 예) 개발사업 시행(도로에 편입)
④ 지적사항 변경	○ 합병·분할 등으로 면적이 과대 또는 과소하게 되어 표준지를 교체하는 경우 예) 지적사항 변경(분할면적 : 20㎡) ○ 합병·분할 등으로 표준지의 위치(지번변경 포함)가 변경되어 교체하는 경우 예) 지적사항 변경(지번변경) ○ 합병·분할 등으로 토지의 형상이 기형으로 변하여 표준지를 교체하는 경우 예) 지적사항 변경(분할로 형상 부적합)
⑤ 형질변경	○ 개발사업 이외의 형질변경으로 해당 표준지가 대표성 등을 상실하여 표준지를 교체하는 경우 예) 형질변경(임 → 전, 전 → 답, 전 → 대 등) ○ 표준지의 일부가 형질변경되어 표준지를 교체하는 경우 예) 형질변경(임 → 일부전 등)
⑥ 토지이용상황의 변경	토지이용상황의 변경으로 대표성 등이 결여되어 표준지를 교체하는 경우 예) 토지이용상황변경(가옥이 철거되고 전으로 이용)
⑦ 분포밀도 조정	표준지 분포기준(「표준지의 선정 및 관리지침」 제9조 표준지 분포의 조정 포함)에 의거 표준지를 교체하는 경우
⑧ 국토부 증감조정 승인	개발사업 등으로 표준지 수의 증가 또는 감소 조정이 필요한 지역으로서, 국토교통부 장관의 승인을 득하여 표준지를 교체하는 경우
⑨ 기 타	해당 시·군·구의 요청 등 위의 사유에 해당되지 않는 기타의 사유로 표준지가 교체되는 경우

표준지 신규사유별 내역

시·군·구명 :

지역명	계	신 규 사 유						비고
		① 가격 층화 반영	② 분포 밀도 조정	③ 대체 선정	④ 증설	⑤ 증감 승인	⑥ 기타	
계								
○○읍 ○○면 ○○동								

※ 작성요령

1. "지역명"란은 읍·면·동명을 기재함
2. "기타"란에는 숫자만 표기하되 구체적인 선정사유는 별지로 첨부함

신규 표준지 필지별 내역

시·군·구명 :   (건)

소재지 및 지번	일련번호	지 목	토지이용상황	용도지역	선 정 사 유
계					

※ 작성요령

1. "소재지 및 지번"란은 읍·면·동·리와 지번을 기재함

2. "일련번호"란은 당해 표준지의 2026년 일련번호(안)를 행정전산망 지역코드 순서에 따라 기재함

3. 선정사유 필지별내역 중 선정사유란은 선정사유 작성요령의 코드번호를 기입하며, 선정사유를 간략하게 기재함

  ※ 선정사유 예시) 삭제표준지 일련번호 ㅇㅇㅇ번 대체선정 등

IX. 표준지 선정심사, 시가수준 기초심사

참고자료

선 정 사 유 작 성 요 령

코 드	범 위
① 가격층화 반영	상권변동, 개발사업 등으로 지가가 변동되는 지역의 가격층화를 반영하려는 경우 예) 상권확장으로 기존 주택지대에서 주택 및 상가혼용지대로 이행되어 가격층화를 반영하기 위하여 신규 선정
② 분포밀도 조정	표준지 분포기준(「표준지의 선정 및 관리지침」 제9조)에 의거 표준지의 분포를 조정하려는 경우
③ 대체 선정	삭제표준지를 대체하려는 경우 예) 기존 표준지가 토지이용상황 변경으로 대표성이 결여되어 삭제한 경우 해당 표준지를 대체하기 위하여 신규 선정
④ 증설	부동산 가격 수준을 보다 정확하게 반영하기 위하여 정부 정책으로 표준지 수를 증가시키는 경우 예) 2만 필지 증설에 따른 신규 선정
⑤ 증감승인	개발사업 등으로 표준지 수의 증가 또는 감소 조정이 필요한 지역으로서, 국토교통부장관의 승인을 득한 경우
⑥ 기 타	해당 시·군·구의 요청 등 위의 사유에 해당되지 않는 기타의 사유로 표준지를 신규 선정하는 경우

2026년 공시지가 표준지 조정내역서

```
- 조 정 결 과 -

◎ 2025년 표준지 수 : ○○
◎ 삭 제 : ○○
◎ 신 규 : ○○
◎ 2026년 표준지 수 : ○○
```

첨부양식1

2025년 과소·과다활용된 표준지의 발생원인분석

구분	코드	발 생 원 인	필지수	비 고
과소활용	1	특수한 요인에 의해 과소 활용된 경우		
	2	비교표준지의 선정이 부적합하여 과소 활용된 경우		
	3	표준지 분포가 과다한 경우		
	4	기타원인에 의해 발생한 경우		
과다활용	5	특수한 요인에 의해 과다 활용된 경우		
	6	비교표준지의 선정이 부적합하여 과다 활용된 경우		
	7	표준지 분포가 과소한 경우		
	8	기타원인에 의해 발생한 경우		
계		과소활용 : 필지 과다활용 : 필지 계 : 필지		

첨부양식2

2026년 공시지가 표준지 조정내역

시·군·구명 :   (필지)

2025 과소·과다활용 표준지 내역				조정내역			비고
일련번호	소재지 및 지번	공시지가	이용상황	과소 또는 과다 활용사유	조정결과	조정사유	(발생원인)

※ 1. 2026년 공시지가 표준지 조정내역은 전산프로그램에 의해 작성함
　2. "과소 또는 과다 활용사유"란과 "조정사유"란은 그 사유를 간략히 기재함
　3. "조정결과"란에는 존치나 삭제를 기재함
　4. "비고"란에는 과소·과다활용 표준지발생원인분석 코드를 기재함

2026년 국·공유지 표준지 선정현황

시·군·구명 :   (필지)

일련번호	소재지 및 지번	지 목	용도지역	국·공유지 구분	선정사유	비 고

※ 선정사유는 일반재산, 인근지역지가수준 대표, 시·군·구 요청 등으로 직접기재
※ 시·도 또는 시·군·구와 공문 조치

표준지 분포밀도 조정 세부 내역

시·군·구명 :

2026년 삭제표준지					삭제 후 대체표준지		2026년 신규표준지	
소재지 및 지번	일련 번호	지목	용도 지역	2025년도 개별지 활용수	소재지 및 지번	2025년도 개별지 활용수	소재지 및 지번	개별지 활용수 (예상)

※ 작성요령

1. 2026년 삭제표준지
   - "소재지 및 지번"란은 읍·면·동·리와 지번을 기재함
   - "일련번호"란은 당해 표준지의 2025년 일련번호를 행정전산망 지역코드 순서에 따라 기재함
   - "지목"란은 삭제표준지의 2025년 지목을 기재함
   - "용도지역"란은 삭제표준지의 2025년 용도지역을 기재함
   - "2025년도 개별지 활용수"란은 삭제표준지의 2025년 개별공시지가 산정 활용수를 기재함
   - "용도지역"란은 삭제표준지의 2025년 용도지역을 기재함

2. 삭제 후 대체표준지
   - "소재지 및 지번"란은 삭제한 표준지를 대체하는 표준지의 읍·면·동·리와 지번을 기재함
   - "2025년도 개별지 활용수"란은 대체표준지의 2025년 개별공시지가 산정 활용수를 기재함

3. 2026년 신규표준지
   - "소재지 및 지번"란은 분포밀도 조정에 의해 표준지를 삭제한 후 새로이 신규로 선정한 표준지의 읍·면·동·리와 지번을 기재함
   - "개별지 활용수(예상)"란은 신규표준지의 2026년 개별공시지가 산정 활용 가능한 수를 기재함

별도제출

일단지 내역 확인서

시 · 군 · 구명 :

일련 번호	소재지 및 지번	관련 지번	협의 의견

※ 작성요령

- "일련번호"란은 당해 표준지의 2026년 일련번호를 행정전산망 지역코드 순서에 따라 기재함
- "소재지 및 지번"란은 읍·면·동·리와 지번을 기재함
- "관련 지번"란은 표준지를 일단지로 조사한 경우 관련 필지의 읍·면·동·리와 지번을 모두 기재함
- "협의 의견"은 시·군·구와 표준지의 일단지 여부 및 관련 지번 내역을 협의한 내용을 기재함

2026년 표준지 선정 협의 결과서

「부동산 가격공시에 관한 법률」 제3조 및 같은법 시행령 제2조제2항과 「표준지의 선정 및 관리지침」 제13조의 규정에 의한 2026년 공시지가 표준지 선정 협의 결과를 아래와 같이 제출합니다.

-- 아 래 --

1. 대상지역   시(도)   시(군·구)
2. 협의결과

구 분	협 의 내 용		
	협의요청	회신내용	조정내용

· 2025년 표준지 수
  - 삭제필지
  - 신규필지
· 2026년 표준지 수			

붙 임 : 가. 협의요청 공문 사본 1부(서식 1~10 포함)
      나. 회신공문 사본 1부

※ 붙임 가. 첨부서식 심사보고서 참고(p.214~226)

※ 표준지 선정 협의 결과서는 시·군·구별로 작성(해당 시·군·구 내 특수토지 포함)

○ 시·도 및 시·군·구 협의요청 공문(안)

| 견 본 |

```
문서번호 :
수    신 :
참    조 :
제    목 : 2026년 공시지가 표준지 선정에 관한 협의요청

        1. 공시지가 조사·평가업무와 관련하여 항상 협조하여 주심에 깊이 감사드리며
           귀 시(군·구)의 무궁한 발전을 기원합니다.

        2. 「부동산 가격공시에 관한 법률」 제3조제3항 및 같은 법 시행령 제2조
           제2항과 「표준지의 선정 및 관리지침」 제13조의 규정에 의거 귀 시(군·구)
           관할구역내의 2026년 표준지 선정 협의를 위해 붙임과 같이 의견조회
           하오니, 그 적정성 여부에 대한 의견을 조속히 회신하여 주기 바랍니다.

붙 임 : 서식 1~10 각 1부
```

※ 붙임 첨부서식 심사보고서 참고(p.214~226)하며, 표준지 전체 지번별 내역 포함
※ 표준지 선정 협의요청 공문은 시·군·구별로 작성(해당 시·군·구 내 특수토지 포함)

2026년
표준지공시지가 조사·평가 업무요령

X. 표준지 조사·평가 보고서 사전검수

1. 표준지 조사·평가보고서 사전검수 개요 ············ 231
   가. 검수목적
   나. 검수방법
   다. 검수절차
   라. 검수항목
   마. 표준지 전산자료 검수내용

2. 사전검수 시 제출자료 ································· 234

● X. 표준지 조사·평가 보고서 사전검수

1 표준지 조사·평가보고서 사전검수 개요

가. 검수목적

소유자 및 지자체 의견청취 전 표준지 특성의 정확성, 공시가격(안)의 균형성 등을 심사함으로써, 의견청취 가격의 오류 및 변동 가능성을 낮추어 표준지 특성 및 가격에 대한 신뢰성을 제고하기 위해 표준지공시지가 의견청취 전 사전검수를 실시함

나. 검수방법

1) 252개 시·군·구 전체를 대상으로 각 검수반에서 검수 실시

   ※ 검수반 구성 : 국토교통부 주관 심사위원단 위원 등

2) 검수를 받는 조사담당자는 검수 관련서류 일체를 사전에 확인하여 검수반에 입장

3) 가격관련자료 등을 활용하여 팀별·개인별 검수 실시

다. 검수절차

검수절차는 기초 검수반 → 일반 검수반 → 심층 검수반으로 구분하며 특수토지는 특수토지 심사반에서 별도 심사

<조사·평가보고서 사전검수 절차>

검수반	검수내용
기초 검수반	선정심사 이후 표준지 교체 및 특성변경의 적정성 등, 제반 보고서 작성의 적정성 여부 등
일반 검수반	시가수준 등 적정성, 표준지공시지가(안) 입력 점검
심층 검수반	기초, 일반 검수내용을 개별·구체적으로 심화 점검 등

※ 특수토지는 특수토지 검수반에서 별도 검수 실시

라. 검수항목

검수는 표준지 특성의 적정성, 표준지 가격의 적정성 및 균형성, 공시지가(안)의 적정성 등으로 구분됨

검수항목	주요 검수내용
표준지 특성의 적정성	ⅰ) 토지대장 상이내역에 대한 점검 ⅱ) 토지이용계획확인서 상이내역에 대한 점검 ⅲ) 토지·주택 특성 불일치 검토 ⅳ) 토지특성 조사의 적정성
표준지 가격의 적정성 및 균형성	ⅰ) 지적사항 조치결과 검토 ⅱ) 선정심사 후 변경내역의 적정성 ⅲ) 제출 서류의 적정성
공시지가(안)의 적정성	ⅰ) 공시지가 적정성 ⅱ) 공시지가 변동률 검토 ⅲ) 기타 심사사항 검토
시가수준의 적정성	ⅰ) 시가수준의 적정성 ⅱ) 참고가격의 적정성 ⅲ) 시가변동률의 적정성
주요검토 대상토지의 적정성 여부	ⅰ) 주요검토 대상토지의 적정성
제출 자료의 충실도	ⅰ) 제출 자료의 적정성
표준지 조사·평가 업무 성실도	ⅰ) 표준지 사전검수에 성실하게 참여하였는지 여부 ⅱ) 업무 전반에 대하여 담당자의 참여도 등 ⅲ) 기한 내 마감완료 및 지적사항 조치 완료 여부 등

마. 표준지 전산자료 검수내용

1) 기본검수사항

- 2026년 표준지 수, 토지이용계획확인서·토지대장 상이내역, 표준지 특성, 표준지 조사·평가 가격, 시가수준 입력, 목표현실화율에 따른 공시지가 입력 등

2) 오류검색내역
   - 필수검토사항, 확인사항

3) 토지가격 통계현황
   - 최고·최저 가격 변동현황, 최고·최저지가현황, 표준지공시지가 변동현황, 표준지 교체현황, 표준지 분포현황 등

4) 기타 검색프로그램에서 정하는 사항 등

사전검수 시 제출자료

일련번호	종 류	수 량	비 고
1	표준지가격조사표	공동 1부	• on-line으로 작성
2	지역별 지가변동사유 (상위 10필지, 하위 10필지)		• on-line으로 작성
3	공시지가 필지별 가격 입력현황		• on-line으로 작성
4	전산입력(on-line)자료		• on-line으로 작성·제출 - 개인별 의견코드
5	검색내역서 (공시지가처리프로그램에 의한 내역서)		• on-line으로 작성
6	표준지위치표시도면		• on-line으로 작성

XI

2026년
표준지공시지가 조사·평가 업무요령

표준지 선정 재심사, 조사·평가보고서 검수 및 제출

1. 표준지 선정 재심사 ·· 237
    가. 재심사 목적
    나. 심사근거
    다. 심사방법
    라. 심사절차
    마. 심사항목

2. 조사·평가보고서 검수 ······································ 238
    가. 검수목적
    나. 검수방법
    다. 검수절차 및 항목
    라. 표준지 전산자료 검수내용
    마. 검색프로그램
    바. 표준지 조사·평가보고서 검수 시 제출 자료

3. 조사·평가보고서 제출 ···································· 247
    가. 조사·평가보고서 제출 시 중점 확인사항
    나. 조사·평가보고서 제출
    다. 2026년 표준지공시지가 조사·평가보고서 제출 일정

● XI. 표준지 선정 재심사, 조사·평가보고서 검수 및 제출

 표준지 선정 재심사

가. 재심사 목적

「표준지의 선정 및 관리지침」에 따른 표준지 선정심사, 시가수준 기초심사 이후 용도지역, 이용상황 및 지적사항 등의 변경으로 인해 표준지를 재선정 하거나 주요 특성이 변경되는 경우 재선정 또는 특성변경에 대한 합리성 여부를 심사하여 표준지 선정이 적정하게 이루어질 수 있도록 함

나. 심사근거

「표준지의 선정 및 관리지침」 제14조, 제16조

다. 심사방법

1) 표준지 선정심사, 시가수준 기초심사 이후 표준지 지번, 주요특성 등 변경 사항 발생 지역을 대상으로 재심사반에서 조사·평가보고서 검수 전 재심사 실시
   ※ 심사반 구성 : 재심사 대상지역, 필지수 등을 고려하여 국토교통부 주관 심사위원단 위원 등으로 구성
2) 재심사 대상 지역 조사·평가담당자는 심사 관련서류(제출 및 지참자료) 사전 점검 후 심사반 입장
3) 심사반에서는 표준지 선정심사, 시가수준 기초심사 후 변경내역, 현장조사 도면(GIS프로그램) 및 선정 관련 심사보고서 등을 활용하여 심사 실시
4) 그 밖의 사항은 표준지 선정심사, 시가수준 기초심사 방법 준용

라. 심사절차

재심사는 표준지 선정심사, 시가수준 기초심사 절차를 준용하되, 심사반은 재심사 대상 지역, 필지 수 등을 고려하여 구성·운영함

마. 심사항목

심사항목은 표준지 선정의 타당성, 표준지 가격의 적정성 및 균형성, 의견청취 등 절차 준수 여부로 구분됨

심사항목	주요 심사내용
선정의 타당성	ⅰ) 재선정·분포조정 결과 ⅱ) 신규·삭제사유
가격의 적정성 및 균형성	인근 표준지 및 삭제 표준지 등과의 가격 균형 유지 여부, 시가수준 조사·분석의 적정성
절차 준수 여부	의견청취 등 재선정에 따른 절차 준수 여부

2 조사·평가보고서 검수

가. 검수목적

의견제출된 토지의 인용·기각 사유 적정성을 검수하고, 표준지 특성 및 가격의 오류여부를 최종점검하며, 관련 조사·평가보고서의 기재여부를 확인하여 공시 전 오류최소화 및 가격의 신뢰성을 확보하고자 함

나. 검수방법

1) 252개 시·군·구 전체를 대상으로 각 검수반에서 검수 실시

   ※ 검수반 구성 : 국토교통부 주관 심사위원단 위원 등

2) 검수를 받는 조사담당자는 검수 관련서류 일체를 사전에 확인하여 검수반에 제출

3) 가격관련자료 등을 활용하여 팀별·개인별 검수 실시

다. 검수절차 및 항목

검수절차는 기초 검수반 → 일반 검수반 → 심층 검수반으로 구분하며 특수토지는 특수토지 심사반에서 별도 심사

<조사·평가보고서 검수 절차 및 항목>

기초 검수반	제반 보고서 작성의 적정성 여부 등
↓	
일반 검수반	표준지 특성의 정확성 및 가격의 균형성
↓	
심층 검수반	기초, 일반 검수내용을 개별·구체적으로 심화 점검 등

※ 특수토지는 특수토지 검수반에서 별도 검수 실시

라. 표준지 전산자료 검수내용

1) 기본검수사항
- 2026년 표준지 수, 토지이용계획확인서·토지대장 상이내역, 표준지 조사·평가 금액내역 등

2) 오류검색내역
- 필수검토사항, 확인사항

3) 토지가격 통계현황
- 최고·최저변동현황, 최고·최저지가현황, 표준지공시지가 변동현황, 표준지 교체현황, 표준지 분포현황 등

4) 기타 검색프로그램에서 정하는 사항 등

마. 검색프로그램

표준지의 특성 등이 대부분 전산파일로 관리됨에 따라 전산자료의 논리적인 오류(필수검토사항 및 확인사항) 등을 사전에 검색·수정하기 위하여 검색프로그램을 활용함

1) 검색내역서상 주요 필수 검토사항(예시)

구분		내용
필수 검 토 사 항	필수입력 사항누락	• 소재지, 지목, 면적, 용도지역, 토지이용상황, 고저, 형상, 도로접면, 유해시설접근성, 지리적위치, 주위환경, 시가수준, 평가가격, 평가의견, 위치도면 좌표 중 하나라도 입력하지 않은 경우
	용도지역 입력사항 오류	• 용도지역이 2개 이상 구분된 표준지 중 용도지역별 면적 및 가격이 입력되지 않은 경우와 용도지역별 가격이 기재된 경우 가중평균한 가격이 공시지가와 일치하지 않은 경우 (용도지역이 개발제한구역인 경우 제외)
		• 용도지역이 2개 이상 구분된 표준지 중 용도지역별 면적이 기재된 경우 각 면적의 합이 총 면적과 상이한 경우(용도지역이 개발제한구역인 경우 제외)
	용도지구 기재범위 오류	• 용도지구가 집단취락지구(620)인 경우에 용도지역이 개발제한구역(44)이 아닌 경우
	기타제한 입력오류	• 기타제한이 수변구역(60)인 경우에 용도지역이 개발제한구역(44)으로 기재된 경우
		• 기타제한이 2개 기재된 경우에 수변구역(60)과 상수원보호구역(50)이 기재된 경우
	농지구분 입력누락	• 녹지지역(서울시 제외) 및 도시지역외 지역의 토지이용상황이 전(510~550)인 경우와 답(610~640)인 경우에 농지구분을 입력하지 않은 경우
		• 서울특별시의 경우 농지구분 및 비옥도, 경지정리가 입력된 경우
	비옥도 및 경지정리 입력누락	• 농지구분에서 농업진흥지역(1, 2)내 전(510~550)・답(610~640)의 경우 경지정리 및 비옥도를 입력하지 않은 경우
	임야구분 입력오류	• 기타제한 중 공원구역(20)・상수원보호구역(50) 내의 임야가 준보전산지(2)로 입력된 경우
	임야구분 입력누락	• 토지이용상황이 임야(710~750)인 경우에 임야구분을 입력하지 않은 경우

구분		내 용
필수검토사항	기타란 입력누락	• 토지이용상황이 주거기타(160), 상업기타(240), 주상기타(330), 공업기타(430), 전기타(530), 답기타(620), 임야기타(750), 특수기타(899), 기타(990)인 경우 이용상황 기타 란에 내용을 입력하지 않은 경우
		• 주위환경(25)이 기타(999)인 경우에 주위환경 기타 란에 내용을 입력하지 않은 경우
	방위입력 누락	• 토지이용상황이 임야(710~750)인 경우에 방위를 입력하지 않은 경우
	간선도로 입력누락	• 용도지역이 용도미지정(51)인 경우와 도시지역외(61, 62, 63, 64, 71, 81)인 경우 간선도로거리를 입력하지 않은 경우
	대규모 개발사업 입력누락	• 사업방식이 입력된 경우에 사업단계가 기재되지 않은 경우
		• 사업단계가 입력된 경우에 사업방식이 기재되지 않은 경우
	평가가격 가격차오류	• 평가가격 A, B의 평균이 공시지가와 다른 경우
	평가가격 범위오류	• A, B조 각각의 평가가격이 10만원 미만인 경우 유효숫자 두자리까지 기재하며 공시지가는 세자리까지 가능함. 10만원 이상인 경우 A, B조 각각의 평가가격은 유효숫자 세자리, 공시지가는 네자리까지 가능함. 따라서 이러한 사항이 위반되는 경우(단수필지 및 이의신청 필지 제외)
	저촉률 입력누락	• 도시·군계획시설이 입력된 경우에 저촉률을 입력하지 않은 경우
		• 기타제한이 도시자연공원구역(170) 또는 비오톱(210)인 경우에 지정면적 비율을 기재하지 않은 경우
		• 기타제한(제주)을 입력하였음에도 지정면적비율을 기재하지 않은 경우
	표준지 조사사항 및 가격평가 의견서 입력사항	• 「인근 표준지와의 지가균형 검토·분석」 항목에 인근표준지1의 표준지 일련번호가 입력되지 않은 경우 (일련번호의 범위가 벗어난 경우 포함)
		• 「인근 표준지와의 지가균형 검토·분석」 항목에 인근표준지2의 표준지일련번호만 입력되고 인근표준지1의 표준지 일련번호는 입력되지 않은 경우
		• 「인근 표준지와의 지가균형 검토·분석」 항목에 인근표준지1과 인근표준지 2의 표준지가 동일한 경우 및 인근표준지 입력된 소재지와 표준지 소재지가 일치하는 경우

구분		내 용
필수 검토 사항	전산코드 범위오류	• 토지특성 전산코드번호범위 이외의 코드가 입력된 경우
	입력오류	• 용도지역, 용도지구, 기타제한이 2개 기재된 경우로서 두 번째 란에만 입력된 경우
		• 지리적위치 중 두 번째 란에만 입력된 경우
		• 지리적위치1이 입력이 안됐거나 한 글자인 경우
	특수토지 원가법 입력오류	• 토지이용상황이 골프장(860) 또는 스키장(870)인 경우 원가법상 조성공사비 및 그 부대비용의 적정이윤율이 "0"이 아닌 경우
	표준지 정렬오류	• 시·군·구별 일련번호가 정렬(중복의 경우 포함)되지 않거나 표준지 수가 틀린 경우
	일단지 입력오류	• 표준지가 일단지로 표시되어있으나 외지번이 입력되지 않은 경우
		• 표준지의 일단지 외지번이 입력되지 않았음에도 일단지 표시가 입력되어 있는 경우
		• 표준지 소재지와 입력된 일단지 외지번이 일치하는 경우
	불필요 기재사항 입력	• 농지구분에서 농업진흥(1)·농업보호(2)가 입력된 경우에 토지이용상황 중 전(510~530)·답(610~640) 이외의 토지이용상황코드가 입력된 경우
		• 경지정리에서 경지정리(1)·경지미정리(2)가 입력된 경우에 토지이용상황 중 전(510~530)·답(610~640) 이외의 토지이용상황코드가 입력된 경우
		• 임야구분에서 보전산(1)·준보전산(2)이 입력된 경우에 토지이용상황 중 임야(710~750) 이외의 토지이용상황코드가 입력된 경우
		• 방위에서 방위(1~8)가 입력된 경우에 토지이용상황 중 주거용(110~160)·임야(710~750) 이외의 토지이용상황코드가 입력된 경우
		• 간선도로거리에서 거리구분(1~3)이 입력된 경우에 용도지역(6)중 주거지역(11~16)·상업지역(21~24)·공업지역(31~33)·녹지지역(41~43)·개발제한구역(44)이 입력된 경우
	관련자료 전송누락	• 시·군·구별로 지역분석조서, 의견청취결과서(소유자, 개발사업자, 시·군·구청장), 공시지가 요약보고서가 미전송된 경우
	중복입력	• 표준주택(관련 지번 포함)과 중복된 필지

● XI. 표준지 선정 재심사, 조사·평가보고서 검수 및 제출

구분		내 용
필수 검토 사항	전산입력 오류	· 표준지 소재지 및 외지번 동코드 입력 누락 및 최신 동코드 미적용된 경우와 표준지 소재지 전산 입력 범위에 오류가 발생한 경우
		· 지변률(12월 누적) 미적용 필지 및 현시가수준 입력 누락 필지
	참고가격 입력오류	· 표준지공시지가 참고가격에서 거래사례 및 평가전례 중 하나도 입력하지 않은 경우
	저촉률 입력오류	· 도시·군계획시설이 입력된 경우 저촉률에 1~100 이외의 값을 입력한 경우
		· 기타제한이 도시자연공원구역(170) 또는 비오톱(210)인 경우 지정면적 비율에 1~100 이외의 값을 입력한 경우
		· 기타제한(제주)을 입력하였음에도 지정면적비율에 1~100 이외의 값을 입력한 경우

※ 위 표는 예시로 실제 필수 검토사항은 공시지가 처리프로그램에서 확인

2) 검색내역서상 주요 확인사항 (예시)

구분		내 용
확인사항	용도지역 기재사항	• 용도지역이 2개 이상 구분된 표준지의 경우 용도지역1이 도시지역(11~43), 용도지역2가 도시지역외(61~81)인 경우 재확인
		• 용도지역이 2개 이상 구분된 표준지의 경우 용도지역1이 도시지역외(61~81), 용도지역2가 도시지역(11~43)인 경우 재확인
	기타제한 입력오류	• 기타제한(8)이 2개 기재된 경우에 수변구역(060)과 군사시설보호구역(090)이 기재된 경우
	농지구분 입력범위 오류	• 농지구분(10)에서 농업진흥(1), 농업보호(2)인 경우에 용도지역(6)이 녹지지역[서울시 제외](41~43), 용도미지정지역(51), 농림지역(71), 자연환경보전지역(81)외의 용도지역으로 입력된 경우
	주위환경 입력범위 오류	• 토지이용상황이 주거용(110~160)일때 주위환경이 124, 211~268이외인 경우
		• 토지이용상황이 상업·업무용(210~240)일때 주위환경이 111~153, 411~413이외인 경우
		• 토지이용상황이 주·상복합용(310~330)일때 주위환경이 111~268, 411~413 이외인 경우
		• 토지이용상황이 공업용(410~430)일때 주위환경이 311~315, 414이외인 경우
		• 토지이용상황이 전·답(510~530, 610~620)일때 주위환경이 511~559 이외인 경우
		• 토지이용상황이 임야(710~730, 750)일때 주위환경이 611~657이외인 경우
		• 토지이용상황이 목장용지(740)일때 주위환경이 711~713이외인 경우
		• 토지이용상황이 광천지(810)일때 주위환경이 731~733이외인 경우
		• 토지이용상황이 유원지(840)일때 주위환경이 721~724이외인 경우
		• 주위환경이 기타(999)인 경우 입력내용이 14자를 초과하는 경우
	임야구분 입력오류	• 임야구분(13)이 보전산(1)인 경우 도시지역외의 용도지역이 농림지역(71) 또는 자연환경보전지역(81)외의 용도지역코드로 입력된 경우
		• 임야구분(13)이 준보전산(2)인 경우 도시지역외의 용도지역이 농림지역(71) 또는 자연환경보전지역(81)으로 입력된 경우
		• 용도지역(6)중 보전녹지지역(41)·개발제한구역(44)내의 임야가 준보전산(2)으로 입력된 경우
		• 기타제한중 국가유산 보호구역(80)내의 임야가 준보전산(2)으로 입력된 경우

XI. 표준지 선정 재심사, 조사·평가보고서 검수 및 제출

구분		내 용
확인사항	평가가격 가격차 오류	• 평가가격 A, B의 평균이 20% 이상 차이나는 경우
	전산입력 내용확인	• 토지이용상황(14)이 기타(주거기타(160), 상업기타(240), 주상기타(330), 공업기타(430), 전기타(530), 답기타(620), 임야기타(750), 특수기타(899), 기타(990))인 경우 기타 입력 내용이 4자를 초과한 경우 재확인
	사정보정치	• 사정보정치가 1이 아닌 경우 재확인
	지역요인 비교치	• 지역요인비교치가 1이 아닌 경우 재확인
	개별요인 비교치	• 개별요인비교치가 3.0이상 또는 0.3미만인 경우 재확인

※ 위 표는 예시로 실제 주요 확인사항은 공시지가 처리프로그램에서 확인

바. 표준지 조사·평가보고서 검수 시 제출 자료

표준지 조사·평가보고서 검수관련 보고서의 작성방법은 "각종 보고서의 작성요령" 등에 따라 작성한다.

일련번호	종 류	수 량	비 고
1	표준지위치표시도면	시·군·구별 공동 1부	·on-line으로 작성 ·시·군·구 요청시 1부 제출
2	시·군·구별 지역분석조서		·on-line으로 작성·제출
3	시·도지사 및 시장·군수·구청장의 의견청취결과서	공동 1부	·on-line으로 작성·제출(PDF로 제출)
4	표준지소유자의 의견청취결과서		
5	개발사업시행자의 의견청취결과서		
6	표준지가격조사표	공동 1부	·on-line으로 작성·제출
7	표준지조사사항 및 가격평가의견서	조사·평가자별 1부	·on-line으로 작성·제출
8	검색내역서	공동 1부	·on-line으로 작성·제출
9	지역별 지가변동사유 (상위10필지,하위10필지)	공동 1부	·on-line으로 작성·제출
10	공시지가 필지별 가격 입력현황	공동 1부	·on-line으로 작성·제출
11	전산입력(on-line) 자료	공동 1부	·on-line으로 작성·제출 　-가격조사자료표 　-개인별 의견코드 　-3방식 자료 　-행정동코드 　-소유자 주소 등
12	심사 후 변경내역	공동 1부	·on-line으로 작성·제출

3 조사·평가보고서 제출

가. 조사·평가보고서 제출 시 중점 확인사항

  1) 보고서의 종류 및 수량 확인
  2) 보고서 인쇄과정에서 누락·오기된 표준지 확인, 페이지 누락, 중복, 밀림 등
  3) 의견청취결과서 통계의 정확성 등

나. 조사·평가보고서 제출

공시지가(안) 및 조사·평가보고서는 "각종 보고서의 작성요령"에 따라 전산으로 작성하여 제출한다.

일련번호	종 류	수 량
1	공시지가(안)	공동 1부
2	표준지조사·평가보고서	공동 1부

다. 2026년 표준지공시지가 조사·평가보고서 제출 일정

  - 일 시 : 2026. 1. 19.(월)
  - 제출방법 : 표준지공시지가 조사·평가보고서는 전산으로 작성 후 법인별 확인서만 제출
   * 확인서 양식 및 상세 제출 방식 등은 추후 공문 참조

2026년
표준지공시지가 조사·평가 업무요령

XII 각종 보고서의 작성요령

1. 각종 보고서의 작성방법 ·················· 251
    가. 표준지조사·평가보고서
    나. 표준지조사사항 및 가격평가의견서
    다. 2026년 공시지가(안)
    라. 표준지가격조사표
    마. 표준지소유자의 의견청취결과서
    바. 시·도지사 및 시장·군수·구청장의 표준지공시지가
        의견청취결과서
    사. 표준지위치표시도면
    아. 가격조사자료표
    자. 지역별 지가변동사유
    차. 일단지 확인서

2. 보고서의 제출 등 ·················· 285

XII. 각종 보고서의 작성요령

1 각종 보고서의 작성방법

가. 표준지 조사·평가보고서

- 다음의 서식에 따라 전산프로그램으로 작성한다.
- 일단지로 조사·평가된 표준지에 대해서는 면적란에 해당 표준지의 면적을 기재하고, 일단지 사항을 괄호로 표시하며, 이하 "각종 보고서의 작성요령"에 동일하게 적용한다.

예)

면 적 (㎡)
100.0
(일단지)

표준지 조사·평가보고서

일련 번호	소재지	면적 (㎡)	지 목	지리적 위 치	이용 상황	용도 지역	주위 환경	도로 교통	형상 지세	평가가격		
										평균	A	B
[예시] 41490 -178	고림동 00-0	2,144.0 (일단지)	장	임원마을 북동측 인근	공업용	관리지역	소규모 공장지대	소로 한면	부정형 평지	170,000	170,000	170,000

2026년 표준지공시지가 조사·평가 업무요령 251

나. 표준지 조사사항 및 가격평가의견서

- 다음의 서식에 따라 전산프로그램으로 작성한다.

( )년도 표준지조사사항 및 가격평가의견서

표준지일련번호 :   평가법인(사무소) :   조사·평가자 :   조구분 :(A,B)조

		소 재 지				
지역요인 및 개별요인 분석		지목		면 적		m²
		지리적위치		일 단 지		
		주 위 환 경		형 상		
		토지이용상황		고 저		
			기 타 ( )	방 위		
	도시계획 및 공적규제	용 도 지 역 :				
		용 도 지 구 :				
		도시·군계획시설 :			저촉률:	%
		기 타 제 한 :				
	도로접면			간선도로거리		m
	농지	구 분				
		비옥도				
		경지정리				
	임야구분					
평 가 의 견						
평 가 가 격					원/m²	

XII. 각종 보고서의 작성요령

참고가격	전년지가			원/㎡	
	거래사례1	거래일자	소재지		지번
		공부상 지목	면적(㎡)	용도지역	거래가격(원/㎡)
	거래사례2	거래일자	소재지		지번
		공부상 지목	면적(㎡)	용도지역	거래가격(원/㎡)
	평가선례1	기준시점	소재지	지번	지목
		면적(㎡)	용도지역	평가목적	평가금액(원/㎡)
	평가선례2	기준시점	소재지	지번	지목
		면적(㎡)	용도지역	평가목적	평가금액(원/㎡)
	시가수준			원/㎡ 수준	

인근 표준지와의 지가균형 검토·분석					
인근표준지1	소재지	지번	면적(㎡)	지목	이용상황
용도지역	도로접면	형상 및 지세	평가가격(원/㎡)	분석결과 (해당표준지/인근표준지)	
인근표준지2	소재지	지번	면적(㎡)	지목	이용상황
용도지역	도로접면	형상 및 지세	평가가격(원/㎡)	분석결과 (해당표준지/인근표준지)	

거래사례비교법		원가법		수익환원법	

거래사례비교법	소재지	지번	거래시점	거래가격(원/㎡)	사정보정
	시점수정	건부감가보정	지역요인비교	개별요인비교	그 밖의 요인의 보정	시산가격(원/㎡)

원가법

	소재지		지번			사례토지면적		㎡
	사례지 완공시의 총투입비용					유효택지화율 보정	시점수정	
	소지취득가격(원/㎡)	사정보정	시점수정	합계(원/㎡)				
	조성공사비(원/㎡)	사정보정	시점수정					
	부대비용(원/㎡)	사정보정	시점수정					
	지역요인비교	개별요인비교	재조달원가(원/㎡)		성숙도수정	시산가격(원/㎡)		

골프장원가법

		거래사례					
조성전 토지의 소지가격	거래일자	소재지	지번	공부상 지목	면적(㎡)	용도지역	
	거래사례(원/㎡)	사정보정	시점수정	지역요인	개별요인	그 밖의 요인	소지가격(원/㎡)
조성공사비 등	조성공사비 및 그 부대비용	㎡당		면적(㎡)	취득세 등 (원/㎡)	적정이윤 (원/㎡)	단가 (원/㎡)	기타공사비요인	조성공사비 (원/㎡)
		홀당	홀수						
		총공사비							
조성전 토지의 소지가격(원/㎡)		조성공사비(원/㎡)		산정가격(원/㎡)		평가가격(원/㎡)	

스키장원가법

		거래사례					
조성전 토지의 소지가격	거래일자	소재지	지번	공부상 지목	면적(㎡)	용도지역	
	거래사례(원/㎡)	사정보정	시점수정	지역요인	개별요인	그 밖의 요인	소지가격(원/㎡)
조성공사비 등	조성공사비 및 그 부대비용	㎡당		면적(㎡)	취득세 등 (원/㎡)	적정이윤 (원/㎡)	단가 (원/㎡)	기타공사비요인	조성공사비 (원/㎡)
		리프트	기						
			총거리						
		슬로프	면						
			총거리						
		총공사비							
조성 전 토지의 소지가격(원/㎡)		조성공사비(원/㎡)		산정가격(원/㎡)		평가가격(원/㎡)	

XII. 각종 보고서의 작성요령

수익환원법	직접법	연임대수익(원)	임대보증금	운용이율(%)	기타수익	총수익(원)	총비용(원)	순수익(원)
		건물귀속순수익							
		재조달원가(원)		내용연수		경제적잔존내용연수		건물평가가격(원)
		소득수익률(%)		임대료변동률(g)(%)	종합수익률(y)(%)		건물귀속 순수익(원)	
		토지귀속 순수익(원)			사정보정		시점수정	토지면적(㎡)
		수익(시산)가격(원/㎡)							
	간접법	임대동향표본번호				임대동향표본의 소재 및 지번			
		임대동향표본의 총수익(원)				임대동향표본의 총비용(원)			
		임대동향표본의 순수익(원)			임대동향표본의 소득수익률(%)	임대료변동률(g)(%)		임대동향표본의 종합수익률(y)(%)	
		임대동향표본의 건물귀속 순수익(원)				임대동향표본의 토지귀속 순수익(원/㎡)			
		요인비교							
		시점수정		지역요인		개별요인		그 밖의 요인	
		대상 표준지의 토지귀속 순수익(원/㎡)				대상 표준지의 소득수익률(%)			
		수익(시산)가격(원/㎡)							

기 타 참 고 사 항

※ 작성요령

1. 「평가의견」
   - 평가의견란은 전산프로그램에 의거 작성·기재하며, 거래사례비교법·원가법·수익환원법 중 두가지 이상 사례를 분석·기재하였을 경우에는 「기타 참고사항」란에 시산가격의 조정 및 평가가격 결정이유를 약술함

2. 인근 표준지와의 지가균형 검토·분석
   가. 모든 표준지에 대하여 예외없이 기재함
   나. 인근 표준지의 일련번호를 입력하면 비교표준지의 소재지·지번·면적·지목·이용상황·용도지역·도로교통·형상 및 지세와 평가가격이 자동입력됨
   다. 지가균형 검토대상 표준지는 2개까지 선정가능함
   라. 지가균형 검토대상 표준지의 선정기준
   ① 동일 용도지역내의 표준지를 선정함을 원칙으로 함
   ② 이용상황이 동일 또는 유사한 표준지 중에서 선정함
   ③ 주위환경 등이 동일 또는 유사한 표준지 중에서 선정함
   ※ 인근지역에 동일 용도지역의 표준지가 없거나 해당 표준지가 특수용도로 이용되고 있는 경우에는 동일수급권내의 유사지역에 있는 표준지를 선정가능함
   마. 분석결과는 인근 표준지를 기준으로 한 해당표준지의 품등비교 분석결과를 다음과 같은 요령에 의해 기재함

가격격차비율(%)	분석결과 표기방법
±5% 이내	대등
±5% 초과 15% 이내	다소우세 또는 다소열세
±15% 초과	우세 또는 열세

3. 거래사례비교법

가. 거래사례비교법은 최근 3년 내에 거래된 사례를 기재한다.

나. 거래사례비교법의 사례는 「참고가격」란의 거래사례를 사용하여 분석함

다. 시점수정

① 시점수정치는 한국부동산원에서 제공하는 지가변동률을 사용함

② 시점수정치는 소수점 이하 다섯째자리까지 기재함

라. 건부감가보정

① 거래사례 대상필지에 최유효이용상태에 미달되는 지상물이 존재하는 경우, 그 건부감가요인이 없는 상태 즉, 최유효이용상태를 상정한 가격으로 보정하는 율임

② 보정률은 항상 1.0000 이상이며, 소수점 이하 넷째자리까지 기재함

4. 원가법

가. 원가법은 새로이 조성 또는 매립된 토지의 원가사례 수집이 가능한 경우에만 기재함

나. 유효택지화율 보정

① 유효택지화율은 택지(농지)로 이용가능한 면적의 비율을 나타내는 것으로서 다음의 식으로 구하며, 인근지역 또는 동일수급권 내 유사지역에 있는 개발사업지의 조성규모에 따른 표준적인 유효택지화율을 고려하여 판정함

$$유효택지화율(\%) = 1 - \frac{조성후\ 공공용지\ 면적 - 기존\ 공공용지\ 면적}{개발사업지\ 총면적 - 기존\ 공공용지\ 면적}$$

② 유효택지화율 보정률 $= \dfrac{1}{유효택지화율}$

③ 유효택지화율 보정치는 항상 1.0000 이상이며, 소숫점 이하 넷째자리까지 기재함

다. 성숙도 수정

① 성숙도는 택지(농지)조성직후의 가격인 재조달원가를 공시기준일의 재조달원가로 시점수정한 후 택지(농지)화 및 주변환경의 성숙화에 대한 기대성 등을 반영하여 재조달원가에 가산조정하는 비율을 의미함

② 성숙도수정률은 항상 1.0000 이상이며, 소수점 이하 넷째자리까지 기재함

5. 골프장(스키장) 원가법

가. 조성 전 토지의 소지가격

① 조성 전 토지의 소지가격은 골프장(스키장)으로 조성되기 전의 개별토지의 토지이용상황을 고려하고 개발이익 반영 여부를 판정하여 개발이익이 배제된 상태의 가격을 기준으로 함

② 적정한 거래가격 수집 또는 확인이 불가능한 경우와 소지의 토지이용상황 확인이 불가능한 경우에는 동일수급권내에서 골프장(스키장)으로 용도전환이 가능한 토지의 거래사례를 수집하여 비교하되, 일단지로 비교할 수 있음

나. 조성공사비 및 그 부대비용

① 조성공사비 및 그 부대비용은 해당 골프장(스키장)의 조성공사비 등을 직접 파악하여 직접법을 사용하되, 조성공사비가 해당토지 조성 시 특수한 공법을 사용하거나 해당토지의 조성공사비가 적정하지 아니한 경우 등은 인근의 유사토지의 조성공사비를 적용하여 간접법을 사용할 수 있음

② 조성공사비 및 그 부대비용의 재조달원가를 산출하기 위해 간접법을 적용하는 경우에는 한국부동산원에서 제공하는 조성공사비를 기준으로 하되, 해당 골프장의 총 면적 적용방법 또는 총 홀수 적용방법 중 조사평가자가 해당 골프장의 적정가격 평가를 위해 보다 합리적이라고 판단되는 방법을 선택·적용할 수 있음(스키장의 경우 면적 적용방법 한 가지로만 평가)

③ 면적(m^2)은 해당 골프장(스키장)의 총 면적을 기재함

④ 제세공과금(취득세 등)은 토목공사 준공 및 골프장 등록과 관련된 취득세 등의 일반적인 세금과 부담금을 포함하여 기재하면 공시지가처리 프로그램에서 자동으로 적용되어 산출

⑤ 적정이윤은 개발업자의 적정이윤으로서 사회적·경제적으로 인정할만한 적정이윤을 기재하되, 사업자 시행방식의 경우에는 제외할 수 있음

⑥ 기타공사비요인

(1) 직접 공사비 산정이 어려운 경우나 직접 공사비가 인근 유사 골프장(스키장)에 비해 상대적으로 과소·과대한 경우

(2) 지형 특성(암반 등)으로 인하여 공사비가 적정하지 아니한 경우

(3) 미 준공 골프장(스키장)의 경우 공정률 반영

(4) 기타사항

6. 수익환원법

가. 직접법

> 표준지 수익내역을 직접 조사하여 적용하는 경우에는 직접 입력하여야 하며, 임대동향표본을 활용하는 경우에는 "임대동향활용"란에 체크한 후 임대동향표본번호를 직접 입력한다.

① 총수익

직접 조사하는 경우에는 연임대수익·임대보증금·운용이율 및 기타 수익을 입력하고, 임대동향표본 자료를 활용하는 경우에는 자동입력됨

② 총비용

조사된 내용을 직접 입력하고, 임대동향표본 자료를 활용하는 경우에는 자동입력됨

③ 순수익

총수익, 총비용 입력시 자동산출됨

④ 소득수익률

임대동향 조사결과 추계된 하위시장(상권)별 평균 소득수익률(한국부동산원에서 제공하는 소득수익률자료 참조)을 적용하며, 대상표준지가 최유효이용상태의 임대동향표본인 경우에는 본건 소득수익률이 자동입력됨

⑤ 임대료변동률(g)

임대료변동률(g)은 2%를 기준으로 시장상황 및 지역여건에 맞게 ±0.5% 스프레드(spread)를 적용하여 1.5~2.5% 범위 내에서 직접 입력함

⑥ 건물재조달원가

㉮ 표준지의 수익자료를 직접 조사하는 경우에는 한국부동산원에서 발행한 건물신축단가표를 기준으로 대상 건물의 재조달원가를 결정함

㉯ 대상표준지가 최유효이용상태의 임대동향표본인 경우에는 임대동향표본에서 적용한 재조달원가를 적용함

⑦ 경제적 내용연수

건물의 경제적 내용연수 적용은 표준적상태를 기준으로 한 "기준내용연수"를 적용함을 원칙으로 하되, 표준적 건물보다 설계·시공정도·시공자재 및 유지관리상태 등이 열세인 것은 하한 내용연수나 그 이내를 적용하고, 상기 요인이 우세하며 보존적 성격이 강한 건물은 상한 내용연수를 적용함

건물용도	구조	기준내용연수	하한내용연수	상한내용연수
오피스 빌딩	조적조	45	40	50
	철근콘크리트조	55	50	60
	철골철근콘크리트조	55	50	60
상가 부동산	조적조	45	40	50
	철근콘크리트조	50	45	55
	철골조 슬래브지붕	45	40	50
	기타(목조)	35	30	40

⑧ 경제적 잔존 내용연수

향후 계속적으로 수익발생이 예상되는 기간을 기준으로 하되, 대상 표준지가 최유효이용상태의 임대동향표본인 경우에는 임대동향표본 조사 시 적용한 경제적 잔존 내용연수를 적용함

⑨ 건물귀속 순수익

표준지의 수익가격 평가모형에 의해 자동산정됨

$$건물귀속\ 순수익(a_B) = B \times \frac{y-g}{1-[\frac{1+g}{1+y}]^n} \quad (B: 건물평가가격)$$

⑩ 토지귀속 순수익(원/㎡)

표준지의 수익가격 평가모형에 의해 자동산정됨

$$토지귀속\ 순수익(a_L) = a - B\frac{y-g}{1-[\frac{1+g}{1+y}]^n} \quad (a: 전체순수익)$$

⑪ 사정보정, 시점수정, 표준지면적

㉮ 사정보정

임대조건에 특수한 사정 등이 개입된 경우 보정함

(기준 사정보정치 : 1.0000)

㉯ 시점수정

토지귀속 순수익에 대해 시장상황 및 지역여건에 따른 임대료 변동추세를 반영하여 시점수정을 행한다. 이 경우 해당지역에 대한 임대료동향을 조사·발표한 자료가 있는 경우 이를 반영하되, 지가변동률을 참작할 수 있음

㉰ 표준지 면적

대상표준지의 토지면적을 기입함 (일단지의 경우에는 일단지 전체면적 기입)

⑫ 수익(시산)가격

표준지의 수익가격 평가모형에 의해 자동산정됨

$$토지수익가격(P_L) = a_L \times \frac{1-[\frac{1+g}{1+y}]^n}{y-g} + \frac{P_L(1+g)^n}{(1+y)^n}$$

나. 간접법

 ① 임대동향표본번호

  임대동향 조사 시 부여된 임대동향표본의 표본번호를 기입함

 ② 임대동향표본의 소재 및 지번

  임대동향표본번호 입력 시 자동입력됨

 ③ 임대동향표본의 총수익

  임대동향표본번호 입력 시 자동입력됨

 ④ 임대동향표본의 총비용

  임대동향표본번호 입력 시 자동입력됨

 ⑤ 임대동향표본의 순수익

  임대동향표본번호 입력 시 자동산정됨

 ⑥ 임대동향표본의 소득수익률

  임대동향표본번호 입력 시 자동입력됨

 ⑦ 임대료변동률(g)

  임대료변동률(g)은 2%를 기준으로 시장상황 및 지역여건에 맞게 ±0.5% 스프레드(spread)를 적용하여 1.5~2.5% 범위 내에서 직접 입력함

 ⑧ 건물가격 : 임대동향표본번호 입력 시 자동입력됨

 ⑨ 경제적 잔존 내용연수 : 임대동향표본번호 입력 시 자동입력됨

 ⑩ 임대동향표본의 건물귀속 순수익 : 표준지의 수익가격 평가모형에 의해 자동산정됨

$$\text{건물귀속 순수익}(a_B) = B \times \frac{y-g}{1-[\frac{1+g}{1+y}]^n} \quad (B : \text{건물평가가격})$$

 ⑪ 임대동향표본의 토지귀속 순수익(원/㎡) : 표준지의 수익가격 평가모형에 의해 자동산정됨

$$\text{토지귀속 순수익}(a_L) = a - B\frac{y-g}{1-[\frac{1+g}{1+y}]^n} \quad (a : \text{전체순수익})$$

⑫ 대상 표준지의 토지귀속 순수익

㉮ 시점수정 : 시장상황 및 지역여건에 따른 임대료 변동추세를 반영하여 시점수정함. 이 경우 해당지역에 대한 임대료동향을 조사·발표한 자료가 있을 경우 이를 반영하되, 지가변동률을 참작할 수 있음

㉯ 요인비교

ⓐ 지역요인 : 임대동향표본지와 대상 표준지와의 지역격차를 비교치로 표기함(기준 지역요인 비교치 : 1.0000)

ⓑ 개별요인 : 임대동향표본지와 대상 표준지와의 요인격차를 비교치로 표기함(기준 개별요인 비교치 : 1.0000)

㉰ 그 밖의 요인

지역 또는 개별요인 이외에 토지귀속 순수익에 영향을 미치는 요인이 있는 경우 이를 비교치로 표기함

(기준 그 밖의 요인 비교치 : 1.0000)

⑬ 대상 표준지의 소득수익률

대상 표준지의 수익가격 산출을 위한 소득수익률은 임대동향표본 조사 결과 추계된 임대동향표본의 소득수익률을 기준하되, 임대동향이 속한 지역의 소득수익률과 현저한 차이가 있는 경우 하위시장(상권)별 소득수익률을 참작하여 결정할 수 있음

⑭ 수익(시산)가격 : 표준지의 수익가격 평가모형에 의해 자동산정됨

$$토지수익가격(P_L) = a_L \times \frac{1-[\frac{1+g}{1+y}]^n}{y-g} + \frac{P_L(1+g)^n}{(1+y)^n}$$

7. 사정보정·지역요인·개별요인·그 밖의 요인 비교치의 기재범위

· 각 비교치는 소수점 이하 넷째자리까지 기재함

8. 시산가격의 기재범위

   가. 시산가격이 10만원 미만인 경우에는 유효숫자 두자리까지 기재함

   나. 시산가격이 10만원 이상인 경우에는 유효숫자 세자리까지 기재함

9. 기타 참고사항 기재

   가. 거래사례비교법·원가법·수익환원법 활용시 입력한 요인비교치 상세내역이 전산프로그램 상 자동 기입됨

   나. 전산프로그램 상 자동 기재된 사항 이외의 다음과 같은 경우 별도로 추가 기재가 가능하며, 기재한 사항은 기타 참고사항란의 마지막 부분에 추가됨

   - 표준지 조사사항 및 가격평가의견서의 각 기재사항에 대한 보충설명이 필요한 경우
   - 거래사례비교법·원가법·수익환원법 중 두가지 이상의 사례를 기재·분석하였을 경우에는 시산가격의 조정 및 평가가격 결정 이유와 각 방법에 의해 산출된 시산가격간의 가격차이 발생원인을 약술함
   - 임대동향표본 인근에 위치하는 상업용 또는 업무용 표준지로서 수익환원법에 의한 수익가격을 산출하지 않은 경우 그 사유를 약술함
   - 평가가격 결정방법에 관한 특기사항이 있는 경우

*기재예시

1. 거래사례의 선정

   본건 표준지와 인근지역에 소재하고 제반가격형성요인이 유사한 거래사례로서 2025.02.23일자 거래된 충무로0가 00-00 대지 ㎡당 000,000원 사례를 선정

2. 시점수정

   2025.02.23~2026.01.01, 중구, 상업지역 : 0.00000×...×0.00000≒0.00000

3. 사정보정

본 거래사례의 거래시점 및 가격은 특수한 거래사정이나 동기가 있다고 판단되지 않아 사정보정은 하지 않음(1.0000)

4. 건부감가보정

본 거래사례는 거래시점 당시 인근지역 이용상태와 유사하여 건부감가 보정하지 않음(1.0000)

5. 지역요인 비교(용도지대별 세부 요인비교치는 3방식 입력창에서 기재)

* 상업지대 표준지 예시

조건	항목	세항목	비교치 (표준/사례)	비고
가로 조건	가로의 폭, 구조 등의 상태	폭, 포장, 보도, 계통 및 연속성	우세( ) 대등(O) 열세( )	제반 조건은 대등
	가구(block)의 상태	가구의 정연성, 가구시설의 상태		
접근 조건	교통수단 및 공공시설과의 접근성	인근 교통시설의 편의성	우세( ) 대등(O) 열세( )	제반 조건은 대등
		인근교통시설의 이용 승객수		
		주차시설의 정비		
		교통규제의 정도(일방통행, 주정차 금지 등)		
		관공서 등 공공시설과의 접근성		
환경 조건	상업 및 업무시설의 배치상태	백화점, 대형상가의 수와 연면적, 배후지의 인구 및 범위, 고객의 구매력 등	우세( ) 대등(O) 열세( )	제반 조건은 대등
	경쟁의 정도 등	상가의 전문화와 집단화, 고층화 이용정도 등		
	번화성의 정도	고객의 통행량, 상가의 연립성, 영업시간의 장단, 범죄의 발생정도		
	자연환경	조망, 경관, 지반, 지질 등		
행정적 조건	행정상의 규제정도	용도지역, 지구, 구역, 기타규제(입체이용제한 등)	우세( ) 대등(O) 열세( )	제반 조건은 대등
기타 조건	기타	장래의 동향 기타	우세( ) 대등(O) 열세( )	제반 조건은 대등
누계치		1.000		

6. 개별요인 비교(용도지대별 세부 요인비교치는 3방식 입력창에서 기재)

* 골프장(스키장, 광천지)를 제외한 표준지

조건	항목	세항목	비교치 (표준/사례)	비고
가로 조건	가로의 폭, 구조 등의 상태	폭, 포장, 보도, 계통 및 연속성	우세(O) 대등( ) 열세( )	전체적으로 대상표준지가 우세
접근 조건	상업지역중심 및 교통시설 과의 편의성	상업지역중심과의 접근성	우세( ) 대등( ) 열세(O)	제반 접근성은 대상표준지가 열세
		인근교통시설과의 거리 및 편의성		
환경 조건	고객의 유동성 과의 적합성	고객의 유동성과의 적합성	우세( ) 대등(O) 열세( )	제반 환경조건은 대등
	인근환경	인근토지의 이용상황		
		인근토지의 이용상황과의 적합성		
	자연환경	지반, 지질 등		
획지 조건	면적, 접면너비, 깊이, 형상 등	면적, 접면너비, 깊이, 부정평지, 삼각지, 자루형획지, 맹지	우세( ) 대등(O) 열세( )	획지조건은 대등
	방위, 고저 등	방위, 고저, 경사지		
	접면도로 상태	각지, 2면획지, 3면획지		
행정적 조건	행정상의 규제정도	용도지역, 지구, 구역 등 용적제한, 고도제한, 기타규제(입체이용제한 등)	우세( ) 대등(O) 열세( )	행정규제는 대등
기타 조건	기타	장래의 동향, 기타	우세(O) 대등( ) 열세( )	본건 지역이 우세
누계치		0.724		

* 골프장(스키장, 광천지) 소지가격 개별요인

조건	항목	세항목	비교치 (표준/사례)	비고
가로 조건	접면도로의 폭과 계통, 진입로 상태	폭, 포장, 보도, 계통 및 연속성	우세( ) 대등(O) 열세( )	제반 조건은 대등
접근 조건	교통시설과의 접근성	인근교통시설과의 거리 및 편의성	우세( ) 대등(O) 열세( )	제반 조건은 대등
	고객접근성	주요 고객과의 접근성		
	주변가로의 상태	주변간선도로와의 거리 및 가로의 종류 등		
환경 조건	일조 등	일조, 통풍 등	우세( ) 대등(O) 열세( )	제반 조건은 대등
	자연환경	조망, 경관, 지반, 지질 등		
	공급 및 처리시설의 상태	상하수도, 가스, 전기 등 치의 난이		
	개발적합성	개발적합성		
획지 조건	면적, 형상 등	면적, 형상	우세( ) 대등(O) 열세( )	제반 조건은 대등
	도로상황	접면도로상태		
	방위, 고저 등	방위, 경사, 고저		
행정적 조건	행정상의 조장 및 규제 정도	조장의 정도	우세( ) 대등(O) 열세( )	제반 조건은 대등
		용도지역, 지구, 구역 등		
		기타규제		
기타 조건	기타	장래의 동향 기타	우세( ) 대등(O) 열세( )	제반 조건은 대등
누계치		1.000		

7. 그 밖의 요인 보정

   상기 요인보정치 외 특이사항이 없음(1.0000)

8. 표준지공시지가 가격결정

거래사례(00,000원/㎡)×시점수정(0.00000)×사정보정(1.0000)×건부감가보정(1.0000)×지역요인(1.0000)×개별요인(0.7240)×그 밖의 요인보정(1.0000)≒00,000원/㎡

※ 기타참고사항(담당자가 기재한 본건 관련 보충설명 추가기재시 확인가능)
본건 표준지는 서울특별시 ○○구 ○○동 ○○-○번지 토지로서 ○○로 ○○빌딩 남서측 노선상가지대에 소재하며, 용도지역은 일반상업지역, 지목은 대, 면적은 ○○.○㎡, 형상은 사다리형 ......(중략)........검토 분석 및 고려하여 거래사례비교법으로 평가하였음.

다. 2026년 공시지가(안)

– 다음의 서식에 따라 전산프로그램으로 작성하며, 한국부동산원에서는 전국 표준지의 공시지가(안)을 전산입력하여 국토교통부에 제출한다.

2026년 공시지가(안)

시·군·구 :

일련번호	소재지	면적(㎡)(일단지)	지목	지리적위치	이용상황	용도지역	주위환경	도로교통	형상지세	공시지가(원/㎡)

라. 표준지가격조사표

- 다음의 서식에 따라 전산프로그램으로 작성한다.

표준지가격조사표

시·군·구 :

일련번호	소재지	지목	전년지가	공적규제			농지·임야			토지이용상황	지형지세		도로조건		유해시설접근성		위험시설접근성
				용도지역	용도지구		농지구분	비옥도	묘지소재불리여건(제주)		고저		도로접면	철도고속국도 등		
		면적(㎡)	공시지가	기타제한(구역 등)													
				기타	도시·군계획시설	저촉률	경지정리	경작여건	임야구분		기타이용	형상	방위	간선도로	폐기물수질오염 등	

마. 표준지소유자의 의견청취결과서

- 표준지소유자의 의견청취결과서

1) 시·군·구명

- 해당 시·도 및 시·군·구의 명칭을 기재한다.

2) 요청일
- 요청일은 평가법인등이 표준지소유자에게 의견청취를 요청한 문서의 발송일자를 기재한다.

3) 의견회신기간
- 의견회신기간은 토지소유자가 제출한 의견을 평가법인등이 접수한 기간을 기재한다.

4) 의견내용
- 토지소유자로부터의 가격조정 및 특성정정 요구사항에 대하여 요구필지 수, 상향조정필지 수, 하향조정필지 수 및 특성정정필지수를 파악하여 기재하고, 주요의견을 간략하게 기재한다.

5) 반영여부
- 위 검토사항에 대하여 반영 필지 수(상향조정, 하향조정, 특성정정)와 미반영 필지 수로 구분하여 기재한다.
- 표준지 가격 및 특성을 조정(정정)한 경우에는 별지에 조정(정정)된 표준지의 소재지, 조정(정정)내역(의견, 요구사항, 조정(정정)사항) 및 조정(정정)사유를 표준지별로 작성한다.

6) 의견제출건 반영 기준
- 표준지 특성에 오류가 있는 경우
- 표준지 가격수준 조사에 오류가 있는 경우
- 인근 표준지와 균형성에 문제가 있어 조정이 필요한 경우
- 그 밖에 합리적인 사유가 있는 경우

7) 기 타
   - 토지소유자의 의견청취에 관한 기타 의견, 반송건수 및 반송률 등을 기재하고, 관계증빙자료를 첨부한다.

   ※ 「집합건물의 소유 및 관리에 관한 법률」에 따른 건물의 대지가 표준지인 경우에는 같은 법 제23조에 따른 관리단 또는 같은 법 제24조에 따른 관리인(관리사무소, 입주자대표 등)에게 표준지소유자의 의견청취문을 발송할 수 있음. 그 외 표준지 소유자가 다수일 경우 의견청취문을 토지소유자 모두에게 각각 통지

   ※ 조사·평가자는 "표준지소유자의견청취문"발송과 관련하여 국유지 표준지 등에 대하여는 해당 표준지의 전산자료를 삭제(공란)

   ※ 조사·평가자는 2025년 의견청취 시 반송 및 주소불분명 표준지에 대하여 등기사항전부증명서를 반드시 열람하여 주소목록을 보완 (표준지 조사·평가보고서 검수 시 중점점검 사항임)

8) 한국부동산원 조치사항
   - 한국부동산원은 전국 표준지 소유자의 의견청취결과서 분석에 대한 통계자료를 작성하여 국토교통부에 제출한다.

표준지소유자의 의견청취결과서

① 시·군·구명 :

구 분	내 용
의 견 청 취 기 간	② 요 청 일 : 2025년 월 일 ③ 의견회신기간 : 2025년 월 일 ~ 월 일 ※ 요청 표준지 수: ( )필지

④ 의견내용	○ 토지소유자 가격조정 요구
	• 요구필지 수(계) : ( )
	  - 상향조정 : ( )
	  - 하향조정 : ( )
	• 주요의견 :
	○ 토지소유자 특성정정 요구
	• 요구필지 수(계) : ( )
	• 주요의견 :

⑤ 반영여부	○ 반영여부
	• 반영필지 수(계) : ( )
	  - 가격조정필지 수(계) : ( )
	   · 상향조정 : ( )
	   · 하향조정 : ( )
	  - 특성정정필지 수(계) : ( )
	○ 미반영필지 수(계): ( )

⑥ 기 타	○ 반송 건 (반송률 %) ○ 기타의견

표준지소유자의 의견청취결과 처리내역서

① 가격관련 처리내역

일련번호	소재지지번	지목	면적(㎡)	용도지역	토지이용상황	조사·평가자 평가가격(안)	표준지소유자 요구가격	조사·평가자 조정가격	조정사유

② 특성관련 처리내역

구분	일련번호	소재지지번	지목	면적(㎡)	용도지역	이용상황	도로접면	고저	정정사유
당초									
소유자요구									
정정내역									
당초									
소유자요구									
정정내역									
당초									
소유자요구									
정정내역									
당초									
소유자요구									
정정내역									

※ 조정(정정)사유란에는 조사·평가자가 평가가격 및 토지특성을 조정(정정)한 사유를 간략히 기재함

기재예시) (조정사유)인근지가와의 균형유지, 전년대비 과다상승 등

기재예시) (정정사유)관련 공부 미반영, 특성기재 오류 등

견 본	표준지소유자의 의견청취문

```
                        우 편 엽 서

  ○○감정평가법인 ○○지사(또는 ○○감정평가사사무소)
  서울특별시 강남구 ○○동 ○○○-○                    우체국
  TEL : 02-123-4567  FAX : 02-999-9999
  12345                                              요금후납


            서울특별시 서초구 방배동 ○○○-○
                    홍길동 귀하
                    ○○○○○
```

표준지 소유자의 의견청취문

1. 우리 법인(또는 사무소)은「부동산 가격공시에 관한 법률」관련 규정에 따라 국토교통부장관의 의뢰를 받아 표준지로 선정된 토지에 대하여 2026. 1. 1. 현재의 토지특성 및 공시예정가격을 잠정 조사·평가하여 토지소유자인 귀하의 의견을 듣고자 합니다.

토지소재지						지목	면 적(㎡)
							(일단지)
토지특성						'25년 공시지가(원/㎡)	
용도지역	이용상황	도로접면	형 상		고 저	'26년 공시예정가격(원/㎡)	

2. 「부동산 가격공시에 관한 법률」제3조제2항 및 같은 법 시행령 제5조에 따라 위 공시예정가격 및 특성에 대하여 의견이 있으시면 2026.1.6.(화)까지 우리 법인(또는 사무소)에 서면 또는 인터넷(부동산 공시가격알리미 사이트 : http://www.realtyprice.kr)을 통하여 의견서를 제출하여 주시기 바라며, 위 기간까지 의견서가 도착하지 않으면 다른 의견이 없는 것으로 간주하겠습니다.

3. 위 표준지 공시예정가격은 토지 소재지 시·도지사 및 시·군·구청장의 의견청취와 중앙부동산 가격공시위원회의 심의를 거쳐 최종 결정된 후 2026.1.23.(금) 국토교통부장관이 관보에 공고할 예정이며, 최종적으로 공시되는 가격과는 달라질 수 있습니다. 공시된 내용은 인터넷(부동산공시가격알리미 사이트) 및 표준지 소재지 관할 시·군·구청에서 열람할 수 있습니다.

4. 표준지공시지가는 토지에 대한 조세 및 부담금의 부과기준이 되는 개별공시지가의 산정과 일반감정 평가의 기준 등으로 활용되며, 공시(2026.1.23. 예정)된 표준지공시지가에 대하여 이의가 있는 경우에는「부동산 가격공시에 관한 법률」제7조제1항의 규정에 따라 공시일로부터 30일 이내에 서면 및 인터넷(부동산공시가격알리미 사이트 http://www.realtyprice.kr)으로 국토교통부장관에게 이의를 신청할 수 있습니다.

                           2025. 12.   .
                                        국토교통부장관의 위임을 받은
                                        ○○감정평가법인 ○○지사(또는 ○○감정평가사사무소)
                                        감정평가사 ○○○

1. 「표준지공시지가 조사·평가결과 알림」가격결정통지문은 통지하지 아니하며, 최종 공시가격은 2026. 1. 23.(금)부터 국토교통부 부동산공시가격알리미 사이트(http://www.realtyprice.kr)에 게시할 예정입니다.
   (1.23은 공시예정일로서 사정에 따라 변경될 수 있음)
   ※ 부동산공시가격알리미 사이트에서 휴대전화 문자메세지 전송서비스를 신청하신 경우에는 해당 표준지 최종 공시지가를 문자메세지로 수신받으실 수 있으며, 검토결과(반영·미반영 여부 및 사유) 및 향후 일정 등을 안내받을 수 있음

2. 「집합건물의 소유 및 관리에 관한 법률」에 따른 건물의 대지인 경우 같은 법 제23조 또는 제24조에 따른 관리단(인)에게 통지될 수 있으므로, 관리단(인)은 통지된 사항을 건물 내의 게시판 등 알리기 적합한 장소에 7일 이상 게시될 수 있도록 협조하여 주시기 바랍니다.

3. 단독주택, 아파트 등 주택에 대한 과세(재산세 등)의 부과기준은 주택공시가격으로 별도 공시 되오니 참고 바랍니다.

토지특성 용어해설

○ **토지소재지** : 나지 등에는 도로명주소가 부여되지 아니하므로, 지번주소 기재
○ **지   목** : 공시기준일 현재의 토지(임야)대장에 표시된 지목 기재
○ **면   적** : 토지(임야)대장에 표시된 면적(환지예정지는 환지(예정)면적) 기재
  단, 일단지 중 1필지가 표준지로 선정된 경우 해당 표준지의 면적을 기재
○ **용도지역** : 「국토의 계획 및 이용에 관한 법률」 제36조·제79조 및 같은법 시행령 제30조의 규정에 의한 용도지역을 2개까지 기재. 단, 개발제한구역은 용도지역은 아니나 그 규제내용이 엄격하므로 용도지역으로 분류
○ **이용상황** : 토지의 실제이용상황 및 주위의 주된 토지이용상황을 기준으로 기재하되, 일시적인 이용상황은 고려하지 아니함
  * 일시적인 이용상황이란 관계법령에 따라 국가나 지방자치단체의 계획이나 명령 등으로 해당 토지를 본래의 용도로 이용하는 것이 일시적으로 금지되거나 제한되어 다른 용도로 이용하고 있거나 해당 토지의 주위환경 등으로 보아 현재의 이용이 임시적인 것으로 인정되는 이용

○ **도로접면**

도로접면	적 용 범 위
광대한면	폭25m 이상의 도로에 한면이 접하고 있는 토지
광대소각	광대로에 한면이 접하고 소로 이상의 도로에 한면 이상 접하고 있는 토지
광대세각	광대로에 한면이 접하면서 자동차 통행이 가능한 세로(가)에 한면 이상 접하고 있는 토지
중로한면	폭 12m 이상 25m 미만 도로에 한면이 접하고 있는 토지
중로각지	중로에 한면이 접하면서 중로, 소로, 자동차 통행이 가능한 세로(가)에 한면 이상 접하고 있는 토지
소로한면	폭 8m 이상 12m 미만의 도로에 한면이 접하고 있는 토지
소로각지	소로에 한면이 접하면서 소로, 자동차 통행이 가능한 세로(가)에 한면 이상 접하고 있는 토지
세로(가)	자동차 통행이 가능한 폭 8m 미만의 도로에 한면이 접하고 있는 토지
세각(가)	자동차 통행이 가능한 세로에 두면 이상이 접하고 있는 토지
세로(불)	자동차 통행이 불가능하나 이륜자동차의 통행이 가능한 세로에 한면이 접하고 있는 토지
세각(불)	자동차 통행이 불가능하나 이륜자동차의 통행이 가능한 세로에 두면 이상 접하고 있는 토지
맹 지	이륜자동차의 통행이 불가능한 도로에 접한 토지와 도로에 접하지 아니한 토지

○ **형   상**

형 상	적 용 범 위
정방형	정사각형 모양의 토지로서 양변의 길이 비율이 1:1.1 내외인 토지
가장형	장방형의 토지로 넓은 면이 도로에 접하거나 도로를 향하고 있는 토지
세장형	장방형의 토지로 좁은 면이 도로에 접하거나 도로를 향하고 있는 토지
사다리형	사다리꼴(변형사다리꼴 포함) 모양의 토지
부정형	불규칙한 형상의 토지 또는 삼각형 모양의 토지 중 최소외접직사각형 기준 1/3 이상의 면적손실이 발생한 토지
자루형	출입구가 자루처럼 좁게 생겼거나 역삼각형의 토지(역사다리형을 포함)로 꼭짓점 부분이 도로에 접하거나 도로를 향하고 있는 토지

* 각지인 토지의 가각 정리된 부분이 있을 경우에는 가각이 정리되지 않은 것으로 봄

○ **고   저**

고 저	적 용 범 위
저 지	간선도로 또는 주위의 지형지세보다 현저히 낮은 지대의 토지
평 지	간선도로 또는 주위의 지형지세와 높이가 비슷하거나, 경사도가 미미한 토지
완경사	간선도로 또는 주위의 지형지세보다 높고 경사도가 15° 이하인 지대의 토지
급경사	간선도로 또는 주위의 지형지세보다 높고 경사도가 15°를 초과하는 지대의 토지
고 지	간선도로 또는 주위의 지형지세보다 현저히 높은 지대의 토지

* 간선도로 : 국도·지방도·시도·군도를 말하며, 대중교통수단이 1일 1~2회 통과하는 도로는 간선도로에서 제외

- 개발사업시행자의 의견청취결과서

개발사업시행자의 의견청취결과 처리내역서

사업명	소재지 지번	면적 (㎡)	토지이용 상황	전년지가	조사·평가자 평가가격(안)	변동률 (%)	사업시행자 요구사항	검토 및 반영여부

※ 담당감정평가사는 해당지역에 사업시행이 진행될 경우 사업시행자의 의견을 청취함 (유선, 면담 등). 다만 대형개발사업(택지개발시행지역, 기업도시, 혁신도시, 기타 개별법에 의한 개발지역 등)의 경우에만 의견청취를 실시함

※ 요구사유란에는 사업시행자의 요구내용을 간략히 기재하며 검토 및 반영여부란에는 담당감정평가사의 의견 및 반영여부를 기재함

※ 개발사업시행자의 의견청취문은 별도로 발송하지 아니함

바. 시·도지사 및 시장·군수·구청장의 표준지공시지가 의견청취결과서

   1) 시·도 및 시·군·구명
     - 해당 시·도 및 시·군·구의 명칭을 기재한다.

   2) 요청일
     - 감정평가법인등이 시·도 및 시·군·구에 의견청취를 요청한 문서의 발송일자를 기재한다.

   3) 시·군·구부동산가격공시위원회 개최일
     - 시·군·구부동산가격공시위원회 개최일자를 기재하고, ㅇㅇ년 ㅇ월 ㅇ일 후단( )에 참석인원수를 예시와 같이 기재한다.
       예) 해당 시·군·구의 조사·평가자 총6명 중 5명이 부동산가격공시위원회에 참석한 경우 (5/6)
     - 시·도지사 의견청취의 경우, 부동산가격공시위원회가 별도로 없기 때문에 개최일 기재를 생략한다.

   4) 의견회신일
     - 시·도 및 시·군·구에서 감정평가법인등에게 회신한 문서의 발송일자를 기재하고 후단에 감정평가법인등이 접수한 날짜를 ( )에 기재한다.

   5) 주요의견
     - 시·도 및 시·군·구의 의견을 "상향조정" 또는 "하향조정"등으로 기재하고, 조정요구한 필지 수 및 사유를 기재한다.
     - 해당 시·도 및 시·군·구의 요구필지(계)란에는 상향 및 하향조정을 요구하는 전체필지수를 ( )에 기재한다.

6) 반영여부
   - 주요 의견과 연계하여 작성하되 시·도 및 시·군·구 의견을 반영한 이유를 기재하고, (   )에는 필지수를 기재한다.
   - 표준지공시지가를 조정한 경우에는 별지에 조정된 표준지의 소재지, 조정내역(요청가격, 조정가격) 및 조정사유를 표준지별로 작성하여 첨부한다.
   - 해당 시·도 및 시·군·구의 반영필지(계)란에는 상향·하향 및 미조정된 전체필지수를 (   )에 기재한다.

7) 구비서류
   - 의견청취결과서에는 "의견청취 요청서 사본"과 "시·도지사 및 시장·군수·구청장 의견회신 공문서 사본"을 각각 1부 첨부한다.

8) 한국부동산원 조치사항
   - 한국부동산원은 상향요구 및 하향요구 필지수와 상향조정 및 하향조정에 대한 통계자료를 작성하여 국토교통부에 제출한다.

시·도지사 및 시장·군수·구청장의 표준지공시지가 의견청취결과서 (예시)

① 시·도 및 시·군·구명 :

구 분	내 용
의 견 청 취 일 자	② 요청일 : 2025년 월 일 ③ 시·군·구부동산가격공시위원회 개최일 : 2025년 월 일( ) ④ 의견회신일 : 2026년 월 일( )

⑤ 주요의견
(예시)
	1. ○○지역의 지가 낮음:( )필지 상향조정 요구
	   - 사유 :
	2. 교외지역의 대지가격 높음:( )필지 하향조정 요구
	   - 사유 :
	3. 개발제한구역 내 농경지 가격 낮음:( )필지 상향조정 요구
	   - 사유 :
	※ 요구필지(계) : 상향조정요구( ), 하향조정요구( )

⑥ 반영여부
(예시)
	1. ○○지역은 조사·평가자 평가가격(안)이 적정가격수준으로 반영불가( )
	2. 교외지역의 대지가격을 재조사하여 일부 반영
	   - 하향조정 : ( )필지
	3. 개발제한구역의 농경지 가격을 재조사하여 반영
	   - 상향조정 : ( )필지
	4. 조정된 표준지 및 미조정 표준지 내역 : 별첨
	※ 반영필지(계) : 상향조정( ), 하향조정( ), 미조정( )

⑦ 구비서류 : 1. 시·도지사 및 시장·군수·구청장 의견청취 요청서 각 사본 1부.
          2. 시·도지사 및 시장·군수·구청장의 회신공문서 사본 각 1부.

시·도지사 및 시장·군수·구청장의 표준지공시지가 의견청취결과 처리내역서

일련번호	소재지 지번	지목	면적 (㎡)	용도지역	토지이용 상황	조사·평가자 평가가격(안)	시·도지사 및 시·군·구 요청가격	조사·평가자 조정가격	조정 사유

※ 조정사유란에는 조사·평가자가 평가가격을 조정한 사유를 간략히 기재함
  기재예시) 인근지가와의 균형유지, 전년대비 과다상승 등

사. 표준지위치표시도면

1) 조사·평가자는 표준지위치표시도면을 매년 GIS프로그램 또는 전산프로그램을 이용하여 새로 작성한다.

   ※ 현장조사도면은 동일지역을 계속 담당하는 경우 연속하여 사용할 수 있다.

2) 현장조사도면은 축척 1/5,000 이상의 지번도로 작성함을 원칙으로 하되, 지역별 특성에 따라 적합한 축척의 도면으로 작성할 수 있다.

3) 용도지역별 경계선의 색상표시

   도시지역{주거지역-노랑색, 상업지역-분홍색, 공업지역-남보라색, 녹지지역-연두색} 관리지역-보라색, 농림지역- 초록색, 자연환경보전지역-파랑색

4) 조사·평가자는 현장조사도면에 전년도 공시지가와 해당연도의 평가예정가격을 기재하여 표준지공시지가간의 가격균형성을 세밀히 검토하여야 한다(표준지 선정심사, 시가수준 기초심사 및 표준지 조사·평가보고서 검수 시 점검사항이 아님).

5) 작성 및 관리에 대한 사항
   - 현장조사 단계
     - 전년도 담당자에게서 인수한 도면을 참고자료로 활용하여 현장조사도면을 필히 작성한다.
   - 「표준지 선정심사, 시가수준 기초심사」 단계
     - 현장조사도면 등에 삭제표준지와 신규표준지를 일정한 부호로 표시하고, 표준지 선정결과에 대한 심사를 받는다.
   - 「표준지 조사·평가보고서 검수」 단계
     - 시·군·구별로 표준지위치표시도면은 GIS프로그램 또는 전산프로그램을 이용하여 국토교통부에 작성·제출한다.

6) 지목별 도면표시방법

표준지 위치 표시부호		표준지 일련번호, 지번
전	⊕	(예)
답	⊖	← 1.5cm →
대	○	↑ 125 ←일련번호
임야	△	1.3cm 3-50 ←지 번 ↓
기타지목 (잡종지 등)	⊖	※ 모든 표기는 적색으로 진하게 표시한다. ※ 표준지 위치 표시방법은 표준지밀도 등 지역사정에 따라 크기를 적의 조정하여 표시할 수 있다.

아. 가격조사자료표

1) 작성목적

- 표준지 조사과정에서 수집한 각종 가격자료(평가선례, 거래사례, 탐문가격 등)를 체계적인 방법으로 작성하고, D/B로 구축한다.
- 조사된 가격자료를 연도별로 일관성 있게 활용하여 표준지공시지가 조사·평가의 공신력 향상과 감정평가업무의 전문성을 제고한다.

2) 자료의 심사 및 제출

- 수집된 자료를 일정한 양식에 기재하고, 이를 전산구조로 보관하며, 「표준지 선정심사, 시가수준 기초심사」 시에 전산을 통해 입력자료를 심사한다.
- 작성된 가격조사자료표는 표준지 조사·평가보고서 검수 시 한국부동산원에 전산으로 제출한다.

3) 가격조사자료표 양식

가 격 조 사 자 료 표

○○ 시·군·구,   조사자 ○○ 법인(또는 사무소) ○○○

1. 총괄표(표준지)

선정 가격자료 건수(A)	활용 가격자료 건수(B)	활용비율 (B/A, %)	참고가격 가격자료건수	사정보정 가격자료건수	임의입력 가격자료 건수

2. 가격조사자료

① 사정보정이 필요한 가격자료

일련 번호	가격 (거래) 시점	소재지 지번	지목	면적 (㎡)	용도 지역	토지 이용 상황	사례 가격 (원/㎡)	자료 분류	기타제한(구역 등) / 사정보정사례	비 고 (조사처, 건물상호 등 기재)

② 기타 조사한 가격자료

일련 번호	가격 (거래) 시점	소재지 지번	지목	면적 (㎡)	용도 지역	토지 이용 상황	사례 가격 (원/㎡)	자료 분류	기타제한(구역 등)	비 고 (조사처, 건물상호 등 기재)

※ 작성요령

1. 가격시점, 소재지 지번은 조사 가능한 범위 내에서 기재함
2. 토지이용상황란에는 토지특성조사표의 이용상황 구분코드를 기재함
3. 사례가격은 ㎡당 가격으로 기재하고, 배분법에 의한 토지귀속분만을 산출·기재함
4. 기타제한(구역 등)란에는 해당 사례(자료) 필지의 공법상 제한사항(거래시점 기준)을 모두 기재함
5. 비고란에는 조사처 또는 특정건물의 상호명 등을 기재함

자. 지역별 지가변동사유

2026년 지역별 지가변동사유

- 상위/하위 10위

순위	일련번호	구분	소재지지번	지목	면적	(전년) 공시지가	공시지가(안)	상승률	사유

차. 일단지 확인서

2026년 표준지 일단지 확인서

시·군·구명 :

일련번호	표준지 소재지	관련지번

2 보고서의 제출 등

가. 보고서류는 다음 방법을 참고하여 전산으로 제출한다.

보고서류 편철 방법

구 분	제출방법	비고
○ 공시지가(안) ○ 표준지 조사·평가보고서 ○ 시·도지사 및 시장·군수·구청장의 표준지공시지가 의견청취 결과서 ○ 표준지 소유자의 의견청취결과서 ○ 지역분석조서(총괄분)	전산 제출	

나. 각 보고서 표지에는 다음 사항을 기재한다.

1) 보고서의 명칭

2) 조사·평가지역(시·도와 시·군·구 기재)

3) 감정평가법인등의 명칭 및 직인 날인

4) 조사·평가자의 서명 및 날인

2026년
표준지공시지가 조사·평가 업무요령

2026년 표준지공시지가 조사·평가 업무요령 중 주요 개정내용

1. 「Ⅰ. 표준지공시지가 조사평가 계획」 ……………………… 289

2. 「Ⅱ. 표준지공시지가 조사평가 단계별 업무사항」 …………… 295

3. 「Ⅲ. 조사·평가 업무단계별 제출보고서」 ……………………… 296

4. 「Ⅳ. 표준지 토지특성 조사요령」 ……………………………… 298

5. 「Ⅵ. 가격균형협의」 ……………………………………………… 302

6. 「Ⅷ. 단계별 표준지 심사 및 검증체계」 ……………………… 304

XIII 2026년 표준지공시지가 조사평가 업무요령 중 주요 개정내용

 「Ⅰ. 표준지공시지가 조사·평가 계획」

page	2025년 업무요령	2026년 업무요령	개정사유 (요약)
11p~ 12p	3. 2025년 표준지공시지가 조사·평가 추진일정 가. 조사·평가의 절차 2024. 8. 5.(월) → 표준지 선정 및 가격평가의뢰 / 국토교통부 2024. 8. 5.(월) ~ 12. 10.(화) → 표준지 선정 및 조사, 지역분석, 가격평가 * 증·감조정 신청 : '24.9.26 ~ 9.30. / 조사·평가자 2024. 8. 7.(수) ~ 9. 24.(화) → 조사·평가 담당자 교육 / 국토교통부 및 한국부동산원 2024. 10. 18.(금) → 공시가격(표준지·표준주택) 시장분석회의 / 조사·평가자 2024. 10. 22.(화) ~ 10. 25.(금) → 법인등 자체검토 / 감정평가법인등 2024. 10. 28.(월) ~ 11. 5.(화) → 표준지 선정심사, 시가수준 기초심사 / 국토교통부 심사위원단 2024. 11. 14.(목) ~ 11. 15.(금) → 공시가격 균형협의 (표준지·표준주택 간) / 조사·평가자	3. 2026년 표준지공시지가 조사·평가 추진일정 가. 조사·평가의 절차 2025. 8. 4.(월) → 표준지 선정 및 가격평가의뢰 / 국토교통부 2025. 8. 4.(월) ~ 12. 9.(화) → 표준지 선정 및 조사, 지역분석, 가격평가 * 증·감조정 신청: '25.9.19 ~ 9.23. / 조사·평가자 2025. 8. 6.(수) ~ 9. 19.(금) → 조사·평가 담당자 교육 / 국토교통부 및 한국부동산원 2025. 10. 17.(금) → 공시가격(표준지·표준주택) 시장분석회의 / 조사·평가자 2025. 10. 21.(화) ~ 10. 24.(금) → 법인등 자체검토 / 감정평가법인등 2025. 10. 27.(월) ~ 11. 4.(화) → 표준지 선정심사, 시가수준 기초심사 / 국토교통부 심사위원단 2025. 11. 13.(목) ~ 11. 14.(금) → 공시가격 균형협의 (표준지·표준주택 간) / 조사·평가자	'26년도 일정 반영

page	2025년 업무요령	2026년 업무요령	개정사유 (요약)
11p~ 12p	2024. 11. 21.(목) ~ 11. 27.(수) (5일) — 시가수준 심층심사 — 외부점검단 2024. 11. 21.(목) ~ 11. 27.(수) (5일) — 지자체 사전검토 — 국토교통부 2024. 12. 2(월) ~ 12. 10(화) — 조사·평가보고서 사전검수 — 국토교통부 심사위원단 ↓ 2024. 12. 11(수) ~ 12. 12(목) — 공시가격 특별점검 — 국토교통부 심사위원단 ↓ 2024. 12. 19.(목) ~ 2025. 1. 7.(화) (20일) — 의견청취 (표준지 소유자, 시·도지사, 시장·군수·구청장) — 조사·평가자 ↓ 2024. 12. 26(목) — 공시가격(안) 시·도 협의회 — 국토교통부 ↓ 2025. 1. 2.(목) ~ 1. 8.(수) — 공시가격 심층점검 — 외부점검단 ↓ 2025. 1. 6.(월) ~ 1. 8.(수) — 법인등 자체검토 (용도지역 변경 등 특성확인) — 감정평가법인등 ↓ 2025. 1. 9.(목) ~ 1. 16.(목) — 표준지 선정 재심사, 조사·평가보고서 검수 — 국토교통부 심사위원단 ↓ 2025. 1. 17.(금) ~ 1. 20.(월) — 공시가격 특별점검 — 국토교통부	2025. 11. 20.(목) ~ 11. 26.(수) (5일) — 시가수준 심층심사 — 외부점검단 2025. 11. 20.(목) ~ 11. 26.(수) (5일) — 지자체 사전검토 — 국토교통부 2025. 12. 1(월) ~ 12. 9(화) — 조사·평가보고서 사전검수 — 국토교통부 심사위원단 ↓ 2025. 12. 10.(수) ~ 12. 11.(목) — 공시가격 특별점검 — 국토교통부 심사위원단 ↓ 2025. 12. 18.(목) ~ 2026. 1. 6.(화) (20일) — 의견청취 (표준지 소유자, 시·도지사, 시장·군수·구청장) — 조사·평가자 ↓ 2025. 12. 24(수) — 공시가격(안) 시·도 협의회 — 국토교통부 ↓ 2025. 12. 31.(수) ~ 2026. 1. 7.(수) — 공시가격 심층점검 — 외부점검단 ↓ 2026. 1. 5.(월) ~ 1. 7.(수) — 법인등 자체검토 (용도지역 변경 등 특성확인) — 감정평가법인등 ↓ 2026. 1. 8.(목) ~ 1. 15.(목) — 표준지 선정 재심사, 조사·평가보고서 검수 및 접수 — 국토교통부 심사위원단 ↓ 2026. 1. 16.(금) — 공시가격 특별점검 — 국토교통부	'26년도 일정 반영

XIII 2026년 표준지공시지가 조사평가 업무요령 중 주요 개정내용

page	2025년 업무요령	2026년 업무요령	개정사유 (요약)
11p~12p	2025. 1. 20.(월) [조사·평가보고서 접수] 국토교통부 ↓ 2025. 1. 22.(수) [중앙부동산가격공시위원회 심의] 국토교통부 ↓ 2025. 1. 24.(금) [표준지공시지가 공시] 국토교통부 ↓ 2025. 1. 24.(금) ~ 2. 24.(월) (30일) [이의신청 접수] 국토교통부 ↓ 2025. 1. 27.(월) ~ 2. 28.(금) [이의신청 표준지 조사·평가] 조사·평가자 ↓ 2025. 3. 4.(화) [이의신청 심층심사] 외부점검단 ↓ 2025. 3. 6.(목) [이의신청 재조사·평가 보고서 검수] 국토교통부 심사위원단 ↓ 2025. 3. 11.(화) [이의신청 재조사·평가 보고서 접수] 국토교통부 ↓ 2025. 3. 12.(수) [중앙부동산가격공시위원회 심의] 국토교통부 ↓ 2025. 3. 14.(금) [표준지공시지가 조정공시] 국토교통부	2026. 1. 19.(월) [조사·평가보고서 접수] 국토교통부 ↓ 2026. 1. 20.(화) [중앙부동산가격공시위원회 심의] 국토교통부 ↓ 2026. 1. 23.(금) [표준지공시지가 공시] 국토교통부 ↓ 2026. 1. 23.(금) ~ 2. 23.(월) (30일) [이의신청 접수] 국토교통부 ↓ 2026. 1. 26.(월) ~ 2. 27.(금) [이의신청 표준지 조사·평가] 조사·평가자 ↓ 2026. 3. 3.(화) [이의신청 심층심사] 외부점검단 ↓ 2026. 3. 5.(목) [이의신청 재조사·평가 보고서 검수] 국토교통부 심사위원단 ↓ 2026. 3. 10.(화) [이의신청 재조사·평가 보고서 접수] 국토교통부 ↓ 2026. 3. 11.(수) [중앙부동산가격공시위원회 심의] 국토교통부 ↓ 2026. 3. 13.(금) [표준지공시지가 조정공시] 국토교통부	'26년도 일정 반영

2026년 표준지공시지가 조사·평가 업무요령

page	2025년 업무요령			2026년 업무요령			개정사유 (요약)
13p ~ 14p	나. 2025년 표준지공시지가 조사·평가 세부일정			나. 2026년 표준지공시지가 조사·평가 세부일정			'26년도 일정 반영
	구분	추진내용	추진일정	구분	추진내용	추진일정	
	○조사 의뢰 및 조사자 교육	- 표준지 선정 및 가격평가의뢰 • 단수 조사·평가 대상지역 선정 - 표준지공시지가 조사·평가 담당자 교육	·2024.8.5 ·2024.8.7. ~9.24.	○조사 의뢰 및 조사자 교육	- 표준지 선정 및 가격평가의뢰 • 단수 조사·평가 대상지역 선정 - 표준지공시지가 조사·평가 담당자 교육	·2025.8.4 ·2025.8.4 ~9.19	
	○현장조사 준비	- 조사·평가자료 조사·평가자 간 인수인계 • 전년도 전산자료, 도면 및 가격조사자료 등	·2024.8.6 ~8.25.	○현장조사 준비	- 조사·평가자료 조사·평가자 간 인수인계 • 전년도 전산자료, 도면 및 가격조사자료 등	·2025.8.5 ~8.21	
	○표준지 선정 및 조사	- 표준지 선정·지역분석 및 가격평가 • 거래사례·평가선례 등 자료구축 • 지역특성·지가동향 등 분석 - 시·군·구별 표준지 증감요청 - 시·군·구별 표준지 조정통보	·2024.8.5 ~12.10 ·2024.9.26 ~9.30 ·2024.10.11	○표준지 선정 및 조사	- 표준지 선정·지역분석 및 가격평가 • 거래사례·평가선례 등 자료구축 • 지역특성·지가동향 등 분석 - 시·군·구별 표준지 증감요청 - 시·군·구별 표준지 조정통보	·2025.8.4 ~12.9 ·2025.9.19 ~9.23 ·2025.9.30	
	○공시가격 시장분석 회의 등	- 공시가격 시장분석회의 - 시·군·구 내 및 특수토지 가격균형협의 - 시·군·구 간 및 특수토지 가격균형협의 • 지역 간 가격수준협의 • 특수토지 가격균형협의서 제출 (조사평가자→한국부동산원)	·2024.10.18 ·2024.11.14 ~11.15 ·2024.11.14 ~11.15 ·2024.11.15	○공시가격 시장분석 회의 등	- 공시가격 시장분석회의 - 시·군·구 내 및 특수토지 가격균형협의 - 시·군·구 간 및 특수토지 가격균형협의 • 지역 간 가격수준협의 • 특수토지 가격균형협의서 제출 (조사평가자→한국부동산원)	·2025.10.17 ·2025.11.13 ~11.14 ·2025.11.13 ~11.14 ·2025.11.14	
	○법인등 자체검토	- 검토결과에 법인등 대표 확인·서명	·2024.10.22~10.25	○법인등 자체검토	- 검토결과에 법인등 대표 확인·서명	·2025.10.21~10.24	
	○표준지 선정심사, 시가수준 기초심사 및 표준지 확정	- 가격조사자료의 정리 등 - 표준지 교체 선정 • 표준지 증감현황 ·교체사유별 내역 작성 • 삭제·신규 필지별 내역 등 작성 - 표준지 선정 협의(시·군·구) • 표준지 선정협의 결과서 작성 - 표준지 선정심사, 시가수준 기초심사 - 표준지 확정	·2024.10.14~10.21 ·2024.10.14~10.21 ·2024.10.14~10.21 ·2024.10.21 ·2024.10.28~11.5 ·2024.11.5	○표준지 선정심사, 시가수준 기초심사 및 표준지 확정	- 가격조사자료의 정리 등 - 표준지 교체 선정 • 표준지 증감현황 ·교체사유별 내역 작성 • 삭제·신규 필지별 내역 작성 - 표준지 선정 협의(시·군·구) • 표준지 선정협의 결과서 작성 - 표준지 선정심사, 시가수준 기초심사 - 표준지 확정	·2025.10.13~10.20 ·2025.10.13~10.20 ·2025.10.13~10.20 ·2025.10.20 ·2025.10.27~11.4 ·2025.11.4	
	○공시가격 균형협의 등	- 공시가격(표준지·표준주택) 균형협의 • 표준지 및 표준주택 시가수준 및 특성 간의 균형성 등을 협의 • 전국가격균형협의	·2024.11.14~11.15	○공시가격 균형협의 등	- 공시가격(표준지·표준주택) 균형협의 • 표준지 및 표준주택 시가수준 및 특성 간의 균형성 등을 협의 • 전국가격균형협의	·2025.11.13~11.14	
	○시가수준 심층심사	- 주요 부동산 집중 점검, 통계 정합성 검토	·2024.11.21~11.27	○시가수준 심층심사	- 주요 부동산 집중 점검, 통계 정합성 검토	·2025.11.20~11.26	
	○지자체 사전검토	- 표준지 선정 및 특성 등에 대한 지자체 사전검토	·2024.11.21~11.27	○지자체 사전검토	- 표준지 선정 및 특성 등에 대한 지자체 사전검토	·2025.11.20~11.26	

XIII 2026년 표준지공시지가 조사평가 업무요령 중 주요 개정내용

page	2025년 업무요령			2026년 업무요령			개정사유 (요약)
	구분	추진내용	추진일정	구분	추진내용	추진일정	
13p ~ 14p	○ 조사평가 보고서 사전검수	- 조사·평가보고서 검수 (검색프로그램 활용) • 의견청취 가격확정	2024.12.2 ~12.10	○ 조사평가 보고서 사전검수	- 조사·평가보고서 검수 (검색프로그램 활용) • 의견청취 가격확정	2025.12.1 ~12.9	'26년도 일정 반영
	○ 공시가격 특별점검	- 시세급등 지역 등 주요부동산 특별점검	2024.12.11~12.12	○ 공시가격 특별점검	- 시세급등 지역 등 주요부동산 특별점검	2025.12.10~12.11	
	○ 의견청취	- 평가(예정)가격 등 의견청취 (20일) • 소유자, 시·도지사 및 시장·군수·구청장 의견청취 결과서 작성 * 시·군·구부동산가격공시위원회 심의	2024.12.19 ~2025.1.7. (20일간)	○ 의견청취	- 평가(예정)가격 등 의견청취 (20일) • 소유자, 시·도지사 및 시장·군수·구청장 의견청취 결과서 작성 * 시·군·구부동산가격공시위원회 심의	2025.12.18 ~2026.1.6 (20일간)	
	○ 공시가격(안) 시·도 협의회	- 표준지 공시지가(안)에 대한 시·도 협의회 개최	2024.12.26	○ 공시가격(안) 시·도 협의회	- 표준지 공시지가(안)에 대한 시·도 협의회 개최	2025.12.24	
	○ 공시가격 심층점검	- 의견제출 검토결과 및 표본심사	2025.1.2 ~1.8	○ 공시가격 심층점검	- 의견제출 검토결과 및 표본심사	2025.12.31 ~2026.1.7	
	○ 법인 등 자체검토	- 법인 등 대표 확인·서명 후 보고서 최종제출	2025.1.6. ~1.8	○ 법인 등 자체검토	- 법인 등 대표 확인·서명 후 보고서 최종제출	2026.1.5 ~1.7	
	○ 용도지역 변경 등 특성확인	- 지형도면 고시사항, 현장재확인	2025.1.6. ~1.8	○ 용도지역 변경 등 특성확인	- 지형도면 고시사항, 현장재확인	2026.1.5 ~1.7	
	○ 표준지 선정재심사 및 조사평가 보고서 검수	- 표준지 선정심사, 시가수준 기초심사 이후 변경 내역 재심사 및 조사·평가보고서 검수(검색프로그램 활용)	2025.1.9. ~1.16	○ 표준지 선정재심사 및 조사평가 보고서 검수	- 표준지 선정심사, 시가수준 기초심사 이후 변경 내역 재심사 및 조사·평가보고서 검수(검색프로그램 활용)	2026.1.8 ~1.15	
	○ 공시가격 특별점검	- 공시 전 오류 점검	2025.1.17. ~1.20	○ 공시가격 특별점검	- 공시 전 오류 점검	2026.1.16	
	○ 조사평가 보고서 접수	- 조사·평가보고서 접수 - 중앙부동산가격공시위원회 심의	2025.1.20. 2025.1.22.	○ 조사평가 보고서 접수	- 조사·평가보고서 접수 - 중앙부동산가격공시위원회 심의	2026.1.19 2026.1.20	
	○ 표준지 공시지가 공시	- 지가공시(관보공고)	2025.1.24.	○ 표준지 공시지가 공시	- 지가공시(관보공고)	2026.1.23	
	○ 이의신청	- 공시가격 등 이의신청	2025.1.24 ~2.23(30일)	○ 이의신청	- 공시가격 등 이의신청	2026.1.23 ~2.23(30일)	
		- 이의신청 표준지 재조사·평가 - 이의신청 심층심사(외부점검단) - 이의신청 재조사·평가보고서 검수 - 재조사·평가보고서 접수 - 중앙부동산가격공시위원회 심의	2025.1.27. ~2.28 2025.3.4 2025.3.6 2025.3.11 2025.3.12		- 이의신청 표준지 재조사·평가 - 이의신청 심층심사(외부점검단) - 이의신청 재조사·평가보고서 검수 - 재조사·평가보고서 접수 - 중앙부동산가격공시위원회 심의	2026.1.26 ~2.27 2026.3.3 2026.3.5 2026.3.10 2026.3.11	
	○ 표준지 공시지가 조정공시	- 표준지공시지가 조정공시	2025.3.14	○ 표준지 공시지가 조정공시	- 표준지공시지가 조정공시	2026.3.13	

page	2025년 업무요령	2026년 업무요령	개정사유 (요약)
18p	4. 2025년 표준지공시지가 조사·평가의 기본방침 라. 공시지가의 투명성 확보 2) 표준지공시지가 결정통지문은 발송되지 않으므로 최종 공시지가는 <u>2025.1.24.</u>(예정)부터 국토교통부 부동산 공시가격 알리미 사이트 (http://www.realtyprice.kr)에서 확인할 수 있음.	4. 2026년 표준지공시지가 조사·평가의 기본방침 라. 공시지가의 투명성 확보 2) 표준지공시지가 결정통지문은 발송되지 않으므로 최종 공시지가는 <u>2026.1.23.</u>(예정)부터 국토교통부 부동산 공시가격 알리미 사이트 (http://www.realtyprice.kr)에서 확인할 수 있음.	'26년도 일정 반영

● XIII 2026년 표준지공시지가 조사·평가 업무요령 중 주요 개정내용

「II. 표준지공시지가 조사·평가 단계별 업무사항」

page	2025년 업무요령	2026년 업무요령	개정사유 (요약)
22p	1. 표준지공시지가 조사·평가 교육의 실시 라. 2025년 표준지공시지가 교육 상세내역	1. 표준지공시지가 조사·평가 교육의 실시 라. 2026년 표준지공시지가 교육 상세내역	교육 변경사항 반영

교육대상	일시	주요 교육내용
참여자 사전준비 교육	8.7.(수) ~8.9.(금)	1. '24년 공시 성과와 반성 2. 부동산 공시 판례 및 질의회신 해설
신규 참여자 등 교육	8.13.(화) ~8.30.(금)	1. 부동산공시 및 토지공시제도 개관 2. 표준지 관련 규정의 이해 3. 개별지 관련 규정의 이해 4. <u>공시업무와 용도지역지구 등 공법상 규제사항 (국토의 계획 및 이용에 관한 법률 중심으로)</u> 5. 공시업무와 도시정비 사업 6. 표준지 업무요령의 이해 I (토지특성 조사) 7. 표준지 업무요령의 이해 II (토지특성 조사) 8. <u>표준지 업무요령의 이해 III (심사 및 절차)</u> 9. 토지가격비준표의 이해 10. 개별지 검증의 이해 <삭 제> 11. 공시업무와 직업윤리 12. 부동산 실거래 신고제도 등의 이해 13. <u>표준지 조사·평가 프로그램의 이해 I (프로그램 구조, 특성입력 등)</u> 14. <u>표준지 조사·평가 프로그램의 이해 II (심사보고서 검토방법, 가격 결정 등)</u> 15. 공시오류 사례분석 및 해소방안
전체 담당자 교육	8.13.(화) ~8.30.(금)	1. '25년 공시지가 정책 방향 2. 공시업무 수행자의 윤리와 책임의식 3. '25년 주요제도개선 및 표준지 업무요령 주요개정사항 4. 상업용부동산 시장 동향 5. 부동산시장의 이해 6. 부동산 과세제도 및 시사점 7. 토지·주택 특성 일치 작업의 이해 8. 특수토지의 이해
특수토지 담당자 추가교육	8.13.(화) ~8.30.(금)	1. 특수토지 업무요령 교육 2. 특수토지 주요 쟁점사항 등 교육
신규참여자 전산 실습 교육	9.19.(목) ~9.24.(화)	1. 전산프로그램 구조 2. 전산프로그램 운용법 3. 전산프로그램 유의점 등 ※ 신규 참여자에 해당되지 않더라도, 교육 신청 시 수강 가능

교육대상	일시	주요 교육내용
참여자 사전준비 교육	8.6.(수) ~8.10.(일)	1. '25년 공시 성과와 반성 2. 부동산 공시 판례 및 질의회신 해설
신규 참여자 등 교육	8.12.(화)~ 8.29.(금)	1. 부동산공시 및 토지공시제도 개관 2. 표준지 관련 규정의 이해 3. 개별지 관련 규정의 이해 4. <u>공시업무와 용도지역지구 등 공법상 규제사항 (국토의 계획 및 이용에 관한 법률 중심으로)</u> 5. 공시업무와 도시정비 사업 6. 표준지 업무요령의 이해 I (단계별 업무사항) 7. 표준지 업무요령의 이해 II (토지특성 조사 기초) 8. <u>표준지 업무요령의 이해 II (토지특성 조사 심화)</u> 9. 토지가격비준표의 이해 10. 개별지 검증의 이해 11. 공시업무와 직업윤리 12. <u>부동산 실거래 신고제도 및 실거래가지수</u> 13. <u>표준지 조사·평가 프로그램의 이해 I (프로그램 구조, 특성입력 등)</u> 14. <u>표준지 조사·평가 프로그램의 이해 II (심사보고서 검토방법, 가격 결정 등)</u> 15. <u>가격공시 관련 쟁송 및 민원 사례분석</u>
전체 담당자 교육	8.12.(화) ~8.29.(금)	1. '26년 공시지가 정책 방향 2. 공시업무 수행자의 윤리와 책임의식 3. '26년 주요제도개선 및 표준지 업무요령 주요개정사항 4. 상업용부동산의 이해 및 시장 동향 5. 부동산 시장 동향 및 이슈 분석 6. 부동산 공시가격의 활용 7. 표준지 업무요령의 이해 III (실무사례 분석) 8. 특수토지의 이해
특수토지 담당자 추가교육	8.12.(화) ~8.29.(금)	1. 특수토지 업무요령 교육 2. 특수토지 주요 쟁점사항 등 교육
신규참여자 전산 실습 교육	9.15.(월) ~9.19.(금)	1. 전산프로그램 구조 2. 전산프로그램 운용법 3. 전산프로그램 유의점 등 ※ 신규 참여자에 해당되지 않더라도, 교육 신청 시 수강 가능

「III. 조사·평가 업무단계별 제출보고서」

page	2025년 업무요령			2026년 업무요령			개정사유 (요약)
37p	조사·평가 업무단계별 제출보고서			조사·평가 업무단계별 제출보고서			'26년도 일정 반영
	보고서 명칭	제출시기	해당 page	보고서 명칭	제출시기	해당 page	
	2025년 공시지가 관련자료 인수인계서	2024. 8. 25.까지	23p~ 25p	2026년 공시지가 관련자료 인수인계서	2025. 8. 21.까지	23p~ 25p	
	개인정보보호 관련 보안서약서			개인정보보호 관련 보안서약서			
	이해충돌방지서약서			이해충돌방지서약서			
	시·군·구내 가격균형협의서 및 시·군·구간 가격균형협의서	2024. 11.15.까지	163p, 165p	시·군·구내 가격균형협의서 및 시·군·구간 가격균형협의서	2025. 11. 14.까지	163p, 165p	
	특수토지 가격균형협의서		161p	특수토지 가격균형협의서		161p	
	공시가격(표준지·표준주택) 균형협의 결과보고서	2024. 11.15.까지	추후 공문 조치	공시가격(표준지·표준주택) 균형협의 결과보고서	2025. 11. 14.까지	추후 공문 조치	
	표준지선정총괄표	표준지 선정심사, 시가수준 기초심사 시 제출 (2024. 10. 28.~ 11. 5.)	214p	표준지선정총괄표	표준지 선정심사, 시가수준 기초심사 시 제출 (2025. 10. 27.~ 11. 4.)	214p	
	표준지 증감현황		215p	표준지 증감현황		215p	
	표준지 삭제사유별 내역		216p	표준지 삭제사유별 내역		216p	
	삭제 표준지 필지별 내역		217p~ 218p	삭제 표준지 필지별 내역		217p~ 218p	
	표준지 신규사유별 내역		219p	표준지 신규사유별 내역		219p	
	신규 표준지 필지별 내역		220p~ 221p	신규 표준지 필지별 내역		220p~ 221p	
	2025년 공시지가 표준지 조정내역서		222p~ 223p	2026년 공시지가 표준지 조정내역서		222p~ 223p	
	2025년 국·공유지 표준지 선정현황		224p	2026년 국·공유지 표준지 선정현황		224p	
	표준지 분포밀도 조정 세부 내역		225p	표준지 분포밀도 조정 세부 내역		225p	
	2025년 표준지 선정 협의 결과서		227p	2026년 표준지 선정 협의 결과서		227p	
	표준지 특성 협의결과		추후 공문 조치	표준지 특성 협의결과		추후 공문 조치	

XIII 2026년 표준지공시지가 조사평가 업무요령 중 주요 개정내용

page	2025년 업무요령				2026년 업무요령				개정사유 (요약)
38p	조사·평가 업무단계별 제출보고서				조사·평가 업무단계별 제출보고서				'26년도 일정 반영
	보고서 명칭		제출 시기	해당 page	보고서 명칭		제출 시기	해당 page	
	일단지 내역 확인서		표준지 선정심사, 시가수준 기초심사 시 제출	226p	일단지 내역 확인서		표준지 선정심사, 시가수준 기초심사 시 제출	226p	
	법인등 자체검토 결과보고서		표준지 선정심사, 시가수준 기초심사 및 표준지 선정 재심사 및 조사·평가보고서 검수 시 제출	추후 공문 조치	법인등 자체검토 결과보고서		표준지 선정심사, 시가수준 기초심사 및 표준지 선정 재심사 및 조사·평가보고서 검수 시 제출	추후 공문 조치	
	시·군·구별 지역분석조서		표준지 선정 재심사 및 조사·평가 보고서 검수 시 제출 (2025.1.9.~1.16.)	178p~198p	시·군·구별 지역분석조서		표준지 선정 재심사 및 조사·평가 보고서 검수 시 제출 (2026.1.8.~1.15.)	178p~198p	
	검색내역서			추후 공문 조치	검색내역서			추후 공문 조치	
	표준지조사사항 및 가격평가의견서			252p~255p	표준지조사사항 및 가격평가의견서			252p~255p	
	표준지소유자의 의견청취결과서			272p	표준지소유자의 의견청취결과서			272p	
	의견청취결과 처리내역서			273p	의견청취결과 처리내역서			273p	
	개발사업시행자의 의견청취결과서			276p	개발사업시행자의 의견청취결과서			276p	
	시·도지사 및 시장·군수·구청장의 표준지공시지가 의견청취결과서			277p~279p	시·도지사 및 시장·군수·구청장의 표준지공시지가 의견청취결과서			277p~279p	
	표준지가격조사표			269p	표준지가격조사표			269p	
	표준지위치표시도면			281p~282p	표준지위치표시도면			281p~282p	
	시·군·구별 가격조사자료표			283p	시·군·구별 가격조사자료표			283p	
	표준지조사·평가보고서		조사·평가 보고서 제출 (2025.1.20.)	251p	표준지조사·평가보고서		조사·평가 보고서 제출 (2026.1.19.)	251p	
	공시지가(안)			268p	공시지가(안)			268p	

「Ⅳ. 표준지 토지특성 조사요령」

page	2025년 업무요령	2026년 업무요령	개정사유 (요약)
54p	**용도지구 구분** 	용도지구	세분 용도지구	전산코드	약어
(중략)	(중략)	(중략)	(중략)
취락지구	자연취락지구 집단취락지구 (신설)	610 620 (신설)	자연취락 집단취락 (신설)
(하략)	(하략)	(하략)	(하략)		**용도지구 구분** | 용도지구	세분 용도지구	전산코드	약어
(중략)	(중략)	(중략)	(중략)
취락지구	자연취락지구 집단취락지구 보호취락지구	610 620 630	자연취락 집단취락 보호취락
(하략)	(하략)	(하략)	(하략)		「국토계획법」 시행령 일부 개정으로 '보호취락지구' 신설
57p	(8) 기타제한(구역 등) : 기타 가)「국토의 계획 및 이용에 관한 법률」·「도로법」·「문화유산보호법」·「자연유산보호법」 등 개별법에 의한 구역(지역)이 지정된 경우에는 2개(기타제한1, 기타제한2)까지 기재한다(비준표 배율은 기타제한1에 한하여 적용됨).	(8) 기타제한(구역 등) : 기타 가.「국토의 계획 및 이용에 관한 법률」·「도로법」·「문화유산법」·「자연유산법」 등 개별법에 의한 구역(지역)이 지정된 경우에는 2개(기타제한1, 기타제한2)까지 기재한다(비준표 배율은 기타제한1에 한하여 적용됨).	관련 법령 약칭 용어 정비

XIII 2026년 표준지공시지가 조사평가 업무요령 중 주요 개정내용

page	2025년 업무요령	2026년 업무요령	개정사유 (요약)
67p	⑨ 기타 제한(구역 등) : 도시·군계획시설 가)「국토의 계획 및 이용에 관한 법률」제2조제6호, 같은 법 시행령 제2조에 의한 도시기반시설 중 같은 법 제30조에 따른 도시·군관리계획으로 결정된 시설(도로법 제25조의 도로구역 포함)과 기타 관계법령의 규정에 의하여 계획시설로 결정·고시된 토지에 대하여 이를 조사하여 기재한다. ※ 입체이용이 가능한 도시·군계획시설(철도, <신 설>, 도로)은 지상 또는 지하로 구분하여 조사하되, 지하도로 및 지하철도는 지상의 토지이용상황이 공공용지(예: 도로, 철도, 공원 등)가 아닌 부지의 지하에 설치된 도로 및 철도로서 산악·시가지 등을 통과하기 위한 터널을 포함 - 지하철도 중 대심도 지하철도(예) 수도권광역급행철도, GTX)는 별도 조사항목으로 처리하며, 일반 지하철도 및 GTX가 중복 지정된 경우에는 지하철도 배율만 적용한다.	⑨ 기타 제한(구역 등) : 도시·군계획시설 가)「국토의 계획 및 이용에 관한 법률」제2조제6호, 같은 법 시행령 제2조에 의한 도시기반시설 중 같은 법 제30조에 따른 도시·군관리계획으로 결정된 시설(도로법 제25조의 도로구역 포함)과 기타 관계법령의 규정에 의하여 계획시설로 결정·고시된 토지에 대하여 이를 조사하여 기재한다. ※ 입체이용이 가능한 도시·군계획시설(철도, 광역급행철도, 도로)은 지상 또는 지하로 구분하여 조사하되, 지하도로, 지하철도 및 광역급행철도는 지상의 토지이용상황이 공공용지(예: 도로, 철도, 공원 등)가 아닌 부지의 지하에 설치된 도로, 철도 및 광역급행철도로서 산악·시가지 등을 통과하기 위한 터널을 포함 - <삭 제> 일반 지하철도 및 광역급행철도가 중복 지정된 경우에는 지하철도 배율만 적용한다.	제도개선 사항 GTX 조사방식 개선
70p	**도시·군계획시설구분** 	구 분	전산코드	약 자	기재방법
지상도로	011	지상도로	지상도로
지하도로	012	지하도로	지하도로
공 원	020	공 원	공 원
지상철도, 지상궤도	031	지상철도	지상철도
지하철도, 지하궤도	032	지하철도	지하철도
<신설>	<신설>	<신설>	<신 설>
녹지, 공공공지	040	녹 지	녹지 등
...	...	...	...
(하 략)	(하 략)	(하 략)	(하 략)		**도시·군계획시설구분** | 구 분	전산코드	약 자	기재방법
지상도로	011	지상도로	지상도로
지하도로	012	지하도로	지하도로
공 원	020	공 원	공 원
지상철도, 지상궤도	031	지상철도	지상철도
지하철도, 지하궤도	032	지하철도	지하철도
광역급행철도	033	광역급행	광역급행철도
녹지, 공공공지	040	녹 지	녹지 등
...	...	...	...
(하 략)	(하 략)	(하 략)	(하 략)		제도개선 사항 GTX 조사방식 개선

page	2025년 업무요령	2026년 업무요령	개정사유 (요약)
81p	**토지이용상황 구분** 	구 분	범 위	전산코드	기재방법
(상략)	(상략)	(상략)	(상략)
주거용		100	
주거용나지	주변의 토지이용상황이 주택지대로서 그 토지에 건축물이 없거나 일시적으로 타용도로 이용되고 있으나, 가까운 장래에 주택용지로 이용·개발될 가능성이 높은 토지 예) 전, 답, 조경수목재배지, 벽돌공장 등	150	주거나지
(하략)	(하략)	(하략)	(하략)		**토지이용상황 구분** | 구 분	범 위	전산코드	기재방법
(상략)	(상략)	(상략)	(상략)
주거용		100	
주거용나지	주변의 토지이용상황이 주택지대로서 그 토지에 건축물이 없거나 일시적으로 타용도로 이용되고 있으나, 가까운 장래에 주택용지로 이용·개발될 가능성이 높은 토지 예) 전, 답, 조경수목재배지, 〈삭제〉	150	주거나지
(하략)	(하략)	(하략)	(하략)		주거용나지 예시 수정
83p	**토지이용상황 구분** 	구 분	범 위	전산코드	기재방법
(상략)	(상략)	(상략)	(상략)
공업용		400	
공업용지	제조업에 이용되고 있는 토지. 다만, 상업용과 공업용의 구분이 어려운 경우에는 상업용으로 한다.	410	공업용
(하략)	(하략)	(하략)	(하략)		**토지이용상황 구분** | 구 분	범 위	전산코드	기재방법
(상략)	(상략)	(상략)	(상략)
공업용		400	
공업용지	제조업 등에 이용되고 있는 토지 〈삭제〉	410	공업용
(하략)	(하략)	(하략)	(하략)		공업용지 조사기준 명확화

XIII 2026년 표준지공시지가 조사평가 업무요령 중 주요 개정내용

page	2025년 업무요령	2026년 업무요령	개정사유 (요약)
115p	(2025년 토지특성조사표 이미지)	(2026년 토지특성조사표 이미지)	제도개선 사항을 반영하여 토지특성 조사표 수정
118p	가. 토지특성 조사 시 유의사항 1) 토지이용상황 (14) (중 략) ㉺ 주위가 전·답인 농경지대로서 전·답의 일부를 창고로 사용하고 있는 경우의 토지이용상황 구분 - 주위 이용상황을 고려하여 "전기타" 또는 "답기타"(일부창고)로 구분하되, 창고부분의 면적이 더 큰 경우 등 주용도가 창고인 경우에는 "전창고" 또는 "답창고"로 구분한다. <u>(신 설)</u>	가. 토지특성 조사 시 유의사항 1) 토지이용상황 (14) (중 략) ㉺ 주위가 전·답인 농경지대로서 전·답의 일부를 창고로 사용하고 있는 경우의 토지이용상황 구분 - 주위 이용상황을 고려하여 "전기타" 또는 "답기타"(일부창고)로 구분하되, 창고부분의 면적이 더 큰 경우 등 주용도가 창고인 경우에는 "전창고" 또는 "답창고"로 구분한다. <u>㉻ 주위가 전·답인 농경지대로서 토지이용상황이 농업·축산업·수산업용 창고 외의 창고가 입지해 있는 경우</u> <u>- 주위 이용상황을 고려하여 농경지대의 창고용지 가격을 반영하기 위하여 토지이용상황이 농업·축산업·수산업용 창고 외의 창고가 입지해 있다하더라도 "전창고" 또는 "답창고"로 구분하여 조사할 수 있다.</u>	농업지대 내 창고 조사 참고사항

2026년 표준지공시지가 조사·평가 업무요령

 「VI. 가격균형협의」

page	2025년 업무요령				2026년 업무요령				개정사유 (요약)
158p	1. 가격균형협의의 개요				1. 가격균형협의의 개요				'26년도 일정 반영
	다. 가격균형협의의 구분 및 업무사항 등				다. 가격균형협의의 구분 및 업무사항 등				
	구분	장소 및 일시 등	담당 감정평가사	국토교통부, 한국부동산원 및 한국부동산원 지역본부장	구분	장소 및 일시 등	담당 감정평가사	국토교통부, 한국부동산원 및 한국부동산원 지역본부장	
	시가수준 조사·평가	○법인 현장 등 (8.5.~12.10.)	○시가수준을 평가하여 가격균형협의시 활용	-	시가수준 조사·평가	○법인 현장 등 (8.4.~12.9.)	○시가수준을 평가하여 가격균형협의시 활용	-	
	공시가격 시장분석 회의	○한국부동산원 부동산공시처 (10.18.)	-	○한국부동산원 주관 ○한국부동산원 지역본부장, 지가공시협의회 위원 참석 ○토지·단독 매매동향, 지가변동률 등 통계자료를 분석하여 공시가격의 시장변동률 점검	공시가격 시장분석 회의	○한국부동산원 (10.17.)	-	○한국부동산원 주관 ○한국부동산원 지역본부장, 지가공시협의회 위원 참석 ○토지·단독 매매동향, 지가변동률 등 통계자료를 분석하여 공시가격의 시장변동률 점검	
	특수토지 가격균형 협의	○법인, 현장 등 (시가수준 심층심사 시까지)	○가격균형협의서 작성 [팀별로 취합 후 한국부동산원 제출]	-	특수토지 가격균형 협의	○법인, 현장 등 (시가수준 심층심사 시까지)	○가격균형협의서 작성 [팀별로 취합 후 한국부동산원 제출]	-	
	시·군·구내 가격균형 협의	○법인, 현장 등 (시가수준 심층심사 시까지)	○시·군·구내 가격균형협의서 작성 [2팀 이상 참여하는 시·군·구 담당자만 작성, 한국부동산원 제출] (특수토지 제외)	-	시·군·구내 가격균형 협의	○법인, 현장 등 (시가수준 심층심사 시까지)	○시·군·구내 가격균형협의서 작성 [2팀 이상 참여하는 시·군·구 담당자만 작성, 한국부동산원 제출] (특수토지 제외)	-	
	시·군·구간 가격균형 협의	○법인, 현장 등 (시가수준 심층심사 시까지)	○협의서 (시·군·구간 가격균형협의서) 작성 후 한국부동산원 제출 (특수토지 제외)	-	시·군·구간 가격균형 협의	○법인, 현장 등 (시가수준 심층심사 시까지)	○협의서 (시·군·구간 가격균형협의서) 작성 후 한국부동산원 제출 (특수토지 제외)	-	
	공시가격 균형협의 및 지도점검 (표준지/표준주택 간)	○각 공시가격(표준지·표준주택) 균형협의 장소 (11.14.~11.15)	○협의관련자료를 지참하여 공시가격(표준지·표준주택) 균형협의에 참석 후 시가수준 최종 협의 ○토지-단독주택 간 특성 및 가격균형 검토	○지도점검 실시 (국토교통부, 한국부동산원, 한국부동산원 지역본부장) ○전국가격균형협의용 공시가격(표준지·표준주택) 균형협의 결과보고서 작성 후 부동산공시처에 송부(한국부동산원 지역본부장) ○전국가격균형협의 자료검토(부동산원)	공시가격 균형협의 및 지도점검 (표준지/표준주택 간)	○각 공시가격(표준지·표준주택) 균형협의 장소 (11.13.~11.14)	○협의관련자료를 지참하여 공시가격(표준지·표준주택) 균형협의에 참석 후 시가수준 최종 협의 ○토지-단독주택 간 특성 및 가격균형 검토	○지도점검 실시 (국토교통부, 한국부동산원, 한국부동산원 지역본부장) ○전국가격균형협의용 공시가격(표준지·표준주택) 균형협의 결과보고서 작성 후 부동산공시처에 송부(한국부동산원 지역본부장) ○전국가격균형협의 자료검토(부동산원)	

XIII 2026년 표준지공시지가 조사평가 업무요령 중 주요 개정내용

page	2025년 업무요령	2026년 업무요령	개정사유 (요약)
166p	6. 공시가격(표준지·표준주택) 균형협의 라. 공시가격(표준지·표준주택) 균형협의 일정 | 일 시 | 시·도 | | --- | --- | | 2024. 11. 14. (목) ~ 11. 15. (금) | 지역별 세부일정은 추후 통보 |	6. 공시가격(표준지·표준주택) 균형협의 라. 공시가격(표준지·표준주택) 균형협의 일정 | 일 시 | 시·도 | | --- | --- | | 2025. 11. 13. (목) ~ 11. 14. (금) | 지역별 세부일정은 추후 통보 |	'26년도 일정 반영

「Ⅷ. 단계별 표준지 심사 및 검증체계」

page	2025년 업무요령	2026년 업무요령	개정사유 (요약)
201p	2. 표준지 심사 및 검증체계 절차 2024. 10. 22. ~ 10. 25. → 법인등 자체검토 ↓ 2024. 10. 28. ~ 11. 5. → <1단계> : 표준지 선정심사, 시가수준 기초심사 ↓ 2024. 11. 14. ~ 11. 15. → <2단계> 공시가격균형협의 (표준지·표준주택간) ↓ 2024. 11. 21. ~ 11. 27. → <3단계> : 시가수준 심층심사 ↓ 2024. 12. 2. ~ 12. 10. → <4단계> : 조사·평가보고서 사전검수 ↓ 2024. 12. 11. ~ 12. 12. → <5단계> : 공시가격 특별점검 ↓ 2025. 1. 2. ~ 1. 8. → <6단계> : 공시가격 심층점검 ↓ 2025. 1. 9. ~ 1. 16. → <7단계> : 표준지 선정 재심사, 조사·평가보고서 검수 ↓ 2025. 1. 17. ~ 1. 20. → <8단계> : 공시가격 특별점검	2. 표준지 심사 및 검증체계 절차 2025. 10. 21. ~ 10. 24. → 법인등 자체검토 ↓ 2025. 10. 27. ~ 11. 4. → <1단계> : 표준지 선정심사, 시가수준 기초심사 ↓ 2025. 11. 13. ~ 11. 14. → <2단계> 공시가격균형협의 (표준지·표준주택간) ↓ 2025. 11. 20. ~ 11. 26. → <3단계> : 시가수준 심층심사 ↓ 2025. 12. 1. ~ 12. 9. → <4단계> : 조사·평가보고서 사전검수 ↓ 2025. 12. 10. ~ 12. 11. → <5단계> : 공시가격 특별점검 ↓ 2025. 12. 31. ~ 2026. 1. 7. → <6단계> : 공시가격 심층점검 ↓ 2026. 1. 8. ~ 1. 15. → <7단계> : 표준지 선정 재심사, 조사·평가보고서 검수 ↓ 2026. 1. 16. → <8단계> : 공시가격 특별점검	'26년도 일정 반영

2026년 표준지공시지가
조사·평가 업무요령

- 부 록 -

국토교통부 홈페이지 : http://www.molit.go.kr/
한국부동산원 홈페이지 : http://www.reb.or.kr/

국 토 교 통 부
한 국 부 동 산 원

목 차 _ Contents

Ⅰ. 부동산 가격공시에 관한 법률 ·· 1
　　(법률 제17459호)

Ⅱ. 표준지의 선정 및 관리지침 ·· 29
　　(국토교통부 훈령 제1593호)

Ⅲ. 표준지공시지가 조사·평가 기준 ·· 149
　　(국토교통부 훈령 제1594호)

Ⅳ. 표준지공시지가 조사·평가를 위한 감정평가법인등 선정에 관한 기준 ·············· 191
　　(국토교통부 고시 제2023-475호)

Ⅴ. 부동산 가격공시 등의 수수료에 관한 기준 ···························· 201
　　(국토교통부 고시 제2021-12호)

Ⅵ. 특수토지의 평가방법 ··· 207

Ⅶ. 토지특성 주요항목의 연도별 변천내역 ································· 227

Ⅷ. 행정전산망 지역코드 ··· 259

Ⅸ. 2025년 시·군·구별 표준지 수 ··· 267

Ⅹ. 공시지가 조사·평가 담당자 현황 (2024, 2025, 2026) ············· 275

I

2026년
표준지공시지가 조사 · 평가 업무요령 -부록-

부동산 가격공시에 관한 법률

제1장 총칙 ··· 4

제2장 지가의 공시 ··· 4

제3장 주택가격의 공시 ··· 12

제4장 비주거용 부동산가격의 공시 ·························· 17

제5장 부동산가격공시위원회 ···································· 22

제6장 보칙 ··· 25

2025년
부동산 가격공시에 관한 법률·부칙

부동산 가격공시에
관한 법률

제1장 총칙 1
제2장 지가의 공시 4
제3장 주택가격의 공시 12
제4장 비주거용 부동산가격의 공시 17
제5장 부동산가격공시위원회 21
제6장 보칙 23

Ⅰ 부동산 가격공시에 관한 법률

법령 제17453호(2020.06.09.)

부동산 가격공시에 관한 법률 (약칭: 부동산공시법)

제정 1989. 4. 1. 법률 제4120호
개정 1995.12.29. 법률 제5108호
1997.12.13. 법률 제5453호
(행정절차법의 시행에 따른 공인회계사법등의 정비에 관한 법률)
1999. 3.31. 법률 제5954호
2000. 1.28. 법률 제6237호
2002. 2. 4. 법률 제6655호
(국토의 계획 및 이용에 관한 법률)
2005. 1.14. 법률 제7335호
2005. 3.31. 법률 제7428호
(채무자 회생 및 파산에 관한 법률)
2005.12. 7. 법률 제7707호
(국토의 계획 및 이용에 관한 법률)
2007. 4.27. 법률 제8409호
2008. 2.29. 법률 제8852호
(정부조직법 전부개정법률)
2008. 3.28. 법률 제9055호
2010. 3.17. 법률 제10136호
2013. 3.23. 법률 제11690호
(정부조직법 전부개정법률)
2013. 8. 6. 법률 제12018호
2016. 1.19. 법률 제13796호
2016. 1.19. 법률 제13805호
(주택법 전부개정법률)
2020. 4. 7. 법률 제17219호
(감정평가 및 감정평가사에 관한 법률)
2020. 4. 7. 법률 제17233호
2020. 6. 9. 법률 제17453호
(법률용어 정비를 위한 국토교통위원회 소관 78개 법률 일부개정을 위한 법률)
2020. 6. 9. 법률 제17459호

제1장 총칙

제1조(목적) 이 법은 부동산의 적정가격(適正價格) 공시에 관한 기본적인 사항과 부동산 시장·동향의 조사·관리에 필요한 사항을 규정함으로써 부동산의 적정한 가격형성과 각종 조세·부담금 등의 형평성을 도모하고 국민경제의 발전에 이바지함을 목적으로 한다.

제2조(정의) 이 법에서 사용하는 용어의 뜻은 다음과 같다.

1. "주택"이란 「주택법」 제2조제1호에 따른 주택을 말한다.

2. "공동주택"이란 「주택법」 제2조제3호에 따른 공동주택을 말한다.

3. "단독주택"이란 공동주택을 제외한 주택을 말한다.

4. "비주거용 부동산"이란 주택을 제외한 건축물이나 건축물과 그 토지의 전부 또는 일부를 말하며 다음과 같이 구분한다.

   가. 비주거용 집합부동산: 「집합건물의 소유 및 관리에 관한 법률」에 따라 구분소유되는 비주거용 부동산

   나. 비주거용 일반부동산: 가목을 제외한 비주거용 부동산

5. "적정가격"이란 토지, 주택 및 비주거용 부동산에 대하여 통상적인 시장에서 정상적인 거래가 이루어지는 경우 성립될 가능성이 가장 높다고 인정되는 가격을 말한다.

제2장 지가의 공시

제3조(표준지공시지가의 조사·평가 및 공시 등) ① 국토교통부장관은 토지이용상황이 주변 환경, 그 밖의 자연적·사회적 조건이 일반적으로

유사하다고 인정되는 일단의 토지 중에서 선정한 표준지에 대하여 매년 공시기준일 현재의 단위면적당 적정가격(이하 "표준지공시지가"라 한다)을 조사·평가하고, 제24조에 따른 중앙부동산가격공시위원회의 심의를 거쳐 이를 공시하여야 한다.

② 국토교통부장관은 표준지공시지가를 공시하기 위하여 표준지의 가격을 조사·평가할 때에는 대통령령으로 정하는 바에 따라 해당 토지 소유자의 의견을 들어야 한다.

③ 제1항에 따른 표준지의 선정, 공시기준일, 공시의 시기, 조사·평가 기준 및 공시절차 등에 필요한 사항은 대통령령으로 정한다.

④ 국토교통부장관이 제1항에 따라 표준지공시지가를 조사·평가하는 경우에는 인근 유사토지의 거래가격·임대료 및 해당 토지와 유사한 이용가치를 지닌다고 인정되는 토지의 조성에 필요한 비용추정액, 인근지역 및 다른 지역과의 형평성·특수성, 표준지공시지가 변동의 예측 가능성 등 제반사항을 종합적으로 참작하여야 한다. <개정 2020. 4. 7.>

⑤ 국토교통부장관이 제1항에 따라 표준지공시지가를 조사·평가할 때에는 업무실적, 신인도(信認度) 등을 고려하여 둘 이상의 「감정평가 및 감정평가사에 관한 법률」에 따른 감정평가법인등(이하 "감정평가법인등"이라 한다)에게 이를 의뢰하여야 한다. 다만, 지가 변동이 작은 경우 등 대통령령으로 정하는 기준에 해당하는 표준지에 대해서는 하나의 감정평가법인등에 의뢰할 수 있다. <개정 2020. 4. 7.>

⑥ 국토교통부장관은 제5항에 따라 표준지공시지가 조사·평가를 의뢰받은

감정평가업자가 공정하고 객관적으로 해당 업무를 수행할 수 있도록 하여야 한다. <신설 2020. 4. 7.>

⑦ 제5항에 따른 감정평가법인등의 선정기준 및 업무범위는 대통령령으로 정한다. <개정 2020. 4. 7.>

⑧ 국토교통부장관은 제10조에 따른 개별공시지가의 산정을 위하여 필요하다고 인정하는 경우에는 표준지와 산정대상 개별 토지의 가격형성요인에 관한 표준적인 비교표(이하 "토지가격비준표"라 한다)를 작성하여 시장·군수 또는 구청장에게 제공하여야 한다. <개정 2020. 4. 7.>

제4조(표준지공시지가의 조사협조) 국토교통부장관은 표준지의 선정 또는 표준지공시지가의 조사·평가를 위하여 필요한 경우에는 관계 행정기관에 해당 토지의 인·허가 내용, 개별법에 따른 등록사항 등 대통령령으로 정하는 관련 자료의 열람 또는 제출을 요구할 수 있다. 이 경우 관계 행정기관은 정당한 사유가 없으면 그 요구를 따라야 한다. <개정 2020. 6. 9.>

제5조(표준지공시지가의 공시사항) 제3조에 따른 공시에는 다음 각 호의 사항이 포함되어야 한다.

1. 표준지의 지번
2. 표준지의 단위면적당 가격
3. 표준지의 면적 및 형상
4. 표준지 및 주변토지의 이용상황
5. 그 밖에 대통령령으로 정하는 사항

제6조(표준지공시지가의 열람 등) 국토교통부장관은 제3조에 따라 표준지

공시지가를 공시한 때에는 그 내용을 특별시장·광역시장 또는 도지사를 거쳐 시장·군수 또는 구청장(지방자치단체인 구의 구청장에 한정한다. 이하 같다)에게 송부하여 일반인이 열람할 수 있게 하고, 대통령령으로 정하는 바에 따라 이를 도서·도표 등으로 작성하여 관계 행정기관 등에 공급하여야 한다.

제7조(표준지공시지가에 대한 이의신청) ① 표준지공시지가에 이의가 있는 자는 그 공시일부터 30일 이내에 서면(전자문서를 포함한다. 이하 같다)으로 국토교통부장관에게 이의를 신청할 수 있다.

② 국토교통부장관은 제1항에 따른 이의신청 기간이 만료된 날부터 30일 이내에 이의신청을 심사하여 그 결과를 신청인에게 서면으로 통지하여야 한다. 이 경우 국토교통부장관은 이의신청의 내용이 타당하다고 인정될 때에는 제3조에 따라 해당 표준지공시지가를 조정하여 다시 공시하여야 한다.

③ 제1항 및 제2항에서 규정한 것 외에 이의신청 및 처리절차 등에 필요한 사항은 대통령령으로 정한다.

제8조(표준지공시지가의 적용) 제1호 각 목의 자가 제2호 각 목의 목적을 위하여 지가를 산정할 때에는 그 토지와 이용가치가 비슷하다고 인정되는 하나 또는 둘 이상의 표준지의 공시지가를 기준으로 토지가격비준표를 사용하여 지가를 직접 산정하거나 감정평가법인등에 감정평가를 의뢰하여 산정할 수 있다. 다만, 필요하다고 인정할 때에는 산정된 지가를 제2호 각 목의 목적에 따라 가감(加減) 조정하여 적용할 수 있다. <개

정 2020. 4. 7.>

1. 지가 산정의 주체

    가. 국가 또는 지방자치단체

    나. 「공공기관의 운영에 관한 법률」에 따른 공공기관

    다. 그 밖에 대통령령으로 정하는 공공단체

2. 지가 산정의 목적

    가. 공공용지의 매수 및 토지의 수용·사용에 대한 보상

    나. 국유지·공유지의 취득 또는 처분

    다. 그 밖에 대통령령으로 정하는 지가의 산정

제9조(표준지공시지가의 효력) 표준지공시지가는 토지시장에 지가정보를 제공하고 일반적인 토지거래의 지표가 되며, 국가·지방자치단체 등이 그 업무와 관련하여 지가를 산정하거나 감정평가법인등이 개별적으로 토지를 감정평가하는 경우에 기준이 된다. <개정 2020. 4. 7.>

제10조(개별공시지가의 결정·공시 등) ① 시장·군수 또는 구청장은 국세·지방세 등 각종 세금의 부과, 그 밖의 다른 법령에서 정하는 목적을 위한 지가산정에 사용되도록 하기 위하여 제25조에 따른 시·군·구부동산가격공시위원회의 심의를 거쳐 매년 공시지가의 공시기준일 현재 관할 구역 안의 개별토지의 단위면적당 가격(이하 "개별공시지가"라 한다)을 결정·공시하고, 이를 관계 행정기관 등에 제공하여야 한다.

② 제1항에도 불구하고 표준지로 선정된 토지, 조세 또는 부담금 등의 부과 대상이 아닌 토지, 그 밖에 대통령령으로 정하는 토지에 대하여는

개별공시지가를 결정·공시하지 아니할 수 있다. 이 경우 표준지로 선정된 토지에 대하여는 해당 토지의 표준지공시지가를 개별공시지가로 본다.

③ 시장·군수 또는 구청장은 공시기준일 이후에 분할·합병 등이 발생한 토지에 대하여는 대통령령으로 정하는 날을 기준으로 하여 개별공시지가를 결정·공시하여야 한다.

④ 시장·군수 또는 구청장이 개별공시지가를 결정·공시하는 경우에는 해당 토지와 유사한 이용가치를 지닌다고 인정되는 하나 또는 둘 이상의 표준지의 공시지가를 기준으로 토지가격비준표를 사용하여 지가를 산정하되, 해당 토지의 가격과 표준지공시지가가 균형을 유지하도록 하여야 한다.

⑤ 시장·군수 또는 구청장은 개별공시지가를 결정·공시하기 위하여 개별토지의 가격을 산정할 때에는 그 타당성에 대하여 감정평가법인등의 검증을 받고 토지소유자, 그 밖의 이해관계인의 의견을 들어야 한다. 다만, 시장·군수 또는 구청장은 감정평가법인등의 검증이 필요 없다고 인정되는 때에는 지가의 변동상황 등 대통령령으로 정하는 사항을 고려하여 감정평가법인등의 검증을 생략할 수 있다. <개정 2020. 4. 7.>

⑥ 시장·군수 또는 구청장이 제5항에 따른 검증을 받으려는 때에는 해당 지역의 표준지의 공시지가를 조사·평가한 감정평가법인등 또는 대통령령으로 정하는 감정평가실적 등이 우수한 감정평가법인등에 의뢰하여야 한다. <개정 2020. 4. 7.>

⑦ 국토교통부장관은 지가공시 행정의 합리적인 발전을 도모하고 표준지

공시지가와 개별공시지가와의 균형유지 등 적정한 지가형성을 위하여 필요하다고 인정하는 경우에는 개별공시지가의 결정·공시 등에 관하여 시장·군수 또는 구청장을 지도·감독할 수 있다.

⑧ 제1항부터 제7항까지에서 규정한 것 외에 개별공시지가의 산정, 검증 및 결정, 공시기준일, 공시의 시기, 조사·산정의 기준, 이해관계인의 의견청취, 감정평가법인등의 지정 및 공시절차 등에 필요한 사항은 대통령령으로 정한다. <개정 2020. 4. 7.>

제11조(개별공시지가에 대한 이의신청) ① 개별공시지가에 이의가 있는 자는 그 결정·공시일부터 30일 이내에 서면으로 시장·군수 또는 구청장에게 이의를 신청할 수 있다.

② 시장·군수 또는 구청장은 제1항에 따라 이의신청 기간이 만료된 날부터 30일 이내에 이의신청을 심사하여 그 결과를 신청인에게 서면으로 통지하여야 한다. 이 경우 시장·군수 또는 구청장은 이의신청의 내용이 타당하다고 인정될 때에는 제10조에 따라 해당 개별공시지가를 조정하여 다시 결정·공시하여야 한다.

③ 제1항 및 제2항에서 규정한 것 외에 이의신청 및 처리절차 등에 필요한 사항은 대통령령으로 정한다.

제12조(개별공시지가의 정정) 시장·군수 또는 구청장은 개별공시지가에 틀린 계산, 오기, 표준지 선정의 착오, 그 밖에 대통령령으로 정하는 명백한 오류가 있음을 발견한 때에는 지체 없이 이를 정정하여야 한다.

제13조(타인토지에의 출입 등) ① 관계 공무원 또는 부동산가격공시업무를

의뢰받은 자(이하 "관계공무원등"이라 한다)는 제3조제4항에 따른 표준지가격의 조사·평가 또는 제10조제4항에 따른 토지가격의 산정을 위하여 필요한 때에는 타인의 토지에 출입할 수 있다.

② 관계공무원등이 제1항에 따라 택지 또는 담장이나 울타리로 둘러싸인 타인의 토지에 출입하고자 할 때에는 시장·군수 또는 구청장의 허가(부동산가격공시업무를 의뢰 받은 자에 한정한다)를 받아 출입할 날의 3일 전에 그 점유자에게 일시와 장소를 통지하여야 한다. 다만, 점유자를 알 수 없거나 부득이한 사유가 있는 경우에는 그러하지 아니하다.

③ 일출 전·일몰 후에는 그 토지의 점유자의 승인 없이 택지 또는 담장이나 울타리로 둘러싸인 타인의 토지에 출입할 수 없다.

④ 제2항에 따라 출입을 하고자 하는 자는 그 권한을 표시하는 증표와 허가증을 지니고 이를 관계인에게 내보여야 한다.

⑤ 제4항에 따른 증표와 허가증에 필요한 사항은 국토교통부령으로 정한다.

제14조(개별공시지가의 결정·공시비용의 보조) 제10조에 따른 개별공시지가의 결정·공시에 소요되는 비용은 대통령령으로 정하는 바에 따라 그 일부를 국고에서 보조할 수 있다.

제15조(부동산 가격정보 등의 조사) ① 국토교통부장관은 부동산의 적정가격 조사 등 부동산 정책의 수립 및 집행을 위하여 부동산 시장동향, 수익률 등의 가격정보 및 관련 통계 등을 조사·관리하고, 이를 관계 행정기관 등에 제공할 수 있다.

② 제1항에 따른 부동산 가격정보 등의 조사의 대상, 절차 등에 필요한 사

항은 대통령령으로 정한다.

③ 제1항에 따른 조사를 위하여 관계 행정기관에 국세, 지방세, 토지, 건물 등 관련 자료의 열람 또는 제출을 요구하거나 타인의 토지 등에 출입하는 경우에는 제4조 및 제13조를 각각 준용한다.

제3장 주택가격의 공시

제16조(표준주택가격의 조사·산정 및 공시 등) ① 국토교통부장관은 용도지역, 건물구조 등이 일반적으로 유사하다고 인정되는 일단의 단독주택 중에서 선정한 표준주택에 대하여 매년 공시기준일 현재의 적정가격(이하 "표준주택가격"이라 한다)을 조사·산정하고, 제24조에 따른 중앙부동산가격공시위원회의 심의를 거쳐 이를 공시하여야 한다.

② 제1항에 따른 공시에는 다음 각 호의 사항이 포함되어야 한다.

1. 표준주택의 지번
2. 표준주택가격
3. 표준주택의 대지면적 및 형상
4. 표준주택의 용도, 연면적, 구조 및 사용승인일(임시사용승인일을 포함한다)
5. 그 밖에 대통령령으로 정하는 사항

③ 제1항에 따른 표준주택의 선정, 공시기준일, 공시의 시기, 조사·산정기준 및 공시절차 등에 필요한 사항은 대통령령으로 정한다.

④ 국토교통부장관은 제1항에 따라 표준주택가격을 조사·산정하고자 할 때에는 「한국부동산원법」에 따른 한국부동산원(이하 "부동산원"이라

한다)에 의뢰한다. <개정 2020. 6. 9.>

⑤ 국토교통부장관이 제1항에 따라 표준주택가격을 조사·산정하는 경우에는 인근 유사 단독주택의 거래가격·임대료 및 해당 단독주택과 유사한 이용가치를 지닌다고 인정되는 단독주택의 건설에 필요한 비용추정액, 인근지역 및 다른 지역과의 형평성·특수성, 표준주택가격 변동의 예측가능성 등 제반사항을 종합적으로 참작하여야 한다. <개정 2020. 4. 7.>

⑥ 국토교통부장관은 제17조에 따른 개별주택가격의 산정을 위하여 필요하다고 인정하는 경우에는 표준주택과 산정대상 개별주택의 가격형성요인에 관한 표준적인 비교표(이하 "주택가격비준표"라 한다)를 작성하여 시장·군수 또는 구청장에게 제공하여야 한다.

⑦ 제3조제2항·제4조·제6조·제7조 및 제13조는 제1항에 따른 표준주택가격의 공시에 준용한다. 이 경우 제7조제2항 후단 중 "제3조"는 "제16조"로 본다.

제17조(개별주택가격의 결정·공시 등) ① 시장·군수 또는 구청장은 제25조에 따른 시·군·구부동산가격공시위원회의 심의를 거쳐 매년 표준주택가격의 공시기준일 현재 관할 구역 안의 개별주택의 가격(이하 "개별주택가격"이라 한다)을 결정·공시하고, 이를 관계 행정기관 등에 제공하여야 한다.

② 제1항에도 불구하고 표준주택으로 선정된 단독주택, 그 밖에 대통령령으로 정하는 단독주택에 대하여는 개별주택가격을 결정·공시하지 아니할 수 있다. 이 경우 표준주택으로 선정된 주택에 대하여는 해당 주택의

표준주택가격을 개별주택가격으로 본다.

③ 제1항에 따른 개별주택가격의 공시에는 다음 각 호의 사항이 포함되어야 한다.

1. 개별주택의 지번

2. 개별주택가격

3. 그 밖에 대통령령으로 정하는 사항

④ 시장·군수 또는 구청장은 공시기준일 이후에 토지의 분할·합병이나 건축물의 신축 등이 발생한 경우에는 대통령령으로 정하는 날을 기준으로 하여 개별주택가격을 결정·공시하여야 한다.

⑤ 시장·군수 또는 구청장이 개별주택가격을 결정·공시하는 경우에는 해당 주택과 유사한 이용가치를 지닌다고 인정되는 표준주택가격을 기준으로 주택가격비준표를 사용하여 가격을 산정하되, 해당 주택의 가격과 표준주택가격이 균형을 유지하도록 하여야 한다.

⑥ 시장·군수 또는 구청장은 개별주택가격을 결정·공시하기 위하여 개별주택의 가격을 산정할 때에는 표준주택가격과의 균형 등 그 타당성에 대하여 대통령령으로 정하는 바에 따라 부동산원의 검증을 받고 토지소유자, 그 밖의 이해관계인의 의견을 들어야 한다. 다만, 시장·군수 또는 구청장은 부동산원의 검증이 필요 없다고 인정되는 때에는 주택가격의 변동상황 등 대통령령으로 정하는 사항을 고려하여 부동산원의 검증을 생략할 수 있다. <개정 2020. 6. 9.>

⑦ 국토교통부장관은 공시행정의 합리적인 발전을 도모하고 표준주택가격과

개별주택가격과의 균형유지 등 적정한 가격형성을 위하여 필요하다고 인정하는 경우에는 개별주택가격의 결정·공시 등에 관하여 시장·군수 또는 구청장을 지도·감독할 수 있다.

⑧ 개별주택가격에 대한 이의신청 및 개별주택가격의 정정에 대하여는 제11조 및 제12조를 각각 준용한다. 이 경우 제11조제2항 후단 중 "제10조"는 "제17조"로 본다.

⑨ 제1항부터 제8항까지에서 규정한 것 외에 개별주택가격의 산정, 검증 및 결정, 공시기준일, 공시의 시기, 조사·산정의 기준, 이해관계인의 의견청취 및 공시절차 등에 필요한 사항은 대통령령으로 정한다.

제18조(공동주택가격의 조사·산정 및 공시 등) ① 국토교통부장관은 공동주택에 대하여 매년 공시기준일 현재의 적정가격(이하 "공동주택가격"이라 한다)을 조사·산정하여 제24조에 따른 중앙부동산가격공시위원회의 심의를 거쳐 공시하고, 이를 관계 행정기관 등에 제공하여야 한다. 다만, 대통령령으로 정하는 바에 따라 국세청장이 국토교통부장관과 협의하여 공동주택가격을 별도로 결정·고시하는 경우는 제외한다. <개정 2020. 6. 9.>

② 국토교통부장관은 공동주택가격을 공시하기 위하여 그 가격을 산정할 때에는 대통령령으로 정하는 바에 따라 공동주택소유자와 그 밖의 이해관계인의 의견을 들어야 한다.

③ 제1항에 따른 공동주택의 조사대상의 선정, 공시기준일, 공시의 시기, 공시사항, 조사·산정 기준 및 공시절차 등에 필요한 사항은 대통령령으로 정한다.

④ 국토교통부장관은 공시기준일 이후에 토지의 분할·합병이나 건축물의 신축 등이 발생한 경우에는 대통령령으로 정하는 날을 기준으로 하여 공동주택가격을 결정·공시하여야 한다.

⑤ 국토교통부장관이 제1항에 따라 공동주택가격을 조사·산정하는 경우에는 인근 유사 공동주택의 거래가격·임대료 및 해당 공동주택과 유사한 이용가치를 지닌다고 인정되는 공동주택의 건설에 필요한 비용추정액, 인근지역 및 다른 지역과의 형평성·특수성, 공동주택가격 변동의 예측 가능성 등 제반사항을 종합적으로 참작하여야 한다. <개정 2020. 4. 7.>

⑥ 국토교통부장관이 제1항에 따라 공동주택가격을 조사·산정하고자 할 때에는 부동산원에 의뢰한다. <개정 2020. 6. 9.>

⑦ 국토교통부장관은 제1항 또는 제4항에 따라 공시한 가격에 틀린 계산, 오기, 그 밖에 대통령령으로 정하는 명백한 오류가 있음을 발견한 때에는 지체 없이 이를 정정하여야 한다.

⑧ 공동주택가격의 공시에 대하여는 제4조·제6조·제7조 및 제13조를 각각 준용한다. 이 경우 제7조제2항 후단 중 "제3조"는 "제18조"로 본다.

제19조(주택가격 공시의 효력) ① 표준주택가격은 국가·지방자치단체 등이 그 업무와 관련하여 개별주택가격을 산정하는 경우에 그 기준이 된다.

② 개별주택가격 및 공동주택가격은 주택시장의 가격정보를 제공하고, 국가·지방자치단체 등이 과세 등의 업무와 관련하여 주택의 가격을 산정하는 경우에 그 기준으로 활용될 수 있다.

제4장 비주거용 부동산가격의 공시

제20조(비주거용 표준부동산가격의 조사·산정 및 공시 등) ① 국토교통부장관은 용도지역, 이용상황, 건물구조 등이 일반적으로 유사하다고 인정되는 일단의 비주거용 일반부동산 중에서 선정한 비주거용 표준부동산에 대하여 매년 공시기준일 현재의 적정가격(이하 "비주거용 표준부동산가격"이라 한다)을 조사·산정하고, 제24조에 따른 중앙부동산가격공시위원회의 심의를 거쳐 이를 공시할 수 있다.

② 제1항에 따른 비주거용 표준부동산가격의 공시에는 다음 각 호의 사항이 포함되어야 한다.

1. 비주거용 표준부동산의 지번
2. 비주거용 표준부동산가격
3. 비주거용 표준부동산의 대지면적 및 형상
4. 비주거용 표준부동산의 용도, 연면적, 구조 및 사용승인일(임시사용승인일을 포함한다)
5. 그 밖에 대통령령으로 정하는 사항

③ 제1항에 따른 비주거용 표준부동산의 선정, 공시기준일, 공시의 시기, 조사·산정 기준 및 공시절차 등에 필요한 사항은 대통령령으로 정한다.

④ 국토교통부장관은 제1항에 따라 비주거용 표준부동산가격을 조사·산정하려는 경우 감정평가법인등 또는 대통령령으로 정하는 부동산 가격의 조사·산정에 관한 전문성이 있는 자에게 의뢰한다. <개정 2020. 4. 7.>

⑤ 국토교통부장관이 비주거용 표준부동산가격을 조사·산정하는 경우에는

인근 유사 비주거용 일반부동산의 거래가격·임대료 및 해당 비주거용 일반부동산과 유사한 이용가치를 지닌다고 인정되는 비주거용 일반부동산의 건설에 필요한 비용추정액 등을 종합적으로 참작하여야 한다.

⑥ 국토교통부장관은 제21조에 따른 비주거용 개별부동산가격의 산정을 위하여 필요하다고 인정하는 경우에는 비주거용 표준부동산과 산정대상 비주거용 개별부동산의 가격형성요인에 관한 표준적인 비교표(이하 "비주거용 부동산가격비준표"라 한다)를 작성하여 시장·군수 또는 구청장에게 제공하여야 한다.

⑦ 비주거용 표준부동산가격의 공시에 대하여는 제3조제2항·제4조·제6조·제7조 및 제13조를 각각 준용한다. 이 경우 제7조제2항 후단 중 "제3조"는 "제20조"로 본다.

제21조(비주거용 개별부동산가격의 결정·공시 등) ① 시장·군수 또는 구청장은 제25조에 따른 시·군·구부동산가격공시위원회의 심의를 거쳐 매년 비주거용 표준부동산가격의 공시기준일 현재 관할 구역 안의 비주거용 개별부동산의 가격(이하 "비주거용 개별부동산가격"이라 한다)을 결정·공시할 수 있다. 다만, 대통령령으로 정하는 바에 따라 행정안전부장관 또는 국세청장이 국토교통부장관과 협의하여 비주거용 개별부동산의 가격을 별도로 결정·고시하는 경우는 제외한다. <개정 2017. 7. 26.>

② 제1항에도 불구하고 비주거용 표준부동산으로 선정된 비주거용 일반부동산 등 대통령령으로 정하는 비주거용 일반부동산에 대하여는 비주거용 개별부동산가격을 결정·공시하지 아니할 수 있다. 이 경우 비

주거용 표준부동산으로 선정된 비주거용 일반부동산에 대하여는 해당 비주거용 표준부동산가격을 비주거용 개별부동산가격으로 본다.

③ 제1항에 따른 비주거용 개별부동산가격의 공시에는 다음 각 호의 사항이 포함되어야 한다.

1. 비주거용 부동산의 지번
2. 비주거용 부동산가격
3. 그 밖에 대통령령으로 정하는 사항

④ 시장·군수 또는 구청장은 공시기준일 이후에 토지의 분할·합병이나 건축물의 신축 등이 발생한 경우에는 대통령령으로 정하는 날을 기준으로 하여 비주거용 개별부동산가격을 결정·공시하여야 한다.

⑤ 시장·군수 또는 구청장이 비주거용 개별부동산가격을 결정·공시하는 경우에는 해당 비주거용 일반부동산과 유사한 이용가치를 지닌다고 인정되는 비주거용 표준부동산가격을 기준으로 비주거용 부동산가격비준표를 사용하여 가격을 산정하되, 해당 비주거용 일반부동산의 가격과 비주거용 표준부동산가격이 균형을 유지하도록 하여야 한다.

⑥ 시장·군수 또는 구청장은 비주거용 개별부동산가격을 결정·공시하기 위하여 비주거용 일반부동산의 가격을 산정할 때에는 비주거용 표준부동산가격과의 균형 등 그 타당성에 대하여 제20조에 따른 비주거용 표준부동산가격의 조사·산정을 의뢰 받은 자 등 대통령령으로 정하는 자의 검증을 받고 비주거용 일반부동산의 소유자와 그 밖의 이해관계인의 의견을 들어야 한다. 다만, 시장·군수 또는 구청장은 비주거용 개별

부동산가격에 대한 검증이 필요 없다고 인정하는 때에는 비주거용 부동산가격의 변동상황 등 대통령령으로 정하는 사항을 고려하여 검증을 생략할 수 있다.

⑦ 국토교통부장관은 공시행정의 합리적인 발전을 도모하고 비주거용 표준부동산가격과 비주거용 개별부동산가격과의 균형유지 등 적정한 가격형성을 위하여 필요하다고 인정하는 경우에는 비주거용 개별부동산가격의 결정·공시 등에 관하여 시장·군수 또는 구청장을 지도·감독할 수 있다.

⑧ 비주거용 개별부동산가격에 대한 이의신청 및 정정에 대하여는 제11조 및 제12를 각각 준용한다. 이 경우 제11조제2항 후단 중 "제10조"는 "제21조"로 본다.

⑨ 제1항부터 제8항까지에서 규정한 것 외에 비주거용 개별부동산가격의 산정, 검증 및 결정, 공시기준일, 공시의 시기, 조사·산정의 기준, 이해관계인의 의견청취 및 공시절차 등에 필요한 사항은 대통령령으로 정한다.

제22조(비주거용 집합부동산가격의 조사·산정 및 공시 등) ① 국토교통부장관은 비주거용 집합부동산에 대하여 매년 공시기준일 현재의 적정가격(이하 "비주거용 집합부동산가격"이라 한다)을 조사·산정하여 제24조에 따른 중앙부동산가격공시위원회의 심의를 거쳐 공시할 수 있다. 이 경우 시장·군수 또는 구청장은 비주거용 집합부동산가격을 결정·공시한 경우에는 이를 관계 행정기관 등에 제공하여야 한다.

② 제1항에도 불구하고 대통령령으로 정하는 바에 따라 행정안전부장관

또는 국세청장이 국토교통부장관과 협의하여 비주거용 집합부동산의 가격을 별도로 결정·고시하는 경우에는 해당 비주거용 집합부동산의 비주거용 개별부동산가격을 결정·공시하지 아니한다. <개정 2017. 7. 26.>

③ 국토교통부장관은 비주거용 집합부동산가격을 공시하기 위하여 비주거용 집합부동산의 가격을 산정할 때에는 대통령령으로 정하는 바에 따라 비주거용 집합부동산의 소유자와 그 밖의 이해관계인의 의견을 들어야 한다.

④ 제1항에 따른 비주거용 집합부동산의 조사대상의 선정, 공시기준일, 공시의 시기, 공시사항, 조사·산정 기준 및 공시절차 등에 필요한 사항은 대통령령으로 정한다.

⑤ 국토교통부장관은 공시기준일 이후에 토지의 분할·합병이나 건축물의 신축 등이 발생한 경우에는 대통령령으로 정하는 날을 기준으로 하여 비주거용 집합부동산가격을 결정·공시하여야 한다.

⑥ 국토교통부장관이 제1항에 따라 비주거용 집합부동산가격을 조사·산정하는 경우에는 인근 유사 비주거용 집합부동산의 거래가격·임대료 및 해당 비주거용 집합부동산과 유사한 이용가치를 지닌다고 인정되는 비주거용 집합부동산의 건설에 필요한 비용추정액 등을 종합적으로 참작하여야 한다.

⑦ 국토교통부장관은 제1항에 따라 비주거용 집합부동산가격을 조사·산정할 때에는 부동산원 또는 대통령령으로 정하는 부동산 가격의 조사·산정에 관한 전문성이 있는 자에게 의뢰한다. <개정 2020. 6. 9.>

⑧ 국토교통부장관은 제1항 또는 제4항에 따라 공시한 가격에 틀린 계산,

오기, 그 밖에 대통령령으로 정하는 명백한 오류가 있음을 발견한 때에는 지체 없이 이를 정정하여야 한다.

⑨ 비주거용 집합부동산가격의 공시에 대해서는 제4조·제6조·제7조 및 제13조를 각각 준용한다. 이 경우 제7조제2항 후단 중 "제3조"는 "제22조"로 본다.

제23조(비주거용 부동산가격공시의 효력) ① 제20조에 따른 비주거용 표준부동산가격은 국가·지방자치단체 등이 그 업무와 관련하여 비주거용 개별부동산가격을 산정하는 경우에 그 기준이 된다.

② 제21조 및 제22조에 따른 비주거용 개별부동산가격 및 비주거용 집합부동산가격은 비주거용 부동산시장에 가격정보를 제공하고, 국가·지방자치단체 등이 과세 등의 업무와 관련하여 비주거용 부동산의 가격을 산정하는 경우에 그 기준으로 활용될 수 있다.

제5장 부동산가격공시위원회

제24조(중앙부동산가격공시위원회) ① 다음 각 호의 사항을 심의하기 위하여 국토교통부장관 소속으로 중앙부동산가격공시위원회(이하 이 조에서 "위원회"라 한다)를 둔다. <개정 2020. 4. 7., 2020. 6. 9.>

1. 부동산 가격공시 관계 법령의 제정·개정에 관한 사항 중 국토교통부장관이 심의에 부치는 사항
2. 제3조에 따른 표준지의 선정 및 관리지침
3. 제3조에 따라 조사·평가된 표준지공시지가

4. 제7조에 따른 표준지공시지가에 대한 이의신청에 관한 사항

5. 제16조에 따른 표준주택의 선정 및 관리지침

6. 제16조에 따라 조사·산정된 표준주택가격

7. 제16조에 따른 표준주택가격에 대한 이의신청에 관한 사항

8. 제18조에 따른 공동주택의 조사 및 산정지침

9. 제18조에 따라 조사·산정된 공동주택가격

10. 제18조에 따른 공동주택가격에 대한 이의신청에 관한 사항

11. 제20조에 따른 비주거용 표준부동산의 선정 및 관리지침

12. 제20조에 따라 조사·산정된 비주거용 표준부동산가격

13. 제20조에 따른 비주거용 표준부동산가격에 대한 이의신청에 관한 사항

14. 제22조에 따른 비주거용 집합부동산의 조사 및 산정 지침

15. 제22조에 따라 조사·산정된 비주거용 집합부동산가격

16. 제22조에 따른 비주거용 집합부동산가격에 대한 이의신청에 관한 사항

17. 제26조의2에 따른 계획 수립에 관한 사항

18. 그 밖에 부동산정책에 관한 사항 등 국토교통부장관이 심의에 부치는 사항

② 위원회는 위원장을 포함한 20명 이내의 위원으로 구성한다.

③ 위원회의 위원장은 국토교통부 제1차관이 된다.

④ 위원회의 위원은 대통령령으로 정하는 중앙행정기관의 장이 지명하는 6명 이내의 공무원과 다음 각 호의 어느 하나에 해당하는 사람 중 국토교통부장관이 위촉하는 사람이 된다.

1. 「고등교육법」에 따른 대학에서 토지·주택 등에 관한 이론을 가르치는

조교수 이상으로 재직하고 있거나 재직하였던 사람

2. 판사, 검사, 변호사 또는 감정평가사의 자격이 있는 사람

3. 부동산가격공시 또는 감정평가 관련 분야에서 10년 이상 연구 또는 실무 경험이 있는 사람

⑤ 공무원이 아닌 위원의 임기는 2년으로 하되, 한차례 연임할 수 있다.

⑥ 국토교통부장관은 필요하다고 인정하면 위원회의 심의에 부치기 전에 미리 관계 전문가의 의견을 듣거나 조사·연구를 의뢰할 수 있다.

⑦ 제1항부터 제6항까지에서 규정한 사항 외에 위원회의 조직 및 운영에 필요한 사항은 대통령령으로 정한다.

제25조(시·군·구부동산가격공시위원회) ① 다음 각 호의 사항을 심의하기 위하여 시장·군수 또는 구청장 소속으로 시·군·구 부동산가격공시위원회를 둔다. <개정 2020. 6. 9.>

1. 제10조에 따른 개별공시지가의 결정에 관한 사항

2. 제11조에 따른 개별공시지가에 대한 이의신청에 관한 사항

3. 제17조에 따른 개별주택가격의 결정에 관한 사항

4. 제17조에 따른 개별주택가격에 대한 이의신청에 관한 사항

5. 제21조에 따른 비주거용 개별부동산가격의 결정에 관한 사항

6. 제21조에 따른 비주거용 개별부동산가격에 대한 이의신청에 관한 사항

7. 그 밖에 시장·군수 또는 구청장이 심의에 부치는 사항

② 제1항에 규정된 것 외에 시·군·구부동산가격공시위원회의 조직 및 운영에 필요한 사항은 대통령령으로 정한다.

제6장 보칙

제26조(공시보고서의 제출 등) ① 정부는 표준지공시지가, 표준주택가격 및 공동주택가격의 주요사항에 관한 보고서를 매년 정기국회의 개회 전까지 국회에 제출하여야 한다. <개정 2020. 4. 7.>

② 국토교통부장관은 제3조에 따른 표준지공시지가, 제16조에 따른 표준주택가격, 제18조에 따른 공동주택가격, 제20조에 따른 비주거용 표준부동산가격 및 제22조에 따른 비주거용 집합부동산가격을 공시하는 때에는 부동산의 시세 반영률, 조사·평가 및 산정 근거 등의 자료를 국토교통부령으로 정하는 바에 따라 인터넷 홈페이지 등에 공개하여야 한다. <신설 2020. 4. 7.> [제목개정 2020. 4. 7.]

제26조의2(적정가격 반영을 위한 계획 수립 등) ① 국토교통부장관은 부동산공시가격이 적정가격을 반영하고 부동산의 유형·지역 등에 따른 균형성을 확보하기 위하여 부동산의 시세 반영률의 목표치를 설정하고, 이를 달성하기 위하여 대통령령으로 정하는 바에 따라 계획을 수립하여야 한다.

② 제1항에 따른 계획을 수립하는 때에는 부동산 가격의 변동 상황, 지역 간의 형평성, 해당 부동산의 특수성 등 제반사항을 종합적으로 고려하여야 한다.

③ 국토교통부장관이 제1항에 따른 계획을 수립하는 때에는 관계 행정기관과의 협의를 거쳐 공청회를 실시하고, 제24조에 따른 중앙부동산가격공시위원회의 심의를 거쳐야 한다.

④ 국토교통부장관, 시장·군수 또는 구청장은 부동산공시가격을 결정·공시하는 경우 제1항에 따른 계획에 부합하도록 하여야 한다.

[본조신설 2020. 4. 7.]

제27조(공시가격정보체계의 구축 및 관리) ① 국토교통부장관은 토지, 주택 및 비주거용 부동산의 공시가격과 관련된 정보를 효율적이고 체계적으로 관리하기 위하여 공시가격정보체계를 구축·운영할 수 있다.

② 국토교통부장관은 제1항에 따른 공시가격정보체계를 구축하기 위하여 필요한 경우 관계 기관에 자료를 요청할 수 있다. 이 경우 관계 기관은 정당한 사유가 없으면 그 요청을 따라야 한다. <개정 2020. 6. 9.>

③ 제1항 및 제2항에 따른 정보 및 자료의 종류, 공시가격정보체계의 구축·운영방법 등에 필요한 사항은 대통령령으로 정한다.

제27조의2(회의록의 공개) 제24조에 따른 중앙부동산가격공시위원회 및 제25조에 따른 시·군·구부동산가격공시위원회 심의의 일시·장소·안건·내용·결과 등이 기록된 회의록은 3개월의 범위에서 대통령령으로 정하는 기간이 지난 후에는 대통령령으로 정하는 바에 따라 인터넷 홈페이지 등에 공개하여야 한다. 다만, 공익을 현저히 해할 우려가 있거나 심의의 공정성을 침해할 우려가 있다고 인정되는 이름, 주민등록번호 등 대통령령으로 정하는 개인 식별 정보에 관한 부분의 경우에는 그러하지 아니하다. [본조신설 2020. 4. 7.]

제28조(업무위탁) ① 국토교통부장관은 다음 각 호의 업무를 부동산원 또는 국토교통부장관이 정하는 기관에 위탁할 수 있다. <개정 2020. 4. 7., 2020. 6. 9.>

1. 다음 각 목의 업무 수행에 필요한 부대업무

   가. 제3조에 따른 표준지공시지가의 조사·평가

   나. 제16조에 따른 표준주택가격의 조사·산정

다. 제18조에 따른 공동주택가격의 조사·산정

라. 제20조에 따른 비주거용 표준부동산가격의 조사·산정

마. 제22조에 따른 비주거용 집합부동산가격의 조사·산정

2. 제6조에 따른 표준지공시지가, 제16조제7항에 따른 표준주택가격, 제18조제8항에 따른 공동주택가격, 제20조제7항에 따른 비주거용 표준부동산가격 및 제22조제9항에 따른 비주거용 집합부동산가격에 관한 도서·도표 등 작성·공급

3. 제3조제8항, 제16조제6항 및 제20조제6항에 따른 토지가격비준표, 주택가격비준표 및 비주거용 부동산가격비준표의 작성·제공

4. 제15조에 따른 부동산 가격정보 등의 조사

5. 제27조에 따른 공시가격정보체계의 구축 및 관리

6. 제1호부터 제5호까지의 업무와 관련된 업무로서 대통령령으로 정하는 업무

② 국토교통부장관은 제1항에 따라 그 업무를 위탁할 때에는 예산의 범위에서 필요한 경비를 보조할 수 있다.

제29조(수수료 등) ① 부동산원 및 감정평가법인등은 이 법에 따른 표준지공시지가의 조사·평가, 개별공시지가의 검증, 부동산 가격정보·통계 등의 조사, 표준주택가격의 조사·산정, 개별주택가격의 검증, 공동주택가격의 조사·산정, 비주거용 표준부동산가격의 조사·산정, 비주거용 개별부동산가격의 검증 및 비주거용 집합부동산가격의 조사·산정 등의 업무수행을 위한 수수료와 출장 또는 사실 확인 등에 소요된 실비를 받을 수 있다. <개정 2020. 4. 7., 2020. 6. 9.>

② 제1항에 따른 수수료의 요율 및 실비의 범위는 국토교통부장관이 정하여 고시한다.

제30조(벌칙 적용에서 공무원 의제) 다음 각 호의 어느 하나에 해당하는 사람은 「형법」 제129조부터 제132조까지의 규정을 적용할 때에는 공무원으로 본다.

1. 제28조제1항에 따라 업무를 위탁받은 기관의 임직원
2. 중앙부동산가격공시위원회의 위원 중 공무원이 아닌 위원

부칙 〈제17459호, 2020. 6. 9.〉 (한국부동산원법)

제1조(시행일) 이 법은 공포 후 6개월이 경과한 날부터 시행한다.

제2조 및 제3조 생략

제4조(다른 법률의 개정) ①부터 ③까지 생략

④ 부동산 가격공시에 관한 법률 일부를 다음과 같이 개정한다.

제16조제4항 중 "「한국감정원법」에 따른 한국감정원(이하 "감정원"이라 한다)"을 "「한국부동산원법」에 따른 한국부동산원(이하 "부동산원"이라 한다)"으로 한다. 제17조제6항 본문·단서, 제18조제6항, 제22조제7항, 제28조제1항 각 호 외의 부분 및 제29조제1항 중 "감정원"을 각각 "부동산원"으로 한다.

제5조 생략

2026년
표준지공시지가 조사·평가 업무요령 -부록-

II 표준지의 선정 및 관리지침

제1장 총칙 ·· 31

제2장 지역분석 ·· 32

제3장 표준지의 선정 및 관리 ·· 34

제4장 표준지의 선정심사 ·· 38

[별표1] 표준지의 분포기준 ·· 40

[별표2] 표준지 위치 표시부호 ··· 142

국토교통부훈령 제1593호(2023.01.30.)

표준지의 선정 및 관리지침

제정 1996.12.28. 건설교통부훈령 제164호
개정 2003. 2.24. 건설교통부훈령 제402호
2005. 9.27. 건설교통부훈령 제564호
2006.12.28. 건설교통부훈령 제650호
2008. 4. 3. 국토해양부훈령 제 49호
2009. 8.24. 국토해양부훈령 제337호
2010. 8.23. 국토해양부훈령 제618호
2012. 8.20. 국토해양부훈령 제870호
2012. 9.21. 국토해양부훈령 제886호
2013. 5. 3. 국토교통부훈령 제187호
2016. 8.18. 국토교통부훈령 제575호
2016. 9. 1. 국토교통부훈령 제745호
2017.10.25. 국토교통부훈령 제926호
2019.10.23. 국토교통부훈령 제1236호
2023. 1.30. 국토교통부훈령 제1593호

제1장 총칙

제1조(목적) 이 지침은 「부동산 가격공시에 관한 법률」 제3조제3항 및 같은 법 시행령 제2조제2항에 따라 표준지의 선정 및 관리 등에 관하여 필요한 사항을 정함을 목적으로 한다.

제2조(정의) 이 지침에서 사용하는 용어의 뜻은 다음과 같다.

1. "지역분석"이란 지역의 지가수준에 전반적인 영향을 미치는 가격형성 요인을 일정한 지역범위별로 조사·분석함으로써 지역 내 토지의 표준적인 이용과 지가수준 및 그 변동추이를 판정하는 것을 말한다.

2. "가격형성요인"이란 토지의 객관적인 가치에 영향을 미치는 지역요인 및 개별요인을 말한다.

3. "지역요인"이란 그 지역의 지가수준에 영향을 미치는 자연적·사회적·경제적·행정적 요인을 말한다.

4. "개별요인"이란 해당 토지의 가격에 직접 영향을 미치는 위치·면적·형상·이용상황 등의 개별적인 요인을 말한다.

5. "용도지대"란 토지의 실제용도에 따른 구분으로서 「국토의 계획 및 이용에 관한 법률」 상의 용도지역에도 불구하고 토지의 지역적 특성이 동일하거나 유사한 지역의 일단을 말하며, 상업지대·주택지대·공업지대·농경지대·임야지대·후보지지대·기타지대 등으로 구분한다.

6. "해당지역"이란 「부동산 가격공시에 관한 법률」(이하 "법"이라 한다) 제3조제5항에 따라 표준지 조사·평가의 의뢰 대상이 되는 각각의 시·군·구 또는 이를 구분한 지역을 말한다.

7. "표준지선정단위구역"이란 동일한 용도지역 내에서 가격수준 및 토지이용상황 등을 고려하여 표준지의 선정범위를 구획한 구역을 말한다.

제2장 지역분석

제3조(지역분석의 실시) 국토교통부장관으로부터 표준지의 선정·교체·조사 등을 의뢰받은 자(이하 "표준지 선정자"라 한다)가 일단의 토지 중에서 표준지의 선정·교체 등을 하고자 할 때에는 지역분석을 실시하여야 한다.

제4조(지역분석의 방법) ① 제3조에 따른 지역분석은 가격형성요인에 따라 해당지역의 용도지역이나 용도지대를 적절하게 세분하여 실시하며, 인접한 지역과 상호 연계성이 유지될 수 있도록 한다.

② 지역분석은 다음 각 호의 순서에 따라 실시한다.

1. 해당지역의 전반적인 지역요인의 분석
2. 지역특성을 고려하여 해당지역을 용도지역이나 용도지대별로 구분하여 이를 지역적 특성에 따라 적절하게 세분
3. 제2호에 따라 세분된 지역(이하 "세분된 지역"이라 한다)에 대한 지역요인의 변동추이 및 주요 변동원인과 지가수준에 미치는 영향을 분석
4. 세분된 지역 내 토지의 표준적인 이용 및 가격수준을 다음 각목에 따라 판정
   가. 표준적인 이용의 판정은 감정평가의 일반원칙에 따르되 개발현황, 토지수급의 변동현황, 인접지역간의 대체관계 등을 고려
   나. 가격수준의 판정 시에는 객관적인 가격자료를 검토·분석하여 상급지, 중급지 및 하급지로 구분하여 가격수준을 판정
5. 기존 표준지의 활용실적을 분석하고 지역요인 등의 변화를 고려하여 인근지역별로 표준지의 분포를 적절하게 조정

제5조(지역분석조서의 작성) ① 표준지 선정자는 지역분석결과를 인접한 지역의 지역분석결과와 비교·검토하고 가격수준을 협의하여 이를 지역분석조서로 작성한다.

② 제1항에 따른 지역분석조서를 작성할 때에는 지역개황, 세분된 지역의

지역요인 분석내용, 표준적인 이용 및 가격수준의 판정과 가격수준 검토 결과, 표준지의 교체 및 분포조정 등에 관한 사항을 기재하여야 한다.

③ 제2항에 따른 지역개황에 관한 사항에는 다음 각 호의 사항을 포함하여야 한다.

1. 해당지역의 전반적인 지역요인의 분석내용과 전반적인 지가수준의 현황 및 변동추이
2. 토지용도별 수급의 변화 및 대표적이고 특징적인 지가변동원인
3. 지역의 세분에 관한 사항

제6조(가격수준 협의) ① 표준지 선정자는 제5조에 따른 지역분석조서를 작성하는 경우에는 세분된 지역별로 가격수준을 상급지, 중급지 및 하급지로 분류하고, 인접한 지역의 표준지 선정자와 지역분석내용을 비교·검토하여 지역간의 적정한 가격수준을 협의하여야 한다.

② 표준지 선정자가 제1항에 따른 가격수준을 협의하는 경우에는 인접한 지역의 표준지 선정자와 사전 및 수시협의를 통하여 적정한 가격수준을 판정하되, 협의 시에는 평가선례·거래사례 등 객관적인 가격자료와 지역분석 자료를 활용하여 용도지역별·토지용도별·유형별로 가격수준을 협의한다.

제3장 표준지의 선정 및 관리

제7조(표준지 선정 및 관리의 기본원칙) ① 토지의 감정평가 및 개별공시지가의 산정 등에 효율적으로 활용되고 일반적인 지가정보를 제공할

수 있도록 표준지를 선정·관리한다.

② 다양한 토지유형별로 일반적이고 평균적인 토지이용상황, 가격수준 및 그 변화를 나타낼 수 있도록 표준지를 선정·관리한다.

③ 표준지 상호간 연계성을 고려하여 용도지역·용도지대별 또는 토지이용상황별로 표준지를 균형 있게 분포시키고, 인근토지의 가격비교기준이 되는 토지로서 연도별로 일관성을 유지할 수 있도록 표준지를 선정·관리한다.

제8조(표준지의 분포기준) ① 지역별·용도지역별 및 토지이용상황별로 전체적인 표준지 수를 배분하기 위한 표준지의 일반적인 분포기준은 별표 1과 같다. 다만, 다른 토지의 가격산정에의 비교가능성 및 활용도를 높이기 위하여 필요하다고 인정되는 경우에는 표준지의 분포기준을 조정할 수 있다.

② 표준지 선정자는 지역분석을 토대로 용도지역·용도지대별 또는 토지이용상황별 표준지 분포 및 활용의 적절성을 판단하여 지가분포가 다양하고 변화가 많은 지역에 대해서는 상대적으로 많은 표준지가 분포될 수 있도록 한다.

제9조(표준지 분포의 조정) ① 지역요인의 변동이 현저한 지역 또는 조세부과 등의 행정목적을 위하여 필요한 지역에 대해서는 표준지의 분포를 조정할 수 있다.

② 기존 표준지의 활용실적을 분석하여 과소 또는 과다하게 활용한 필지가 있는 경우에는 표준지가 적절하게 활용될 수 있도록 지역간 표준지의

분포를 조정할 수 있다.

제10조(표준지의 선정기준) ① 표준지를 선정하기 위한 일반적인 기준은 다음과 같다.

1. 지가의 대표성 : 표준지선정단위구역 내에서 지가수준을 대표할 수 있는 토지 중 인근지역 내 가격의 층화를 반영할 수 있는 표준적인 토지

2. 토지특성의 중용성 : 표준지선정단위구역 내에서 개별토지의 토지이용상황·면적·지형지세·도로조건·주위환경 및 공적규제 등이 동일 또는 유사한 토지 중 토지특성빈도가 가장 높은 표준적인 토지

3. 토지용도의 안정성 : 표준지선정단위구역 내에서 개별토지의 주변이용상황으로 보아 그 이용상황이 안정적이고 장래 상당기간 동일 용도로 활용될 수 있는 표준적인 토지

4. 토지구별의 확정성 : 표준지선정단위구역 내에서 다른 토지와 구분이 용이하고 위치를 쉽게 확인할 수 있는 표준적인 토지

② 특수토지 또는 용도상 불가분의 관계를 형성하고 있는 비교적 대규모의 필지를 일단지로 평가할 필요가 있는 경우에는 표준지로 선정하여 개별공시지가의 산정기준으로 활용될 수 있도록 하되, 토지형상·위치 등이 표준적인 토지를 선정한다.

③ 국가 및 지방자치단체에서 행정목적상 필요하여 표준지를 선정하여 줄 것을 요청한 특정지역이나 토지에 대해서는 지역특성을 고려하여 타당하다고 인정하는 경우에는 표준지를 선정할 수 있다.

제11조(표준지의 교체 등) ① 기존 표준지는 특별한 사유가 없는 한 교체하지

아니한다.

② 표준지가 다음 각 호의 어느 하나에 해당되는 경우에는 이를 인근의 다른 토지로 교체하거나 삭제할 수 있다.

1. 도시·군계획사항의 변경, 토지이용상황의 변경, 개발사업의 시행 등으로 인하여 제10조제1항의 선정기준에 부합되지 아니하는 경우
2. 형질변경이나 지번, 지목, 면적 등 지적사항 등의 변경
3. 개별공시지가의 산정 시에 비교표준지로의 활용성이 낮아 실질적으로 기준성을 상실한 경우

③ 제9조제2항에 따라 해당지역의 표준지 수가 증가 또는 감소되는 경우에는 다음 각 호의 사항을 고려하여 표준지가 인근토지의 가격비교 기준으로 효율적으로 활용될 수 있도록 교체하거나 삭제할 수 있다.

1. 개별공시지가의 산정 시에 비교표준지로의 활용실적 분석결과
2. 지역분석에 의한 표준지 분포조정 검토결과
3. 택지개발사업, 도시개발사업 또는 재개발사업 등의 시행으로 인한 토지형질의 변경 등

제12조(표준지 선정의 제외대상) ① 국·공유의 토지는 표준지로 선정하지 아니한다. 다만, 「국유재산법」 상 일반재산인 경우와 국·공유의 토지가 여러 필지로서 일단의 넓은 지역을 이루고 있어 그 지역의 지가수준을 대표할 표준지가 필요한 경우에는 국·공유의 토지를 표준지로 선정할 수 있다.

② 한 필지가 둘 이상의 용도로 이용되고 있는 토지는 표준지로 선정하지

아니한다. 다만, 부수적인 용도의 면적과 토지의 효용가치가 경미한 경우에는 비교표준지로의 활용목적을 고려하여 표준지로 선정할 수 있다.

제13조(표준지의 선정 등에 관한 협의) ① 표준지 선정자는 표준지 선정 등에 관하여 해당지역을 관할하는 시장·군수 또는 구청장과 협의를 하여야 하며, 필요한 경우 특별시장·광역시장 또는 도지사와 협의할 수 있다.

② 표준지의 선정에 관하여 협의할 때에는 지역분석의 결과에 따른 표준지 분포조정의 필요성, 표준지의 활용도 및 신규 표준지의 표준지선정 단위구역 등을 검토한다.

제4장 표준지의 선정 심사

제14조(표준지 선정에 대한 심사) ① 표준지 선정자는 표준지 선정 등에 대하여 국토교통부장관의 심사를 받아야 한다.

② 표준지 선정에 대한 심사는 지역분석조서, 별지 제1호부터 제5호까지의 서식을 제출받아 다음 각 호의 사항을 심사한다.

1. 지역분석내용
2. 현장조사의 성실한 이행여부 및 표준지의 조사사항
3. 표준지 과소·과다 활용의 원인 분석 및 분포조정의 내용
4. 표준지 선정협의 여부
5. 표준지 선정(안) 위치 표시 도면의 작성내용
6. 표준지의 선정, 교체(삭제·신규를 포함한다) 및 분포조정의 타당성
7. 그 밖의 가격균형 반영의 적정성

제15조(표준지 선정심사 결과 처리) ① 표준지 선정자는 표준지 선정 등과 관련하여 조사한 사항을 국토교통부장관이 정하는 바에 따라 전산입력 하여야 하며, 제14조에 따른 심사 결과 표준지 내역의 변경 등의 보완사항이 있는 경우에는 이를 해당 시·군·구에 통보하여야 한다.

② 한국감정원은 제14조에 따른 표준지 선정심사가 종결된 때에는 즉시 그 결과를 취합하여 이를 전산입력하고 국토교통부장관에게 제출한다.

제16조(표준지의 확정) 제14조에 따른 표준지 선정 심사가 완료된 때에 표준지는 확정된다. 다만, 표준지 선정심사 이후 공시기준일까지 발생한 사유로 인하여 표준지의 교체 또는 삭제가 필요하다고 인정되는 경우에는 표준지의 선정을 재심사할 수 있으며, 이 경우에 제14조 및 제15조의 규정을 준용한다.

제17조(표준지의 위치 표시) 표준지의 위치는 「부동산 가격공시에 관한 법률 시행규칙」 제3조제2항제4호에 따른 도면(전자도면을 포함한다)에 별표 2에서 정한 기호로 표시하고 기호 밑에 일련번호를 기재한다. 다만, 전자도면일 경우 별표 2에서 정한 기호 외의 방법으로 위치를 표시할 수 있다.

제18조(재검토기한) 국토교통부장관은 「훈령·예규 등의 발령 및 관리에 관한 규정」에 따라 이 훈령에 대하여 2017년 1월 1일을 기준으로 매 3년이 되는 시점(매 3년째의 12월 31일까지를 말한다)마다 그 타당성을 검토하여 개선 등의 조치를 하여야 한다.

부칙 〈제2023-34호, 2023. 1. 30.〉

이 훈령은 발령한 날부터 시행한다.

[별표1]

표준지 분포기준

(단위:필지)

시군구	이용상황	합계	1전	2전	1주	2주	3주	준주	중상	일상	근상
전국	합계	600,000	1,230	313	38,614	74,257	14,282	13,305	2,085	32,662	1,673
	주거용	160,997	1,065	272	24,112	44,053	7,630	4,128	255	5,490	228
	상업업무용	57,347	38	5	2,834	10,966	3,717	5,838	1,691	21,956	1,257
	주상복합용	37,960	23	2	6,899	16,271	2,727	2,705	119	4,730	167
	공업용	15,867	1	1	490	340	33	262	9	36	3
	전	150,786	52	16	2,805	1,684	104	248	2	148	8
	답	98,225	12	11	796	492	23	68	-	71	7
	임야	76,443	38	5	615	428	43	34	-	29	1
	특수토지	1,600	-	-	1	2	1	14	6	185	2
	공공용지	775	1	1	62	21	4	8	3	17	-
서울특별시	합계	31,540	342	8	2,437	15,687	5,580	1,920	107	3,175	187
	주거용	15,092	292	7	1,868	9,646	2,137	552	-	142	29
	상업업무용	9,276	12	1	157	2,255	2,382	998	107	2,837	129
	주상복합용	5,802	17	-	206	3,758	1,044	364	-	187	28
	공업용	230	-	-	1	5	4	4	-	3	-
	전	391	1	-	2	2	7	1	-	-	-
	답	17	-	-	-	-	-	-	-	-	-
	임야	570	19	-	159	12	3	-	-	-	-
	특수토지	13	-	-	-	-	-	1	-	3	1
	공공용지	149	1	-	44	9	3	-	-	3	-
서울특별시 종로구	합계	2,093	105	-	394	602	127	31	-	758	-
	주거용	900	94	-	290	413	46	4	-	30	-
	상업업무용	938	2	-	51	111	57	17	-	700	-
	주상복합용	181	1	-	41	77	24	10	-	27	-
	전	11	1	-	-	-	-	-	-	-	-
	임야	56	7	-	9	-	-	-	-	-	-
	공공용지	7	-	-	3	1	-	-	-	1	-
서울특별시 중구	합계	1,648	-	-	119	386	186	67	107	782	-
	주거용	311	-	-	60	180	53	8	-	10	-
	상업업무용	1,176	-	-	36	137	107	51	107	738	-
	주상복합용	153	-	-	16	69	26	8	-	34	-
	임야	5	-	-	5	-	-	-	-	-	-
	공공용지	3	-	-	2	-	-	-	-	-	-
서울특별시 용산구	합계	1,234	15	-	234	624	141	96	-	118	-
	주거용	702	14	-	185	392	67	38	-	4	-
	상업업무용	375	1	-	18	135	60	50	-	111	-
	주상복합용	148	-	-	27	96	14	8	-	3	-
	임야	4	-	-	4	-	-	-	-	-	-
	공공용지	5	-	-	-	1	-	-	-	-	-
서울특별시 성동구	합계	963	-	-	21	499	176	44	-	43	5
	주거용	423	-	-	15	274	78	10	-	6	-
	상업업무용	238	-	-	-	68	60	20	-	31	5
	주상복합용	251	-	-	2	156	38	14	-	6	-
	공업용	44	-	-	-	1	-	-	-	-	-
	임야	1	-	-	1	-	-	-	-	-	-
	공공용지	6	-	-	3	-	-	-	-	-	-

Ⅱ 표준지의 선정 및 관리지침

유상	전공	일공	준공	보전	생산	자연	개제	미정	관리	보관	생관	계관	농림	자보
203	227	6,025	4,447	5,696	9,872	53,557	18,893	141	20	42,973	47,685	138,075	84,151	9,614
6	11	328	792	600	878	11,188	1,097	21	1	3,975	4,672	45,515	3,679	1,001
160	8	302	1,104	93	344	2,684	286	13	-	210	206	3,344	144	147
-	1	65	391	19	112	877	157	3	-	128	94	2,336	53	81
12	163	4,068	1,698	20	271	1,632	91	11	8	438	823	4,831	573	53
5	12	544	241	1,863	1,927	20,216	8,716	37	4	18,616	23,597	51,433	14,962	3,546
14	14	384	118	528	6,205	8,029	4,001	42	2	4,959	12,173	15,879	42,922	1,475
4	11	295	89	2,518	118	8,320	4,393	11	5	14,562	6,027	13,936	21,777	3,184
1	6	30	3	14	8	291	79	-	-	46	73	774	30	34
1	1	9	11	41	9	320	73	3	-	39	20	27	11	93
10	-	-	906	1	4	337	839	-	-	-	-	-	-	-
-	-	-	232	1	1	44	141	-	-	-	-	-	-	-
10	-	-	296	-	-	43	49	-	-	-	-	-	-	-
-	-	-	173	-	-	6	19	-	-	-	-	-	-	-
-	-	-	198	-	1	11	3	-	-	-	-	-	-	-
-	-	-	1	-	-	52	325	-	-	-	-	-	-	-
-	-	-	-	-	-	1	16	-	-	-	-	-	-	-
-	-	-	2	-	-	110	265	-	-	-	-	-	-	-
-	-	-	-	-	-	3	5	-	-	-	-	-	-	-
-	-	-	4	-	2	67	16	-	-	-	-	-	-	-
-	-	-	-	-	-	15	61	-	-	-	-	-	-	-
-	-	-	-	-	-	4	19	-	-	-	-	-	-	-
-	-	-	-	-	-	-	-	-	-	-	-	-	-	-
-	-	-	-	-	-	-	1	-	-	-	-	-	-	-
-	-	-	-	-	-	1	9	-	-	-	-	-	-	-
-	-	-	-	-	-	8	32	-	-	-	-	-	-	-
-	-	-	-	-	-	2	-	-	-	-	-	-	-	-
-	-	-	-	-	-	1	-	-	-	-	-	-	-	-
-	-	-	-	-	-	-	-	-	-	-	-	-	-	-
-	-	-	-	-	-	-	-	-	-	-	-	-	-	-
-	-	-	-	-	-	-	-	-	-	-	-	-	-	-
-	-	-	-	-	-	-	-	-	-	-	-	-	-	-
-	-	-	-	-	-	1	-	-	-	-	-	-	-	-
-	-	-	-	1	-	5	-	-	-	-	-	-	-	-
-	-	-	-	1	-	1	-	-	-	-	-	-	-	-
-	-	-	-	-	-	-	-	-	-	-	-	-	-	-
-	-	-	-	-	-	-	-	-	-	-	-	-	-	-
-	-	-	-	-	-	4	-	-	-	-	-	-	-	-
2	-	-	169	-	-	4	-	-	-	-	-	-	-	-
-	-	-	40	-	-	-	-	-	-	-	-	-	-	-
2	-	-	51	-	-	1	-	-	-	-	-	-	-	-
-	-	-	35	-	-	-	-	-	-	-	-	-	-	-
-	-	-	43	-	-	-	-	-	-	-	-	-	-	-
-	-	-	-	-	-	-	-	-	-	-	-	-	-	-
-	-	-	-	-	-	3	-	-	-	-	-	-	-	-

시군구	이용상황	합계	1전	2전	1주	2주	3주	준주	중상	일상	근상
서울특별시 광진구	합계	1,091	1	-	129	620	181	96	-	44	-
	주거용	572	-	-	114	345	79	28	-	-	-
	상업업무용	262	-	-	1	108	71	42	-	39	-
	주상복합용	236	-	-	10	165	31	25	-	5	-
	임야	14	-	-	3	-	-	-	-	-	-
	특수토지	1	-	-	-	-	-	1	-	-	-
	공공용지	6	1	-	1	2	-	-	-	-	-
서울특별시 동대문구	합계	1,390	-	-	55	766	326	102	-	124	16
	주거용	615	-	-	47	402	129	29	-	5	3
	상업업무용	416	-	-	2	120	115	60	-	110	9
	주상복합용	351	-	-	3	242	81	13	-	9	3
	임야	5	-	-	3	1	1	-	-	-	-
	특수토지	1	-	-	-	-	-	-	-	-	1
	공공용지	2	-	-	-	1	-	-	-	-	-
서울특별시 중랑구	합계	1,158	-	-	34	714	211	104	-	27	19
	주거용	646	-	-	29	471	91	41	-	6	5
	상업업무용	220	-	-	1	69	76	43	-	16	10
	주상복합용	255	-	-	4	174	44	20	-	5	4
	전	18	-	-	-	-	-	-	-	-	-
	임야	16	-	-	-	-	-	-	-	-	-
	공공용지	3	-	-	-	-	-	-	-	-	-
서울특별시 성북구	합계	1,980	71	-	216	1,144	272	150	-	91	13
	주거용	1,211	56	-	181	757	140	48	-	17	6
	상업업무용	285	-	-	7	89	56	67	-	61	4
	주상복합용	440	4	-	14	295	75	35	-	13	3
	전	1	-	-	-	-	-	-	-	-	-
	임야	34	11	-	8	3	-	-	-	-	-
	공공용지	9	-	-	6	-	1	-	-	-	-
서울특별시 강북구	합계	1,320	-	-	108	781	235	91	-	57	1
	주거용	802	-	-	79	563	111	30	-	6	-
	상업업무용	242	-	-	4	62	73	46	-	46	1
	주상복합용	238	-	-	10	155	51	15	-	5	-
	전	5	-	-	-	-	-	-	-	-	-
	임야	31	-	-	14	1	-	-	-	-	-
	특수토지	1	-	-	-	-	-	-	-	-	-
	공공용지	1	-	-	1	-	-	-	-	-	-
서울특별시 도봉구	합계	810	-	-	80	391	99	61	-	28	2
	주거용	386	-	-	59	222	32	23	-	3	-
	상업업무용	133	-	-	3	31	45	18	-	18	2
	주상복합용	234	-	-	13	138	22	20	-	7	-
	공업용	1	-	-	-	-	-	-	-	-	-
	전	20	-	-	1	-	-	-	-	-	-
	답	1	-	-	-	-	-	-	-	-	-
	임야	32	-	-	4	-	-	-	-	-	-
	공공용지	3	-	-	-	-	-	-	-	-	-
서울특별시 노원구	합계	825	2	1	49	464	154	39	-	24	1
	주거용	388	2	1	33	266	61	6	-	1	-
	상업업무용	182	-	-	1	62	55	31	-	19	1
	주상복합용	187	-	-	8	133	38	2	-	4	-
	전	8	-	-	-	-	-	-	-	-	-
	임야	40	-	-	-	2	-	-	-	-	-
	공공용지	20	-	-	7	1	-	-	-	-	-

유상	전공	일공	준공	보전	생산	자연	개제	미정	관리	보관	생관	계관	농림	자보
-	-	-	-	-	-	12	8	-	-	-	-	-	-	-
-	-	-	-	-	-	3	3	-	-	-	-	-	-	-
-	-	-	-	-	-	1	-	-	-	-	-	-	-	-
-	-	-	-	-	-	-	-	-	-	-	-	-	-	-
-	-	-	-	-	-	6	5	-	-	-	-	-	-	-
-	-	-	-	-	-	-	-	-	-	-	-	-	-	-
-	-	-	-	-	-	2	-	-	-	-	-	-	-	-
-	-	-	-	-	-	1	-	-	-	-	-	-	-	-
-	-	-	-	-	-	-	-	-	-	-	-	-	-	-
-	-	-	-	-	-	-	-	-	-	-	-	-	-	-
-	-	-	-	-	-	-	-	-	-	-	-	-	-	-
-	-	-	-	-	-	-	-	-	-	-	-	-	-	-
-	-	-	-	-	-	1	-	-	-	-	-	-	-	-
-	-	-	-	-	-	17	32	-	-	-	-	-	-	-
-	-	-	-	-	-	-	3	-	-	-	-	-	-	-
-	-	-	-	-	-	2	3	-	-	-	-	-	-	-
-	-	-	-	-	-	1	3	-	-	-	-	-	-	-
-	-	-	-	-	-	5	13	-	-	-	-	-	-	-
-	-	-	-	-	-	7	9	-	-	-	-	-	-	-
-	-	-	-	-	-	2	1	-	-	-	-	-	-	-
-	-	-	-	-	-	13	10	-	-	-	-	-	-	-
-	-	-	-	-	-	3	3	-	-	-	-	-	-	-
-	-	-	-	-	-	-	1	-	-	-	-	-	-	-
-	-	-	-	-	-	1	-	-	-	-	-	-	-	-
-	-	-	-	-	-	-	1	-	-	-	-	-	-	-
-	-	-	-	-	-	7	5	-	-	-	-	-	-	-
-	-	-	-	-	-	2	-	-	-	-	-	-	-	-
-	-	-	-	-	-	8	39	-	-	-	-	-	-	-
-	-	-	-	-	-	2	11	-	-	-	-	-	-	-
-	-	-	-	-	-	1	9	-	-	-	-	-	-	-
-	-	-	-	-	-	-	2	-	-	-	-	-	-	-
-	-	-	-	-	-	1	4	-	-	-	-	-	-	-
-	-	-	-	-	-	3	13	-	-	-	-	-	-	-
-	-	-	-	-	-	1	-	-	-	-	-	-	-	-
-	-	-	-	-	-	-	-	-	-	-	-	-	-	-
-	-	-	86	-	-	14	49	-	-	-	-	-	-	-
-	-	-	40	-	-	1	6	-	-	-	-	-	-	-
-	-	-	13	-	-	-	3	-	-	-	-	-	-	-
-	-	-	32	-	-	1	1	-	-	-	-	-	-	-
-	-	-	1	-	-	-	-	-	-	-	-	-	-	-
-	-	-	-	-	-	4	15	-	-	-	-	-	-	-
-	-	-	-	-	-	-	1	-	-	-	-	-	-	-
-	-	-	-	-	-	6	22	-	-	-	-	-	-	-
-	-	-	-	-	-	2	1	-	-	-	-	-	-	-
-	-	-	-	-	-	48	43	-	-	-	-	-	-	-
-	-	-	-	-	-	8	10	-	-	-	-	-	-	-
-	-	-	-	-	-	11	2	-	-	-	-	-	-	-
-	-	-	-	-	-	1	1	-	-	-	-	-	-	-
-	-	-	-	-	-	2	6	-	-	-	-	-	-	-
-	-	-	-	-	-	16	22	-	-	-	-	-	-	-
-	-	-	-	-	-	10	2	-	-	-	-	-	-	-

시군구	이용상황	합계	1전	2전	1주	2주	3주	준주	중상	일상	근상
서울특별시 은평구	합계	1,463	7	4	135	701	281	139	-	75	16
	주거용	867	6	4	109	504	143	59	-	13	5
	상업업무용	287	-	-	1	57	103	55	-	54	8
	주상복합용	224	1	-	6	140	35	25	-	8	3
	전	30	-	-	-	-	-	-	-	-	-
	임야	52	-	-	19	-	-	-	-	-	-
	공공용지	3	-	-	-	-	-	-	-	-	-
서울특별시 서대문구	합계	1,387	43	-	175	658	291	106	-	94	3
	주거용	845	39	-	138	466	162	28	-	5	-
	상업업무용	327	1	-	4	81	91	67	-	80	3
	주상복합용	175	2	-	8	108	37	11	-	9	-
	임야	36	1	-	23	2	1	-	-	-	-
	공공용지	4	-	-	2	1	-	-	-	-	-
서울특별시 마포구	합계	1,363	-	-	16	900	244	97	-	68	21
	주거용	628	-	-	12	511	77	20	-	6	-
	상업업무용	380	-	-	-	137	104	58	-	58	20
	주상복합용	340	-	-	-	252	63	19	-	4	1
	전	1	-	-	-	-	-	-	-	-	-
	임야	3	-	-	2	-	-	-	-	-	-
	특수토지	1	-	-	-	-	-	-	-	-	-
	공공용지	10	-	-	2	-	-	-	-	-	-
서울특별시 양천구	합계	793	-	-	33	426	204	72	-	19	14
	주거용	395	-	-	30	266	74	22	-	-	2
	상업업무용	199	-	-	-	36	100	34	-	18	7
	주상복합용	178	-	-	2	124	30	16	-	-	5
	공업용	2	-	-	-	-	-	-	-	-	-
	전	2	-	-	-	-	-	-	-	-	-
	임야	15	-	-	1	-	-	-	-	-	-
	공공용지	2	-	-	-	-	-	-	-	1	-
서울특별시 강서구	합계	1,339	19	-	56	667	225	47	-	99	26
	주거용	627	14	-	40	434	83	10	-	12	4
	상업업무용	383	-	-	2	99	101	29	-	71	20
	주상복합용	218	5	-	6	134	41	8	-	16	2
	공업용	12	-	-	-	-	-	-	-	-	-
	전	48	-	-	-	-	-	-	-	-	-
	답	16	-	-	-	-	-	-	-	-	-
	임야	25	-	-	8	-	-	-	-	-	-
	특수토지	5	-	-	-	-	-	-	-	-	-
	공공용지	5	-	-	-	-	-	-	-	-	-
서울특별시 구로구	합계	1,142	-	-	46	634	212	31	-	41	1
	주거용	606	-	-	31	431	99	7	-	3	-
	상업업무용	253	-	-	-	89	62	16	-	34	1
	주상복합용	182	-	-	5	111	46	5	-	4	-
	공업용	55	-	-	1	-	4	3	-	-	-
	전	11	-	-	-	-	-	-	-	-	-
	임야	23	-	-	7	2	-	-	-	-	-
	공공용지	12	-	-	2	1	1	-	-	-	-
서울특별시 금천구	합계	769	-	-	60	452	45	49	-	29	9
	주거용	411	-	-	53	283	19	22	-	1	1
	상업업무용	151	-	-	-	54	18	18	-	28	6
	주상복합용	146	-	-	2	114	8	8	-	-	2
	공업용	44	-	-	-	-	-	1	-	-	-
	전	2	-	-	-	-	-	-	-	-	-
	임야	13	-	-	5	1	-	-	-	-	-
	공공용지	2	-	-	-	-	-	-	-	-	-

유상	전공	일공	준공	보전	생산	자연	개제	미정	관리	보관	생관	계관	농림	자보
-	-	-	-	-	-	4	101	-	-	-	-	-	-	-
-	-	-	-	-	-	1	23	-	-	-	-	-	-	-
-	-	-	-	-	-	1	8	-	-	-	-	-	-	-
-	-	-	-	-	-	-	6	-	-	-	-	-	-	-
-	-	-	-	-	-	-	30	-	-	-	-	-	-	-
-	-	-	-	-	-	-	33	-	-	-	-	-	-	-
-	-	-	-	-	-	2	1	-	-	-	-	-	-	-
-	-	-	-	-	-	2	15	-	-	-	-	-	-	-
-	-	-	-	-	-	-	7	-	-	-	-	-	-	-
-	-	-	-	-	-	-	-	-	-	-	-	-	-	-
-	-	-	-	-	-	-	-	-	-	-	-	-	-	-
-	-	-	-	-	-	1	8	-	-	-	-	-	-	-
-	-	-	-	-	-	1	-	-	-	-	-	-	-	-
3	-	-	-	-	-	13	1	-	-	-	-	-	-	-
-	-	-	-	-	-	2	-	-	-	-	-	-	-	-
3	-	-	-	-	-	-	-	-	-	-	-	-	-	-
-	-	-	-	-	-	1	-	-	-	-	-	-	-	-
-	-	-	-	-	-	1	-	-	-	-	-	-	-	-
-	-	-	-	-	-	1	-	-	-	-	-	-	-	-
-	-	-	-	-	-	1	-	-	-	-	-	-	-	-
-	-	-	-	-	-	7	1	-	-	-	-	-	-	-
-	-	-	2	-	-	15	8	-	-	-	-	-	-	-
-	-	-	-	-	-	1	-	-	-	-	-	-	-	-
-	-	-	1	-	-	2	1	-	-	-	-	-	-	-
-	-	-	1	-	-	-	-	-	-	-	-	-	-	-
-	-	-	-	-	-	2	-	-	-	-	-	-	-	-
-	-	-	-	-	-	-	2	-	-	-	-	-	-	-
-	-	-	-	-	-	9	5	-	-	-	-	-	-	-
-	-	-	-	-	-	1	-	-	-	-	-	-	-	-
1	-	-	80	-	1	37	81	-	-	-	-	-	-	-
-	-	-	21	-	1	5	3	-	-	-	-	-	-	-
1	-	-	45	-	-	9	6	-	-	-	-	-	-	-
-	-	-	5	-	-	-	1	-	-	-	-	-	-	-
-	-	-	8	-	-	3	1	-	-	-	-	-	-	-
-	-	-	-	-	-	10	38	-	-	-	-	-	-	-
-	-	-	-	-	-	1	15	-	-	-	-	-	-	-
-	-	-	1	-	-	8	8	-	-	-	-	-	-	-
-	-	-	-	-	-	1	4	-	-	-	-	-	-	-
-	-	-	-	-	-	-	5	-	-	-	-	-	-	-
-	-	-	133	-	1	9	34	-	-	-	-	-	-	-
-	-	-	28	-	-	1	6	-	-	-	-	-	-	-
-	-	-	50	-	-	-	1	-	-	-	-	-	-	-
-	-	-	11	-	-	-	-	-	-	-	-	-	-	-
-	-	-	41	-	1	3	2	-	-	-	-	-	-	-
-	-	-	-	-	-	-	11	-	-	-	-	-	-	-
-	-	-	1	-	-	1	12	-	-	-	-	-	-	-
-	-	-	2	-	-	4	2	-	-	-	-	-	-	-
-	-	-	114	-	-	3	8	-	-	-	-	-	-	-
-	-	-	31	-	-	1	-	-	-	-	-	-	-	-
-	-	-	27	-	-	-	-	-	-	-	-	-	-	-
-	-	-	12	-	-	-	-	-	-	-	-	-	-	-
-	-	-	43	-	-	-	-	-	-	-	-	-	-	-
-	-	-	-	-	-	-	2	-	-	-	-	-	-	-
-	-	-	-	-	-	1	6	-	-	-	-	-	-	-
-	-	-	1	-	-	1	-	-	-	-	-	-	-	-

시군구	이용상황	합계	1전	2전	1주	2주	3주	준주	중상	일상	근상
서울특별시 영등포구	합계	1,269	-	-	2	510	145	154	-	118	15
	주거용	491	-	-	1	306	69	35	-	5	3
	상업업무용	441	-	-	-	69	47	98	-	107	11
	주상복합용	262	-	-	-	131	29	21	-	3	1
	공업용	68	-	-	-	3	-	-	-	3	-
	공공용지	7	-	-	1	1	-	-	-	-	-
서울특별시 동작구	합계	1,226	-	-	99	655	343	57	-	56	11
	주거용	720	-	-	82	454	158	25	-	1	-
	상업업무용	235	-	-	-	51	107	20	-	46	9
	주상복합용	251	-	-	1	150	78	12	-	8	2
	임야	13	-	-	11	-	-	-	-	-	-
	공공용지	7	-	-	5	-	-	-	-	1	-
서울특별시 관악구	합계	1,355	-	-	141	709	263	135	-	81	1
	주거용	754	-	-	118	497	103	33	-	-	-
	상업업무용	298	-	-	-	52	106	65	-	73	1
	주상복합용	261	-	-	2	160	54	37	-	8	-
	전	6	-	-	1	-	-	-	-	-	-
	임야	35	-	-	19	-	-	-	-	-	-
	공공용지	1	-	-	1	-	-	-	-	-	-
서울특별시 서초구	합계	1,423	28	3	128	583	317	16	-	115	1
	주거용	528	26	2	98	306	60	3	-	2	-
	상업업무용	542	-	1	9	179	222	13	-	109	1
	주상복합용	139	2	-	6	96	32	-	-	1	-
	전	127	-	-	-	2	3	-	-	-	-
	임야	71	-	-	10	-	-	-	-	-	-
	특수토지	4	-	-	-	-	-	-	-	3	-
	공공용지	12	-	-	5	-	-	-	-	-	-
서울특별시 강남구	합계	1,373	46	-	82	490	464	34	-	170	-
	주거용	375	36	-	50	205	74	2	-	-	-
	상업업무용	775	8	-	16	202	342	27	-	170	-
	주상복합용	145	2	-	13	83	43	4	-	-	-
	공업용	2	-	-	-	-	-	-	-	-	-
	전	44	-	-	-	-	4	1	-	-	-
	임야	26	-	-	2	-	1	-	-	-	-
	공공용지	6	-	-	1	-	-	-	-	-	-
서울특별시 송파구	합계	1,089	2	-	21	697	235	55	-	46	1
	주거용	415	2	-	10	337	57	8	-	-	-
	상업업무용	335	-	-	1	110	138	34	-	46	1
	주상복합용	309	-	-	7	249	39	13	-	-	-
	공업용	2	-	-	-	1	-	-	-	-	-
	전	14	-	-	-	-	-	-	-	-	-
	임야	4	-	-	1	-	-	-	-	-	-
	공공용지	10	-	-	2	-	1	-	-	-	-
서울특별시 강동구	합계	1,037	3	-	4	614	203	47	-	68	11
	주거용	474	3	-	4	361	72	13	-	6	-
	상업업무용	203	-	-	-	47	66	19	-	54	9
	주상복합용	298	-	-	-	206	65	15	-	8	2
	전	43	-	-	-	-	-	-	-	-	-
	임야	16	-	-	-	-	-	-	-	-	-
	공공용지	3	-	-	-	-	-	-	-	-	-

유상	전공	일공	준공	보전	생산	자연	개제	미정	관리	보관	생관	계관	농림	자보
-	-	-	321	-	-	4	-	-	-	-	-	-	-	-
-	-	-	72	-	-	-	-	-	-	-	-	-	-	-
-	-	-	109	-	-	-	-	-	-	-	-	-	-	-
-	-	-	77	-	-	-	-	-	-	-	-	-	-	-
-	-	-	62	-	-	-	-	-	-	-	-	-	-	-
-	-	-	1	-	-	4	-	-	-	-	-	-	-	-
1	-	-	-	-	-	4	-	-	-	-	-	-	-	-
-	-	-	-	-	-	-	-	-	-	-	-	-	-	-
1	-	-	-	-	-	1	-	-	-	-	-	-	-	-
-	-	-	-	-	-	-	-	-	-	-	-	-	-	-
-	-	-	-	-	-	2	-	-	-	-	-	-	-	-
-	-	-	-	-	-	1	-	-	-	-	-	-	-	-
-	-	-	-	-	-	21	4	-	-	-	-	-	-	-
-	-	-	-	-	-	3	-	-	-	-	-	-	-	-
-	-	-	-	-	-	1	-	-	-	-	-	-	-	-
-	-	-	-	-	-	-	-	-	-	-	-	-	-	-
-	-	-	-	-	-	5	-	-	-	-	-	-	-	-
-	-	-	-	-	-	12	4	-	-	-	-	-	-	-
-	-	-	-	-	-	-	-	-	-	-	-	-	-	-
-	-	-	-	-	-	38	194	-	-	-	-	-	-	-
-	-	-	-	-	-	8	23	-	-	-	-	-	-	-
-	-	-	-	-	-	5	3	-	-	-	-	-	-	-
-	-	-	-	-	-	1	1	-	-	-	-	-	-	-
-	-	-	-	-	-	8	114	-	-	-	-	-	-	-
-	-	-	-	-	-	11	50	-	-	-	-	-	-	-
-	-	-	-	-	-	-	1	-	-	-	-	-	-	-
-	-	-	-	-	-	5	2	-	-	-	-	-	-	-
-	-	-	-	-	1	32	54	-	-	-	-	-	-	-
-	-	-	-	-	-	-	8	-	-	-	-	-	-	-
-	-	-	-	-	-	5	5	-	-	-	-	-	-	-
-	-	-	-	-	-	-	-	-	-	-	-	-	-	-
-	-	-	-	-	-	2	-	-	-	-	-	-	-	-
-	-	-	-	-	-	14	25	-	-	-	-	-	-	-
-	-	-	-	-	-	7	16	-	-	-	-	-	-	-
-	-	-	-	1	-	4	-	-	-	-	-	-	-	-
3	-	-	-	-	1	10	18	-	-	-	-	-	-	-
-	-	-	-	-	-	-	1	-	-	-	-	-	-	-
3	-	-	-	-	-	2	-	-	-	-	-	-	-	-
-	-	-	-	-	-	-	1	-	-	-	-	-	-	-
-	-	-	-	-	-	1	-	-	-	-	-	-	-	-
-	-	-	-	-	-	1	13	-	-	-	-	-	-	-
-	-	-	-	-	-	-	3	-	-	-	-	-	-	-
-	-	-	-	-	1	6	-	-	-	-	-	-	-	-
-	-	-	1	-	-	7	79	-	-	-	-	-	-	-
-	-	-	-	-	-	-	15	-	-	-	-	-	-	-
-	-	-	-	-	-	1	7	-	-	-	-	-	-	-
-	-	-	-	-	-	-	2	-	-	-	-	-	-	-
-	-	-	1	-	-	-	42	-	-	-	-	-	-	-
-	-	-	-	-	-	4	12	-	-	-	-	-	-	-
-	-	-	-	-	-	2	1	-	-	-	-	-	-	-

시군구	이용상황	합계	1전	2전	1주	2주	3주	준주	중상	일상	근상
부산광역시	합계	20,425	22	-	1,367	6,823	2,873	1,453	20	3,898	87
	주거용	8,760	22	-	727	4,471	1,909	457	1	784	16
	상업업무용	4,222	-	-	50	645	266	603	19	2,402	58
	주상복합용	3,679	-	-	217	1,567	681	385	-	697	13
	공업용	810	-	-	137	43	9	8	-	6	-
	전	1,483	-	-	188	43	4	-	-	1	-
	답	446	-	-	24	6	-	-	-	-	-
	임야	955	-	-	22	47	3	-	-	2	-
	특수토지	32	-	-	-	1	1	-	-	6	-
	공공용지	38	-	-	2	-	-	-	-	-	-
부산광역시 중구	합계	960	-	-	-	177	88	18	-	668	-
	주거용	303	-	-	-	134	81	10	-	77	-
	상업업무용	499	-	-	-	5	-	-	-	494	-
	주상복합용	150	-	-	-	37	7	8	-	97	-
	공업용	1	-	-	-	-	-	-	-	-	-
	임야	1	-	-	-	1	-	-	-	-	-
	공공용지	6	-	-	-	-	-	-	-	-	-
부산광역시 서구	합계	1,184	-	-	22	506	168	89	-	296	-
	주거용	655	-	-	14	380	124	33	-	90	-
	상업업무용	198	-	-	-	18	10	32	-	128	-
	주상복합용	234	-	-	5	96	30	24	-	77	-
	공업용	10	-	-	-	-	-	-	-	-	-
	전	30	-	-	1	3	2	-	-	-	-
	임야	55	-	-	2	9	2	-	-	1	-
	특수토지	1	-	-	-	-	-	-	-	-	-
	공공용지	1	-	-	-	-	-	-	-	-	-
부산광역시 동구	합계	1,385	-	-	10	347	436	22	-	516	-
	주거용	787	-	-	8	262	364	11	-	137	-
	상업업무용	313	-	-	-	12	6	3	-	289	-
	주상복합용	231	-	-	2	69	66	8	-	85	-
	공업용	11	-	-	-	-	-	-	-	3	-
	전	7	-	-	-	1	-	-	-	-	-
	임야	35	-	-	-	3	-	-	-	1	-
	특수토지	1	-	-	-	-	-	-	-	1	-
부산광역시 영도구	합계	1,161	-	-	24	431	182	69	-	283	-
	주거용	629	-	-	18	309	138	30	-	85	-
	상업업무용	143	-	-	-	7	2	15	-	108	-
	주상복합용	298	-	-	6	110	42	24	-	87	-
	공업용	48	-	-	-	-	-	-	-	3	-
	전	18	-	-	-	-	-	-	-	-	-
	임야	25	-	-	-	5	-	-	-	-	-
부산광역시 부산진구	합계	2,161	-	-	13	693	420	148	-	822	13
	주거용	935	-	-	12	466	254	35	-	152	4
	상업업무용	715	-	-	-	87	44	60	-	515	8
	주상복합용	468	-	-	-	138	121	51	-	155	1
	공업용	4	-	-	-	-	1	2	-	-	-
	전	8	-	-	-	-	-	-	-	-	-
	임야	30	-	-	1	2	-	-	-	-	-
	공공용지	1	-	-	-	-	-	-	-	-	-
부산광역시 동래구	합계	1,131	-	-	3	421	245	193	-	187	15
	주거용	519	-	-	1	257	146	71	-	30	4
	상업업무용	267	-	-	-	41	22	67	-	130	7
	주상복합용	286	-	-	-	121	76	55	-	26	4
	공업용	2	-	-	-	1	1	-	-	-	-
	전	16	-	-	-	-	-	-	-	-	-
	임야	37	-	-	1	1	-	-	-	-	-
	특수토지	2	-	-	-	-	-	-	-	1	-
	공공용지	2	-	-	1	-	-	-	-	-	-

유상	전공	일공	준공	보전	생산	자연	개제	미정	관리	보관	생관	계관	농림	자보
5	66	243	525	179	3	1397	1456	-	-	-	-	-	-	8
-	3	7	65	16	-	188	88	-	-	-	-	-	-	6
5	2	6	109	1	-	44	12	-	-	-	-	-	-	-
-	-	3	60	-	-	40	16	-	-	-	-	-	-	-
-	61	215	277	-	-	32	22	-	-	-	-	-	-	-
-	-	5	10	44	1	472	713	-	-	-	-	-	-	2
-	-	1	-	14	2	112	287	-	-	-	-	-	-	-
-	-	5	2	102	-	473	299	-	-	-	-	-	-	-
-	-	1	-	1	-	14	8	-	-	-	-	-	-	-
-	-	-	2	1	-	22	11	-	-	-	-	-	-	-
-	-	-	2	-	-	7	-	-	-	-	-	-	-	-
-	-	-	-	-	-	1	-	-	-	-	-	-	-	-
-	-	-	-	-	-	1	-	-	-	-	-	-	-	-
-	-	-	1	-	-	-	-	-	-	-	-	-	-	-
-	-	-	-	-	-	-	-	-	-	-	-	-	-	-
-	-	-	1	-	-	5	-	-	-	-	-	-	-	-
-	-	9	14	7	-	73	-	-	-	-	-	-	-	-
-	-	-	-	-	-	14	-	-	-	-	-	-	-	-
-	-	1	6	-	-	3	-	-	-	-	-	-	-	-
-	-	-	1	-	-	1	-	-	-	-	-	-	-	-
-	-	4	6	-	-	-	-	-	-	-	-	-	-	-
-	-	1	1	2	-	20	-	-	-	-	-	-	-	-
-	-	3	-	5	-	33	-	-	-	-	-	-	-	-
-	-	-	-	-	-	1	-	-	-	-	-	-	-	-
-	-	-	-	-	-	1	-	-	-	-	-	-	-	-
-	-	-	15	-	-	39	-	-	-	-	-	-	-	-
-	-	-	3	-	-	2	-	-	-	-	-	-	-	-
-	-	-	3	-	-	-	-	-	-	-	-	-	-	-
-	-	-	1	-	-	-	-	-	-	-	-	-	-	-
-	-	-	8	-	-	-	-	-	-	-	-	-	-	-
-	-	-	-	-	-	6	-	-	-	-	-	-	-	-
-	-	-	-	-	-	31	-	-	-	-	-	-	-	-
-	-	-	-	-	-	-	-	-	-	-	-	-	-	-
-	27	-	89	-	-	56	-	-	-	-	-	-	-	-
-	3	-	32	-	-	14	-	-	-	-	-	-	-	-
-	1	-	8	-	-	2	-	-	-	-	-	-	-	-
-	-	-	28	-	-	1	-	-	-	-	-	-	-	-
-	23	-	21	-	-	1	-	-	-	-	-	-	-	-
-	-	-	-	-	-	18	-	-	-	-	-	-	-	-
-	-	-	-	-	-	20	-	-	-	-	-	-	-	-
-	-	-	-	-	-	52	-	-	-	-	-	-	-	-
-	-	-	-	-	-	12	-	-	-	-	-	-	-	-
-	-	-	-	-	-	1	-	-	-	-	-	-	-	-
-	-	-	-	-	-	2	-	-	-	-	-	-	-	-
-	-	-	-	-	-	1	-	-	-	-	-	-	-	-
-	-	-	-	-	-	8	-	-	-	-	-	-	-	-
-	-	-	-	-	-	27	-	-	-	-	-	-	-	-
-	-	-	-	-	-	1	-	-	-	-	-	-	-	-
-	-	-	1	-	-	57	9	-	-	-	-	-	-	-
-	-	-	-	-	-	10	-	-	-	-	-	-	-	-
-	-	-	-	-	-	-	-	-	-	-	-	-	-	-
-	-	-	-	-	-	4	-	-	-	-	-	-	-	-
-	-	-	-	-	-	-	-	-	-	-	-	-	-	-
-	-	-	-	-	-	13	3	-	-	-	-	-	-	-
-	-	-	-	-	-	29	6	-	-	-	-	-	-	-
-	-	-	-	-	-	1	-	-	-	-	-	-	-	-
-	-	-	1	-	-	-	-	-	-	-	-	-	-	-

시군구	이용상황	합계	1전	2전	1주	2주	3주	준주	중상	일상	근상
부산광역시 남구	합계	1,244	-	-	59	595	241	75	-	178	1
	주거용	683	-	-	39	402	172	24	-	40	-
	상업업무용	229	-	-	9	67	16	34	-	99	1
	주상복합용	241	-	-	10	120	53	17	-	39	-
	공업용	30	-	-	-	-	-	-	-	-	-
	전	8	-	-	-	2	-	-	-	-	-
	임야	51	-	-	1	4	-	-	-	-	-
	특수토지	1	-	-	-	-	-	-	-	-	-
	공공용지	1	-	-	-	-	-	-	-	-	-
부산광역시 북구	합계	877	-	-	16	440	99	83	-	104	-
	주거용	368	-	-	3	267	63	17	-	13	-
	상업업무용	175	-	-	-	44	16	36	-	74	-
	주상복합용	203	-	-	9	125	20	30	-	17	-
	전	60	-	-	2	1	-	-	-	-	-
	임야	66	-	-	2	2	-	-	-	-	-
	특수토지	1	-	-	-	1	-	-	-	-	-
	공공용지	4	-	-	-	-	-	-	-	-	-
부산광역시 해운대구	합계	1,347	-	-	55	688	86	63	17	218	7
	주거용	588	-	-	33	418	54	21	-	44	-
	상업업무용	333	-	-	6	100	14	29	17	150	7
	주상복합용	225	-	-	6	161	14	13	-	20	-
	공업용	14	-	-	1	1	1	-	-	-	-
	전	71	-	-	7	2	2	-	-	1	-
	답	21	-	-	-	-	-	-	-	-	-
	임야	92	-	-	2	6	1	-	-	-	-
	특수토지	3	-	-	-	-	-	-	-	3	-
부산광역시 사하구	합계	1,305	-	-	35	555	200	124	-	107	23
	주거용	652	-	-	29	382	127	49	-	30	7
	상업업무용	209	-	-	-	55	12	47	-	59	11
	주상복합용	229	-	-	3	109	59	26	-	18	5
	공업용	126	-	-	-	3	2	2	-	-	-
	전	14	-	-	-	2	-	-	-	-	-
	임야	72	-	-	3	4	-	-	-	-	-
	공공용지	3	-	-	-	-	-	-	-	-	-
부산광역시 금정구	합계	1,361	-	-	91	565	171	119	-	103	-
	주거용	587	-	-	53	345	93	41	-	27	-
	상업업무용	226	-	-	4	67	28	55	-	63	-
	주상복합용	266	-	-	12	148	49	23	-	13	-
	공업용	23	-	-	-	1	1	-	-	-	-
	전	172	-	-	21	1	-	-	-	-	-
	답	7	-	-	-	-	-	-	-	-	-
	임야	72	-	-	1	3	-	-	-	-	-
	특수토지	3	-	-	-	-	-	-	-	-	-
	공공용지	5	-	-	-	-	-	-	-	-	-
부산광역시 강서구	합계	1,934	20	-	599	179	5	45	3	74	20
	주거용	529	20	-	295	92	3	9	1	-	1
	상업업무용	183	-	-	18	9	2	23	2	74	17
	주상복합용	163	-	-	104	39	-	12	-	-	2
	공업용	285	-	-	134	16	-	1	-	-	-
	전	423	-	-	38	17	-	-	-	-	-
	답	248	-	-	9	4	-	-	-	-	-
	임야	92	-	-	1	2	-	-	-	-	-
	특수토지	7	-	-	-	-	-	-	-	-	-
	공공용지	4	-	-	-	-	-	-	-	-	-

유상	전공	일공	준공	보전	생산	자연	개제	미정	관리	보관	생관	계관	농림	자보
-	16	-	19	11	-	49	-	-	-	-	-	-	-	-
-	-	-	-	-	-	6	-	-	-	-	-	-	-	-
-	-	-	2	-	-	1	-	-	-	-	-	-	-	-
-	-	-	2	-	-	-	-	-	-	-	-	-	-	-
-	16	-	14	-	-	-	-	-	-	-	-	-	-	-
-	-	-	1	-	-	5	-	-	-	-	-	-	-	-
-	-	-	-	10	-	36	-	-	-	-	-	-	-	-
-	-	-	-	-	-	1	-	-	-	-	-	-	-	-
-	-	-	-	1	-	-	-	-	-	-	-	-	-	-
-	-	-	-	-	-	52	83	-	-	-	-	-	-	-
-	-	-	-	-	-	5	-	-	-	-	-	-	-	-
-	-	-	-	-	-	5	-	-	-	-	-	-	-	-
-	-	-	-	-	-	1	1	-	-	-	-	-	-	-
-	-	-	-	-	-	15	42	-	-	-	-	-	-	-
-	-	-	-	-	-	25	37	-	-	-	-	-	-	-
-	-	-	-	-	-	-	-	-	-	-	-	-	-	-
-	-	-	-	-	-	1	3	-	-	-	-	-	-	-
-	-	5	41	-	-	57	110	-	-	-	-	-	-	-
-	-	-	11	-	-	5	2	-	-	-	-	-	-	-
-	-	-	8	-	-	2	-	-	-	-	-	-	-	-
-	-	-	8	-	-	3	-	-	-	-	-	-	-	-
-	-	5	5	-	-	1	-	-	-	-	-	-	-	-
-	-	-	8	-	-	19	32	-	-	-	-	-	-	-
-	-	-	-	-	-	3	18	-	-	-	-	-	-	-
-	-	-	1	-	-	24	58	-	-	-	-	-	-	-
-	-	-	-	-	-	-	-	-	-	-	-	-	-	-
-	23	30	95	8	-	105	-	-	-	-	-	-	-	-
-	-	1	13	-	-	14	-	-	-	-	-	-	-	-
-	1	1	16	-	-	7	-	-	-	-	-	-	-	-
-	-	-	8	-	-	1	-	-	-	-	-	-	-	-
-	22	27	57	-	-	13	-	-	-	-	-	-	-	-
-	-	-	-	1	-	11	-	-	-	-	-	-	-	-
-	-	1	1	7	-	56	-	-	-	-	-	-	-	-
-	-	-	-	-	-	3	-	-	-	-	-	-	-	-
-	-	1	33	-	-	90	188	-	-	-	-	-	-	-
-	-	-	1	-	-	18	9	-	-	-	-	-	-	-
-	-	-	7	-	-	2	-	-	-	-	-	-	-	-
-	-	-	6	-	-	12	3	-	-	-	-	-	-	-
-	-	1	19	-	-	-	1	-	-	-	-	-	-	-
-	-	-	-	-	-	32	118	-	-	-	-	-	-	-
-	-	-	-	-	-	5	2	-	-	-	-	-	-	-
-	-	-	-	-	-	20	48	-	-	-	-	-	-	-
-	-	-	-	-	-	1	2	-	-	-	-	-	-	-
-	-	-	-	-	-	-	5	-	-	-	-	-	-	-
5	-	109	37	9	-	245	576	-	-	-	-	-	-	8
-	-	4	-	-	-	37	61	-	-	-	-	-	-	6
5	-	1	24	-	-	3	5	-	-	-	-	-	-	-
-	-	-	-	-	-	2	4	-	-	-	-	-	-	-
-	-	102	13	-	-	1	18	-	-	-	-	-	-	-
-	-	-	-	2	-	134	230	-	-	-	-	-	-	2
-	-	1	-	-	-	20	214	-	-	-	-	-	-	-
-	-	-	-	7	-	42	40	-	-	-	-	-	-	-
-	-	1	-	-	-	2	4	-	-	-	-	-	-	-
-	-	-	-	-	-	4	-	-	-	-	-	-	-	-

시군구	이용상황	합계	1전	2전	1주	2주	3주	준주	중상	일상	근상
부산광역시 연제구	합계	835	-	-	11	340	177	180	-	105	-
	주거용	424	-	-	9	229	100	56	-	27	-
	상업업무용	165	-	-	-	10	24	76	-	54	-
	주상복합용	228	-	-	1	101	53	48	-	24	-
	공업용	1	-	-	-	-	-	-	-	-	-
	전	1	-	-	-	-	-	-	-	-	-
	임야	16	-	-	1	-	-	-	-	-	-
부산광역시 수영구	합계	718	-	-	15	356	117	113	-	96	-
	주거용	372	-	-	12	247	73	26	-	11	-
	상업업무용	177	-	-	1	31	14	59	-	71	-
	주상복합용	149	-	-	-	77	30	28	-	14	-
	공업용	2	-	-	-	-	-	-	-	-	-
	전	2	-	-	1	-	-	-	-	-	-
	임야	15	-	-	-	1	-	-	-	-	-
	공공용지	1	-	-	1	-	-	-	-	-	-
부산광역시 사상구	합계	896	-	-	8	298	202	66	-	64	-
	주거용	288	-	-	3	145	101	20	-	11	-
	상업업무용	210	-	-	2	52	48	31	-	39	-
	주상복합용	166	-	-	2	80	50	12	-	13	-
	공업용	171	-	-	-	18	3	3	-	-	-
	전	23	-	-	-	2	-	-	-	-	-
	임야	34	-	-	1	1	-	-	-	-	-
	특수토지	1	-	-	-	-	-	-	-	1	-
	공공용지	3	-	-	-	-	-	-	-	-	-
부산광역시 기장군	합계	1,926	2	-	406	232	36	46	-	77	8
	주거용	441	2	-	198	136	16	4	-	10	-
	상업업무용	180	-	-	10	40	8	36	-	55	7
	주상복합용	142	-	-	57	36	11	6	-	12	1
	공업용	82	-	-	2	3	-	-	-	-	-
	전	630	-	-	118	12	-	-	-	-	-
	답	170	-	-	15	2	-	-	-	-	-
	임야	262	-	-	6	3	-	-	-	-	-
	특수토지	12	-	-	-	-	1	-	-	-	-
	공공용지	7	-	-	-	-	-	-	-	-	-
대구광역시	합계	17,271	33	6	2,138	3,842	1,260	1,002	1,062	548	655
	주거용	6,089	33	6	1,307	2,367	800	508	194	150	86
	상업업무용	3,082	-	-	188	548	192	247	796	325	533
	주상복합용	1,972	-	-	563	824	264	116	69	62	36
	공업용	674	-	-	5	66	4	114	1	4	-
	전	2,803	-	-	54	19	-	12	-	1	-
	답	1,244	-	-	14	9	-	1	-	-	-
	임야	1,354	-	-	4	8	-	4	-	-	-
	특수토지	27	-	-	-	-	-	-	1	4	-
	공공용지	26	-	-	3	1	-	-	1	2	-
대구광역시 중구	합계	1,426	-	-	17	224	272	133	672	-	106
	주거용	459	-	-	7	105	176	76	82	-	13
	상업업무용	773	-	-	7	53	41	35	550	-	87
	주상복합용	191	-	-	3	66	55	22	39	-	6
	공공용지	3	-	-	-	-	-	-	1	-	-

유상	전공	일공	준공	보전	생산	자연	개제	미정	관리	보관	생관	계관	농림	자보
-	-	-	1	-	-	21	-	-	-	-	-	-	-	-
-	-	-	-	-	-	3	-	-	-	-	-	-	-	-
-	-	-	-	-	-	1	-	-	-	-	-	-	-	-
-	-	-	-	-	-	1	-	-	-	-	-	-	-	-
-	-	-	1	-	-	-	-	-	-	-	-	-	-	-
-	-	-	-	-	-	1	-	-	-	-	-	-	-	-
-	-	-	-	-	-	15	-	-	-	-	-	-	-	-
-	-	-	3	-	-	18	-	-	-	-	-	-	-	-
-	-	-	-	-	-	3	-	-	-	-	-	-	-	-
-	-	-	1	-	-	-	-	-	-	-	-	-	-	-
-	-	-	-	-	-	-	-	-	-	-	-	-	-	-
-	-	-	2	-	-	-	-	-	-	-	-	-	-	-
-	-	-	-	-	-	1	-	-	-	-	-	-	-	-
-	-	-	-	-	-	14	-	-	-	-	-	-	-	-
-	-	28	168	-	-	62	-	-	-	-	-	-	-	-
-	-	-	5	-	-	3	-	-	-	-	-	-	-	-
-	-	2	34	-	-	2	-	-	-	-	-	-	-	-
-	-	2	6	-	-	1	-	-	-	-	-	-	-	-
-	-	24	123	-	-	-	-	-	-	-	-	-	-	-
-	-	-	-	-	-	21	-	-	-	-	-	-	-	-
-	-	-	-	-	-	32	-	-	-	-	-	-	-	-
-	-	-	-	-	-	-	-	-	-	-	-	-	-	-
-	-	-	-	-	-	3	-	-	-	-	-	-	-	-
-	-	61	7	144	3	414	490	-	-	-	-	-	-	-
-	-	2	-	16	-	41	16	-	-	-	-	-	-	-
-	-	1	-	1	-	15	7	-	-	-	-	-	-	-
-	-	1	-	-	-	10	8	-	-	-	-	-	-	-
-	-	52	7	-	-	15	3	-	-	-	-	-	-	-
-	-	4	-	39	1	168	288	-	-	-	-	-	-	-
-	-	-	-	14	2	84	53	-	-	-	-	-	-	-
-	-	1	-	73	-	69	110	-	-	-	-	-	-	-
-	-	-	-	1	-	8	2	-	-	-	-	-	-	-
-	-	-	-	-	-	4	3	-	-	-	-	-	-	-
30	-	373	180	151	176	1,444	1,747	-	-	525	127	1,019	806	147
-	-	13	20	14	7	184	81	-	-	29	4	247	31	8
30	-	30	65	1	7	75	5	-	-	-	-	24	-	16
-	-	7	10	-	1	12	5	-	-	-	-	3	-	-
-	-	297	82	-	5	70	1	-	-	-	-	20	5	-
-	-	8	1	62	16	595	842	-	-	309	78	511	237	58
-	-	11	1	5	139	283	352	-	-	35	23	92	277	2
-	-	6	-	69	1	202	454	-	-	151	22	115	256	62
-	-	1	1	-	-	9	2	-	-	1	-	7	-	1
-	-	-	-	-	-	14	5	-	-	-	-	-	-	-
-	-	-	-	-	-	2	-	-	-	-	-	-	-	-
-	-	-	-	-	-	-	-	-	-	-	-	-	-	-
-	-	-	-	-	-	-	-	-	-	-	-	-	-	-
-	-	-	-	-	-	2	-	-	-	-	-	-	-	-

시군구	이용상황	합계	1전	2전	1주	2주	3주	준주	중상	일상	근상
대구광역시 동구	합계	2,740	12	1	301	439	408	317	200	83	90
	주거용	1,255	12	1	225	312	284	232	75	35	13
	상업업무용	428	-	-	14	54	44	45	110	36	72
	주상복합용	277	-	-	62	70	80	26	14	12	5
	공업용	35	-	-	-	1	-	14	-	-	-
	전	512	-	-	-	2	-	-	-	-	-
	답	68	-	-	-	-	-	-	-	-	-
	임야	158	-	-	-	-	-	-	-	-	-
	특수토지	5	-	-	-	-	-	-	1	-	-
	공공용지	2	-	-	-	-	-	-	-	-	-
대구광역시 서구	합계	1,296	-	-	25	693	118	81	-	74	132
	주거용	749	-	-	20	515	88	55	-	20	29
	상업업무용	255	-	-	2	70	10	13	-	41	100
	주상복합용	155	-	-	2	103	18	13	-	9	3
	공업용	74	-	-	1	1	2	-	-	3	-
	전	28	-	-	-	2	-	-	-	-	-
	답	2	-	-	-	-	-	-	-	-	-
	임야	24	-	-	-	1	-	-	-	-	-
	특수토지	1	-	-	-	-	-	-	-	1	-
	공공용지	8	-	-	-	1	-	-	-	-	-
대구광역시 남구	합계	1,025	-	-	205	563	44	10	-	59	127
	주거용	597	-	-	145	367	31	1	-	32	18
	상업업무용	173	-	-	12	37	1	9	-	16	97
	주상복합용	241	-	-	47	159	12	-	-	10	12
	전	2	-	-	1	-	-	-	-	-	-
	임야	11	-	-	-	-	-	-	-	-	-
	특수토지	1	-	-	-	-	-	-	-	1	-
대구광역시 북구	합계	1,890	18	3	286	547	156	191	97	83	41
	주거용	712	18	3	142	311	84	70	17	21	5
	상업업무용	419	-	-	21	107	30	55	69	53	35
	주상복합용	336	-	-	122	117	40	32	10	8	1
	공업용	170	-	-	1	12	2	34	1	-	-
	전	131	-	-	-	-	-	-	-	1	-
	답	26	-	-	-	-	-	-	-	-	-
	임야	91	-	-	-	-	-	-	-	-	-
	특수토지	1	-	-	-	-	-	-	-	-	-
	공공용지	4	-	-	-	-	-	-	-	-	-
대구광역시 수성구	합계	1,588	-	-	543	385	142	27	32	62	93
	주거용	681	-	-	341	208	75	3	6	11	8
	상업업무용	339	-	-	69	70	22	13	22	43	78
	주상복합용	305	-	-	133	101	45	5	4	8	7
	공업용	6	-	-	-	-	-	6	-	-	-
	전	165	-	-	-	4	-	-	-	-	-
	답	2	-	-	-	-	-	-	-	-	-
	임야	88	-	-	-	2	-	-	-	-	-
	특수토지	1	-	-	-	-	-	-	-	-	-
	공공용지	1	-	-	-	-	-	-	-	-	-
대구광역시 달서구	합계	1,538	-	-	380	569	102	61	61	97	53
	주거용	610	-	-	204	308	47	13	14	20	-
	상업업무용	425	-	-	45	95	41	42	45	69	51
	주상복합용	327	-	-	130	165	14	6	2	8	2
	공업용	87	-	-	-	-	-	-	-	-	-
	전	33	-	-	-	-	-	-	-	-	-
	답	11	-	-	-	-	-	-	-	-	-
	임야	41	-	-	-	1	-	-	-	-	-
	특수토지	3	-	-	-	-	-	-	-	-	-
	공공용지	1	-	-	1	-	-	-	-	-	-

Ⅱ 표준지의 선정 및 관리지침

유상	전공	일공	준공	보전	생산	자연	개제	미정	관리	보관	생관	계관	농림	자보
8	-	21	4	77	10	253	414	-	-	-	-	-	-	102
-	-	1	-	10	-	33	19	-	-	-	-	-	-	3
8	-	3	-	1	-	24	2	-	-	-	-	-	-	15
-	-	2	1	-	-	4	1	-	-	-	-	-	-	-
-	-	15	3	-	1	-	1	-	-	-	-	-	-	-
-	-	-	-	42	4	170	253	-	-	-	-	-	-	41
-	-	-	-	3	5	7	53	-	-	-	-	-	-	-
-	-	-	-	21	-	13	82	-	-	-	-	-	-	42
-	-	-	-	-	-	1	2	-	-	-	-	-	-	1
-	-	-	-	-	-	1	1	-	-	-	-	-	-	-
-	-	60	44	-	-	57	12	-	-	-	-	-	-	-
-	-	4	10	-	-	8	-	-	-	-	-	-	-	-
-	-	4	13	-	-	2	-	-	-	-	-	-	-	-
-	-	1	6	-	-	-	-	-	-	-	-	-	-	-
-	-	50	13	-	-	4	-	-	-	-	-	-	-	-
-	-	1	1	-	-	21	3	-	-	-	-	-	-	-
-	-	-	1	-	-	1	-	-	-	-	-	-	-	-
-	-	-	-	-	-	14	9	-	-	-	-	-	-	-
-	-	-	-	-	-	-	-	-	-	-	-	-	-	-
-	-	-	-	-	-	7	-	-	-	-	-	-	-	-
-	-	-	-	-	-	17	-	-	-	-	-	-	-	-
-	-	-	-	-	-	3	-	-	-	-	-	-	-	-
-	-	-	-	-	-	1	-	-	-	-	-	-	-	-
-	-	-	-	-	-	1	-	-	-	-	-	-	-	-
-	-	-	-	-	-	1	-	-	-	-	-	-	-	-
-	-	-	-	-	-	11	-	-	-	-	-	-	-	-
-	-	-	-	-	-	-	-	-	-	-	-	-	-	-
19	-	89	62	1	1	90	206	-	-	-	-	-	-	-
-	-	8	6	-	-	14	13	-	-	-	-	-	-	-
19	-	8	15	-	-	6	1	-	-	-	-	-	-	-
-	-	3	3	-	-	-	-	-	-	-	-	-	-	-
-	-	70	37	-	-	13	-	-	-	-	-	-	-	-
-	-	-	-	-	-	37	93	-	-	-	-	-	-	-
-	-	-	-	-	-	4	22	-	-	-	-	-	-	-
-	-	-	-	1	1	13	76	-	-	-	-	-	-	-
-	-	-	1	-	-	-	-	-	-	-	-	-	-	-
-	-	-	-	-	-	3	1	-	-	-	-	-	-	-
1	-	-	-	-	6	77	220	-	-	-	-	-	-	-
-	-	-	-	-	1	12	16	-	-	-	-	-	-	-
1	-	-	-	-	3	16	2	-	-	-	-	-	-	-
-	-	-	-	-	-	1	1	-	-	-	-	-	-	-
-	-	-	-	-	2	28	131	-	-	-	-	-	-	-
-	-	-	-	-	-	-	2	-	-	-	-	-	-	-
-	-	-	-	-	-	19	67	-	-	-	-	-	-	-
-	-	-	-	-	-	1	-	-	-	-	-	-	-	-
-	-	-	-	-	-	-	1	-	-	-	-	-	-	-
-	-	88	33	1	-	46	47	-	-	-	-	-	-	-
-	-	-	-	1	-	3	-	-	-	-	-	-	-	-
-	-	14	19	-	-	4	-	-	-	-	-	-	-	-
-	-	-	-	-	-	-	-	-	-	-	-	-	-	-
-	-	73	14	-	-	-	-	-	-	-	-	-	-	-
-	-	-	-	-	-	13	20	-	-	-	-	-	-	-
-	-	-	-	-	-	3	8	-	-	-	-	-	-	-
-	-	-	-	-	-	21	19	-	-	-	-	-	-	-
-	-	1	-	-	-	2	-	-	-	-	-	-	-	-
-	-	-	-	-	-	-	-	-	-	-	-	-	-	-

시군구	이용상황	합계	1전	2전	1주	2주	3주	준주	중상	일상	근상
대구광역시 달성군	합계	3,158	3	2	347	408	18	178	-	66	13
	주거용	668	3	2	201	231	15	57	-	6	-
	상업업무용	223	-	-	16	61	3	32	-	53	13
	주상복합용	130	-	-	61	43	-	12	-	3	-
	공업용	275	-	-	3	52	-	60	-	1	-
	전	766	-	-	48	11	-	12	-	-	-
	답	674	-	-	13	6	-	1	-	-	-
	임야	409	-	-	3	4	-	4	-	-	-
	특수토지	6	-	-	-	-	-	-	-	1	-
	공공용지	7	-	-	2	-	-	-	-	2	-
대구광역시 군위군	합계	2,610	-	-	34	14	-	4	-	24	-
	주거용	358	-	-	22	10	-	1	-	5	-
	상업업무용	47	-	-	2	1	-	3	-	14	-
	주상복합용	10	-	-	3	-	-	-	-	4	-
	공업용	27	-	-	-	-	-	-	-	-	-
	전	1,166	-	-	5	-	-	-	-	-	-
	답	461	-	-	1	3	-	-	-	-	-
	임야	532	-	-	1	-	-	-	-	-	-
	특수토지	9	-	-	-	-	-	-	-	1	-
인천광역시	합계	13,543	78	79	924	2,938	603	922	35	1,677	19
	주거용	4,472	78	79	482	1,575	413	400	-	365	-
	상업업무용	2,656	-	-	82	668	90	339	33	1,096	18
	주상복합용	1,616	-	-	328	682	99	167	1	212	1
	공업용	584	-	-	13	9	-	11	-	1	-
	전	1,764	-	-	11	1	-	1	-	-	-
	답	1,126	-	-	2	-	-	-	-	-	-
	임야	1,248	-	-	4	1	-	-	-	-	-
	특수토지	28	-	-	-	-	-	1	1	-	-
	공공용지	49	-	-	2	2	1	3	-	3	-
인천광역시 중구	합계	1,599	29	76	120	162	19	25	14	457	-
	주거용	450	29	76	32	109	16	7	-	88	-
	상업업무용	463	-	-	15	21	3	9	14	309	-
	주상복합용	211	-	-	73	31	-	8	-	59	-
	공업용	52	-	-	-	1	-	-	-	1	-
	전	205	-	-	-	-	-	-	-	-	-
	답	66	-	-	-	-	-	-	-	-	-
	임야	131	-	-	-	-	-	-	-	-	-
	특수토지	14	-	-	-	-	-	-	-	-	-
	공공용지	7	-	-	-	-	-	1	-	-	-
인천광역시 동구	합계	573	-	-	1	145	206	25	-	143	-
	주거용	305	-	-	1	89	146	15	-	47	-
	상업업무용	120	-	-	-	21	19	1	-	71	-
	주상복합용	114	-	-	-	35	41	9	-	25	-
	공업용	32	-	-	-	-	-	-	-	-	-
	임야	1	-	-	-	-	-	-	-	-	-
	공공용지	1	-	-	-	-	-	-	-	-	-
인천광역시 미추홀구	합계	1,733	-	-	72	731	93	331	1	417	1
	주거용	850	-	-	45	394	62	214	-	124	-
	상업업무용	473	-	-	4	159	12	62	-	231	1
	주상복합용	336	-	-	23	176	18	54	-	62	-
	공업용	39	-	-	-	2	-	-	-	-	-
	전	12	-	-	-	-	-	-	-	-	-
	임야	16	-	-	-	-	-	-	-	-	-
	특수토지	1	-	-	-	-	-	-	1	-	-
	공공용지	6	-	-	-	-	1	1	-	-	-

Ⅱ 표준지의 선정 및 관리지침

유상	전공	일공	준공	보전	생산	자연	개제	미정	관리	보관	생관	계관	농림	자보
1	-	115	37	72	133	860	848	-	-	-	-	-	33	24
-	-	-	4	3	3	106	33	-	-	-	-	-	-	4
1	-	1	18	-	3	21	-	-	-	-	-	-	-	1
-	-	1	-	-	1	6	3	-	-	-	-	-	-	-
-	-	89	15	-	4	51	-	-	-	-	-	-	-	-
-	-	7	-	20	9	305	342	-	-	-	-	-	5	7
-	-	11	-	2	113	260	267	-	-	-	-	-	1	-
-	-	6	-	47	-	105	201	-	-	-	-	-	27	12
-	-	-	-	-	-	5	-	-	-	-	-	-	-	-
-	-	-	-	-	-	1	2	-	-	-	-	-	-	-
1	-	-	-	-	26	42	-	-	-	525	127	1,019	773	21
-	-	-	-	-	3	5	-	-	-	29	4	247	31	1
1	-	-	-	-	1	1	-	-	-	-	-	24	-	-
-	-	-	-	-	-	-	-	-	-	-	-	3	-	-
-	-	-	-	-	-	2	-	-	-	-	-	20	5	-
-	-	-	-	-	1	20	-	-	-	309	78	511	232	10
-	-	-	-	-	21	8	-	-	-	35	23	92	276	2
-	-	-	-	-	-	6	-	-	-	151	22	115	229	8
-	-	-	-	-	-	-	-	-	-	1	-	7	-	-
12	3	273	295	175	113	1,002	588	5	1	516	250	2,184	850	1
-	-	15	44	12	13	183	29	-	-	79	36	626	43	-
10	-	16	65	5	20	104	13	-	-	2	2	92	1	-
-	-	6	13	-	7	39	5	-	-	1	-	53	2	-
2	2	235	170	1	5	110	2	1	1	3	-	15	3	-
-	-	-	2	22	22	316	332	2	-	137	79	749	90	-
-	-	1	-	1	45	75	82	2	-	36	75	296	511	-
-	-	-	-	130	1	132	113	-	-	258	58	350	200	1
-	1	-	-	-	-	20	2	-	-	-	-	3	-	-
-	-	-	1	4	-	23	10	-	-	-	-	-	-	-
-	-	8	49	99	49	492	-	-	-	-	-	-	-	-
-	-	-	-	6	6	81	-	-	-	-	-	-	-	-
-	-	-	9	4	13	66	-	-	-	-	-	-	-	-
-	-	-	1	-	6	33	-	-	-	-	-	-	-	-
-	-	8	38	-	-	4	-	-	-	-	-	-	-	-
-	-	-	-	8	9	188	-	-	-	-	-	-	-	-
-	-	-	-	1	15	50	-	-	-	-	-	-	-	-
-	-	-	-	79	-	52	-	-	-	-	-	-	-	-
-	-	-	-	-	-	14	-	-	-	-	-	-	-	-
-	-	-	1	1	-	4	-	-	-	-	-	-	-	-
-	-	37	14	-	-	2	-	-	-	-	-	-	-	-
-	-	6	1	-	-	-	-	-	-	-	-	-	-	-
-	-	4	4	-	-	-	-	-	-	-	-	-	-	-
-	-	4	-	-	-	-	-	-	-	-	-	-	-	-
-	-	23	9	-	-	-	-	-	-	-	-	-	-	-
-	-	-	-	-	-	1	-	-	-	-	-	-	-	-
-	-	-	-	-	-	1	-	-	-	-	-	-	-	-
-	-	29	16	14	-	26	2	-	-	-	-	-	-	-
-	-	5	-	2	-	4	-	-	-	-	-	-	-	-
-	-	1	3	-	-	-	-	-	-	-	-	-	-	-
-	-	2	-	-	-	1	-	-	-	-	-	-	-	-
-	-	21	13	-	-	3	-	-	-	-	-	-	-	-
-	-	-	-	5	-	7	-	-	-	-	-	-	-	-
-	-	-	-	7	-	9	-	-	-	-	-	-	-	-
-	-	-	-	-	-	2	2	-	-	-	-	-	-	-

시군구	이용상황	합계	1전	2전	1주	2주	3주	준주	중상	일상	근상
인천광역시 연수구	합계	520	-	-	71	199	32	68	17	34	14
	주거용	186	-	-	49	89	26	13	-	-	-
	상업업무용	142	-	-	9	19	4	41	16	31	13
	주상복합용	114	-	-	12	91	2	5	1	1	1
	공업용	17	-	-	-	-	-	8	-	-	-
	전	23	-	-	-	-	-	1	-	-	-
	답	25	-	-	1	-	-	-	-	-	-
	임야	3	-	-	-	-	-	-	-	-	-
	공공용지	10	-	-	-	-	-	-	-	2	-
인천광역시 남동구	합계	1,309	11	1	129	509	46	185	-	101	-
	주거용	437	11	1	67	245	33	52	-	7	-
	상업업무용	358	-	-	12	147	7	84	-	90	-
	주상복합용	228	-	-	49	117	6	48	-	4	-
	공업용	92	-	-	1	-	-	1	-	-	-
	전	150	-	-	-	-	-	-	-	-	-
	답	6	-	-	-	-	-	-	-	-	-
	임야	31	-	-	-	-	-	-	-	-	-
	공공용지	7	-	-	-	-	-	-	-	-	-
인천광역시 부평구	합계	1,372	-	-	49	522	119	166	-	329	-
	주거용	578	-	-	26	282	72	85	-	79	-
	상업업무용	437	-	-	1	128	19	48	-	208	-
	주상복합용	240	-	-	21	109	28	33	-	42	-
	공업용	73	-	-	1	2	-	-	-	-	-
	전	10	-	-	-	-	-	-	-	-	-
	답	5	-	-	-	-	-	-	-	-	-
	임야	21	-	-	-	-	-	-	-	-	-
	특수토지	8	-	-	-	1	-	-	-	-	-
인천광역시 계양구	합계	774	-	-	89	240	41	56	-	43	-
	주거용	234	-	-	48	113	28	12	-	4	-
	상업업무용	169	-	-	7	62	12	37	-	36	-
	주상복합용	97	-	-	22	62	1	5	-	3	-
	공업용	45	-	-	11	3	-	2	-	-	-
	전	120	-	-	-	-	-	-	-	-	-
	답	59	-	-	-	-	-	-	-	-	-
	임야	47	-	-	1	-	-	-	-	-	-
	특수토지	2	-	-	-	-	-	-	-	-	-
	공공용지	1	-	-	-	-	-	-	-	-	-
인천광역시 서구	합계	1,492	38	2	327	344	47	62	3	98	4
	주거용	476	38	2	170	187	30	2	-	9	-
	상업업무용	317	-	-	29	95	14	54	3	81	4
	주상복합용	203	-	-	126	58	3	5	-	7	-
	공업용	218	-	-	-	1	-	-	-	-	-
	전	127	-	-	-	1	-	-	-	-	-
	답	52	-	-	-	-	-	-	-	-	-
	임야	87	-	-	-	1	-	-	-	-	-
	특수토지	3	-	-	-	-	-	-	-	-	-
	공공용지	9	-	-	2	1	-	1	-	1	-
인천광역시 강화군	합계	3,030	-	-	65	86	-	4	-	55	-
	주거용	740	-	-	43	67	-	-	-	7	-
	상업업무용	140	-	-	5	16	-	3	-	39	-
	주상복합용	36	-	-	2	3	-	-	-	9	-
	공업용	16	-	-	-	-	-	-	-	-	-
	전	789	-	-	11	-	-	-	-	-	-
	답	732	-	-	2	-	-	-	-	-	-
	임야	573	-	-	2	-	-	-	-	-	-
	특수토지	4	-	-	-	-	-	1	-	-	-

Ⅱ. 표준지의 선정 및 관리지침

유상	전공	일공	준공	보전	생산	자연	개제	미정	관리	보관	생관	계관	농림	자보
-	-	-	8	26	-	36	15	-	-	-	-	-	-	-
-	-	-	-	3	-	5	1	-	-	-	-	-	-	-
-	-	-	-	-	-	8	1	-	-	-	-	-	-	-
-	-	-	-	-	-	1	-	-	-	-	-	-	-	-
-	-	-	8	-	-	1	-	-	-	-	-	-	-	-
-	-	-	-	4	-	6	12	-	-	-	-	-	-	-
-	-	-	-	18	-	5	1	-	-	-	-	-	-	-
-	-	-	-	-	-	3	-	-	-	-	-	-	-	-
-	-	-	-	1	-	7	-	-	-	-	-	-	-	-
-	2	56	40	3	-	25	201	-	-	-	-	-	-	-
-	-	2	4	-	-	5	10	-	-	-	-	-	-	-
-	-	2	7	-	-	2	7	-	-	-	-	-	-	-
-	-	-	1	-	-	-	3	-	-	-	-	-	-	-
-	2	52	28	-	-	8	-	-	-	-	-	-	-	-
-	-	-	-	-	-	5	145	-	-	-	-	-	-	-
-	-	-	-	-	-	1	5	-	-	-	-	-	-	-
-	-	-	-	3	-	1	27	-	-	-	-	-	-	-
-	-	-	-	-	-	3	4	-	-	-	-	-	-	-
-	-	24	83	3	9	37	31	-	-	-	-	-	-	-
-	-	-	21	1	-	11	1	-	-	-	-	-	-	-
-	-	4	22	-	1	4	2	-	-	-	-	-	-	-
-	-	-	7	-	-	-	-	-	-	-	-	-	-	-
-	-	20	33	-	1	15	1	-	-	-	-	-	-	-
-	-	-	-	-	2	-	8	-	-	-	-	-	-	-
-	-	-	-	-	5	-	-	-	-	-	-	-	-	-
-	-	-	-	2	-	4	15	-	-	-	-	-	-	-
-	-	-	-	-	-	3	4	-	-	-	-	-	-	-
-	-	4	39	7	-	34	221	-	-	-	-	-	-	-
-	-	-	10	-	-	5	14	-	-	-	-	-	-	-
-	-	-	9	-	-	4	2	-	-	-	-	-	-	-
-	-	-	3	-	-	-	1	-	-	-	-	-	-	-
-	-	4	17	-	-	8	-	-	-	-	-	-	-	-
-	-	-	-	1	-	11	108	-	-	-	-	-	-	-
-	-	-	-	-	-	1	58	-	-	-	-	-	-	-
-	-	-	-	6	-	3	37	-	-	-	-	-	-	-
-	-	-	-	-	-	1	1	-	-	-	-	-	-	-
-	-	-	-	-	-	1	-	-	-	-	-	-	-	-
12	-	110	38	23	15	194	118	-	1	12	2	9	33	-
-	-	2	4	-	1	27	3	-	-	-	-	-	1	-
10	-	5	9	1	1	10	1	-	-	-	-	-	-	-
-	-	-	1	-	-	2	1	-	-	-	-	-	-	-
2	-	102	24	1	4	71	1	-	1	2	-	6	3	-
-	-	-	-	4	2	47	59	-	-	4	1	2	7	-
-	-	1	-	-	7	8	19	-	-	1	-	-	16	-
-	-	-	-	15	-	25	33	-	-	5	1	1	6	-
-	-	-	-	-	-	2	1	-	-	-	-	-	-	-
-	-	-	-	2	-	2	-	-	-	-	-	-	-	-
-	-	5	8	-	40	156	-	3	-	304	165	1,405	734	-
-	-	-	4	-	6	45	-	-	-	69	29	432	38	-
-	-	-	2	-	5	10	-	-	-	2	2	55	1	-
-	-	-	-	-	1	2	-	-	-	1	-	16	2	-
-	-	5	-	-	-	-	-	1	-	1	-	9	-	-
-	-	-	2	-	9	52	-	1	-	89	56	495	74	-
-	-	-	-	-	18	15	-	1	-	25	53	179	439	-
-	-	-	-	-	1	32	-	-	-	117	25	216	180	-
-	-	-	-	-	-	-	-	-	-	-	-	3	-	-

시군구	이용상황	합계	1전	2전	1주	2주	3주	준주	중상	일상	근상
인천광역시 옹진군	합계	1,141	-	-	1	-	-	-	-	-	-
	주거용	216	-	-	1	-	-	-	-	-	-
	상업업무용	37	-	-	-	-	-	-	-	-	-
	주상복합용	37	-	-	-	-	-	-	-	-	-
	전	328	-	-	-	-	-	-	-	-	-
	답	206	-	-	-	-	-	-	-	-	-
	임야	316	-	-	-	-	-	-	-	-	-
	특수토지	1	-	-	-	-	-	-	-	-	-
광주광역시	합계	9,938	11	6	1,799	2,640	465	747	381	673	88
	주거용	3,703	11	6	1,427	1,366	233	244	56	135	17
	상업업무용	1,923	-	-	59	437	138	367	289	433	60
	주상복합용	1,454	-	-	255	808	87	134	36	100	11
	공업용	257	-	-	7	11	3	1	-	-	-
	전	785	-	-	36	10	1	-	-	2	-
	답	1,172	-	-	8	6	-	1	-	1	-
	임야	624	-	-	7	2	3	-	-	-	-
	특수토지	8	-	-	-	-	-	-	-	2	-
	공공용지	12	-	-	-	-	-	-	-	-	-
광주광역시 동구	합계	1,521	-	-	185	426	53	171	265	117	22
	주거용	624	-	-	150	267	36	67	33	35	9
	상업업무용	456	-	-	9	66	6	73	208	69	8
	주상복합용	199	-	-	21	90	10	31	24	13	5
	공업용	2	-	-	-	-	-	-	-	-	-
	전	110	-	-	2	2	-	-	-	-	-
	답	23	-	-	1	-	-	-	-	-	-
	임야	107	-	-	2	1	1	-	-	-	-
광주광역시 서구	합계	1,327	-	-	224	409	123	119	20	124	3
	주거용	496	-	-	163	190	68	30	-	18	-
	상업업무용	333	-	-	13	64	40	71	20	84	3
	주상복합용	253	-	-	43	155	15	18	-	21	-
	공업용	35	-	-	1	-	-	-	-	-	-
	전	70	-	-	3	-	-	-	-	-	-
	답	96	-	-	-	-	-	-	-	-	-
	임야	42	-	-	1	-	-	-	-	-	-
	특수토지	1	-	-	-	-	-	-	-	1	-
	공공용지	1	-	-	-	-	-	-	-	-	-
광주광역시 남구	합계	1,456	4	-	334	438	93	132	-	59	4
	주거용	629	4	-	273	241	43	37	-	15	-
	상업업무용	218	-	-	6	66	28	70	-	36	4
	주상복합용	242	-	-	54	131	21	25	-	8	-
	공업용	19	-	-	-	-	-	-	-	-	-
	전	109	-	-	-	-	-	-	-	-	-
	답	147	-	-	-	-	-	-	-	-	-
	임야	87	-	-	1	-	1	-	-	-	-
	특수토지	1	-	-	-	-	-	-	-	-	-
	공공용지	4	-	-	-	-	-	-	-	-	-
광주광역시 북구	합계	2,663	-	3	494	790	99	246	73	224	50
	주거용	1,022	-	3	387	400	44	90	23	48	6
	상업업무용	566	-	-	15	175	34	107	38	138	40
	주상복합용	417	-	-	85	207	18	47	12	36	4
	공업용	52	-	-	1	1	1	1	-	-	-
	전	180	-	-	4	4	1	-	-	1	-
	답	272	-	-	1	2	-	1	-	-	-
	임야	146	-	-	1	1	1	-	-	-	-
	특수토지	2	-	-	-	-	-	-	-	1	-
	공공용지	6	-	-	-	-	-	-	-	-	-

유상	전공	일공	준공	보전	생산	자연	개제	미정	관리	보관	생관	계관	농림	자보
-	1	-	-	-	-	-	-	2	-	200	83	770	83	1
-	-	-	-	-	-	-	-	-	-	10	7	194	4	-
-	-	-	-	-	-	-	-	-	-	-	-	37	-	-
-	-	-	-	-	-	-	-	-	-	-	-	37	-	-
-	-	-	-	-	-	-	-	1	-	44	22	252	9	-
-	-	-	-	-	-	-	-	1	-	10	22	117	56	-
-	-	-	-	-	-	-	-	-	-	136	32	133	14	1
-	1	-	-	-	-	-	-	-	-	-	-	-	-	-
-	-	114	89	118	275	634	1,706	-	-	35	58	87	12	-
-	-	-	15	8	10	104	38	-	-	2	2	29	-	-
-	-	2	24	3	31	71	7	-	-	-	-	2	-	-
-	-	-	3	-	2	14	4	-	-	-	-	-	-	-
-	-	112	29	-	52	33	2	-	-	1	3	3	-	-
-	-	-	8	28	22	187	445	-	-	12	9	24	1	-
-	-	-	4	3	156	110	815	-	-	2	44	22	-	-
-	-	-	6	76	1	105	388	-	-	18	-	7	11	-
-	-	-	-	-	-	3	3	-	-	-	-	-	-	-
-	-	-	-	-	1	7	4	-	-	-	-	-	-	-
-	-	-	1	51	-	71	159	-	-	-	-	-	-	-
-	-	-	-	4	-	17	6	-	-	-	-	-	-	-
-	-	-	-	1	-	15	1	-	-	-	-	-	-	-
-	-	-	-	-	-	5	-	-	-	-	-	-	-	-
-	-	-	1	-	-	1	-	-	-	-	-	-	-	-
-	-	-	-	11	-	19	76	-	-	-	-	-	-	-
-	-	-	-	3	-	3	16	-	-	-	-	-	-	-
-	-	-	-	32	-	11	60	-	-	-	-	-	-	-
-	-	1	18	6	89	108	83	-	-	-	-	-	-	-
-	-	-	-	-	4	16	7	-	-	-	-	-	-	-
-	-	-	8	-	15	15	-	-	-	-	-	-	-	-
-	-	-	-	-	-	-	1	-	-	-	-	-	-	-
-	-	1	9	-	18	6	-	-	-	-	-	-	-	-
-	-	-	-	1	11	37	18	-	-	-	-	-	-	-
-	-	-	-	-	41	15	40	-	-	-	-	-	-	-
-	-	-	1	5	-	18	17	-	-	-	-	-	-	-
-	-	-	-	-	-	-	-	-	-	-	-	-	-	-
-	-	-	-	-	-	1	-	-	-	-	-	-	-	-
-	-	14	5	40	1	55	277	-	-	-	-	-	-	-
-	-	-	-	3	-	10	3	-	-	-	-	-	-	-
-	-	-	-	1	-	7	-	-	-	-	-	-	-	-
-	-	-	2	-	-	1	-	-	-	-	-	-	-	-
-	-	14	3	-	-	1	1	-	-	-	-	-	-	-
-	-	-	-	10	1	19	79	-	-	-	-	-	-	-
-	-	-	-	-	-	8	139	-	-	-	-	-	-	-
-	-	-	-	26	-	8	51	-	-	-	-	-	-	-
-	-	-	-	-	-	1	-	-	-	-	-	-	-	-
-	-	-	-	-	-	-	4	-	-	-	-	-	-	-
-	-	26	9	21	67	183	378	-	-	-	-	-	-	-
-	-	-	-	1	-	15	5	-	-	-	-	-	-	-
-	-	-	3	1	5	8	2	-	-	-	-	-	-	-
-	-	-	-	-	-	6	2	-	-	-	-	-	-	-
-	-	26	3	-	12	7	-	-	-	-	-	-	-	-
-	-	-	1	6	3	53	107	-	-	-	-	-	-	-
-	-	-	-	-	47	41	180	-	-	-	-	-	-	-
-	-	-	2	13	-	46	82	-	-	-	-	-	-	-
-	-	-	-	-	-	1	-	-	-	-	-	-	-	-
-	-	-	-	-	-	6	-	-	-	-	-	-	-	-

시군구	이용상황	합계	1전	2전	1주	2주	3주	준주	중상	일상	근상
광주광역시 광산구	합계	2,971	7	3	562	577	97	79	23	149	9
	주거용	932	7	3	454	268	42	20	-	19	2
	상업업무용	350	-	-	16	66	30	46	23	106	5
	주상복합용	343	-	-	52	225	23	13	-	22	2
	공업용	149	-	-	5	10	2	-	-	-	-
	전	316	-	-	27	4	-	-	-	1	-
	답	634	-	-	6	4	-	-	-	1	-
	임야	242	-	-	2	-	-	-	-	-	-
	특수토지	4	-	-	-	-	-	-	-	-	-
	공공용지	1	-	-	-	-	-	-	-	-	-
대전광역시	합계	7,921	8	-	577	2,585	931	207	35	744	49
	주거용	2,630	8	-	396	1,278	437	17	-	42	2
	상업업무용	1,735	-	-	12	445	292	148	35	619	45
	주상복합용	1,314	-	-	150	814	189	41	-	79	2
	공업용	195	-	-	-	26	1	1	-	-	-
	전	1,222	-	-	15	16	8	-	-	-	-
	답	322	-	-	1	-	2	-	-	-	-
	임야	483	-	-	3	6	2	-	-	-	-
	특수토지	10	-	-	-	-	-	-	-	4	-
	공공용지	10	-	-	-	-	-	-	-	-	-
대전광역시 동구	합계	1,921	-	-	121	561	270	26	-	227	11
	주거용	686	-	-	95	318	144	3	-	2	1
	상업업무용	425	-	-	1	93	66	20	-	220	10
	주상복합용	230	-	-	21	140	54	3	-	3	-
	공업용	26	-	-	-	7	1	-	-	-	-
	전	385	-	-	4	2	4	-	-	-	-
	답	41	-	-	-	-	-	-	-	-	-
	임야	124	-	-	-	1	1	-	-	-	-
	특수토지	3	-	-	-	-	-	-	-	2	-
	공공용지	1	-	-	-	-	-	-	-	-	-
대전광역시 중구	합계	1,646	-	-	146	592	279	29	-	329	11
	주거용	670	-	-	121	355	120	5	-	31	-
	상업업무용	508	-	-	4	115	106	17	-	251	10
	주상복합용	236	-	-	13	116	53	7	-	46	1
	공업용	6	-	-	-	-	-	-	-	-	-
	전	158	-	-	6	5	-	-	-	-	-
	답	16	-	-	-	-	-	-	-	-	-
	임야	49	-	-	2	1	-	-	-	-	-
	특수토지	2	-	-	-	-	-	-	-	1	-
	공공용지	1	-	-	-	-	-	-	-	-	-
대전광역시 서구	합계	1,601	2	-	126	584	212	69	34	28	6
	주거용	551	2	-	83	247	108	5	-	1	-
	상업업무용	288	-	-	-	101	51	54	34	25	5
	주상복합용	343	-	-	42	233	53	10	-	2	1
	공업용	17	-	-	-	-	-	-	-	-	-
	전	195	-	-	-	1	-	-	-	-	-
	답	111	-	-	-	-	-	-	-	-	-
	임야	96	-	-	1	2	-	-	-	-	-

Ⅱ 표준지의 선정 및 관리지침

유상	전공	일공	준공	보전	생산	자연	개제	미정	관리	보관	생관	계관	농림	자보
-	-	73	56	-	118	217	809	-	-	35	58	87	12	-
-	-	-	15	-	6	46	17	-	-	2	2	29	-	-
-	-	2	13	-	11	26	4	-	-	-	-	2	-	-
-	-	-	1	-	2	2	1	-	-	-	-	-	-	-
-	-	71	13	-	22	18	1	-	-	1	3	3	-	-
-	-	-	7	-	7	59	165	-	-	12	9	24	1	-
-	-	-	4	-	68	43	440	-	-	2	44	22	-	-
-	-	-	3	-	1	22	178	-	-	18	-	7	11	-
-	-	-	-	-	-	1	3	-	-	-	-	-	-	-
-	-	-	-	-	1	-	-	-	-	-	-	-	-	-
11	-	136	55	65	13	782	1,438	-	-	104	23	89	51	18
-	-	14	3	5	2	277	91	-	-	14	1	40	1	2
7	-	8	29	1	3	75	14	-	-	-	-	1	1	-
-	-	3	2	-	-	21	10	-	-	-	-	2	1	-
4	-	105	16	-	-	29	3	-	-	3	-	7	-	-
-	-	3	2	28	3	261	759	-	-	66	9	29	15	8
-	-	-	2	1	4	21	258	-	-	8	13	10	-	2
-	-	3	1	30	-	88	298	-	-	13	-	-	33	6
-	-	-	-	-	-	5	1	-	-	-	-	-	-	-
-	-	-	-	-	1	5	4	-	-	-	-	-	-	-
7	-	5	3	2	-	180	415	-	-	39	2	25	9	18
-	-	-	-	-	-	85	21	-	-	4	-	11	-	2
3	-	1	3	-	-	7	-	-	-	-	-	1	-	-
-	-	-	-	-	-	4	4	-	-	-	-	1	-	-
4	-	4	-	-	-	5	1	-	-	1	-	3	-	-
-	-	-	-	1	-	59	265	-	-	29	2	8	3	8
-	-	-	-	-	-	1	37	-	-	-	-	1	-	2
-	-	-	-	1	-	19	85	-	-	5	-	-	6	6
-	-	-	-	-	-	-	1	-	-	-	-	-	-	-
-	-	-	-	-	-	-	1	-	-	-	-	-	-	-
-	-	-	-	28	-	87	116	-	-	18	-	7	4	-
-	-	-	-	3	-	20	10	-	-	3	-	2	-	-
-	-	-	-	1	-	4	-	-	-	-	-	-	-	-
-	-	-	-	-	-	3	-	-	-	2	-	1	-	-
-	-	-	-	16	-	41	75	-	-	10	-	4	1	-
-	-	-	-	1	-	1	14	-	-	-	-	-	-	-
-	-	-	-	7	-	16	17	-	-	3	-	-	3	-
-	-	-	-	-	-	1	-	-	-	-	-	-	-	-
-	-	-	-	-	-	1	-	-	-	-	-	-	-	-
-	-	8	5	10	8	113	233	-	-	47	21	57	38	-
-	-	-	-	1	1	48	19	-	-	7	1	27	1	-
-	-	-	3	-	-	14	-	-	-	-	-	-	1	-
-	-	-	-	-	-	-	-	-	-	-	-	1	1	-
-	-	8	2	-	-	4	-	-	-	-	-	3	-	-
-	-	-	-	1	3	27	101	-	-	27	7	17	11	-
-	-	-	-	-	4	8	69	-	-	8	13	9	-	-
-	-	-	-	8	-	12	44	-	-	5	-	-	24	-

시군구	이용상황	합계	1전	2전	1주	2주	3주	준주	중상	일상	근상
대전광역시 유성구	합계	1,605	6	-	130	399	63	66	1	98	7
	주거용	366	6	-	49	168	20	-	-	3	-
	상업업무용	269	-	-	6	28	22	48	1	84	7
	주상복합용	329	-	-	70	199	14	18	-	10	-
	공업용	36	-	-	-	-	-	-	-	-	-
	전	340	-	-	4	3	4	-	-	-	-
	답	126	-	-	1	-	2	-	-	-	-
	임야	130	-	-	-	1	1	-	-	-	-
	특수토지	4	-	-	-	-	-	-	-	1	-
	공공용지	5	-	-	-	-	-	-	-	-	-
대전광역시 대덕구	합계	1,148	-	-	54	449	107	17	-	62	14
	주거용	357	-	-	48	190	45	4	-	5	1
	상업업무용	245	-	-	1	108	47	9	-	39	13
	주상복합용	176	-	-	4	126	15	3	-	18	-
	공업용	110	-	-	-	19	-	1	-	-	-
	전	144	-	-	1	5	-	-	-	-	-
	답	28	-	-	-	-	-	-	-	-	-
	임야	84	-	-	-	1	-	-	-	-	-
	특수토지	1	-	-	-	-	-	-	-	-	-
	공공용지	3	-	-	-	-	-	-	-	-	-
울산광역시	합계	9,873	48	-	617	2,577	163	548	20	809	15
	주거용	2,895	48	-	323	1,482	100	142	2	131	4
	상업업무용	1,300	-	-	20	331	26	237	10	526	7
	주상복합용	1,199	-	-	89	726	30	159	-	145	4
	공업용	378	-	-	5	3	-	1	7	1	-
	전	1,493	-	-	120	23	3	6	1	2	-
	답	1,441	-	-	46	6	2	1	-	4	-
	임야	1,133	-	-	14	6	2	1	-	-	-
	특수토지	16	-	-	-	-	-	-	-	-	-
	공공용지	18	-	-	-	-	-	1	-	-	-
울산광역시 중구	합계	1,329	28	-	40	716	59	86	2	238	-
	주거용	663	28	-	19	478	43	46	-	38	-
	상업업무용	266	-	-	-	83	8	10	2	161	-
	주상복합용	244	-	-	14	155	7	28	-	39	-
	전	81	-	-	7	-	-	1	-	-	-
	답	20	-	-	-	-	1	-	-	-	-
	임야	54	-	-	-	-	-	-	-	-	-
	공공용지	1	-	-	-	-	-	1	-	-	-
울산광역시 남구	합계	1,707	-	-	30	659	42	322	-	300	-
	주거용	486	-	-	12	305	20	75	-	34	-
	상업업무용	529	-	-	3	115	9	159	-	202	-
	주상복합용	420	-	-	11	239	12	87	-	64	-
	공업용	100	-	-	-	-	-	-	-	-	-
	전	78	-	-	3	-	1	1	-	-	-
	답	10	-	-	-	-	-	-	-	-	-
	임야	68	-	-	1	-	-	-	-	-	-
	특수토지	1	-	-	-	-	-	-	-	-	-
	공공용지	15	-	-	-	-	-	-	-	-	-
울산광역시 동구	합계	736	-	-	31	366	23	20	-	118	-
	주거용	295	-	-	8	214	13	7	-	42	-
	상업업무용	112	-	-	-	34	1	6	-	47	-
	주상복합용	173	-	-	15	113	7	6	-	29	-
	공업용	8	-	-	-	-	-	-	-	-	-
	전	83	-	-	8	1	-	1	-	-	-
	임야	65	-	-	-	4	2	-	-	-	-

유상	전공	일공	준공	보전	생산	자연	개제	미정	관리	보관	생관	계관	농림	자보
4	-	24	39	8	5	275	480	-	-	-	-	-	-	-
-	-	-	2	-	1	89	28	-	-	-	-	-	-	-
4	-	2	21	-	3	32	11	-	-	-	-	-	-	-
-	-	-	1	-	-	12	5	-	-	-	-	-	-	-
-	-	22	10	-	-	3	1	-	-	-	-	-	-	-
-	-	-	2	4	-	100	223	-	-	-	-	-	-	-
-	-	-	2	-	-	10	111	-	-	-	-	-	-	-
-	-	-	1	4	-	24	99	-	-	-	-	-	-	-
-	-	-	-	-	-	3	-	-	-	-	-	-	-	-
-	-	-	-	-	1	2	2	-	-	-	-	-	-	-
-	-	99	8	17	-	127	194	-	-	-	-	-	-	-
-	-	14	1	1	-	35	13	-	-	-	-	-	-	-
-	-	5	2	-	-	18	3	-	-	-	-	-	-	-
-	-	3	1	-	-	5	1	-	-	-	-	-	-	-
-	-	71	4	-	-	14	1	-	-	-	-	-	-	-
-	-	3	-	6	-	34	95	-	-	-	-	-	-	-
-	-	-	-	-	-	1	27	-	-	-	-	-	-	-
-	-	3	-	10	-	17	53	-	-	-	-	-	-	-
-	-	-	-	-	-	1	-	-	-	-	-	-	-	-
-	-	-	-	-	-	2	1	-	-	-	-	-	-	-
24	-	252	122	102	217	2,048	1,266	2	-	196	215	218	341	73
-	-	5	16	10	8	407	68	-	-	20	21	91	10	7
24	-	2	27	-	-	68	5	-	-	1	-	3	-	13
-	-	1	1	-	-	30	9	-	-	2	-	2	-	1
-	-	219	68	5	-	47	2	2	-	2	1	15	-	-
-	-	9	8	26	15	583	472	-	-	63	75	51	24	12
-	-	5	1	23	193	558	349	-	-	42	93	41	70	7
-	-	10	-	38	-	330	356	-	-	66	25	15	237	33
-	-	-	1	-	-	11	4	-	-	-	-	-	-	-
-	-	1	-	-	1	14	1	-	-	-	-	-	-	-
-	-	-	4	-	-	20	136	-	-	-	-	-	-	-
-	-	-	-	-	-	3	8	-	-	-	-	-	-	-
-	-	-	-	-	-	2	-	-	-	-	-	-	-	-
-	-	-	-	-	-	1	-	-	-	-	-	-	-	-
-	-	-	4	-	-	8	61	-	-	-	-	-	-	-
-	-	-	-	-	-	-	19	-	-	-	-	-	-	-
-	-	-	-	-	-	6	48	-	-	-	-	-	-	-
-	-	-	-	-	-	-	-	-	-	-	-	-	-	-
24	-	79	36	-	1	151	61	2	-	-	-	-	-	-
-	-	-	12	-	-	22	6	-	-	-	-	-	-	-
24	-	1	7	-	-	8	1	-	-	-	-	-	-	-
-	-	-	-	-	-	2	5	-	-	-	-	-	-	-
-	-	74	17	-	-	7	-	2	-	-	-	-	-	-
-	-	1	-	-	-	54	18	-	-	-	-	-	-	-
-	-	-	-	-	-	2	8	-	-	-	-	-	-	-
-	-	2	-	-	-	43	22	-	-	-	-	-	-	-
-	-	-	-	-	-	1	-	-	-	-	-	-	-	-
-	-	1	-	-	1	12	1	-	-	-	-	-	-	-
-	-	9	4	-	-	79	86	-	-	-	-	-	-	-
-	-	-	-	-	-	6	5	-	-	-	-	-	-	-
-	-	-	2	-	-	21	1	-	-	-	-	-	-	-
-	-	-	1	-	-	2	-	-	-	-	-	-	-	-
-	-	5	1	-	-	1	1	-	-	-	-	-	-	-
-	-	1	-	-	-	25	47	-	-	-	-	-	-	-
-	-	3	-	-	-	24	32	-	-	-	-	-	-	-

시군구	이용상황	합계	1전	2전	1주	2주	3주	준주	중상	일상	근상
울산광역시 북구	합계	1,514	13	-	150	361	24	57	18	38	15
	주거용	420	13	-	86	201	13	4	2	2	4
	상업업무용	167	-	-	6	52	7	33	8	33	7
	주상복합용	155	-	-	22	92	4	19	-	3	4
	공업용	83	-	-	-	2	-	-	7	-	-
	전	294	-	-	33	10	-	1	1	-	-
	답	189	-	-	2	3	-	-	-	-	-
	임야	199	-	-	1	1	-	-	-	-	-
	특수토지	5	-	-	-	-	-	-	-	-	-
	공공용지	2	-	-	-	-	-	-	-	-	-
울산광역시 울주군	합계	4,587	7	-	366	475	15	63	-	115	-
	주거용	1,031	7	-	198	284	11	10	-	15	-
	상업업무용	226	-	-	11	47	1	29	-	83	-
	주상복합용	207	-	-	27	127	-	19	-	10	-
	공업용	187	-	-	5	1	-	1	-	1	-
	전	957	-	-	69	12	2	2	-	2	-
	답	1,222	-	-	44	3	1	1	-	4	-
	임야	747	-	-	12	1	-	1	-	-	-
	특수토지	10	-	-	-	-	-	-	-	-	-
세종특별자치시	합계	2,842	85	1	79	258	-	38	11	85	9
	주거용	768	73	1	46	157	-	11	-	5	-
	상업업무용	202	12	-	4	43	-	14	10	62	9
	주상복합용	99	-	-	7	40	-	9	1	17	-
	공업용	101	-	-	-	1	-	3	-	-	-
	전	726	-	-	17	13	-	-	-	-	-
	답	599	-	-	5	3	-	1	-	1	-
	임야	325	-	-	-	1	-	-	-	-	-
	특수토지	6	-	-	-	-	-	-	-	-	-
	공공용지	16	-	-	-	-	-	-	-	-	-
경기도	합계	74,356	357	73	8,719	7,454	1,314	1,977	221	3,540	198
	주거용	20,027	332	69	4,850	3,839	866	378	-	483	10
	상업업무용	9,001	11	1	936	1,468	188	1,079	207	2,512	168
	주상복합용	5,519	4	1	2,177	1,825	181	277	9	460	15
	공업용	4,271	1	-	228	58	9	71	1	8	3
	전	16,869	7	1	415	186	54	132	1	42	1
	답	9,736	1	-	59	43	5	24	-	10	-
	임야	8,383	1	-	53	31	11	10	-	3	-
	특수토지	322	-	-	-	-	-	3	2	17	1
	공공용지	228	-	1	1	4	-	3	1	5	-
경기도 수원시 장안구	합계	762	-	-	236	256	10	19	-	55	-
	주거용	344	-	-	152	139	7	1	-	13	-
	상업업무용	126	-	-	32	41	2	13	-	28	-
	주상복합용	154	-	-	51	76	1	5	-	14	-
	공업용	5	-	-	-	-	-	-	-	-	-
	전	71	-	-	-	-	-	-	-	-	-
	답	11	-	-	-	-	-	-	-	-	-
	임야	50	-	-	1	-	-	-	-	-	-
	공공용지	1	-	-	-	-	-	-	-	-	-
경기도 수원시 권선구	합계	921	10	-	243	307	14	38	10	37	4
	주거용	315	8	-	145	120	12	7	-	6	-
	상업업무용	220	-	-	30	80	2	23	10	25	4
	주상복합용	185	-	-	61	107	-	7	-	4	-
	공업용	19	-	-	3	-	-	-	-	-	-
	전	86	2	-	4	-	-	-	-	-	-
	답	75	-	-	-	-	-	-	-	-	-
	임야	17	-	-	-	-	-	-	-	-	-
	특수토지	2	-	-	-	-	-	-	-	2	-
	공공용지	2	-	-	-	-	-	1	-	-	-

Ⅱ 표준지의 선정 및 관리지침

유상	전공	일공	준공	보전	생산	자연	개제	미정	관리	보관	생관	계관	농림	자보
-	-	31	46	-	29	222	341	-	-	36	36	29	68	-
-	-	-	1	-	2	55	17	-	-	3	4	12	1	-
-	-	-	8	-	-	12	-	-	-	-	-	1	-	-
-	-	-	-	-	-	9	2	-	-	-	-	-	-	-
-	-	31	36	-	-	4	1	-	-	1	-	1	-	-
-	-	-	-	-	10	79	127	-	-	9	11	7	6	-
-	-	-	-	-	17	27	104	-	-	7	15	4	10	-
-	-	-	-	-	-	33	87	-	-	16	6	4	51	-
-	-	-	1	-	-	1	3	-	-	-	-	-	-	-
-	-	-	-	-	-	2	-	-	-	-	-	-	-	-
-	-	133	32	102	187	1,576	642	-	-	160	179	189	273	73
-	-	5	3	10	6	321	32	-	-	17	17	79	9	7
-	-	1	10	-	-	25	3	-	-	1	-	2	-	13
-	-	1	-	-	-	16	2	-	-	2	-	2	-	1
-	-	109	14	5	-	35	-	-	-	1	1	14	-	-
-	-	7	4	26	5	417	219	-	-	54	64	44	18	12
-	-	5	1	23	176	529	218	-	-	35	78	37	60	7
-	-	5	-	38	-	224	167	-	-	50	19	11	186	33
-	-	-	-	-	-	9	1	-	-	-	-	-	-	-
1	-	66	16	10	20	191	177	1	-	227	246	952	362	7
-	-	4	2	-	-	58	18	1	-	39	23	310	19	1
1	-	3	5	-	3	7	1	-	-	2	-	25	-	1
-	-	-	-	-	1	5	-	-	-	-	-	19	-	-
-	-	30	3	-	-	4	-	-	-	1	3	54	2	-
-	-	13	4	2	4	71	60	-	-	60	123	320	36	3
-	-	10	1	-	12	18	69	-	-	20	91	162	205	1
-	-	6	1	5	-	14	29	-	-	105	6	57	100	1
-	-	-	-	-	-	1	-	-	-	-	-	5	-	-
-	-	-	-	3	-	13	-	-	-	-	-	-	-	-
56	3	965	344	825	1,735	8,742	5,646	35	3	4,334	4,280	15,610	7,599	326
5	-	48	32	132	206	2,020	388	7	1	680	571	4,566	514	30
28	-	64	106	48	114	836	152	6	-	60	69	893	42	13
-	-	18	17	5	22	165	68	1	-	11	6	244	4	9
5	3	717	154	6	101	632	50	3	-	71	161	1,846	142	1
3	-	54	19	204	427	2,653	3,000	13	1	1,499	1,839	4,921	1,320	77
11	-	35	11	13	842	1,054	627	3	-	345	1,220	1,450	3,933	50
4	-	22	4	414	16	1,258	1,299	2	1	1,631	400	1,531	1,631	61
-	-	7	1	2	6	59	45	-	-	16	5	153	5	-
-	-	-	-	1	1	65	17	-	-	21	9	6	8	85
-	-	3	-	1	-	76	106	-	-	-	-	-	-	-
-	-	1	-	-	-	19	12	-	-	-	-	-	-	-
-	-	-	-	-	-	10	-	-	-	-	-	-	-	-
-	-	-	-	-	-	5	2	-	-	-	-	-	-	-
-	-	2	-	-	-	3	-	-	-	-	-	-	-	-
-	-	-	-	-	-	27	44	-	-	-	-	-	-	-
-	-	-	-	-	-	4	7	-	-	-	-	-	-	-
-	-	-	-	1	-	7	41	-	-	-	-	-	-	-
-	-	-	-	-	-	1	-	-	-	-	-	-	-	-
-	-	8	-	-	62	92	96	-	-	-	-	-	-	-
-	-	-	-	-	1	11	5	-	-	-	-	-	-	-
-	-	1	-	-	14	30	1	-	-	-	-	-	-	-
-	-	-	-	-	2	2	2	-	-	-	-	-	-	-
-	-	7	-	-	2	7	-	-	-	-	-	-	-	-
-	-	-	-	-	-	19	25	36	-	-	-	-	-	-
-	-	-	-	-	-	24	13	38	-	-	-	-	-	-
-	-	-	-	-	-	3	14	-	-	-	-	-	-	-
-	-	-	-	-	-	-	-	-	-	-	-	-	-	-
-	-	-	-	-	-	1	-	-	-	-	-	-	-	-

시군구	이용상황	합계	1전	2전	1주	2주	3주	준주	중상	일상	근상
경기도 수원시 팔달구	합계	793	-	-	234	216	12	14	35	267	1
	주거용	324	-	-	160	108	8	3	-	44	-
	상업업무용	315	-	-	25	52	2	6	34	193	1
	주상복합용	141	-	-	48	56	2	5	-	30	-
	전	4	-	-	1	-	-	-	-	-	-
	임야	1	-	-	-	-	-	-	-	-	-
	공공용지	8	-	-	-	-	-	-	1	-	-
경기도 수원시 영통구	합계	385	-	-	57	165	16	41	6	6	11
	주거용	110	-	-	22	60	10	3	-	-	-
	상업업무용	114	-	-	6	34	6	32	6	3	11
	주상복합용	116	-	-	29	68	-	6	-	3	-
	공업용	23	-	-	-	2	-	-	-	-	-
	전	4	-	-	-	-	-	-	-	-	-
	답	1	-	-	-	-	-	-	-	-	-
	임야	10	-	-	-	-	-	-	-	-	-
	특수토지	1	-	-	-	-	-	-	-	-	-
	공공용지	6	-	-	-	1	-	-	-	-	-
경기도 성남시 수정구	합계	1,086	11	-	79	313	224	80	-	107	7
	주거용	490	11	-	53	210	147	23	-	17	-
	상업업무용	187	-	-	5	27	16	38	-	75	5
	주상복합용	184	-	-	21	71	58	10	-	15	1
	공업용	4	-	-	-	-	-	-	-	-	-
	전	152	-	-	-	5	3	9	-	-	1
	답	1	-	-	-	-	-	-	-	-	-
	임야	65	-	-	-	-	-	-	-	-	-
	특수토지	2	-	-	-	-	-	-	-	-	-
	공공용지	1	-	-	-	-	-	-	-	-	-
경기도 성남시 중원구	합계	746	3	-	21	268	119	104	-	103	5
	주거용	275	3	-	4	145	79	33	-	5	-
	상업업무용	177	-	-	1	30	7	52	-	80	4
	주상복합용	179	-	-	16	92	32	19	-	18	1
	공업용	15	-	-	-	-	-	-	-	-	-
	전	45	-	-	-	1	-	-	-	-	-
	답	1	-	-	-	-	-	-	-	-	-
	임야	46	-	-	-	-	1	-	-	-	-
	공공용지	8	-	-	-	-	-	-	-	-	-
경기도 성남시 분당구	합계	714	65	10	166	31	23	30	42	15	42
	주거용	222	63	10	55	22	21	3	-	-	-
	상업업무용	152	-	-	-	3	2	18	38	14	40
	주상복합용	134	-	-	109	2	-	6	3	-	1
	공업용	1	-	-	-	-	-	-	-	-	1
	전	114	1	-	2	2	-	2	-	-	-
	답	4	-	-	-	1	-	1	-	-	-
	임야	82	1	-	-	1	-	-	-	-	-
	특수토지	4	-	-	-	-	-	-	1	1	-
	공공용지	1	-	-	-	-	-	-	-	-	-
경기도 의정부시	합계	1,283	7	-	152	587	23	19	-	171	-
	주거용	478	7	-	82	294	22	1	-	25	-
	상업업무용	272	-	-	13	108	-	17	-	115	-
	주상복합용	282	-	-	57	183	1	-	-	29	-
	공업용	5	-	-	-	-	-	-	-	-	-
	전	146	-	-	-	1	-	-	-	-	-
	답	6	-	-	-	-	-	1	-	1	-
	임야	76	-	-	-	-	-	-	-	-	-
	특수토지	3	-	-	-	-	-	-	-	1	-
	공공용지	15	-	-	-	1	-	-	-	-	-

유상	전공	일공	준공	보전	생산	자연	개제	미정	관리	보관	생관	계관	농림	자보
-	-	-	-	1	-	13	-	-	-	-	-	-	-	-
-	-	-	-	-	-	1	-	-	-	-	-	-	-	-
-	-	-	-	-	-	2	-	-	-	-	-	-	-	-
-	-	-	-	-	-	-	-	-	-	-	-	-	-	-
-	-	-	-	1	-	2	-	-	-	-	-	-	-	-
-	-	-	-	-	-	1	-	-	-	-	-	-	-	-
-	-	-	-	-	-	7	-	-	-	-	-	-	-	-
-	-	51	2	1	3	25	1	-	-	-	-	-	-	-
-	-	10	-	1	-	4	-	-	-	-	-	-	-	-
-	-	11	-	-	-	5	-	-	-	-	-	-	-	-
-	-	10	-	-	-	-	-	-	-	-	-	-	-	-
-	-	19	2	-	-	-	-	-	-	-	-	-	-	-
-	-	-	-	-	1	3	-	-	-	-	-	-	-	-
-	-	-	-	-	1	-	-	-	-	-	-	-	-	-
-	-	1	-	-	-	8	1	-	-	-	-	-	-	-
-	-	-	-	-	-	1	-	-	-	-	-	-	-	-
-	-	-	-	-	1	4	-	-	-	-	-	-	-	-
-	-	-	4	35	-	47	179	-	-	-	-	-	-	-
-	-	-	-	6	-	15	8	-	-	-	-	-	-	-
-	-	-	-	8	-	8	5	-	-	-	-	-	-	-
-	-	-	-	1	-	6	1	-	-	-	-	-	-	-
-	-	-	4	-	-	-	-	-	-	-	-	-	-	-
-	-	-	-	13	-	10	111	-	-	-	-	-	-	-
-	-	-	-	-	-	-	1	-	-	-	-	-	-	-
-	-	-	-	7	-	8	50	-	-	-	-	-	-	-
-	-	-	-	-	-	-	2	-	-	-	-	-	-	-
-	-	-	-	-	-	-	1	-	-	-	-	-	-	-
-	-	14	1	1	-	23	84	-	-	-	-	-	-	-
-	-	-	-	-	-	4	2	-	-	-	-	-	-	-
-	-	-	-	-	-	2	1	-	-	-	-	-	-	-
-	-	-	-	-	-	-	1	-	-	-	-	-	-	-
-	-	14	1	-	-	-	-	-	-	-	-	-	-	-
-	-	-	-	-	-	4	40	-	-	-	-	-	-	-
-	-	-	-	-	-	-	1	-	-	-	-	-	-	-
-	-	-	-	-	-	7	38	-	-	-	-	-	-	-
-	-	-	-	1	-	6	1	-	-	-	-	-	-	-
-	-	-	-	204	-	70	16	-	-	-	-	-	-	-
-	-	-	-	24	-	23	1	-	-	-	-	-	-	-
-	-	-	-	23	-	14	-	-	-	-	-	-	-	-
-	-	-	-	2	-	11	-	-	-	-	-	-	-	-
-	-	-	-	-	-	-	-	-	-	-	-	-	-	-
-	-	-	-	83	-	17	7	-	-	-	-	-	-	-
-	-	-	-	2	-	-	-	-	-	-	-	-	-	-
-	-	-	-	68	-	4	8	-	-	-	-	-	-	-
-	-	-	-	2	-	-	-	-	-	-	-	-	-	-
-	-	-	-	-	-	1	-	-	-	-	-	-	-	-
-	-	-	5	-	-	77	242	-	-	-	-	-	-	-
-	-	-	-	-	-	25	22	-	-	-	-	-	-	-
-	-	-	1	-	-	7	11	-	-	-	-	-	-	-
-	-	-	-	-	-	7	5	-	-	-	-	-	-	-
-	-	-	4	-	-	-	1	-	-	-	-	-	-	-
-	-	-	-	-	-	22	123	-	-	-	-	-	-	-
-	-	-	-	-	-	-	4	-	-	-	-	-	-	-
-	-	-	-	-	-	8	68	-	-	-	-	-	-	-
-	-	-	-	-	-	1	1	-	-	-	-	-	-	-
-	-	-	-	-	-	7	7	-	-	-	-	-	-	-

2026년 표준지공시지가 조사·평가 업무요령 -부록-

시군구	이용상황	합계	1전	2전	1주	2주	3주	준주	중상	일상	근상
경기도 안양시 만안구	합계	737	5	-	192	196	32	23	-	133	-
	주거용	302	5	-	126	99	25	7	-	19	-
	상업업무용	163	-	-	17	35	2	6	-	90	-
	주상복합용	141	-	-	43	58	5	6	-	24	-
	공업용	33	-	-	3	2	-	4	-	-	-
	전	44	-	-	1	1	-	-	-	-	-
	답	1	-	-	-	-	-	-	-	-	-
	임야	53	-	-	2	1	-	-	-	-	-
경기도 안양시 동안구	합계	466	3	-	79	145	42	42	17	39	-
	주거용	164	3	-	36	64	38	11	-	3	-
	상업업무용	140	-	-	5	49	-	24	17	30	-
	주상복합용	85	-	-	38	28	4	7	-	6	-
	공업용	28	-	-	-	-	-	-	-	-	-
	전	23	-	-	-	2	-	-	-	-	-
	임야	24	-	-	-	2	-	-	-	-	-
	공공용지	2	-	-	-	-	-	-	-	-	-
경기도 부천원미구	합계	659	-	-	57	332	55	38	13	88	1
	주거용	228	-	-	27	154	28	10	-	2	-
	상업업무용	212	-	-	3	74	13	13	13	80	-
	주상복합용	153	-	-	25	102	11	11	-	4	-
	공업용	28	-	-	-	-	-	-	-	-	1
	전	21	-	-	1	2	2	2	-	1	-
	답	1	-	-	-	-	-	-	-	-	-
	임야	14	-	-	1	-	1	1	-	-	-
	특수토지	1	-	-	-	-	-	-	-	1	-
	공공용지	1	-	-	-	-	-	1	-	-	-
경기도 부천소사구	합계	449	5	-	31	251	42	16	-	51	-
	주거용	213	5	-	15	153	18	5	-	7	-
	상업업무용	108	-	-	1	44	16	6	-	40	-
	주상복합용	77	-	-	15	52	4	2	-	4	-
	공업용	10	-	-	-	2	4	3	-	-	-
	전	20	-	-	-	-	-	-	-	-	-
	답	1	-	-	-	-	-	-	-	-	-
	임야	20	-	-	-	-	-	-	-	-	-
경기도 부천오정구	합계	498	3	-	50	262	-	20	-	14	1
	주거용	206	2	-	36	152	-	2	-	4	-
	상업업무용	79	-	-	-	47	-	3	-	9	-
	주상복합용	66	-	-	10	55	-	-	-	-	-
	공업용	51	-	-	-	-	-	3	-	-	1
	전	47	-	-	3	3	-	3	-	-	-
	답	33	1	-	-	5	-	8	-	1	-
	임야	15	-	-	1	-	-	1	-	-	-
	특수토지	1	-	-	-	-	-	-	-	-	-
경기도 광명시	합계	870	9	1	121	354	37	76	-	116	1
	주거용	358	9	1	61	213	29	17	-	19	1
	상업업무용	156	-	-	6	32	3	17	-	82	-
	주상복합용	129	-	-	43	63	5	5	-	11	-
	공업용	41	-	-	2	14	-	8	-	1	-
	전	121	-	-	6	26	-	27	-	2	-
	답	10	-	-	2	3	-	-	-	1	-
	임야	54	-	-	1	2	-	2	-	-	-
	공공용지	1	-	-	-	1	-	-	-	-	-

Ⅱ 표준지의 선정 및 관리지침

유상	전공	일공	준공	보전	생산	자연	개제	미정	관리	보관	생관	계관	농림	자보
-	-	11	21	7	-	36	81	-	-	-	-	-	-	-
-	-	-	7	1	-	6	7	-	-	-	-	-	-	-
-	-	1	4	1	-	2	5	-	-	-	-	-	-	-
-	-	-	2	1	-	-	2	-	-	-	-	-	-	-
-	-	10	8	-	-	4	2	-	-	-	-	-	-	-
-	-	-	-	2	-	9	31	-	-	-	-	-	-	-
-	-	-	-	-	-	1	-	-	-	-	-	-	-	-
-	-	-	-	2	-	14	34	-	-	-	-	-	-	-
-	-	33	8	-	-	24	34	-	-	-	-	-	-	-
-	-	-	2	-	-	3	4	-	-	-	-	-	-	-
-	-	8	3	-	-	2	2	-	-	-	-	-	-	-
-	-	-	-	-	-	-	2	-	-	-	-	-	-	-
-	-	25	3	-	-	-	-	-	-	-	-	-	-	-
-	-	-	-	-	-	10	11	-	-	-	-	-	-	-
-	-	-	-	-	-	8	14	-	-	-	-	-	-	-
-	-	-	-	-	-	1	1	-	-	-	-	-	-	-
-	-	25	16	-	1	11	22	-	-	-	-	-	-	-
-	-	-	-	-	-	5	2	-	-	-	-	-	-	-
-	-	9	5	-	1	-	1	-	-	-	-	-	-	-
-	-	-	-	-	-	-	-	-	-	-	-	-	-	-
-	-	16	11	-	-	-	-	-	-	-	-	-	-	-
-	-	-	-	-	-	4	9	-	-	-	-	-	-	-
-	-	-	-	-	-	1	-	-	-	-	-	-	-	-
-	-	-	-	-	-	1	10	-	-	-	-	-	-	-
-	-	-	-	-	-	-	-	-	-	-	-	-	-	-
-	-	-	-	-	-	-	-	-	-	-	-	-	-	-
-	-	-	-	-	-	25	28	-	-	-	-	-	-	-
-	-	-	-	-	-	8	2	-	-	-	-	-	-	-
-	-	-	-	-	-	1	-	-	-	-	-	-	-	-
-	-	-	-	-	-	-	-	-	-	-	-	-	-	-
-	-	-	-	-	-	-	1	-	-	-	-	-	-	-
-	-	-	-	-	-	4	16	-	-	-	-	-	-	-
-	-	-	-	-	-	-	1	-	-	-	-	-	-	-
-	-	-	-	-	-	12	8	-	-	-	-	-	-	-
5	-	44	15	-	2	17	65	-	-	-	-	-	-	-
-	-	-	1	-	-	3	6	-	-	-	-	-	-	-
4	-	6	2	-	-	1	7	-	-	-	-	-	-	-
-	-	-	-	-	-	1	-	-	-	-	-	-	-	-
1	-	38	4	-	2	-	2	-	-	-	-	-	-	-
-	-	-	1	-	-	5	32	-	-	-	-	-	-	-
-	-	-	7	-	-	4	7	-	-	-	-	-	-	-
-	-	-	-	-	-	3	10	-	-	-	-	-	-	-
-	-	-	-	-	-	-	1	-	-	-	-	-	-	-
10	-	9	7	3	-	53	73	-	-	-	-	-	-	-
-	-	-	-	-	-	3	5	-	-	-	-	-	-	-
10	-	-	4	-	-	1	1	-	-	-	-	-	-	-
-	-	-	-	-	-	1	1	-	-	-	-	-	-	-
-	-	9	3	-	-	2	2	-	-	-	-	-	-	-
-	-	-	-	1	-	33	26	-	-	-	-	-	-	-
-	-	-	-	-	-	4	-	-	-	-	-	-	-	-
-	-	-	-	2	-	9	38	-	-	-	-	-	-	-
-	-	-	-	-	-	-	-	-	-	-	-	-	-	-

시군구	이용상황	합계	1전	2전	1주	2주	3주	준주	중상	일상	근상
경기도 평택시	합계	5,180	-	3	777	108	27	194	5	353	13
	주거용	1,310	-	3	446	49	17	33	-	57	-
	상업업무용	741	-	-	77	32	4	109	5	224	13
	주상복합용	411	-	-	233	26	-	45	-	63	-
	공업용	304	-	-	3	-	-	1	-	-	-
	전	926	-	-	13	1	-	2	-	1	-
	답	1,055	-	-	2	-	2	3	-	5	-
	임야	410	-	-	3	-	4	1	-	1	-
	특수토지	6	-	-	-	-	-	-	-	2	-
	공공용지	17	-	-	-	-	-	-	-	-	-
경기도 동두천시	합계	1,091	2	-	127	208	7	42	-	211	-
	주거용	429	2	-	65	154	5	22	-	58	-
	상업업무용	181	-	-	14	22	1	12	-	109	-
	주상복합용	107	-	-	28	23	1	7	-	43	-
	공업용	33	-	-	1	1	-	-	-	-	-
	전	198	-	-	17	7	-	-	-	1	-
	답	26	-	-	1	-	-	-	-	-	-
	임야	106	-	-	-	1	-	-	-	-	-
	특수토지	4	-	-	-	-	-	1	-	-	-
	공공용지	7	-	-	1	-	-	-	-	-	-
경기도 안산상록구	합계	958	-	3	92	437	19	31	-	40	-
	주거용	318	-	2	60	231	6	2	-	1	-
	상업업무용	80	-	-	1	28	1	12	-	35	-
	주상복합용	188	-	-	17	167	-	2	-	1	-
	공업용	22	-	-	1	-	-	-	-	-	-
	전	215	-	1	13	11	11	14	-	1	-
	답	54	-	-	-	-	1	1	-	-	-
	임야	67	-	-	-	-	-	-	-	-	-
	특수토지	4	-	-	-	-	-	-	-	1	-
	공공용지	10	-	-	-	-	-	-	-	1	-
경기도 안산단원구	합계	1,058	2	-	173	151	5	37	7	27	3
	주거용	251	2	-	75	61	3	3	-	1	-
	상업업무용	99	-	-	9	15	1	17	7	25	3
	주상복합용	134	-	-	42	69	1	11	-	-	-
	공업용	72	-	-	-	-	-	-	-	-	-
	전	279	-	-	39	4	-	3	-	1	-
	답	69	-	-	1	-	-	2	-	-	-
	임야	136	-	-	7	2	-	1	-	-	-
	특수토지	9	-	-	-	-	-	-	-	-	-
	공공용지	9	-	-	-	-	-	-	-	-	-
경기도 고양덕양구	합계	1,612	7	-	519	174	23	23	11	79	2
	주거용	537	6	-	332	76	15	2	-	4	-
	상업업무용	266	-	-	43	76	8	19	11	70	2
	주상복합용	174	1	-	138	21	-	1	-	5	-
	공업용	34	-	-	2	1	-	1	-	-	-
	전	424	-	-	-	-	-	-	-	-	-
	답	48	-	-	-	-	-	-	-	-	-
	임야	118	-	-	4	-	-	-	-	-	-
	특수토지	8	-	-	-	-	-	-	-	-	-
	공공용지	3	-	-	-	-	-	-	-	-	-

유상	전공	일공	준공	보전	생산	자연	개제	미정	관리	보관	생관	계관	농림	자보
21	-	71	30	20	134	684	-	2	-	171	320	1,425	796	26
4	-	1	1	4	14	133	-	-	-	30	44	408	63	3
3	-	8	16	-	18	100	-	-	-	7	11	109	5	-
-	-	4	1	-	4	11	-	-	-	1	-	21	2	-
3	-	55	12	-	6	29	-	1	-	4	18	156	16	-
2	-	-	-	5	22	190	-	1	-	46	97	447	90	9
8	-	1	-	1	70	124	-	-	-	12	94	121	600	12
1	-	-	-	10	-	93	-	-	-	63	56	160	18	-
-	-	2	-	-	-	1	-	-	-	-	-	-	1	-
-	-	-	-	-	-	3	-	-	-	8	-	3	1	2
-	-	18	1	-	-	215	-	-	-	72	32	120	36	-
-	-	1	-	-	-	67	-	-	-	11	3	40	1	-
-	-	1	-	-	-	15	-	-	-	1	-	6	-	-
-	-	-	-	-	-	2	-	-	-	-	-	3	-	-
-	-	11	1	-	-	6	-	-	-	-	-	13	-	-
-	-	-	-	-	-	69	-	-	-	34	20	47	3	-
-	-	4	-	-	-	7	-	-	-	1	8	2	3	-
-	-	-	-	-	-	46	-	-	-	21	1	8	29	-
-	-	1	-	-	-	-	-	-	-	1	-	1	-	-
-	-	-	-	-	-	3	-	-	-	3	-	-	-	-
-	-	10	9	31	-	36	250	-	-	-	-	-	-	-
-	-	-	-	1	-	3	12	-	-	-	-	-	-	-
-	-	-	-	-	-	-	3	-	-	-	-	-	-	-
-	-	-	-	-	-	1	-	-	-	-	-	-	-	-
-	-	10	9	-	-	-	2	-	-	-	-	-	-	-
-	-	-	-	11	-	17	136	-	-	-	-	-	-	-
-	-	-	-	1	-	1	50	-	-	-	-	-	-	-
-	-	-	-	18	-	5	44	-	-	-	-	-	-	-
-	-	-	-	-	-	1	2	-	-	-	-	-	-	-
-	-	-	-	-	-	8	1	-	-	-	-	-	-	-
-	-	68	8	83	106	297	90	-	-	-	-	-	-	1
-	-	-	-	4	27	72	3	-	-	-	-	-	-	-
-	-	1	2	-	1	14	4	-	-	-	-	-	-	-
-	-	-	-	-	1	6	4	-	-	-	-	-	-	-
-	-	63	4	-	-	2	3	-	-	-	-	-	-	-
-	-	4	-	26	43	115	44	-	-	-	-	-	-	-
-	-	-	1	1	27	23	14	-	-	-	-	-	-	-
-	-	-	-	52	1	56	17	-	-	-	-	-	-	-
-	-	-	1	-	6	1	1	-	-	-	-	-	-	-
-	-	-	-	-	-	8	-	-	-	-	-	-	-	1
-	-	-	-	-	-	79	566	-	-	11	26	74	18	-
-	-	-	-	-	-	18	34	-	-	3	4	41	2	-
-	-	-	-	-	-	8	24	-	-	-	-	5	-	-
-	-	-	-	-	-	2	5	-	-	-	-	1	-	-
-	-	-	-	-	-	5	6	-	-	-	4	14	1	-
-	-	-	-	-	-	30	365	-	-	1	10	11	7	-
-	-	-	-	-	-	2	35	-	-	-	7	-	4	-
-	-	-	-	-	-	12	89	-	-	6	1	2	4	-
-	-	-	-	-	-	1	6	-	-	1	-	-	-	-
-	-	-	-	-	-	1	2	-	-	-	-	-	-	-

시군구	이용상황	합계	1전	2전	1주	2주	3주	준주	중상	일상	근상
경기도 고양일산동구	합계	752	19	-	130	33	8	16	14	27	1
	주거용	191	16	-	57	10	7	-	-	-	-
	상업업무용	126	3	-	9	18	1	11	14	26	1
	주상복합용	79	-	-	64	4	-	4	-	-	-
	공업용	101	-	-	-	-	-	1	-	-	-
	전	172	-	-	-	1	-	-	-	-	-
	답	24	-	-	-	-	-	-	-	-	-
	임야	54	-	-	-	-	-	-	-	-	-
	특수토지	3	-	-	-	-	-	-	-	1	-
	공공용지	2	-	-	-	-	-	-	-	-	-
경기도 고양일산서구	합계	529	-	-	92	45	14	10	-	37	2
	주거용	124	-	-	44	14	9	-	-	2	-
	상업업무용	106	-	-	12	28	4	2	-	30	2
	주상복합용	46	-	-	35	1	1	4	-	4	-
	공업용	45	-	-	-	1	-	-	-	-	-
	전	88	-	-	1	1	-	1	-	1	-
	답	107	-	-	-	-	-	3	-	-	-
	임야	12	-	-	-	-	-	-	-	-	-
	공공용지	1	-	-	-	-	-	-	-	-	-
경기도 과천시	합계	300	9	6	89	31	5	29	-	15	-
	주거용	85	7	6	48	8	4	-	-	-	-
	상업업무용	39	-	-	9	2	1	10	-	7	-
	주상복합용	32	-	-	25	1	-	2	-	-	-
	전	102	2	-	7	18	-	16	-	8	-
	답	1	-	-	-	-	-	-	-	-	-
	임야	36	-	-	-	2	-	1	-	-	-
	특수토지	3	-	-	-	-	-	-	-	-	-
	공공용지	2	-	-	-	-	-	-	-	-	-
경기도 구리시	합계	536	-	-	169	93	49	16	-	59	1
	주거용	202	-	-	107	47	28	-	-	6	-
	상업업무용	108	-	-	7	26	10	14	-	44	1
	주상복합용	98	-	-	55	20	11	2	-	9	-
	공업용	1	-	-	-	-	-	-	-	-	-
	전	102	-	-	-	-	-	-	-	-	-
	임야	23	-	-	-	-	-	-	-	-	-
	특수토지	1	-	-	-	-	-	-	-	-	-
	공공용지	1	-	-	-	-	-	-	-	-	-
경기도 남양주시	합계	3,252	21	2	752	147	104	130	-	86	3
	주거용	990	20	2	439	75	52	28	-	10	-
	상업업무용	286	-	-	87	23	8	60	-	47	2
	주상복합용	194	-	-	133	15	2	5	-	8	1
	공업용	227	-	-	59	4	1	5	-	1	-
	전	1,092	1	-	28	29	36	30	-	19	-
	답	58	-	-	1	1	2	1	-	1	-
	임야	394	-	-	5	-	3	1	-	-	-
	특수토지	11	-	-	-	-	-	-	-	-	-

유상	전공	일공	준공	보전	생산	자연	개제	미정	관리	보관	생관	계관	농림	자보
-	-	-	-	-	-	26	57	-	-	44	37	255	85	-
-	-	-	-	-	-	6	5	-	-	4	3	71	12	-
-	-	-	-	-	-	11	-	-	-	-	1	31	-	-
-	-	-	-	-	-	-	1	-	-	-	-	6	-	-
-	-	-	-	-	-	1	1	-	-	10	8	75	5	-
-	-	-	-	-	-	5	43	-	-	8	14	53	48	-
-	-	-	-	-	-	-	1	-	-	-	9	3	11	-
-	-	-	-	-	-	2	5	-	-	21	2	15	9	-
-	-	-	-	-	-	-	1	-	-	1	-	-	-	-
-	-	-	-	-	-	1	-	-	-	-	-	1	-	-
-	-	-	3	-	-	14	-	-	-	8	10	140	154	-
-	-	-	-	-	-	3	-	-	-	-	1	42	9	-
-	-	-	-	-	-	3	-	-	-	-	-	24	1	-
-	-	-	-	-	-	-	-	-	-	-	-	1	-	-
-	-	-	-	-	-	1	-	-	-	2	2	39	-	-
-	-	-	2	-	-	3	-	-	-	2	4	29	44	-
-	-	-	1	-	-	1	-	-	-	-	1	1	100	-
-	-	-	-	-	-	2	-	-	-	4	2	4	-	-
-	-	-	-	-	-	1	-	-	-	-	-	-	-	-
-	-	-	-	-	-	32	84	-	-	-	-	-	-	-
-	-	-	-	-	-	2	10	-	-	-	-	-	-	-
-	-	-	-	-	-	5	5	-	-	-	-	-	-	-
-	-	-	-	-	-	1	3	-	-	-	-	-	-	-
-	-	-	-	-	-	18	33	-	-	-	-	-	-	-
-	-	-	-	-	-	-	1	-	-	-	-	-	-	-
-	-	-	-	-	-	5	28	-	-	-	-	-	-	-
-	-	-	-	-	-	-	3	-	-	-	-	-	-	-
-	-	-	-	-	-	1	1	-	-	-	-	-	-	-
1	-	-	-	-	-	9	139	-	-	-	-	-	-	-
-	-	-	-	-	-	4	10	-	-	-	-	-	-	-
1	-	-	-	-	-	-	5	-	-	-	-	-	-	-
-	-	-	-	-	-	-	1	-	-	-	-	-	-	-
-	-	-	-	-	-	-	1	-	-	-	-	-	-	-
-	-	-	-	-	-	3	99	-	-	-	-	-	-	-
-	-	-	-	-	-	1	22	-	-	-	-	-	-	-
-	-	-	-	-	-	-	1	-	-	-	-	-	-	-
-	-	-	-	-	-	1	-	-	-	-	-	-	-	-
-	-	11	9	17	4	186	796	-	-	116	153	589	112	14
-	-	-	1	5	1	57	73	-	-	15	23	184	5	-
-	-	-	2	1	-	13	18	-	-	2	-	22	1	-
-	-	-	1	1	-	2	9	-	-	-	1	16	-	-
-	-	6	1	-	-	5	2	-	-	1	4	134	4	-
-	-	4	3	5	3	82	525	-	-	35	91	182	14	5
-	-	-	-	-	-	1	19	-	-	1	15	11	5	-
-	-	1	1	5	-	25	149	-	-	61	19	32	83	9
-	-	-	-	-	-	1	1	-	-	1	-	8	-	-

시군구	이용상황	합계	1전	2전	1주	2주	3주	준주	중상	일상	근상
경기도 오산시	합계	763	13	-	176	70	12	53	-	105	1
	주거용	253	13	-	112	36	9	20	-	12	-
	상업업무용	198	-	-	24	20	3	19	-	84	1
	주상복합용	61	-	-	29	8	-	14	-	9	-
	공업용	46	-	-	3	-	-	-	-	-	-
	전	91	-	-	7	2	-	-	-	-	-
	답	74	-	-	1	3	-	-	-	-	-
	임야	38	-	-	-	1	-	-	-	-	-
	특수토지	1	-	-	-	-	-	-	-	-	-
	공공용지	1	-	-	-	-	-	-	-	-	-
경기도 시흥시	합계	1,496	16	5	383	191	31	102	14	75	2
	주거용	341	12	3	178	84	19	12	-	3	-
	상업업무용	244	3	-	30	35	8	64	13	62	2
	주상복합용	176	-	1	116	44	1	3	-	5	-
	공업용	175	1	-	55	14	3	15	-	-	-
	전	322	-	-	4	9	-	7	-	2	-
	답	94	-	-	-	2	-	-	-	-	-
	임야	128	-	-	-	2	-	1	-	-	-
	특수토지	9	-	-	-	-	-	-	1	-	-
	공공용지	7	-	1	-	1	-	-	-	3	-
경기도 군포시	합계	592	-	-	62	129	82	34	7	58	3
	주거용	142	-	-	28	57	41	5	-	8	-
	상업업무용	121	-	-	-	34	16	16	7	37	3
	주상복합용	114	-	-	29	38	25	8	-	13	-
	공업용	70	-	-	-	-	-	5	-	-	-
	전	93	-	-	5	-	-	-	-	-	-
	답	10	-	-	-	-	-	-	-	-	-
	임야	38	-	-	-	-	-	-	-	-	-
	특수토지	3	-	-	-	-	-	-	-	-	-
	공공용지	1	-	-	-	-	-	-	-	-	-
경기도 의왕시	합계	560	9	-	137	40	38	28	-	29	-
	주거용	172	9	-	76	23	28	9	-	4	-
	상업업무용	76	-	-	10	6	4	14	-	22	-
	주상복합용	85	-	-	46	11	6	5	-	3	-
	공업용	23	-	-	3	-	-	-	-	-	-
	전	124	-	-	2	-	-	-	-	-	-
	답	9	-	-	-	-	-	-	-	-	-
	임야	67	-	-	-	-	-	-	-	-	-
	특수토지	3	-	-	-	-	-	-	-	-	-
	공공용지	1	-	-	-	-	-	-	-	-	-
경기도 하남시	합계	995	28	-	348	78	28	73	9	45	10
	주거용	312	26	-	173	50	22	12	-	4	-
	상업업무용	191	1	-	54	9	4	49	9	36	10
	주상복합용	158	1	-	118	19	2	9	-	5	-
	공업용	10	-	-	1	-	-	-	-	-	-
	전	210	-	-	2	-	-	3	-	-	-
	답	1	-	-	-	-	-	-	-	-	-
	임야	108	-	-	-	-	-	-	-	-	-
	특수토지	3	-	-	-	-	-	-	-	-	-
	공공용지	2	-	-	-	-	-	-	-	-	-
경기도 용인처인구	합계	3,070	-	-	140	194	9	26	10	75	2
	주거용	784	-	-	85	115	8	3	-	10	-
	상업업무용	230	-	-	16	48	1	12	8	53	2
	주상복합용	63	-	-	11	19	-	4	2	8	-
	공업용	205	-	-	3	2	-	3	-	2	-
	전	700	-	-	17	3	-	1	-	-	-
	답	639	-	-	6	5	-	3	-	-	-
	임야	410	-	-	2	2	-	-	-	1	-
	특수토지	39	-	-	-	-	-	-	-	1	-

유상	전공	일공	준공	보전	생산	자연	개제	미정	관리	보관	생관	계관	농림	자보
-	-	22	3	16	40	252	-	-	-	-	-	-	-	-
-	-	1	1	1	3	45	-	-	-	-	-	-	-	-
-	-	1	2	-	6	38	-	-	-	-	-	-	-	-
-	-	-	-	-	-	1	-	-	-	-	-	-	-	-
-	-	18	-	-	-	25	-	-	-	-	-	-	-	-
-	-	2	-	5	9	66	-	-	-	-	-	-	-	-
-	-	-	-	-	22	48	-	-	-	-	-	-	-	-
-	-	-	-	10	-	27	-	-	-	-	-	-	-	-
-	-	-	-	-	-	1	-	-	-	-	-	-	-	-
-	-	-	-	-	-	1	-	-	-	-	-	-	-	-
-	-	54	13	2	-	46	562	-	-	-	-	-	-	-
-	-	-	-	1	-	7	22	-	-	-	-	-	-	-
-	-	-	3	-	-	6	18	-	-	-	-	-	-	-
-	-	-	-	-	-	1	5	-	-	-	-	-	-	-
-	-	54	10	-	-	6	17	-	-	-	-	-	-	-
-	-	-	-	-	-	16	284	-	-	-	-	-	-	-
-	-	-	-	-	-	3	89	-	-	-	-	-	-	-
-	-	-	-	1	-	7	117	-	-	-	-	-	-	-
-	-	-	-	-	-	-	8	-	-	-	-	-	-	-
-	-	-	-	-	-	-	2	-	-	-	-	-	-	-
-	-	56	10	-	-	10	141	-	-	-	-	-	-	-
-	-	-	-	-	-	1	2	-	-	-	-	-	-	-
-	-	4	1	-	-	2	1	-	-	-	-	-	-	-
-	-	-	-	-	-	1	-	-	-	-	-	-	-	-
-	-	52	9	-	-	3	1	-	-	-	-	-	-	-
-	-	-	-	-	-	2	86	-	-	-	-	-	-	-
-	-	-	-	-	-	-	10	-	-	-	-	-	-	-
-	-	-	-	-	-	1	37	-	-	-	-	-	-	-
-	-	-	-	-	-	-	3	-	-	-	-	-	-	-
-	-	-	-	-	-	-	1	-	-	-	-	-	-	-
-	-	24	3	-	-	19	233	-	-	-	-	-	-	-
-	-	2	1	-	-	2	18	-	-	-	-	-	-	-
-	-	2	1	-	-	5	12	-	-	-	-	-	-	-
-	-	1	-	-	-	1	12	-	-	-	-	-	-	-
-	-	19	1	-	-	-	-	-	-	-	-	-	-	-
-	-	-	-	-	-	6	116	-	-	-	-	-	-	-
-	-	-	-	-	-	-	9	-	-	-	-	-	-	-
-	-	-	-	-	-	4	63	-	-	-	-	-	-	-
-	-	-	-	-	-	-	3	-	-	-	-	-	-	-
-	-	-	-	-	-	1	-	-	-	-	-	-	-	-
-	-	15	5	-	-	27	329	-	-	-	-	-	-	-
-	-	3	-	-	-	2	20	-	-	-	-	-	-	-
-	-	1	2	-	-	5	11	-	-	-	-	-	-	-
-	-	-	-	-	-	-	4	-	-	-	-	-	-	-
-	-	6	3	-	-	-	-	-	-	-	-	-	-	-
-	-	4	-	-	-	17	184	-	-	-	-	-	-	-
-	-	-	-	-	-	-	1	-	-	-	-	-	-	-
-	-	1	-	-	-	1	106	-	-	-	-	-	-	-
-	-	-	-	-	-	-	3	-	-	-	-	-	-	-
-	-	-	-	-	-	2	-	-	-	-	-	-	-	-
8	-	74	9	100	150	1,290	-	-	-	83	133	512	255	-
1	-	10	-	14	15	328	-	-	-	10	19	146	20	-
1	-	1	1	1	6	65	-	-	-	-	2	12	1	-
-	-	-	-	-	2	13	-	-	-	-	1	3	-	-
-	-	16	3	1	8	120	-	-	-	-	3	42	2	-
1	-	14	3	9	41	356	-	-	-	21	56	157	21	-
2	-	24	1	2	77	207	-	-	-	7	45	104	156	-
3	-	9	1	73	1	172	-	-	-	45	7	39	55	-
-	-	-	-	-	-	29	-	-	-	-	-	9	-	-

시군구	이용상황	합계	1전	2전	1주	2주	3주	준주	중상	일상	근상
경기도 용인기흥구	합계	766	7	9	118	143	39	42	6	43	3
	주거용	285	7	9	59	65	29	5	-	5	-
	상업업무용	172	-	-	21	34	7	27	3	28	3
	주상복합용	68	-	-	22	36	-	1	1	4	-
	공업용	56	-	-	8	-	1	6	1	1	-
	전	100	-	-	7	7	1	3	1	3	-
	답	9	-	-	-	-	-	-	-	1	-
	임야	66	-	-	1	1	1	-	-	1	-
	특수토지	10	-	-	-	-	-	-	-	-	-
경기도 용인수지구	합계	457	4	8	28	70	52	21	1	21	5
	주거용	192	4	8	16	23	31	3	-	-	-
	상업업무용	111	-	-	7	20	18	14	1	18	5
	주상복합용	46	-	-	5	27	1	3	-	3	-
	공업용	4	-	-	-	-	-	1	-	-	-
	전	48	-	-	-	-	1	-	-	-	-
	답	3	-	-	-	-	-	-	-	-	-
	임야	51	-	-	-	-	1	-	-	-	-
	특수토지	2	-	-	-	-	-	-	-	-	-
경기도 파주시	합계	4,070	-	5	275	142	24	36	1	152	6
	주거용	931	-	5	169	71	15	7	-	33	-
	상업업무용	334	-	-	44	42	7	23	1	100	6
	주상복합용	176	-	-	58	28	2	4	-	18	-
	공업용	295	-	-	2	-	-	1	-	1	-
	전	1,012	-	-	-	-	-	1	-	-	-
	답	825	-	-	1	1	-	-	-	-	-
	임야	443	-	-	1	-	-	-	-	-	-
	특수토지	11	-	-	-	-	-	-	-	-	-
	공공용지	43	-	-	-	-	-	-	-	-	-
경기도 이천시	합계	3,331	2	-	133	123	19	30	-	81	-
	주거용	693	2	-	61	61	11	4	-	3	-
	상업업무용	216	-	-	16	27	3	19	-	67	-
	주상복합용	100	-	-	26	32	5	6	-	10	-
	공업용	153	-	-	2	-	-	-	-	-	-
	전	945	-	-	20	2	-	1	-	-	-
	답	741	-	-	4	-	-	-	-	-	-
	임야	458	-	-	4	1	-	-	-	-	-
	특수토지	23	-	-	-	-	-	-	-	1	-
	공공용지	2	-	-	-	-	-	-	-	-	-
경기도 안성시	합계	3,685	21	-	236	97	4	39	-	89	28
	주거용	820	17	-	160	44	4	12	-	11	5
	상업업무용	317	2	-	34	33	-	19	-	72	16
	주상복합용	89	2	-	31	19	-	6	-	6	6
	공업용	186	-	-	1	-	-	-	-	-	-
	전	854	-	-	7	-	-	1	-	-	-
	답	978	-	-	1	1	-	-	-	-	-
	임야	417	-	-	2	-	-	-	-	-	-
	특수토지	24	-	-	-	-	-	1	-	-	1
'경기도 김포시	합계	2,484	15	2	245	76	13	62	-	65	2
	주거용	523	12	2	114	36	13	2	-	4	-
	상업업무용	312	2	-	38	26	-	57	-	55	2
	주상복합용	117	-	-	80	6	-	2	-	6	-
	공업용	354	-	-	11	1	-	-	-	-	-
	전	481	1	-	2	2	-	1	-	-	-
	답	464	-	-	-	4	-	-	-	-	-
	임야	232	-	-	-	1	-	-	-	-	-
	특수토지	1	-	-	-	-	-	-	-	-	-

Ⅱ 표준지의 선정 및 관리지침

유상	전공	일공	준공	보전	생산	자연	개제	미정	관리	보관	생관	계관	농림	자보
-	-	10	12	35	-	299	-	-	-	-	-	-	-	-
-	-	2	2	14	-	88	-	-	-	-	-	-	-	-
-	-	1	2	2	-	44	-	-	-	-	-	-	-	-
-	-	-	-	-	-	4	-	-	-	-	-	-	-	-
-	-	6	6	-	-	27	-	-	-	-	-	-	-	-
-	-	1	1	6	-	70	-	-	-	-	-	-	-	-
-	-	-	-	-	-	8	-	-	-	-	-	-	-	-
-	-	-	1	44	-	186	16	-	-	-	-	-	-	-
-	-	-	-	23	-	84	-	-	-	-	-	-	-	-
-	-	-	-	1	-	27	-	-	-	-	-	-	-	-
-	-	-	-	-	-	7	-	-	-	-	-	-	-	-
-	-	-	1	-	-	2	-	-	-	-	-	-	-	-
-	-	-	-	4	-	38	5	-	-	-	-	-	-	-
-	-	-	-	-	-	3	-	-	-	-	-	-	-	-
-	-	-	-	16	-	23	11	-	-	-	-	-	-	-
-	-	-	-	-	-	2	-	-	-	-	-	-	-	-
-	-	50	30	7	59	314	-	7	-	314	448	1,444	657	99
-	-	2	3	-	2	67	-	3	-	35	46	450	18	5
-	-	-	10	-	1	16	-	-	-	1	6	74	3	-
-	-	-	9	-	-	6	-	1	-	1	1	43	-	5
-	-	43	8	-	4	18	-	-	-	2	19	192	4	1
-	-	1	-	-	9	106	-	1	-	112	192	473	92	25
-	-	2	-	-	43	49	-	2	-	34	160	84	429	20
-	-	1	-	7	-	52	-	-	-	125	22	118	106	11
-	-	1	-	-	-	-	-	-	-	-	-	10	-	-
-	-	-	-	-	-	-	-	-	-	4	2	-	5	32
-	-	21	-	20	219	418	-	-	-	283	312	1,055	615	-
-	-	-	-	4	23	99	-	-	-	43	32	308	42	-
-	-	1	-	1	6	30	-	-	-	2	4	39	1	-
-	-	-	-	-	1	4	-	-	-	1	-	15	-	-
-	-	16	-	-	3	18	-	-	-	9	16	76	13	-
-	-	3	-	-	54	133	-	-	-	105	148	342	137	-
-	-	-	-	1	128	50	-	-	-	22	78	114	344	-
-	-	1	-	14	4	80	-	-	-	99	34	143	78	-
-	-	-	-	-	-	2	-	-	-	2	-	18	-	-
-	-	-	-	-	-	2	-	-	-	-	-	-	-	-
1	-	58	13	85	120	906	-	-	-	305	384	637	660	2
-	-	2	2	11	11	191	-	-	-	43	62	204	41	-
1	-	3	3	2	3	68	-	-	-	7	10	34	10	-
-	-	1	-	-	-	12	-	-	-	-	-	5	1	-
-	-	40	5	-	2	54	-	-	-	9	7	60	8	-
-	-	8	3	16	8	277	-	-	-	119	151	163	99	2
-	-	-	-	4	96	221	-	-	-	34	135	100	386	-
-	-	4	-	52	-	79	-	-	-	92	19	54	115	-
-	-	-	-	-	-	4	-	-	-	1	-	17	-	-
7	-	40	15	44	146	376	134	-	-	96	180	640	323	3
-	-	2	1	11	17	75	9	-	-	14	32	151	28	-
6	-	-	9	4	6	50	5	-	-	4	5	42	1	-
-	-	-	-	-	-	9	1	-	-	-	-	13	-	-
-	-	36	5	1	20	72	3	-	-	4	12	173	16	-
-	-	1	-	7	36	95	64	-	-	23	59	163	25	2
1	-	1	-	1	66	39	36	-	-	10	54	46	206	-
-	-	-	-	20	1	36	16	-	-	41	18	51	47	1
-	-	-	-	-	-	-	-	-	-	-	-	1	-	-

시군구	이용상황	합계	1전	2전	1주	2주	3주	준주	중상	일상	근상
경기도 화성시	합계	5,799	37	18	477	203	32	114	11	105	26
	주거용	1,165	37	17	280	80	29	13	-	9	-
	상업업무용	536	-	1	49	37	3	80	8	80	24
	주상복합용	274	-	-	130	73	-	9	3	12	2
	공업용	548	-	-	14	3	-	11	-	2	-
	전	1,197	-	-	4	6	-	-	-	1	-
	답	1,352	-	-	-	4	-	1	-	-	-
	임야	709	-	-	-	-	-	-	-	-	-
	특수토지	16	-	-	-	-	-	-	-	-	-
	공공용지	2	-	-	-	-	-	-	-	1	-
경기도 광주시	합계	2,748	-	-	355	76	6	54	-	35	-
	주거용	749	-	-	195	39	4	12	-	4	-
	상업업무용	303	-	-	68	18	2	34	-	28	-
	주상복합용	66	-	-	22	8	-	4	-	3	-
	공업용	352	-	-	15	4	-	2	-	-	-
	전	717	-	-	45	5	-	-	-	-	-
	답	174	-	-	6	-	-	-	-	-	-
	임야	368	-	-	4	2	-	1	-	-	-
	특수토지	19	-	-	-	-	-	1	-	-	-
경기도 양주시	합계	2,452	22	1	416	148	11	69	2	31	2
	주거용	599	22	1	154	68	9	13	-	3	-
	상업업무용	262	-	-	40	45	2	45	2	24	2
	주상복합용	113	-	-	65	16	-	6	-	4	-
	공업용	301	-	-	29	3	-	1	-	-	-
	전	669	-	-	99	10	-	3	-	-	-
	답	242	-	-	18	3	-	-	-	-	-
	임야	254	-	-	11	3	-	-	-	-	-
	특수토지	9	-	-	-	-	-	-	-	-	-
	공공용지	3	-	-	-	-	-	1	-	-	-
경기도 포천시	합계	3,697	-	-	182	171	3	37	-	121	-
	주거용	754	-	-	95	87	3	10	-	23	-
	상업업무용	318	-	-	23	38	-	18	-	82	-
	주상복합용	72	-	-	10	20	-	7	-	15	-
	공업용	250	-	-	7	3	-	-	-	-	-
	전	1,294	-	-	37	14	-	2	-	-	-
	답	484	-	-	8	5	-	-	-	-	-
	임야	497	-	-	2	4	-	-	-	-	-
	특수토지	28	-	-	-	-	-	-	-	1	-
경기도 여주시	합계	3,072	-	-	92	93	1	14	-	34	-
	주거용	623	-	-	54	39	1	1	-	2	-
	상업업무용	160	-	-	18	25	-	9	-	25	-
	주상복합용	76	-	-	17	27	-	4	-	5	-
	공업용	81	-	-	-	-	-	-	-	-	-
	전	815	-	-	2	1	-	-	-	-	-
	답	835	-	-	1	1	-	-	-	-	-
	임야	449	-	-	-	-	-	-	-	-	-
	특수토지	33	-	-	-	-	-	-	-	2	-

유상	전공	일공	준공	보전	생산	자연	개제	미정	관리	보관	생관	계관	농림	자보
1	-	69	21	31	274	793	548	2	1	201	537	1,635	638	25
-	-	3	-	1	27	151	39	-	-	22	76	359	19	3
1	-	2	15	2	20	87	3	-	-	7	11	93	4	9
-	-	1	-	-	1	17	4	-	-	-	1	20	-	1
-	-	59	6	1	23	110	2	1	-	4	29	273	10	-
-	-	2	-	3	50	219	185	-	-	38	175	439	70	5
-	-	2	-	-	149	95	205	1	-	14	179	233	466	3
-	-	-	-	24	4	111	106	-	1	116	65	209	69	4
-	-	-	-	-	-	2	4	-	-	-	1	9	-	-
-	-	-	-	-	-	1	-	-	-	-	-	-	-	-
2	-	10	-	25	22	196	323	16	-	113	202	1,087	226	-
-	-	1	-	5	2	49	18	2	-	18	21	366	13	-
1	-	-	-	2	3	29	2	5	-	6	10	91	4	-
-	-	-	-	-	-	2	1	-	-	-	-	26	-	-
1	-	7	-	2	4	28	1	-	-	5	9	247	27	-
-	-	2	-	6	10	56	166	8	-	21	84	273	41	-
-	-	-	-	-	3	9	42	-	-	-	55	31	28	-
-	-	-	-	10	-	23	93	1	-	57	22	43	112	-
-	-	-	-	-	-	-	-	-	-	6	1	10	1	-
-	-	61	29	11	188	355	242	8	-	105	95	435	221	-
-	-	7	2	1	27	88	21	2	-	26	23	107	25	-
-	-	2	5	-	15	32	7	1	-	1	2	37	-	-
-	-	1	1	-	5	8	2	-	-	1	-	4	-	-
-	-	38	18	1	24	66	3	1	-	5	5	96	11	-
-	-	8	2	1	66	103	125	3	-	33	43	127	46	-
-	-	1	-	-	51	20	35	-	-	2	16	23	73	-
-	-	4	1	8	-	36	44	1	-	36	5	39	66	-
-	-	-	-	-	-	-	5	-	-	1	1	2	-	-
-	-	-	-	-	-	2	-	-	-	-	-	-	-	-
-	3	14	4	1	75	218	-	-	2	397	331	1,381	755	2
-	-	-	-	-	12	41	-	-	1	52	43	339	48	-
-	-	-	2	-	5	25	-	-	-	13	2	106	4	-
-	-	-	-	-	1	3	-	-	-	2	-	14	-	-
-	3	12	2	-	2	11	-	-	-	7	8	174	21	-
-	-	-	-	-	25	87	-	-	1	217	180	537	194	-
-	-	-	-	-	26	21	-	-	-	22	67	115	219	1
-	-	-	-	1	4	30	-	-	-	82	31	74	268	1
-	-	2	-	-	-	-	-	-	-	2	-	22	1	-
-	-	3	29	-	32	135	-	-	-	497	429	1,023	676	14
-	-	-	7	-	6	29	-	-	-	66	47	319	49	3
-	-	-	7	-	5	18	-	-	-	3	4	44	2	-
-	-	-	3	-	2	4	-	-	-	1	-	12	1	-
-	-	2	9	-	-	1	-	-	-	6	11	48	4	-
-	-	-	2	-	7	41	-	-	-	144	197	308	110	3
-	-	-	1	-	12	21	-	-	-	66	137	154	437	5
-	-	-	-	-	-	21	-	-	-	211	31	112	71	3
-	-	1	-	-	-	-	-	-	-	-	2	26	2	-

시군구	이용상황	합계	1전	2전	1주	2주	3주	준주	중상	일상	근상
경기도 연천군	합계	2,155	-	-	162	15	-	9	-	89	10
	주거용	450	-	-	120	13	-	5	-	19	4
	상업업무용	119	-	-	19	-	-	2	-	61	3
	주상복합용	43	-	-	12	2	-	2	-	8	3
	공업용	40	-	-	-	-	-	-	-	-	-
	전	719	-	-	9	-	-	-	-	-	-
	답	398	-	-	2	-	-	-	-	-	-
	임야	312	-	-	-	-	-	-	-	-	-
	특수토지	7	-	-	-	-	-	-	-	1	-
	공공용지	67	-	-	-	-	-	-	-	-	-
경기도 가평군	합계	2,607	2	-	58	190	-	9	-	84	-
	주거용	744	2	-	39	133	-	4	-	16	-
	상업업무용	144	-	-	6	22	-	3	-	53	-
	주상복합용	69	-	-	4	22	-	2	-	14	-
	공업용	16	-	-	-	1	-	-	-	-	-
	전	734	-	-	5	6	-	-	-	-	-
	답	250	-	-	3	3	-	-	-	-	-
	임야	640	-	-	1	3	-	-	-	-	-
	특수토지	10	-	-	-	-	-	-	-	1	-
경기도 양평군	합계	3,920	-	-	58	95	-	37	-	67	-
	주거용	1,029	-	-	35	57	-	10	-	7	-
	상업업무용	184	-	-	7	23	-	21	-	44	-
	주상복합용	64	-	-	10	10	-	6	-	14	-
	공업용	4	-	-	-	-	-	-	-	-	-
	전	1,248	-	-	5	4	-	-	-	1	-
	답	567	-	-	1	1	-	-	-	-	-
	임야	815	-	-	-	-	-	-	-	-	-
	특수토지	8	-	-	-	-	-	-	-	1	-
	공공용지	1	-	-	-	-	-	-	-	-	-
충청북도	합계	33,537	10	3	1,481	2,466	20	446	18	1,378	55
	주거용	7,824	10	2	871	1,460	17	102	-	179	1
	상업업무용	2,336	-	-	163	348	3	236	17	986	47
	주상복합용	1,318	-	-	310	504	-	91	-	189	5
	공업용	863	-	-	4	2	-	4	-	1	-
	전	11,617	-	-	92	104	-	8	-	7	1
	답	4,802	-	1	24	22	-	3	-	4	1
	임야	4,645	-	-	15	26	-	2	-	1	-
	특수토지	89	-	-	1	-	-	-	1	9	-
	공공용지	43	-	-	1	-	-	-	-	2	-

Ⅱ 표준지의 선정 및 관리지침

유상	전공	일공	준공	보전	생산	자연	개제	미정	관리	보관	생관	계관	농림	자보
-	-	7	6	-	38	130	-	-	-	159	273	805	392	60
-	-	-	-	-	3	27	-	-	-	13	21	201	24	-
-	-	-	4	-	1	5	-	-	-	-	-	24	-	-
-	-	-	-	-	1	1	-	-	-	-	-	14	-	-
-	-	7	1	-	1	1	-	-	-	2	5	23	-	-
-	-	-	1	-	12	67	-	-	-	51	146	361	69	3
-	-	-	-	-	20	11	-	-	-	8	79	91	184	3
-	-	-	-	-	-	15	-	-	-	79	15	86	113	4
-	-	-	-	-	-	2	-	-	-	-	-	4	-	-
-	-	-	-	-	-	1	-	-	-	6	7	1	2	50
-	-	1	-	-	25	357	-	-	-	374	143	1,025	312	27
-	-	-	-	-	7	87	-	-	-	69	25	333	24	5
-	-	-	-	-	2	16	-	-	-	1	1	39	1	-
-	-	-	-	-	1	9	-	-	-	-	1	14	-	2
-	-	1	-	-	-	3	-	-	-	1	1	9	-	-
-	-	-	-	-	6	96	-	-	-	151	61	368	32	9
-	-	-	-	-	9	29	-	-	-	12	39	109	45	1
-	-	-	-	-	-	117	-	-	-	140	15	144	210	10
-	-	-	-	-	-	-	-	-	-	-	-	9	-	-
-	-	-	2	-	35	248	109	-	-	985	235	1,328	668	53
-	-	-	1	-	8	64	16	-	-	206	46	497	71	11
-	-	-	-	-	1	14	-	-	-	5	-	61	4	4
-	-	-	-	-	1	4	-	-	-	4	1	13	-	1
-	-	-	-	-	-	2	-	-	-	-	-	2	-	-
-	-	-	1	-	6	95	54	-	-	338	111	441	178	14
-	-	-	-	-	18	34	21	-	-	100	42	108	237	5
-	-	-	-	-	1	35	18	-	-	332	35	198	178	18
-	-	-	-	-	-	-	-	-	-	-	-	7	-	-
-	-	-	-	-	-	-	-	-	-	-	-	1	-	-
10	-	439	160	321	596	3,079	287	-	-	3,927	3,489	9,289	5,095	968
-	-	29	22	37	58	701	15	-	-	379	366	3,149	292	134
5	-	14	36	2	12	157	7	-	-	28	20	233	13	9
-	-	-	22	-	8	43	-	-	-	11	3	116	5	11
1	-	241	51	3	6	77	-	-	-	27	41	376	29	-
2	-	78	12	83	136	1,186	123	-	-	2,144	2,123	3,750	1,342	426
1	-	38	8	23	374	491	84	-	-	231	566	794	2,051	86
-	-	38	9	156	2	410	58	-	-	1,101	364	801	1,361	301
1	-	1	-	-	-	7	-	-	-	2	1	63	2	1
-	-	-	-	17	-	7	-	-	-	4	5	7	-	-

시군구	이용상황	합계	1전	2전	1주	2주	3주	준주	중상	일상	근상
충청북도 청주상당구	합계	2,329	1	-	190	248	-	52	-	211	14
	주거용	628	1	-	111	142	-	15	-	25	-
	상업업무용	301	-	-	22	42	-	25	-	162	14
	주상복합용	148	-	-	47	58	-	12	-	23	-
	공업용	18	-	-	-	-	-	-	-	-	-
	전	511	-	-	8	5	-	-	-	-	-
	답	386	-	-	-	1	-	-	-	1	-
	임야	332	-	-	2	-	-	-	-	-	-
	특수토지	4	-	-	-	-	-	-	-	-	-
	공공용지	1	-	-	-	-	-	-	-	-	-
충청북도 청주서원구	합계	1,394	-	-	191	214	9	62	-	55	-
	주거용	431	-	-	107	124	6	16	-	12	-
	상업업무용	180	-	-	27	31	3	39	-	37	-
	주상복합용	124	-	-	47	53	-	6	-	5	-
	공업용	55	-	-	-	1	-	-	-	1	-
	전	226	-	-	4	1	-	-	-	-	-
	답	227	-	-	3	2	-	1	-	-	-
	임야	148	-	-	3	2	-	-	-	-	-
	특수토지	3	-	-	-	-	-	-	-	-	-
충청북도 청주흥덕구	합계	1,975	-	-	269	168	2	77	9	79	1
	주거용	511	-	-	136	87	2	7	-	4	-
	상업업무용	242	-	-	28	37	-	47	8	72	1
	주상복합용	192	-	-	102	41	-	23	-	1	-
	공업용	109	-	-	1	1	-	-	-	-	-
	전	306	-	-	2	2	-	-	-	-	-
	답	440	-	-	-	-	-	-	-	-	-
	임야	161	-	-	-	-	-	-	-	-	-
	특수토지	4	-	-	-	-	-	-	1	-	-
	공공용지	10	-	-	-	-	-	-	-	2	-
충청북도 청주청원구	합계	1,917	7	-	207	167	4	37	9	68	10
	주거용	490	7	-	127	92	4	11	-	9	-
	상업업무용	225	-	-	31	53	-	24	9	54	10
	주상복합용	73	-	-	42	19	-	2	-	5	-
	공업용	108	-	-	1	-	-	-	-	-	-
	전	439	-	-	4	2	-	-	-	-	-
	답	386	-	-	-	1	-	-	-	-	-
	임야	190	-	-	2	-	-	-	-	-	-
	특수토지	6	-	-	-	-	-	-	-	-	-
충청북도 충주시	합계	4,365	-	3	139	473	2	29	-	277	15
	주거용	1,094	-	2	84	277	2	8	-	35	1
	상업업무용	319	-	-	8	46	-	9	-	200	14
	주상복합용	229	-	-	22	139	-	7	-	40	-
	공업용	89	-	-	2	-	-	1	-	-	-
	전	1,496	-	-	15	8	-	4	-	-	-
	답	623	-	1	7	2	-	-	-	1	-
	임야	493	-	-	1	1	-	-	-	-	-
	특수토지	19	-	-	-	-	-	-	-	1	-
	공공용지	3	-	-	-	-	-	-	-	-	-

Ⅱ 표준지의 선정 및 관리지침

유상	전공	일공	준공	보전	생산	자연	개제	미정	관리	보관	생관	계관	농림	자보
1	-	1	-	141	72	280	-	-	-	98	192	368	261	199
-	-	-	-	21	3	74	-	-	-	8	29	144	19	36
1	-	-	-	2	2	12	-	-	-	3	2	14	-	-
-	-	-	-	-	-	3	-	-	-	-	-	5	-	-
-	-	-	-	-	1	2	-	-	-	1	1	12	1	-
-	-	-	-	36	9	100	-	-	-	27	89	127	41	69
-	-	1	-	11	57	59	-	-	-	3	30	34	137	52
-	-	-	-	70	-	29	-	-	-	56	40	30	63	42
-	-	-	-	-	-	1	-	-	-	-	1	2	-	-
-	-	-	-	1	-	-	-	-	-	-	-	-	-	-
-	-	7	2	54	20	309	151	-	-	42	51	170	47	10
-	-	-	-	12	3	89	9	-	-	4	5	41	2	1
-	-	-	-	-	1	25	6	-	-	-	1	10	-	-
-	-	-	-	-	1	11	-	-	-	-	-	1	-	-
-	-	7	2	1	-	7	-	-	-	2	1	32	1	-
-	-	-	-	6	2	89	44	-	-	11	18	43	5	3
-	-	-	-	4	13	58	63	-	-	3	25	30	22	3
-	-	-	-	31	-	30	29	-	-	22	1	10	17	3
-	-	-	-	-	-	-	-	-	-	-	-	3	-	-
1	-	58	67	48	101	449	-	-	-	65	77	281	223	-
-	-	1	11	2	6	112	-	-	-	8	11	103	21	-
1	-	2	20	-	1	13	-	-	-	-	-	11	1	-
-	-	-	17	-	-	3	-	-	-	-	-	5	-	-
-	-	46	18	1	-	25	-	-	-	-	-	16	1	-
-	-	5	1	8	14	117	-	-	-	19	26	72	40	-
-	-	1	-	2	79	128	-	-	-	6	34	51	139	-
-	-	3	-	30	1	48	-	-	-	32	6	20	21	-
-	-	-	-	-	-	-	-	-	-	-	-	3	-	-
-	-	-	-	5	-	3	-	-	-	-	-	-	-	-
-	-	67	11	43	75	299	-	-	-	80	133	508	192	-
-	-	3	1	1	2	65	-	-	-	7	7	145	9	-
-	-	-	1	-	1	24	-	-	-	-	-	18	-	-
-	-	-	-	-	-	5	-	-	-	-	-	-	-	-
-	-	27	3	1	3	22	-	-	-	1	4	44	2	-
-	-	19	2	19	5	99	-	-	-	26	56	181	26	-
-	-	10	2	3	64	50	-	-	-	6	52	62	136	-
-	-	8	2	19	-	34	-	-	-	40	14	52	19	-
-	-	-	-	-	-	-	-	-	-	-	-	6	-	-
1	-	76	17	3	90	431	-	-	-	377	628	1,206	561	37
-	-	10	-	-	9	101	-	-	-	26	81	419	33	6
1	-	1	1	-	1	16	-	-	-	1	-	19	-	2
-	-	-	-	-	2	4	-	-	-	1	-	13	1	-
-	-	32	7	-	1	1	-	-	-	-	3	41	1	-
-	-	13	3	3	28	205	-	-	-	169	409	504	115	20
-	-	10	3	-	49	46	-	-	-	23	97	125	259	-
-	-	10	3	-	-	55	-	-	-	154	38	70	152	9
-	-	-	-	-	-	2	-	-	-	1	-	15	-	-
-	-	-	-	-	-	1	-	-	-	2	-	-	-	-

시군구	이용상황	합계	1전	2전	1주	2주	3주	준주	중상	일상	근상
충청북도 제천시	합계	3,195	-	-	38	313	-	31	-	152	4
	주거용	746	-	-	21	182	-	7	-	14	-
	상업업무용	242	-	-	1	41	-	20	-	114	3
	주상복합용	144	-	-	11	82	-	4	-	22	1
	공업용	45	-	-	-	-	-	-	-	-	-
	전	1,228	-	-	2	6	-	-	-	-	-
	답	269	-	-	1	-	-	-	-	-	-
	임야	507	-	-	1	2	-	-	-	-	-
	특수토지	8	-	-	-	-	-	-	-	2	-
	공공용지	6	-	-	1	-	-	-	-	-	-
충청북도 보은군	합계	2,348	-	-	22	132	-	12	-	71	-
	주거용	452	-	-	11	86	-	2	-	12	-
	상업업무용	65	-	-	-	7	-	3	-	41	-
	주상복합용	44	-	-	1	13	-	7	-	15	-
	공업용	25	-	-	-	-	-	-	-	-	-
	전	866	-	-	7	19	-	-	-	2	-
	답	450	-	-	2	6	-	-	-	-	-
	임야	442	-	-	1	1	-	-	-	-	-
	특수토지	4	-	-	-	-	-	-	-	1	-
충청북도 옥천군	합계	2,734	-	-	37	154	-	11	-	73	-
	주거용	557	-	-	23	103	-	4	-	16	-
	상업업무용	67	-	-	1	9	-	4	-	33	-
	주상복합용	65	-	-	6	12	-	2	-	24	-
	공업용	53	-	-	-	-	-	-	-	-	-
	전	1,140	-	-	6	24	-	1	-	-	-
	답	334	-	-	1	2	-	-	-	-	-
	임야	513	-	-	-	4	-	-	-	-	-
	특수토지	3	-	-	-	-	-	-	-	-	-
	공공용지	2	-	-	-	-	-	-	-	-	-
충청북도 영동군	합계	3,092	-	-	58	126	-	26	-	72	-
	주거용	620	-	-	44	92	-	9	-	10	-
	상업업무용	95	-	-	3	9	-	5	-	56	-
	주상복합용	57	-	-	3	22	-	12	-	6	-
	공업용	31	-	-	-	-	-	-	-	-	-
	전	1,580	-	-	6	1	-	-	-	-	-
	답	274	-	-	1	1	-	-	-	-	-
	임야	430	-	-	1	1	-	-	-	-	-
	특수토지	2	-	-	-	-	-	-	-	-	-
	공공용지	3	-	-	-	-	-	-	-	-	-
충청북도 증평군	합계	759	-	-	7	127	1	11	-	47	-
	주거용	195	-	-	3	73	1	3	-	2	-
	상업업무용	95	-	-	1	29	-	6	-	42	-
	주상복합용	28	-	-	3	20	-	2	-	2	-
	공업용	27	-	-	-	-	-	-	-	-	-
	전	198	-	-	-	4	-	-	-	-	-
	답	142	-	-	-	1	-	-	-	-	-
	임야	70	-	-	-	-	-	-	-	-	-
	특수토지	3	-	-	-	-	-	-	-	1	-
	공공용지	1	-	-	-	-	-	-	-	-	-

Ⅱ 표준지의 선정 및 관리지침

유상	전공	일공	준공	보전	생산	자연	개제	미정	관리	보관	생관	계관	농림	자보
-	-	18	19	1	50	351	-	-	-	203	549	1,030	374	62
-	-	1	3	-	9	70	-	-	-	22	66	320	27	4
-	-	-	7	-	2	23	-	-	-	1	4	23	2	1
-	-	-	3	-	-	9	-	-	-	-	2	8	1	1
-	-	15	6	-	-	3	-	-	-	2	4	15	-	-
-	-	2	-	1	16	138	-	-	-	104	334	498	98	29
-	-	-	-	-	22	45	-	-	-	2	40	59	99	1
-	-	-	-	-	1	61	-	-	-	72	95	102	147	26
-	-	-	-	-	-	2	-	-	-	-	-	4	-	-
-	-	-	-	-	-	-	-	-	-	-	4	1	-	-
-	-	11	6	6	37	71	-	-	-	422	181	685	548	144
-	-	-	3	-	4	24	-	-	-	31	10	238	15	16
-	-	-	-	-	1	-	-	-	-	3	-	10	-	-
-	-	-	1	-	-	-	-	-	-	-	-	6	-	1
-	-	10	2	-	-	1	-	-	-	1	1	9	1	-
-	-	-	-	1	9	29	-	-	-	243	112	269	114	61
-	-	-	-	2	23	6	-	-	-	40	36	53	272	10
-	-	1	-	3	-	11	-	-	-	104	22	97	146	56
-	-	-	-	-	-	-	-	-	-	-	-	3	-	-
-	-	30	4	2	30	169	136	-	-	582	122	572	426	386
-	-	3	2	-	2	40	6	-	-	41	9	236	11	61
-	-	1	-	-	-	7	1	-	-	3	1	5	2	-
-	-	-	-	-	-	1	-	-	-	2	-	9	1	8
-	-	19	1	-	1	1	-	-	-	6	1	24	-	-
-	-	5	1	-	17	85	79	-	-	351	72	207	105	187
-	-	1	-	-	10	11	21	-	-	56	20	42	152	18
-	-	1	-	-	-	24	29	-	-	123	19	47	155	111
-	-	-	-	-	-	-	-	-	-	-	-	2	-	1
-	-	-	-	2	-	-	-	-	-	-	-	-	-	-
-	-	29	2	9	23	210	-	-	-	674	421	806	635	1
-	-	-	-	1	-	38	-	-	-	52	32	313	29	-
-	-	1	1	-	-	5	-	-	-	2	-	11	2	-
-	-	-	-	-	-	4	-	-	-	-	-	10	-	-
-	-	14	1	-	-	3	-	-	-	1	1	10	1	-
-	-	12	-	6	10	114	-	-	-	449	322	354	305	1
-	-	1	-	1	13	19	-	-	-	41	32	46	119	-
-	-	1	-	1	-	27	-	-	-	129	33	58	179	-
-	-	-	-	-	-	-	-	-	-	-	-	2	-	-
-	-	-	-	-	-	-	-	-	-	-	1	2	-	-
-	-	9	1	-	2	107	-	-	-	62	81	189	115	-
-	-	-	-	-	1	20	-	-	-	6	9	68	9	-
-	-	1	-	-	-	7	-	-	-	-	3	6	-	-
-	-	-	-	-	-	-	-	-	-	-	-	1	-	-
-	-	8	1	-	-	1	-	-	-	1	4	11	1	-
-	-	-	-	-	-	42	-	-	-	32	44	58	18	-
-	-	-	-	-	1	26	-	-	-	5	15	18	76	-
-	-	-	-	-	-	11	-	-	-	18	6	24	11	-
-	-	-	-	-	-	-	-	-	-	-	-	2	-	-
-	-	-	-	-	-	-	-	-	-	-	-	1	-	-

시군구	이용상황	합계	1전	2전	1주	2주	3주	준주	중상	일상	근상
충청북도 진천군	합계	2,008	2	-	94	69	1	27	-	68	3
	주거용	475	2	-	62	42	1	3	-	10	-
	상업업무용	141	-	-	14	12	-	15	-	49	2
	주상복합용	41	-	-	11	11	-	3	-	7	-
	공업용	88	-	-	-	-	-	-	-	-	-
	전	534	-	-	4	1	-	3	-	-	-
	답	495	-	-	2	2	-	1	-	1	1
	임야	220	-	-	1	1	-	2	-	-	-
	특수토지	7	-	-	-	-	-	-	-	1	-
	공공용지	7	-	-	-	-	-	-	-	-	-
충청북도 괴산군	합계	2,551	-	-	39	54	-	22	-	42	-
	주거용	571	-	-	31	35	-	4	-	5	-
	상업업무용	116	-	-	3	7	-	16	-	33	-
	주상복합용	52	-	-	1	11	-	2	-	3	-
	공업용	41	-	-	-	-	-	-	-	-	-
	전	1,115	-	-	3	-	-	-	-	-	-
	답	236	-	-	1	1	-	-	-	-	-
	임야	417	-	-	-	-	-	-	-	-	-
	특수토지	2	-	-	-	-	-	-	-	1	-
	공공용지	1	-	-	-	-	-	-	-	-	-
충청북도 음성군	합계	2,827	-	-	178	115	1	38	-	108	3
	주거용	625	-	-	104	56	1	9	-	18	-
	상업업무용	194	-	-	24	23	-	20	-	68	2
	주상복합용	56	-	-	12	11	-	5	-	16	-
	공업용	132	-	-	-	-	-	3	-	-	-
	전	932	-	-	28	18	-	-	-	3	1
	답	504	-	-	6	3	-	1	-	1	-
	임야	365	-	-	3	4	-	-	-	-	-
	특수토지	17	-	-	1	-	-	-	-	2	-
	공공용지	2	-	-	-	-	-	-	-	-	-
충청북도 단양군	합계	2,043	-	-	12	106	-	11	-	55	5
	주거용	429	-	-	7	69	-	4	-	7	-
	상업업무용	54	-	-	-	2	-	3	-	25	1
	주상복합용	65	-	-	2	12	-	4	-	20	4
	공업용	42	-	-	-	-	-	-	-	-	-
	전	1,046	-	-	3	13	-	-	-	2	-
	답	36	-	-	-	-	-	-	-	-	-
	임야	357	-	-	-	10	-	-	-	1	-
	특수토지	7	-	-	-	-	-	-	-	-	-
	공공용지	7	-	-	-	-	-	-	-	-	-

Ⅱ 표준지의 선정 및 관리지침

유상	전공	일공	준공	보전	생산	자연	개제	미정	관리	보관	생관	계관	농림	자보
-	-	39	5	4	34	113	-	-	-	240	143	719	447	-
-	-	4	1	-	5	24	-	-	-	33	25	229	34	-
-	-	1	2	-	1	11	-	-	-	7	2	21	4	-
-	-	-	1	-	1	1	-	-	-	2	-	2	2	-
-	-	16	-	-	-	1	-	-	-	6	6	51	8	-
-	-	8	1	1	5	41	-	-	-	121	59	223	67	-
-	-	7	-	-	22	21	-	-	-	26	47	118	247	-
-	-	3	-	-	-	13	-	-	-	43	4	68	85	-
-	-	-	-	-	-	-	-	-	-	-	-	6	-	-
-	-	-	-	3	-	1	-	-	-	2	-	1	-	-
-	-	10	-	1	20	56	-	-	-	458	288	965	544	52
-	-	1	-	-	5	12	-	-	-	58	40	332	42	6
-	-	3	-	-	2	2	-	-	-	4	4	37	-	5
-	-	-	-	-	4	2	-	-	-	3	1	24	-	1
-	-	6	-	-	-	1	-	-	-	4	2	25	3	-
-	-	-	-	-	7	24	-	-	-	252	166	427	215	21
-	-	-	-	-	2	5	-	-	-	12	34	38	142	1
-	-	-	-	1	-	10	-	-	-	125	41	80	142	18
-	-	-	-	-	-	-	-	-	-	-	-	1	-	-
-	-	-	-	-	-	-	-	-	-	-	-	1	-	-
7	-	71	22	1	40	108	-	-	-	164	443	1,016	512	-
-	-	6	1	-	9	22	-	-	-	12	19	335	33	-
2	-	4	3	-	-	6	-	-	-	-	3	37	2	-
-	-	-	-	-	-	-	-	-	-	-	-	12	-	-
1	-	32	7	-	-	3	-	-	-	-	11	68	7	-
2	-	13	4	1	13	44	-	-	-	57	267	348	133	-
1	-	7	3	-	18	13	-	-	-	2	103	107	239	-
-	-	8	4	-	-	18	-	-	-	92	40	98	98	-
1	-	1	-	-	-	-	-	-	-	1	-	11	-	-
-	-	-	-	-	-	2	-	-	-	-	-	-	-	-
-	-	13	4	8	2	126	-	-	-	460	180	774	210	77
-	-	-	-	-	-	10	-	-	-	71	23	226	8	4
-	-	-	1	-	-	6	-	-	-	4	-	11	-	1
-	-	-	-	-	-	-	-	-	-	3	-	20	-	-
-	-	9	3	-	-	6	-	-	-	2	2	18	2	-
-	-	1	-	1	1	59	-	-	-	283	149	439	60	35
-	-	-	-	-	1	4	-	-	-	6	1	11	12	1
-	-	3	-	1	-	39	-	-	-	91	5	45	126	36
-	-	-	-	-	-	2	-	-	-	-	-	3	2	-
-	-	-	-	6	-	-	-	-	-	-	-	1	-	-

2026년 표준지공시지가 조사·평가 업무요령 -부록-

시군구	이용상황	합계	1전	2전	1주	2주	3주	준주	중상	일상	근상
충청남도	합계	49,917	15	4	879	3,880	36	464	13	1,487	57
	주거용	11,577	14	4	445	1,965	30	93	-	225	10
	상업업무용	3,066	-	-	79	725	4	254	13	1,039	34
	주상복합용	1,620	-	-	177	727	1	92	-	186	11
	공업용	1,120	-	-	1	18	-	3	-	-	-
	전	13,185	-	-	113	301	1	9	-	5	2
	답	12,629	1	-	52	90	-	9	-	12	-
	임야	6,577	-	-	9	54	-	1	-	3	-
	특수토지	121	-	-	-	-	-	2	-	17	-
	공공용지	22	-	-	3	-	-	1	-	-	-
충청남도 천안 동남구	합계	2,648	-	-	88	484	8	8	-	186	16
	주거용	710	-	-	37	230	6	-	-	38	3
	상업업무용	322	-	-	12	105	1	6	-	126	5
	주상복합용	180	-	-	20	105	1	-	-	20	8
	공업용	97	-	-	-	5	-	1	-	-	-
	전	557	-	-	12	25	-	-	-	-	-
	답	502	-	-	5	10	-	1	-	-	-
	임야	265	-	-	2	4	-	-	-	1	-
	특수토지	12	-	-	-	-	-	-	-	1	-
	공공용지	3	-	-	-	-	-	-	-	-	-
충청남도 천안 서북구	합계	1,933	-	-	30	460	4	43	-	88	2
	주거용	449	-	-	11	168	3	4	-	9	1
	상업업무용	264	-	-	2	117	1	25	-	70	-
	주상복합용	187	-	-	9	141	-	13	-	9	-
	공업용	132	-	-	-	7	-	-	-	-	-
	전	491	-	-	6	19	-	-	-	-	1
	답	293	-	-	2	6	-	1	-	-	-
	임야	115	-	-	-	2	-	-	-	-	-
	특수토지	2	-	-	-	-	-	-	-	-	-
충청남도 공주시	합계	4,186	4	-	24	297	1	56	-	101	10
	주거용	908	3	-	11	170	1	13	-	11	5
	상업업무용	224	-	-	3	42	-	32	-	83	4
	주상복합용	100	-	-	2	56	-	9	-	4	1
	공업용	58	-	-	-	1	-	-	-	-	-
	전	1,243	-	-	4	20	-	1	-	1	-
	답	1,033	1	-	2	4	-	1	-	-	-
	임야	612	-	-	2	4	-	-	-	-	-
	특수토지	8	-	-	-	-	-	-	-	2	-
충청남도 보령시	합계	3,722	-	-	2	245	-	29	-	87	1
	주거용	882	-	-	2	128	-	6	-	12	-
	상업업무용	245	-	-	-	54	-	21	-	67	1
	주상복합용	114	-	-	-	40	-	1	-	8	-
	공업용	72	-	-	-	2	-	-	-	-	-
	전	835	-	-	-	13	-	-	-	-	-
	답	1,023	-	-	-	3	-	-	-	-	-
	임야	540	-	-	-	5	-	-	-	-	-
	특수토지	9	-	-	-	-	-	1	-	-	-
	공공용지	2	-	-	-	-	-	-	-	-	-

Ⅱ 표준지의 선정 및 관리지침

유상	전공	일공	준공	보전	생산	자연	개제	미정	관리	보관	생관	계관	농림	자보
5	60	437	180	328	562	4,317	82	58	-	3,412	5,866	16,727	10,706	342
-	7	32	30	42	63	1,053	2	8	-	413	847	5,571	684	39
4	4	20	41	4	24	229	-	4	-	14	32	504	31	7
-	-	2	7	1	6	67	3	2	-	11	14	302	9	2
-	15	234	51	-	9	101	-	2	-	32	78	496	78	2
-	7	58	25	88	62	1,411	39	15	-	1,158	2,533	5,817	1,432	109
-	14	52	19	23	395	940	20	21	-	444	1,762	2,245	6,476	54
-	9	35	7	170	3	487	18	4	-	1,334	586	1,738	1,992	127
-	3	2	-	-	-	20	-	-	-	6	14	52	4	1
1	1	2	-	-	-	9	-	2	-	-	-	2	-	1
-	-	38	8	19	11	220	-	-	-	193	110	849	403	7
-	-	3	1	3	2	45	-	-	-	21	13	281	26	1
-	-	1	6	-	-	29	-	-	-	3	1	27	-	-
-	-	-	-	-	-	8	-	-	-	-	1	16	1	-
-	-	19	-	-	-	5	-	-	-	2	2	55	8	-
-	-	9	1	2	2	57	-	-	-	90	45	255	57	2
-	-	4	-	3	7	52	-	-	-	28	43	134	211	4
-	-	2	-	11	-	20	-	-	-	47	5	73	100	-
-	-	-	-	-	-	2	-	-	-	2	-	7	-	-
-	-	-	-	-	-	2	-	-	-	-	1	-	-	-
1	-	72	23	18	46	480	-	-	-	39	24	374	226	3
-	-	4	5	-	3	110	-	-	-	5	4	113	9	-
1	-	6	7	-	1	25	-	-	-	-	-	8	1	-
-	-	2	-	-	1	5	-	-	-	1	1	4	1	-
-	-	50	6	-	4	32	-	-	-	-	-	33	-	-
-	-	7	2	3	7	181	-	-	-	12	12	159	80	2
-	-	1	1	-	30	81	-	-	-	8	7	31	124	1
-	-	2	2	15	-	45	-	-	-	13	-	25	11	-
-	-	-	-	-	-	1	-	-	-	-	-	1	-	-
-	-	20	16	24	3	253	31	8	-	391	426	1,619	841	61
-	-	-	2	3	1	69	1	2	-	43	23	500	43	7
-	-	-	2	-	-	9	-	-	-	2	1	43	2	1
-	-	-	-	-	-	6	2	-	-	-	-	20	-	-
-	-	7	9	-	-	3	-	-	-	2	5	30	1	-
-	-	2	1	10	1	82	14	3	-	185	192	585	118	24
-	-	7	2	-	1	49	7	1	-	87	164	261	441	5
-	-	4	-	11	-	35	7	2	-	72	40	175	236	24
-	-	-	-	-	-	-	-	-	-	-	1	5	-	-
-	9	20	9	21	69	152	-	7	-	391	468	1,204	996	12
-	-	-	3	4	9	38	-	3	-	85	95	438	58	1
-	-	-	1	-	7	8	-	-	-	3	3	76	4	-
-	-	-	-	-	2	7	-	-	-	3	3	47	3	-
-	4	13	2	-	-	2	-	-	-	8	9	21	11	-
-	-	3	-	2	6	39	-	2	-	120	182	363	101	4
-	1	2	3	-	45	45	-	-	-	65	107	138	611	3
-	2	2	-	15	-	11	-	-	-	107	69	117	208	4
-	2	-	-	-	-	2	-	-	-	-	-	4	-	-
-	-	-	-	-	-	-	-	2	-	-	-	-	-	-

시군구	이용상황	합계	1전	2전	1주	2주	3주	준주	중상	일상	근상
충청남도 아산시	합계	4,297	10	1	116	490	6	82	-	207	6
	주거용	1,082	10	1	37	230	6	10	-	29	-
	상업업무용	397	-	-	13	84	-	48	-	146	5
	주상복합용	210	-	-	42	93	-	20	-	22	-
	공업용	161	-	-	-	3	-	-	-	-	-
	전	1,084	-	-	16	62	-	2	-	3	1
	답	933	-	-	7	10	-	2	-	4	-
	임야	421	-	-	1	8	-	-	-	-	-
	특수토지	8	-	-	-	-	-	-	-	3	-
	공공용지	1	-	-	-	-	-	-	-	-	-
충청남도 서산시	합계	4,425	-	-	30	343	-	63	-	110	4
	주거용	899	-	-	6	161	-	19	-	19	1
	상업업무용	241	-	-	4	51	-	38	-	74	3
	주상복합용	80	-	-	17	32	-	4	-	8	-
	공업용	65	-	-	-	-	-	-	-	-	-
	전	1,171	-	-	3	47	-	1	-	1	-
	답	1,315	-	-	-	32	-	-	-	5	-
	임야	639	-	-	-	20	-	1	-	2	-
	특수토지	12	-	-	-	-	-	-	-	1	-
	공공용지	3	-	-	-	-	-	-	-	-	-
충청남도 논산시	합계	3,942	1	-	190	241	4	31	-	157	1
	주거용	1,039	1	-	107	128	3	12	-	26	-
	상업업무용	259	-	-	13	53	1	12	-	107	1
	주상복합용	142	-	-	32	46	-	5	-	20	-
	공업용	113	-	-	1	-	-	1	-	-	-
	전	1,026	-	-	23	12	-	1	-	-	-
	답	979	-	-	13	2	-	-	-	2	-
	임야	374	-	-	1	-	-	-	-	-	-
	특수토지	7	-	-	-	-	-	-	-	2	-
	공공용지	3	-	-	-	-	-	-	-	-	-
충청남도 계룡시	합계	379	-	-	62	69	2	13	9	6	-
	주거용	108	-	-	37	32	2	2	-	-	-
	상업업무용	31	-	-	-	2	-	5	9	6	-
	주상복합용	35	-	-	6	23	-	3	-	-	-
	공업용	7	-	-	-	-	-	-	-	-	-
	전	91	-	-	13	8	-	1	-	-	-
	답	50	-	-	6	2	-	2	-	-	-
	임야	55	-	-	-	2	-	-	-	-	-
	특수토지	1	-	-	-	-	-	-	-	-	-
	공공용지	1	-	-	-	-	-	-	-	-	-
충청남도 당진시	합계	4,108	-	-	62	239	1	45	-	88	9
	주거용	906	-	-	32	124	1	6	-	7	-
	상업업무용	222	-	-	3	42	-	19	-	62	7
	주상복합용	144	-	-	22	52	-	18	-	17	2
	공업용	111	-	-	-	-	-	-	-	-	-
	전	945	-	-	1	17	-	1	-	-	-
	답	1,182	-	-	2	2	-	-	-	-	-
	임야	583	-	-	1	2	-	-	-	-	-
	특수토지	10	-	-	-	-	-	-	-	2	-
	공공용지	5	-	-	1	-	-	1	-	-	-

유상	전공	일공	준공	보전	생산	자연	개제	미정	관리	보관	생관	계관	농림	자보
-	-	77	16	54	61	405	-	42	-	233	433	1,228	811	19
-	-	5	1	9	9	90	-	3	-	37	65	477	59	4
-	-	4	2	3	5	21	-	4	-	2	7	46	6	1
-	-	-	3	-	1	9	-	2	-	1	1	16	-	-
-	-	37	7	-	-	15	-	2	-	2	1	85	9	-
-	-	10	1	18	10	157	-	9	-	89	194	385	123	4
-	-	15	2	1	36	71	-	20	-	27	136	116	478	8
-	-	6	-	23	-	41	-	2	-	75	29	99	135	2
-	-	-	-	-	-	-	-	-	-	-	-	4	1	-
-	-	-	-	-	-	1	-	-	-	-	-	-	-	-
-	49	66	21	64	62	616	-	-	-	277	465	1,177	1,078	-
-	7	10	4	8	9	117	-	-	-	50	78	303	107	-
-	4	4	2	1	1	28	-	-	-	1	-	29	1	-
-	-	-	2	1	-	2	-	-	-	-	-	14	-	-
-	10	17	2	-	-	8	-	-	-	1	7	17	3	-
-	7	10	6	8	3	163	-	-	-	79	209	449	185	-
-	13	12	3	13	48	192	-	-	-	26	123	207	641	-
-	7	11	2	33	1	99	-	-	-	119	47	156	141	-
-	-	-	-	-	-	7	-	-	-	1	1	2	-	-
-	1	2	-	-	-	-	-	-	-	-	-	-	-	-
1	-	12	10	6	79	479	-	-	-	204	417	1,250	846	13
-	-	1	-	-	9	136	-	-	-	17	38	517	44	-
1	-	-	1	-	2	35	-	-	-	1	2	28	2	-
-	-	-	-	-	-	8	-	-	-	-	-	31	-	-
-	-	9	4	-	2	15	-	-	-	-	19	51	11	-
-	-	1	3	1	12	133	-	-	-	59	191	372	216	2
-	-	1	1	1	53	112	-	-	-	23	134	176	461	-
-	-	-	1	4	1	36	-	-	-	103	33	72	112	11
-	-	-	-	-	-	1	-	-	-	1	-	3	-	-
-	-	-	-	-	-	3	-	-	-	-	-	-	-	-
-	-	3	1	37	9	156	8	-	-	-	-	-	-	4
-	-	-	-	3	1	31	-	-	-	-	-	-	-	-
-	-	1	-	-	-	8	-	-	-	-	-	-	-	-
-	-	-	-	-	1	2	-	-	-	-	-	-	-	-
-	-	2	1	-	1	3	-	-	-	-	-	-	-	-
-	-	-	-	12	3	50	3	-	-	-	-	-	-	1
-	-	-	-	1	3	34	2	-	-	-	-	-	-	-
-	-	-	-	21	-	26	3	-	-	-	-	-	-	3
-	-	-	-	-	-	1	-	-	-	-	-	-	-	-
-	-	-	-	-	-	1	-	-	-	-	-	-	-	-
3	2	37	19	1	22	316	-	-	-	138	561	1,775	787	3
-	-	-	-	-	3	84	-	-	-	12	87	496	54	-
2	-	1	10	-	1	15	-	-	-	-	3	57	-	-
-	-	-	1	-	-	7	-	-	-	1	-	24	-	-
-	1	36	5	-	-	6	-	-	-	2	5	50	6	-
-	-	-	-	-	-	102	-	-	-	22	188	585	29	-
-	-	-	3	-	18	57	-	-	-	5	201	298	593	3
-	-	-	-	1	-	42	-	-	-	96	77	261	103	-
-	1	-	-	-	-	1	-	-	-	-	-	4	2	-
1	-	-	-	-	-	2	-	-	-	-	-	-	-	-

시군구	이용상황	합계	1전	2전	1주	2주	3주	준주	중상	일상	근상
충청남도 금산군	합계	2,789	-	-	44	153	1	18	-	63	-
	주거용	594	-	-	28	102	1	10	-	12	-
	상업업무용	116	-	-	2	31	-	5	-	43	-
	주상복합용	39	-	-	2	15	-	2	-	7	-
	공업용	64	-	-	-	-	-	-	-	-	-
	전	970	-	-	9	4	-	1	-	-	-
	답	570	-	-	2	1	-	-	-	-	-
	임야	431	-	-	1	-	-	-	-	-	-
	특수토지	5	-	-	-	-	-	-	-	1	-
충청남도 부여군	합계	3,227	-	-	94	84	-	4	-	100	-
	주거용	698	-	-	67	48	-	-	-	15	-
	상업업무용	115	-	-	18	10	-	4	-	61	-
	주상복합용	59	-	-	4	10	-	-	-	23	-
	공업용	45	-	-	-	-	-	-	-	-	-
	전	723	-	-	3	9	-	-	-	-	-
	답	1,170	-	-	2	5	-	-	-	-	-
	임야	411	-	-	-	2	-	-	-	-	-
	특수토지	6	-	-	-	-	-	-	-	1	-
충청남도 서천군	합계	2,725	-	-	4	205	-	14	-	86	-
	주거용	661	-	-	4	103	-	3	-	14	-
	상업업무용	139	-	-	-	32	-	8	-	60	-
	주상복합용	75	-	-	-	37	-	2	-	12	-
	공업용	37	-	-	-	-	-	1	-	-	-
	전	681	-	-	-	27	-	-	-	-	-
	답	727	-	-	-	5	-	-	-	-	-
	임야	400	-	-	-	1	-	-	-	-	-
	특수토지	5	-	-	-	-	-	-	-	-	-
충청남도 청양군	합계	2,097	-	-	-	63	-	4	-	20	-
	주거용	451	-	-	-	44	-	1	-	2	-
	상업업무용	54	-	-	-	9	-	2	-	14	-
	주상복합용	31	-	-	-	10	-	1	-	3	-
	공업용	26	-	-	-	-	-	-	-	-	-
	전	590	-	-	-	-	-	-	-	-	-
	답	586	-	-	-	-	-	-	-	-	-
	임야	357	-	-	-	-	-	-	-	-	-
	특수토지	2	-	-	-	-	-	-	-	1	-
충청남도 홍성군	합계	3,344	-	2	30	254	3	25	2	101	5
	주거용	834	-	2	17	160	3	3	-	16	-
	상업업무용	163	-	-	3	31	-	15	2	61	5
	주상복합용	97	-	-	7	27	-	7	-	22	-
	공업용	55	-	-	-	-	-	-	-	-	-
	전	939	-	-	2	30	-	-	-	-	-
	답	785	-	-	-	2	-	-	-	-	-
	임야	467	-	-	-	4	-	-	-	-	-
	특수토지	3	-	-	-	-	-	-	-	2	-
	공공용지	1	-	-	1	-	-	-	-	-	-

Ⅱ 표준지의 선정 및 관리지침

유상	전공	일공	준공	보전	생산	자연	개제	미정	관리	보관	생관	계관	농림	자보
-	-	1	8	18	26	181	43	-	-	333	242	1,133	516	9
-	-	-	1	2	3	31	1	-	-	23	10	336	33	1
-	-	-	2	-	-	5	-	-	-	1	1	24	2	-
-	-	-	-	-	-	-	1	-	-	1	1	9	1	-
-	-	1	2	-	-	4	-	-	-	5	3	42	7	-
-	-	-	3	6	7	84	22	-	-	180	122	449	79	4
-	-	-	-	-	16	38	11	-	-	61	70	126	245	-
-	-	-	-	10	-	19	8	-	-	62	35	143	149	4
-	-	-	-	-	-	-	-	-	-	-	-	4	-	-
-	-	3	4	20	64	217	-	-	-	239	312	1,229	855	2
-	-	-	1	5	2	64	-	-	-	11	25	442	17	1
-	-	-	-	-	-	5	-	-	-	-	-	16	1	-
-	-	-	-	-	-	4	-	-	-	-	-	18	-	-
-	-	-	-	-	-	-	-	-	-	5	5	30	5	-
-	-	1	1	8	2	64	-	-	-	79	120	390	46	-
-	-	1	1	4	60	59	-	-	-	40	145	209	644	-
-	-	1	1	3	-	21	-	-	-	104	17	120	141	1
-	-	-	-	-	-	-	-	-	-	-	-	4	1	-
-	-	19	16	3	44	131	-	-	-	250	335	943	675	-
-	-	2	4	-	7	38	-	-	-	27	67	348	44	-
-	-	-	4	-	5	6	-	-	-	-	1	22	1	-
-	-	-	1	-	-	1	-	-	-	1	1	18	2	-
-	-	16	4	-	1	1	-	-	-	1	3	8	2	-
-	-	-	3	-	3	39	-	-	-	79	150	308	72	-
-	-	-	-	-	27	26	-	-	-	26	97	121	425	-
-	-	-	-	3	1	20	-	-	-	115	14	117	129	-
-	-	1	-	-	-	-	-	-	-	1	2	1	-	-
-	-	10	-	-	8	46	-	-	-	135	383	816	582	30
-	-	1	-	-	1	10	-	-	-	11	44	305	31	1
-	-	-	-	-	2	4	-	-	-	-	2	17	3	1
-	-	-	-	-	-	-	-	-	-	-	-	17	-	-
-	-	1	-	-	-	1	-	-	-	-	4	18	2	-
-	-	4	-	-	-	15	-	-	-	30	164	325	41	11
-	-	2	-	-	5	12	-	-	-	5	121	95	344	2
-	-	2	-	-	-	4	-	-	-	89	48	38	161	15
-	-	-	-	-	-	-	-	-	-	-	-	1	-	-
-	-	7	10	22	21	312	-	1	-	207	681	1,005	649	7
-	-	-	2	2	2	93	-	-	-	27	122	343	40	2
-	-	1	1	-	-	12	-	-	-	-	6	25	1	-
-	-	-	-	-	1	6	-	-	-	1	2	23	-	1
-	-	6	6	-	1	4	-	-	-	2	7	23	6	-
-	-	-	-	10	2	114	-	1	-	58	296	350	74	2
-	-	-	1	-	15	51	-	-	-	15	161	119	421	-
-	-	-	-	10	-	32	-	-	-	104	87	121	107	2
-	-	-	-	-	-	-	-	-	-	-	-	1	-	-
-	-	-	-	-	-	-	-	-	-	-	-	-	-	-

시군구	이용상황	합계	1전	2전	1주	2주	3주	준주	중상	일상	근상
충청남도 예산군	합계	3,033	-	1	47	175	6	26	2	59	3
	주거용	749	-	1	21	105	4	4	-	14	-
	상업업무용	152	-	-	1	37	1	13	2	38	3
	주상복합용	66	-	-	7	23	-	7	-	7	-
	공업용	51	-	-	-	-	-	-	-	-	-
	전	851	-	-	10	6	1	1	-	-	-
	답	791	-	-	7	4	-	-	-	-	-
	임야	367	-	-	-	-	-	-	-	-	-
	특수토지	5	-	-	-	-	-	1	-	-	-
	공공용지	1	-	-	1	-	-	-	-	-	-
충청남도 태안군	합계	3,062	-	-	56	78	-	3	-	28	-
	주거용	607	-	-	28	32	-	-	-	1	-
	상업업무용	122	-	-	5	25	-	1	-	21	-
	주상복합용	61	-	-	7	17	-	-	-	4	-
	공업용	26	-	-	-	-	-	-	-	-	-
	전	988	-	-	11	2	-	-	-	-	-
	답	690	-	-	4	2	-	2	-	1	-
	임야	540	-	-	1	-	-	-	-	-	-
	특수토지	26	-	-	-	-	-	-	-	1	-
	공공용지	2	-	-	-	-	-	-	-	-	-
전라남도	합계	76,713	115	65	4,911	3,255	108	774	91	2,635	51
	주거용	16,753	65	47	3,259	1,834	58	183	-	427	11
	상업업무용	3,438	3	1	229	464	13	308	89	1,674	21
	주상복합용	2,580	1	1	582	686	9	239	1	458	18
	공업용	1,286	-	-	18	18	-	4	-	2	-
	전	22,546	30	10	565	140	13	26	-	34	1
	답	18,018	5	4	161	64	2	7	-	8	-
	임야	11,823	11	2	96	48	13	4	-	6	-
	특수토지	241	-	-	-	-	-	3	1	26	-
	공공용지	28	-	-	1	1	-	-	-	-	-
전라남도 목포시	합계	1,844	1	3	674	347	5	100	21	298	-
	주거용	739	1	3	445	171	3	17	-	43	-
	상업업무용	407	-	-	34	70	1	48	21	214	-
	주상복합용	316	-	-	166	80	1	27	-	38	-
	공업용	76	-	-	3	5	-	-	-	-	-
	전	192	-	-	20	15	-	6	-	-	-
	답	33	-	-	3	2	-	1	-	2	-
	임야	73	-	-	3	3	-	1	-	-	-
	특수토지	4	-	-	-	-	-	-	-	1	-
	공공용지	4	-	-	-	1	-	-	-	-	-
전라남도 여수시	합계	5,452	45	-	773	613	2	113	43	357	-
	주거용	1,504	21	-	507	368	2	32	-	39	-
	상업업무용	570	1	-	36	77	-	56	42	284	-
	주상복합용	336	-	-	85	148	-	24	1	31	-
	공업용	168	-	-	-	-	-	-	-	-	-
	전	1,395	16	-	92	9	-	1	-	1	-
	답	561	3	-	24	-	-	-	-	-	-
	임야	900	4	-	28	11	-	-	-	-	-
	특수토지	12	-	-	-	-	-	-	-	2	-
	공공용지	6	-	-	1	-	-	-	-	-	-

Ⅱ 표준지의 선정 및 관리지침

유상	전공	일공	준공	보전	생산	자연	개제	미정	관리	보관	생관	계관	농림	자보
-	-	50	12	7	34	208	-	-	-	150	413	984	813	43
-	-	6	5	1	2	62	-	-	-	18	68	361	71	6
-	-	2	3	-	-	11	-	-	-	-	-	37	3	1
-	-	-	-	-	-	1	-	-	-	1	1	19	-	-
-	-	19	2	-	-	-	-	-	-	1	3	21	5	-
-	-	11	2	4	4	79	-	-	-	38	199	363	124	9
-	-	7	-	-	28	33	-	-	-	18	112	96	478	8
-	-	5	-	2	-	21	-	-	-	73	30	85	132	19
-	-	-	-	-	-	1	-	-	-	1	-	2	-	-
-	-	-	-	-	-	-	-	-	-	-	-	-	-	-
-	-	2	7	14	3	145	-	-	-	232	596	1,141	628	129
-	-	-	1	2	-	35	-	-	-	26	108	311	48	15
-	-	-	-	-	-	8	-	-	-	1	5	49	4	3
-	-	-	-	-	-	1	-	-	-	1	3	26	1	1
-	-	1	1	-	-	2	-	-	-	1	5	12	2	2
-	-	-	2	4	-	52	-	-	-	38	269	479	87	44
-	-	-	2	-	3	28	-	-	-	10	141	118	359	20
-	-	-	1	8	-	15	-	-	-	155	55	136	127	42
-	-	1	-	-	-	4	-	-	-	-	10	9	-	1
-	-	-	-	-	-	-	-	-	-	-	-	1	-	1
1	-	516	354	428	1,277	6,706	1,331	27	1	7,258	8,432	19,131	16,365	2,861
-	-	35	33	17	86	1,286	42	1	-	557	695	7,397	453	267
1	-	32	61	3	27	173	7	1	-	29	23	260	6	13
-	-	4	18	-	14	69	2	-	-	24	25	408	11	10
-	-	284	147	1	18	114	1	2	-	86	142	323	102	24
-	-	68	47	155	147	2,748	452	4	-	3,133	4,255	6,784	2,859	1,075
-	-	57	32	25	974	1,107	558	14	-	916	2,331	2,202	8,917	634
-	-	30	15	226	10	1,183	268	4	1	2,500	919	1,647	4,028	812
-	-	4	-	-	1	18	-	-	-	8	42	107	9	22
-	-	2	1	1	-	8	1	1	-	5	-	3	-	4
-	-	42	41	62	-	250	-	-	-	-	-	-	-	-
-	-	1	2	7	-	46	-	-	-	-	-	-	-	-
-	-	8	2	1	-	8	-	-	-	-	-	-	-	-
-	-	-	1	-	-	3	-	-	-	-	-	-	-	-
-	-	25	31	-	-	12	-	-	-	-	-	-	-	-
-	-	7	1	32	-	111	-	-	-	-	-	-	-	-
-	-	-	2	-	-	23	-	-	-	-	-	-	-	-
-	-	1	1	22	-	42	-	-	-	-	-	-	-	-
-	-	-	-	-	-	3	-	-	-	-	-	-	-	-
-	-	-	1	-	-	2	-	-	-	-	-	-	-	-
-	-	200	53	129	82	1,302	-	-	-	221	309	465	248	497
-	-	19	4	5	2	179	-	-	-	24	81	166	12	43
-	-	7	14	1	2	35	-	-	-	1	2	10	-	2
-	-	-	9	-	-	9	-	-	-	2	3	21	-	3
-	-	100	23	1	1	25	-	-	-	1	5	5	3	4
-	-	24	2	32	3	475	-	-	-	129	151	185	38	237
-	-	30	-	13	73	242	-	-	-	10	27	36	66	37
-	-	15	1	76	1	329	-	-	-	54	40	41	129	171
-	-	3	-	-	-	6	-	-	-	-	-	1	-	-
-	-	2	-	1	-	2	-	-	-	-	-	-	-	-

시군구	이용상황	합계	1전	2전	1주	2주	3주	준주	중상	일상	근상
전라남도 순천시	합계	5,785	13	29	311	595	9	83	-	353	8
	주거용	1,240	10	19	185	308	7	19	-	63	3
	상업업무용	429	1	1	17	80	1	42	-	226	2
	주상복합용	314	-	-	51	162	1	21	-	59	3
	공업용	82	-	-	2	-	-	-	-	-	-
	전	1,354	1	6	38	22	-	1	-	2	-
	답	1,406	-	2	10	16	-	-	-	2	-
	임야	947	1	1	8	7	-	-	-	-	-
	특수토지	13	-	-	-	-	-	-	-	1	-
전라남도 나주시	합계	4,778	16	25	374	164	14	51	-	136	1
	주거용	1,220	15	23	255	108	10	7	-	26	-
	상업업무용	204	1	-	11	24	1	33	-	94	1
	주상복합용	145	-	-	60	23	3	7	-	15	-
	공업용	108	-	-	1	3	-	3	-	-	-
	전	1,315	-	2	34	3	-	-	-	-	-
	답	1,262	-	-	8	1	-	-	-	-	-
	임야	515	-	-	5	2	-	-	-	-	-
	특수토지	9	-	-	-	-	-	1	-	1	-
전라남도 광양시	합계	3,436	-	6	258	416	37	78	22	145	16
	주거용	663	-	2	146	131	12	12	-	17	4
	상업업무용	332	-	-	16	109	3	24	21	109	3
	주상복합용	207	-	1	31	101	-	37	-	7	8
	공업용	90	-	-	2	2	-	-	-	-	-
	전	1,153	-	2	52	33	8	4	-	6	1
	답	350	-	-	3	18	2	-	-	2	-
	임야	626	-	1	8	22	12	1	-	3	-
	특수토지	7	-	-	-	-	-	-	1	1	-
	공공용지	8	-	-	-	-	-	-	-	-	-
전라남도 담양군	합계	2,772	8	-	276	96	3	11	-	45	9
	주거용	635	8	-	176	53	2	4	-	9	2
	상업업무용	70	-	-	7	7	-	1	-	23	2
	주상복합용	95	-	-	10	26	1	6	-	12	5
	공업용	49	-	-	3	3	-	-	-	-	-
	전	615	-	-	51	2	-	-	-	-	-
	답	879	-	-	19	5	-	-	-	-	-
	임야	423	-	-	10	-	-	-	-	-	-
	특수토지	5	-	-	-	-	-	-	-	1	-
	공공용지	1	-	-	-	-	-	-	-	-	-
전라남도 곡성군	합계	2,638	-	-	102	19	-	9	-	57	-
	주거용	510	-	-	67	9	-	4	-	20	-
	상업업무용	69	-	-	15	4	-	2	-	27	-
	주상복합용	44	-	-	8	3	-	3	-	9	-
	공업용	26	-	-	-	-	-	-	-	-	-
	전	738	-	-	5	1	-	-	-	-	-
	답	797	-	-	7	2	-	-	-	-	-
	임야	449	-	-	-	-	-	-	-	-	-
	특수토지	5	-	-	-	-	-	-	-	1	-

Ⅱ 표준지의 선정 및 관리지침

유상	전공	일공	준공	보전	생산	자연	개제	미정	관리	보관	생관	계관	농림	자보
1	-	21	11	92	234	1,142	-	-	-	562	732	834	660	95
-	-	-	2	1	11	234	-	-	-	15	33	310	11	9
1	-	2	2	-	4	30	-	-	-	4	3	11	-	2
-	-	-	-	-	1	7	-	-	-	2	-	7	-	-
-	-	12	1	-	3	22	-	-	-	8	11	16	7	-
-	-	4	3	39	25	460	-	-	-	248	242	199	37	27
-	-	2	2	6	189	191	-	-	-	92	387	204	287	16
-	-	1	1	46	1	197	-	-	-	190	54	82	317	41
-	-	-	-	-	-	1	-	-	-	3	2	5	1	-
-	-	22	5	-	69	352	258	-	-	552	626	1,141	971	1
-	-	-	-	-	3	78	9	-	-	49	55	549	33	-
-	-	-	3	-	2	13	3	-	-	5	3	9	1	-
-	-	-	-	-	1	3	1	-	-	-	3	28	1	-
-	-	22	2	-	4	8	1	-	-	14	18	22	10	-
-	-	-	-	-	5	145	108	-	-	218	318	331	150	1
-	-	-	-	-	54	52	94	-	-	91	175	131	656	-
-	-	-	-	-	-	53	42	-	-	175	54	65	119	-
-	-	-	-	-	-	-	-	-	-	-	-	6	1	-
-	-	75	85	56	42	600	-	-	-	480	187	489	424	20
-	-	6	10	1	-	89	-	-	-	37	18	163	14	1
-	-	6	17	-	-	16	-	-	-	3	-	5	-	-
-	-	3	1	-	-	3	-	-	-	6	2	7	-	-
-	-	29	23	-	-	14	-	-	-	4	1	12	3	-
-	-	12	11	19	10	257	-	-	-	294	106	199	124	15
-	-	12	19	2	32	61	-	-	-	29	26	43	99	2
-	-	7	4	34	-	154	-	-	-	103	34	57	184	2
-	-	-	-	-	-	2	-	-	-	-	-	3	-	-
-	-	-	-	-	-	4	-	-	-	4	-	-	-	-
-	-	3	2	-	53	152	518	-	-	189	277	633	497	-
-	-	-	-	-	6	36	20	-	-	16	33	250	20	-
-	-	-	2	-	3	8	1	-	-	1	1	14	-	-
-	-	-	-	-	3	8	1	-	-	2	6	12	3	-
-	-	3	-	-	1	3	-	-	-	1	4	26	5	-
-	-	-	-	-	1	42	132	-	-	60	105	171	51	-
-	-	-	-	-	39	39	259	-	-	18	112	107	281	-
-	-	-	-	-	-	16	104	-	-	91	16	49	137	-
-	-	-	-	-	-	-	-	-	-	-	-	4	-	-
-	-	-	-	-	-	-	1	-	-	-	-	-	-	-
-	-	3	-	1	29	139	-	-	-	313	279	898	787	2
-	-	-	-	-	2	39	-	-	-	13	19	319	18	-
-	-	-	-	-	2	2	-	-	-	1	2	13	1	-
-	-	-	-	-	-	3	-	-	-	3	1	14	-	-
-	-	1	-	-	1	1	-	-	-	1	3	16	3	-
-	-	2	-	-	1	56	-	-	-	148	137	304	84	-
-	-	-	-	-	23	24	-	-	-	38	105	150	448	-
-	-	-	-	1	-	14	-	-	-	109	12	78	233	2
-	-	-	-	-	-	-	-	-	-	-	-	4	-	-

시군구	이용상황	합계	1전	2전	1주	2주	3주	준주	중상	일상	근상
전라남도 구례군	합계	2,022	-	-	111	50	-	7	-	61	-
	주거용	444	-	-	73	33	-	1	-	15	-
	상업업무용	53	-	-	1	2	-	1	-	32	-
	주상복합용	82	-	-	18	15	-	5	-	12	-
	공업용	15	-	-	-	-	-	-	-	-	-
	전	688	-	-	13	-	-	-	-	1	-
	답	409	-	-	6	-	-	-	-	-	-
	임야	329	-	-	-	-	-	-	-	-	-
	특수토지	2	-	-	-	-	-	-	-	1	-
전라남도 고흥군	합계	4,765	-	-	157	63	2	15	-	108	-
	주거용	966	-	-	105	43	2	4	-	20	-
	상업업무용	91	-	-	12	9	-	4	-	46	-
	주상복합용	103	-	-	17	10	-	7	-	39	-
	공업용	44	-	-	-	-	-	-	-	1	-
	전	1,553	-	-	15	1	-	-	-	-	-
	답	1,201	-	-	4	-	-	-	-	-	-
	임야	802	-	-	4	-	-	-	-	-	-
	특수토지	5	-	-	-	-	-	-	-	2	-
전라남도 보성군	합계	3,657	-	-	156	30	-	20	-	103	-
	주거용	788	-	-	126	21	-	6	-	17	-
	상업업무용	117	-	-	7	2	-	7	-	72	-
	주상복합용	50	-	-	12	2	-	7	-	12	-
	공업용	25	-	-	-	-	-	-	-	-	-
	전	954	-	-	10	3	-	-	-	-	-
	답	1,070	-	-	1	1	-	-	-	-	-
	임야	645	-	-	-	1	-	-	-	-	-
	특수토지	7	-	-	-	-	-	-	-	2	-
	공공용지	1	-	-	-	-	-	-	-	-	-
전라남도 화순군	합계	3,790	1	-	171	92	8	22	-	70	-
	주거용	760	1	-	128	62	6	7	-	22	-
	상업업무용	73	-	-	7	8	1	5	-	22	-
	주상복합용	76	-	-	7	18	1	8	-	22	-
	공업용	46	-	-	-	-	-	-	-	-	-
	전	1,105	-	-	22	2	-	-	-	3	-
	답	918	-	-	5	2	-	2	-	-	-
	임야	803	-	-	2	-	-	-	-	-	-
	특수토지	8	-	-	-	-	-	-	-	1	-
	공공용지	1	-	-	-	-	-	-	-	-	-
전라남도 장흥군	합계	3,245	-	-	154	43	2	24	-	83	-
	주거용	747	-	-	98	28	1	5	-	15	-
	상업업무용	99	-	-	11	5	1	13	-	43	-
	주상복합용	92	-	-	17	6	-	6	-	23	-
	공업용	51	-	-	-	-	-	-	-	-	-
	전	700	-	-	21	2	-	-	-	1	-
	답	875	-	-	5	2	-	-	-	-	-
	임야	672	-	-	2	-	-	-	-	-	-
	특수토지	6	-	-	-	-	-	-	-	1	-
	공공용지	3	-	-	-	-	-	-	-	-	-

Ⅱ 표준지의 선정 및 관리지침

유상	전공	일공	준공	보전	생산	자연	개제	미정	관리	보관	생관	계관	농림	자보
-	-	-	6	8	49	79	-	-	-	305	217	640	446	43
-	-	-	-	-	3	12	-	-	-	25	14	247	21	-
-	-	-	-	-	-	2	-	-	-	-	1	14	-	-
-	-	-	-	-	1	-	-	-	-	4	2	24	1	-
-	-	-	4	-	-	-	-	-	-	2	1	4	4	-
-	-	-	2	3	16	40	-	-	-	169	125	215	85	19
-	-	-	-	2	28	20	-	-	-	31	45	66	209	2
-	-	-	-	3	1	5	-	-	-	74	29	69	126	22
-	-	-	-	-	-	-	-	-	-	-	-	1	-	-
-	-	1	6	2	57	219	-	11	-	287	781	1,471	1,045	540
-	-	-	-	-	6	51	-	-	-	22	61	544	25	83
-	-	1	-	1	2	-	-	-	-	-	-	15	-	1
-	-	-	-	-	-	-	-	-	-	-	-	27	-	3
-	-	-	4	-	-	2	-	1	-	3	12	14	3	4
-	-	-	1	1	14	100	-	3	-	117	395	582	153	171
-	-	1	-	-	34	34	-	4	-	36	197	142	583	166
-	-	-	-	1	2	30	-	3	-	109	115	146	281	111
-	-	-	-	-	-	-	-	-	-	-	1	1	-	1
-	-	1	-	17	55	185	-	-	-	553	526	945	1,017	49
-	-	-	-	1	4	46	-	-	-	118	90	332	25	2
-	-	-	-	-	2	6	-	-	-	3	1	17	-	-
-	-	-	-	-	-	3	-	-	-	1	-	13	-	-
-	-	1	-	-	-	-	-	-	-	4	5	9	6	-
-	-	-	-	10	3	73	-	-	-	185	208	332	114	16
-	-	-	-	1	46	32	-	-	-	71	153	130	610	25
-	-	-	-	5	-	25	-	-	-	170	68	109	262	5
-	-	-	-	-	-	-	-	-	-	1	1	3	-	-
-	-	-	-	-	-	-	-	-	-	-	-	-	-	1
-	-	17	-	-	96	235	139	-	-	725	105	1,190	912	7
-	-	1	-	-	7	55	1	-	-	49	5	395	20	1
-	-	1	-	-	1	5	-	-	-	2	1	20	-	-
-	-	-	-	-	1	5	-	-	-	1	-	13	-	-
-	-	5	-	-	3	1	-	-	-	7	2	25	3	-
-	-	9	-	-	14	93	65	-	-	328	45	393	129	2
-	-	-	-	-	69	45	23	-	-	146	48	181	394	3
-	-	1	-	-	1	31	50	-	-	191	4	156	366	1
-	-	-	-	-	-	-	-	-	-	1	-	6	-	-
-	-	-	-	-	-	-	-	-	-	-	-	1	-	-
-	-	18	2	-	101	212	-	-	-	485	184	955	936	46
-	-	2	-	-	6	71	-	-	-	37	9	430	42	3
-	-	-	-	-	3	3	-	-	-	2	-	17	1	-
-	-	-	-	-	4	2	-	-	-	1	-	32	1	-
-	-	14	2	-	-	2	-	-	-	6	3	15	9	-
-	-	-	-	-	4	68	-	-	-	154	72	244	124	10
-	-	1	-	-	84	32	-	-	-	91	50	89	511	10
-	-	1	-	-	-	34	-	-	-	192	50	125	247	21
-	-	-	-	-	-	-	-	-	-	1	-	3	1	-
-	-	-	-	-	-	-	-	-	-	1	-	-	-	2

시군구	이용상황	합계	1전	2전	1주	2주	3주	준주	중상	일상	근상
전라남도 강진군	합계	2,603	1	-	151	67	-	6	-	90	-
	주거용	593	1	-	112	47	-	2	-	16	-
	상업업무용	88	-	-	5	4	-	2	-	60	-
	주상복합용	57	-	-	11	8	-	2	-	12	-
	공업용	44	-	-	1	1	-	-	-	-	-
	전	568	-	-	12	7	-	-	-	1	-
	답	814	-	-	7	-	-	-	-	-	-
	임야	436	-	-	3	-	-	-	-	-	-
	특수토지	2	-	-	-	-	-	-	-	1	-
	공공용지	1	-	-	-	-	-	-	-	-	-
전라남도 해남군	합계	4,817	13	2	137	121	12	50	-	108	2
	주거용	923	1	-	84	89	5	13	-	12	1
	상업업무용	144	-	-	10	14	-	14	-	63	1
	주상복합용	101	-	-	13	13	1	13	-	21	-
	공업용	82	-	-	1	-	-	1	-	1	-
	전	1,546	7	-	15	3	5	4	-	6	-
	답	1,349	2	2	12	2	-	3	-	1	-
	임야	658	3	-	2	-	1	2	-	3	-
	특수토지	12	-	-	-	-	-	-	-	1	-
	공공용지	2	-	-	-	-	-	-	-	-	-
전라남도 영암군	합계	3,610	-	-	234	55	1	24	-	83	-
	주거용	698	-	-	123	24	1	6	-	8	-
	상업업무용	117	-	-	11	6	-	8	-	51	-
	주상복합용	65	-	-	23	6	-	2	-	16	-
	공업용	80	-	-	3	2	-	-	-	-	-
	전	1,003	-	-	51	11	-	7	-	7	-
	답	1,159	-	-	14	4	-	1	-	-	-
	임야	484	-	-	9	2	-	-	-	-	-
	특수토지	4	-	-	-	-	-	-	-	1	-
전라남도 무안군	합계	3,305	5	-	102	96	12	44	5	70	-
	주거용	636	5	-	67	64	6	13	-	12	-
	상업업무용	97	-	-	4	12	5	12	5	40	-
	주상복합용	78	-	-	14	14	1	19	-	17	-
	공업용	59	-	-	-	-	-	-	-	-	-
	전	1,373	-	-	14	5	-	-	-	-	-
	답	716	-	-	2	1	-	-	-	-	-
	임야	333	-	-	1	-	-	-	-	-	-
	특수토지	13	-	-	-	-	-	-	-	1	-
전라남도 함평군	합계	2,653	-	-	101	61	-	22	-	76	-
	주거용	520	-	-	68	41	-	7	-	15	-
	상업업무용	71	-	-	2	6	-	8	-	39	-
	주상복합용	63	-	-	9	7	-	7	-	19	-
	공업용	42	-	-	-	1	-	-	-	-	-
	전	823	-	-	14	5	-	-	-	1	-
	답	758	-	-	6	1	-	-	-	-	-
	임야	363	-	-	2	-	-	-	-	-	-
	특수토지	12	-	-	-	-	-	-	-	2	-
	공공용지	1	-	-	-	-	-	-	-	-	-

유상	전공	일공	준공	보전	생산	자연	개제	미정	관리	보관	생관	계관	농림	자보
-	-	14	8	1	61	151	-	-	-	224	219	644	803	163
-	-	1	-	-	8	33	-	-	-	12	22	307	21	11
-	-	2	2	-	2	1	-	-	-	-	2	7	-	1
-	-	-	1	-	-	1	-	-	-	-	2	18	1	1
-	-	11	3	-	2	2	-	-	-	5	4	10	3	2
-	-	-	1	-	-	58	-	-	-	83	90	173	105	38
-	-	-	-	-	49	27	-	-	-	41	72	62	486	70
-	-	-	1	1	-	29	-	-	-	83	27	66	187	39
-	-	-	-	-	-	-	-	-	-	-	-	1	-	-
-	-	-	-	-	-	-	-	-	-	-	-	-	-	1
-	-	21	6	6	54	150	-	1	-	501	462	1,341	1,673	157
-	-	-	2	-	-	3	24	-	-	-	29	26	570	47	17
-	-	1	-	-	1	6	-	-	-	4	1	28	1	-
-	-	-	-	-	-	6	-	-	-	1	-	33	-	-
-	-	3	4	-	-	1	-	-	-	17	14	24	13	3
-	-	8	1	3	12	71	-	-	-	201	272	477	415	46
-	-	5	1	-	36	22	-	-	-	60	118	93	928	64
-	-	2	-	3	2	18	-	-	-	187	30	110	269	26
-	-	-	-	-	-	2	-	-	-	2	1	5	-	1
-	-	-	-	-	-	-	-	1	-	-	-	1	-	-
-	-	28	43	19	75	344	-	15	-	259	435	1,034	927	34
-	-	-	8	2	5	71	-	1	-	8	25	400	15	1
-	-	3	8	-	1	13	-	1	-	-	-	13	-	2
-	-	-	2	-	-	2	-	-	-	-	-	14	-	-
-	-	19	9	-	1	9	-	1	-	2	10	15	3	6
-	-	-	9	2	11	126	-	1	-	96	182	386	113	1
-	-	5	5	1	56	73	-	10	-	43	154	128	656	9
-	-	1	2	14	1	48	-	1	-	110	64	77	140	15
-	-	-	-	-	-	2	-	-	-	-	-	1	-	-
-	-	2	2	4	30	162	-	-	-	219	330	1,021	1,051	150
-	-	-	-	-	3	29	-	-	-	16	26	344	42	9
-	-	-	2	-	1	3	-	-	-	-	1	12	-	-
-	-	-	-	-	1	3	-	-	-	1	-	7	-	1
-	-	2	-	-	-	3	-	-	-	4	12	23	13	2
-	-	-	-	2	2	91	-	-	-	84	206	493	394	82
-	-	-	-	-	23	19	-	-	-	11	58	64	496	42
-	-	-	-	2	-	13	-	-	-	103	25	72	105	12
-	-	-	-	-	-	1	-	-	-	-	2	6	1	2
-	-	18	17	-	69	174	-	-	1	232	291	777	713	101
-	-	-	-	-	2	37	-	-	-	6	12	309	14	9
-	-	-	5	-	2	1	-	-	-	1	-	7	-	-
-	-	1	-	-	1	-	-	-	-	-	-	19	-	-
-	-	17	3	-	-	2	-	-	-	2	2	13	2	-
-	-	-	6	-	7	82	-	-	-	101	166	266	131	44
-	-	-	1	-	56	26	-	-	-	17	75	101	439	36
-	-	-	2	-	1	26	-	-	1	105	36	53	126	11
-	-	-	-	-	-	-	-	-	-	-	-	8	1	1
-	-	-	-	-	-	-	-	-	-	-	-	1	-	-

시군구	이용상황	합계	1전	2전	1주	2주	3주	준주	중상	일상	근상
전라남도 영광군	합계	3,089	-	-	115	128	-	32	-	114	6
	주거용	688	-	-	69	80	-	2	-	27	-
	상업업무용	122	-	-	8	12	-	9	-	67	6
	주상복합용	92	-	-	10	21	-	20	-	17	-
	공업용	39	-	-	1	-	-	-	-	-	-
	전	975	-	-	21	10	-	1	-	1	-
	답	777	-	-	6	5	-	-	-	-	-
	임야	382	-	-	-	-	-	-	-	-	-
	특수토지	14	-	-	-	-	-	-	-	2	-
전라남도 장성군	합계	2,999	11	-	274	60	-	24	-	84	2
	주거용	750	1	-	238	52	-	9	-	17	-
	상업업무용	82	-	-	4	2	-	10	-	46	2
	주상복합용	44	1	-	6	3	-	4	-	18	-
	공업용	66	-	-	1	1	-	-	-	-	-
	전	870	6	-	17	2	-	1	-	1	-
	답	739	-	-	1	-	-	-	-	-	-
	임야	443	3	-	7	-	-	-	-	-	-
	특수토지	5	-	-	-	-	-	-	-	2	-
전라남도 완도군	합계	3,224	-	-	121	78	1	22	-	117	-
	주거용	719	-	-	83	61	1	8	-	5	-
	상업업무용	102	-	-	4	4	-	4	-	74	-
	주상복합용	109	-	-	4	12	-	10	-	35	-
	공업용	37	-	-	-	-	-	-	-	-	-
	전	1,172	-	-	21	1	-	-	-	2	-
	답	505	-	-	9	-	-	-	-	-	-
	임야	551	-	-	-	-	-	-	-	-	-
	특수토지	29	-	-	-	-	-	-	-	1	-
전라남도 진도군	합계	2,527	1	-	102	50	-	12	-	53	7
	주거용	469	1	-	78	33	-	4	-	6	1
	상업업무용	76	-	-	6	7	-	5	-	38	4
	주상복합용	39	-	-	8	7	-	2	-	9	2
	공업용	37	-	-	-	-	-	-	-	-	-
	전	909	-	-	7	3	-	-	-	-	-
	답	565	-	-	2	-	-	-	-	-	-
	임야	423	-	-	1	-	-	-	-	-	-
	특수토지	9	-	-	-	-	-	1	-	-	-
전라남도 신안군	합계	3,702	-	-	57	11	-	5	-	24	-
	주거용	541	-	-	26	8	-	1	-	3	-
	상업업무용	25	-	-	1	-	-	-	-	4	-
	주상복합용	72	-	-	2	1	-	2	-	15	-
	공업용	20	-	-	-	-	-	-	-	-	-
	전	1,545	-	-	20	-	-	1	-	1	-
	답	875	-	-	7	2	-	-	-	1	-
	임야	566	-	-	1	-	-	-	-	-	-
	특수토지	58	-	-	-	-	-	1	-	-	-

유상	전공	일공	준공	보전	생산	자연	개제	미정	관리	보관	생관	계관	농림	자보
-	-	9	9	21	26	258	-	-	-	267	339	918	782	65
-	-	-	1	-	2	55	-	-	-	39	40	348	21	4
-	-	2	1	-	-	8	-	-	-	1	-	7	1	-
-	-	-	-	-	1	6	-	-	-	-	1	16	-	-
-	-	6	5	-	-	3	-	-	-	1	5	16	2	-
-	-	-	1	10	2	118	-	-	-	123	166	359	142	21
-	-	-	1	-	21	42	-	-	-	31	90	106	451	24
-	-	-	-	11	-	26	-	-	-	72	33	63	165	12
-	-	1	-	-	-	-	-	-	-	-	4	3	-	4
-	-	21	23	-	31	182	416	-	-	183	420	657	577	34
-	-	3	-	-	7	41	12	-	-	14	44	293	18	1
-	-	-	1	-	-	3	3	-	-	1	3	6	1	-
-	-	-	2	-	-	-	-	-	-	-	-	9	1	-
-	-	14	18	-	1	1	-	-	-	2	6	22	-	-
-	-	2	1	-	4	60	147	-	-	78	224	222	88	17
-	-	1	1	-	19	51	182	-	-	10	88	68	318	-
-	-	1	-	-	-	26	72	-	-	78	55	35	150	16
-	-	-	-	-	-	-	-	-	-	-	-	2	1	-
-	-	-	16	6	23	195	-	-	-	82	651	936	374	602
-	-	-	2	-	2	28	-	-	-	2	37	427	11	52
-	-	-	-	-	-	-	-	-	-	-	-	13	-	3
-	-	-	-	-	-	3	-	-	-	-	2	40	1	2
-	-	-	4	-	-	1	-	-	-	-	9	17	3	3
-	-	-	7	1	6	109	-	-	-	44	402	322	35	222
-	-	-	-	-	14	19	-	-	-	3	141	76	125	118
-	-	-	3	5	-	34	-	-	-	33	56	33	198	189
-	-	-	-	-	1	1	-	-	-	-	4	8	1	13
-	-	-	16	2	32	165	-	-	-	190	341	746	663	147
-	-	-	4	-	4	26	-	-	-	6	6	278	9	13
-	-	-	-	1	-	7	-	-	-	-	2	4	-	2
-	-	-	2	-	-	1	-	-	-	-	-	7	1	-
-	-	-	10	-	1	2	-	-	-	1	8	11	4	-
-	-	-	-	-	4	81	-	-	-	73	237	329	116	59
-	-	-	-	-	23	23	-	-	-	20	60	78	352	7
-	-	-	-	1	-	25	-	-	-	90	27	33	180	66
-	-	-	-	-	-	-	-	-	-	-	1	6	1	-
-	-	-	3	2	9	58	-	-	-	429	721	1,396	879	108
-	-	-	-	-	-	6	-	-	-	20	39	416	14	8
-	-	-	1	-	-	1	-	-	-	-	-	18	-	-
-	-	-	-	-	-	1	-	-	-	-	3	47	1	-
-	-	-	1	-	-	-	-	-	-	1	7	8	3	-
-	-	-	1	1	3	32	-	-	-	200	406	602	231	47
-	-	-	-	-	6	10	-	-	-	27	150	147	522	3
-	-	-	-	1	-	8	-	-	-	181	90	128	107	50
-	-	-	-	-	-	-	-	-	-	-	26	30	1	-

시군구	이용상황	합계	1전	2전	1주	2주	3주	준주	중상	일상	근상
경상북도	합계	79,251	11	-	4,048	4,513	285	708	1	3,539	68
	주거용	18,115	9	-	2,623	2,857	178	296	-	695	6
	상업업무용	4,354	-	-	323	700	44	215	1	2,206	46
	주상복합용	2,422	-	-	493	657	46	153	-	573	10
	공업용	1,485	-	-	22	8	1	22	-	1	-
	전	25,630	-	-	384	172	3	11	-	21	2
	답	15,605	1	-	136	71	9	3	-	10	3
	임야	11,494	1	-	66	48	4	7	-	10	1
	특수토지	131	-	-	-	-	-	1	-	23	-
	공공용지	15	-	-	1	-	-	-	-	-	-
경상북도 포항시 남구	합계	3,328	-	-	154	674	52	190	-	229	-
	주거용	1,130	-	-	102	465	35	94	-	43	-
	상업업무용	377	-	-	21	88	8	59	-	149	-
	주상복합용	205	-	-	16	90	9	34	-	30	-
	공업용	136	-	-	-	-	-	2	-	-	-
	전	578	-	-	11	13	-	1	-	1	-
	답	462	-	-	1	5	-	-	-	-	-
	임야	432	-	-	3	13	-	-	-	5	-
	특수토지	2	-	-	-	-	-	-	-	1	-
	공공용지	6	-	-	-	-	-	-	-	-	-
경상북도 포항시 북구	합계	4,024	-	-	139	455	166	72	-	433	-
	주거용	1,034	-	-	79	250	94	18	-	61	-
	상업업무용	516	-	-	17	80	33	22	-	310	-
	주상복합용	281	-	-	34	95	34	28	-	60	-
	공업용	41	-	-	-	-	-	-	-	-	-
	전	827	-	-	5	10	-	1	-	-	-
	답	800	-	-	1	13	2	1	-	2	-
	임야	521	-	-	3	7	3	2	-	-	-
	특수토지	4	-	-	-	-	-	-	-	-	-
경상북도 경주시	합계	7,250	2	-	296	633	5	22	-	420	-
	주거용	1,877	-	-	192	415	2	6	-	112	-
	상업업무용	467	-	-	34	92	-	9	-	249	-
	주상복합용	225	-	-	32	86	-	7	-	56	-
	공업용	151	-	-	1	1	-	-	-	-	-
	전	1,643	-	-	25	24	1	-	-	1	-
	답	1,977	1	-	11	12	2	-	-	-	-
	임야	880	1	-	1	3	-	-	-	-	-
	특수토지	28	-	-	-	-	-	-	-	2	-
	공공용지	2	-	-	-	-	-	-	-	-	-

II 표준지의 선정 및 관리지침

유상	전공	일공	준공	보전	생산	자연	개제	미정	관리	보관	생관	계관	농림	자보
3	20	817	355	883	1,655	6,095	503	4	1	8,232	6,607	23,383	16,070	1,450
-	-	49	81	130	126	1,251	31	3	-	657	523	7,797	639	164
2	-	42	70	6	29	245	2	-	-	29	15	337	20	22
-	-	8	21	6	11	83	-	-	-	18	10	312	3	18
-	17	481	132	1	8	96	-	1	-	66	37	537	50	5
-	-	92	28	254	377	2,307	271	-	1	4,176	3,650	9,099	4,177	605
1	-	77	10	261	1,097	1,094	124	-	-	980	1,580	3,044	6,954	150
-	1	64	12	224	7	990	73	-	-	2,300	792	2,186	4,224	484
-	2	3	-	-	-	19	2	-	-	6	-	70	3	2
-	-	1	1	1	-	10	-	-	-	-	-	1	-	-
-	18	74	105	21	81	678	-	-	-	133	151	511	180	77
-	-	4	32	3	4	121	-	-	-	12	4	204	4	3
-	-	1	15	-	-	20	-	-	-	-	3	12	1	-
-	-	-	7	-	-	5	-	-	-	-	-	14	-	-
-	17	50	48	-	1	12	-	-	-	1	1	4	-	-
-	-	5	-	10	11	245	-	-	-	43	72	125	18	23
-	-	3	2	4	65	119	-	-	-	18	54	104	77	10
-	1	10	1	4	-	150	-	-	-	59	17	48	80	41
-	-	-	-	-	-	1	-	-	-	-	-	-	-	-
-	-	1	-	-	-	5	-	-	-	-	-	-	-	-
-	-	28	13	1	108	456	-	-	-	142	386	991	592	42
-	-	4	3	-	8	87	-	-	-	2	18	385	22	3
-	-	2	2	1	1	19	-	-	-	1	2	22	1	3
-	-	-	-	-	-	6	-	-	-	1	-	17	1	5
-	-	9	4	-	1	2	-	-	-	1	2	16	4	2
-	-	7	2	-	5	129	-	-	-	57	192	310	97	12
-	-	2	1	-	93	93	-	-	-	12	103	139	335	3
-	-	4	1	-	-	119	-	-	-	68	69	99	132	14
-	-	-	-	-	-	1	-	-	-	-	-	3	-	-
-	2	142	24	768	542	1,082	-	-	-	409	584	1,343	926	50
-	-	3	3	119	42	357	-	-	-	30	38	525	30	3
-	-	8	1	4	5	38	-	-	-	1	2	21	3	-
-	-	1	1	4	2	22	-	-	-	-	2	12	-	-
-	-	88	13	-	-	6	-	-	-	-	2	40	-	-
-	-	13	4	208	74	311	-	-	-	149	278	413	128	14
-	-	17	-	243	414	247	-	-	-	71	214	228	508	9
-	-	12	2	190	5	90	-	-	-	157	48	90	257	24
-	2	-	-	-	-	9	-	-	-	1	-	14	-	-
-	-	-	-	-	-	2	-	-	-	-	-	-	-	-

시군구	이용상황	합계	1전	2전	1주	2주	3주	준주	중상	일상	근상
경상북도 김천시	합계	5,214	-	-	227	238	4	53	1	213	-
	주거용	965	-	-	126	115	4	17	-	39	-
	상업업무용	256	-	-	15	31	-	24	1	134	-
	주상복합용	130	-	-	26	45	-	6	-	29	-
	공업용	71	-	-	3	1	-	2	-	1	-
	전	2,051	-	-	40	35	-	4	-	6	-
	답	724	-	-	9	5	-	-	-	2	-
	임야	1,008	-	-	8	6	-	-	-	1	-
	특수토지	6	-	-	-	-	-	-	-	1	-
	공공용지	3	-	-	-	-	-	-	-	-	-
경상북도 안동시	합계	5,636	4	-	49	549	2	7	-	320	3
	주거용	1,259	4	-	33	367	2	1	-	82	-
	상업업무용	314	-	-	-	71	-	6	-	186	3
	주상복합용	156	-	-	6	77	-	-	-	51	-
	공업용	44	-	-	-	-	-	-	-	-	-
	전	1,997	-	-	7	18	-	-	-	-	-
	답	930	-	-	-	8	-	-	-	1	-
	임야	926	-	-	3	8	-	-	-	-	-
	특수토지	9	-	-	-	-	-	-	-	-	-
	공공용지	1	-	-	-	-	-	-	-	-	-
경상북도 구미시	합계	3,711	-	-	383	453	16	72	-	212	47
	주거용	891	-	-	215	249	7	29	-	29	6
	상업업무용	389	-	-	32	98	1	14	-	151	31
	주상복합용	222	-	-	52	96	1	25	-	23	4
	공업용	129	-	-	-	1	-	1	-	-	-
	전	687	-	-	34	5	1	1	-	2	2
	답	981	-	-	37	2	5	1	-	3	3
	임야	403	-	-	13	2	1	1	-	2	1
	특수토지	9	-	-	-	-	-	-	-	2	-
경상북도 영주시	합계	3,165	-	-	275	135	3	21	-	204	-
	주거용	765	-	-	165	85	1	9	-	39	-
	상업업무용	219	-	-	33	25	2	4	-	134	-
	주상복합용	94	-	-	35	20	-	6	-	27	-
	공업용	33	-	-	1	-	-	-	-	-	-
	전	1,094	-	-	33	2	-	-	-	3	-
	답	525	-	-	4	1	-	-	-	-	-
	임야	434	-	-	4	2	-	1	-	1	-
	특수토지	1	-	-	-	-	-	1	-	-	-
경상북도 영천시	합계	4,689	-	-	113	302	2	5	-	149	-
	주거용	935	-	-	53	196	2	1	-	47	-
	상업업무용	199	-	-	9	49	-	2	-	87	-
	주상복합용	48	-	-	4	20	-	2	-	13	-
	공업용	102	-	-	1	-	-	-	-	-	-
	전	2,115	-	-	33	24	-	-	-	1	-
	답	657	-	-	12	13	-	-	-	-	-
	임야	623	-	-	1	-	-	-	-	-	-
	특수토지	10	-	-	-	-	-	-	-	1	-

Ⅱ 표준지의 선정 및 관리지침

유상	전공	일공	준공	보전	생산	자연	개제	미정	관리	보관	생관	계관	농림	자보
-	-	29	12	9	49	253	-	-	-	471	706	1,837	1,108	4
-	-	1	1	1	1	30	-	-	-	19	22	553	36	-
-	-	8	2	-	7	10	-	-	-	1	-	23	-	-
-	-	-	-	-	1	9	-	-	-	1	-	13	-	-
-	-	16	2	-	1	4	-	-	-	-	4	36	1	-
-	-	2	6	4	26	124	-	-	-	221	424	808	349	2
-	-	-	-	-	13	21	-	-	-	30	119	161	362	2
-	-	2	1	3	-	54	-	-	-	199	137	237	360	-
-	-	-	-	-	-	-	-	-	-	-	-	5	-	-
-	-	-	-	1	-	1	-	-	-	-	-	1	-	-
-	-	29	6	-	40	318	-	-	-	410	728	1,686	1,023	462
-	-	3	1	-	4	62	-	-	-	39	81	481	25	74
-	-	1	2	-	1	20	-	-	-	1	2	18	1	2
-	-	3	-	-	2	3	-	-	-	-	-	12	-	2
-	-	11	2	-	-	2	-	-	-	3	3	20	2	1
-	-	5	1	-	13	119	-	-	-	223	400	700	292	219
-	-	3	-	-	20	43	-	-	-	47	123	255	375	55
-	-	2	-	-	-	66	-	-	-	97	119	194	328	109
-	-	1	-	-	-	2	-	-	-	-	-	6	-	-
-	-	-	-	-	-	1	-	-	-	-	-	-	-	-
-	-	105	77	21	118	520	-	-	-	300	95	586	656	50
-	-	2	22	-	8	84	-	-	-	19	4	197	18	2
-	-	2	25	-	-	27	-	-	-	1	-	4	-	3
-	-	-	7	1	-	6	-	-	-	1	-	6	-	-
-	-	64	20	-	-	15	-	-	-	5	3	17	3	-
-	-	8	1	7	16	149	-	-	-	133	44	188	81	15
-	-	21	2	11	94	135	-	-	-	84	34	111	433	5
-	-	7	-	2	-	102	-	-	-	56	10	61	120	25
-	-	1	-	-	-	2	-	-	-	1	-	2	1	-
-	-	47	7	-	32	286	-	-	-	493	212	838	538	74
-	-	5	1	-	5	66	-	-	-	59	32	262	30	6
-	-	1	-	-	1	9	-	-	-	2	-	8	-	-
-	-	-	-	-	-	3	-	-	-	1	-	2	-	-
-	-	18	2	-	-	2	-	-	-	5	-	5	-	-
-	-	12	1	-	13	136	-	-	-	257	100	364	143	30
-	-	6	1	-	13	34	-	-	-	27	61	117	260	1
-	-	5	2	-	-	36	-	-	-	142	19	80	105	37
-	-	-	-	-	-	-	-	-	-	-	-	-	-	-
-	-	61	20	-	152	264	-	-	-	654	101	1,433	1,366	67
-	-	3	3	-	10	41	-	-	-	58	8	426	82	5
-	-	3	-	-	4	14	-	-	-	2	1	24	4	-
-	-	-	-	-	1	1	-	-	-	-	-	6	-	1
-	-	26	6	-	2	6	-	-	-	6	-	49	6	-
-	-	15	8	-	79	130	-	-	-	433	66	693	596	37
-	-	7	-	-	56	39	-	-	-	34	23	116	357	-
-	-	7	3	-	-	33	-	-	-	121	3	111	320	24
-	-	-	-	-	-	-	-	-	-	-	-	8	1	-

시군구	이용상황	합계	1전	2전	1주	2주	3주	준주	중상	일상	근상
경상북도 상주시	합계	5,166	-	-	253	185	-	10	-	200	-
	주거용	1,166	-	-	143	110	-	3	-	40	-
	상업업무용	200	-	-	19	30	-	3	-	117	-
	주상복합용	151	-	-	33	36	-	4	-	40	-
	공업용	52	-	-	-	-	-	-	-	-	-
	전	1,556	-	-	36	4	-	-	-	1	-
	답	1,380	-	-	16	5	-	-	-	1	-
	임야	657	-	-	6	-	-	-	-	-	-
	특수토지	4	-	-	-	-	-	-	-	1	-
경상북도 문경시	합계	3,233	-	-	363	25	3	9	-	174	-
	주거용	806	-	-	250	17	3	7	-	19	-
	상업업무용	177	-	-	24	1	-	-	-	113	-
	주상복합용	112	-	-	43	4	-	1	-	40	-
	공업용	37	-	-	1	-	-	-	-	-	-
	전	1,043	-	-	30	1	-	1	-	-	-
	답	606	-	-	9	-	-	-	-	1	-
	임야	448	-	-	6	2	-	-	-	-	-
	특수토지	4	-	-	-	-	-	-	-	1	-
경상북도 경산시	합계	3,131	5	-	341	357	23	35	-	155	6
	주거용	829	5	-	206	211	21	2	-	27	-
	상업업무용	331	-	-	21	98	-	26	-	112	6
	주상복합용	150	-	-	67	40	-	7	-	15	-
	공업용	146	-	-	6	3	1	-	-	-	-
	전	1,223	-	-	37	5	1	-	-	-	-
	답	178	-	-	3	-	-	-	-	-	-
	임야	264	-	-	1	-	-	-	-	-	-
	특수토지	8	-	-	-	-	-	-	-	1	-
	공공용지	2	-	-	-	-	-	-	-	-	-
경상북도 의성군	합계	4,144	-	-	143	9	-	18	-	96	-
	주거용	749	-	-	117	8	-	13	-	6	-
	상업업무용	92	-	-	6	-	-	1	-	62	-
	주상복합용	71	-	-	13	1	-	4	-	26	-
	공업용	51	-	-	-	-	-	-	-	-	-
	전	1,412	-	-	5	-	-	-	-	-	-
	답	1,098	-	-	2	-	-	-	-	-	-
	임야	665	-	-	-	-	-	-	-	-	-
	특수토지	6	-	-	-	-	-	-	-	2	-

Ⅱ 표준지의 선정 및 관리지침

유상	전공	일공	준공	보전	생산	자연	개제	미정	관리	보관	생관	계관	농림	자보
2	-	26	9	-	68	295	-	-	1	452	529	1,752	1,363	21
-	-	2	2	-	3	60	-	-	-	24	39	695	44	1
1	-	3	2	-	-	12	-	-	-	1	1	10	1	-
-	-	-	-	-	-	6	-	-	-	-	-	31	1	-
-	-	16	3	-	-	6	-	-	-	4	3	19	1	-
-	-	2	1	-	10	96	-	-	1	185	283	594	335	8
1	-	2	1	-	55	82	-	-	-	82	145	251	737	2
-	-	1	-	-	-	33	-	-	-	156	58	149	244	10
-	-	-	-	-	-	-	-	-	-	-	-	3	-	-
-	-	32	5	2	42	203	-	-	-	202	393	1,069	640	71
-	-	2	-	-	3	39	-	-	-	14	28	391	22	11
-	-	-	-	-	4	10	-	-	-	-	-	18	2	5
-	-	-	-	-	2	-	-	-	-	1	3	14	-	4
-	-	8	3	-	-	1	-	-	-	1	2	20	1	-
-	-	8	1	1	3	89	-	-	-	70	257	362	187	33
-	-	9	-	-	30	32	-	-	-	18	86	143	278	-
-	-	5	1	1	-	32	-	-	-	98	17	118	150	18
-	-	-	-	-	-	-	-	-	-	-	-	3	-	-
1	-	49	25	13	74	363	135	-	-	111	161	690	576	11
-	-	-	1	-	4	61	10	-	-	6	9	231	33	2
1	-	1	15	-	1	24	-	-	-	1	-	22	3	-
-	-	-	3	-	-	8	-	-	-	-	-	9	-	1
-	-	44	4	-	1	16	-	-	-	-	1	61	9	-
-	-	2	1	5	52	192	100	-	-	40	130	308	346	4
-	-	1	-	2	16	12	14	-	-	5	6	15	104	-
-	-	1	-	6	-	47	11	-	-	58	15	40	81	4
-	-	-	-	-	-	2	-	-	-	1	-	4	-	-
-	-	-	1	-	-	1	-	-	-	-	-	-	-	-
-	-	22	3	-	32	167	-	-	-	413	462	1,317	1,444	18
-	-	-	-	-	1	22	-	-	-	23	20	500	38	1
-	-	1	-	-	-	4	-	-	-	-	-	17	1	-
-	-	2	-	-	-	-	-	-	-	1	-	24	-	-
-	-	19	2	-	-	-	-	-	-	5	2	18	5	-
-	-	-	-	-	3	79	-	-	-	206	290	453	367	9
-	-	-	1	-	28	49	-	-	-	43	64	182	723	6
-	-	-	-	-	-	13	-	-	-	134	86	120	310	2
-	-	-	-	-	-	-	-	-	-	1	-	3	-	-

시군구	이용상황	합계	1전	2전	1주	2주	3주	준주	중상	일상	근상
경상북도 청송군	합계	2,167	-	-	70	12	-	-	-	46	-
	주거용	436	-	-	48	6	-	-	-	8	-
	상업업무용	40	-	-	3	1	-	-	-	16	-
	주상복합용	53	-	-	6	1	-	-	-	19	-
	공업용	4	-	-	-	-	-	-	-	-	-
	전	1,202	-	-	7	3	-	-	-	1	-
	답	159	-	-	6	1	-	-	-	-	-
	임야	269	-	-	-	-	-	-	-	-	-
	특수토지	4	-	-	-	-	-	-	-	2	-
경상북도 영양군	합계	1,872	-	-	71	38	-	-	-	57	-
	주거용	371	-	-	45	24	-	-	-	25	-
	상업업무용	8	-	-	2	-	-	-	-	5	-
	주상복합용	51	-	-	13	3	-	-	-	26	-
	공업용	8	-	-	-	-	-	-	-	-	-
	전	906	-	-	10	11	-	-	-	-	-
	답	140	-	-	1	-	-	-	-	-	-
	임야	387	-	-	-	-	-	-	-	-	-
	특수토지	1	-	-	-	-	-	-	-	1	-
경상북도 영덕군	합계	2,734	-	-	173	43	-	22	-	82	-
	주거용	654	-	-	135	34	-	5	-	16	-
	상업업무용	92	-	-	10	8	-	9	-	44	-
	주상복합용	69	-	-	20	1	-	8	-	20	-
	공업용	37	-	-	-	-	-	-	-	-	-
	전	853	-	-	2	-	-	-	-	-	-
	답	458	-	-	2	-	-	-	-	-	-
	임야	568	-	-	4	-	-	-	-	1	-
	특수토지	3	-	-	-	-	-	-	-	1	-
경상북도 청도군	합계	3,575	-	-	30	93	-	12	-	55	-
	주거용	678	-	-	20	81	-	5	-	14	-
	상업업무용	65	-	-	4	2	-	5	-	24	-
	주상복합용	41	-	-	4	5	-	2	-	16	-
	공업용	16	-	-	-	-	-	-	-	-	-
	전	1,639	-	-	2	5	-	-	-	-	-
	답	573	-	-	-	-	-	-	-	-	-
	임야	557	-	-	-	-	-	-	-	-	-
	특수토지	6	-	-	-	-	-	-	-	1	-
경상북도 고령군	합계	2,061	-	-	69	45	-	45	-	36	-
	주거용	452	-	-	51	38	-	30	-	6	-
	상업업무용	53	-	-	7	2	-	5	-	21	-
	주상복합용	32	-	-	4	4	-	1	-	8	-
	공업용	96	-	-	1	-	-	7	-	-	-
	전	514	-	-	3	-	-	-	-	-	-
	답	583	-	-	1	-	-	-	-	-	-
	임야	325	-	-	2	1	-	2	-	-	-
	특수토지	6	-	-	-	-	-	-	-	1	-

Ⅱ 표준지의 선정 및 관리지침

유상	전공	일공	준공	보전	생산	자연	개제	미정	관리	보관	생관	계관	농림	자보
-	-	2	-	-	14	32	-	-	-	449	154	798	545	45
-	-	-	-	-	2	6	-	-	-	54	25	254	31	2
-	-	-	-	-	-	1	-	-	-	5	-	11	2	1
-	-	-	-	-	-	-	-	-	-	2	1	24	-	-
-	-	1	-	-	-	-	-	-	-	1	-	1	1	-
-	-	1	-	-	7	17	-	-	-	317	110	429	280	30
-	-	-	-	-	5	4	-	-	-	11	8	26	98	-
-	-	-	-	-	-	4	-	-	-	59	10	51	133	12
-	-	-	-	-	-	-	-	-	-	-	-	2	-	-
-	-	4	-	-	31	65	-	-	-	401	101	646	455	3
-	-	-	-	-	3	10	-	-	-	31	9	210	14	-
-	-	-	-	-	-	-	-	-	-	-	-	1	-	-
-	-	-	-	-	-	1	-	-	-	1	-	7	-	-
-	-	3	-	-	-	1	-	-	-	-	-	4	-	-
-	-	1	-	-	18	43	-	-	-	238	73	354	156	2
-	-	-	-	-	9	1	-	-	-	4	5	17	102	1
-	-	-	-	-	1	9	-	-	-	127	14	53	183	-
-	-	-	-	-	-	-	-	-	-	-	-	-	-	-
-	-	21	9	-	25	111	-	3	-	402	174	961	553	155
-	-	6	4	-	3	19	-	3	-	30	10	363	15	11
-	-	4	1	-	-	1	-	-	-	-	-	13	-	2
-	-	-	-	-	-	-	-	-	-	-	1	15	-	4
-	-	9	4	-	-	2	-	-	-	7	1	9	3	2
-	-	1	-	-	3	47	-	-	-	190	87	342	118	63
-	-	1	-	-	19	16	-	-	-	50	46	86	213	25
-	-	-	-	-	-	26	-	-	-	125	29	131	204	48
-	-	-	-	-	-	-	-	-	-	-	2	-	-	-
-	-	2	3	-	46	151	-	-	-	605	204	1,271	1,013	90
-	-	-	-	-	3	31	-	-	-	48	17	393	52	14
-	-	-	-	-	-	6	-	-	-	1	-	20	-	3
-	-	-	-	-	-	2	-	-	-	1	-	11	-	-
-	-	2	3	-	-	1	-	-	-	1	1	4	4	-
-	-	-	-	-	11	77	-	-	-	377	143	653	330	41
-	-	-	-	-	31	16	-	-	-	41	26	83	373	3
-	-	-	-	-	1	18	-	-	-	135	17	104	253	29
-	-	-	-	-	-	-	-	-	-	1	-	3	1	-
-	-	40	6	-	28	39	97	1	-	280	69	764	538	4
-	-	-	-	-	7	4	4	-	-	21	6	261	23	1
-	-	1	1	-	-	1	-	-	-	4	-	11	-	-
-	-	-	-	-	-	-	-	-	-	4	-	10	1	-
-	-	25	5	-	-	-	-	1	-	11	2	39	5	-
-	-	5	-	-	1	16	37	-	-	123	26	264	37	2
-	-	3	-	-	20	4	44	-	-	54	33	115	309	-
-	-	6	-	-	-	13	12	-	-	63	2	60	163	1
-	-	-	-	-	-	1	-	-	-	-	-	4	-	-

시군구	이용상황	합계	1전	2전	1주	2주	3주	준주	중상	일상	근상
경상북도 성주군	합계	2,884	-	-	92	15	-	13	-	45	-
	주거용	529	-	-	63	10	-	4	-	3	-
	상업업무용	70	-	-	13	-	-	2	-	27	-
	주상복합용	64	-	-	12	5	-	7	-	15	-
	공업용	75	-	-	1	-	-	-	-	-	-
	전	672	-	-	1	-	-	-	-	-	-
	답	948	-	-	2	-	-	-	-	-	-
	임야	524	-	-	-	-	-	-	-	-	-
	특수토지	2	-	-	-	-	-	-	-	-	-
경상북도 칠곡군	합계	2,589	-	-	337	82	6	24	-	96	10
	주거용	651	-	-	238	57	4	11	-	27	-
	상업업무용	130	-	-	26	12	-	2	-	51	4
	주상복합용	112	-	-	46	11	2	2	-	17	6
	공업용	165	-	-	6	2	-	9	-	-	-
	전	763	-	-	13	-	-	-	-	-	-
	답	459	-	-	4	-	-	-	-	-	-
	임야	301	-	-	4	-	-	-	-	-	-
	특수토지	8	-	-	-	-	-	-	-	1	-
경상북도 예천군	합계	2,982	-	-	62	104	3	14	-	88	2
	주거용	594	-	-	35	65	3	4	-	9	-
	상업업무용	106	-	-	4	10	-	7	-	62	2
	주상복합용	55	-	-	7	11	-	2	-	14	-
	공업용	36	-	-	1	-	-	1	-	-	-
	전	872	-	-	9	10	-	-	-	2	-
	답	929	-	-	3	5	-	-	-	-	-
	임야	387	-	-	2	3	-	-	-	-	-
	특수토지	2	-	-	-	-	-	-	-	1	-
	공공용지	1	-	-	1	-	-	-	-	-	-
경상북도 봉화군	합계	2,399	-	-	95	6	-	1	-	42	-
	주거용	486	-	-	84	6	-	1	-	4	-
	상업업무용	65	-	-	6	-	-	-	-	34	-
	주상복합용	22	-	-	3	-	-	-	-	3	-
	공업용	20	-	-	-	-	-	-	-	-	-
	전	1,051	-	-	1	-	-	-	-	-	-
	답	357	-	-	-	-	-	-	-	-	-
	임야	396	-	-	1	-	-	-	-	-	-
	특수토지	2	-	-	-	-	-	-	-	1	-
경상북도 울진군	합계	2,848	-	-	273	59	-	30	-	140	-
	주거용	727	-	-	191	47	-	17	-	34	-
	상업업무용	139	-	-	17	2	-	7	-	83	-
	주상복합용	65	-	-	16	6	-	5	-	20	-
	공업용	30	-	-	-	-	-	-	-	-	-
	전	774	-	-	33	2	-	-	-	1	-
	답	681	-	-	12	1	-	1	-	-	-
	임야	427	-	-	4	1	-	-	-	-	-
	특수토지	5	-	-	-	-	-	-	-	2	-

유상	전공	일공	준공	보전	생산	자연	개제	미정	관리	보관	생관	계관	농림	자보
-	-	9	-	-	37	43	-	-	-	313	438	1,176	682	21
-	-	1	-	-	6	10	-	-	-	18	42	334	37	1
-	-	-	-	-	2	3	-	-	-	2	-	20	1	-
-	-	-	-	-	2	2	-	-	-	1	-	20	-	-
-	-	8	-	-	-	1	-	-	-	2	1	62	-	-
-	-	-	-	-	2	14	-	-	-	125	158	336	31	5
-	-	-	-	-	25	9	-	-	-	61	170	253	426	2
-	-	-	-	-	-	4	-	-	-	103	67	150	187	13
-	-	-	-	-	-	-	-	-	-	1	-	1	-	-
-	-	49	9	3	75	293	271	-	-	171	130	755	250	28
-	-	3	-	-	6	50	17	-	-	11	16	197	12	2
-	-	4	-	-	1	11	2	-	-	1	2	14	-	-
-	-	-	1	-	1	5	-	-	-	1	-	20	-	-
-	-	41	7	1	2	16	-	-	-	3	2	74	2	-
-	-	-	-	1	19	97	134	-	-	62	67	298	66	6
-	-	-	-	1	46	66	66	-	-	31	34	111	100	-
-	-	1	1	-	-	47	50	-	-	62	9	37	70	20
-	-	-	-	-	-	1	2	-	-	-	-	4	-	-
-	-	8	1	-	8	82	-	-	-	423	387	1,069	731	-
-	-	2	-	-	1	22	-	-	-	27	25	365	36	-
-	-	1	-	-	1	3	-	-	-	1	-	15	-	-
-	-	-	-	-	-	-	-	-	-	-	2	19	-	-
-	-	2	1	-	-	1	-	-	-	6	6	16	2	-
-	-	2	-	-	3	25	-	-	-	197	210	341	73	-
-	-	1	-	-	3	15	-	-	-	80	129	218	475	-
-	-	-	-	-	-	16	-	-	-	112	15	94	145	-
-	-	-	-	-	-	-	-	-	-	-	-	1	-	-
-	-	-	-	-	-	-	-	-	-	-	-	-	-	-
-	-	5	-	-	9	58	-	-	-	398	280	924	519	62
-	-	1	-	-	1	12	-	-	-	49	46	248	25	9
-	-	-	-	-	-	6	-	-	-	3	1	15	-	-
-	-	-	-	-	-	1	-	-	-	1	-	14	-	-
-	-	4	-	-	-	-	-	-	-	3	1	11	1	-
-	-	-	-	-	5	26	-	-	-	261	170	443	121	24
-	-	-	-	-	3	3	-	-	-	22	41	129	157	2
-	-	-	-	-	-	10	-	-	-	59	21	63	215	27
-	-	-	-	-	-	-	-	-	-	-	-	1	-	-
-	-	30	21	13	44	291	-	-	-	532	162	850	336	67
-	-	7	8	3	1	48	-	-	-	52	24	275	10	10
-	-	1	4	1	1	5	-	-	-	1	1	13	-	3
-	-	2	2	1	-	3	-	-	-	-	1	8	-	1
-	-	14	3	-	-	2	-	-	-	1	-	10	-	-
-	-	3	2	3	3	121	-	-	-	226	70	270	23	17
-	-	1	2	-	39	54	-	-	-	155	56	184	152	24
-	-	1	-	5	-	58	-	-	-	97	10	89	151	11
-	-	1	-	-	-	-	-	-	-	-	-	1	-	1

시군구	이용상황	합계	1전	2전	1주	2주	3주	준주	중상	일상	근상
경상북도 울릉군	합계	449	-	-	40	1	-	33	-	47	-
	주거용	131	-	-	32	1	-	19	-	5	-
	상업업무용	49	-	-	-	-	-	8	-	35	-
	주상복합용	13	-	-	1	-	-	2	-	5	-
	공업용	5	-	-	-	-	-	-	-	-	-
	전	158	-	-	7	-	-	3	-	2	-
	임야	92	-	-	-	-	-	1	-	-	-
	특수토지	1	-	-	-	-	-	-	-	-	-
경상남도	합계	71,981	59	58	4,045	6,454	428	752	40	3,172	81
	주거용	17,549	35	41	2,568	4,091	319	200	2	678	23
	상업업무용	3,890	-	2	211	619	36	325	37	1,917	46
	주상복합용	3,133	1	-	631	1,207	63	170	1	528	8
	공업용	1,681	-	1	39	64	2	14	-	4	-
	전	18,918	13	5	388	280	5	21	-	9	1
	답	15,494	4	6	156	136	1	17	-	13	3
	임야	11,149	6	3	50	56	2	3	-	-	-
	특수토지	120	-	-	-	-	-	2	-	23	-
	공공용지	47	-	-	2	1	-	-	-	-	-
경상남도 창원시 의창구	합계	2,141	13	21	652	58	3	41	1	49	12
	주거용	687	3	11	439	22	3	4	-	2	6
	상업업무용	162	-	1	48	5	-	30	1	44	3
	주상복합용	118	-	-	95	5	-	3	-	1	2
	공업용	73	-	1	6	-	-	-	-	-	-
	전	569	3	4	50	18	-	2	-	-	-
	답	326	3	3	12	3	-	1	-	1	1
	임야	203	4	1	2	5	-	1	-	-	-
	특수토지	2	-	-	-	-	-	-	-	1	-
	공공용지	1	-	-	-	-	-	-	-	-	-
경상남도 창원시 성산구	합계	731	16	20	327	6	3	28	18	50	1
	주거용	310	14	19	253	4	3	-	-	-	-
	상업업무용	121	-	1	6	1	-	28	18	49	1
	주상복합용	62	-	-	58	1	-	-	-	1	-
	공업용	50	-	-	-	-	-	-	-	-	-
	전	93	2	-	7	-	-	-	-	-	-
	답	9	-	-	-	-	-	-	-	-	-
	임야	80	-	-	2	-	-	-	-	-	-
	공공용지	6	-	-	1	-	-	-	-	-	-

Ⅱ 표준지의 선정 및 관리지침

유상	전공	일공	준공	보전	생산	자연	개제	미정	관리	보관	생관	계관	농림	자보
-	-	3	-	32	-	45	-	-	-	68	-	116	36	28
-	-	-	-	4	-	9	-	-	-	11	-	47	-	3
-	-	-	-	-	-	1	-	-	-	-	-	5	-	-
-	-	-	-	-	-	-	-	-	-	1	-	4	-	-
-	-	3	-	-	-	-	-	-	-	-	-	2	-	-
-	-	-	-	15	-	25	-	-	-	43	-	51	3	9
-	-	-	-	13	-	10	-	-	-	13	-	7	33	15
-	-	-	-	-	-	-	-	-	-	-	-	-	-	1
29	-	907	432	1,088	1,359	5,648	1,827	1	-	6,798	6,713	19,152	11,048	1,890
-	-	52	66	74	123	1,113	65	-	-	511	587	6,477	335	189
29	-	28	103	5	18	136	12	-	-	15	14	306	10	21
-	-	5	22	1	16	78	16	-	-	18	18	335	5	10
-	-	564	173	3	15	150	5	-	-	36	44	506	41	20
-	-	115	38	498	226	2,235	883	-	-	2,862	3,044	6,578	1,065	652
-	-	76	19	83	930	926	360	1	-	1,128	2,049	3,063	6,108	415
-	-	62	10	419	28	954	475	-	-	2,222	950	1,847	3,483	579
-	-	3	-	5	-	32	7	-	-	3	1	40	1	3
-	-	2	1	-	3	24	4	-	-	3	6	-	-	1
18	-	37	15	8	13	146	352	-	-	80	95	239	288	-
-	-	2	3	1	1	22	15	-	-	6	9	119	19	-
18	-	1	1	-	1	3	1	-	-	-	-	4	1	-
-	-	-	1	-	1	2	2	-	-	-	1	5	-	-
-	-	28	9	-	-	10	1	-	-	-	1	11	6	-
-	-	5	1	-	9	68	180	-	-	46	64	71	48	-
-	-	1	-	-	-	12	80	-	-	1	12	15	181	-
-	-	-	-	7	1	28	72	-	-	27	8	14	33	-
-	-	-	-	-	-	-	1	-	-	-	-	-	-	-
-	-	-	-	-	-	1	-	-	-	-	-	-	-	-
1	-	65	16	-	-	62	118	-	-	-	-	-	-	-
-	-	2	5	-	-	7	3	-	-	-	-	-	-	-
1	-	1	9	-	-	4	2	-	-	-	-	-	-	-
-	-	-	-	-	-	1	1	-	-	-	-	-	-	-
-	-	46	2	-	-	2	-	-	-	-	-	-	-	-
-	-	4	-	-	-	26	54	-	-	-	-	-	-	-
-	-	6	-	-	-	-	3	-	-	-	-	-	-	-
-	-	5	-	-	-	19	54	-	-	-	-	-	-	-
-	-	1	-	-	-	3	1	-	-	-	-	-	-	-

시군구	이용상황	합계	1전	2전	1주	2주	3주	준주	중상	일상	근상
경상남도 창원시 마산합포구	합계	3,113	-	-	215	416	190	40	-	437	7
	주거용	942	-	-	129	316	152	15	-	93	2
	상업업무용	376	-	-	5	22	8	7	-	282	4
	주상복합용	212	-	-	26	64	29	17	-	60	1
	공업용	42	-	-	-	1	-	-	-	1	-
	전	713	-	-	46	9	-	1	-	-	-
	답	380	-	-	8	3	-	-	-	-	-
	임야	444	-	-	1	1	1	-	-	-	-
	특수토지	4	-	-	-	-	-	-	-	1	-
경상남도 창원시 마산회원구	합계	1,379	-	-	226	370	77	51	-	155	6
	주거용	541	-	-	157	236	49	23	-	37	-
	상업업무용	144	-	-	5	18	8	8	-	91	6
	주상복합용	177	-	-	24	93	19	15	-	24	-
	공업용	54	-	-	1	2	-	-	-	1	-
	전	289	-	-	34	16	-	3	-	-	-
	답	44	-	-	3	5	1	2	-	-	-
	임야	128	-	-	2	-	-	-	-	-	-
	특수토지	2	-	-	-	-	-	-	-	2	-
경상남도 창원시 진해구	합계	1,508	-	-	44	649	23	72	-	220	-
	주거용	683	-	-	32	461	22	27	-	78	-
	상업업무용	135	-	-	-	27	-	12	-	81	-
	주상복합용	247	-	-	8	130	1	29	-	59	-
	공업용	47	-	-	-	4	-	2	-	-	-
	전	222	-	-	2	20	-	2	-	2	-
	답	76	-	-	1	5	-	-	-	-	-
	임야	94	-	-	1	2	-	-	-	-	-
	특수토지	4	-	-	-	-	-	-	-	-	-
경상남도 진주시	합계	5,909	-	-	68	1,137	22	41	-	420	2
	주거용	1,677	-	-	52	688	13	5	-	87	-
	상업업무용	395	-	-	1	85	7	27	-	240	2
	주상복합용	462	-	-	12	319	2	7	-	90	-
	공업용	92	-	-	3	-	-	2	-	-	-
	전	1,324	-	-	-	29	-	-	-	-	-
	답	1,149	-	-	-	10	-	-	-	-	-
	임야	801	-	-	-	6	-	-	-	-	-
	특수토지	8	-	-	-	-	-	-	-	3	-
	공공용지	1	-	-	-	-	-	-	-	-	-
경상남도 통영시	합계	3,199	-	12	62	554	15	37	-	152	6
	주거용	915	-	6	33	389	14	11	-	20	2
	상업업무용	190	-	-	2	35	-	11	-	115	1
	주상복합용	135	-	-	2	76	1	10	-	16	1
	공업용	60	-	-	1	10	-	1	-	-	-
	전	1,061	-	1	9	24	-	2	-	-	-
	답	360	-	3	13	15	-	1	-	1	2
	임야	468	-	2	2	5	-	-	-	-	-
	특수토지	6	-	-	-	-	-	1	-	-	-
	공공용지	4	-	-	-	-	-	-	-	-	-

Ⅱ 표준지의 선정 및 관리지침

유상	전공	일공	준공	보전	생산	자연	개제	미정	관리	보관	생관	계관	농림	자보
-	-	12	15	25	52	271	256	-	-	114	160	570	190	143
-	-	-	-	-	3	48	9	-	-	3	5	133	4	30
-	-	2	11	-	-	8	4	-	-	-	-	14	-	9
-	-	-	-	-	1	2	1	-	-	-	-	7	-	4
-	-	9	4	-	1	6	-	-	-	-	-	19	-	1
-	-	1	-	6	7	105	129	-	-	38	76	224	21	50
-	-	-	-	-	40	57	27	-	-	13	38	102	67	25
-	-	-	-	19	-	43	86	-	-	60	41	70	98	24
-	-	-	-	-	-	2	-	-	-	-	-	1	-	-
2	-	68	3	-	-	66	221	-	-	9	-	106	19	-
-	-	4	1	-	-	9	2	-	-	-	-	23	-	-
2	-	1	-	-	-	2	3	-	-	-	-	-	-	-
-	-	-	-	-	-	1	-	-	-	-	-	1	-	-
-	-	41	2	-	-	2	2	-	-	-	-	3	-	-
-	-	13	-	-	-	26	134	-	-	2	-	61	-	-
-	-	8	-	-	-	3	15	-	-	-	-	6	1	-
-	-	1	-	-	-	23	65	-	-	7	-	12	18	-
-	-	-	-	-	-	-	-	-	-	-	-	-	-	-
-	-	53	28	8	10	245	156	-	-	-	-	-	-	-
-	-	9	3	-	1	40	10	-	-	-	-	-	-	-
-	-	2	4	-	1	8	-	-	-	-	-	-	-	-
-	-	3	6	-	-	8	3	-	-	-	-	-	-	-
-	-	22	10	-	2	7	-	-	-	-	-	-	-	-
-	-	8	4	2	2	94	86	-	-	-	-	-	-	-
-	-	3	-	-	3	42	22	-	-	-	-	-	-	-
-	-	6	1	6	1	42	35	-	-	-	-	-	-	-
-	-	-	-	-	-	4	-	-	-	-	-	-	-	-
3	-	52	41	635	295	707	-	-	-	398	324	1,018	737	9
-	-	-	13	53	20	247	-	-	-	26	26	434	12	1
3	-	1	12	2	2	9	-	-	-	-	-	4	-	-
-	-	-	8	-	3	9	-	-	-	-	-	12	-	-
-	-	50	7	1	1	7	-	-	-	-	1	18	2	-
-	-	-	1	301	46	257	-	-	-	198	144	295	48	5
-	-	-	-	60	222	100	-	-	-	80	116	176	385	-
-	-	-	-	216	1	77	-	-	-	93	37	78	290	3
-	-	1	-	2	-	-	-	-	-	1	-	1	-	-
-	-	-	-	-	-	1	-	-	-	-	-	-	-	-
-	-	29	29	237	123	307	-	-	-	153	322	543	149	469
-	-	6	3	12	13	70	-	-	-	9	29	241	5	52
-	-	-	11	2	1	4	-	-	-	-	-	5	-	3
-	-	-	1	1	3	9	-	-	-	1	1	13	-	-
-	-	13	10	1	4	2	-	-	-	1	1	10	-	6
-	-	5	3	135	51	137	-	-	-	81	194	205	8	206
-	-	1	-	13	32	46	-	-	-	30	56	38	36	73
-	-	4	1	71	19	33	-	-	-	31	41	31	100	128
-	-	-	-	2	-	2	-	-	-	-	-	-	-	1
-	-	-	-	-	-	4	-	-	-	-	-	-	-	-

시군구	이용상황	합계	1전	2전	1주	2주	3주	준주	중상	일상	근상
경상남도 사천시	합계	4,129	20	-	438	266	1	51	-	288	16
	주거용	1,098	8	-	288	153	1	18	-	84	10
	상업업무용	303	-	-	28	43	-	19	-	155	5
	주상복합용	150	1	-	25	41	-	11	-	47	-
	공업용	82	-	-	-	-	-	-	-	-	-
	전	1,089	8	-	65	20	-	2	-	-	1
	답	944	1	-	28	6	-	-	-	-	-
	임야	449	2	-	4	2	-	-	-	-	-
	특수토지	9	-	-	-	-	-	1	-	2	-
	공공용지	5	-	-	-	1	-	-	-	-	-
경상남도 김해시	합계	4,446	5	4	609	656	28	122	5	235	9
	주거용	1,093	5	4	308	332	17	20	-	35	-
	상업업무용	521	-	-	49	126	8	69	5	165	9
	주상복합용	396	-	-	218	96	2	16	-	28	-
	공업용	431	-	-	7	28	-	5	-	1	-
	전	1,011	-	-	20	46	1	4	-	1	-
	답	523	-	-	5	19	-	6	-	4	-
	임야	444	-	-	2	9	-	2	-	-	-
	특수토지	14	-	-	-	-	-	-	-	1	-
	공공용지	13	-	-	-	-	-	-	-	-	-
경상남도 밀양시	합계	4,901	3	-	160	328	18	25	11	153	-
	주거용	1,129	3	-	126	209	14	6	2	36	-
	상업업무용	197	-	-	5	56	2	13	8	84	-
	주상복합용	126	-	-	5	54	1	6	1	32	-
	공업용	58	-	-	1	-	-	-	-	-	-
	전	1,691	-	-	15	7	1	-	-	-	-
	답	990	-	-	3	1	-	-	-	-	-
	임야	701	-	-	5	1	-	-	-	-	-
	특수토지	6	-	-	-	-	-	-	-	1	-
	공공용지	3	-	-	-	-	-	-	-	-	-
경상남도 거제시	합계	3,441	-	-	110	453	2	35	-	247	12
	주거용	961	-	-	54	275	1	8	-	74	1
	상업업무용	238	-	-	5	42	-	15	-	129	9
	주상복합용	185	-	-	6	81	1	9	-	39	2
	공업용	37	-	-	-	-	-	-	-	-	-
	전	695	-	-	19	15	-	1	-	3	-
	답	838	-	-	23	27	-	2	-	1	-
	임야	479	-	-	3	13	-	-	-	-	-
	특수토지	7	-	-	-	-	-	-	-	1	-
	공공용지	1	-	-	-	-	-	-	-	-	-
경상남도 양산시	합계	2,894	1	-	417	391	37	102	5	193	4
	주거용	732	1	-	204	225	22	29	-	32	1
	상업업무용	274	-	-	7	35	3	44	5	138	2
	주상복합용	209	-	-	85	57	6	22	-	19	1
	공업용	194	-	-	15	18	2	4	-	1	-
	전	708	-	-	66	42	3	3	-	1	-
	답	322	-	-	15	7	-	-	-	1	-
	임야	428	-	-	24	7	1	-	-	-	-
	특수토지	19	-	-	-	-	-	-	-	1	-
	공공용지	8	-	-	1	-	-	-	-	-	-

Ⅱ 표준지의 선정 및 관리지침

유상	전공	일공	준공	보전	생산	자연	개제	미정	관리	보관	생관	계관	농림	자보
1	-	54	23	18	128	557	-	-	-	300	500	765	617	86
-	-	4	2	1	12	109	-	-	-	26	72	288	16	6
1	-	1	8	-	2	17	-	-	-	-	1	22	-	1
-	-	-	1	-	1	9	-	-	-	-	2	12	-	-
-	-	37	11	-	1	4	-	-	-	-	4	23	1	1
-	-	6	1	7	16	219	-	-	-	126	240	264	87	27
-	-	5	-	2	92	113	-	-	-	26	153	98	394	26
-	-	1	-	8	3	83	-	-	-	122	28	52	119	25
-	-	-	-	-	-	-	-	-	-	-	-	6	-	-
-	-	-	-	-	1	3	-	-	-	-	-	-	-	-
1	-	169	105	45	73	596	498	1	-	165	153	676	291	-
-	-	11	11	1	7	101	18	-	-	14	14	184	11	-
1	-	12	19	-	4	20	2	-	-	1	-	29	2	-
-	-	1	2	-	-	8	6	-	-	-	1	18	-	-
-	-	115	58	1	3	45	2	-	-	2	7	154	3	-
-	-	16	8	20	14	254	200	-	-	65	85	229	48	-
-	-	10	4	1	44	41	174	1	-	10	8	35	161	-
-	-	4	2	22	-	117	91	-	-	72	32	25	66	-
-	-	-	-	-	-	6	5	-	-	-	-	2	-	-
-	-	-	1	-	1	4	-	-	-	1	6	-	-	-
-	-	29	5	7	119	213	-	-	-	475	371	1,851	1,106	27
-	-	2	1	-	9	37	-	-	-	45	32	566	35	6
-	-	-	-	-	3	2	-	-	-	-	1	22	-	1
-	-	-	-	-	2	-	-	-	-	1	2	21	-	-
-	-	21	-	-	1	4	-	-	-	1	1	25	4	-
-	-	1	2	1	29	121	-	-	-	222	225	889	165	13
-	-	2	1	-	74	12	-	-	-	57	60	181	599	-
-	-	3	1	6	1	35	-	-	-	148	50	142	303	6
-	-	-	-	-	-	-	-	-	-	-	-	5	-	-
-	-	-	-	-	-	2	-	-	-	1	-	-	-	-
-	-	19	19	37	12	348	-	-	-	190	286	971	351	349
-	-	1	4	2	2	55	-	-	-	16	30	377	21	40
-	-	-	6	1	-	15	-	-	-	-	-	13	2	1
-	-	-	-	-	-	3	-	-	-	1	-	40	-	3
-	-	12	5	-	-	1	-	-	-	-	-	16	-	3
-	-	2	-	18	-	86	-	-	-	63	105	257	23	103
-	-	-	1	-	10	94	-	-	-	55	120	210	173	122
-	-	4	3	16	-	92	-	-	-	54	31	55	132	76
-	-	-	-	-	-	1	-	-	-	1	-	3	-	1
-	-	-	-	-	-	1	-	-	-	-	-	-	-	-
2	-	130	67	49	35	828	203	-	-	86	135	69	91	49
-	-	3	13	2	4	121	8	-	-	7	14	43	2	1
2	-	5	13	-	-	16	-	-	-	-	2	1	-	1
-	-	-	2	-	-	8	3	-	-	2	-	4	-	-
-	-	86	18	-	1	49	-	-	-	-	-	-	-	-
-	-	15	15	3	10	280	92	-	-	42	84	19	21	12
-	-	6	4	5	20	167	33	-	-	7	29	2	12	14
-	-	14	2	38	-	169	63	-	-	28	6	-	56	20
-	-	-	-	1	-	15	1	-	-	-	-	-	-	1
-	-	1	-	-	-	3	3	-	-	-	-	-	-	-

시군구	이용상황	합계	1전	2전	1주	2주	3주	준주	중상	일상	근상
경상남도 의령군	합계	2,698	1	-	126	14	-	3	-	62	-
	주거용	514	1	-	79	6	-	1	-	11	-
	상업업무용	61	-	-	14	1	-	-	-	36	-
	주상복합용	38	-	-	8	1	-	1	-	14	-
	공업용	21	-	-	-	-	-	-	-	-	-
	전	712	-	-	9	2	-	-	-	-	-
	답	864	-	-	16	4	-	1	-	-	-
	임야	486	-	-	-	-	-	-	-	-	-
	특수토지	2	-	-	-	-	-	-	-	1	-
경상남도 함안군	합계	3,234	-	-	86	178	-	10	-	84	5
	주거용	669	-	-	50	119	-	3	-	18	1
	상업업무용	84	-	-	6	8	-	4	-	45	3
	주상복합용	71	-	-	7	26	-	3	-	18	1
	공업용	145	-	-	4	-	-	-	-	-	-
	전	816	-	-	12	13	-	-	-	2	-
	답	963	-	-	7	12	-	-	-	-	-
	임야	479	-	-	-	-	-	-	-	-	-
	특수토지	4	-	-	-	-	-	-	-	1	-
	공공용지	3	-	-	-	-	-	-	-	-	-
경상남도 창녕군	합계	3,379	-	1	43	234	1	25	-	69	-
	주거용	757	-	1	27	156	1	5	-	12	-
	상업업무용	140	-	-	2	38	-	12	-	49	-
	주상복합용	55	-	-	3	21	-	4	-	3	-
	공업용	48	-	-	-	1	-	-	-	-	-
	전	1,025	-	-	7	9	-	-	-	-	-
	답	937	-	-	4	8	-	4	-	2	-
	임야	408	-	-	-	1	-	-	-	-	-
	특수토지	7	-	-	-	-	-	-	-	3	-
	공공용지	2	-	-	-	-	-	-	-	-	-
경상남도 고성군	합계	3,719	-	-	129	51	-	17	-	42	-
	주거용	754	-	-	96	39	-	7	-	5	-
	상업업무용	91	-	-	12	7	-	6	-	32	-
	주상복합용	70	-	-	19	5	-	4	-	5	-
	공업용	59	-	-	-	-	-	-	-	-	-
	전	988	-	-	1	-	-	-	-	-	-
	답	1,057	-	-	1	-	-	-	-	-	-
	임야	696	-	-	-	-	-	-	-	-	-
	특수토지	4	-	-	-	-	-	-	-	-	-
경상남도 남해군	합계	3,201	-	-	-	102	1	12	-	50	-
	주거용	752	-	-	-	73	1	8	-	10	-
	상업업무용	61	-	-	-	9	-	1	-	26	-
	주상복합용	81	-	-	-	16	-	3	-	13	-
	공업용	18	-	-	-	-	-	-	-	-	-
	전	850	-	-	-	1	-	-	-	-	-
	답	906	-	-	-	3	-	-	-	-	-
	임야	527	-	-	-	-	-	-	-	-	-
	특수토지	6	-	-	-	-	-	-	-	1	-

Ⅱ 표준지의 선정 및 관리지침

유상	전공	일공	준공	보전	생산	자연	개제	미정	관리	보관	생관	계관	농림	자보
-	-	15	2	1	38	76	-	-	-	304	446	940	664	6
-	-	-	-	-	2	8	-	-	-	24	15	352	15	-
-	-	-	-	-	-	1	-	-	-	1	1	7	-	-
-	-	-	-	-	-	1	-	-	-	-	-	13	-	-
-	-	7	1	-	-	-	-	-	-	2	1	9	1	-
-	-	4	-	-	5	41	-	-	-	134	185	296	34	2
-	-	3	1	-	31	9	-	-	-	64	173	195	366	1
-	-	1	-	1	-	16	-	-	-	79	71	67	248	3
-	-	-	-	-	-	-	-	-	-	-	-	1	-	-
-	-	55	29	2	83	151	23	-	-	511	418	924	664	11
-	-	2	1	-	10	32	-	-	-	45	36	328	24	-
-	-	1	1	-	-	2	-	-	-	-	-	14	-	-
-	-	-	-	-	1	2	-	-	-	-	-	13	-	-
-	-	35	23	-	-	3	-	-	-	2	4	73	1	-
-	-	7	2	1	3	59	8	-	-	222	182	267	37	1
-	-	5	2	-	68	33	6	-	-	80	154	168	426	2
-	-	5	-	1	-	19	9	-	-	161	42	58	176	8
-	-	-	-	-	-	-	-	-	-	-	-	3	-	-
-	-	-	-	-	1	1	-	-	-	1	-	-	-	-
-	-	35	15	-	58	285	-	-	-	538	320	1,045	682	28
-	-	-	2	-	3	53	-	-	-	60	31	380	23	3
-	-	-	3	-	1	11	-	-	-	2	1	19	1	1
-	-	-	-	-	-	4	-	-	-	2	2	15	1	-
-	-	7	7	-	-	3	-	-	-	1	1	25	3	-
-	-	12	-	-	5	118	-	-	-	282	141	384	58	9
-	-	11	3	-	49	59	-	-	-	69	116	136	472	4
-	-	5	-	-	-	34	-	-	-	122	28	84	124	10
-	-	-	-	-	-	2	-	-	-	-	-	2	-	-
-	-	-	-	-	-	1	-	-	-	-	-	-	-	1
-	-	38	-	6	44	114	-	-	-	346	424	1,359	907	242
-	-	5	-	1	6	28	-	-	-	26	47	438	37	19
-	-	1	-	-	1	2	-	-	-	1	1	25	1	2
-	-	1	-	-	-	5	-	-	-	2	2	24	2	1
-	-	11	-	-	-	1	-	-	-	3	5	26	5	8
-	-	9	-	2	3	49	-	-	-	127	160	465	88	84
-	-	5	-	1	34	13	-	-	-	56	137	225	520	65
-	-	5	-	2	-	16	-	-	-	131	71	154	254	63
-	-	1	-	-	-	-	-	-	-	-	1	2	-	-
-	-	-	-	1	54	102	-	-	-	364	893	1,023	402	197
-	-	-	-	-	9	30	-	-	-	28	115	454	16	8
-	-	-	-	-	1	1	-	-	-	-	2	20	-	1
-	-	-	-	-	2	-	-	-	-	1	3	43	-	-
-	-	-	-	-	-	-	-	-	-	4	4	9	1	-
-	-	-	-	-	1	36	-	-	-	111	358	257	20	66
-	-	-	-	-	40	21	-	-	-	83	311	194	203	51
-	-	-	-	1	1	14	-	-	-	137	100	41	162	71
-	-	-	-	-	-	-	-	-	-	-	-	5	-	-

시군구	이용상황	합계	1전	2전	1주	2주	3주	준주	중상	일상	근상
경상남도 하동군	합계	3,972	-	-	21	118	-	10	-	42	-
	주거용	769	-	-	6	83	-	4	-	4	-
	상업업무용	106	-	-	5	13	-	5	-	28	-
	주상복합용	44	-	-	1	11	-	1	-	6	-
	공업용	38	-	-	-	-	-	-	-	-	-
	전	1,107	-	-	5	5	-	-	-	-	-
	답	964	-	-	4	4	-	-	-	3	-
	임야	942	-	-	-	2	-	-	-	-	-
	특수토지	2	-	-	-	-	-	-	-	1	-
경상남도 산청군	합계	2,921	-	-	70	45	-	12	-	34	1
	주거용	545	-	-	55	31	-	1	-	5	-
	상업업무용	57	-	-	2	7	-	6	-	20	1
	주상복합용	54	-	-	10	6	-	5	-	9	-
	공업용	27	-	-	-	-	-	-	-	-	-
	전	729	-	-	3	1	-	-	-	-	-
	답	909	-	-	-	-	-	-	-	-	-
	임야	599	-	-	-	-	-	-	-	-	-
	특수토지	1	-	-	-	-	-	-	-	-	-
경상남도 함양군	합계	2,921	-	-	35	140	4	-	-	59	-
	주거용	587	-	-	28	108	4	-	-	10	-
	상업업무용	61	-	-	2	6	-	-	-	29	-
	주상복합용	72	-	-	3	26	-	-	-	19	-
	공업용	28	-	-	-	-	-	-	-	-	-
	전	953	-	-	1	-	-	-	-	-	-
	답	693	-	-	1	-	-	-	-	-	-
	임야	522	-	-	-	-	-	-	-	-	-
	특수토지	5	-	-	-	-	-	-	-	1	-
경상남도 거창군	합계	3,768	-	-	88	235	3	11	-	71	-
	주거용	696	-	-	75	136	2	2	-	11	-
	상업업무용	101	-	-	1	27	-	7	-	49	-
	주상복합용	97	-	-	5	65	1	2	-	10	-
	공업용	45	-	-	1	-	-	-	-	-	-
	전	1,158	-	-	4	3	-	-	-	-	-
	답	919	-	-	2	2	-	-	-	-	-
	임야	746	-	-	-	2	-	-	-	-	-
	특수토지	6	-	-	-	-	-	-	-	1	-
경상남도 합천군	합계	4,377	-	-	119	53	-	7	-	60	-
	주거용	738	-	-	77	30	-	3	-	14	-
	상업업무용	72	-	-	6	8	-	1	-	30	-
	주상복합용	72	-	-	11	13	-	2	-	15	-
	공업용	32	-	-	-	-	-	-	-	-	-
	전	1,115	-	-	13	-	-	1	-	-	-
	답	1,321	-	-	10	2	-	-	-	-	-
	임야	1,025	-	-	2	-	-	-	-	-	-
	특수토지	2	-	-	-	-	-	-	-	1	-

Ⅱ 표준지의 선정 및 관리지침

유상	전공	일공	준공	보전	생산	자연	개제	미정	관리	보관	생관	계관	농림	자보
-	-	20	7	-	35	70	-	-	-	754	333	1,583	878	101
-	-	1	-	-	4	18	-	-	-	72	23	514	34	6
-	-	-	4	-	1	1	-	-	-	2	1	44	2	-
-	-	-	-	-	-	-	-	-	-	3	-	21	1	-
-	-	4	-	-	1	-	-	-	-	4	6	16	7	-
-	-	2	-	-	2	29	-	-	-	306	135	499	96	28
-	-	9	3	-	27	12	-	-	-	135	87	223	444	13
-	-	3	-	-	-	10	-	-	-	232	81	266	294	54
-	-	1	-	-	-	-	-	-	-	-	-	-	-	-
1	-	3	4	2	14	67	-	-	-	285	280	1,365	698	40
-	-	-	-	-	1	15	-	-	-	26	9	378	18	6
1	-	-	1	-	-	2	-	-	-	2	1	14	-	-
-	-	-	-	-	-	1	-	-	-	-	1	22	-	-
-	-	3	3	-	-	1	-	-	-	2	3	13	1	1
-	-	-	-	-	-	33	-	-	-	83	122	419	56	12
-	-	-	-	-	12	6	-	-	-	62	101	320	405	3
-	-	-	-	2	1	9	-	-	-	110	43	198	218	18
-	-	-	-	-	-	-	-	-	-	-	-	1	-	-
-	-	3	8	2	42	152	-	-	-	250	579	1,021	573	53
-	-	-	4	-	5	24	-	-	-	23	46	316	16	3
-	-	-	-	-	-	4	-	-	-	1	2	16	-	1
-	-	-	1	-	1	1	-	-	-	2	2	15	1	1
-	-	3	2	-	-	2	-	-	-	2	2	16	1	-
-	-	-	1	1	5	60	-	-	-	105	286	414	71	9
-	-	-	-	-	31	36	-	-	-	31	150	125	319	-
-	-	-	-	1	-	25	-	-	-	85	91	117	164	39
-	-	-	-	-	-	-	-	-	-	1	-	2	1	-
-	-	21	1	5	105	153	-	-	-	948	158	1,214	717	38
-	-	-	-	1	8	21	-	-	-	32	8	387	8	5
-	-	-	-	-	-	-	-	-	-	2	-	15	-	-
-	-	-	-	-	-	1	-	-	-	1	-	12	-	-
-	-	14	1	-	-	1	-	-	-	8	-	18	2	-
-	-	5	-	1	17	85	-	-	-	428	63	450	88	14
-	-	1	-	1	80	25	-	-	-	170	69	201	356	12
-	-	1	-	2	-	20	-	-	-	307	18	126	263	7
-	-	-	-	-	-	-	-	-	-	-	-	5	-	-
-	-	-	-	-	26	132	-	-	-	528	516	1,870	1,024	42
-	-	-	-	-	3	18	-	-	-	23	26	522	19	3
-	-	-	-	-	-	4	-	-	-	3	1	18	1	-
-	-	-	-	-	1	3	-	-	-	2	1	24	-	-
-	-	-	-	-	-	-	-	-	-	4	3	22	3	-
-	-	-	-	-	1	52	-	-	-	181	195	613	48	11
-	-	-	-	-	21	25	-	-	-	99	159	413	588	4
-	-	-	-	-	-	30	-	-	-	216	131	257	365	24
-	-	-	-	-	-	-	-	-	-	-	-	1	-	-

시군구	이용상황	합계	1전	2전	1주	2주	3주	준주	중상	일상	근상
제주특별 자치도	합계	11,820	9	-	512	1,410	1	305	-	673	9
	주거용	3,121	8	-	356	1,083	1	133	-	152	1
	상업업무용	776	-	-	26	48	-	94	-	433	7
	주상복합용	469	-	-	46	147	-	75	-	83	1
	공업용	138	-	-	1	2	-	-	-	-	-
	전	5,187	1	-	79	129	-	3	-	3	-
	답	27	-	-	-	-	-	-	-	-	-
	임야	1,941	-	-	3	1	-	-	-	-	-
	특수토지	147	-	-	-	-	-	-	-	2	-
	공공용지	14	-	-	1	-	-	-	-	-	-
제주특별 자치도 제주시	합계	6,891	5	-	329	800	-	204	-	422	7
	주거용	1,817	4	-	212	610	-	78	-	93	1
	상업업무용	483	-	-	20	29	-	71	-	273	5
	주상복합용	333	-	-	37	106	-	53	-	54	1
	공업용	98	-	-	1	2	-	-	-	-	-
	전	2,847	1	-	57	53	-	2	-	1	-
	답	19	-	-	-	-	-	-	-	-	-
	임야	1,217	-	-	2	-	-	-	-	-	-
	특수토지	72	-	-	-	-	-	-	-	1	-
	공공용지	5	-	-	-	-	-	-	-	-	-
제주특별 자치도 서귀포시	합계	4,929	4	-	183	610	1	101	-	251	2
	주거용	1,304	4	-	144	473	1	55	-	59	-
	상업업무용	293	-	-	6	19	-	23	-	160	2
	주상복합용	136	-	-	9	41	-	22	-	29	-
	공업용	40	-	-	-	-	-	-	-	-	-
	전	2,340	-	-	22	76	-	1	-	2	-
	답	8	-	-	-	-	-	-	-	-	-
	임야	724	-	-	1	1	-	-	-	-	-
	특수토지	75	-	-	-	-	-	-	-	1	-
	공공용지	9	-	-	1	-	-	-	-	-	-

Ⅱ 표준지의 선정 및 관리지침

유상	전공	일공	준공	보전	생산	자연	개제	미정	관리	보관	생관	계관	농림	자보
-	-	17	48	233	220	3,282	-	-	-	421	786	3,834	10	50
-	-	2	4	15	20	560	-	-	-	20	47	718	-	1
-	-	1	4	6	1	115	-	-	-	-	1	40	-	-
-	-	1	1	2	3	68	-	-	-	3	1	38	-	-
-	-	8	33	-	2	13	-	-	-	3	12	64	-	-
-	-	1	-	100	146	2,124	-	-	-	92	326	2,169	-	14
-	-	-	-	1	6	11	-	-	-	1	4	4	-	-
-	-	-	6	104	41	339	-	-	-	302	389	711	10	35
-	-	3	-	4	1	43	-	-	-	-	6	88	-	-
-	-	1	-	1	-	9	-	-	-	-	-	2	-	-
-	-	6	44	106	220	1,730	-	-	-	276	553	2,143	6	40
-	-	-	4	8	20	335	-	-	-	17	37	398	-	-
-	-	-	3	4	1	49	-	-	-	-	1	27	-	-
-	-	-	1	1	3	52	-	-	-	2	1	22	-	-
-	-	3	30	-	2	8	-	-	-	3	10	39	-	-
-	-	1	-	35	146	1,071	-	-	-	58	197	1,212	-	13
-	-	-	-	-	6	7	-	-	-	1	4	1	-	-
-	-	-	6	58	41	182	-	-	-	195	299	401	6	27
-	-	2	-	-	1	22	-	-	-	-	4	42	-	-
-	-	-	-	-	-	4	-	-	-	-	-	1	-	-
-	-	11	4	127	-	1,552	-	-	-	145	233	1,691	4	10
-	-	2	-	7	-	225	-	-	-	3	10	320	-	1
-	-	1	1	2	-	66	-	-	-	-	-	13	-	-
-	-	1	-	1	-	16	-	-	-	1	-	16	-	-
-	-	5	3	-	-	5	-	-	-	-	2	25	-	-
-	-	-	-	65	-	1,053	-	-	-	34	129	957	-	1
-	-	-	-	1	-	4	-	-	-	-	-	3	-	-
-	-	-	-	46	-	157	-	-	-	107	90	310	4	8
-	-	1	-	4	-	21	-	-	-	-	2	46	-	-
-	-	1	-	1	-	5	-	-	-	-	-	1	-	-

시군구	이용상황	합계	1전	2전	1주	2주	3주	준주	중상	일상	근상
강원특별자치도	합계	39,911	12	6	1,565	3,805	140	760	5	2,421	39
	주거용	9,846	12	6	970	2,592	87	335	-	457	11
	상업업무용	2,836	-	-	117	369	23	239	4	1,471	24
	주상복합용	1,823	-	-	239	557	23	165	-	438	4
	공업용	584	-	-	4	2	-	1	-	4	-
	전	13,286	-	-	163	207	5	16	-	16	-
	답	3,889	-	-	20	11	2	1	-	4	-
	임야	7,419	-	-	52	64	-	2	-	3	-
	특수토지	189	-	-	-	1	-	1	-	26	-
	공공용지	39	-	-	-	2	-	-	1	2	-
강원특별자치도 춘천시	합계	3,753	1	-	187	628	23	72	-	264	-
	주거용	1,100	1	-	149	400	19	26	-	43	-
	상업업무용	299	-	-	12	53	2	22	-	162	-
	주상복합용	328	-	-	22	172	2	22	-	58	-
	공업용	43	-	-	1	-	-	-	-	-	-
	전	1,175	-	-	1	1	-	1	-	-	-
	답	242	-	-	-	-	-	1	-	-	-
	임야	542	-	-	2	2	-	-	-	-	-
	특수토지	22	-	-	-	-	-	-	-	1	-
	공공용지	2	-	-	-	-	-	-	-	-	-
강원특별자치도 원주시	합계	3,738	5	6	255	358	31	101	5	209	2
	주거용	930	5	6	109	239	22	25	-	24	-
	상업업무용	441	-	-	38	83	7	65	4	179	2
	주상복합용	177	-	-	98	25	1	10	-	4	-
	공업용	82	-	-	1	-	-	1	-	-	-
	전	1,026	-	-	2	5	1	-	-	-	-
	답	457	-	-	1	-	-	-	-	-	-
	임야	600	-	-	6	6	-	-	-	-	-
	특수토지	21	-	-	-	-	-	-	-	1	-
	공공용지	4	-	-	-	-	-	-	1	1	-
강원특별자치도 강릉시	합계	3,903	3	-	167	548	27	110	-	233	22
	주거용	1,154	3	-	84	381	14	54	-	37	7
	상업업무용	406	-	-	15	69	3	41	-	171	14
	주상복합용	161	-	-	20	75	5	12	-	23	1
	공업용	69	-	-	-	1	-	-	-	-	-
	전	1,111	-	-	35	14	3	3	-	-	-
	답	345	-	-	2	1	2	-	-	-	-
	임야	640	-	-	11	7	-	-	-	-	-
	특수토지	11	-	-	-	-	-	-	-	2	-
	공공용지	6	-	-	-	-	-	-	-	-	-
강원특별자치도 동해시	합계	1,352	3	-	80	434	5	49	-	169	-
	주거용	469	3	-	45	255	1	27	-	34	-
	상업업무용	198	-	-	2	60	2	12	-	97	-
	주상복합용	80	-	-	7	40	2	2	-	25	-
	공업용	44	-	-	-	-	-	-	-	-	-
	전	305	-	-	18	61	-	7	-	7	-
	답	46	-	-	1	5	-	-	-	4	-
	임야	203	-	-	7	13	-	1	-	-	-
	특수토지	4	-	-	-	-	-	-	-	2	-
	공공용지	3	-	-	-	-	-	-	-	-	-

유상	전공	일공	준공	보전	생산	자연	개제	미정	관리	보관	생관	계관	농림	자보
-	32	221	211	444	428	3,673	-	5	8	2,608	3,687	13,172	5,889	780
-	1	12	72	53	54	749	-	1	-	269	471	3,235	386	73
-	1	19	21	6	8	153	-	-	-	14	11	340	7	9
-	1	5	8	3	5	59	-	-	-	18	8	277	8	5
-	23	144	63	-	-	42	-	-	7	22	38	211	22	1
-	5	20	31	159	166	1,563	-	2	-	926	2,165	6,249	1,340	253
-	-	8	3	17	192	354	-	1	1	128	481	913	1,723	30
-	1	8	12	192	3	720	-	1	-	1,226	511	1,815	2,401	408
-	-	5	-	2	-	20	-	-	-	2	2	128	2	-
-	-	-	1	12	-	13	-	-	-	3	-	4	-	1
-	-	28	11	232	167	893	-	3	-	183	152	624	187	98
-	-	1	-	28	27	202	-	1	-	26	20	133	11	13
-	-	4	1	1	4	25	-	-	-	3	-	10	-	-
-	-	-	-	2	2	19	-	-	-	3	3	23	-	-
-	-	23	4	-	-	7	-	-	-	1	-	7	-	-
-	-	-	4	92	77	435	-	-	-	77	105	318	33	31
-	-	-	1	4	54	80	-	1	-	9	19	46	24	3
-	-	-	1	102	3	121	-	1	-	64	5	71	119	51
-	-	-	-	2	-	4	-	-	-	-	-	15	-	-
-	-	-	-	1	-	-	-	-	-	-	-	1	-	-
-	-	28	25	11	36	335	-	-	-	166	352	1,243	511	59
-	-	1	6	2	3	71	-	-	-	24	32	316	38	7
-	-	-	3	-	-	21	-	-	-	2	-	35	1	1
-	-	1	-	-	-	8	-	-	-	1	-	26	1	2
-	-	21	10	-	-	6	-	-	-	2	4	33	4	-
-	-	1	3	3	12	106	-	-	-	35	212	505	123	18
-	-	1	1	-	21	48	-	-	-	8	77	111	188	1
-	-	3	2	6	-	73	-	-	-	94	26	198	156	30
-	-	-	-	-	-	1	-	-	-	-	1	18	-	-
-	-	-	-	-	-	1	-	-	-	-	-	1	-	-
-	-	37	15	100	37	444	-	-	-	140	215	1,298	461	46
-	-	1	3	10	4	124	-	-	-	16	31	349	34	2
-	-	3	1	3	1	23	-	-	-	-	3	57	-	2
-	-	-	-	1	-	8	-	-	-	-	2	13	1	-
-	-	21	9	-	-	5	-	-	-	1	2	26	3	1
-	-	6	1	31	16	178	-	-	-	53	121	555	77	18
-	-	4	-	1	16	42	-	-	-	5	29	93	150	-
-	-	1	1	53	-	59	-	-	-	65	27	197	196	23
-	-	1	-	-	-	1	-	-	-	-	-	7	-	-
-	-	-	-	1	-	4	-	-	-	-	-	1	-	-
-	29	20	28	20	-	381	-	-	-	31	11	17	47	28
-	-	-	17	3	-	66	-	-	-	6	2	4	1	5
-	1	2	4	-	-	15	-	-	-	1	-	2	-	-
-	1	-	1	-	-	2	-	-	-	-	-	-	-	-
-	-	22	16	1	-	5	-	-	-	-	-	-	-	-
-	4	2	3	5	-	151	-	-	-	13	5	9	4	16
-	-	-	1	-	-	29	-	-	-	2	2	-	1	1
-	1	-	1	12	-	108	-	-	-	9	2	2	41	6
-	-	-	-	-	-	2	-	-	-	-	-	-	-	-
-	-	-	-	-	-	3	-	-	-	-	-	-	-	-

시군구	이용상황	합계	1전	2전	1주	2주	3주	준주	중상	일상	근상
강원특별자치도 태백시	합계	927	-	-	84	171	-	85	-	155	-
	주거용	328	-	-	53	110	-	38	-	47	-
	상업업무용	89	-	-	1	7	-	10	-	54	-
	주상복합용	123	-	-	5	33	-	36	-	44	-
	공업용	35	-	-	1	-	-	-	-	-	-
	전	207	-	-	18	12	-	-	-	6	-
	임야	135	-	-	6	9	-	1	-	3	-
	특수토지	7	-	-	-	-	-	-	-	1	-
	공공용지	3	-	-	-	-	-	-	-	-	-
강원특별자치도 속초시	합계	1,060	-	-	153	189	22	49	-	290	2
	주거용	383	-	-	86	145	10	29	-	68	-
	상업업무용	254	-	-	14	19	5	8	-	181	2
	주상복합용	114	-	-	31	23	6	11	-	34	-
	공업용	19	-	-	-	-	-	-	-	1	-
	전	140	-	-	15	-	1	1	-	2	-
	답	57	-	-	3	-	-	-	-	-	-
	임야	81	-	-	4	2	-	-	-	-	-
	특수토지	12	-	-	-	-	-	-	-	4	-
강원특별자치도 삼척시	합계	2,737	-	-	64	330	14	43	-	144	-
	주거용	629	-	-	29	200	9	21	-	42	-
	상업업무용	103	-	-	1	11	1	9	-	62	-
	주상복합용	113	-	-	4	34	4	12	-	37	-
	공업용	36	-	-	-	-	-	-	-	1	-
	전	996	-	-	25	67	-	1	-	-	-
	답	218	-	-	3	3	-	-	-	-	-
	임야	628	-	-	2	15	-	-	-	-	-
	특수토지	13	-	-	-	-	-	-	-	2	-
	공공용지	1	-	-	-	-	-	-	-	-	-
강원특별자치도 홍천군	합계	3,006	-	-	58	125	-	15	-	70	-
	주거용	583	-	-	33	71	-	6	-	2	-
	상업업무용	110	-	-	4	8	-	8	-	53	-
	주상복합용	124	-	-	11	46	-	1	-	14	-
	공업용	25	-	-	1	-	-	-	-	-	-
	전	1,195	-	-	6	-	-	-	-	-	-
	답	318	-	-	3	-	-	-	-	-	-
	임야	633	-	-	-	-	-	-	-	-	-
	특수토지	18	-	-	-	-	-	-	-	1	-
강원특별자치도 횡성군	합계	2,400	-	-	60	38	-	25	-	50	-
	주거용	537	-	-	49	26	-	10	-	-	-
	상업업무용	89	-	-	3	3	-	11	-	46	-
	주상복합용	33	-	-	6	9	-	4	-	3	-
	공업용	34	-	-	-	-	-	-	-	-	-
	전	979	-	-	-	-	-	-	-	-	-
	답	301	-	-	-	-	-	-	-	-	-
	임야	412	-	-	2	-	-	-	-	-	-
	특수토지	14	-	-	-	-	-	-	-	1	-
	공공용지	1	-	-	-	-	-	-	-	-	-
강원특별자치도 영월군	합계	2,347	-	-	122	73	6	22	-	101	-
	주거용	538	-	-	102	59	4	10	-	27	-
	상업업무용	102	-	-	9	4	1	7	-	56	-
	주상복합용	75	-	-	8	9	1	5	-	17	-
	공업용	27	-	-	-	-	-	-	-	-	-
	전	1,123	-	-	-	-	-	-	-	-	-
	답	71	-	-	-	-	-	-	-	-	-
	임야	402	-	-	3	1	-	-	-	-	-
	특수토지	8	-	-	-	-	-	-	-	1	-
	공공용지	1	-	-	-	-	-	-	-	-	-

유상	전공	일공	준공	보전	생산	자연	개제	미정	관리	보관	생관	계관	농림	자보
-	-	17	32	5	1	97	-	2	-	41	47	110	67	13
-	-	3	11	-	-	17	-	-	-	6	10	25	7	1
-	-	-	2	1	-	6	-	-	-	-	1	6	-	1
-	-	-	3	-	-	-	-	-	-	-	-	2	-	-
-	-	11	10	-	-	4	-	-	-	-	2	6	1	-
-	-	2	3	1	1	38	-	2	-	20	26	48	24	6
-	-	1	3	-	-	31	-	-	-	15	8	18	35	5
-	-	-	-	-	-	1	-	-	-	-	-	5	-	-
-	-	-	-	3	-	-	-	-	-	-	-	-	-	-
-	-	22	4	23	24	245	-	-	-	-	-	4	-	33
-	-	1	-	2	2	38	-	-	-	-	-	1	-	1
-	-	1	3	-	1	18	-	-	-	-	-	-	-	2
-	-	2	-	-	2	5	-	-	-	-	-	-	-	-
-	-	15	1	-	-	2	-	-	-	-	-	-	-	-
-	-	3	-	9	11	89	-	-	-	-	-	1	-	8
-	-	-	-	7	8	39	-	-	-	-	-	-	-	-
-	-	-	-	5	-	48	-	-	-	-	-	-	-	22
-	-	-	-	-	-	6	-	-	-	-	-	2	-	-
-	3	21	48	11	18	348	-	-	8	110	312	896	301	66
-	1	4	24	3	-	44	-	-	-	6	37	199	6	4
-	-	2	1	-	-	7	-	-	-	-	-	9	-	-
-	-	2	2	-	-	5	-	-	-	-	-	12	-	1
-	1	7	3	-	-	3	-	-	7	-	1	13	-	-
-	1	2	14	4	3	170	-	-	-	49	172	430	25	33
-	-	1	-	1	15	15	-	-	1	7	34	80	54	4
-	-	-	4	2	-	102	-	-	-	48	68	148	215	24
-	-	3	-	-	-	2	-	-	-	-	-	5	1	-
-	-	-	-	1	-	-	-	-	-	-	-	-	-	-
-	-	16	-	3	25	142	-	-	-	174	471	1,201	693	13
-	-	1	-	-	4	27	-	-	-	12	68	294	63	2
-	-	-	-	-	-	8	-	-	-	-	1	28	-	-
-	-	-	-	-	-	2	-	-	-	1	-	46	3	-
-	-	10	-	-	-	1	-	-	-	2	2	9	-	-
-	-	1	-	1	8	52	-	-	-	34	319	567	201	6
-	-	2	-	2	13	24	-	-	-	2	37	69	166	-
-	-	2	-	-	-	28	-	-	-	122	44	172	260	5
-	-	-	-	-	-	-	-	-	-	1	-	16	-	-
-	-	5	6	-	23	52	-	-	-	89	301	1,217	469	65
-	-	-	1	-	1	11	-	-	-	16	58	328	28	9
-	-	-	-	-	2	3	-	-	-	-	-	21	-	-
-	-	-	-	-	1	-	-	-	-	-	-	10	-	-
-	-	4	2	-	-	1	-	-	-	1	2	22	2	-
-	-	1	3	-	6	21	-	-	-	33	158	601	134	22
-	-	-	-	-	13	6	-	-	-	3	33	96	144	6
-	-	-	-	-	-	10	-	-	-	36	50	125	161	28
-	-	-	-	-	-	-	-	-	-	-	-	13	-	-
-	-	-	-	-	-	-	-	-	-	-	-	1	-	-
-	-	10	11	6	11	88	-	-	-	231	275	1,013	375	3
-	-	-	4	-	1	19	-	-	-	13	40	235	24	-
-	-	-	2	-	-	3	-	-	-	2	2	16	-	-
-	-	-	1	-	-	1	-	-	-	5	1	27	-	-
-	-	6	4	-	-	4	-	-	-	2	-	11	-	-
-	-	2	-	3	9	37	-	-	-	118	195	609	148	2
-	-	-	-	-	1	2	-	-	-	4	8	18	37	1
-	-	1	-	2	-	22	-	-	-	87	29	92	165	-
-	-	1	-	-	-	-	-	-	-	-	-	5	1	-
-	-	-	-	1	-	-	-	-	-	-	-	-	-	-

시군구	이용상황	합계	1전	2전	1주	2주	3주	준주	중상	일상	근상
강원특별자치도 평창군	합계	2,556	-	-	36	116	-	26	-	70	1
	주거용	562	-	-	22	96	-	13	-	9	1
	상업업무용	117	-	-	3	10	-	8	-	43	-
	주상복합용	41	-	-	2	8	-	4	-	15	-
	공업용	6	-	-	-	-	-	-	-	-	-
	전	1,188	-	-	9	1	-	-	-	-	-
	답	34	-	-	-	-	-	-	-	-	-
	임야	585	-	-	-	-	-	-	-	-	-
	특수토지	22	-	-	-	1	-	1	-	3	-
	공공용지	1	-	-	-	-	-	-	-	-	-
강원특별자치도 정선군	합계	2,277	-	-	43	189	3	29	-	189	3
	주거용	535	-	-	26	134	3	13	-	53	-
	상업업무용	110	-	-	2	3	-	4	-	71	3
	주상복합용	108	-	-	2	17	-	9	-	62	-
	공업용	29	-	-	-	1	-	-	-	-	-
	전	966	-	-	12	29	-	3	-	-	-
	답	33	-	-	-	2	-	-	-	-	-
	임야	477	-	-	1	2	-	-	-	-	-
	특수토지	10	-	-	-	-	-	-	-	2	-
	공공용지	9	-	-	-	1	-	-	-	1	-
강원특별자치도 철원군	합계	2,213	-	-	72	214	-	16	-	125	6
	주거용	506	-	-	54	176	-	9	-	32	3
	상업업무용	103	-	-	2	13	-	2	-	71	1
	주상복합용	79	-	-	10	21	-	5	-	21	2
	공업용	30	-	-	-	-	-	-	-	-	-
	전	478	-	-	4	3	-	-	-	-	-
	답	681	-	-	2	-	-	-	-	-	-
	임야	333	-	-	-	1	-	-	-	-	-
	특수토지	3	-	-	-	-	-	-	-	1	-
강원특별자치도 화천군	합계	1,193	-	-	40	58	-	17	-	55	-
	주거용	234	-	-	16	41	-	6	-	7	-
	상업업무용	61	-	-	4	9	-	3	-	35	-
	주상복합용	36	-	-	1	4	-	8	-	12	-
	공업용	11	-	-	-	-	-	-	-	-	-
	전	467	-	-	14	4	-	-	-	1	-
	답	86	-	-	4	-	-	-	-	-	-
	임야	298	-	-	1	-	-	-	-	-	-
강원특별자치도 양구군	합계	1,291	-	-	4	59	-	15	-	42	-
	주거용	243	-	-	2	43	-	7	-	1	-
	상업업무용	59	-	-	-	2	-	7	-	33	-
	주상복합용	35	-	-	1	12	-	1	-	7	-
	공업용	22	-	-	-	-	-	-	-	-	-
	전	480	-	-	-	-	-	-	-	-	-
	답	166	-	-	-	-	-	-	-	-	-
	임야	285	-	-	1	2	-	-	-	-	-
	특수토지	1	-	-	-	-	-	-	-	1	-
강원특별자치도 인제군	합계	1,624	-	-	32	148	8	35	-	110	3
	주거용	394	-	-	22	115	4	17	-	16	-
	상업업무용	107	-	-	2	6	2	6	-	61	2
	주상복합용	88	-	-	4	19	2	12	-	31	1
	공업용	33	-	-	-	-	-	-	-	-	-
	전	589	-	-	3	7	-	-	-	-	-
	답	128	-	-	1	-	-	-	-	-	-
	임야	280	-	-	-	1	-	-	-	-	-
	특수토지	5	-	-	-	-	-	-	-	2	-

II 표준지의 선정 및 관리지침

유상	전공	일공	준공	보전	생산	자연	개제	미정	관리	보관	생관	계관	농림	자보
-	-	-	-	2	8	83	-	-	-	254	368	1,195	372	25
-	-	-	-	-	1	17	-	-	-	31	64	271	36	1
-	-	-	-	-	-	5	-	-	-	2	2	44	-	-
-	-	-	-	-	-	-	-	-	-	1	-	11	-	-
-	-	-	-	-	-	-	-	-	-	-	-	6	-	-
-	-	-	-	1	7	44	-	-	-	106	245	638	129	8
-	-	-	-	-	-	4	-	-	-	4	3	3	20	-
-	-	-	-	-	-	13	-	-	-	110	53	206	187	16
-	-	-	-	-	-	-	-	-	-	-	1	16	-	-
-	-	-	-	1	-	-	-	-	-	-	-	-	-	-
-	-	7	16	6	18	161	-	-	-	227	171	775	403	37
-	-	-	4	1	4	34	-	-	-	28	20	177	31	7
-	-	-	2	-	-	8	-	-	-	-	-	17	-	-
-	-	-	1	-	-	1	-	-	-	-	-	16	-	-
-	-	7	8	-	-	-	-	-	-	1	2	9	1	-
-	-	-	-	1	7	77	-	-	-	89	107	481	138	22
-	-	-	-	-	7	2	-	-	-	2	-	-	20	-
-	-	-	-	3	-	33	-	-	-	105	42	70	213	8
-	-	-	-	-	-	2	-	-	-	1	-	5	-	-
-	-	-	1	1	-	4	-	-	-	1	-	-	-	-
-	-	3	2	7	32	121	-	-	-	124	209	470	685	127
-	-	-	-	2	5	22	-	-	-	13	10	153	27	-
-	-	-	-	-	-	1	-	-	-	1	-	12	-	-
-	-	-	-	-	-	3	-	-	-	3	1	11	2	-
-	-	3	2	-	-	1	-	-	-	2	4	16	2	-
-	-	-	-	3	7	51	-	-	-	40	95	161	113	1
-	-	-	-	-	20	29	-	-	-	16	68	72	469	5
-	-	-	-	2	-	14	-	-	-	49	31	43	72	121
-	-	-	-	-	-	-	-	-	-	-	-	2	-	-
-	-	-	2	-	8	51	-	-	-	110	145	458	192	57
-	-	-	-	-	2	11	-	-	-	14	13	99	16	9
-	-	-	-	-	-	2	-	-	-	-	6	-	-	2
-	-	-	-	-	-	1	-	-	-	1	-	9	-	-
-	-	-	2	-	-	-	-	-	-	-	1	8	-	-
-	-	-	-	-	2	25	-	-	-	23	97	238	38	25
-	-	-	-	-	4	4	-	-	-	5	5	23	37	4
-	-	-	-	-	-	8	-	-	-	67	29	75	101	17
-	-	-	4	-	-	23	-	-	-	145	165	542	266	26
-	-	-	1	-	-	7	-	-	-	10	22	125	22	3
-	-	-	1	-	-	-	-	-	-	1	1	14	-	-
-	-	-	-	-	-	-	-	-	-	-	-	14	-	-
-	-	-	2	-	-	-	-	-	-	2	6	11	1	-
-	-	-	-	-	-	10	-	-	-	51	89	241	81	8
-	-	-	-	-	-	2	-	-	-	7	28	55	72	2
-	-	-	-	-	-	4	-	-	-	74	19	82	90	13
-	-	-	-	-	-	-	-	-	-	-	-	-	-	-
-	-	-	6	3	2	71	-	-	-	120	154	687	209	36
-	-	-	1	-	-	17	-	-	-	8	20	155	15	4
-	-	-	-	-	-	5	-	-	-	-	-	21	1	1
-	-	-	-	-	-	1	-	-	-	-	-	18	-	-
-	-	-	5	-	-	3	-	-	-	1	6	16	2	-
-	-	-	-	1	-	31	-	-	-	45	97	355	39	11
-	-	-	-	2	2	5	-	-	-	4	14	54	46	-
-	-	-	-	-	-	9	-	-	-	62	17	65	106	20
-	-	-	-	-	-	-	-	-	-	-	-	3	-	-

시군구	이용상황	합계	1전	2전	1주	2주	3주	준주	중상	일상	근상
강원특별자치도 고성군	합계	1,628	-	-	93	30	1	27	-	72	-
	주거용	358	-	-	79	24	1	15	-	8	-
	상업업무용	75	-	-	4	1	-	6	-	36	-
	주상복합용	68	-	-	5	4	-	6	-	25	-
	공업용	26	-	-	-	-	-	-	-	2	-
	전	344	-	-	1	-	-	-	-	-	-
	답	385	-	-	-	-	-	-	-	-	-
	임야	360	-	-	4	1	-	-	-	-	-
	특수토지	11	-	-	-	-	-	-	-	1	-
	공공용지	1	-	-	-	-	-	-	-	-	-
강원특별자치도 양양군	합계	1,906	-	-	15	97	-	24	-	73	-
	주거용	363	-	-	10	77	-	9	-	7	-
	상업업무용	113	-	-	1	8	-	10	-	60	-
	주상복합용	40	-	-	2	6	-	5	-	6	-
	공업용	13	-	-	-	-	-	-	-	-	-
	전	517	-	-	-	3	-	-	-	-	-
	답	321	-	-	-	-	-	-	-	-	-
	임야	525	-	-	2	2	-	-	-	-	-
	특수토지	7	-	-	-	-	-	-	-	-	-
	공공용지	7	-	-	-	1	-	-	-	-	-
전북특별자치도	합계	49,161	15	4	2,516	3,670	75	282	25	2,208	6
	주거용	11,776	15	4	1,594	1,990	45	77	-	440	1
	상업업무용	3,254	-	-	178	853	20	135	24	1,418	5
	주상복합용	1,941	-	-	429	742	10	68	1	316	-
	공업용	1,210	-	-	5	4	-	-	-	1	-
	전	12,881	-	-	163	38	-	2	-	5	-
	답	11,658	-	-	88	25	-	-	-	4	-
	임야	6,320	-	-	58	17	-	-	-	1	-
	특수토지	100	-	-	-	-	-	-	-	23	-
	공공용지	21	-	-	1	1	-	-	-	-	-
전북특별자치도 전주 완산구	합계	1,985	5	-	469	583	23	27	21	330	-
	주거용	693	5	-	237	266	14	-	-	54	-
	상업업무용	560	-	-	63	177	7	26	20	240	-
	주상복합용	355	-	-	164	139	2	1	1	36	-
	공업용	5	-	-	-	-	-	-	-	-	-
	전	163	-	-	2	-	-	-	-	-	-
	답	90	-	-	-	-	-	-	-	-	-
	임야	119	-	-	3	1	-	-	-	-	-
전북특별자치도 전주 덕진구	합계	2,023	6	4	313	531	23	28	1	228	-
	주거용	717	6	4	200	244	13	-	-	29	-
	상업업무용	444	-	-	18	174	5	26	1	175	-
	주상복합용	259	-	-	90	111	5	2	-	23	-
	공업용	99	-	-	-	-	-	-	-	-	-
	전	207	-	-	1	1	-	-	-	-	-
	답	226	-	-	3	-	-	-	-	-	-
	임야	67	-	-	-	-	-	-	-	-	-
	특수토지	1	-	-	-	-	-	-	-	1	-
	공공용지	3	-	-	1	1	-	-	-	-	-

Ⅱ 표준지의 선정 및 관리지침

유상	전공	일공	준공	보전	생산	자연	개제	미정	관리	보관	생관	계관	농림	자보
-	-	7	-	7	12	67	-	-	-	164	162	662	308	16
-	-	-	-	1	-	8	-	-	-	11	12	184	13	2
-	-	7	-	1	-	2	-	-	-	-	-	17	1	-
-	-	-	-	-	-	1	-	-	-	2	-	24	1	-
-	-	-	-	-	-	-	-	-	-	3	6	11	4	-
-	-	-	-	3	-	21	-	-	-	44	49	209	13	4
-	-	-	-	-	12	12	-	-	-	14	76	92	176	3
-	-	-	-	2	-	22	-	-	-	90	19	115	100	7
-	-	-	-	-	-	-	-	-	-	-	-	10	-	-
-	-	-	-	-	-	1	-	-	-	-	-	-	-	-
-	-	-	1	8	6	71	-	-	-	299	177	760	343	32
-	-	-	-	1	-	14	-	-	-	29	12	187	14	3
-	-	-	1	-	-	1	-	-	-	2	1	25	4	-
-	-	-	-	-	-	2	-	-	-	1	1	15	-	2
-	-	-	-	-	-	-	-	-	-	4	-	7	2	-
-	-	-	-	1	-	27	-	-	-	96	73	283	20	14
-	-	-	-	-	6	11	-	-	-	36	48	101	119	-
-	-	-	-	3	-	15	-	-	-	129	42	136	184	12
-	-	-	-	-	-	1	-	-	-	-	-	6	-	-
-	-	-	-	3	-	-	-	-	-	2	-	-	-	1
6	43	249	175	345	1,219	4,180	-	3	6	4,380	6,906	13,228	8,927	693
1	-	11	55	34	101	1,010	-	-	-	306	478	5,262	272	80
4	1	15	42	2	47	153	-	2	-	16	19	284	13	23
-	-	2	13	1	16	78	-	-	-	11	9	225	5	15
-	42	182	51	-	49	71	-	-	-	85	263	358	99	-
-	-	20	5	110	157	1,452	-	1	2	1,979	3,289	4,382	1,024	252
1	-	13	7	35	844	874	-	-	1	643	1,841	1,541	5,697	44
-	-	6	2	163	5	525	-	-	3	1,335	1,005	1,116	1,810	274
-	-	-	-	-	-	7	-	-	-	2	2	58	4	4
-	-	-	-	-	-	10	-	-	-	3	-	2	3	1
-	-	6	-	89	69	363	-	-	-	-	-	-	-	-
-	-	-	-	9	10	98	-	-	-	-	-	-	-	-
-	-	2	-	2	6	17	-	-	-	-	-	-	-	-
-	-	-	-	1	3	8	-	-	-	-	-	-	-	-
-	-	3	-	-	2	-	-	-	-	-	-	-	-	-
-	-	-	-	23	9	129	-	-	-	-	-	-	-	-
-	-	-	-	9	39	42	-	-	-	-	-	-	-	-
-	-	1	-	45	-	69	-	-	-	-	-	-	-	-
2	8	70	69	25	164	478	-	-	-	1	13	33	26	-
-	-	6	42	1	17	136	-	-	-	-	-	18	1	-
2	-	5	8	-	7	23	-	-	-	-	-	-	-	-
-	-	1	6	-	6	14	-	-	-	-	-	1	-	-
-	8	56	13	-	12	7	-	-	-	-	2	1	-	-
-	-	-	-	5	17	162	-	-	-	-	6	10	5	-
-	-	1	-	1	105	89	-	-	-	1	4	2	20	-
-	-	1	-	18	-	46	-	-	-	-	1	1	-	-
-	-	-	-	-	-	-	-	-	-	-	-	-	-	-
-	-	-	-	-	-	1	-	-	-	-	-	-	-	-

시군구	이용상황	합계	1전	2전	1주	2주	3주	준주	중상	일상	근상
전북특별자치도 군산시	합계	3,870	-	-	200	705	8	52	-	523	-
	주거용	1,276	-	-	145	409	7	15	-	140	-
	상업업무용	541	-	-	8	147	1	18	-	296	-
	주상복합용	275	-	-	22	132	-	19	-	81	-
	공업용	100	-	-	-	4	-	-	-	1	-
	전	520	-	-	7	1	-	-	-	1	-
	답	793	-	-	3	-	-	-	-	1	-
	임야	355	-	-	15	12	-	-	-	1	-
	특수토지	7	-	-	-	-	-	-	-	2	-
	공공용지	3	-	-	-	-	-	-	-	-	-
전북특별자치도 익산시	합계	5,371	2	-	312	611	1	59	-	294	2
	주거용	1,480	2	-	224	307	1	20	-	62	-
	상업업무용	470	-	-	18	150	-	28	-	201	2
	주상복합용	265	-	-	42	147	-	11	-	29	-
	공업용	183	-	-	3	-	-	-	-	-	-
	전	1,031	-	-	16	6	-	-	-	-	-
	답	1,506	-	-	6	1	-	-	-	-	-
	임야	426	-	-	3	-	-	-	-	-	-
	특수토지	8	-	-	-	-	-	-	-	2	-
	공공용지	2	-	-	-	-	-	-	-	-	-
전북특별자치도 정읍시	합계	4,976	-	-	228	295	16	12	-	182	1
	주거용	1,124	-	-	127	175	6	7	-	38	-
	상업업무용	230	-	-	13	54	7	1	-	113	1
	주상복합용	136	-	-	12	59	3	3	-	28	-
	공업용	122	-	-	-	-	-	-	-	-	-
	전	1,427	-	-	45	4	-	1	-	-	-
	답	1,348	-	-	23	3	-	-	-	1	-
	임야	581	-	-	8	-	-	-	-	-	-
	특수토지	7	-	-	-	-	-	-	-	2	-
	공공용지	1	-	-	-	-	-	-	-	-	-
전북특별자치도 남원시	합계	4,154	-	-	50	286	-	5	-	105	-
	주거용	804	-	-	29	176	-	1	-	20	-
	상업업무용	165	-	-	4	56	-	1	-	66	-
	주상복합용	102	-	-	4	34	-	3	-	16	-
	공업용	91	-	-	-	-	-	-	-	-	-
	전	980	-	-	9	10	-	-	-	1	-
	답	1,369	-	-	1	8	-	-	-	-	-
	임야	633	-	-	3	2	-	-	-	-	-
	특수토지	10	-	-	-	-	-	-	-	2	-
전북특별자치도 김제시	합계	4,064	2	-	128	207	-	39	-	122	3
	주거용	1,058	2	-	104	136	-	16	-	34	1
	상업업무용	167	-	-	9	31	-	14	-	67	2
	주상복합용	99	-	-	10	35	-	9	-	18	-
	공업용	158	-	-	-	-	-	-	-	-	-
	전	979	-	-	1	2	-	-	-	1	-
	답	1,224	-	-	1	3	-	-	-	-	-
	임야	373	-	-	3	-	-	-	-	-	-
	특수토지	6	-	-	-	-	-	-	-	2	-

유상	전공	일공	준공	보전	생산	자연	개제	미정	관리	보관	생관	계관	농림	자보
2	35	3	60	13	278	314	-	1	-	257	321	622	473	3
1	-	-	12	4	35	83	-	-	-	14	57	335	18	1
-	1	-	24	-	20	11	-	-	-	1	1	12	1	-
-	-	-	6	-	2	-	-	-	-	-	-	13	-	-
-	34	3	15	-	10	3	-	-	-	1	13	11	5	-
-	-	-	2	3	13	91	-	1	-	88	125	182	6	-
1	-	-	-	1	197	51	-	-	-	5	115	39	380	-
-	-	-	1	5	1	72	-	-	-	147	10	27	62	2
-	-	-	-	-	-	-	-	-	-	1	-	3	1	-
-	-	-	-	-	-	3	-	-	-	-	-	-	-	-
1	-	61	20	16	111	624	-	-	-	162	823	1,474	735	63
-	-	2	-	1	4	169	-	-	-	10	38	605	24	11
1	-	3	4	-	4	26	-	-	-	-	4	27	2	-
-	-	-	-	-	1	15	-	-	-	-	-	19	1	-
-	-	55	16	-	6	10	-	-	-	2	33	52	6	-
-	-	1	-	7	9	213	-	-	-	43	297	375	52	12
-	-	-	-	1	87	121	-	-	-	13	383	275	610	9
-	-	-	-	7	-	65	-	-	-	94	68	118	40	31
-	-	-	-	-	-	3	-	-	-	-	-	3	-	-
-	-	-	-	-	-	2	-	-	-	-	-	-	-	-
-	-	18	8	-	61	339	-	-	-	537	807	1,476	966	30
-	-	1	-	-	2	69	-	-	-	46	43	590	20	-
-	-	1	-	-	1	10	-	-	-	1	-	27	1	-
-	-	-	1	-	1	5	-	-	-	1	-	23	-	-
-	-	11	3	-	-	12	-	-	-	9	41	38	8	-
-	-	5	2	-	2	141	-	-	-	268	394	505	50	10
-	-	-	2	-	55	60	-	-	-	92	224	174	711	3
-	-	-	-	-	-	40	-	-	-	120	105	115	176	17
-	-	-	-	-	-	1	-	-	-	-	-	4	-	-
-	-	-	-	-	-	1	-	-	-	-	-	-	-	-
-	-	10	-	-	10	237	-	-	6	387	530	1,378	1,092	58
-	-	-	-	-	-	29	-	-	-	23	30	470	21	5
-	-	-	-	-	-	13	-	-	-	3	-	20	2	-
-	-	-	-	-	-	7	-	-	-	5	1	27	-	5
-	-	7	-	-	-	3	-	-	-	10	13	39	19	-
-	-	1	-	-	1	64	-	-	2	153	206	391	120	22
-	-	1	-	-	9	80	-	-	1	105	169	248	744	3
-	-	1	-	-	-	40	-	-	3	88	111	176	186	23
-	-	-	-	-	-	1	-	-	-	-	-	7	-	-
-	-	19	-	10	39	291	-	1	-	196	791	1,290	858	68
-	-	-	-	-	1	64	-	-	-	25	65	562	28	20
-	-	1	-	-	2	13	-	1	-	-	2	19	1	5
-	-	-	-	-	-	5	-	-	-	-	1	20	-	1
-	-	9	-	-	5	7	-	-	-	7	51	67	12	-
-	-	5	-	1	3	93	-	-	-	75	353	383	36	26
-	-	2	-	-	28	71	-	-	-	31	197	144	744	3
-	-	2	-	9	-	37	-	-	-	58	122	92	37	13
-	-	-	-	-	-	1	-	-	-	-	-	3	-	-

시군구	이용상황	합계	1전	2전	1주	2주	3주	준주	중상	일상	근상
전북특별자치도 완주군	합계	3,341	-	-	158	93	3	19	3	84	-
	주거용	837	-	-	109	51	3	4	-	21	-
	상업업무용	120	-	-	5	14	-	9	3	48	-
	주상복합용	109	-	-	35	17	-	6	-	14	-
	공업용	68	-	-	-	-	-	-	-	-	-
	전	1,084	-	-	6	7	-	-	-	-	-
	답	690	-	-	2	3	-	-	-	-	-
	임야	429	-	-	1	1	-	-	-	-	-
	특수토지	4	-	-	-	-	-	-	-	1	-
전북특별자치도 진안군	합계	2,724	-	-	59	1	-	2	-	35	-
	주거용	454	-	-	39	-	-	-	-	5	-
	상업업무용	65	-	-	7	1	-	1	-	23	-
	주상복합용	15	-	-	3	-	-	1	-	6	-
	공업용	44	-	-	1	-	-	-	-	-	-
	전	1,137	-	-	5	-	-	-	-	-	-
	답	443	-	-	2	-	-	-	-	-	-
	임야	562	-	-	2	-	-	-	-	-	-
	특수토지	4	-	-	-	-	-	-	-	1	-
전북특별자치도 무주군	합계	2,296	-	-	87	42	-	12	-	61	-
	주거용	433	-	-	71	33	-	4	-	6	-
	상업업무용	71	-	-	2	2	-	5	-	36	-
	주상복합용	42	-	-	5	6	-	3	-	17	-
	공업용	19	-	-	-	-	-	-	-	-	-
	전	1,035	-	-	5	-	-	-	-	-	-
	답	278	-	-	2	1	-	-	-	-	-
	임야	404	-	-	2	-	-	-	-	-	-
	특수토지	12	-	-	-	-	-	-	-	2	-
	공공용지	2	-	-	-	-	-	-	-	-	-
전북특별자치도 장수군	합계	2,229	-	-	56	6	-	8	-	33	-
	주거용	379	-	-	44	6	-	2	-	3	-
	상업업무용	43	-	-	3	-	-	1	-	19	-
	주상복합용	36	-	-	7	-	-	5	-	9	-
	공업용	49	-	-	-	-	-	-	-	-	-
	전	725	-	-	1	-	-	-	-	-	-
	답	484	-	-	1	-	-	-	-	-	-
	임야	507	-	-	-	-	-	-	-	-	-
	특수토지	6	-	-	-	-	-	-	-	2	-
전북특별자치도 임실군	합계	2,759	-	-	66	50	-	12	-	40	-
	주거용	465	-	-	39	33	-	5	-	9	-
	상업업무용	50	-	-	6	2	-	4	-	18	-
	주상복합용	47	-	-	4	13	-	2	-	10	-
	공업용	100	-	-	-	-	-	-	-	-	-
	전	800	-	-	7	1	-	1	-	-	-
	답	651	-	-	8	1	-	-	-	1	-
	임야	632	-	-	2	-	-	-	-	-	-
	특수토지	7	-	-	-	-	-	-	-	2	-
	공공용지	7	-	-	-	-	-	-	-	-	-

Ⅱ 표준지의 선정 및 관리지침

유상	전공	일공	준공	보전	생산	자연	개제	미정	관리	보관	생관	계관	농림	자보
-	-	24	3	123	292	501	-	-	-	233	328	813	600	64
-	-	-	-	13	16	153	-	-	-	40	40	337	38	12
-	-	2	3	-	3	8	-	-	-	2	2	17	1	3
-	-	-	-	-	3	5	-	-	-	1	-	24	1	3
-	-	22	-	-	11	8	-	-	-	3	6	15	3	-
-	-	-	-	36	84	177	-	-	-	101	190	311	154	18
-	-	-	-	19	173	111	-	-	-	28	61	62	222	9
-	-	-	-	55	2	39	-	-	-	58	28	45	181	19
-	-	-	-	-	-	-	-	-	-	-	1	2	-	-
-	-	-	3	5	10	66	-	-	-	493	480	929	601	40
-	-	-	-	-	-	8	-	-	-	30	30	316	25	1
-	-	-	2	-	-	2	-	-	-	3	3	17	1	5
-	-	-	-	-	-	-	-	-	-	1	-	4	-	-
-	-	-	-	-	-	-	-	-	-	8	13	18	4	-
-	-	-	-	4	5	36	-	-	-	274	273	391	135	14
-	-	-	1	-	4	10	-	-	-	39	86	96	204	1
-	-	-	-	1	1	10	-	-	-	138	75	84	232	19
-	-	-	-	-	-	-	-	-	-	-	-	3	-	-
-	-	-	3	2	18	104	-	-	-	436	376	682	351	122
-	-	-	1	-	2	15	-	-	-	19	16	246	14	6
-	-	-	-	-	-	3	-	-	-	-	1	22	-	-
-	-	-	-	-	-	2	-	-	-	1	-	8	-	-
-	-	-	2	-	-	2	-	-	-	5	2	6	2	-
-	-	-	-	2	4	55	-	-	-	252	265	278	112	62
-	-	-	-	-	12	17	-	-	-	43	46	41	111	5
-	-	-	-	-	-	10	-	-	-	116	46	72	112	46
-	-	-	-	-	-	-	-	-	-	-	-	7	-	3
-	-	-	-	-	-	-	-	-	-	-	-	2	-	-
-	-	-	4	4	11	58	-	-	-	318	542	694	477	18
-	-	-	-	-	1	8	-	-	-	12	20	265	15	3
-	-	-	1	-	-	1	-	-	-	1	-	17	-	-
-	-	-	-	-	-	5	-	-	-	-	1	9	-	-
-	-	-	2	-	-	1	-	-	-	9	20	14	3	-
-	-	-	-	3	-	16	-	-	-	140	267	221	68	9
-	-	-	1	-	10	21	-	-	-	41	121	77	212	-
-	-	-	-	1	-	6	-	-	-	115	113	87	179	6
-	-	-	-	-	-	-	-	-	-	-	-	4	-	-
-	-	12	-	16	8	155	-	-	-	584	299	852	659	6
-	-	1	-	3	-	28	-	-	-	12	4	318	11	2
-	-	-	-	-	-	6	-	-	-	1	-	12	1	-
-	-	-	-	-	-	3	-	-	-	-	-	15	-	-
-	-	5	-	-	-	7	-	-	-	17	22	37	12	-
-	-	2	-	7	1	58	-	-	-	242	115	303	61	2
-	-	3	-	2	7	36	-	-	-	97	88	81	327	-
-	-	1	-	4	-	16	-	-	-	212	70	81	244	2
-	-	-	-	-	-	-	-	-	-	-	-	5	-	-
-	-	-	-	-	-	1	-	-	-	3	-	-	3	-

시군구	이용상황	합계	1전	2전	1주	2주	3주	준주	중상	일상	근상
전북특별자치도 순창군	합계	2,169	-	-	40	30	-	-	-	19	-
	주거용	381	-	-	23	17	-	-	-	1	-
	상업업무용	63	-	-	10	6	-	-	-	16	-
	주상복합용	32	-	-	7	5	-	-	-	1	-
	공업용	36	-	-	-	-	-	-	-	-	-
	전	639	-	-	-	1	-	-	-	-	-
	답	611	-	-	-	1	-	-	-	-	-
	임야	403	-	-	-	-	-	-	-	-	-
	특수토지	4	-	-	-	-	-	-	-	1	-
전북특별자치도 고창군	합계	3,742	-	-	129	72	-	1	-	68	-
	주거용	807	-	-	91	38	-	-	-	8	-
	상업업무용	105	-	-	9	12	-	-	-	44	-
	주상복합용	85	-	-	18	21	-	1	-	13	-
	공업용	56	-	-	-	-	-	-	-	-	-
	전	1,136	-	-	7	-	-	-	-	-	-
	답	1,039	-	-	4	1	-	-	-	1	-
	임야	495	-	-	-	-	-	-	-	-	-
	특수토지	17	-	-	-	-	-	-	-	2	-
	공공용지	2	-	-	-	-	-	-	-	-	-
전북특별자치도 부안군	합계	3,458	-	-	221	158	1	6	-	84	-
	주거용	868	-	-	112	99	1	3	-	10	-
	상업업무용	160	-	-	3	27	-	1	-	56	-
	주상복합용	84	-	-	6	23	-	2	-	15	-
	공업용	80	-	-	1	-	-	-	-	-	-
	전	1,018	-	-	51	5	-	-	-	2	-
	답	906	-	-	32	3	-	-	-	-	-
	임야	334	-	-	16	1	-	-	-	-	-
	특수토지	7	-	-	-	-	-	-	-	1	-
	공공용지	1	-	-	-	-	-	-	-	-	-

유상	전공	일공	준공	보전	생산	자연	개제	미정	관리	보관	생관	계관	농림	자보
-	-	-	-	-	23	73	-	-	-	228	375	643	717	21
-	-	-	-	-	3	14	-	-	-	17	15	273	18	-
-	-	-	-	-	-	1	-	-	-	3	2	23	-	2
-	-	-	-	-	-	3	-	-	-	1	-	14	-	1
-	-	-	-	-	-	3	-	-	-	4	7	15	7	-
-	-	-	-	-	2	19	-	-	-	110	199	204	99	5
-	-	-	-	-	17	22	-	-	-	34	82	54	400	1
-	-	-	-	-	1	10	-	-	-	59	70	58	193	12
-	-	-	-	-	-	1	-	-	-	-	-	2	-	-
1	-	3	3	-	14	234	-	-	-	449	699	1,213	793	63
-	-	-	-	-	3	42	-	-	-	43	53	502	19	8
1	-	-	-	-	1	9	-	-	-	1	2	18	2	6
-	-	1	-	-	-	1	-	-	-	-	4	22	2	2
-	-	2	-	-	-	2	-	-	-	7	19	21	5	-
-	-	-	1	-	1	78	-	-	-	187	341	413	93	15
-	-	-	1	-	9	70	-	-	-	102	161	138	543	9
-	-	-	1	-	-	30	-	-	-	108	118	90	126	22
-	-	-	-	-	-	-	-	-	-	1	1	9	3	1
-	-	-	-	-	-	2	-	-	-	-	-	-	-	-
-	-	23	2	42	111	343	-	1	-	99	522	1,129	579	137
-	-	1	-	3	7	94	-	-	-	15	67	425	20	11
-	-	1	-	-	3	10	-	1	-	-	2	53	1	2
-	-	-	-	-	-	5	-	-	-	1	2	26	1	3
-	-	9	-	-	3	6	-	-	-	3	21	24	13	-
-	-	6	-	19	6	120	-	-	-	46	258	415	33	57
-	-	6	2	2	92	73	-	-	-	12	104	110	469	1
-	-	-	-	18	-	35	-	-	-	22	68	70	42	62
-	-	-	-	-	-	-	-	-	-	-	-	6	-	-
-	-	-	-	-	-	-	-	-	-	-	-	-	-	1

[별표2]

표준지위치표시부호

구 분	전	답	대	임 야	기 타
부 호	⊕	⊖	○	△	◐

■ 표준지의 선정 및 관리지침 [별지 제1호서식]

표 준 지 선 정 총 괄 표

시·군·구명:

(단위 : 필지수)

지역명	전년도 표준지수 (A)	조사연도 표준지 수				표준지 증감(△) (B-A= F)	교체율 (D/A)	증감률 (F/A)
		계(B) (C+E)	재선정 (C)	삭제(D)	신규(E)			
계								
○○읍 ○○면 ○○동								

※ 작성요령

1. "지역명" 란은 읍·면·동명을 기재한다.
2. "재선정" 란은 전년도 표준지 중에서 교체할 필요가 없는 표준지의 수를 기재한다.
3. "삭제"란은 전년도 표준지 중에서 조사연도 표준지로 선정되지 않은 표준지의 수를 기재한다.
4. "신규"란은 전년도 표준지가 아닌 토지 중에서 조사연도에 신규로 선정된 표준지 수를 기재한다.
5. "표준지증감(△)"란은 조사연도 표준지 수에서 전년도 표준지 수를 뺀 수를 기재한다.
6. "교체율", "증감률"은 소수점이하 3째자리에서 반올림하여 2째자리까지 기재한다.
7. 표준지선정총괄표의 계(B)는 표준지증감현황의 용도지역별·이용상황별·지목별 금년도 "계"란의 숫자와 일치하여야 한다.
8. 표준지선정총괄표의 삭제(D)는 표준지삭제사유별 내역 "계"와 삭제표준지 필지별 내역의 숫자와 일치하여야 한다.
9. 표준지선정총괄표의 신규(E)는 신규표준지 필지별 내역의 "계"와 일치하여야 한다.

■ 표준지의 선정 및 관리지침 [별지 제2호서식]

표 준 지 증 감 현 황

시 · 군 · 구명 :

○ 용도지역별 현황 (단위 : 필지수)

구 분		전년도 (A)	금년도 (B)	증 감 (C)	증감비율(%) (C/A)
계					
도시 지역	소 계				
	주거지역				
	상업지역				
	공업지역				
	녹지지역				
	개발제한구역				
용 도 미 지 정					
관 리 지 역					
농 림 지 역					
자연환경보전지역					

○ 토지이용상황별 현황 (단위 : 필지수)

구 분	전년도 (A)	금년도 (B)	증 감 (C)	증감비율(%) (C/A)
계				
주거/상업/공업				
전/답/임야				
특수토지 등				

○ 지목별 현황 (단위 : 필지수)

구 분	전년도 (A)	금년도 (B)	증 감 (C)	증감비율(%) (C/A)
계				
대				
전				
답				
임야				
기타				

210㎜×297㎜ (신문용지 54g/㎡)

※ 용도지역별 "계", 토지이용상황별 "계"와 지목별 "계"는 일치되어야 한다.

■ 표준지의 선정 및 관리지침 [별지 제3호서식]

표준지 삭제사유별 내역

시·군·구명 :

지역명	계	삭제사유								비고
		① 행정구역 개편	② 용도지역 변경	③ 개발사업 시행	④ 지적사항 변경	⑤ 형질 변경	⑥ 토지이용 상황 변경	⑦ 분포밀도 조정	⑧ 기타	
계										
○○읍 ○○면 ○○동										

210mm×297mm　　　　　　　　　　　　　　　　　　　(신문용지 54g/㎡)

※ 작성요령

1. "지역명"란은 읍·면·동명을 기재한다.
2. "기타"란에는 숫자만 표기하고 구체적인 삭제사유는 별지로 첨부한다.

■ 표준지의 선정 및 관리지침 [별지 제4호서식] <앞 면>

삭제 표준지 필지별 내역

소재지 및 지번	일련번호	지 목	토지이용 상황	용도지역	삭제사유
계					

210㎜×297㎜ (신문용지 54g/㎡)

※ 작성요령

1. "소재지 및 지번"란은 읍·면·동·리와 지번을 기재한다.
2. "일련번호"란은 해당 토지의 전년도 표준지 일련번호를 행정전산망 지역코드 순서에 따라 기재한다.
3. "삭제사유"란은 뒷면의 "삭제사유 작성요령" 중에서 해당되는 유형을 선택하여 기재한다.

■ 표준지의 선정 및 관리지침 [별지 제4호서식] <뒷 면>

삭 제 사 유 작 성 요 령

유 형	사 유	작 성 예 시
① 행정구역 개편	행정구역이 변경되어 표준지 소재지 등이 변경된 경우	행정구역 개편 (금산군이 대전광역시로 편입)
② 용도지역 변경	용도지역의 변경으로 기존 표준지를 교체하는 경우	용도지역 변경
③ 개발사업 시행	○ 택지개발사업·도시개발사업·재개발사업 등 대규모 개발사업으로 토지의 형질이 변경되어 표준지를 교체하는 경우	개발사업 시행 (○○개발사업)
	○ 도로사업 등으로 표준지 전부 또는 일부가 도로 등에 편입되어 교체하는 경우	개발사업 시행 (도로에 편입)
④ 지적사항 변경	○ 합병·분할 등으로 면적이 과대 또는 과소하게 되어 표준지를 교체하는 경우	지적사항 변경 (분할면적 : 20㎡)
	○ 합병·분할 등으로 표준지의 위치(지번변경 포함)가 변경되어 교체하는 경우	지적사항 변경 (지번변경)
	○ 합병·분할 등으로 토지의 형상이 기형으로 변하여 표준지를 교체하는 경우	지적사항 변경 (분할로 형상 부적합)
⑤ 형질변경	○ 대규모 개발사업 이외의 형질변경으로 당해 표준지가 대표성 등을 상실하여 표준지를 교체하는 경우	형질변경 (임→전, 전→답, 전→대 등)
	○ 표준지의 일부가 형질변경되어 표준지를 교체하는 경우	형질변경 (임→일부 전 등)
⑥ 토지이용상황변경	토지이용상황의 변경으로 대표성 등이 결여되어 표준지를 교체하는 경우	토지이용상황변경 (가옥이 철거되고 전으로 이용)
⑦ 분포밀도 조정	표준지 분포기준에 따라 표준지를 교체하는 경우	분포밀도 조정
⑧ 기 타	해당 시·군·구의 요청 등 위의 사유에 해당되지 않는 기타의 사유로 표준지가 교체되는 경우	기 타

■ 표준지의 선정 및 관리지침 [별지 제5호서식]

신규 표준지 필지별 내역

시·군·구명 :

소재지 및 지번	일련번호	지 목	용도지역	토지이용상황	선정사유
계					

210㎜×297㎜ (신문용지 54g/㎡)

※ 작성요령

1. "소재지 지번"란은 읍·면·동·리와 지번을 기재한다.
2. "일련번호"란은 해당 표준지의 조사연도 일련번호를 행정전산망 지역코드 순서에 따라 기재한다.
3. "선정사유"란은 표준지로 신규선정한 구체적인 선정사유를 기재하며, 삭제사유외에도 대표성이 낮으나 개별공시지가 산정을 위해 필요한 토지유형의 경우, 특수토지인 경우, 대규모 개발사업시행지구, 일단지 평가를 위해 필요한 경우 등 우선적으로 선정해야 할 필요성이 있어 신규표준지로 선정한 사유를 간략하게 기재한다.

2026년
표준지공시지가 조사·평가 업무요령 -부록-

표준지공시지가 조사·평가 기준

제1장 총칙 ··· 151

제2장 조사·평가절차 ···································· 153

제3장 평가기준 ··· 160

제4장 용도별 토지의 평가 ····························· 163

제5장 공법상 제한을 받는 토지의 평가 ··········· 169

제6장 특수토지의 평가 ································· 173

[별표1] 상업지대의 지역요인 및 개별요인 ········ 180

[별표2] 주택지대의 지역요인 및 개별요인 ········ 182

[별표3] 공업지대의 지역요인 및 개별요인 ········ 184

[별표4] 농경지대(전 지대)의 지역요인 및 개별요인 ·········· 185

[별표5] 농경지대(답 지대)의 지역요인 및 개별요인 ·········· 186

[별표6] 임야지대의 지역요인 및 개별요인 ········ 187

[별표7] 후보지지대의 지역요인 및 개별요인 ········ 188

국토교통부훈령 제1594호(2023.01.30.)

표준지공시지가 조사 · 평가 기준

제정 1996.12.24. 건설교통부훈령 제163호
개정 2000. 9.25. 건설교통부훈령 제296호
    2003. 2.24. 건설교통부훈령 제403호
    2004. 8.11. 건설교통부훈령 제479호
    2005. 8.26. 건설교통부훈령 제549호
    2008. 4. 3. 국토해양부훈령 제 48호
    2009. 8.24. 국토해양부훈령 제338호
    2010.11. 9. 국토해양부훈령 제642호
    2012. 8.20. 국토해양부훈령 제870호
    2012. 9.21. 국토해양부훈령 제887호
    2013. 5. 3. 국토교통부훈령 제186호
    2014. 8.29. 국토교통부훈령 제415호
    2014.12.29. 국토교통부훈령 제470호
    2015. 8.18. 국토교통부훈령 제575호
    2015.10. 6. 국토교통부훈령 제596호
    2016. 9. 1. 국토교통부훈령 제746호
    2017.10.25. 국토교통부훈령 제927호
    2019.10.23. 국토교통부훈령 제1235호
    2021.8. 13. 국토교통부훈령 제1424호
    2023. 1.30. 국토교통부훈령 제1594호

제1장 총칙

제1조(목적) 이 기준은 「부동산 가격공시에 관한 법률」 제3조에서 규정하고 있는 표준지 공시지가의 공시를 위하여 같은 법 제3조제4항 및 같은 법 시행령 제6조제3항에 따라 표준지의 적정가격 조사·평가에 필요한 세부기준과 절차 등을 정함을 목적으로 한다.

제2조(정의) 이 기준에서 사용하는 용어의 뜻은 다음과 같다.

1. "공익사업"이란 「공익사업을 위한 토지 등의 취득 및 보상에 관한 법률」 제4조 각 호의 어느 하나에 해당하는 사업을 말한다.

2. "개발이익"이란 공익사업의 계획 또는 시행이 공고 또는 고시되거나 공익사업의 시행, 그 밖에 공익사업의 시행에 따른 절차로서 행하여진 토지이용계획의 설정·변경·해제 등으로 인하여 토지소유자가 자기의 노력에 관계없이 지가가 상승되어 현저하게 받은 이익으로서 정상지가 상승분을 초과하여 증가된 부분을 말한다.

3. "일시적 이용상황"이란 관련 법령에 따라 국가나 지방자치단체의 계획이나 명령 등으로 해당 토지를 본래의 용도로 이용하는 것이 일시적으로 금지되거나 제한되어 다른 용도로 이용하고 있거나 해당 토지의 주위환경 등으로 보아 현재의 이용이 임시적인 것으로 인정되는 이용을 말한다.

4. "나지"란 토지에 건물이나 그 밖의 정착물이 없고 지상권 등 토지의 사용·수익을 제한하는 사법상의 권리가 설정되어 있지 아니한 토지를 말한다.

5. "특수토지"란 토지용도가 특수하고 거래사례가 희소하여 시장가치의 측정이 어려운 토지를 말한다.

6. "택지"란 주거·상업·공업용지 등의 용도로 이용되고 있거나 해당 용도로 이용할 목적으로 조성된 토지를 말한다.

7. "후보지"란 인근지역의 주위환경 등의 사정으로 보아 현재의 용도에서 장래 택지 등 다른 용도로의 전환이 객관적으로 예상되는 토지를 말한다.

8. "인근지역"이란 해당 토지가 속한 지역으로서 토지의 이용이 동질적이고 가격형성요인 중 지역요인을 공유하는 지역을 말한다.

9. "유사지역"이란 해당 토지가 속하지 아니하는 지역으로서 인근지역과 유사한 특성을 갖는 지역을 말한다.

10. "동일수급권"이란 일반적으로 해당 토지와 대체·경쟁관계가 성립하고 가격형성에 서로 영향을 미치는 관계에 있는 다른 토지가 존재하는 권역을 말하며, 인근지역과 유사지역을 포함한다.

11. (삭 제)

제3조(적용 범위) 표준지의 적정가격 조사·평가는 부동산 가격공시에 관한 법령과 감정평가 및 감정평가사에 관한 법령에서 정한 것을 제외하고는 이 기준에서 정하는 바에 따르고, 이 기준에서 정하지 아니한 사항은 표준지공시지가 조사·평가 업무요령 및 감정평가의 일반이론에 따른다.

제2장 조사·평가절차

제4조(조사·평가절차) 표준지의 적정가격 조사·평가는 「부동산 가격공시에 관한 법률 시행령」(이하 "영"이라 한다) 제2조제2항에 따른 『표준지의 선정 및 관리지침』에서 정한 지역분석 등을 실시한 후에 일반적으로 다음 각 호의 절차에 따라 실시한다.

1. 공부조사

2. 실지조사

3. 가격자료의 수집 및 정리

4. 사정보정 및 시점수정

5. 지역요인 및 개별요인의 비교

6. 평가가격의 결정 및 표시

7. 경계지역간 가격균형 여부 검토

8. 표준지 소유자의 의견청취

9. 특별시장·광역시장·특별자치시장·도지사 또는 특별자치도지사(이하 "시·도지사"라 한다) 및 시장·군수·구청장(자치구의 구청장을 말한다. 이하 같다)의 의견청취

10. 조사·평가보고서의 작성

제5조(공부조사) 표준지의 적정가격을 조사·평가할 때에는 토지·임야대장, 지적·임야도, 토지이용계획확인서, 건축물대장, 환지계획·환지처분 등 환지 관련서류 및 도면 등을 통해 공시기준일 현재의 다음 각 호의 사항을 조사한다.

1. 소재지·지번·지목·면적

2. 공법상 제한사항의 내용 및 그 제한의 정도

3. 그 밖의 공부(公簿) 조사사항

제6조(실지조사) 표준지의 적정가격을 조사·평가할 때에는 공시기준일 현재의 다음 각 호의 사항을 실지조사한다.

1. 소재지·지번·지목·면적

2. 위치 및 주위 환경

3. 토지 이용 상황·효용성 및 공법상 제한사항과의 부합 여부

4. 도로 및 교통 환경

5. 형상·지세·지반·지질 등의 상태

6. 편익시설의 접근성 및 편의성

7. 유해시설의 접근성 및 재해·소음 등 유해정도

8. 그 밖에 가격형성에 영향을 미치는 요인

제7조(가격자료의 수집 및 정리) ① 표준지의 적정가격을 조사·평가할 때에는 인근지역 및 동일수급권 안의 유사지역에 있는 거래사례, 평가선례, 보상선례, 조성사례, 분양사례, 수익사례 등과 세평가격 등 가격결정에 참고가 되는 자료(이하 "가격자료"라 한다)를 수집하여 이를 정리한다.

② 제1항에 따른 가격자료는 다음 각 호의 요건을 갖춘 것으로 한다.

1. 최근 3년 이내의 자료인 것

2. 사정보정이 가능한 것

3. 지역요인 및 개별요인의 비교가 가능한 것

4. 위법 또는 부당한 거래 등이 아닌 것

5. 토지 및 그 지상건물이 일체로 거래된 경우에는 배분법의 적용이 합리적으로 가능한 것

제8조(사정보정 및 시점수정) ① 수집된 거래사례 등에 거래당사자의 특수한 사정 또는 개별적인 동기가 개재되어 있거나 평가선례 등에 특수한 평가조건 등이 반영되어 있는 경우에는 그러한 사정이나 조건 등이 없는 상태로 이를 적정하게 보정(이하 "사정보정"이라 한다)한다.

② 가격자료의 거래시점 등이 공시기준일과 다른 경우에는 「부동산 거래 신고 등에 관한 법률」 제19조에 따라 국토교통부장관이 조사한 지가변동률로서 가격자료가 소재한 시·군·구의 같은 용도지역 지가변동률로 시점수정을 행한다. 다만, 다음 각 호의 경우에는 그러하지 아니하다.

1. 같은 용도지역의 지가변동률을 적용하는 것이 불가능하거나 적절하지 아니하다고 판단되는 경우에는 공법상 제한이 같거나 비슷한 용도지역의 지가변동률, 이용상황별 지가변동률 또는 해당 시·군·구의 평균지가변동률로 시점수정

2. 지가변동률을 적용하는 것이 불가능하거나 적절하지 아니한 경우에는 「한국은행법」 제86조에 따라 한국은행이 조사·발표하는 생산자물가지수에 따라 산정된 생산자물가상승률 등으로 시점수정

3. <삭　제>

4. <삭　제>

제9조(지역요인 및 개별요인의 비교) ① 수집·정리된 거래사례 등의 토지가 표준지의 인근지역에 있는 경우에는 개별요인만을 비교하고, 동일수급권 안의 유사지역에 있는 경우에는 지역요인 및 개별요인을 비교한다.

② 지역요인 및 개별요인의 비교는 표준지의 공법상 용도지역과 실제이용상황 등을 기준으로 그 용도적 특성에 따라 다음과 같이 용도지대를 분류하고, 가로조건·접근조건·환경조건·획지조건·행정적조건·기타조건 등에 관한 사항을 비교한다.

1. 상업지대 : 고밀도상업지대·중밀도상업지대·저밀도상업지대

2. 주택지대 : 고급주택지대·보통주택지대·농어촌주택지대

3. 공업지대 : 전용공업지대·일반공업지대

4. 농경지대 : 전작농경지대·답작농경지대

5. 임야지대 : 도시근교임야지대·농촌임야지대·산간임야지대

6. 후보지지대 : 택지후보지지대·농경지후보지지대

③ 각 용도지대별 지역요인 및 개별요인의 비교항목(조건·항목·세항목)은 별표 1부터 별표 7까지에서 정하는 내용을 참고로 하여 정한다.

④ 지역요인 및 개별요인의 비교를 위한 인근지역의 판단은 토지의 용도적 관점에 있어서의 동질성을 기준으로 하되, 일반적으로 지형·지물 등 다음 각 호의 사항을 확인하여 인근지역의 범위를 정한다.

1. 지반·지세·지질

2. 하천·수로·철도·공원·도로·광장·구릉 등

3. 토지의 이용상황

4. 공법상 용도지역·지구·구역 등

5. 역세권, 통학권 및 통작권역

제10조(평가가격의 결정 및 표시) ① 거래사례비교법 등에 따라 표준지의 가격을 산정한 때에는 인근지역 또는 동일수급권 안의 유사지역에 있는 유사용도 표준지의 평가가격과 비교하여 그 적정여부를 검토한 후 평가가격을 결정하되, 유사용도 표준지의 평가가격과 균형이 유지되도록 하여야 한다.

② 표준지로 선정된 1필지의 토지가 둘 이상의 용도로 이용되는 경우에는

용도별 면적비율에 의한 평균가격으로 평가가격을 결정한다. 다만, 다음 각 호의 어느 하나에 해당되는 경우에는 주된 용도의 가격으로 평가가격을 결정할 수 있다.

1. 다른 용도로 이용되는 부분이 일시적인 이용상황으로 인정되는 경우
2. 다른 용도로 이용되는 부분이 주된 용도와 가치가 유사하거나 면적비율이 현저하게 낮아 주된 용도의 가격을 기준으로 거래되는 관행이 있는 경우

③ 표준지의 평가가격은 제곱미터당 가격으로 표시하되, 유효숫자 세 자리로 표시함을 원칙으로 한다. 다만, 그 평가가격이 10만원 이상인 경우에는 유효숫자 네 자리까지 표시할 수 있다.

④ 제3항에도 불구하고 표준지 이의신청에 따른 평가가격 또는 「부동산 가격공시에 관한 법률」 제3조제5항 단서에 따라 하나의 감정평가법인등에게 의뢰하여 표준지공시지가를 평가하는 경우의 평가가격의 유효숫자 제한은 국토교통부장관이 별도로 정할 수 있다.

제11조(경계지역간 가격균형 여부 검토) ① 제10조에 따라 표준지의 평가가격을 결정한 때에는 인근 시·군·구의 유사용도 표준지의 평가가격과 비교하여 그 가격의 균형여부를 검토하여야 한다.

② 제1항의 가격균형여부의 검토는 용도지역·용도지대 및 토지이용상황별 지가수준을 비교하는 것 외에 특수토지 및 경계지역 부분에 있는 유사용도 표준지에 대하여 개별필지별로 행하되, 필요한 경우에는 인근 시·군·구의 가격자료 등을 활용하여 평가가격을 조정함으로써 상호 균형이 유지되도록 하여야 한다.

제12조(표준지 소유자의 의견청취) 영 제5조제3항에 따라 표준지 소유자가 표준지의 평가가격에 대하여 의견을 제시한 때에는 그 평가가격의 적정여부를 재검토하고 표준지 소유자가 제시한 의견이 객관적으로 타당하다고 인정되는 경우에는 이를 반영하여 평가가격을 조정하여야 한다.

제13조(시장·군수·구청장의 의견청취) ①「부동산 가격공시에 관한 법률 시행령」 제8조제2항에 따라 시·도지사 및 시장·군수·구청장(필요한 경우 특별시장·광역시장 또는 도지사를 포함한다. 이하 이 조에서 같다)의 의견을 듣고자 할 때에는 표준지의 필지별 가격 및 가격변동률, 용도지역별·지목별 최고·최저지가, 전년대비 가격변동이 현저한 표준지의 내역 및 변동사유, 표준지 위치표시도면 등 표준지의 평가가격 검토에 필요한 자료를 제출하여야 한다.

② 시·도지사 및 시장·군수·구청장으로부터 특정한 표준지에 대하여 평가가격의 조정의견이 제시된 때에는 그 평가가격의 적정여부를 재검토하고 그 의견이 객관적으로 타당하다고 인정되는 경우에는 이를 반영하여 평가가격을 조정하여야 한다.

제14조(조사·평가보고서의 작성) 표준지에 대한 조사·평가가 완료된 때에는 표준지 조사평가보고서를 작성하여 「부동산 가격공시에 관한 법률 시행규칙」 제3조제2항에 따른 서류(전자처리된 전자기록을 포함한다)와 함께 국토교통부장관에게 제출하여야 한다.

제3장 평가기준

제15조(적정가격 기준 평가) ① 표준지의 평가가격은 일반적으로 해당 토지에 대하여 통상적인 시장에서 정상적인 거래가 이루어지는 경우 성립될 가능성이 가장 높다고 인정되는 가격(이를 "적정가격"이라 한다)으로 결정하되, 시장에서 형성되는 가격자료를 충분히 조사하여 표준지의 객관적인 시장가치를 평가한다.

② 특수토지 등 시장성이 없거나 거래사례 등을 구하기가 곤란한 토지는 해당 토지와 유사한 이용가치를 지닌다고 인정되는 토지의 조성에 필요한 비용추정액 또는 임료 등을 고려한 가격으로 평가하거나, 해당 토지를 인근지역의 주된 용도의 토지로 보고 제1항에 따라 평가한 가격에 그 용도적 제한이나 거래제한의 상태 등을 고려한 가격으로 평가한다.

제16조(실제용도 기준 평가) 표준지의 평가는 공부상의 지목에도 불구하고 공시기준일 현재의 이용상황을 기준으로 평가하되, 일시적인 이용상황은 이를 고려하지 아니한다.

제17조(나지상정 평가) 표준지의 평가에 있어서 그 토지에 건물이나 그 밖의 정착물이 있거나 지상권 등 토지의 사용·수익을 제한하는 사법상의 권리가 설정되어 있는 경우에는 그 정착물 등이 없는 토지의 나지상태를 상정하여 평가한다.

제18조(공법상 제한상태 기준 평가) 표준지의 평가에 있어서 공법상 용도지역·지구·구역 등 일반적인 계획제한사항 뿐만 아니라 도시계획시설 결정 등 공익사업의 시행을 직접목적으로 하는 개별적인 계획제한사항이

있는 경우에는 그 공법상 제한을 받는 상태를 기준으로 평가한다.

제19조(개발이익 반영 평가) ① 표준지의 평가에 있어서 다음 각 호의 개발이익은 이를 반영하여 평가한다. 다만, 그 개발이익이 주위환경 등의 사정으로 보아 공시기준일 현재 현실화·구체화되지 아니하였다고 인정되는 경우에는 그러하지 아니하다.

1. 공익사업의 계획 또는 시행이 공고 또는 고시됨으로 인한 지가의 증가분
2. 공익사업의 시행에 따른 절차로서 행하여진 토지이용계획의 설정·변경·해제 등으로 인한 지가의 증가분
3. 그 밖에 공익사업의 착수에서 준공까지 그 시행으로 인한 지가의 증가분

② 제1항에 따라 개발이익을 반영함에 있어서 공익사업시행지구 안에 있는 토지는 해당 공익사업의 단계별 성숙도 등을 고려하여 평가하되, 인근지역 또는 동일수급권 안의 유사지역에 있는 유사용도 토지의 지가 수준과 비교하여 균형이 유지되도록 하여야 한다.

제20조(일단지의 평가) ① 용도상 불가분의 관계에 있는 2필지 이상의 일단의 토지(이하 "일단지"라 한다) 중에서 대표성이 있는 1필지가 표준지로 선정된 때에는 그 일단지를 1필지의 토지로 보고 평가한다.

② 제1항에서 "용도상 불가분의 관계"란 일단지로 이용되고 있는 상황이 사회적·경제적·행정적 측면에서 합리적이고 해당 토지의 가치형성 측면에서도 타당하다고 인정되는 관계에 있는 경우를 말한다.

③ 개발사업시행예정지는 공시기준일 현재 관계 법령에 따른 해당 사업계획의 승인이나 「공익사업을 위한 토지 등의 취득 및 보상에 관한 법률」

제20조에 따른 사업인정(다른 법률에 따라 사업인정으로 보는 경우를 포함한다. 이하 같다)이 있기 전에는 이를 일단지로 보지 아니한다.

④ 2필지 이상의 토지에 하나의 건축물(부속건축물을 포함한다)이 건립되어 있거나 건축 중에 있는 토지와 공시기준일 현재 나지상태이나 건축허가 등을 받고 공사를 착수한 때에는 토지소유자가 다른 경우에도 이를 일단지로 본다.

⑤ 2필지 이상의 일단의 토지가 조경수목재배지, 조경자재제조장, 골재야적장, 간이창고, 간이체육시설용지(테니스장, 골프연습장, 야구연습장 등) 등으로 이용되고 있는 경우로서 주위환경 등의 사정으로 보아 현재의 이용이 일시적인 이용상황으로 인정되는 경우에는 이를 일단지로 보지 아니한다.

⑥ 일단으로 이용되고 있는 토지의 일부가 용도지역 등을 달리하는 등 가치가 명확히 구분되어 둘 이상의 표준지가 선정된 때에는 그 구분된 부분을 각각 일단지로 보고 평가한다.

제21조(평가방식의 적용) ① 표준지의 평가는 거래사례비교법, 원가법 또는 수익환원법의 3방식 중에서 해당 표준지의 특성에 가장 적합한 평가방식 하나를 선택하여 행하되, 다른 평가방식에 따라 산정한 가격과 비교하여 그 적정여부를 검토한 후 평가가격을 결정한다. 다만, 해당 표준지의 특성 등으로 인하여 다른 평가방식을 적용하는 것이 현저히 곤란하거나 불필요한 경우에는 하나의 평가방식으로 결정할 수 있으며, 이 경우 제14조에 따른 조사·평가보고서에 그 사유를 기재하여야 한다.

② 일반적으로 시장성이 있는 토지는 거래사례비교법으로 평가한다. 다만, 새로이 조성 또는 매립된 토지는 원가법으로 평가할 수 있으며, 상업용지 등 수익성이 있는 토지는 수익환원법으로 평가할 수 있다.

③ 시장성이 없거나 토지의 용도 등이 특수하여 거래사례 등을 구하기가 현저히 곤란한 토지는 원가법에 따라 평가하거나, 해당 토지를 인근지역의 주된 용도의 토지로 보고 거래사례비교법에 따라 평가한 가격에 그 용도적 제한이나 거래제한의 상태 등을 고려한 가격으로 평가한다. 다만, 그 토지가 수익성이 있는 경우에는 수익환원법으로 평가할 수 있다.

④ 표준지의 평가가격을 원가법에 따라 결정할 경우에는 다음과 같이 한다. 다만, 특수한 공법을 사용하여 토지를 조성한 경우 등 해당 토지의 조성공사비가 평가가격 산출시 적용하기에 적정하지 아니한 경우에는 인근 유사토지의 조성공사비를 참작하여 적용할수 있다.

○ [조성 전 토지의 소지가격+(조성공사비 및 그 부대비용+ 취득세 등 제세공과금+적정이윤)] ÷ 해당 토지의 면적 ≒ 평가가격

⑤ (삭 제)

⑥ (삭 제)

제4장 용도별 토지의 평가

제22조(주거용지) ① 주거용지(주상복합용지를 포함한다)는 토지의 일반적인 조사사항 이외에 주거의 쾌적성 및 편의성에 중점을 두고 다음 각 호의 사항 등을 고려하여 평가하되, 인근지역 또는 동일수급권 안의 유사

지역에 있는 토지의 거래사례 등 가격자료를 활용하여 거래사례비교법으로 평가한다. 다만, 새로이 조성 또는 매립된 토지로서 거래사례비교법으로 평가하는 것이 현저히 곤란하거나 적정하지 아니하다고 인정되는 경우에는 원가법으로 평가할 수 있다.

1. 도심과의 거리 및 교통시설의 상태
2. 상가와의 거리 및 배치상태
3. 학교, 공원, 병원 등의 배치상태
4. 거주자의 직업·계층 등 지역의 사회적 환경
5. 조망, 풍치, 경관 등 지역의 자연적 환경
6. 변전소, 폐수처리장 등 위험·혐오시설 등의 유무
7. 소음, 대기오염 등 공해발생의 상태
8. 홍수, 사태 등 재해발생의 위험성
9. 각 획지의 면적과 배치 및 이용 등의 상태

② 아파트 등 공동주택용지는 그 지상에 있는 건물과 유사한 규모(층수·용적률·건폐율 등)의 건축물을 건축할 수 있는 토지의 나지상태를 상정하여 평가한다. 다만, 공시기준일 현재 해당 토지의 현실적인 이용상황이 인근지역에 있는 유사용도 토지의 표준적인 이용상황에 현저히 미달되는 경우에는 인근지역에 있는 유사용도 토지의 표준적인 이용상황을 기준으로 한다.

제23조(상업·업무용지) ① 상업·업무용지(공공용지를 제외한다)는 토지의 일반적인 조사사항 이외에 다음 각 호의 사항 등을 고려하여 평가하

되, 인근지역 또는 동일수급권 안의 유사지역에 있는 토지의 거래사례 등 가격자료를 활용하여 거래사례비교법으로 평가한다. 다만, 수익사례의 수집이 가능한 경우에는 수익환원법으로 평가할 수 있으며(이 경우 거래사례비교법으로 평가한 가격과 비교하여 그 합리성을 검토하여야 한다), 새로이 조성 또는 매립된 토지는 원가법으로 평가할 수 있다.

1. 배후지의 상태 및 고객의 질과 양
2. 영업의 종류 및 경쟁의 상태
3. 고객의 교통수단의 상태 및 통행 패턴
4. 번영의 정도 및 성쇠의 상태
5. 해당 지역 경영자의 창의와 자력의 정도
6. 번화가에의 접근성

② 상업・업무용지의 인근지역 또는 동일수급권 안의 유사지역에 임대동향표본(국토교통부장관이 매년 임대동향조사를 위하여 선정한 오피스빌딩 및 매장용 빌딩을 말한다)이 소재하는 경우 상업・업무용지는 임대동향표본을 활용하여 수익환원법으로 평가하여야 한다(이 경우 거래사례비교법으로 평가한 가격과 비교하여 그 합리성을 검토하여야 한다). 다만, 인근지역 또는 동일수급권 안의 유사지역에 비교가능한 적정 거래사례가 충분하여 거래사례비교법으로 평가하는 것이 합리적인 것으로 인정되는 경우나 음(-)의 수익가격이 산출되는 등 임대동향표본을 활용한 수익환원법의 적용이 불합리한 경우에는 예외로 한다.

제24조(공업용지) ① 공업용지는 토지의 일반적인 조사사항 이외에 제품생산

및 수송·판매에 관한 경제성에 중점을 두고 다음 각 호의 사항 등을 고려하여 평가하되, 인근지역 또는 동일수급권 안의 유사지역에 있는 토지의 거래사례 등 가격자료를 활용하여 거래사례비교법으로 평가한다. 다만, 새로이 조성 또는 매립된 토지로서 거래사례비교법으로 평가하는 것이 현저히 곤란하거나 적정하지 아니하다고 인정되는 경우에는 원가법으로 평가할 수 있다.

1. 제품의 판매시장 및 원재료 구입시장과의 위치관계
2. 항만, 철도, 간선도로 등 수송시설의 정비상태
3. 동력자원 및 용수·배수 등 공급처리시설의 상태
4. 노동력 확보의 난이
5. 관련산업과의 위치관계
6. 수질오염, 대기오염 등 공해발생의 위험성
7. 온도, 습도, 강우 등 기상의 상태

② 「산업입지 및 개발에 관한 법률」에 따른 국가산업단지·지방산업단지·농공단지 등 산업단지 안에 있는 공업용지는 해당 토지 등의 분양가격자료를 기준으로 평가하되, 「산업집적활성화 및 공장설립에 관한 법률 시행령」 제52조에서 정한 이자 및 비용상당액과 해당 산업단지의 성숙도 등을 고려한 가격으로 평가한다. 다만, 분양이 완료된 후에 상당기간 시일이 경과되어 해당 토지 등의 분양가격자료에 따른 평가가 현저히 곤란하거나 적정하지 아니하다고 인정되는 경우에는 인근지역 또는 동일수급권의 다른 산업단지 안에 있는 공업용지의 분양가격

자료를 기준으로 평가할 수 있다.

제25조(농경지) ① 전·답·과수원 등 농경지는 토지의 일반적인 조사사항 이외에 다음 각 호의 사항 등을 고려하여 평가하되, 인근지역 또는 동일수급권 안의 유사지역에 있는 농경지의 거래사례 등 가격자료를 활용하여 거래사례비교법으로 평가한다. 다만, 간척지 등 새로이 조성 또는 매립된 토지로서 거래사례비교법으로 평가하는 것이 현저히 곤란하거나 적정하지 아니하다고 인정되는 경우에는 원가법으로 평가할 수 있다.

1. 토질의 종류 및 비옥도
2. 관개·배수의 설비상태
3. 한·수해의 유무와 그 정도
4. 관리 또는 경작의 편리성
5. 단위면적당 평균수확량
6. 마을 및 출하지와의 접근성

② 과수원은 그 지상에 있는 과수목의 상황을 고려하지 아니한 상태를 기준으로 평가하되, 제26조제2항 단서의 규정을 준용한다.

제26조(임야지) ① 임야지는 토지의 일반적인 조사사항 이외에 다음 각 호의 사항 등을 고려하여 평가하되, 인근지역 또는 동일수급권 안의 유사지역에 있는 임야지의 거래사례 등 가격자료를 활용하여 거래사례비교법으로 평가한다.

1. 표고, 지세 등의 자연상태
2. 지층의 상태

3. 일조·온도·습도 등의 상태

4. 임도 등의 상태

5. 노동력 확보의 난이

② 임야지는 그 지상입목의 상황을 고려하지 아니한 상태를 기준으로 평가한다. 다만, 다음 각 호의 어느 하나에 해당되는 경우에는 그 지상입목을 임야지에 포함한 가격으로 평가할 수 있다. 이 경우에 그 지상입목은 따로 경제적인 가치가 없는 것으로 본다.

1. 입목가격이 임야지가격에 비하여 경미한 경우

2. 자연림으로서 입목도가 30퍼센트 이하인 경우

③ 「초지법」 제5조에 따라 허가를 받아 조성된 목장용지는 인근지역 또는 유사용도 토지의 거래사례 등 가격자료를 활용하여 거래사례비교법으로 평가한다. 다만, 인근지역 및 동일 수급권 안의 유사지역에서 유사용도 토지의 거래사례 등 가격자료를 구하기가 현저히 곤란한 경우에는 원가법에 따라 다음과 같이 평가할 수 있다.

1. 초지는 조성 전 토지의 소지가격에 해당 초지의 조성에 소요되는 통상의 비용(개량비를 포함한다) 상당액 및 적정이윤 등을 고려한 가격으로 평가

2. 축사 및 부대시설의 부지는 조성 전 토지의 소지가격에 해당 토지의 조성에 소요되는 통상의 비용 상당액 및 적정이윤 등을 고려한 가격으로 평가

3. 목장용지 내의 주거용 "대" 부분은 목장용지로 보지 아니하며, 실제 이용

상황 등을 고려하여 평가

제27조(후보지) ① 택지후보지는 토지의 일반적인 조사사항 이외에 다음 각 호의 사항 등을 고려하여 평가하되, 인근지역 또는 동일수급권 안의 유사지역에 있는 토지의 거래사례 등 가격자료를 활용하여 거래사례비교법으로 평가한다. 다만, 인근지역 및 동일수급권 안의 유사지역에서 유사용도 토지의 거래사례 등 가격자료를 구하기가 현저히 곤란한 경우에는 택지조성 후의 토지가격에서 택지조성에 필요한 통상의 비용 상당액 및 적정이윤 등을 뺀 가격에 성숙도 등을 고려한 가격으로 평가할 수 있다.

1. 택지화 등을 조장하거나 저해하는 행정상의 조치 및 규제정도
2. 인근지역의 공공시설의 정비동향
3. 인근에 있어서의 주택·점포·공장 등의 건설동향
4. 조성의 난이 및 그 정도
5. 조성 후 택지로서의 유효이용도

② 제1항의 규정은 농경지후보지의 평가시에 이를 준용한다.

제5장 공법상 제한을 받는 토지의 평가

제28조(도시·군계획시설 등 저촉토지) ① 「국토의 계획 및 이용에 관한 법률」 제2조제7호에 따른 도시·군계획시설에 저촉되는 토지는 그 도시·군계획시설에 저촉된 상태대로의 가격이 형성되어 있는 경우에는 그 가격을 기준으로 평가하고, 저촉된 상태대로의 가격이 형성되어 있지 아니한 경우에는 저촉되지 아니한 상태를 기준으로 한 가격에 그 도시·군계획시설의

저촉으로 인한 제한정도에 따른 적정한 감가율 등을 고려하여 평가한다.

② 토지의 일부면적이 도시·군계획시설에 저촉되는 경우에는 저촉부분과 잔여부분의 면적비율에 따른 평균가격으로 평가한다. 다만, 도시·군계획시설에 저촉되는 부분의 면적비율이 현저하게 낮아 토지의 사용수익에 지장이 없다고 인정되는 경우에는 도시·군계획시설에 저촉되지 아니한 것으로 보며, 잔여부분의 면적비율이 현저하게 낮아 단독으로 효용가치가 없다고 인정되는 경우에는 전체면적이 도시·군계획시설에 저촉된 것으로 본다.

③ 표준지가 도시·군계획시설에 저촉되었으나 공시기준일 현재 해당 도시·군계획시설사업이 완료된 경우에는 도시·군계획시설에 저촉되지 아니한 것으로 보고 평가한다.

④ <삭제>

제29조(둘 이상의 용도지역에 속한 토지) 둘 이상의 용도지역에 걸쳐있는 토지는 각 용도지역 부분의 위치, 형상, 이용상황 및 그 밖에 다른 용도지역 부분에 미치는 영향 등을 고려하여 면적 비율에 따른 평균가격으로 평가한다. 다만, 용도지역을 달리하는 부분의 면적비율이 현저하게 낮아 가격형성에 미치는 영향이 별로 없거나 관계 법령에 따라 주된 용도지역을 기준으로 이용할 수 있는 경우에는 주된 용도지역의 가격을 기준으로 평가할 수 있다.

제30조(도시·군계획시설도로에 접한 토지) 도시·군계획시설도로에 접한 토지는 그 도시·군계획시설도로에 접하지 아니한 상태를 기준으로 평가

한다. 다만, 공시기준일 현재 건설공사 중에 있는 경우에는 이를 현황 도로로 보며, 건설공사는 착수하지 아니하였으나 「국토의 계획 및 이용에 관한 법률」 제91조에 따른 도시·군계획시설사업의 실시계획의 고시 및 「도시개발법」 제18조에 따른 도시개발사업의 실시계획의 고시가 된 경우에는 이를 반영하여 평가한다.

제31조(개발제한구역 안의 토지) 개발제한구역 안에 있는 토지는 그 공법상 제한을 받는 상태를 기준으로 평가하되, 실제용도 또는 지목이 대인 경우에는 다음 각 호의 기준에 따라 평가한다.

1. 건축물이 있는 토지는 「개발제한구역의 지정 및 관리에 관한 특별조치법 시행령」 제13조제1항에서 규정하는 범위 안에서의 건축물의 개축·재축·증축·대수선·용도변경 등이 가능한 토지의 나지상태를 상정하여 평가

2. 개발제한구역 지정당시부터 지목이 대인 건축물이 없는 토지(이축된 건축물이 있었던 지목이 대인 토지로서 개발제한구역 지정당시부터 해당 토지의 소유자와 건축물의 소유자가 다른 경우의 토지를 포함하며, 형질변경허가가 불가능한 토지를 제외한다)는 건축이 가능한 상태를 기준으로 평가

3. 제2호 이외의 건축이 불가능한 지목이 대인 토지는 현실의 이용상황을 고려하여 평가

제32조(재개발구역 등 안의 토지) ① 「도시 및 주거환경정비법」 제8조에 따라 지정된 주거환경개선구역·재개발구역 안의 토지는 그 공법상 제한을

받는 상태를 기준으로 평가한다. 다만, 공시기준일이 「도시 및 주거환경정비법」 제50조에 따른 사업시행인가 등의 고시 전으로서 해당 공익사업의 시행으로 인한 개발이익이 현실화·구체화되지 아니하였다고 인정되는 경우에는 이를 반영하지 아니한다.

② 삭제

제33조(환지방식에 의한 사업시행지구 안의 토지) ① 「도시개발법」 제28조부터 제49조까지에서 규정하는 환지방식에 따른 사업시행지구 안에 있는 토지는 다음과 같이 평가한다.

1. 환지처분 이전에 환지예정지로 지정된 경우에는 청산금의 납부여부에 관계없이 환지예정지의 위치, 확정예정지번(블록·롯트), 면적, 형상, 도로접면상태와 그 성숙도 등을 고려하여 평가

2. 환지예정지의 지정 전인 경우에는 종전 토지의 위치, 지목, 면적, 형상, 이용상황 등을 기준으로 평가

② 「농어촌정비법」에 따른 농업생산기반 정비사업 시행지구 안에 있는 토지를 평가할 때에는 제1항을 준용한다.

제34조(택지개발사업시행지구 안의 토지) 「택지개발 촉진법」에 따른 택지개발사업시행지구 안에 있는 토지는 그 공법상 제한사항 등을 고려하여 다음과 같이 평가한다.

1. 택지개발사업 실시계획의 승인고시일 이후에 택지로서의 확정예정지번이 부여된 경우에는 제33조제1항제1호를 준용하되, 「택지개발촉진법 시행령」 제13조의2에 따른 해당 택지의 지정용도 등을 고려하여 평가

2. 택지로서의 확정예정지번이 부여되기 전인 경우에는 종전 토지의 이용상황 등을 기준으로 그 공사의 시행정도 등을 고려하여 평가하되, 「택지개발촉진법」 제11조제1항에 따라 공법상 용도지역이 변경된 경우에는 변경된 용도지역을 기준으로 평가

제35조(특정시설의 보호 등을 목적으로 지정된 구역 등 안의 토지) ① 「문화재보호법」 제27조에 따른 문화재보호구역 등 관계 법령에 따라 특정시설의 보호 등을 목적으로 지정된 구역 등 안에 있는 토지는 그 공법상 제한을 받는 상태대로의 가격이 형성되어 있는 경우에는 그 가격을 기준으로 평가하고, 제한을 받는 상태대로의 가격이 형성되어 있지 아니한 경우에는 그 공법상 제한을 받지 아니한 상태를 기준으로 한 가격에 그 공법상 제한정도에 따른 적정한 감가율 등을 고려하여 평가한다.

② <삭제>

제6장 특수토지의 평가

제36조(광천지) 지하에서 온수·약수·석유류 등이 용출되는 용출구와 그 유지에 사용되는 부지(온수·약수·석유류 등을 일정한 장소로 운송하는 송수관·송유관 및 저장시설의 부지를 제외한다. 이하 이 조에서 "광천지"라 한다)는 그 광천의 종류, 질 및 양의 상태, 부근의 개발상태 및 편익시설의 종류·규모, 사회적 명성 및 수익성 등을 고려하여 거래사례비교법에 따라 다음과 같이 평가하되, 공구당 총가격은 광천지에 화체되지 아니한 건물, 구축물, 기계·기구 등의 가격 상당액을 뺀 것으

로 한다. 다만, 인근지역 및 동일수급권 안의 유사지역에서 유사용도 토지의 거래사례 등 가격자료를 구하기가 현저히 곤란한 경우에는 원가법 또는 수익환원법으로 평가할 수 있다.

제37조(광업용지) ① 광산 및 오석, 대리석 등 특수채석장의 용지(이하 이 조에서 "광업용지"라 한다)는 광물의 종류와 매장량, 질 등을 고려하여 거래사례비교법으로 평가한다. 다만, 인근지역 및 동일수급권 안의 유사지역에서 유사용도 토지의 거래사례 등 가격자료를 구하기가 현저히 곤란한 경우에는 수익환원법에 따라 평가할 수 있다.

② 광업용지를 제1항 단서에 따라 수익환원법으로 평가할 경우에는 해당 광산전체의 평가가격에서 토지에 화체되지 아니한 건물, 구축물, 기계・기구 등의 시설 및 광업권의 평가가격 상당액을 뺀 것으로 한다.

③ 용도폐지된 광업용지는 인근지역 또는 동일수급권 안의 유사지역에 있는 용도폐지된 광업용지의 거래사례 등 가격자료를 활용하여 거래사례비교법으로 평가한다. 다만, 용도폐지된 광업용지의 거래사례 등 가격자료를 구하기가 곤란한 경우에는 인근지역 또는 동일수급권 안의 유사지역에 있는 주된 용도 토지의 가격자료에 따라 평가하되, 다른 용도로의 전환가능성 및 용도전환에 소요되는 통상비용 등을 고려한 가격으로 평가한다.

제38조(염전부지) 염전시설의 부지(이를 "염전부지"라 한다)는 입지조건, 규모 및 시설 등의 상태, 염생산가능면적과 부대시설면적의 비율, 주위환경 변동에 따른 다른 용도로의 전환가능성 및 수익성 등을 고려하여

거래사례비교법으로 평가하되, 거래사례 등 가격자료에 토지에 화체되지 아니한 건물 및 구축물 등의 가격상당액이 포함되어 있는 경우에는 이를 뺀 것으로 한다.

제39조(유원지) ① 유원지는 인근지역 또는 동일수급권 안의 유사지역에 있는 유사용도 토지의 거래사례 등 가격자료를 활용하여 거래사례비교법으로 평가한다. 다만, 거래사례비교법으로 평가하는 것이 현저히 곤란하거나 적정하지 아니하다고 인정되는 경우에는 원가법 또는 수익환원법으로 평가할 수 있다.

② 유원지를 평가할 때에는 다음 각 호의 사항 등을 고려하되 거래사례 등 가격자료에 토지에 화체되지 아니한 건물 등 관리시설과 공작물 등의 가격상당액이 포함되어 있는 경우에는 이를 뺀 것으로 한다.

1. 시설의 종류·규모 및 그 시설물의 상태
2. 조망, 경관 등 자연환경조건
3. 도시지역 및 교통시설과의 접근성
4. 시설이용의 편리성 및 쾌적성
5. 공법상 제한사항 및 그 내용
6. 그 밖에 사회적 명성 및 수익성

제40조(묘지) ① 묘지(공설묘지를 제외한다. 이하 이 조에서 같다)는 그 묘지가 위치한 인근지역의 주된 용도 토지의 거래사례 등 가격자료를 활용하여 거래사례비교법으로 평가하되, 해당 분묘 등이 없는 상태를 상정하여 평가한다.

② 「장사 등에 관한 법률」제14조제1항제3호 및 제4호에 따라 설치된 종중·문중묘지 및 법인묘지로서 제1항에 따라 거래사례비교법으로 평가하는 것이 현저히 곤란하거나 적정하지 아니하다고 인정되는 경우에는 원가법으로 평가하되, 조성공사비 및 그 부대비용은 토지에 화체(공작물 등이 토지에서 분리할 수 없는 일부분으로서 토지의 가치 자체를 형성하는 것을 말한다. 이하 같다.)되지 아니한 관리시설 및 분묘 등의 설치에 소요되는 금액 상당액을 뺀 것으로 한다. 다만, 특수한 공법을 사용하여 토지를 조성한 경우 등 해당 토지의 조성공사비가 평가가격 산출시 적용하기에 적정하지 아니한 경우에는 인근 유사토지의 조성공사비를 참작하여 적용할 수 있다.

제41조(골프장용지등) ① 골프장용지는 원가법에 따라 평가하되, 조성공사비 및 그 부대비용은 토지에 화체되지 아니한 골프장 안의 관리시설(클럽하우스·창고·오수처리시설 등 골프장 안의 모든 건축물을 말한다. 이하 이 조에서 같다)의 설치에 소요되는 금액 상당액을 뺀 것으로 하고, 골프장의 면적은 「체육시설의 설치·이용에 관한 법률 시행령」제20조제1항에 따라 등록된 면적(조성공사 중에 있는 골프장용지는 같은 법 제12조에 따라 사업계획의 승인을 얻은 면적을 말한다. 이하 이 조에서 같다)으로 한다. 다만, 특수한 공법을 사용하여 토지를 조성한 경우 등 해당 토지의 조성공사비가 평가가격 산출시 적용하기에 적정하지 아니한 경우에는 인근 유사토지의 조성공사비를 참작하여 적용할수 있다.

② 골프장용지는 골프장의 등록된 면적 전체를 일단지로 보고 평가한다.

다만, 하나의 골프장이 회원제골프장과 대중골프장 등으로 구분되어 있어 둘 이상의 표준지가 선정된 때에는 그 구분된 부분을 각각 일단지로 보고 평가한다.

③ 제1항에 따라 원가법으로 평가한 가격이 인근지역 및 동일수급권의 유사지역에 있는 유사규모 골프장용지의 표준지공시지가 수준과 현저한 차이가 있는 경우에는 수익환원법 또는 거래사례비교법으로 평가한 가격과 비교하여 그 적정 여부를 확인하되, 필요한 경우에는 평가가격을 조정하여 유사용도 표준지의 평가가격과 균형이 유지되도록 할 수 있다.

④ 제1항부터 제3항까지의 규정은 경마장 및 스키장시설 등 이와 유사한 체육시설용지의 평가시에 준용한다.

제42조(종교용지등) 종교용지 또는 사적지(이하 이 조에서 "종교용지등"이라 한다)는 그 토지가 위치한 인근지역의 주된 용도 토지의 거래가격을 활용하여 거래사례비교법으로 평가하되, 그 용도 제한 및 거래제한의 상태 등을 고려하여 평가한다. 다만, 그 종교용지등이 농경지대 또는 임야지대 등에 소재하여 해당 토지의 가격이 인근지역의 주된 용도 토지의 가격수준에 비하여 일반적으로 높게 형성되는 것으로 인정되는 경우에는 원가법에 따르되, 조성공사비 및 그 부대비용은 토지에 화체되지 아니한 공작물 등의 설치에 소요되는 금액 상당액을 뺀 것으로 한다. 다만, 특수한 공법을 사용하여 토지를 조성한 경우 등 해당 토지의 조성공사비가 평가가격 산출시 적용하기에 적정하지 아니한 경우에는 인근 유사토지의 조성공사비를 참작하여 적용할 수 있다.

제43조(여객자동차·물류터미널 부지) ① 여객자동차·물류 터미널 부지는 인근지역의 주된 용도 토지의 표준적인 획지의 적정가격에 여객자동차·물류 터미널 부지의 용도제한이나 거래제한 등에 따른 적정한 감가율 등을 고려하여 거래사례비교법으로 평가한다. 다만, 거래사례비교법으로 평가하는 것이 현저히 곤란하거나 적정하지 아니하다고 인정되는 경우에는 원가법 또는 수익환원법으로 평가할 수 있다.

② 제1항에 따라 적정한 감가율 등을 고려하는 경우에는 여객자동차·물류 터미널의 구조 및 부대·편익시설의 현황, 여객자동차·물류 터미널 사업자의 면허(또는 등록, 허가, 신고 등)내용 및 해당 여객자동차·물류 터미널을 이용하는 여객자동차·물류운송사업자 현황 등을 참작하여야 한다.

제44조(공공용지등) ① 공공청사, 학교, 도서관, 시장, 도로, 공원, 운동장, 체육시설, 철도, 하천, 위험·혐오시설의 부지 및 그 밖에 이와 유사한 용도의 토지(이를 "공공용지등"이라 한다. 이하 이 조에서 같다)는 다음과 같이 평가한다.

1. 공공청사, 학교, 도서관, 시장의 부지 및 그 밖에 이와 유사한 용도의 토지는 인근지역의 주된 용도 토지의 거래사례 등 가격자료를 활용하여 거래사례비교법으로 평가. 다만, 토지의 용도에 따른 감가율은 없는 것으로 본다.

2. 도로, 공원, 운동장, 체육시설, 철도, 하천, 위험·혐오시설의 부지 및 그 밖에 이와 유사한 용도의 토지는 인근지역에 있는 주된 용도 토지의 표

준적인 획지의 적정가격에 그 용도의 제한이나 거래제한 등에 따른 적정한 감가율 등을 고려하여 평가

② 공공용지등이 새로이 조성 또는 매립 등이 되어 제1항 각 호에 따라 평가하는 것이 현저히 곤란하거나 적정하지 아니하다고 인정되는 경우에는 원가법으로 평가할 수 있다.

제45조(재검토기한) 국토교통부장관은 이 훈령에 대하여 「훈령·예규 등의 발령 및 관리에 관한 규정」에 따라 2023년 1월 1일을 기준으로 매 3년이 되는 시점(매 3년째의 12월 31일까지를 말한다)마다 그 타당성을 검토하여 개선 등의 조치를 하여야 한다.

[별표1]

상업지대의 지역요인 및 개별요인

지역요인			개별요인		
조건	항목	세항목	조건	항목	세항목
가로 조건	가로의 폭, 구조 등의 상태	폭	가로 조건	가로의 폭, 구조 등의 상태	폭
		포장			포장
		보도			보도
		계통 및 연속성			계통 및 연속성
	가구(block)의 상태	가구의 정연성			
		가구시설의 상태			
접근 조건	교통수단 및 공공시설과의 접근성	인근교통시설의 편의성	접근 조건	상업지역중심 및 교통시설과의 편의성	상업지역중심과의 접근성
		인근교통시설의 이용 승객수			
		주차시설의 정비			
		교통규제의 정도 (일방통행, 주정차 금지 등)			인근교통시설과의 거리 및 편의성
		관공서 등 공공시설과의 접근성			
환경 조건	상업 및 업무 시설의 배치 상태	백화점, 대형상가의 수와 연면적	환경 조건	고객의 유동성과의 적합성	고객의 유동성과의 적합성
		전국규모의 상가 및 사무소의 수와 연면적		인근환경	인근토지의 이용상황
		관람집회시설의 상태			인근토지의 이용상황과의 적합성
		부적합한 시설의 상태(공장, 창고, 주택 등)		자연환경	지반, 지질 등
		기타 고객유인시설 등	획지 조건	면적, 접면 너비, 깊이, 형상 등	면적
		배후지의 인구			접면너비
		배후지의 범위			깊이
		고객의 구매력 등			부정형지

III. 표준지공시지가 조사·평가 기준

지역요인			개별요인		
조건	항목	세항목	조건	항목	세항목
환경 조건	경쟁의 정도 및 경영자의 능력	상가의 전문화와 집단화	획지 조건	면적, 접면 너비, 깊이, 형상 등	삼각지
		고층화 이용정도			자루형획지
	번화성의 정도	고객의 통행량			맹지
		상가의 연립성		방위, 고저 등	방위
		영업시간의 장단			고저
		범죄의 발생정도			경사지
	자연환경	지반, 지질 등		접면도로상태	각지
					2면획지
					3면획지
행정적 조건	행정상의 규제정도	용도지역, 지구, 구역 등	행정적 조건	행정상의 규제정도	용도지역, 지구, 구역 등
		용적제한			용적제한
		고도제한			고도제한
		기타규제			기타규제 (입체이용제한 등)
기타 조건	기타	장래의 동향	기타 조건	기타	장래의 동향
		기타			기타

[별표2]

주택지대의 지역요인 및 개별요인

지역요인			개별요인		
조건	항 목	세 항 목	조건	항 목	세 항 목
가로조건	가로의 폭, 구조 등의 상태	폭	가로조건	가로의 폭, 구조 등의 상태	폭
		포장			포장
		보도			보도
		계통 및 연속성			계통 및 연속성
접근조건	도심과의 거리 및 교통시설의 상태	인근교통시설의 편의성	접근조건	교통시설과의 접근성	인근대중교통시설과의 거리 및 편의성
		인근교통시설의 도시중심 접근성		상가와의 접근성	인근상가와의 거리 및 편의성
	상가의 배치상태	인근상가의 편의성		공공 및 편익시설과의 접근성	유치원, 초등학교, 공원, 병원, 관공서 등과의 거리 및 편의성
		인근상가의 품격			
	공공 및 편익시설의 배치상태	유치원, 초등학교, 공원, 병원, 관공서 등			
환경조건	기상조건	일조, 습도, 온도, 통풍 등	환경조건	일조 등	일조, 통풍 등
	자연환경	조망, 경관, 지반, 지질 등		자연환경	조망, 경관, 지반, 지질 등
	사회환경	거주자의 직업, 연령 등		인근환경	인근토지의 이용상황
		학군 등			인근토지의 이용상황과의 적합성
	획지의 상태	획지의 표준적인 면적		공급시설 및 처리시설의 상태	상수도
		획지의 정연성			하수도
		건물의 소밀도			도시가스
		주변의 이용상황		위험 및 혐오시설 등	변전소, 가스탱크, 오수처리장 등의 유무
	공급 및 처리시설의 상태	상수도			
		하수도			특별고압선 등과의 거리
		도시가스 등			

지역요인			개별요인		
조건	항목	세항목	조건	항목	세항목
환경 조건	위험 및 혐오시설	변전소, 가스탱크, 오수처리장 등의 유무	획지 조건	면적, 접면 너비, 깊이, 형상 등	면적
					접면너비
		특별고압선 등의 통과 유무			깊이
					부정형지
					삼각지
	재해발생의 위험성	홍수, 사태, 절벽붕괴 등			자루형획지
					맹지
				방위, 고저 등	방위
					고저
	공해발생의 정도	소음, 진동, 대기오염 등			경사지
				접면도로 상태	각지
					2면획지
					3면획지
행정적 조건	행정상의 규제정도	용도지역, 지구, 구역 등	행정적 조건	행정상의 규제정도	용도지역, 지구, 구역 등
		기타규제			기타규제 (입체이용제한 등)
기타 조건	기타	장래의 동향	기타 조건	기타	장래의 동향
		기타			기타

[별표3]

공업지대의 지역요인 및 개별요인

지역요인			개별요인		
조건	항목	세항목	조건	항목	세항목
가로 조건	가로의 폭, 구조 등의 상태	폭	가로 조건	가로의 폭, 구조 등의 상태	폭
		포장			포장
		계통 및 연속성			계통의 연속성
접근 조건	판매 및 원료 구입시장과의 위치관계	도심과의 접근성	접근 조건	교통시설과의 거리	인근교통시설과의 거리 및 접근성
		항만, 공항, 철도, 고속도로, 산업도로 등과의 접근성			
					철도전용인입선
	노동력확보의 난이	인근교통시설과의 접근성			
	관련산업과의 관계	관련산업 및 협력 업체간의 위치관계			전용부두
환경 조건	공공 및 처리 시설의 상태	동력자원	환경 조건	공급 및 처리 시설의 상태	동력자원
		공업용수			공업용수
		공장배수			공장배수
	공해발생의 위험성	수질, 대기오염 등		자연환경	지반, 지질 등
			획지 조건	면적, 형상 등	면적
	자연환경	지반, 지질 등			형상
					고저
행정적 조건	행정상의 조장 및 규제정도	조장의 정도	행정적 조건	행정상의 조장 및 규제정도	조장의 정도
		규제의 정도			규제의 정도
		기타규제			기타규제
기타 조건	기타	공장진출의 동향	기타 조건	기타	장래의 동향
		장래의 동향			
		기타			기타

[별표4]

농경지대(전 지대)의 지역요인 및 개별요인

지역요인			개별요인		
조건	항 목	세 항 목	조건	항 목	세 항 목
접근 조건	교통의 편부	취락과의 접근성	접근 조건	교통의 편부	취락과의 접근성
		출하집적지와의 접근성			농로의 상태
		농로의 상태			
자연 조건	기상조건	일조, 습도, 온도, 통풍, 강우량 등	자연 조건	일조 등	일조, 통풍 등
	지세	경사의 방향		토양, 토질	토양, 토질의 양부
		경사도		관개, 배수	관개의 양부
	토양, 토질	토양, 토질의 양부			배수의 양부
	관개, 배수	관개의 양부		재해의 위험성	수해의 위험성
		배수의 양부			기타 재해의 위험성
	재해의 위험성	수해의 위험성	획지 조건	면적, 경사 등	면적
					경사도
		기타 재해의 위험성			경사의 방향
				경작의 편부	형상부정 및 장애물에 의한 장애의 정도
행정적 조건	행정상의 조장 및 규제정도	보조금, 융자금 등 조장의 정도	행정적 조건	행정상의 조장 및 규제정도	보조금, 융자금 등 조장의 정도
		규제의 정도			규제의 정도
기타 조건	기타	장래의 동향	기타 조건	기타	장래의 동향
		기타			기타

[별표5]

농경지대(답 지대)의 지역요인 및 개별요인

지 역 요 인			개 별 요 인		
조건	항 목	세 항 목	조건	항 목	세 항 목
접근 조건	교통의 편부	취락과의 접근성	접근 조건	교통의 편부	취락과의 접근성
		출하집적지와의 접근성			농로의 상태
		농로의 상태			
자연 조건	기상조건	일조, 습도, 온도, 통풍, 강우량 등	자연 조건	일조 등	일조, 통풍 등
	지세	경사의 방향		토양, 토질	토양, 토질의 양부
		경사도		관개, 배수	관개의 양부
	토양, 토질	토양, 토질의 양부			배수의 양부
	관개, 배수	관개의 양부		재해의 위험성	수해의 위험성
		배수의 양부			기타 재해의 위험성
	재해의 위험성	수해의 위험성	획지 조건	면적 등	면적
		기타 재해의 위험성			경사
				경작의 편부	형상부정 및 장애 물에 의한 장애의 정도
행정적 조건	행정상의 조장 및 규제정도	보조금, 융자금 등 조장의 정도	행정적 조건	행정상의 조장 및 규제정도	보조금, 융자금 등 조장의 정도
		규제의 정도			규제의 정도
기타 조건	기타	장래의 동향	기타 조건	기타	장래의 동향
		기타			기타

[별표6]

임야지대의 지역요인 및 개별요인

지역요인			개별요인		
조건	항 목	세 항목	조건	항 목	세 항목
접근조건	교통의 편부 등	인근역과의 접근성	접근조건	교통의 편부 등	인근역과의 접근성
		인근취락과의 접근성			인근취락과의 접근성
		인도의 배치, 폭, 구조 등			인도의 배치, 폭, 구조 등
					반출지점까지의 거리
		인근시장과의 접근성			반출지점에서 시장까지의 거리
자연조건	기상조건	일조, 기온, 강우량, 안개, 적설량 등	자연조건	일조 등	일조, 통풍 등
	지세 등	표고		지세, 방위 등	표고
		경사도			방위
		경사의 굴곡			경사
					경사면의 위치
					경사의 굴곡
	토양, 토질	토양, 토질의 양부		토양, 토질	토양, 토질의 양부
행정적조건	행정상의 조장 및 규제정도	행정상의 조장의 정도	행정적조건	행정상의 조장 및 규제정도	조장의 정도
		국·도립공원, 보안림, 사방지지정 등의 규제			국·도립공원, 보안림, 사방지지정 등의 규제
		기타규제			기타규제
기타조건	기타	장래의 동향	기타조건	기타	장래의 동향
		기타			기타

[별표7]

후보지지대의 지역요인 및 개별요인

지역요인			개별요인		
조건	항 목	세 항 목	조건	항 목	세 항 목
접근조건	도심과의 거리 및 교통시설의 상태	인근교통시설과의 접근성	접근조건	교통시설과의 접근성	인근상가와의 거리 및 편의성
		인근교통시설의 성격			인근교통시설과의 거리 및 편의성
		인근교통시설의 도시중심 접근성		공공 및 편익시설과의 접근성	유치원, 초등학교, 공원, 병원, 관공서 등과의 거리 및 편의성
	상가의 배치 상태	인근상가와의 접근성			
		인근상가의 품격			
	공공 및 편익시설의 배치 상태	유치원, 초등학교, 공원, 병원, 관공서 등		주변가로의 상태	주변간선도로와의 거리 및 가로의 종류 등
	주변가로의 상태	주변간선도로와의 접근성 및 가로의 종류 등			
환경조건	기상조건	일조, 습도, 온도, 통풍 등	환경조건	일조 등	일조, 통풍 등
	자연환경	조망, 경관, 지반, 지질 등		자연환경	조망, 경관, 지반, 지질 등
	공공 및 처리시설의 상태	상하수도, 가스, 전기 등 설치의 난이		공급 및 처리시설의 상태	상하수도, 가스, 전기 등 설치의 난이
	인근환경	주변기존지역의 성격 및 규모		위험 및 혐오시설	변전소, 가스탱크, 오수처리장 등의 유무
	시가화 정도	시가화 진행의 정도			특별고압선 등과의 거리
	도시의 규모 및 성격 등	도시의 인구, 재정, 사회, 복지, 문화, 교육시설 등	획지조건	면적, 형상 등	면적
					형상

Ⅲ 표준지공시지가 조사·평가 기준

지역요인			개별요인		
조건	항목	세항목	조건	항목	세항목
환경 조건	위험 및 혐오시설	변전소, 가스탱크, 오수처리장 등의 유무	획지 조건	면적, 형상 등	접면도로상태
		특별고압선 등의 통과유무		방위, 고저 등	방위
	재해발생의 위험성	홍수, 사태, 절벽붕괴 등			경사
	공해발생의 정도	소음, 진동, 대기오염 등			고저
택지 조성 조건	택지조성의 난이 및 유용성	택지조성의 난이 및 필요정도	택지 조성 조건	택지조성의 난이 및 유용성	택지조성의 난이도 및 필요정도
		택지로서의 유효 이용도			택지로서의 유효 이용도
행정적 조건	행정상의 조장 및 규제정도	조장의 정도	행정적 조건	행정상의 조장 및 규제정도	조장의 정도
		용도지역, 지구, 구역 등			용도지역, 지구, 구역 등
		기타규제			기타규제
기타 조건	기타	장래의 동향	기타 조건	기타	장래의 동향
		기타			기타

IV

2026년
표준지공시지가 조사·평가 업무요령 -부록-

표준지 공시지가 조사·평가를 위한 감정평가법인등 선정에 관한 기준

표준지공시지가 조사·평가를 위한 감정평가법인등 선정에 관한 기준 ·· 193

국토교통부고시 제2023-475호(2023.8.18.)

표준지공시지가 조사·평가를 위한 감정평가법인등 선정에 관한 기준

2008. 4. 18 국토해양부고시 제2008-059호
2009. 7. 1 국토해양부고시 제2009-421호
2009. 8. 24 국토해양부고시 제2009-682호
2010. 7. 2. 국토해양부고시 제2010-451호
2010. 8. 27. 국토해양부고시 제2010-597호
2011. 7. 4. 국토해양부고시 제2011-171호
2012. 8. 20. 국토해양부고시 제2012-533호
2012. 9. 18. 국토해양부고시 제2012-619호
2013. 5. 3. 국토교통부고시 제2013-222호
2015. 8. 18. 국토교통부고시 제2015-601호
2016. 9. 1. 국토교통부고시 제2016-598호
2017. 8. 8. 국토교통부고시 제2017-544호
2018. 10. 23. 국토교통부고시 제2018-630호
2019. 7. 29. 국토교통부고시 제2019-397호
2020. 7. 28. 국토교통부고시 제2020-529호
2021. 1. 6. 국토교통부고시 제2021-013호
2021. 8. 13. 국토교통부고시 제2021-1023호
2023. 8. 18. 국토교통부고시 제2023-475호

제1조(목적) 이 기준은 「부동산 가격공시에 관한 법률」 제3조제5항 및 같은 법 시행령 제7조제5항에 따라 표준지 적정가격의 조사·평가를 의뢰하는 감정평가법인등을 선정하기 위한 세부사항을 규정하는 것을 목적으로 한다.

제2조(적용범위) 이 기준은 국토교통부장관이 표준지공시지가 조사·평가를 의뢰하는 감정평가법인등을 선정하는 경우에 적용한다.

제3조(표준지공시지가 조사·평가의 의뢰) ① 국토교통부장관은 「부동산 가격공시에 관한 법률」(이하 "법"이라 한다) 제3조제5항에 따라 표준지공시지가 조사·평가를 의뢰하고자 할 때에는 「부동산 가격공시에 관한 법률 시행령」(이하 "영"이라 한다) 제7조제1항에 따른 감정평가법인등으로서, 다음 각 호의 요건을 모두 충족하는 감정평가법인등에게 의뢰한다.

1. 선정기준일 직전 1년 전에 「감정평가 및 감정평가사에 관한 법률」(이하 "감정평가법"이라 한다) 제21조에 따라 사무소를 개설한 감정평가사 및 같은 법 제29조에 따라 인가를 받은 감정평가법인

2. 「주식회사의 외부감사에 관한 법률」 제18조에 따른 감사보고서(적정 의견이 표명된 감사보고서에 한한다) 또는 표준재무제표증명 감정평가법 제21조에 따라 사무소를 개설한 감정평가사로서, 최근 3년간 연속하여 결손이 발생하지 않은 경우에 한한다)을 선정기준일 이전에 국토교통부장관에게 제출하는 감정평가법인등

3. 심사부서를 독립적으로 설치·운영하고, 심사부서에서 모든 감정평가서의 심사를 수행하는 감정평가법인등. 다만, 감정평가법 제21조에 따라 사무소를 개설한 감정평가사는 한국감정평가사협회(감정평가사가 참여하는 심사체계를 구축한 경우에 한한다) 또는 다른 감정평가법인

등에게 의뢰하여 심사를 수행하는 경우를 포함한다.

② 제1항에 따른 표준지공시지가 조사·평가는 2인의 감정평가법인등에게 의뢰하는 것을 원칙으로 한다. 다만, 감정평가법 제21조에 따라 사무소를 개설한 감정평가사 중 제1항의 요건을 충족하는 감정평가사는 전체를 하나의 법인으로 간주하여 의뢰한다.

③ 표준지공시지가 조사·평가를 의뢰할 때에는 표준지 등이 소재하는 시·도지역에 사무소를 둔 감정평가법인등에게 해당지역의 표준지공시지가 조사·평가를 우선 의뢰할 수 있으며, 감정평가법인등의 업무수행능력과 징계 여부 등을 고려할 수 있다.

④ 제2항에도 불구하고 법 제3조제5항 단서 및 영 제7조제4항에 따른 표준지는 다음 각 호의 경우를 제외하고는 하나의 감정평가법인등에게 의뢰할 수 있다.

1. 개발사업 시행 또는 변경으로 가격변동이 예상되는 표준지
2. 「국토의 계획 및 이용에 관한 법률」에서 도시·군관리계획의 변경으로 가격변동이 예상되는 표준지
3. 골프장 등 업무난이도가 현저히 높은 표준지
4. 하나의 감정평가법인등에게 의뢰하는 표준지가 시·군·구별 표준지 수의 90% 이상인 경우로 표준지공시지가 조사·평가를 안정적으로 수행하기 위해 국토교통부장관이 지정한 읍·면·동의 표준지

제4조(공시전문평가법인) ① 제3조제1항에 따른 감정평가법인 중에서 다음 각 호를 모두 충족하는 감정평가법인(이하 "공시전문평가법인"이라

한다)에게는 「표준지공시지가 조사·평가 기준」 제2조제5호에 해당하는 특수토지, 7개 시·도(서울·부산·대구·인천·광주·대전·경기)의 조사·평가의 업무배정에 있어 우선 의뢰할 수 있다.

1. 주·분사무소별로 별표에서 정한 최소 주재 감정평가사를 확보하고 있는 감정평가법인
2. 제1호에 따른 최소 주재 감정평가사의 인원을 두고 있는 분사무소를 5개 이상 설치한 감정평가법인으로서 수도권 이외의 지역에 4개 이상 사무소(수도권 이외의 1개 광역시·도에 2개 이상의 사무소가 설치된 경우에도 1개 사무소로 인정)를 설치하여 전국적인 조직망을 확보한 감정평가법인

② 제1항에 따라 우선 의뢰를 받은 공시전문평가법인은 표준지공시지가 조사·평가 경력이 3년 이상인 감정평가사를 참여시켜야 한다. 다만, 「표준지공시지가 조사·평가 기준」 제2조제5호에 해당하는 특수토지는 표준지공시지가 조사·평가 경력이 5년 이상인 감정평가사를 참여시켜야 한다.

③ 제1항에 따른 공시전문평가법인이 표준지공시지가 조사·평가에 참여하지 않거나 제5조에 따른 업무수행능력평가 결과 70점(100점 기준)에 미달하는 경우에는 다음 업무수행능력평가에서 70점 이상을 확보할 때까지 공시전문평가법인으로 인정하지 아니한다.

제5조(감정평가법인등의 업무수행능력 평가) ① 국토교통부장관은 감정평가법인등의 업무수행능력을 평가하고, 그 결과에 따라 표준지공시

지가 조사·평가의 업무 배정에 차등을 둘 수 있다. 다만, 감정평가법 제21조에 따라 사무소를 개설한 감정평가사는 전체 감정평가사를 하나의 법인으로 간주하여 업무수행능력을 평가한다.

② 제1항의 업무수행능력 평가 항목은 다음 각 호를 기준으로 하며 세부 평가 기준은 국토교통부장관이 따로 정한다.

1. 감정평가 실적 및 수행능력
2. 가격공시 성과 및 기여정도
3. 그 밖에 감정평가법인등의 업무수행능력을 평가할 수 있는 기준

제6조(감정평가사 선정기준) ① 표준지공시지가 조사·평가에 참여할 수 있는 감정평가사는 선정기준일을 기준으로 감정평가법 시행령 제33조에 따른 감정평가 업무경력이 3년 이상이어야 한다. 다만, 제3조제4항에 따라 하나의 감정평가법인등에게 의뢰하는 표준지공시지가 조사·평가에 참여할 수 있는 감정평가사는 표준지공시지가 조사·평가경력이 3년 이상이어야 한다.

② 제1항에도 불구하고 다음 각 호의 어느 하나에 해당하는 감정평가사는 표준지공시지가 조사·평가를 수행할 수 없다.

1. 감정평가법 제49조와 같은 법 제50조에서 정한 징역(집행유예 포함) 또는 벌금형을 선고받은 사람
2. 감정평가법 제39조제2항 각 호에 따른 징계를 3회 이상 받은 사람
3. 자격의 취소 또는 등록의 취소 처분을 받은 후 선정기준일까지 6년이 지나지 않은 사람

4. 1년 6개월 이상의 업무정지 처분을 받은 후 선정기준일까지 5년이 지나지 않은 사람

5. 1년 이상 1년 6개월 미만의 업무정지 처분을 받은 후 선정기준일까지 4년이 지나지 않은 사람

6. 6개월 이상 1년 미만의 업무정지 처분을 받은 후 선정기준일까지 3년이 지나지 않은 사람

7. 6개월 미만의 업무정지 처분을 받은 후 선정기준일까지 2년이 지나지 않은 사람

8. 감정평가법 제39조제2항제4호에 따른 견책 또는 같은 법 제52조에 따른 과태료 처분을 받은 후 선정기준일까지 1년이 지나지 않은 사람

9. 선정기준일 이전 3년간 국토교통부장관으로부터 3회 이상의 주의를 받은 사람. 다만, 경고 1회는 주의 2회로 본다.

10. 법인의 대표자

11. 그 밖에 질병, 형사 기소(불구속 포함), 감정평가관리·징계위원회에 징계의결 요구 중인 사람 및 감정평가관리·징계위원회의 징계의결에 불복 중인 사람 등 표준지공시지가 조사·평가를 수행하기에 부적합한 사람

제7조(수탁기관의 세부 선정기준 마련) ① 법 제28조제1항제1호가목 및 영 제76조제2항에 따라 해당 업무를 위탁받은 한국부동산원장은 위탁받은 업무를 효과적으로 수행하기 위하여 필요하다고 인정되는 경우에 제3조부터 제6조까지에 따른 감정평가법인등 및 감정평가사의 선정과 영

제7조제3항에 따른 표준지공시지가 조사·평가 물량 배정업무에 필요한 사항을 세부적으로 정하여 운영할 수 있다.

② 한국부동산원장이 제1항에 따른 세부사항을 정하는 경우에는 미리 국토교통부장관의 승인을 받아야 한다.

제8조(재검토기한) 국토교통부장관은 이 고시에 대하여「훈령·예규 등의 발령 및 관리에 관한 규정」에 따라 2022년 1월 1일을 기준으로 매 3년이 되는 시점(매 3년째의 12월 31일까지를 말한다)마다 그 타당성을 검토하여 개선 등의 조치를 하여야 한다.

부칙 〈제2023-475호, 2023. 8. 18.〉

이 고시는 발령한 날부터 시행한다. 다만, 제3조제1항제1호의 개정규정은 2026년 표준지공시지가 조사·평가 의뢰부터 적용한다.

V

2026년
표준지공시지가 조사·평가 업무요령 -부록-

부동산 가격공시 등의 수수료에 관한 기준

부동산 가격공시 등의 수수료에 관한 기준 ·················· 203

• Ⅴ 부동산 가격공시 등의 수수료에 관한 기준

국토교통부고시 제2021-12호(2021.01.06.)

부동산 가격공시 등의 수수료에 관한 기준

제정 2016. 9. 1. 국토교통부고시 제2016-599호
개정 2017.10.25. 국토교통부고시 제2017-702호
개정 2021. 1. 6. 국토교통부고시 제2021-12호

제1조(목적) 이 기준은 「부동산 가격공시에 관한 법률」제29조제2항에 따라 표준지공시지가 조사·평가, 개별공시지가의 검증 및 부동산가격 정보·통계 등의 조사 등의 업무수행에 관하여 받는 수수료를 정함을 목적으로 한다.

제2조(표준지공시지가 조사·평가 등의 수수료) 다음 각 호의 업무에 관한 수수료는 예산의 범위에서 국토교통부장관이 별도로 정할 수 있다.

1. 「부동산 가격공시에 관한 법률」(이하 "법"이라 한다) 제3조에 따른 표준지공시지가의 조사·평가

2. 법 제15조 및 같은 법 시행령 제25조에 따른 부동산 가격정보 등의 조사

3. 법 제16조에 따른 표준주택가격의 조사·산정

4. 법 제18조에 따른 공동주택가격의 조사·산정

5. 지가변동률 표본지 조사·산정, 주택가격동향 조사, 상업용부동산 임대동향조사 및 상가권리금 현황조사

제3조(개별공시가격의 검증 수수료) ① 시장·군수·구청장이 개별부동산가격의 결정·공시 등을 위하여 법 제10조제5항, 제17조제6항·제8항,제21조

제6항·제8항, 같은 법 시행령 제18조제1항, 제19조제4항, 제22조제2항, 제36조제1항, 제37조, 제60조제1항 및 제61조에 따라 감정평가법인등 또는 부동산원에게 검증을 의뢰하는 경우에 지급하는 개별공시가격의 검증수수료는 법 제14조, 제17조제8항, 제21조제8항, 같은 법 시행령 제24조 및 제39조에 따라 50퍼센트 이내에서 매 회계연도마다 보조되는 국비와 이와 동일하게 확보된 지방비를 합한 예산의 범위에서 다음 각 호의 산정기준에 따라 지급하여야 한다.

1. 산정가격 검증수수료 산정기준

    가. 개별공시지가의 경우에는 해당 시·군·구별 산정지가 검증 대상 총 필지 수 ÷ 해당 시·군·구별 1표준지당 개별공시지가 조사대상 총 필지 수 × 해당연도 1표준지의 조사·평가 수수료

    나. 개별주택가격의 경우에는 해당 시·군·구별 산정가격 검증 대상 총 호수 × 해당연도 1표준주택의 조사·산정 수수료 × 12%

    다. 분할·합병 등이 발생한 부동산의 경우에는 해당 시·군·구별 분할·합병 등이 발생한 부동산에 대한 검증 총 부동산 수 × 해당연도 1표준부동산의 조사·평가(산정) 수수료 × 50% × 30%

2. 의견제출 가격검증수수료 산정기준

    가. 산정가격 검증을 거친 부동산에 대해 의견이 제출된 경우에는 해당 시·군·구별 의견제출 총 부동산 수 × 해당연도 1표준부동산의 조사·평가(산정) 수수료 × 50% × 30%

    나. 산정가격 검증을 거치지 않은 부동산에 대해 의견이 제출된 경우

에는 해당 시·군·구별 의견 제출 총 부동산 수 × 해당연도 1표준부동산의 조사·평가(산정) 수수료 × 50%

3. 이의신청가격 검증수수료 산정기준

　가. 의견 제출에 따른 검증을 거친 부동산에 대해 이의신청된 경우 해당 시·군·구별 이의신청 총 부동산 수 × 해당연도 1표준부동산의 조사·평가(산정) 수수료 × 50% × 70%

　나. 의견 제출에 따른 검증을 거치지 아니한 부동산에 대해 이의신청된 경우에는 해당 시·군·구별 이의신청 총 부동산 수 × 해당연도 1표준부동산의 조사·평가(산정) 수수료 × 50%

4. 가격정정 검증수수료 산정기준

해당 시·군·구별 가격 정정 총 부동산 수 × 해당연도 1표준부동산의 조사·평가(산정) 수수료 × 50%

　② 시장·군수·구청장은 검증대상 부동산 수가 적어서 제1항제1호나목, 제2호, 제3호, 제4호에 따라 부동산 수를 기준으로 검증수수료를 지급하는 것이 적정하지 아니하다고 인정하면 「엔지니어링산업 진흥법」 제31조에 따른 엔지니어링 사업대가의 기준 및 엔지니어링 노임단가를 적용할 수 있다.

제4조(끝수정리) 제2조 및 제3조에 따른 수수료 중에서 천원 미만인 부분은 절사한다.

제5조(재검토기한) 국토교통부장관은 「훈령·예규 등의 발령 및 관리에 관한 규정」에 따라 이 고시에 대하여 2017년 1월 1일을 기준으로 매 3년

이 되는 시점(매 3년째의 12월 31일까지를 말한다)마다 그 타당성을 검토하여 개선 등의 조치를 하여야 한다.

VI

2026년
표준지공시지가 조사·평가 업무요령 -부록-

특수토지의 평가방법

1. 서론 209
2. 평가방법 210

Ⅵ. 특수토지의 평가방법

Ⅰ. 서론

가. 정의(표준지공시지가 조사·평가기준 제2조)
○ 토지의 용도가 특수하고 거래사례가 희소하여 시장가치의 측정이 어려운 토지를 말한다.

나. 특징
① 비준표가 없어 특수토지의 개별지가 산정시 비준율은 "1"이 된다.

② 거래사례가 희소하며, 거래사례가 있더라도 사정보정, 개별요인 비교 등이 어려운 경우가 많다.

③ 평가선례가 거의 없을 뿐만 아니라, 개별성이 강하여 비교하는데 상당한 노력이 필요하다.

④ 시·군·구별로 특수토지가 적을 뿐 아니라 특정지역에 밀집되어 있거나, 전국에 산재되어 있다.

다. 표준지 선정
① 특수토지는 표준지로 선정한다. 특수토지로 조성된 용지와 그에 부속된 시설물의 부지는 일단지로 보고 평가하는 것을 원칙으로 한다.

② 다만, 특수토지는 관련 법에 따라 허가나 등록이 되어 있더라도 이용상황별 가치구성을 달리하면 각각 표준지로 선정할 수 있고, 특수토지가 여러 개 있더라도 1개의 표준지로 개별지가 산정에 지장이 없다면 1개만 선정할 수 있다.
   (예 : 관광진흥법에 따라 관광단지로 개발 중인 경우 장래 이용계획, 사업진행정도 등에 따라 각각의 표준지를 선정할 수 있다.)

Ⅱ. 평가방법

1. 골프장 용지

가. 의의
○ 골프를 위하여 조성된 용지와 그에 부속된 시설물의 부지

나. 종류 (체육시설의 설치·이용에 관한 법률 제10조의2)
○ 회원제 골프장업 : 회원을 모집하여 경영하는 골프장업
○ 비회원제 골프장업 : 회원을 모집하지 아니하고 경영하는 골프장업
○ 문화체육관광부장관은 국민체육진흥을 위하여 비회원제 골프장 중에서 대통령령으로 정하는 바에 따라 이용료 등의 요건을 충족하는 골프장을 대중형 골프장으로 지정할 수 있음

나. 시설기준 (체육시설의 설치·이용에 관한 법률 시행규칙 제8조 별표4)

1) 골프장(허가)
○ 회원제 골프장업은 3홀 이상 비회원제 골프장은 3홀 이상의 골프코스를 갖추어야 한다.
○ 각 골프코스에는 티그라운드·페어웨이·그린·러프·장애물·홀컵 등 경기에 필요한 시설을 갖추어야 한다.
○ 골프코스 주변, 러프지역, 땅깎기 지역(절토지) 및 흙쌓기 지역(성토지)의 경사면 등에는 조경을 하여야 한다.

2) 골프연습장(신고)
○ 실내 또는 실외 연습에 필요한 타석을 갖추거나, 실외 연습에 필요한 2홀 이하의 골프코스(각 홀의 부지면적은 1만3천 제곱미터 이하이어야 한다) 또는 18홀 이하의 피칭 연습용 코스(각 피칭연습용 코스의 폭과 길이는 100미터 이하이어야 한다)를 갖추어야 한다. 다만, 타구의 원리를 응용한 연습 또는 교습이 아닌 별도의 오락·게임 등을 할 수 있는 타석을 설치하여서는 아니 된다.

- 타석 간의 간격이 2.5미터 이상, 타석과 타석 뒤 보행통로와의 거리는 1.5미터 이상이어야 하며, 타석의 주변에는 이용자가 연습을 위하여 휘두르는 골프채에 벽면·천장 및 그 밖에 다른 설비 등이 부딪히지 않도록 충분한 공간이 있어야 한다.
- 연습 중 타구에 의하여 안전사고가 발생하지 않도록 그물·보호망 등을 설치하여야 한다. 다만, 실외 골프연습장으로서 위치 및 지형상 안전사고의 위험이 없는 경우에는 그러하지 아니하다.
- 연습이나 교습에 필요한 기기를 설치할 수 있다.
- 2홀 이하의 퍼팅연습용 그린을 설치할 수 있다. 다만, 퍼팅의 원리를 응용하여 골프연습이 아닌 별도의 오락·게임 등을 할 수 있는 그린을 설치하여서는 아니 된다.

3) 골프장은 특수토지로, 골프연습장은 상업용으로 표준지 선정 및 조사평가한다.

다. 평가방법

- 「표준지공시지가 조사·평가기준」제41조제1항에 따라 원가법으로 평가하되, 조성공사비 및 그 부대비용은 토지에 화체되지 아니한 골프장 안의 관리시설(클럽하우스·창고·오수처리시설 등 골프장 안의 모든 건축물을 말함)의 설치에 소요되는 금액 상당액을 뺀 것으로 한다.

- 다만, 특수한 공법을 사용하여 토지를 조성한 경우 등 해당 토지의 조성공사비가 평가가격 산출시 적용하기에 적정하지 아니한 경우에는 인근 유사토지의 조성공사비를 참작하여 적용할 수 있다.

라. 일단지 조사·평가방법(표준지공시지가 조사·평가 기준 제41조제1항 및 제2항)

- 골프장용지는 「체육시설의 설치·이용에 관한 법률 시행령」제20조제1항의 규정에 의하여 등록된 면적(체육시설업의 등록신청서상의 부지면적을 말하며, 조성공사 중에 있는 골프장용지는 같은법 제12조의 규정에 따라 사업계획의 승인을 얻은 면적을 말함)으로 한다.
  ※ 현실적으로 지적공부상, 골프장용지로 등록된 부지면적전체가 체육용지로 지적등록되어 있지 아니하고 구분등록 대상토지(같은법 시행령 제20조제3항의 규정에 의하여

구분 등록된 토지로서 골프코스, 주차장 및 도로, 조정지, 골프장의 운영 및 유지·관리에 활용되고 있는 조경지, 관리시설 및 그 부속토지, 골프장의 유지·관리를 위한 토지를 말함)의 전부 또는 일부만이 체육용지로 되어 있으며, 나머지 원형보전상태에 있는 부분 등은 임야로 지적등록되어 있는 경우가 많이 있으므로 주의하여야 한다.

- 회원제골프장에 비회원제 골프장이 병설되어 있는 경우, 비회원제 골프장은 회원제 골프장의 등록면적에 포함되어 있지 아니한 별도의 체육시설이므로 각각 표준지를 선정하여 조사·평가한다(표준지 조사·평가 기준 제41조제2항 관련).

2. 스키장

가. 의의
○ 스키를 위하여 조성된 용지와 그에 부속된 시설물의 부지를 말한다.

나. 시설기준(체육시설의 설치·이용에 관한 법률 시행규칙 제8조 별표4)
○ 슬로프는 길이 300미터 이상, 폭 30미터 이상이어야 한다.(지형적 여건으로 부득이한 경우는 제외한다)
○ 평균 경사도가 7도 이하인 초보자용 슬로프를 1면 이상 설치하여야 한다.
○ 슬로프 이용에 필요한 리프트를 설치하여야 한다.
○ 슬로프 내 이용자가 안전사고를 당할 위험이 있는 곳에는 안전망과 안전매트 중 어느 하나를 설치하여야 한다. 이 경우 안전망은 그 높이가 지면에서 1.8미터 이상, 설면으로부터 1.5미터 이상이어야 하고, 스키장 이용자에게 상패를 일으키지 않도록 설계하여야 하며, 안전매트는 충돌 시 충격을 완화할 수 있는 제품을 사용하되, 그 두께가 50밀리미터 이상이어야 한다. 안전망과 안전매트의 최하부는 모두 설면과 접촉하야야 한다.
○ 구급차와 긴급구조에 사용할 수 있는 설상차(雪上車)를 각 1대 이상 갖추어야 한다.
○ 정전 시 이용자의 안전관리에 필요한 전력공급장치를 갖추어야 한다.
○ 땅깎기 지역(절토지) 및 흙쌓기 지역(성토지)의 경사면에는 조경을 하여야 한다.

다. 평가방법
- ○ 골프장용지 등 평가 방법을 준용한다.

3. 경마장

가. 의의
- ○ "경마"란 기수가 타고 있는 말의 경주에 대하여 승마투표권(勝馬投票券)을 발매(發賣)하고, 승마투표 적중자에게 환급금을 지급하는 행위를 말한다.(한국마사회법 제2조제1호)

나. 시설기준(한국마사회법 시행령 제5조)
- ○ 원형 또는 타원형으로 설치한 길이 1천미터 이상, 폭 16미터 이상의 경주로
- ○ 심판소, 검량소(檢量所), 장안소(출주마가 경주에 필요한 것을 준비하는 장소), 예시장, 마권발매소, 환급금지급소, 관람시설 및 방송설비
- ○ 그 밖에 경주마 관리 등에 필요한 시설·설비로서 농림축산식품부령으로 정하는 시설·설비

4. 승마장

가. 의의
- ○ 승마를 위하여 조성된 용지와 그에 부속된 시설물의 부지를 말한다.

나. 시설기준(체육시설의 설치·이용에 관한 법률 제11조, 시행규칙 제8조, 별표4)
- 1) 체육시설의 설치·이용에 관한 법률 제11조, 시행규칙 제8조, 별표4
- ○ 실내 또는 실외 마장면적은 500제곱미터 이상이어야 하고, 실외 마장은 0.8미터 이상의 나무울타리를 설치하여야 한다.

○ 3마리 이상의 승마용 말을 배치하고, 말의 관리에 필요한 마사(馬舍)를 설치하여야 한다.

2) 말산업 육성법 제15조, 시행규칙 제11조, 별표2
○ 등록기관에 등록된 승용말 3마리 이상을 보유하여야 한다.
○ 말의 사육 및 관리에 필요한 마사(馬舍)를 갖추어야 한다.
○ 마사, 관리사, 마장(가축운동장 등을 포함한다) 그 밖에 부속건물을 합친 면적이 500제곱미터 이상이어야 하며, 실외마장이 있는 경우에는 높이 0.8미터 이상의 울타리를 갖추어야 한다.

■ 근거법률
○ 도시·군계획시설의 결정·구조 및 설치기준에 관한 규칙
　　제58조(유원지의 구조 및 설치기준) ②유원지에는 다음 각 호의 시설을 설치할 수 있다. 이 경우 제1호의 유희시설은 어린이용 위주의 유희시설과 가족용 위주의 유희시설로 구분하여 설치하여야 한다.
　　2. 운동시설 : 육상장·정구장·테니스장·골프연습장·야구장(실내 야구연습장을 포함한다)·탁구장·궁도장·체육도장·수영장·보트놀이장·부교·잔교·계류장·스키장(실내스키장을 포함한다)·골프장(9홀 이하인 경우에만 해당한다)·승마장·미니축구장 등 각종 운동시설

○ 도시공원 및 녹지 등에 관한 법률 시행규칙
　　제11조(공원시설의 설치면적 등) ②다음 각 호의 공원시설은 각 호에서 정한 도시공원에만 설치할 수 있다.
　　5. 운동시설 중 승마장 : 100만 제곱미터 이상의 근린공원 및 100만 제곱미터 이상의 체육공원

○ 개발제한구역의 지정 및 관리에 관한 특별조치법
　　제12조(개발제한구역에서의 행위제한) ① 개발제한구역에서는 건축물의 건축 및 용도변경, 공작물의 설치, 토지의 형질변경, 죽목(竹木)의 벌채, 토지의 분할, 물건을 쌓아놓는 행위 또는 「국토의 계획 및 이용에 관한 법률」 제2조제11호에 따른 도시·군계획사업(이하 "도시·군계획사업"이라 한다)의 시행을 할 수 없다. 다만, 다음 각 호의 어느 하나에 해당하는 행위를 하려는 자는 특별자치시장·특별자치도지사·시장·군수 또는 구청장(이하 "시장·군수·구청장"이라 한다)의 허가를 받아 그 행위를 할 수 있다.

Ⅵ 특수토지의 평가방법

1. 다음 각목의 어느 하나에 해당하는 건축물이나 공작물로서 대통령령으로 정하는 건축물의 건축 또는 공작물의 설치와 이에 따르는 토지의 형질변경
   가. 공원, 녹지, 실외체육시설, 시장·군수·구청장이 설치하는 노인의 여가활용을 위한 소규모 실내 생활체육시설 등 개발제한구역의 존치 및 보전관리에 도움이 될 수 있는 시설

○ 개발제한구역의 지정 및 관리에 관한 특별조치법 시행령
  ① 법 제12조제1항제1호에 따른 건축물 또는 공작물의 종류, 건축 또는 설치의 범위는 별표 1과 같다.

[별표 1]

시설의 종류	건축 또는 설치의 범위
1. 개발제한구역의 보전 및 관리에 도움이 될 수 있는 시설 　라. 실외체육시설	가) 국가, 지방자치단체 또는 「공공기관의 운영에 관한 법률」 제4조에 따른 공공기관이 설치하는 「체육시설의 설치·이용에 관한 법률」 제6조에 따른 생활체육시설 중 배구장, 테니스장, 배드민턴장, 게이트볼장, 롤러스케이트장, 잔디(인조잔디를 포함한다. 이하 같다) 축구장, 잔디야구장, 농구장, 야외수영장, 궁도장, 사격장, 승마장, 씨름장, 양궁장 및 그 밖에 이와 유사한 체육시설로서 건축물의 건축을 수반하지 아니하는 운동시설(골프연습장은 제외한다) 및 그 부대시설을 말한다. 나) 부대시설은 탈의실, 세면장, 화장실, 운동기구 보관창고와 간이휴게소를 말하며, 그 건축 연면적은 200제곱미터 이하로 하되, 시설 부지면적이 2천 제곱미터 이상인 경우에는 그 초과하는 면적의 1천분의 10에 해당하는 면적만큼 추가로 부대시설을 설치할 수 있다. 다) 승마장의 경우 실내마장, 마사 등의 시설을 2,000제곱미터 이하의 규모로 설치할 수 있다.

○ 공간정보의 구축 및 관리등에 관한 법률 시행령

제58조(지목의 구분) 법 제67조제1항에 따른 지목의 구분은 다음 각 호의 기준에 따른다.

23. 체육용지

국민의 건강증진 등을 위한 체육활동에 적합한 시설과 형태를 갖춘 종합운동장·실내체육관·야구장·골프장·스키장·승마장·경륜장 등 체육시설의 토지와 이에 접속된 부속시설물의 부지. 다만, 체육시설로서의 영속성과 독립성이 미흡한 정구장·골프연습장·실내수영장 및 체육도장, 유수(流水)를 이용한 요트장 및 카누장, 산림 안의 야영장 등의 토지는 제외한다.

다. 평가방법

○ 유원지 평가 방법(「표준지공시지가 조사·평가 기준」 제39조)을 준용한다.

5. 터미널 부지

1. 여객자동차터미널부지

가. 의의

○ 「여객자동차 운수사업법」제2조제5호의 규정에 따라 여객자동차터미널로서 여객자동차터미널 사업자가 시내버스운송사업·농어촌버스운송사업·시외버스운송사업 또는 전세버스운송사업에 제공하기 위하여 설치하는 터미널을 말한다.(「도시·군계획시설의 결정·구조 및 설치기준에 관한 규칙 제31조제1호)

나. 평가방법

1) 표준지 선정 대상

상기 여객자동차터미널 중 시외버스운송사업에 제공하기 위하여 설치하는「여객자동차 운수사업법」 시행규칙 제72조의 공영 및 공용터미널만을 표준지로 선정한다.

※ 공영 및 공용터미널 중 시외버스운송사업에 제공하는 기능이 미미하거나 단순차고지로 이용되고 있는 여객자동차터미널 사업부지는 특수토지 선정에서 제외할 수 있다.

2) 여객자동차터미널부지 평가방법

인근지역에 있는 주된 용도 토지의 표준적인 획지의 적정가격에 그 용도의 제한이나 거래 제한 등에 따른 적정한 감가율 등을 고려하여 평가하며(표준지 조사·평가 기준 제43조제1항 참조) 적정한 감가율 등을 고려할 때 전체 건물 내에서의 자동차정류장시설이 차지하는 비율과 자동차정류장의 구조 및 부대·편익시설의 현황, 여객자동차터미널 사업자의 면허 내용, 해당 여객자동차터미널을 이용하는 여객자동차운송사업자의 현황 등을 참작하여야 한다.

2. 물류터미널부지

가. 의의

○ 「물류시설의 개발 및 운영에 관한 법률」 제2조제2호에 따른 물류터미널로서 물류터미널 사업자가 「화물자동차 운수사업법」 제3조제1항제1호에 따른 일반화물자동차운송사업 또는 「해운법」 제2조제3호에 따른 해상화물운송사업에 제공하기 위하여 설치하는 터미널을 말한다. (「도시·군계획시설의 결정·구조 및 설치기준에 관한 규칙」 제31조제2호)

< 참고 >

※ [물류시설의 개발 및 운영에 관한 법률] 상 물류터미널 및 물류터미널사업
- 물류터미널 : 화물의 집화(集貨)·하역(荷役) 및 이와 관련된 분류·포장·보관·가공·조립 또는 통관 등에 필요한 기능을 갖춘 시설물 (제2조 제2호)
- 물류터미널사업 : 복합물류터미널사업과 일반물류터미널사업을 경영하는 사업(제2조 제3호)

나. 표준지 선정 대상

○ 상기 물류터미널 중 일반화물자동차운송사업에 제공하기 위하여 설치하는 터미널만을 표준지로 선정한다. 또한 「도시·군계획시설의 결정·구조 및 설치기준에 관한 규칙」 제62조 따른 유통업무설비 중 제2호 나목에 따른 시설 중 동 규칙 제31조제2호에 따른 물류터미널은 표준지로 선정할 수 있다.

6. 공항

o 항공기의 이륙·착륙 및 항행을 위한 시설, 항공 여객, 화물의 운송을 위한 시설과 그 부대시설 및 지원시설을 갖춘 공공용 비행장 부지를 말한다.(공항시설법 제2조)

o 표준지선정
① 청사부지와 활주로 부지를 구분하여 표준지로 선정한다.
(「국유재산법」 및 「국유재산특례제한법」에 따라 임대료 산정시 불합리한 결과가 초래할 수 있다.)
② 군용비행장의 경우 청사부지만 표준지로 선정하고, 활주로 부지는 군용부지로 할 수 있다.
※ 사유 : 활주로 범위 확인이 불가능하고 군시설 특성상 활주로 지하 활용 내역확인이 불가능할 뿐 아니라 출입제한에 따른 확인 불가능

7. 고속도로 휴게소

○ 표준지 선정

전국 고속도로에 설치되어 있는 휴게소의 표준지 선정은 개별공시지가 산정을 위하여 시군구와 협의하여 한국도로공사 소유·민자 구분 없이 선정한다.

○ 평가 방법

인근지역 또는 동일수급권 안의 유사지역에 있는 유사 이용상황의 토지 거래사례 등 가격자료에 의하여 거래사례비교법으로 평가하되, 임대료 등을 고려한 수익환원법 및 조성공사비 등을 고려한 원가법 등을 통해 그 합리성을 검토할 수 있다.

8. 콘도부지

가. 의의

○ 관광객의 숙박과 취사에 적합한 시설을 갖추어 이를 그 시설의 회원 등에게 제공하거나 숙박에 딸리는 음식·운동·휴양 또는 연수에 적합한 시설 등을 함께 갖추어 이를 이용하게 하는 업을 위해 조성된 용지와 그에 부속된 시설물의 부지를 말한다.

나. 현황

1) 일반콘도 : 상업지대, 해안가 등에 일반적인 콘도
2) 스키장 연계 콘도
3) 골프장 연계 콘도
4) 스키장·골프장 연계 콘도

다. 기타

- 상업지대내 콘도는 상업용으로 할 수 있다.
- 콘도부지로 조성된 용지와 그에 부속된 시설물의 부지는 일단지로 보고 평가하는 것을 원칙으로 한다.

9. 양어장·양식장

- 양어장 : 육상에 인공으로 조성된 수산생물의 번식 또는 양식을 위한 시설을 갖춘 부지와 이에 접속된 부속시설물의 부지
- 양식장 : 일정한 설비를 갖추어 놓고 물고기나 해조, 버섯 따위를 인공적으로 길러서 번식시키는 곳

10. 염전

가. 의의

- 바닷물을 끌어 올려 소금을 채취하기 위하여 조성된 이에 접속된 제염장 등 부속시설물의 부지, 다만, 천일제염방식에 의하지 아니하고 동력에 의하여 바닷물을 끌어 올려 소금을 제조하는 공장시설물의 부지를 제외한다.

나. 평가방법

- 평가방법 (표준지공시지가 조사·평가 기준 제38조)
- 염전부지는 입지조건, 규모 및 시설 등의 상태, 염생산가능면적과 부대시설면적의 비율, 주위환경 변동에 따른 다른 용도로의 전환가능성 및 수익성 등을 고려하여 거래사례비교법으로 평가하되, 거래사례 등 가격자료에 토지에 화체되지 아니한 건물 및 구축물 등의 가격상당액이 포함되어 있는 경우에는 이를 뺀 것으로 한다.

○ 일단지의 판단
- 일단지의 범위는 "조사·평가시점의 지적공부에 등재되어 있는 염전지목"과는 다른 것으로서 염전, 유지, 잡종지, 구거 등이 염 생산에 있어 용도상 불가분의 관계를 이루고 있는 경우에는 이를 일단지의 조사·평가범위에 포함한다. 염전시설내에 있는 토지라 하더라도 염 생산 용도로 이용되지 아니하여 잡종지 상태 등으로 방치되어 있는 토지(일시적인 상태는 제외한다)는 염 생산에 있어 용도상 불가분의 관계에 있지 아니하므로 일단지의 조사·평가범위에 포함하지 않는 것이 타당하다.

- 관련 법규정
 ※ 「소금산업 진흥법」제2조 - "염전(鹽田)"이란 소금을 생산·제조하기 위하여 바닷물을 저장하는 저수지, 바닷물을 농축하는 자연증발지, 소금을 결정시키는 결정지 등을 지닌 지면을 말하며, 해주·소금창고 등 해양수산부령으로 정하는 시설을 포함한다.(같은법 시행령 별표2 염제조업의 시설기준으로 천일염의 경우에는 저수지, 증발지, 결정지, 해주, 소금창고 및 용배수로를 갖추도록 규정하고 있음)

11. 공원묘지

가. 의의

- "공원묘지"란 분묘를 설치하는 구역으로, 사설공원묘지(「도시공원 및 녹지 등에 관한 법률」 상의 사설묘지공원 포함)에 한한다.(공설묘지는 제외)

나. 시설기준

1) 묘지의 구분
    ① 개인묘지 ② 가족묘지 ③ 종중·문중묘지 ④ 법인묘지 ⑤ 공설묘지

2) 규모(법정)
    종중·문중묘지 : 1,000㎡ 이하, 법인묘지 : 100,000㎡ 이상

다. 평가방법

1) 표준지 선정대상

    표준지는 「장사 등에 관한 법률」제14조제1항제3호 및 제4호에 따라 설치된 종중·문중묘지 및 법인묘지에 한하며 공설묘지는 제외한다.

2) 평가방법
    ① 묘지는 그 묘지가 위치한 인근지역의 주된 용도 토지의 거래사례 등 가격자료를 활용하여 거래사례비교법으로 평가하되, 해당 분묘 등이 없는 상태를 상정하여 평가한다.
    ② 거래사례비교법으로 평가하는 것이 현저히 곤란하거나 적정하지 아니하다고 인정되는 경우에는 원가법으로 평가하되, 조성공사비 및 그 부대비용은 토지에 화체되지 아니한 관리시설 및 분묘 등의 설치에 소요되는 금액 상당액을 뺀 것으로 한다.

12. 광천지

가. 의의
- 「공간정보의 구축 및 관리등에 관한 법률」제67조 및 같은법시행령 제58조에 따라 지하에서 온수·약수·석유류 등이 용출되는 용출구(湧出口)와 그 유지(維持)에 사용되는 부지를 광천지라 하며, 다만, 온수·약수·석유류 등을 일정한 장소로 운송하는 송수관·송유관 및 저장시설의 부지는 제외한다.

나. 평가방법

1) **평가방법** (「표준지공시지가 조사·평가 기준」제36조 참조)

광천지는 그 광천의 종류, 질 및 양의 상태, 부근의 개발상태 및 편익시설의 종류·규모, 사회적 명성 및 수익성 등을 고려하여 거래사례비교법에 따라 다음과 같이 평가하되, 공구당 총가격은 광천지에 화체되지 아니한 건물, 구축물, 기계·기구 등의 가격 상당액을 뺀 것으로 한다.

> ※ (공구당 총가격 ÷ 해당 광천지의 면적) = 평가가격

2) **공구당 총가격 산정방법**

① 광천지 거래사례로 평가한 가격

사례가격 × 사정보정 × 시점수정 × 지역요인비교 × 개별요인비교 × 기타요인비교
≒ 광천지 공구당 총가격

공시지가 = 공구당총가격 ÷ 면적

② 광천지 거래사례가 없는 경우 : 원가방식으로 평가함.(「표준지 조사·평가 기준」제21조 참조)
[조성전 토지의 소지가격 + (조성공사비 및 그 부대비용 + 취득세 등 제세공과금 + 적정이윤)]
÷ 면적 = 광천지 공구당 총가격 공시지가

13. 유원지

가. 평가방법 (「표준지공시지가 조사·평가 기준」 제39조 참조)

- 유원지를 평가할 때는 시설의 종류·규모 및 그 시설물의 상태, 조망, 경관 등 자연환경조건, 도시지역 및 교통시설과의 접근성, 시설이용의 편리성 및 쾌적성, 공법상 제한사항 등을 고려하여 거래사례비교법으로 평가하되, 거래사례 등 가격자료에 토지에 화체되지 아니한 건물 등 관리시설과 공작물 등의 가격상당액이 포함되어 있는 경우에는 이를 뺀 것으로 한다.
- 유원지로 지정·고시된 구역 내의 개발지와 원형보전지 등은 원칙적으로 일단지로 보고 평가한다.

나. 일단지의 판단

- 유원지는 일정한 구역에서 일반 공중의 위락·휴양 등에 적합한 시설물을 종합적으로 갖춘 수영장, 유선장, 낚시터, 어린이놀이터, 동물원, 식물원, 민속촌 등의 토지와 이에 접속된 부속시설물의 부지로서 수 필지 이상의 토지가 일단을 이루어 유기적인 시설을 갖추어 이용되므로 그 중 대표적인 1필지가 표준지로 선정된 때에는 그 유원지 전체 토지를 일단지로 본다.

14. 발전소 부지

- 수력발전소 : 물이 갖는 위치 에너지를 수차의 기계 에너지로 바꾸어 그것을 발전기로 전기에너지로 변환하는 발전방식을 사용하는 발전소
- 화력발전소 : 석탄 또는 석유 등을 연료로 사용하는 열기관에 의하여 발전기를 회전시켜 전기를 생성하는 발전소
- 원자력발전소 : 원자핵이 붕괴할 때 생기는 열에너지를 동력으로 하여 전기를 얻는 발전소
- 발전소부지로 조성된 용지와 그에 부속된 시설물의 부지는 일단지로 보고 평가하는 것을 원칙으로 한다.

15. 광업용지

가. 의의
- 광산 및 오석, 대리석 등 특수채석장의 용지를 말한다.
- 광산이란 광물을 채굴하는 장소를 말하며, 광물은「광업법」에 따라 채굴권의 설정 없이는 채굴할 수 없어 현행 광업용지의 광산이란 광업권이 등록된 광산을 의미한다. 광업권이란 「광업법」에 따라 탐사권과 채굴권을 말한다.

나. 평가방법
- 「표준지공시지가 조사·평가기준」제37조에 따라 광업용지는 광물의 종류와 매장량, 질 등을 고려하여 거래사례비교법으로 평가한다. 다만, 인근지역 및 동일수급권 안의 유사지역에서 유사용도 토지의 거래사례 등 가격자료를 구하기가 현저히 곤란한 경우에는 수익환원법에 따라 평가할 수 있다.
- 용도폐지된 광업용지는 인근지역 또는 동일수급권 안의 유사지역에 있는 용도폐지된 광업용지의 거래사례 등 가격자료를 활용하여 거래사례비교법으로 평가한다. 다만, 용도폐지된 광업용지의 거래사례 등 가격자료를 구하기가 곤란한 경우에는 인근지역 또는 동일수급권 안의 유사지역에 있는 주된 용도 토지의 가격자료에 따라 평가하되, 다른 용도로의 전환가능성 및 용도전환에 소요되는 통상비용 등을 고려한 가격으로 평가한다.

16. 특수토지 기타

- 특수토지 기타는 기타 특수용도로 이용되고 있거나 조성된 용지로서, 토지이용상황 등을 세분화, 특정하기 곤란하여 개별지가 산정시 비준표에 의할 경우 그 가격이 적정하지 않은 토지를 말한다.

VII

2026년
표준지공시지가 조사·평가 업무요령 -부록-

토지특성 주요 항목의 연도별 변천내역

토지특성 주요 항목의 연도별 변천내역 ·············· 229

Ⅶ. 토지특성 주요항목의 연도별 변천내역

가. 토지이용상황(15)

1) 1989~1990년 이용현황

실제용도	표시방법	비고
전	보통작물 특용작물	특용작물재배지 이외의 전 인삼, 관상수, 뽕나무, 약초 등 특용작물재배지
답	수 도 작 특용작물	수도작이외의 용도(미나리, 연, 왕골 등)
대	단독주택 주택상가 일반상가 아 파 트 공동주택 업무용빌딩 창 고 주 유 소 주 차 장 테니스장 교 회 · · 나 지	순수주거 목적의 주택 주택과 상가용도가 비슷한 비중으로 이용되는 경우 예)1층 : 상가 1층 : 상가, 주택 　　2층 : 주택 2층 : 주택 주된 용도가 상가로 이용되는 경우 근린생활시설 연립주택 또는 다세대주택 오피스빌딩
임 야	조 림 자 연 림	
공장용지	공 장 창 고 발 전 소	
유 원 지	유 원 지 골 프 장 수 영 장 민 속 촌 경 마 장 놀 이 터 · ·	
과 수 원	과 수 원	
목장용지	목장용지	초지와 축사

2) 1991년 이용상황

실제용도	표시방법	비고
전	보통작물	특용작물재배지 이외의 전
	특용작물	인삼, 관상수, 뽕나무, 약초 등 특용작물재배지
답	수 도 작	수도작 이외의 용도(미나리, 연, 왕골 등)
	특용작물	
대	단독주택	순수주거 목적의 주택
	주·상복합용	주택과 상가용도가 비슷한 비중으로 이용되는 경우 예) 1층 : 상가 1층 : 상가, 주택 　　2층 : 주택 2층 : 주택
	상 업 용	주된 용도가 상가로 이용되는 경우 근린생활시설 (시장, 상가, 호텔, 여관, 휴게소, 유치원, 극장, 목욕탕, 병원, 주유소, 수영장 등)
	아 파 트	
	연립주택	연립주택
	다세대주택	다세대용주택
	업 무 용	은행, 사무실(오피스텔) 등 업무용 건물부지
	특수상업용	골프장, 스키장, 유원지 등
나 대 지	주거용나대지	주변토지 이용상황이 주거지역이나 빈터인 토지
	상업용나대지	주변토지 이용상황이 상업지역이나 빈터인 토지
	공업용나대지	주변토지 이용상황이 공업지역이나 빈터인 토지
	녹지형나대지	주변토지 이용상황이 전·답 임야이나 빈터인 토지
		▶ 나지범위 : 일시적 이용상태인 조경수목재배지, 자재야적장, 테니스장, 골프연습장, 야구연습장, 간이주차장 등 포함
임 야	조 림	
	자 연 림	
공장용지	공 업 용	제조업에 이용되고 있는 공장부지나 창고부지와 발전소 부지 등
광 천 지	광 천 지	
광업용지	광업용지	광산 채석장 등
염 전	염 전	
운 동 장	운 동 장	
도 로	도 로	
공 원	공 원	
과 수 원	과 수 원	
목장용지	목장용지	
기 타	기 타	묘지, 화장장, 쓰레기처리장 도축장 등의 혐오시설

3) 1992년 이용상황

구 분	범 위	CODE	표기방법
단독주택용	주거용 단독주택 부지	1	단독주택
연립주택용	연립주택 부지	2	연립주택
다세대주택	다세대 주택부지	3	다세대
아파트용	아파트 부지	4	아파트
상 업 용	토지가 근린생활시설, 의료시설, 숙박시설, 판매시설, 위락시설, 관람집회시설, 전시시설 및 자동차 관련시설의 부지	5	상업용
업 무 용	업무시설 및 교육연구시설(학교제외)의 부지	6	업무용
주상복합용	주거용과 상업용으로 이용되고 있는 면적이 비슷한 건축물의 부지	7	주상복합
특수상업용	골프장, 스키장 및 유원지	8	특수상업
공 업 용	제조업에 이용되고 있는 공장, 창고 및 발전소용부지 단, 상업용과 공업용이 혼합되어 구분이 애매한 경우에는 상업용으로 분류	9	공업용
주거나지	주변의 토지이용상황이 주거지역으로서 주거용으로 이용될 가능성이 높은 토지	10	주거나지
상업나지	주변의 토지이용상황이 상업지역으로서 상업, 업무용으로 이용될 가능성이 높은 토지	11	상업나지
공업나지	주변의 토지이용상황이 공업지역으로서 공업용으로 이용될 가능성이 있는 토지	12	공업나지
녹지나지	주변의 토지이용상황이 전·답 또는 임야로서 공지상태로 있는 토지	13	녹지나지
전(특용작물)	인삼, 관상수, 뽕나무, 약초 등 특용작물재배지	14	특용작물
전(보통작물)	보리, 감자, 옥수수, 채소 등 재배지	15	보통작물
답(특용작물)	미나리, 연, 왕골 등 특수작물 재배지	16	특용작물
답(수도작)	벼 재배지	17	수 도 작
임야(조 림)	계획 조림지	18	조 림
임야(자연림)	조림되지 않은 자연상태의 임야	19	자 연 림
목(농)장	목장 및 농장용지	20	목(농)장
과 수 원	「지적법」시행령 제5조의 "과수원"과 동일	21	과 수 원
광 천 지	「지적법」시행령 제5조의 "광천지"와 동일	22	광 천 지
광업용지	광산, 채석장 용지	23	광업용지
염 전	「지적법」시행령 제5조의 "염전"과 동일	24	염 전
운 동 장	야외 체육시설용지 포함	25	운 동 장
도 로		26	도 로
하 천		27	하 천
공 원	도시공원내의 건축물이 없는 토지	28	공 원
창 고	물품의 저장·보관 등을 위한 시설물 부지	29	창 고
종교시설	교회, 성당, 향교등 종교용 건축물의 부지와 이에 접속된 부속 시설물의 부지	30	종교시설
학 교	초등학교, 중학교, 고등학교, 전문대학, 대학, 대학교 기타 이에 준하는 학교용 부지	31	학 교
공공청사	근린공공시설 부지	32	공공청사
혐오시설	위험물 저장 및 처리시설, 분뇨 쓰레기 처리시설, 묘지 관련 시설, 도축장 등의 부지	33	혐오시설
유 지		34	유 지
기 타	갈대밭, 토취장 등 위의 용도 이외의 용도로 이용되고 있는 토지	99	기 타

4) 1993년 이용상황

구 분	범 위	CODE	표기방법
단독주택용	주거용 단독주택 부지, <주택지대안의 소규모 점포가 있는 주택 포함>	1	단독주택
연립주택용	연립주택 부지	2	연립주택
다세대주택	다세대 주택부지	3	다세대
아파트용	아파트 부지	4	아파트
상 업 용	근린생활 시설, 의료시설, 숙박시설, 판매시설, 위락시설, 관람집회시설, 전시시설 및 자동차 관련시설의 부지	5	상업용
업 무 용	업무시설 및 교육연구시설(학교제외)의 부지	6	업무용
주상복합용	주거용과 상업용으로 이용되고 있는 면적이 비슷한 건축물의 부지	7	주상복합
특수상업용	골프장, 스키장 및 유원지, 경마장 등	8	특수상업
공 업 용	제조업에 이용되고 있는 공장, 창고 및 발전소용부지 단, 상업용과 공업용이 혼합되어 구분이 애매한 경우에는 상업용으로 분류	9	공업용
주거나지	주변의 토지이용상황이 주거지역으로서 주거용으로 이용될 가능성이 높은 토지	10	주거나지
상업나지	주변의 토지이용상황이 상업지역으로서 상업·업무용으로 이용될 가능성이 높은 토지	11	상업나지
공업나지	주변의 토지이용상황이 공업지역으로서 공업용으로 이용될 가능성이 높은 토지	12	공업나지
녹지나지	주변의 토지이용상황이 전·답 또는 임야로서 나지상태로 있는 토지	13	녹지나지
전(특작)	인삼, 관상수, 뽕나무, 약초 등의 특용작물재배지	14	특용작물
전(보작)	보리, 감자, 옥수수, 채소 등의 보통작물재배지	15	보통작물
답(특작)	미나리, 연, 왕골 등 특수작물 재배지	16	특용작물
답(수도작)	벼 재배지	17	수 도 작
임야(조림)	계획 조림지로 조림대장에 등재된 임야	18	조 림
임야(자연림)	조림되지 않은 자연상태의 임야	19	자 연 림
목(농)장	목장 및 농장용지	20	목(농)장
과 수 원	「지적법」 시행령 제6조의 "과수원"과 동일	21	과 수 원
광 천 지	「지적법」 시행령 제6조의 "광천지"와 동일	22	광 천 지
광업용지	광산, 특수 채석장(오석, 대리석등 채석지)용지	23	광업용지
염 전	「지적법」 시행령 제6조의 "염전"과 동일	24	염 전
체육용지	「지적법」 시행령 제6조의 "체육용지"중 "특수사업용"에 기재된 용지를 제외한 체육시설용 토지	25	체육용지
도 로		26	도 로
하 천		27	하 천
공 원	도시공원내의 건축물이 없는 토지	28	공 원
창 고	물품의 저장·보관 등을 위한 시설물 부지	29	창 고
종교용지	교회, 성당, 향교 등 종교용 건축물의 부지와 이에 접속된 부속 시설물의 부지	30	종교용지
학교용지	교사와 이에 접속된 부속시설물의 부지 및 체육장	31	학교용지
공공청사	공공의 청사부지로 이용되고 있는 토지	32	공공청사
혐오시설	위험물 저장 및 처리시설, 분뇨 쓰레기 처리시설, 묘지 관련 시설, 도축장 등의 부지	33	혐오시설
유 지		34	유 지
기 타	갈대밭, 토취장, 채석장, 사토장 등 위의 용도 이외의 용도로 이용되고 있는 토지	99	기 타

5) 1994년 토지이용상황

구 분		범 위	CODE	표기방법
주 거 용				주 거 용
	단독주택용	주거용 단독주택용지(주택지안의 소규모 점포가 있는 주택부지 포함)	11	단 독
	연립주택용	4층 이하의 공동주택용지 (동당 건축연면적 660m² 초과)	12	연 립
	다세대주택용	「건축법」 시행령상 다세대주택 및 다중주택 용지	13	다 세 대
	아 파 트 용	5층 이상의 공동주택 용지	14	아 파 트
	주거용나대지	주거지대내의 나대지	15	나 대 지
	기 타	주변의 토지이용상황이 주거지대로서 주거용으로 이용되거나 이용될 가능성이 높은 토지	16	기 타
상업·업무용				상업·업무용
	상 업 용	상가, 시장, 서비스업 등의 영업을 목적으로 하고 있는 건물용지 예) 시장, 상가, 호텔, 휴게소, 극장, 병원, 주유소 등	21	상 업 용
	업 무 용	은행, 사무실 등 업무용으로 이용하고 있는 건물용지	22	업 무 용
	상업용나대지	상업, 업무지대내의 나대지	23	나 대 지
	기 타	주변의 토지이용상황이 상업·업무지대로서 상업 또는 업무용으로 이용되거나 이용될 가능성이 높은 토지	24	기 타
	주상복합용	단일 건물이 주거용과 상업용으로 이용되고 주부용도의 구분이 용이하지 않은 건물용지(다만, 주택가의 소규모 점포주택은 주거용 단독주택으로 봄)	30	주상복합용
공 업 용				공 업 용
	공 업 용	제조업에 이용되고 있는 토지 다만, 상업용과 공업용의 구분이 어려운 경우에는 상업용으로 조사	41	공 업 용
	공업용나대지	공업지대내의 나대지	42	나 대 지
	기 타	주변의 토지이용상황이 공업지대로서 공업용으로 이용되거나 이용될 가능성이 높은 토지	43	기 타
전				전
	전	물을 대지 아니하고 특수작물(인삼, 관상수, 뽕나무, 약초 등) 또는 보통작물(보리, 감자, 옥수수, 채소 등)을 재배하는 토지	51	전
	과 수 원	과수류를 집단적으로 재배하는 토지와 이에 접속된 저장고 등 부속시설물 부지	52	과 수 원
	답	물을 직접 이용하여 미곡 또는 특수작물(미나리, 연, 왕골 등)을 재배하는 토지	60	답

구 분		범 위	CODE	표기방법
임 야				임 야
	조 림	조림대장에 계획조림지로 등재된 임야	71	조 림
	자 연 림	조림되지 않은 자연상태의 임야	72	자 연 림
	토 지 임 야 (토 림)	주변의 토지이용상황을 보아 순수임야와 구분되며, 주로 경작지 또는 도시(마을)주변에 위치해 있는 구릉지와 같은 임야	73	토지임야
	목 장 용 지	축산업 및 낙농업을 목적으로 가축을 사육하는 초지와 이에 접속된 축사 등 부속시설물 부지	74	목장용지
특 수 필 지				특수필지
	광 천 지	지하에서 온수, 약수, 석유류 등이 용출되는 용출구 및 그 유지를 위한 부지	81	광 천 지
	광 업 용 지	광산, 특수채석장(오석, 대리석 등 채석지)용지	82	광업용지
	염 전	조수를 끌어들여 소금을 채취하는 토지와 이에 접속하는 제염장 등 부속시설 부지	83	염 전
	도 로		84	도 로
	하 천		85	하 천
	골 프 장	골프를 위해서 조성된 부지와 그에 부속된 시설물 부지	86	골 프 장
	스 키 장	스키를 위해서 조성된 부지와 그에 부속된 시설물 부지	87	스 키 장
	경 마 장	경마를 위해서 조성된 부지와 그에 부속된 시설물 부지	88	경 마 장
	기 타	기타 특수용지로 이용되고 있거나 조성된 부지	89	기 타

6) 1995년 토지이용상황

구 분		범 위	CODE	표기방법
주 거 용			10	주 거 용
	단독주택용	주거용 단독주택용지(주택지안의 소규모 점포가 있는 주택부지 포함), 다중주택용지	11	단 독
	연립주택용	4층 이하의 공동주택용지 (동당 건축연면적 $660m^2$ 초과)	12	연 립
	다세대주택용	「건축법」시행령상 다세대주택	13	다 세 대
	아 파 트 용	5층 이상의 공동주택 용지	14	아 파 트
	주거용나대지	주거지대내의 나대지	15	주거나대지
	주거용기타	현재 주거용으로 이용되고 있지는 않으나 주변의 토지이용상황이 주거지대로서 주거용으로 이용될 가능성이 높은 토지 예) 전, 답, 종교용지, 학교용지 등	16	주거기타
상업·업무용			20	상업·업무용
	상 업 용	상가, 시장, 서비스업 등의 영업을 목적으로 하고 있는 건물용지 예) 시장, 상가, 호텔, 휴게소, 극장, 병원, 주유소 등	21	상 업 용
	업 무 용	은행, 사무실 등 업무용으로 이용하고 있는 건물용지	22	업 무 용
	상업용나대지	상업, 업무지대내의 나대지	23	상업나대지
	상업용기타	현재 상업용으로 이용되고 있지는 않으나 주변의 토지이용상황이 상업·업무지대로서 상업 또는 업무용으로 이용될 가능성이 높은 토지 예) 전, 답, 주거용지, 종교용지, 학교용지 등	24	상업기타
	주상복합용	단일 건물이 주거용과 상업용으로 이용되고 주·부용도의 구분이 용이하지 않은 건물용지(다만, 주택가의 소규모 점포주택은 주거용 단독주택으로 봄)	30	주상복합용
공 업 용			40	
	공 업 용	제조업에 이용되고 있는 토지(다만, 상업용과 공업용의 구분이 어려운 경우에는 상업용으로 조사)	41	공 업 용
	공업용나대지	공업지대내의 나대지	42	공업나대지
	공업용기타	현재 공업용으로 이용되고 있지는 않으나 주변의 토지이용상황이 공업지대로서 공업용으로 이용될 가능성이 높은 토지	43	공업기타
전			50	
	전	물을 대지 아니하고 특수작물(인삼, 관상수, 봉나무, 약초 등) 또는 보통작물(보리, 감자, 옥수수, 채소 등)을 재배하는 토지(밭)와 이에 접속된 저장고, 축사 등 부속시설물 부지	51	전
	과수원	과수류를 집단적으로 재배하는 토지와 이에 접속된 저장고 등 부속시설물 부지	52	과 수 원

구 분			범 위	CODE	표기방법
답			물을 직접 이용하여 미곡 또는 특수작물(미나리, 연, 왕골 등)을 재배하는 토지(논)와 이에 접속된 저장고, 축사 등 부속시설물 부지	60	답
임 야				70	
	조 림		조림대장에 계획조림지로 등재된 임야	71	조 림
	자연림		조림되지 않은 자연상태의 임야	72	자 연 림
	토지임야 (토림)		주변의 토지이용상황을 보아 순수임야와 구분되며, 주로 경작지 또는 도시(마을)주변에 위치해 있는 구릉지와 같은 임야		토지임야
	목장용지		축산업 및 낙농업을 목적으로 가축을 사육하는 초지와 이에 접속된 축사 등 부속시설물 부지		목장용지
특 수 필 지				80	
	광천지		지하에서 온수, 약수, 석유류 등이 용출되는 용출구 및 그 유지를 위한 부지	81	광 천 지
	광업용지		광산, 특수채석장(오석, 대리석 등 채석지)용지	82	광업용지
	염 전		조수를 끌어들여 소금을 채취하는 토지와 이에 접속하는 제염장 등 부속시설 부지	83	염 전
	도 로		도로로 이용되고 있는 토지(사도포함)	84	도 로
	하 천		하천부지	85	하 천
	골 프 장		골프를 위해서 조성된 부지와 그에 부속된 시설물 부지	86	골 프 장
	스 키 장		스키를 위해서 조성된 부지와 그에 부속된 시설물 부지	87	스 키 장
	경 마 장		경마를 위해서 조성된 부지와 그에 부속된 시설물 부지	88	경 마 장
	기 타		기타 특수용지로 이용되고 있거나 조성된 부지 (※ 쓰레기 매립장, 하수처리장 등)	89	기 타

VII 토지특성 주요 항목의 연도별 변천내역

7) 1996년 토지이용상황

구 분		범 위	CODE	표기방법
주 거 용			10	주 거 용
	단독주택용지	주택용지로서 연립, 다세대 또는 아파트 부지가 아닌 토지, 주택지 안의 소규모점포가 있는 주택(점포주택)용지 및 다중주택용지 포함 ※ 다중주택 : 학생 또는 직장인 등의 다수인이 장기간 거주할 수 있는 구조의 주택	11	단 독
	연립주택용지	4층 이하의 공동주택용지 (동당 건축연면적 660㎡ 초과)	12	연 립
	다세대주택용지	「건축법」 시행령상 다세대주택 ※ 다세대주택 : 동당 연면적이 660㎡ 이하이고 4층 이하인 주택	13	다 세 대
	아파트용지	5층이상의 공동주택 용지	14	아 파 트
	주거용나지	주위환경이 주택지대로서 건축물이 없거나 일시적으로 타용도로 이용되고 있으나 가까운 장래에 주택용지로 이용·개발될 가능성이 높은 토지 예) 전, 답, 조경수목재배지, 벽돌공장 등	15	주거나지
	주거용기타	* 주위환경이 주택지대로서 관공서, 교육시설(학교, 공공도서관, 전시관 등) 종교시설 또는 창고 등으로 이용되고 있는 토지 * 기타로 조사된 경우에는 "※기타( )"란에 구체적인 토지이용 상황을 한글 4자 이내로 기재한다. 예) 기타(관공서, 학교, 교회, 창고 등)	16	주거기타
상업·업무용			20	
	상업용지	상가, 시장, 서비스업 등의 영업을 목적으로 하고 있는 건물부지 예) 시장, 상가, 호텔, 휴게소, 유치원, 목욕탕, 수영장, 극장, 병원, 주유소 등	21	상 업 용
	업무용지	은행, 사무실 등 업무용으로 이용하고 있는 건물부지. 다만, 상업용과 업무용이 복합되어 있는 경우에는 그 사용면적을 기준으로 판단하여 기재한다.	22	업 무 용
	상업·업무용나지	주변의 토지이용상황이 상업·업무지대로서 상업·업무용 건축물이 건축되어 있지 않거나 일시적으로 타용도로 이용되고 있지만, 가까운 장래에 상업용 또는 업무용으로 이용·개발될 가능성이 높은 토지 예) 전, 답, 조경수목재배지, 야적장	23	상업나지

구 분		범 위	CODE	표기방법
	상업용기타	* 주변의 토지이용상황이 상업·업무지대로서 관공서, 교육시설(학교·공공도서관·전시관 등), 종교시설 또는 주거용건물, 창고 등으로 이용되고 있는 토지 * 기타로 조사된 경우는 "※기타( )"란에 구체적인 토지이용상황을 한글 4자 이내로 기재한다. 예) 기타(관공서, 학교, 교회, 창고, 주거건물 등)	24	상업기타
주·상복합용			30	
	주·상 복합용지	단일 건물이 주거용과 상업용으로 이용되고 주·부용도의 구분이 용이하지 않은 건물부지(다만, 주택가의 소규모 점포주택은 단독주택으로 본다)	31	주 상 용
	주·상 복합용나지	주변의 토지이용상황이 주택 및 상가혼용지대로서 건축물이 건축되어 있지 않거나 일시적으로 타용도로 이용되고 있지만, 가까운 장래에 주상복합용으로 이용·개발될 가능성이 높은 토지	32	주상나지
	주·상 복합용기타	* 주변의 토지이용상황이 주택 및 상가혼용지대로서 관공서, 교육시설(학교, 공공도서관, 전시관 등), 종교시설 또는 주거용 건물, 창고 등으로 이용되고 있는 토지 * 기타로 조사된 경우에는 "※기타( )"란에 구체적인 토지이용상황을 한글 4자 이내로 기재한다. 예) 기타(관공서, 학교, 교회, 창고, 주거건물 등)	33	주상기타
공 업 용			40	
	공업용지	제조업에 이용되고 있는 토지. 다만, 상업용과 공업용의 구분이 어려운 경우에는 상업용으로 한다.	41	공 업 용
	공업용나지	주변의 토지이용상황이 공업지대로서 건축물이 없거나 일시적으로 타용도로 이용되고 있지만 가까운 장래에 공업용으로 이용·개발될 가능성이 높은 토지	42	공업나지
	공업용기타	* 주변의 토지이용상황이 공업지대로서 관공서, 교육시설(학교, 공공도서관, 전시관 등), 종교시설 또는 창고 등으로 이용되고 있는 토지 * 기타로 조사된 경우에는 "※기타( )"란에 구체적인 토지이용상황을 한글 4자 이내로 기재한다. 예) 기타(관공서, 학교, 교회, 창고 등)	43	공업기타
전			50	
	전	물을 대지 아니하고 곡물·원예작물(과수류를 제외한다)·약초·뽕나무·닥나무·묘목·관상수 등의 식물을 주로 재배하는 토지와 식용을 목적으로 죽순을 재배하는 토지	51	전

Ⅶ 토지특성 주요 항목의 연도별 변천내역

구 분		범 위	CODE	표기방법
	과수원	일정한 구역을 정하여 사과·배·밤·호도나무 등 과수류를 집단적으로 재배하는 토지와 이에 접속된 저장고 등 부속시설물 부지. 다만, 주거용 건축물의 부지는 "대"로 한다.	52	과 수 원
	전 기타	*주변의 토지이용상황이 "전"으로서 관공서, 교육시설(학교, 공공도서관, 전시관 등), 종교시설 또는 농협·수협·축협창고 등으로 이용되고 있는 토지 *기타로 조사된 경우에는 "※기타( )"란에 구체적인 토지이용상황을 한글 4자 이내로 기재한다.	53	전 기타
답			60	
	답	물을 직접 이용하여 벼·연·미나리·왕골 등의 식물을 주로 재배하는 토지	61	답
	답 기타	*주변의 토지이용상황이 "답"으로서 관공서, 교육시설(학교, 공공도서관, 전시관 등), 종교시설 또는 농협·수협·축협창고 등으로 이용되고 있지 토지 *기타로 조사된 경우에는 "※기타( )"란에 구체적인 토지이용상황을 한글 4자 이내로 기재한다.	62	답 기타
임 야			70	
	조 림	계획조림지로 조성된 임야	71	조 림
	자연림	자연상태의 임야	72	자 연 림
	토지임야 (토 림)	주변의 토지이용상황을 보아 순수임야와 구분되며, 주로 경작지 또는 도시(마을)주변에 위치해 있는 구릉지와 같은 임야	73	토지임야
	목장용지	일정한 구역을 정하여 축산업 및 낙농업을 목적으로 가축을 사육하거나 사육하기 위하여 조성한 초지 또는 「축산법」제2조제1호의 규정에 의한 가축을 사육하는 축사 등 부속시설물의 부지. 다만, 주거용 건축물의 부지는 "대"로 한다.	74	목장용지
	임야 기타	*주변의 토지이용상황이 임야로서 관공서, 교육시설(학교, 공공도서관, 전시관 등), 종교시설, 농협·수협·축협 창고 등으로 이용되고 있는 토지 *기타로 조사된 경우에는 "※기타( )"란에 구체적인 토지이용상황을 한글 4자 이내로 기재한다.	75	임야기타
특 수 필 지		비교적 대규모 필지로서 거래사례가 극히 희소하고 일률적인 가치측정이 어려운 토지	80	
	광천지	지하에서 온수, 약수, 석유류 등이 용출되는 용출구 및 그 유지를 위한 부지. 다만, 온수·약수·석유류 등을 일정한 장소로 운송하는 송유관·송수관 및 저장시설의 부지는 제외한다.	81	광 천 지
	광업용지	광산, 특수채석장(오석, 대리석 등 채석지)용지	82	광업용지

구 분	범 위	CODE	표기방법
염전	바닷물을 끌어들여 소금을 채취하는 토지와 이에 접속된 제염장 등 부속시설 부지. 다만, 천일제염방식에 의하지 아니하고 동력에 의하여 바닷물을 끌어들여 소금을 만드는 제조공장시설의 부지는 제외한다.	83	염 전
유원지	일반공중을 위하여 위락, 휴양 등에 적합한 시설물 및 그 부속토지	84	유 원 지
공원묘지	사설공원묘지에 한한다.	85	공원묘지
골프장	골프를 위하여 조성된 용지와 그에 부속된 시설물의 부지	86	골 프 장
스키장	스키를 위하여 조성된 용지와 그에 부속된 시설물의 부지	87	스 키 장
경마장	경마를 위하여 조성된 용지와 그에 부속된 시설물의 부지	88	경 마 장
특수필지 기타	*기타 특수용도로 이용되고 있거나 조성된 용지(녹지지역 내 대규모 물류 저장창고 등) *기타로 조사된 경우에는 "※기타( )"란에 구체적인 토지이용상황을 한글 4자 이내로 기재한다.	89	특수기타
공공용지 등	(도시)계획시설로 고시된 토지로서 사업이 착공 내지 완료된 경우나 영리목적이 아닌 공공성격이 강한 토지	90	
도로 등	도로(사도 포함), 철도, 시설녹지, 수도용지, 공동구	91	도로 등
하천 등	하천 및 부속토지, 제방, 구거, 유지(댐, 저수지, 소류지, 호수 등)	92	하천 등
공원 등	공원(묘지공원 및 도시자연공원을 제외한 도시공원), 사적지	93	공원 등
운동장 등	운동장, 광장(행정청이 설치한 것에 한한다)	94	운동장 등
주차장	주차장, 정류장(행정청이 설치한 것에 한한다)	95	주차장
위험시설	위험시설(변전소, 송전탑, 송유관, 가스 및 유류저장시설 등) ※ 주유소(가스충전소를 포함한다)는 제외한다.	96	위험시설
유해 및 혐오시설	화장장, 공동묘지, 쓰레기처리장, 폐수처리장, 배수펌프장, 도살장 등(행정청이 설치한 것에 한한다)	97	유해·혐오시설
기 타		99	기 타

VII 토지특성 주요 항목의 연도별 변천내역

8) 1997~2026년 토지이용상황

구 분			범 위	CODE	기재방법
주 거 용				100	주 거 용
	단독주택용지	'97 ~ 2000	주택용지로서 연립, 다세대 또는 아파트 부지가 아닌 토지, 주택지 안의 소규모점포가 있는 주택(점포주택)용지 및 「건축법」상 다중주택용지 포함 ※ 다중주택 : 학생 또는 직장인 등의 다수인이 장기간 거주할 수 있는 구조의 주택	110	단 독
		2001 ~ 2006	·단독주택(가정보육시설을 포함) : 주택용지로서 연립, 다세대, 아파트 또는 기숙사부지가 아닌 토지, 주택지 안의 소규모점포가 있는 주택(점포주택)용지 ·다중주택 : 학생 또는 직장인 등의 다수인이 장기간 거주할 수 있는 구조로 된 주택으로서 연면적이 330㎡ 이하이고 층수가 3층 이하인 것 ·다가구주택 : 주택으로서 쓰이는 층수가 3개층 이하이고, 주택으로 쓰이는 바닥면적의 합계가 660㎡ 이하이며, 19세대 이하가 거주할 수 있는 주택으로서 공동주택에 해당하지 아니하는 것 ·공 관		
		2007	단독주택용지(가정보육시설·공동생활가정 및 재가노인복지시설을 포함) ·단독주택 : 주택용지로서 연립, 다세대, 아파트 또는 기숙사부지가 아닌 토지, 주택지 안의 소규모점포가 있는 주택(점포주택)용지 ·상 동		
		2008 ~ 2019	·다가구주택 : 주택으로서 쓰이는 층수(지하층을 제외함)가 3개층 이하(1층 바닥면적의 2분의 1이상을 피로티 구조로 하여 주차장으로 사용하고 나머지부분을 주택외의 용도로 사용하는 경우에는 해당층을 주택의 층수에서 제외)이고, 1개동의 주택으로 쓰이는 바닥면적(지하주차장 면적을 제외한다)의 합계가 660㎡ 이하이며, 19세대 이하가 거주할 수 있는 주택으로서 공동주택에 해당하지 아니하는 것		
		2020	단독주택용지(가정어린이집·공동생활가정·지역아동센터 및 노인복지시설을 포함) ·단독주택 : 주택용지로서 연립·다세대·아파트 또는 기숙사부지가 아닌 토지, 주택지 안의 소규모점포가 있는 주택(점포주택)용지 ·다중주택 : 학생 또는 직장인 등 다수인이 장기간 거주할 수 있는 구조로 된 주택으로서 바닥면적이 330㎡ 이하이고 층수가 3층 이하인 것		

구 분		범 위	CODE	기재방법
주 거 용			100	주 거 용
단독주택용지	2020	·다가구주택 : 주택으로 쓰이는 층수(지하층은 제외함)가 3개층 이하(1층의 전부 또는 일부를 필로티 구조로 하여 주차장으로 사용하고 나머지 부분을 주택외의 용도로 사용하는 경우에는 해당 층을 주택의 층수에서 제외)이고, 1개동의 주택으로 쓰이는 바닥면적(부설 주차장 면적을 제외한다)의 합계가 660㎡ 이하이며, 19세대 이하가 거주할 수 있는 주택으로서 공동주택에 해당하지 아니하는 것 ·공 관	110	단 독
	2022	단독주택 용지(단독주택의 형태를 갖춘 가정어린이집·공동생활가정·지역아동센터·공동육아나눔터·작은도서관 및 노인복지시설을 포함) ·다중주택 : 학생 또는 직장인 등 여러 사람이 장기간 거주할 수 있는 구조로 되어 있으며, 독립된 주거의 형태를 갖추지 않았으며, 1개 동의 주택으로 쓰이는 바닥면적(부설 주차장 면적은 제외함. 이하 같음)의 합계가 660제곱미터 이하이고 주택으로 쓰는 층수가 3개 층 이하이고(다만, 1층의 전부 또는 일부를 필로티 구조로 하여 주차장으로 사용하고 나머지 부분을 주택 외의 용도로 쓰는 경우에는 해당 층을 주택의 층수에서 제외함), 적정한 주거환경을 조성하기 위하여 건축조례로 정하는 실별 최소 면적, 창문의 설치 및 크기 등의 기준에 적합한 주택 ·상 동		
연립주택용지	'97 ~ 2000	동당 건축연면적이 660㎡를 초과하는 4층 이하의 공동주택용지	120	연 립
	2001 ~ 2019	동당 건축연면적이 660㎡를 초과하는 4층 이하의 공동주택용지 (4층 이하의 기숙사용지 포함) ※기숙사 : 학교 또는 공장 등의 학생 또는 종업원 등을 위하여 사용되는 것으로서 공동취사 등을 할 수 있는 구조이되, 독립된 주거의 형태를 갖추지 아니한 것		
	2020	주택으로 쓰는 1개 동의 바닥면적(2개 이상의 동을 지하주차장으로 연결하는 경우에는 각각의 동으로 봄)의 합계가 660㎡를 초과하고, 층수가 4개층 이하인 공동주택용지 (4층 이하의 기숙사용지 및 「주택법 시행령」 제10조제1항제2호의 단지형 연립주택용지 포함) ※ 기숙사 : 학교 또는 공장 등의 학생 또는 종업원 등을 위하여 사용되는 것으로서 공동취사 등을 할 수 있는 구조이되, 독립된 주거의 형태를 갖추지 아니한 것	120	연 립

Ⅷ 토지특성 주요 항목의 연도별 변천내역

구 분		범 위	CODE	기재방법
주 거 용			100	주 거 용
다세대 주택 용지	'97 ~ 2011	동당 건축연면적이 660㎡ 이하인 4층 이하의 공동주택용지	130	다 세 대
	2012 ~ 2019	동당 건축연면적이 660㎡ 이하인 4층 이하의 공동주택용지(「주택법 시행령」 제3조제1항제1의2호의 단지형 다세대주택용지와 「주택법 시행령」 제3조 제1항제2호의 원룸형 주택용지 포함)	130	다 세 대
	2020	동당 바닥면적 합계가 660㎡ 이하인 4층 이하의 공동주택용지(2개 이상의 동을 지하주차장으로 연결하는 경우 각각의 동으로 봄, 「주택법 시행령」 제10조제1항제3호의 단지형 다세대주택용지와 「주택법 시행령」 제10조제1항제1호의 원룸형 주택용지 포함)	130	다 세 대
아파트 용지	'97 ~ 2006	5층 이상의 공동주택 용지	140	아 파 트
	2007 ~ 2013	5층 이상의 공동주택용지 (5층 이상의 기숙사용지 포함)		
	2013	주택으로 쓰이는 층수가 5개층 이상인 공동주택용지 (5층 이상의 기숙사용지 포함)		
주거용 나지	'97 ~ 2025	주변의 토지이용상황이 주택지대로서 그 토지에 건축물이 없거나 일시적으로 타용도로 이용되고 있으나, 가까운 장래에 주택용지로 이용·개발될 가능성이 높은 토지 예) 전, 답, 조경수목재배지, 벽돌공장 등	150	주거나지
	2026	주변의 토지이용상황이 주택지대로서 그 토지에 건축물이 없거나 일시적으로 타용도로 이용되고 있으나, 가까운 장래에 주택용지로 이용·개발될 가능성이 높은 토지 예) 전, 답, 조경수목재배지 등		
주거용 기타		주변의 토지이용상황이 주택지대로서 관공서, 교육시설(학교, 공공도서관, 전시관 등) 종교시설 또는 창고 등으로 이용되고 있는 토지 ※기타로 조사된 경우에는 "※기타( )"란에 구체적인 토지이용상황을 한글 4자 이내로 기재한다. 예) 기타(관공서, 학교, 교회, 창고 등)	160	주거기타
상업·업무용			200	상업·업무용
상 업 용지	'97 ~ 2023	상가나 시장, 서비스업 등의 영업을 목적으로 하고 있는 건물부지 예) 시장, 상가, 호텔, 휴게소, 유치원, 목욕탕, 수영장, 극장, 병원, 주유소 등 ※ '98~2011년은 유치원이 삭제되어 주거기타·상업기타로 분류함	210	상 업 용
	2024	상가나 시장, 서비스업 등의 영업을 목적으로 하고 있는 건물부지 예) 시장, 상가, 호텔, 휴게소, 유치원, 목욕탕, 수영장, 극장, 병원, 주유소, 전기차충전소(급속충전시설이 설치된 경우) 등		

구 분		범 위	CODE	기재방법
상업·업무용			200	상업·업무용
	업무용지	은행, 사무실 등 업무용으로 이용하고 있는 건물부지. 다만, 상업용과 업무용이 복합되어 있는 경우에는 그 사용면적을 기준으로 판단하여 기재한다.	220	업 무 용
	상업·업무용 나지	주변의 토지이용상황이 상업·업무지대로서 그 토지에 건축물이 없거나 일시적으로 타용도로 이용되고 있으나, 가까운 장래에 상업용 또는 업무용으로 이용·개발될 가능성이 높은 토지 예) 전, 답, 조경수목재배지, 야적장	230	상업나지
	상업용기타 ※2002년에 상업·업무용기타 로 개정	* 주변의 토지이용상황이 상업·업무지대로서 관공서, 교육시설(학교·공공도서관·전시관 등), 종교시설 또는 주거용건물, 주상용건물(2002년 추가), 창고 등으로 이용되고 있는 토지 * 기타로 조사된 경우는 "※기타( )"란에 구체적인 토지이용상황을 한글 4자 이내로 기재한다. 예) 기타(관공서, 학교, 교회, 창고, 주거건물 등)	240	상업기타
주·상복합용			300	
	주·상 복합용지	단일 건물이 주거용과 상업용으로 이용되고 주·부용도의 구분이 용이하지 않은 건물부지(다만, 주택지안의 소규모 점포주택은 단독주택으로 본다)	310	주상용
	주·상 복합용 나지	주변의 토지이용상황이 주택 및 상가혼용지대로서 그 토지에 건축물이 없거나 일시적으로 타용도로 이용되고 있으나, 가까운 장래에 주상복합용으로 이용·개발될 가능성이 높은 토지	320	주상나지
	주·상 복합용 기타	주변의 토지이용상황이 주택 및 상가혼용지대로서 관공서, 교육시설(학교, 공공도서관, 전시관 등), 종교시설 또는 주거용 건물, 창고 등으로 이용되고 있는 토지 ※ 기타로 조사된 경우에는 "※기타( )"란에 구체적인 토지이용상황을 한글 4자 이내로 기재한다. 예) 기타 (관공서, 학교, 교회, 창고 주거건물 등)	330	주상기타
공 업 용			400	
	공업용지	'97~2025: 제조업에 이용되고 있는 토지. 다만, 상업용과 공업용의 구분이 어려운 경우에는 상업용으로 한다. 2026: 제조업 등에 이용되고 있는 토지	410	공 업 용
	공업용나지	주변의 토지이용상황이 공업지대로서 그 토지에 건축물이 없거나 일시적으로 타용도로 이용되고 있으나, 가까운 장래에 공업용으로 이용·개발될 가능성이 높은 토지	420	공업나지

VII 토지특성 주요 항목의 연도별 변천내역

구 분			범 위	CODE	기재방법
공 업 용				400	
	공업용기타		* 주변의 토지이용상황이 공업지대로서 관공서, 교육 시설 (학교, 공공도서관, 전시관 등), 종교시설 또는 창고 등으로 이용되고 있는 토지 * 기타로 조사된 경우에는 "※기타( )"란에 구체적인 토지이용상황을 한글 4자 이내로 기재한다. 예) 기타(관공서, 학교, 교회, 창고, 주거건물 등)	430	공업기타
	태양광 발전소 부지 (2019년 신설)		「신에너지 및 재생에너지 개발·이용·보급 촉진법」 등에 따른 태양광설비를 설치하여 발전사업 허가를 받은 토지로서, 태양전지로 구성된 모듈과 주변장치 등으로 구성된 일체의 토지 ※ 공장 등 건물 위에 태양광발전설비를 설치한 경우는 조사 대상에서 제외한다.	440	태양광
전				500	
	전	'97 ~ 2003	물을 대지 아니하고 곡물·원예작물(과수류를제외한다)·약초·뽕나무·닥나무·묘목·관상수 등의 식물을 주로 재배하는 토지와 식용을 목적으로 죽순을 재배하는 토지	510	전
		2004	물을 상시적으로 이용하지 아니하고 곡물·원예작물(과수류를 제외한다)·약초·뽕나무·닥나무·묘목·관상수 등의 식물을 주로 재배하는 토지와 식용을 목적으로 죽순을 재배하는 토지		
	과수원	'97	일정한 구역을 정하여 사과·배·밤·호도나무 등 과수류를 집단적으로 재배하는 토지와 이에 접속된 저장고 등 부속시설물 부지. 다만, 주거용 건축물의 부지는 "대"로 한다.	520	과 수 원
		'98 ~ 2003	… 다만, 주거용 건축물의 부지는 "주거용"으로 한다.		
		2004	사과·배·밤·호도·귤나무 등 과수류를 집단적으로 재배하는 토지와 이에 접속된 저장고 등 부속시설물 부지. 다만, 주거용 건축물의 부지는 "주거용"으로 한다.		
	농업용 창고	2017	주변의 토지이용상황이 "전"으로서 농협·수협·축협창고 및 농업·축산업·수산업용 창고 등으로 이용되고 있는 토지	530	전창고
		2022	주변의 토지이용상황이 "전"으로서 농업·축산업·수산업용 창고 등으로 이용되고 있는 토지		
	축사	2017	주변의 토지이용상황이 "전"으로서 돈사·계사·우사 등으로 이용되고 있는 토지	540	전축사
	전 기타		* 주변의 토지이용상황이 "전"으로서 관공서, 교육시설(학교, 공공도서관, 전시관 등), 종교시설 또는 농협·수협·축협창고 등으로 이용되고 있는 토지 * 기타로 조사된 경우에는 "※기타( )"란에 구체적인 토지이용상황을 한글 4자 이내로 기재한다.	550	전 기타

구 분			범 위	CODE	기재방법
답				600	
	답	'97~2003	물을 직접 이용하여 벼·연·미나리·왕골 등의 식물을 주로 재배하는 토지	610	답
		2004	물을 상시적으로 직접 이용하여 벼·연·미나리·왕골 등의 식물을 주로 재배하는 토지		
	농업용 창고	2017	주변의 토지이용상황이 "답"으로서 농업·축산업·수산업용 창고 등으로 이용되고 있는 토지	620	답창고
	축사	2017	주변의 토지이용상황이 "답"으로서 돈사·계사·우사 등으로 이용되고 있는 토지	630	답축사
	답 기타		* 주변의 토지이용상황이 "답"으로서 관공서, 교육시설(학교, 공공도서관, 전시관 등), 종교시설 또는 창고 등으로 이용되고 있는 토지 * 기타로 조사된 경우에는 "※기타( )"란에 구체적인 토지이용상황을 한글 4자 이내로 기재한다.	640	답 기타
임 야				700	
	조 림		계획조림지로 조성된 임야	710	조 림
	자연림		자연상태의 임야	720	자 연 림
	토지임야 (토 림)		주변의 토지이용상황으로 보아 순수임야와 구분되며, 주로 경작지 또는 도시(마을)주변에 위치해 있는 구릉지와 같은 임야	730	토지임야
	목장용지	'97	일정한 구역을 정하여 축산업 및 낙농업을 목적으로 가축을 사육하거나 사육하기 위하여 조성한 초지 또는 「축산법」제2조제1호의 규정에 의한 가축을 사육하는 축사 등 부속시설물의 부지. 다만, 주거용 건축물의 부지는 "대"로 한다.	740	목장용지
		'98~'99	낙농업을 목적으로 「초지법」에 의하여 초지조성을 하였거나, 「초지법」 시행이전에 임의개간한 토지로서 초식가축 사육에 사용하는 토지 및 그 부속시설물의 부지, 다만, 주거용 건축물의 부지는 "주거용"으로 한다. * 지적공부상 목장용지일지라도 주변의 토지이용상황이 전·답인 축사부지(돈사, 계사, 우사 등)는 목장용지로 조사하지 아니한다. ('98년 신설)		
		2000~2003	축산업을 목적으로 「초지법」에 의하여 초지조성을 하였거나, 「초지법」 시행이전에 임의개간한 토지로서 초식가축 사육에 사용하는 토지 및 그 부속시설물의 부지. 다만, 주거용 건축물의 부지는 "주거용"으로 한다.		

Ⅶ 토지특성 주요 항목의 연도별 변천내역

구 분			범 위	CODE	기재방법
임 야				700	
	목장 용지	2000 ~ 2003	* 지적공부상 목장용지(지적공부상 전·답인 토지를 포함)일지라도 주변의 토지이용상황이 전·답인 축사 부지(돈사, 계사, 우사 등)는 목장용지로 조사하지 아니하고 전기타 또는 답기타로 조사한다.	740	목장용지
		2004	축산업 및 낙농업을 하기 위하여 초지를 조성한 토지, 「축산법」에 의한 가축을 사육하는 축사 등의 부지와 그 부속시설물의 부지. 다만 -- 한다. * 지적공부상 ----- 조사한다.		
	임야 기타		* 주변의 토지이용상황이 임야로서 관공서, 교육시설(학교, 공공도서관, 전시관 등), 종교시설 또는 창고 등으로 이용되고 있는 토지 * 기타로 조사된 경우에는 "※기타( )"란에 구체적인 토지이용상황을 한글 4자 이내로 기재한다.	750	임야기타
특 수 토 지			비교적 대규모 필지의 토지로서 토지용도가 특수하거나 거래사례가 희소하여 시장가치의 측정이 어려운 토지	800	
	광천지	'97 ~ 2003	지하에서 온수, 약수, 석유류 등이 용출되는 용출구 및 그 유지를 위한 부지. 다만, 온수·약수·석유류 등을 일정한 장소로 운송하는 송유관·송수관 및 저장시설의 부지는 제외한다.	810	광 천 지
		2004	지하에서 온수, 약수, 석유류 등이 용출되는 용출구 및 그 유지에 사용되는 부지. 다만, --- 제외한다.		
	광업용지		광산, 특수채석장(오석, 대리석 등 채석지)용지	820	광업용지
	염 전	'97 ~ 2003	바닷물을 끌어들여 소금을 채취하는 토지와 이에 접속된 제염장 등 부속시설 부지. 다만, 천일제염방식에 의하지 아니하고 동력에 의하여 바닷물을 끌여들여 소금을 만드는 제조공장시설의 부지는 제외한다.	830	염 전
		2004	바닷물을 끌어들여 소금을 채취하기 위하여 조성된 토지와 이에 접속된 제염장 등 부속시설물의 부지. 다만, 천일제염방식에 의하지 아니하고 동력에 의하여 바닷물을 끌여들여 소금을 제조하는 공장시설물의 부지는 제외한다.		
	양어장		육상에 인공으로 조성된 수산생물의 번식 또는 양식을 위한 시설을 갖춘 부지와 이에 접속된 부속시설물의 부지	831	양어·양식
	양식장		일정한 설비를 갖추어 놓고 물고기나 해조, 버섯 따위를 인공적으로 길러서 번식시키는 곳		

구 분			범 위	CODE	기재방법
특 수 토 지			비교적 대규모 필지의 토지로서 토지용도가 특수하거나 거래사례가 희소하여 시장가치의 측정이 어려운 토지	800	
	유원지	'97 ~ 2002	일반공중을 위하여 위락, 휴양 등에 적합한 시설물 및 그 부속토지	840	유 원 지
		2003 ~ 2013	일반공중을 위하여 위락·휴양 등에 적합한 시설물을 종합적으로 갖춘 수영장·유선장·낚시터·어린이놀이터·동물원·식물원·민속촌 등의 토지와 그 부속토지.		
		2014	일반공중을 위하여 위락·휴양 등에 적합한 시설물을 종합적으로 갖춘 수영장·유선장·낚시터·어린이놀이터·동물원·식물원·민속촌 등의 토지와 그 부속토지. 단, 일정규모(10,000㎡)이하이거나, 개별지가 산정에 지장이 없는 경우는 유원지로 선정하지 아니 할 수 있다.		
	공원묘지	'97 ~ 2001	사설공원묘지에 한한다.	850	공원묘지
		2002	사설공원묘지(「도시공원법」상의 사설묘지공원 포함)에 한한다.		
	골프장	골프장 '97 ~ 2013	골프를 위하여 조성된 용지와 그에 부속된 시설물의 부지	860	골 프 장
		회원제 2013 ~ 2019	회원제 골프장업은 3홀 이상, 정규 대중골프장업은 18홀 이상의 골프코스를 갖추어야 한다.	860	회원제
		대중제 2013 ~ 2019	일반 대중골프장업은 9홀 이상 18홀 미만의 골프코스를 갖추어야 한다.	861	대중제
		간이	간이골프장업은 각 홀의 부지면적이 13,000㎡를 초과하고 3홀 이상 9홀 미만의 골프코스를 갖추어야 한다.	82	간이
		회원제 2020 ~ 2023	회원제 골프장업은 3홀 이상의 골프코스를 갖추어야 한다.	860	회원제
		대중제 2020 ~ 2023	정규 대중골프장업은 18홀 이상, 일반 대중골프장업은 9홀 이상 18홀 미만의 골프코스를 갖추어야 한다.	861	대중제
		간이	간이골프장업은 3홀 이상 9홀 미만의 골프코스를 갖추어야 한다.	862	간이
		2024	3홀 이상의 골프코스를 갖추고 경영하는 골프장 부지	860	골 프 장
	스키장		스키를 위하여 조성된 용지와 그에 부속된 시설물의 부지	870	스 키 장
	경마장		경마를 위하여 조성된 용지와 그에 부속된 시설물의 부지	880	경 마 장

구 분		범 위	CODE	기재방법
콘도미니엄 (2011년 추가)		관광객의 숙박과 취사에 적합한 시설을 갖추어 이를 그 시설의 회원 등에게 제공하거나 숙박에 딸리는 음식·운동·휴양 또는 연수에 적합한 시설 등을 함께 갖추어 이를 이용하게 하는 업을 위해 조성된 용지와 그에 부속된 시설물의 부지	891	콘도
여객자동차 터미널 (2009~2020)		여객자동차 운수사업법에 의해 여객자동차터미널사업 면허를 받아 시외버스운송사업에 제공되고 있는 공영터미널 또는 공용터미널의 부지. 다만, 해당 여객자동차터미널사업이 지역여건 및 도로교통의 변경등으로 인해 당초 고유 목적을 달성할 수 없거나 가격균형 제고를 위한 특수토지로서의 선정 필요성이 없다고 판단되는 경우에는 제외 가능 ＊ 공영터미널중 단순차고지로 사용되고 있는 여객자동차터미널사업부지는 특수토지 선정에서 제외	890	여객
공항		항공기의 이륙·착륙 및 여객, 화물의 운송을 위한 시설과 그 부대시설 및 지원시설을 갖춘 공공용 비행장 부지	892	공항
고속도로 휴게소		자동차교통망의 중요한 축을 이루며 중요 도시를 연결하는 자동차전용의 고속교통에 사용되는 도로 주변에 승객과 운전자의 휴식, 차량의 정비등을 위한 편의시설 부지	893	휴게소
발전소	수력	물이 갖는 위치에너지를 수차의 기계에너지로 바꾸어 그것을 발전기로 전기에너지로 변환하는 발전방식을 사용하는 발전소	895	발전소
	화력	석탄 또는 석유 등을 연료로 사용하는 열기관에 의하여 발전기를 회전시켜 전기를 생성하는 발전소		
	원자력	원자핵이 붕괴할 때 생기는 열에너지를 동력으로 하여 전기를 얻는 발전소		
물류터미널		「물류시설의 개발 및 운영에 관한 법률」 제2조제2호에 따른 물류터미널로서 물류터미널사업자가 「화물자동차 운수사업법」 제3조제1항제1호에 따른 일반화물자동차운송사업 또는 「해운법」 제2조제3호에 따른 해상화물운송사업에 제공하기 위하여 설치하는 터미널(「도시·군계획시설의 결정·구조 및 설치기준에 관한 규칙」 제31조제2호)	896	물류
특수토지 기타		＊ 기타 특수용도로 이용되고 있거나 조성된 용지(녹지지역 내 대규모 물류 저장창고 등) 다만, 녹지지역 및 비도시지역내 주유소, 골프연습장, 숙박시설 등은 상업용으로 조사한다. ＊ 기타로 조사된 경우에는 "※ 기타( )"란에 구체적인 토지이용상황을 한글 4자 이내로 기재한다.	899	특수기타
공공용지 등		(도시)계획시설로 고시된 토지로서 사업이 착공 내지 완료된 경우나 영리목적이 아닌 공공성격이 강한 토지	900	

구 분		범 위	CODE	기재방법
도로 등	'97 ~ 2002	도로(사도 포함), 철도, 시설녹지, 수도용지, 공동구	910	도로 등
	2003	도로(사도 포함), 철도, 녹지, 수도, 공동구		
하천 등	'97 ~ 2017	하천 및 부속토지, 제방, 구거, 유지(댐, 저수지, 소류지, 호수 등)	920	하천 등
	2018	하천 및 부속토지, 제방, 구거, 유지(댐, 저수지, 소류지, 호수, 연못 등)		
공원 등		공원(묘지공원 및 도시자연공원을 제외한 도시공원), 사적지	930	공원 등
운동장 등	'97 ~ '99	운동장, 광장(행정청이 설치한 것에 한한다)	940	운동장 등
	2000 ~ 2002	운동장, 광장		
	2003	운동장, 체육시설, 광장		
주차장	'97 ~ '99	주차장, 정류장(행정청이 설치한 것에 한한다)	950	주차장
	2000 ~ 2002	주차장, 정류장		
	2003	주차장, 자동차정류장		
위험시설	'97 ~ 2002	위험시설(변전소, 송전탑, 송유관, 가스 및 유류저장시설 등) ※ 일반주유소(가스충전소를 포함한다)는 제외한다.	960	위험시설
	2003	위험시설(변전시설, 송전탑, 유류저장 및 송유설비 등) ※ 일반주유소(가스충전소를 포함한다)는 제외한다.		

Ⅶ 토지특성 주요 항목의 연도별 변천내역

구 분			범 위	CODE	기재방법
유해 및 혐오 시설		'97 ~ '99	화장장, 공동묘지, 쓰레기처리장, 폐수처리장, 배수펌프장, 도살장 등(행정청이 설치한 것에 한한다)	970	유해·혐오 시설
		2000 ~ 2001	화장장, 공동묘지, 쓰레기처리장, 폐수처리장, 배수펌프장, 도살장 등		
		2002	화장장, 공동묘지(「도시공원법」상의 공설묘지공원 포함), 쓰레기처리장, 폐수처리장, 배수펌프장, 도살장 등		
유해 및 혐오 시설		2003	화장장, 공동묘지(「도시공원법」상의 공설묘지공원 포함), 쓰레기처리장, 폐기물처리시설, 도축장 등	970	유해·혐오 시설
		2004 ~ 2005	화장장, 공동묘지(「도시공원법」상의 공설묘지공원 포함), 납골시설, 쓰레기처리장, 폐기물처리시설, 도축장 등		
		2006	화장장, 공동묘지(「도시공원 및 녹지 등에 관한 법률」상의 공설묘지공원 포함), 납골시설, 쓰레기처리장, 폐기물처리시설, 도축장 등		
기 타		'97 ~ 2019		990	기타
		2020	'일반토지(주거,상업,주상,공업,전,답,임야)', '특수토지', '공공용지 등'으로 분류하기 곤란한 미분류 토지	990	기타

나. 지형지세 : 고 저(16)

연 도	내 용
'89년	평지 고지 및 저지 - 간선도로 기준 구릉지 - 지형의 굴곡이 있는 지역 계단식 완경사지 - 경사도 15°미만 급경사지 - 경사도 25°이상 보통경사지 - 경사도 15°이상 25°미만
'90년	계단식 - "논"의 경우
'91년	구릉지, 계단식, 보통경사지를 삭제 완경사지 - 경사도 15°미만에서 이하로 변경 급경사지 - 경사도 15°초과로 변경 평지, 고지 및 저지 - 변경사항 없음 완경사지 - 경사도 15°이하인 경우 급경사지 - 경사도 15°초과한 경우
'92년	㉠ 지세는 간선도로와 비교하여 다음의 유형으로 기재한다(신설). ① 저지 - 간선도로면 보다 낮음 ② 평지 - 간선도로와 높이가 비슷한 수준 ③ 완경사지 - 도로보다 높고 경사도 15°이하인 경우(구릉지 포함) ④ 급경사지 - 도로보다 높고 경사도 15°초과한 경우 ⑤ 고지 - 급경사 이상의 높은 지대(신설)
'93년	변경사항 없음
'94년	완경사 및 급경사 판단시 "도로보다 높고"를 "간선도로보다 높고"로 변경
'95년	㉠ '92년 ㉠항을 "토지의 지세(고저)는 간선도로를 기준으로 하되 주위 여건을 고려하여 판단하고 다음의 유형으로 기재한다"로 변경 ㉡ 저지, 평지, 고지는 변경사항 없음 ③ 완경사지 - 경사도가 15°이하인 경우(구릉지 포함) ④ 급경사지 - 경사도가 15°를 초과하는 경우

Ⅶ 토지특성 주요 항목의 연도별 변천내역

연 도	내 용
'96년	㉠ '92년 ㉠항을 "토지의 고저는 간선도로를 기준으로 판단하되 간선도로가 주위의 지형지세보다 현저히 높거나 낮아 간선도로를 기준으로 하는 것이 부적절한 경우에는 주위의 지형지세를 기준으로 판단하여 기재한다"로 변경 ① 저지 – 간선도로 또는 주위의 지형지세보다 현저히 낮은 지대의 토지 ② 평지 – 간선도로 또는 주위의 지형지세와 높이가 비슷한 지대의 토지 ③ 완경사지 – 간선도로 또는 주위의 지형지세보다 높고 경사도가 15°이하인 지대의 토지 ("구릉지 포함" 삭제) ④ 급경사지 – 간선도로 또는 주위의 지형지세보다 높고 경사도가 15°를 초과하는 지대의 토지 ⑤ 고지 – 급경사 이상의 높은 지대의 토지(변경없음)
'97년	② 평지 – "간선도로 또는 주위의 지형지세와 높이가 비슷하거나 경사도가 미미한 토지"로 변경 ⑤ 고지 – "간선도로 또는 주위의 지형지세보다 현저히 높은 지대의 토지"로 변경
'98년	변경사항 없음
'99년	㉠ '96년 ㉠항을 "토지의 고저는 간선도로를 기준으로 판단하되 간선도로가 주위의 지형지세보다 현저히 높거나 낮아 간선도로를 기준으로 하는 것이 부적절한 경우나, 간선도로가 원거리에 있어 고저비교가 적절하지 않는 경우에는 주위의 지형지세를 기준으로 조사하여 기재한다"로 변경
2000년~ 2020년	변경사항 없음
2021년	조사의 정확성 등을 위해 "토지의 고저는 간선도로 또는 주위의 지형지세를 기준으로 조사하되, 해당 토지가 속한 지대의 경사도(측량자료 또는 수치지형도 등 기준)를 고려할 수 있다."로 변경
2022년~ 2023년	변경사항 없음
2024년	"토지의 고저는 간선도로를 기준으로 판단하되 간선도로가 주위의 지형지세보다 현저히 높거나 낮아 간선도로를 기준으로 하는 것이 부적절한 경우나, 간선도로가 원거리에 있어 고저비교가 적절하지 않는 경우에는 주위의 지형지세를 기준으로 조사하여 기재한다"는 내용 삭제하여 간선도로 기준으로 오인할 수 있는 문구 삭제
2025년~ 2026년	변경사항 없음

다. 지형지세 : 형 상(17)

연 도	형상의 구분(토지의 모양은 다음 유형중에서 가장 비슷한 것을 선택)	
'89년~'90년	정방형, 장방형, 제형, 삼각형, 부정형으로 구분	
'91년	위 형상외 자루형 신설	
'92년	장방형을 가로장방형, 세로장방형으로 구분	
	삼각형을 삼각형과 역삼각형으로 구분	
	각 형상에 대한 설명 부기	
	정방형	· 정사각형 모양의 토지
	가로장방형	· 장방형의 토지로 넓은면이 도로에 접하거나 도로를 향하고 있는 토지
	세로장방형	· 장방형의 토지로 좁은면이 도로에 접하거나 도로를 향하고 있는 토지
	제형	· 사다리꼴 모양의 토지
	삼각형	· 삼각형의 토지로 그 한면이 도로에 접하거나 향하고 있는 토지
	역삼각형	· 삼각형 토지로 꼭지점 부분이 도로에 접하거나 향하고 있는 토지
	부정형	· 다각형 또는 부정형의 토지
	자루형	· 입구가 자루처럼 좁게 생긴 토지
'93년~'94년	정방형을 양변의 길이 비율이 1 : 1.3 이하인 토지로 정함	
'95년	정방형을 "정사각형으로서 긴변과 짧은변의 길이가 비슷한 토지"로 변경	
'96년	정방형을 양변의 길이 비율이 1 : 1.1 내외인 토지로 정함	
'97년	제형을 사다리형으로 명칭 변경	
'98년~'99년	변경사항 없음	
2000년	변형사다리형은 사다리형으로, 역사다리형은 역삼각형 토지로 봄	
2001년	도로에 접하지 않은 토지는 인접도로방향으로 조사함. 다만, 둘 이상의 도로가 인접한 경우 주된 도로방향을 기준으로 조사	
2002년~2011년	변경사항 없음	
2016년~2016년	사다리형은 변형사다리형, 다학형의 불규칙한 형상이나 그로 인하여 최유효이용에 상당한 제약을 받는 토지로 정의함	
	부정형중 다각형의 정의 수정	
2017년~2018년	형상 판단시 시군구와 협의하여 결정할 수 있는 기준 마련	
2019년~2020년	변경사항 없음	
2021년	형상 세부특성항목이 지나치게 세분화되어 있어 조사자의 주관적 판단 개입이 우려되는 바, 삼각형 및 역삼각형을 삭제하되, 사다리·부정형·자루형 정의를 다소 변경함	
	정방형	정사각형 모양의 토지로서 양변의 길이 비율이 1:1.1 내외인 토지
	가로장방형	장방형의 토지로 넓은 면이 도로에 접하거나 도로를 향하고 있는 토지
	세로장방형	장방형의 토지로 좁은 면이 도로에 접하거나 도로를 향하고 있는 토지
	사다리형	사다리꼴(변형사다리꼴 포함) 모양의 토지
	부 정 형	불규칙한 형상 또는 삼각형 토지 중 최소외접직사각형 기준 1/3 이상의 면적손실이 발생한 토지
	자 루 형	출입구가 자루처럼 좁게 생겼거나 역삼각형의 토지(역사다리형을 포함)로 꼭짓점 부분이 도로에 접하거나 도로를 향하고 있는 토지
2022년~2026년	변경사항 없음	

라. 지형지세 : 방 위(18)

연 도	내 용
'89년	① 남향, 남동, 남서, 동향, 서향, 북향, 북동, 북서의 8방위로 기재 ② 대지와 임야의 경우만 표시
'90년	①,② 상동 ③ 대지의 경우는 지적도상 도로를 기준으로 표시함 ④ 임야의 경우는 경사방향으로 표시함
'91년	①,②,③,④ 상동
'92년	① 표준지 평가보고서상의 8방위로 표시(결과는 같음) ② 상동 ③ 대지의 경우는 진입로(대문)를 기준으로 표시 ④ 상동
'93년	① 방위는 표준지 평가보고서의 "지리적위치" 표시 예와 같이 8방위로 표시한다. ②,③,④ 상동
'94년	①,② 상동 ③ 대지의 경우는 진입로(대문) 또는 건물의 방향을 기준으로 표시 ④ 상동
'95년	① 상동 ② 방위는 토지이용상황(토지용도)이 주거용, 임야의 경우에만 표시 ③ 주거용은 주된 접면도로를 기준으로 하되, 판단이 어려운 경우에는 진입로를 기준으로 한다. ④ 상동
'96년	상동
'97년	상동
'98년	상동
'99년	①,②,③ 상동 ④ 임야는 경사방향을 기준으로 조사하되, 인근 임야의 경사도를 고려하여 주된 경사방향이라고 판단되는 방위를 조사하여 기재한다.
2000년~2026년	변경사항 없음

마. 도로조건 : 도로접면(20)

연 도	내 용	
'89년	① 도시계획구역과 비도시계획구역으로 구분 ② 사도에 관한 도로구분이 있었음 ③ 소로를 4m 이상 12m 미만으로 규정하고 있음 ④ 맹지에 관한 도로구분이 없음	
	도시계획구역	광로(폭 40m 이상) 대로(폭 25m 이상 - 40m 미만) 중로(폭 12m 이상 - 25m 미만) 소로(폭 4m 이상 - 12m 미만) 세로(폭 4m 미만) 사도
	비도시계획구역	고속국도 일반국도 지방도 군도 소로(폭 4m 이상) 농로(우마차, 경운기 이용정도의 도로)
'90년	'89년과 동일	
'91년	① 도로의 분류는 도로의 폭을 추정할 수 있는 도로차선을 기준으로 한다.(차선이 구분되지 않은 경우는 도로폭에 따라 분류) ② 자전거전용도로나 버스전용 차선 등은 1차선으로 인정한다. ③ 건설공사중인 도로와 지적고시된 계획도로도 도로로 간주한다. ④ 종전, 도시계획구역과 비도시계획구역으로 구분하던 것을 폐지 ⑤ 맹지에 대한 도로구분 신설(현재와 정의가 다름) 광 로 : 편도 6차선 이상(40m 이상) 대 로 : 편도 3차선 이상 5차선 이하(25 - 40m 미만) 중 로 : 편도 2차선(12- 25m 미만) 소 로 : 편도 1차선(6 - 12m 미만) 세 로 : 왕복 1차선 이하(6m 미만 도로 및 경운기 통과가 가능한 농로) 맹 지 : 지적도상 접근로가 없는 토지, 경운기 통과가 불가능한 도로, 사도로만 접근 할 수 있는 토지 고속국도 : 고속도로	

Ⅶ 토지특성 주요 항목의 연도별 변천내역

연 도	내 용
'92년	① 현재와 같은 12개 도로구분으로 변경. 다만, 광대한면은 편도3차선 이상, 중로한면은 편도 2차선 이상이라는 도로폭 이외의 제한이 있음 ② 표준지가 각지 또는 2면에 접한 경우에는 넓은 도로를 기준으로 함 ③ 종전의 광로와 대로를 통합하여 25m 이상 도로를 광대로로 함 ④ 도로구분중 고속국도 삭제 ⑤ '91년의 맹지 개념을 "리어카나 경운기 통행이 불가능한 토지"로 변경 ⑥ 광대로 또는 중로, 소로한면에 접하는 토지가 세로(불)에도 접하는 경우에는 각각을 광대로한면, 중로한면, 소로한면으로 봄
'93년	① 91년 ③항을 "건설공사중인 도로와 지적고시된 계획도로도 도로로 간주하고 고속도로와 자동차전용도로는 제외한다"로 변경
'94년	'93년과 변경사항 없음
'95년	① '91년 ①항을 "도로의 분류는 도로의 폭(인도를 포함한다)을 기준으로 한다"로 변경 ② '94년까지 도로분류를 도로폭 외에 편도 몇차선 이상으로 제한하던 내용을 삭제함. 따라서 '91년 ②항의 내용은 필요없게 되었음 ③ '94년 ①항을 "건설공사중인 도로는 도로로 간주하고 고속도로와 자동차 전용도로는 제외한다"로 변경함. 따라서 지적고시된 계획도로는 도로로 간주하지 아니함
'96년	① '95년 ①항을 "도로의 분류는 인도를 포함한 도로의 폭을 기준으로 하되 비탈면(법면) 부분은 제외한다"로 변경 ② 도로는 현황도로를 기준으로 하되 택지개발사업지구, 구획정리사업지구, 환지예정지 기타 대규모 개발사업지구내의 토지로서 가지번이 부여된 경우에는 도면상의 도로를 기준으로 기재한다(신설). ③ '95년까지는 소로를 6m 이상 12m 미만의 도로로 보았으나 '96년부터는 8m 이상 12m 미만의 도로를 소로로 본다. ④ 세로인 계단도로는 세로(불)로, 소로인 계단도로는 소로로 본다(신설).
'97년	① 일단지 중에서 대표성이 있는 1필지가 표준지로 선정된 때에는 그 일단지를 1필지의 토지를 보고 토지특성(도로)을 조사하여 기재한다(신설). ② 동일노선의 도로폭이 일정하지 않는 경우에는 그 도로의 많은 부분을 차지하는 도로폭을 기준으로 조사한다(신설).
'98년~'99년	변경사항 없음

연 도	내 용
2000년	① '95년 ③항을 "도로는 관계법령의 규정에 불구하고 사실상 이용되는 도로와 건설공사 중인 도로(조사시점 현재 공사가 진행중인 구간을 말한다)만을 도로로 간주하고 고속도로와 자동차전용도로, 이용되지 않는 폐도는 도로로 보지 아니한다"로 변경 ② '92년부터 세로(불)과 맹지의 판단기준은 리어카나 경운기 통행 가능여부로 판단하여 왔으나, 2000년부터는 경운기의 통행 가능여부로만 판단함
2001년	① 이면가로획지를 각지로 판단하는 조항 신설 ② 준각지 판단기준 조항 신설
2002년	변경사항 없음
2003년	도로접면의 판단기준중 "표준지가 각지 또는 2면 이상에 접한 경우에는 넓은 도로를 기준으로 기재함을 원칙으로 한다."에 "다만 넓은 도로가 주된 역할을 하지 못하는 경우에는 주된 역할을 하는 도로를 기준으로 기재한다."는 단서조항을 추가함
2004년	도로접면의 판단기준중 "개발행위허가(건축물의 건축, 공작물의 설치, 토지의 형질변경)를 받고 건축물의 부지 등으로 이용중인 표준지와 접한 고속도로와 자동차전용도로의 경우는 '도로'로 간주한다."라는 단서조항을 추가함
2005년~2011년	변경사항 없음
2016년~2017년	맹지의 정의 수정
2018년	보행자도로 조사기준 신설
2019년~2021년	변경사항 없음
2022년	도로는 현황도로를 기준으로 하되, 개발사업지의 경우 토지수용 및 환지방식의 개발사업지는 확정예정지번(블록·롯트 포함)의 부여 시점과 관리처분방식의 개발사업지는 실공사(착공신고 등 적법한 절차에 따른 실공사를 의미함)를 착공한 시점을 기준으로 그 이후에는 도면상의 도로를 기준으로 조사함
2023년	변경사항 없음
2024년	"도로접면을 판단함에 있어 주변의 도로접면 및 가격균형성 등을 고려하여 시·군·구와 협의하여 결정할 수 있다."로 변경
2025년~2026년	변경사항 없음

2026년
표준지공시지가 조사·평가 업무요령 -부록-

행정전산망 지역코드

행정전산망 지역코드 ·· 261

Ⅷ. 행정전산망 지역코드

지 역	코 드	지 역	코 드
서울특별시	11000	동 작 구	11590
종 로 구	11110	관 악 구	11620
중 구	11140	서 초 구	11650
용 산 구	11170	강 남 구	11680
성 동 구	11200	송 파 구	11710
광 진 구	11215	강 동 구	11740
동대문구	11230	부산광역시	26000
중 랑 구	11260	중 구	26110
성 북 구	11290	서 구	26140
강 북 구	11305	동 구	26170
도 봉 구	11320	영 도 구	26200
노 원 구	11350	부산진구	26230
은 평 구	11380	동 래 구	26260
서대문구	11410	남 구	26290
마 포 구	11440	북 구	26320
양 천 구	11470	해운대구	26350
강 서 구	11500	사 하 구	26380
구 로 구	11530	금 정 구	26410
금 천 구	11545	강 서 구	26440
영등포구	11560	연 제 구	26470

지 역	코 드	지 역	코 드
수 영 구	26500	광주광역시	29000
사 상 구	26530	동 구	29110
기 장 군	26710	서 구	29140
대구광역시	27000	남 구	29155
중 구	27110	북 구	29170
동 구	27140	광 산 구	29200
서 구	27170	대전광역시	30000
남 구	27200	동 구	30110
북 구	27230	중 구	30140
수 성 구	27260	서 구	30170
달 서 구	27290	유 성 구	30200
달 성 군	27710	대 덕 구	30230
군 위 군	27720	울산광역시	31000
인천광역시	28000	중 구	31110
중 구	28110	남 구	31140
동 구	28140	동 구	31170
미추홀구	28177	북 구	31200
연 수 구	28185	울 주 군	31710
남 동 구	28200	세종특별자치시	36110
부 평 구	28237	경 기 도	41000
계 양 구	28245	수원장안구	41111
서 구	28260	수원권선구	41113
강 화 군	28710	수원팔달구	41115
옹 진 군	28720	수원영통구	41117

지 역	코 드	지 역	코 드
성남수정구	41131	의 왕 시	41430
성남중원구	41133	하 남 시	41450
성남분당구	41135	용인처인구	41461
의정부시	41150	용인기흥구	41463
안양만안구	41171	용인수지구	41465
안양동안구	41173	파 주 시	41480
부천원미구	41192	이 천 시	41500
부천소사구	41194	안 성 시	41550
부천오정구	41196	김 포 시	41570
광 명 시	41210	화 성 시	41590
평 택 시	41220	광 주 시	41610
동두천시	41250	양 주 시	41630
안산시 상록구	41271	포 천 시	41650
안산시 단원구	41273	여 주 시	41670
고양덕양구	41281	연 천 군	41800
고양일산동구	41285	가 평 군	41820
고양일산서구	41287	양 평 군	41830
과 천 시	41290	충청북도	43000
구 리 시	41310	청주상당구	43111
남양주시	41360	청주서원구	43112
오 산 시	41370	청주흥덕구	43113
시 흥 시	41390	청주청원구	43114
군 포 시	41410	충 주 시	43130

지 역	코 드	지 역	코 드
제 천 시	43150	홍 성 군	44800
보 은 군	43720	예 산 군	44810
옥 천 군	43730	태 안 군	44825
영 동 군	43740	전라남도	46000
증 평 군	43745	목 포 시	46110
진 천 군	43750	여 수 시	46130
괴 산 군	43760	순 천 시	46150
음 성 군	43770	나 주 시	46170
단 양 군	43800	광 양 시	46230
충청남도	44000	담 양 군	46710
천안동남구	44131	곡 성 군	46720
천안서북구	44133	구 례 군	46730
공 주 시	44150	고 흥 군	46770
보 령 시	44180	보 성 군	46780
아 산 시	44200	화 순 군	46790
서 산 시	44210	장 흥 군	46800
논 산 시	44230	강 진 군	46810
계 룡 시	44250	해 남 군	46820
당 진 시	44270	영 암 군	46830
금 산 군	44710	무 안 군	46840
부 여 군	44760	함 평 군	46860
서 천 군	44770	영 광 군	46870
청 양 군	44790	장 성 군	46880

지 역	코 드	지 역	코 드
완도군	46890	예천군	47900
진도군	46900	봉화군	47920
신안군	46910	울진군	47930
경상북도	47000	울릉군	47940
포항남구	47111	경상남도	48000
포항북구	47113	창원의창구	48121
경주시	47130	창원성산구	48123
김천시	47150	창원마산합포구	48125
안동시	47170	창원마산회원구	48127
구미시	47190	창원진해구	48129
영주시	47210	진주시	48170
영천시	47230	통영시	48220
상주시	47250	사천시	48240
문경시	47280	김해시	48250
경산시	47290	밀양시	48270
의성군	47730	거제시	48310
청송군	47750	양산시	48330
영양군	47760	의령군	48720
영덕군	47770	함안군	48730
청도군	47820	창녕군	48740
고령군	47830	고성군	48820
성주군	47840	남해군	48840
칠곡군	47850	하동군	48850

지 역	코 드	지 역	코 드
산 청 군	48860	화 천 군	51790
함 양 군	48870	양 구 군	51800
거 창 군	48880	인 제 군	51810
합 천 군	48890	고 성 군	51820
제주특별자치도	50000	양 양 군	51830
제 주 시	50110	전북특별자치도	52000
서귀포시	50130	전주완산구	52111
강원특별자치도	51000	전주덕진구	52113
춘 천 시	51110	군 산 시	52130
원 주 시	51130	익 산 시	52140
강 릉 시	51150	정 읍 시	52180
동 해 시	51170	남 원 시	52190
태 백 시	51190	김 제 시	52210
속 초 시	51210	완 주 군	52710
삼 척 시	51230	진 안 군	52720
홍 천 군	51720	무 주 군	52730
횡 성 군	51730	장 수 군	52740
영 월 군	51750	임 실 군	52750
평 창 군	51760	순 창 군	52770
정 선 군	51770	고 창 군	52790
철 원 군	51780	부 안 군	52800

IX

2026년
표준지공시지가 조사·평가 업무요령 -부록-

2025년 시·군·구별 표준지 수

2025년 시·군·구별 표준지 수 ·· 269

2025년 시·군·구별 표준지 수

(전국 600,000필지)

시·도	시·군·구	'25 표준지 수	시·도	시·군·구	'25 표준지 수
서울(25)	종로구	2,093	서울(25)	서초구	1,423
	중구	1,648		강남구	1,373
	용산구	1,234		송파구	1,089
	성동구	963		강동구	1,037
	광진구	1,091	부산(16)	중구	960
	동대문구	1,390		서구	1,184
	중랑구	1,158		동구	1,385
	성북구	1,980		영도구	1,161
	강북구	1,320		부산진구	2,161
	도봉구	810		동래구	1,131
	노원구	825		남구	1,244
	은평구	1,463		북구	877
	서대문구	1,387		해운대구	1,347
	마포구	1,363		사하구	1,305
	양천구	793		금정구	1,361
	강서구	1,339		강서구	1,934
	구로구	1,142		연제구	835
	금천구	769		수영구	718
	영등포구	1,269		사상구	896
	동작구	1,226		기장군	1,926
	관악구	1,355	대구(9)	중구	1,426

시·도	시·군·구	'25 표준지수	시·도	시·군·구	'25 표준지수
대구(9)	동구	2,740	대전(5)	서구	1,601
	서구	1,296		유성구	1,605
	남구	1,025		대덕구	1,148
	북구	1,890	울산(5)	중구	1,329
	수성구	1,588		남구	1,707
	달서구	1,538		동구	736
	달성군	3,158		북구	1,514
	군위군	2,610		울주군	4,587
인천(10)	중구	1,599	세종(1)	세종시	2,842
	동구	573	경기(44)	수원장안구	762
	미추홀구	1,733		수원권선구	921
	연수구	520		수원팔달구	793
	남동구	1,309		수원영통구	385
	부평구	1,372		성남수정구	1,086
	계양구	774		성남중원구	746
	서구	1,492		성남분당구	714
	강화군	3,030		의정부시	1,283
	옹진군	1,141		안양만안구	737
광주(5)	동구	1,521		안양동안구	466
	서구	1,327		부천원미구	659
	남구	1,456		부천소사구	449
	북구	2,663		부천오정구	498
	광산구	2,971		광명시	870
대전(5)	동구	1,921		평택시	5,180
	중구	1,646			

IX 2025년 시·군·구별 표준지 수

시·도	시·군·구	'25 표준지수	시·도	시·군·구	'25 표준지수
경기(44)	동두천시	1,091	경기(44)	여주시	3,072
	안산상록구	958		연천군	2,155
	안산단원구	1,058		가평군	2,607
	고양덕양구	1,612		양평군	3,920
	고양일산동구	752	충북(14)	청주상당구	2,329
	고양일산서구	529		청주서원구	1,394
	과천시	300		청주흥덕구	1,975
	구리시	536		청주청원구	1,917
	남양주시	3,252		충주시	4,365
	오산시	763		제천시	3,195
	시흥시	1,496		보은군	2,348
	군포시	592		옥천군	2,734
	의왕시	560		영동군	3,092
	하남시	995		증평군	759
	용인처인구	3,070		진천군	2,008
	용인기흥구	766		괴산군	2,551
	용인수지구	457		음성군	2,827
	파주시	4,070		단양군	2,043
	이천시	3,331	충남(16)	천안동남구	2,648
	안성시	3,685		천안서북구	1,933
	김포시	2,484		공주시	4,186
	화성시	5,799		보령시	3,722
	광주시	2,748		아산시	4,297
	양주시	2,452		서산시	4,425
	포천시	3,697		논산시	3,942

시·도	시·군·구	'25 표준지수	시·도	시·군·구	'25 표준지수
충남(16)	계룡시	379	전남(22)	무안군	3,305
	당진시	4,108		함평군	2,653
	금산군	2,789		영광군	3,089
	부여군	3,227		장성군	2,999
	서천군	2,725		완도군	3,224
	청양군	2,097		진도군	2,527
	홍성군	3,344		신안군	3,702
	예산군	3,033	경북(23)	포항남구	3,328
	태안군	3,062		포항북구	4,024
전남(22)	목포시	1,844		경주시	7,250
	여수시	5,452		김천시	5,214
	순천시	5,785		안동시	5,636
	나주시	4,778		구미시	3,711
	광양시	3,436		영주시	3,165
	담양군	2,772		영천시	4,689
	곡성군	2,638		상주시	5,166
	구례군	2,022		문경시	3,233
	고흥군	4,765		경산시	3,131
	보성군	3,657		의성군	4,144
	화순군	3,790		청송군	2,167
	장흥군	3,245		영양군	1,872
	강진군	2,603		영덕군	2,734
	해남군	4,817		청도군	3,575
	영암군	3,610		고령군	2,061

IX 2025년 시·군·구별 표준지 수

시·도	시·군·구	'25 표준지수	시·도	시·군·구	'25 표준지수
경북(23)	성주군	2,884	강원(18)	강릉시	3,903
	칠곡군	2,589		동해시	1,352
	예천군	2,982		태백시	927
	봉화군	2,399		속초시	1,060
	울진군	2,848		삼척시	2,737
	울릉군	449		홍천군	3,006
경남(22)	창원의창구	2,141		횡성군	2,400
	창원성산구	731		영월군	2,347
	창원마산합포구	3,113		평창군	2,556
	창원마산회원구	1,379		정선군	2,277
	창원진해구	1,508		철원군	2,213
	진주시	5,909		화천군	1,193
	통영시	3,199		양구군	1,291
	사천시	4,129		인제군	1,624
	김해시	4,446		고성군	1,628
	밀양시	4,901		양양군	1,906
	거제시	3,441	전북(15)	전주완산구	1,985
	양산시	2,894		전주덕진구	2,023
	의령군	2,698		군산시	3,870
	함안군	3,234		익산시	5,371
	창녕군	3,379		정읍시	4,976
	고성군	3,719		남원시	4,154
	남해군	3,201		김제시	4,064
	하동군	3,972		완주군	3,341
	산청군	2,921		진안군	2,724
	함양군	2,921		무주군	2,296
	거창군	3,768		장수군	2,229
	합천군	4,377		임실군	2,759
제주(2)	제주시	6,891		순창군	2,169
	서귀포시	4,929		고창군	3,742
강원(18)	춘천시	3,753		부안군	3,458
	원주시	3,738			

※ 2026년 표준지 수는 시·군·구별 표준지 수 조정에 의해 변동될 수 있음

X

2026년
표준지공시지가 조사·평가 업무요령 -부록-

공시지가 조사·평가 담당자 현황 ('24, '25, '26)

1. 공시지가 조사·평가 담당자 현황 ················· 277

2. 특수토지 공시지가 조사·평가 담당자 현황 ················· 295

공시지가 조사·평가 담당자 현황 ('24, '25, '26)

시.도	시.군.구	2024년 A조 법인	2024년 A조 평가사	2024년 B조 법인	2024년 B조 평가사	2025년 A조 법인	2025년 A조 평가사	2025년 B조 법인	2025년 B조 평가사	2026년 A조 법인	2026년 A조 평가사	2026년 B조 법인	2026년 B조 평가사
서울	종로구	경일 하나 제일	노재수 이영은 김겸	대한 삼창 대화	이상협 이석희 김도윤	대일 신진 제일	김정석 강현구 김겸	대한 삼창 대화	이상협 이석희 김도윤	우솔 신진 제일	김원규 강현구 김겸	대한 삼창 정도	이상협 이석희 김주희
	중구	통일 대화 가람	최현섭 김경훈 박병우	미래새한 동인 나라	양재영 김형규 김정혜	국토 대화 가람	곽운은 김경훈 박병우	미래새한 동인 대화	양재영 김형규 김종목	국토 대교 가람	곽동은 이승철 박병우	미래새한 대일 동인	양재영 빈수창 김현오
	용산구	대화 하나	송종용 최원준	미래새한 가온	정채선 권종춘	대화 하나	송종용 최원준	삼창 가온	조혜미 권종춘	대일 하나	정동찬 최원준	대화 나라	이재형 원효식
	성동구	제일	김철홍	신진	이대주	제일	김철홍	나라	박정훈	미래새한	박성현	나라	박정훈
	광진구	경일 중앙	백은경 이승열	공감 사무소	김진명 최연순	경일 중앙	백은경 이승열	공감 사무소	김진명 최연순	중앙 가람	권대용 안성우	공감 대화	김진명 이동진
	동대문구	미래새한 가람	정인국 조윤수	하나 가온	노정현 김만진	미래새한 가람	정인국 조윤수	머니플러스 통일	한지현 김동욱	미래새한 가람	정인국 조윤수	머니플러스 통일	한지현 김동욱
	중랑구	대한 대화	서현아 조기군	사무소 대한	송충섭 김정환	대한 국토	서현아 이계심	사무소 대한	송충섭 김정환	대한 국토	서현아 이계심	나무 대한	박영택 김정환
	성북구	중앙 나라 써브	박준채 박진아 이종문	사무소 태평양 가람	윤성희 신민우 이지수	중앙 가람 써브	박준채 나은주 이종문	사무소 통일 가람	윤성희 윤성현 이지수	중앙 가온 써브	박준채 장동기 이종문	사무소 정일 경일	윤성희 정기윤 김민혁
	강북구	삼일 씨비알이 현	이이노 최미선	태평양 삼창	김윤지 이정훈	삼일 씨비알이 현	이이노 최미선	태평양 경일	김윤지 강흔태	삼일 씨비알이 현	이이노 최미선	태평양 경일	김윤지 강흔태
	도봉구	태평양	임수연	가람	양한승	태평양	임수연	가람	양한승	태평양	임수연	가람	양한승
	노원구	가온	최용희	사무소	김재화	가온	최용희	사무소	김재화	가온	최용희	가치앤같이	한권흠
	은평구	가람 삼창	이경훈 정재엽	사무소 하나	박홍기 강보미	태평양 경일	신민우 배지용	사무소 하나	박홍기 강보미	태평양 경일	신민우 배지용	사무소 하나	박홍기 강보미
	서대문구	사무소 대한	강선호 유종근	통일 대화	문성우 이영은	사무소 대한	강선호 유종근	통일 대화	문성우 이영은	하나 대한	최명균 유종근	통일 대화	문성우 이영은
	마포구	통일 명문	윤영수 신순숙	대한 제일	이근호 허인영	통일 명문	윤영수 신순숙	대한 제일	이근호 유창혁	통일 명문	윤영수 신순숙	대한 제일	이근호 유창혁
	양천구	하나	김은	나라	정유진	태평양	이지은	중앙	정철현	태평양	이지은	중앙	정철현
	강서구	중앙 대일	손상혁 서이삭	에이원 가온	이윤호 이상진	경일 삼창	신웅수 이상윤	에이원 가온	이윤호 이상진	경일 동인	신웅수 조성민	사무소 가온	이대운 이상진
	구로구	감동 삼창	이헌범 김상호	중앙 나라	권대용 원효식	사무소 중앙	김준영 임성우	중앙 나라	권대용 원효식	제일 중앙	장정익 임성우	사무소 르메종	홍진화 조성만
	금천구	더벨류	천은영	태평양	최웅락	가람	전지윤	태백	전현호	가람	전지윤	태백	전현호

2026년 표준지공시지가 조사·평가 업무요령 -부록-

시.도	시.군.구	2024년 A조 법인	2024년 A조 평가사	2024년 B조 법인	2024년 B조 평가사	2025년 A조 법인	2025년 A조 평가사	2025년 B조 법인	2025년 B조 평가사	2026년 A조 법인	2026년 A조 평가사	2026년 B조 법인	2026년 B조 평가사
서울	영등포구	리얼티뱅크 미래새한	금선영 김정언	대한 대화	박동훈 조성국	리얼티뱅크 미래새한	금선영 김정언	대한 대화	박동훈 조성국	리얼티뱅크 에이원	금선영 전제술	삼창 대화	김범수 조성국
	동작구	가온 정원	이희수 서윤선	정일 미래새한	오창윤 손지형	가온 정원	이희수 서윤선	정일 미래새한	오창윤 손지형	제일 하이테크	박정화 김민아	정일 미래새한	오창윤 손지형
	관악구	중앙 가온	고나연 배태훈	미래새한 대한	유장근 김종현	중앙 가온	고나연 배태훈	미래새한 대한	유장근 김종현	명문 가온	천경호 배태훈	미래새한 대한	유장근 김종현
	서초구	태평양 나라	류인혜 이상주	가람 가온	유미리 김동기	태평양 제일	류인혜 오윤숙	중앙 가온	이동원 김동기	태평양 제일	류인혜 오윤숙	중앙 사무소	이동원 박지현
	강남구	나라 대화	박일훈 김예린	대상 제일	김금주 김영순	미래새한 가람	김웅철 유재성	대상 제일	김금주 김영순	미래새한 가람	김웅철 유재성	대상 제일	김금주 김영순
	송파구	하나 대일	최정곤 권정희	미래새한 경일	이용삼 오영찬	하나 대일	최정곤 권정희	미래새한 경일	김용걸 오영찬	가온 대일	장진우 권정희	미래새한 경일	김용걸 오영찬
	강동구	대일 가람	이찬미 한창수	삼창 태백	유정욱 김보성	대일 가람	이찬미 한창수	삼창 태백	유정욱 김보성	대일 가람	이찬미 한창수	삼창 사무소	유정욱 하고운
부산	중구	대일	안승길	명문	노호원	대일	안승길	명문	노호원	대일	안승길	명문	노호원
	서구	가온 사무소	전태일 류상훈	가람 가람	신명호 박숙경	써브 사무소	전태일 류상훈	가람 가람	신명호 박숙경	나라 사무소	우진우 류상훈	가람 하나	신명호 송민수
	동구	나라 가온	장제원 김태미	태평양 신한	이대현 김종규	나라 대일	장제원 하성호	경일 하나	윤서현 안영준	나라 대일	장제원 하성호	경일 하나	윤서현 안영준
	영도구	삼창 대한	추우성 손규원	대일 미래새한	김종민 배은빈	삼창 대한	추우성 손규원	대일 미래새한	김종민 배은빈	제일 대한	이상근 손규원	대일 미래새한	김종민 배은빈
	부산진구	대일 프라임 에이원	황선용 이인호 신채익	중앙 대화 대일	조재완 한동욱 하성호	대일 사무소 에이원	황선용 박상현 신채익	중앙 대화 나라	조재완 한동욱 손기석	가온 사무소 경일	김정훈 박찬용 최병철	에이원 태평양 나라	이규성 최지윤 손기석
	동래구	대한 미래새한	이민지 구기옥	나라 태평양	서호근 김현진	대한 하나	이민지 이연성	경일 태평양	정동희 김현진	대한 하나	이민지 이연성	경일 태평양	정동희 김현진
	남구	대화 통일	정경운 서찬교	하나 대일	손준영 김용현	대화 통일	정경운 서찬교	경일 대일	이세호 김용현	대화 가온	정경운 김인혜	사무소 대일	조병석 김용현
	북구	대화	조재석	삼창	정우영	대화	조재석	나라	김녹현	대화	조재석	나라	김녹현
	해운대구	미래새한 나라	전종문 윤성근	에이원 삼일	김경도 노영재	미래새한 나라	전종문 윤성근	에이원 삼일	김경도 노영재	미래새한 대한	전종문 이상민	에이원 삼일	김경도 노영재
	사하구	가온 중앙	김영진 소영수	삼일 하나	신종현 송민수	가온 제일	김영진 임재길	삼일 하나	신종현 송민수	가온 제일	김영진 임재길	삼일 가람	신종현 이용훈
	금정구	나라 대한	김규식 현태승	대한 사무소	최태윤 이동진	나라 대한	김진호 현태승	대한 사무소	최태윤 이동진	나라 정일	김진호 홍웅기	대한 사무소	최태윤 이동진
	강서구	제일 삼창	조창호 천주명	삼창 제일	정화생 김문주	제일 삼창	조창호 천주명	삼창 제일	정화생 김문주	제일 삼창	조창호 천주명	삼창 제일	정화생 김문주
	연제구	가온	정승훈	대일	성문기	가온	정승훈	대일	성문기	삼창	정우영	대일	성문기

X 공시지가 조사·평가 담당자 현황

시.도	시.군.구	2024년 A조 법인	2024년 A조 평가사	2024년 B조 법인	2024년 B조 평가사	2025년 A조 법인	2025년 A조 평가사	2025년 B조 법인	2025년 B조 평가사	2026년 A조 법인	2026년 A조 평가사	2026년 B조 법인	2026년 B조 평가사
부산	수영구	하나	최영호	삼일	이언종	프라임	김경주	삼일	이언종	프라임	김경주	삼일	이언종
	사상구	삼성	신성호	중앙	전용우	미래새한	신나경	경일	박윤탁	미래새한	신나경	경일	박윤탁
	기장군	제일	이상근	사무소	유소희	제일	이상근	사무소	유소희	태평양	황성호	사무소	유소희
		가람	이용훈	동인	임준표	가람	이용훈	동인	임준표	대화	황수진	동인	임준표
대구	중구	대한	권창현	경일	이준석	대한	권창현	금호	박진영	대한	권창현	금호	박진영
		미래새한	김영철	명문	최윤도	하나	여정상	명문	최윤도	하나	여정상	명문	최윤도
	동구	나라	길민수	대한	이영수	나라	길민수	경일	권대동	제일	황희	경일	권대동
		나라	김기석	제일	차영문	나라	김기석	제일	차영문	나라	김기석	제일	차영문
		중앙	최귀자	대일	채지혜	중앙	최귀자	대일	채지혜	우솔	박광렬	대일	채지혜
	서구	태평양	박두양	가온	김봉식	태평양	박두양	삼창	이현우	태평양	박두양	사무소	이종규
		세종	이대하	제일	황희	경일	서효진	제일	황희	경일	서효진	삼창	이현우
	남구	대일	조재익	미래새한	최국진	대한	신효정	중앙	하상준	대한	신효정	중앙	하상준
	북구	프라임	조혜인	가온	정재웅	프라임	조혜인	가온	정재웅	프라임	조혜인	가온	정재웅
		나라	정대근	미래새한	두휘규	나라	정대근	미래새한	두휘규	가람	박기붕	미래새한	두휘규
	수성구	대일	이종수	대화	박진욱	대일	이종수	대화	박진욱	삼창	고가영	대화	박진욱
		가람	조현필	제일	김현태	가람	조현필	제일	김현태	경일	박근호	삼창	김소연
	달서구	대화	박준우	대한	강병준	대화	박준우	대한	강병준	대화	이재화	대한	강병준
		대일	이은영	통일	김민정	대일	이은영	통일	김민정	대일	이은영	통일	김민정
	달성군	제일	현찬호	가람	장혁수	가온	홍성준	가람	장혁수	사무소	이상현	가람	장혁수
		삼창	이상규	하나	신윤섭	삼창	이상규	하나	신윤섭	삼창	이상규	하나	신윤섭
		나라	신동완	경일	정대한	나라	신동완	경일	정대한	나라	신동완	경일	정대한
	군위군	나라	정진욱	하나	심진수	나라	정진욱	미래새한	정한용	씨비알이 현	오남경	미래새한	정한용
		대화	박한동	사무소	변득규	나라	정한석	사무소	변득규	나라	정한석	사무소	변득규
		대일	김외석	세종	장용준	대일	김외석	써브	배금용	대화	박중걸	써브	배금용
인천	중구	하나	안미나	정원	임의순	하나	안미나	정원	임의순	경일	오형엽	삼창	박래권
		정일	이희철	미래새한	박창서	정일	이희철	태평양	김동건	정일	이희철	태평양	김동건
	동구	태평양	김종현	나라	정성규	태평양	김종현	나라	정성규	제일	이민상	나라	정성규
	미추홀구	가람	윤운근	가온	한원호	신원	이정섭	가온	한원호	신원	이정섭	가온	한원호
		제일	서은철	통일	이인수	제일	서은철	통일	이인수	삼일	강영환	통일	이인수
		감동	유광석	삼창	민경춘	감동	유광석	삼창	민경춘	감동	유광석	삼창	민경춘
	연수구	티앤비	김완희	미래새한	최인욱	티앤비	김완희	대한	전규성	티앤비	김완희	대한	전규성
	남동구	가온	강철	중앙	김연지	가온	강철	중앙	김연지	가온	강철	중앙	김연지
		대한	김현식	우솔	문서영	하나	박찬영	우솔	문서영	하나	박찬영	우솔	문서영
	부평구	태평양	신균	경일	손규희	태평양	신균	경일	손규희	태평양	신균	가온	정성우
		사무소	하종욱	대일	황용택	사무소	하종욱	대일	황용택	제일	김범종	대일	황용택
	계양구	명문	김서진	대화	장철호	명문	김서진	대화	장철호	명문	김서진	대화	장철호
	서구	하나	유동연	퍼스트	김현수	하나	유동연	퍼스트	김현수	하나	유동연	사무소	하종욱
		동인	한진희	제일	이창호	동인	한진희	제일	이창호	동인	한진희	대한	백상훈

시.도	시.군.구	2024년 A조 법인	2024년 A조 평가사	2024년 B조 법인	2024년 B조 평가사	2025년 A조 법인	2025년 A조 평가사	2025년 B조 법인	2025년 B조 평가사	2026년 A조 법인	2026년 A조 평가사	2026년 B조 법인	2026년 B조 평가사
인천	강화군	경일 가람 대한	오형엽 김문석 구성환	삼창 중앙 프라임	이상윤 한준영 박문수	가온 가람 대일	주정훈 김문석 문덕수	리얼티뱅크 중앙 프라임	조민호 한준영 박문수	대화 가람 대일	박필희 김문석 문덕수	에이원 나라 프라임	김영빈 한준영 박문수
	옹진군	제일	노승환	공감	여지훈	제일	노승환	공감	김문성	태인	윤정하	공감	김문성
광주	동구	사무소 경일	김병복 김동수	대화 가온	송정선 성재현	나라 경일	최성묵 김동수	대화 가온	송정선 성재현	나라 경일	최성묵 김동수	대화 가온	송정선 성재현
	서구	나라 가온	양성현 홍진석	삼창 경일	김소희 양효진	가람 가온	정다운 홍진석	삼창 경일	김소희 양효진	가람 제일	정다운 황지훈	사무소 경일	오치훈 양효진
	남구	나라 대일	홍윤민 전상민	태평양 프라임	김진환 조용기	나라 대일	홍윤민 전상민	태평양 프라임	박진택 조용기	삼창 대일	김건후 전상민	태평양 프라임	박진택 조용기
	북구	미래새한 삼창 제일	정재원 복지수 최명근	중앙 경일 하나	윤영천 정만대 이광호	미래새한 삼창 태평양	정재원 복지수 권혁돈	중앙 경일 하나	윤영천 강진권 이광호	나라 삼창 태평양	홍윤민 복지수 권혁돈	태백 경일 하나	박선형 강진권 이진휘
	광산구	대화 태평양 미래새한	조국형 김세환 김동준	가온 세종 대상	박성인 류중현 김미	대화 삼창 중앙	조국형 김상덕 이미지	가온 세종 가람	박성인 류중현 서승재	사무소 에이원 중앙	박제우 김상균 이미지	가온 대일 가람	박성인 오진영 서승재
대전	동구	사무소 대일	이명진 이은영	통일 나라	유창복 조정현	사무소 대일	이명진 이은영	미래새한 나라	최재헌 조정현	사무소 대일	이명진 이은영	미래새한 나라	최재헌 조정현
	중구	사무소 프라임	조은철 신동준	미래새한 대화	김문기 김하림	나라 프라임	임종길 신동준	미래새한 대화	김문기 김하림	나라 통일	임종길 이효정	대한 대화	윤종문 김하림
	서구	써브 중앙	김태형 오춘환	대한 삼일	김태환 이석환	써브 중앙	김태형 오춘환	대한 삼일	김태환 이석환	써브 중앙	김태형 오춘환	하나 삼일	장필순 이석환
	유성구	하나 삼일	이상식 이기영	가람 하나	문홍기 김주현	하나 삼일	이상식 이기영	사무소 하나	구본춘 김주현	하나 삼일	이상식 이기영	사무소 하나	구본춘 김주현
	대덕구	가람	송좌헌	통일	윤영배	가람	송좌헌	통일	윤영배	사무소	송종석	통일	윤영배
울산	중구	대일 나라	송영주 문슬	프라임 태평양	박인석 이재원	대일 나라	송영주 문슬	프라임 가온	박인석 류희순	대일 나라	송영주 문슬	프라임 태평양	박인석 문상옥
	남구	대한 태평양	심용찬 김영기	삼창 삼창	정순영 권희진	대한 태평양	심용찬 김영기	삼창 리얼티뱅크	정순영 박홍규	대한 태평양	심용찬 김영기	삼창 리얼티뱅크	정순영 박홍규
	동구	미래새한	박형문	경일	이선	미래새한	박형문	경일	이선	미래새한	박형문	삼창	김명회
	북구	대한 해민	채영석 이창우	하나 태평양	김효권 이수언	대한 삼창	채영석 권희진	가람 태평양	김병수 이수언	대한 삼창	채영석 권희진	가람 태평양	김병수 이수언
	울주군	삼창 대화 미래새한 태평양 대화	최동림 문의선 우상욱 김태의 이려건	정일 가온 중앙 미래새한 하나	하우명 성백준 최선웅 김성진 오광택	삼창 대화 미래새한 태평양 대화	최동림 문의선 우상욱 김태의 이려건	정일 가온 중앙 미래새한 하나	하우명 성백준 최선웅 김성진 오광택	제일 대화 미래새한 태평양 대화	이원희 문의선 우상욱 김태의 이려건	정일 중앙 중앙 사무소 하나	하우명 이수현 최선웅 장원창 오광택

X 공시지가 조사·평가 담당자 현황

시.도	시.군.구	2024년 A조 법인	2024년 A조 평가사	2024년 B조 법인	2024년 B조 평가사	2025년 A조 법인	2025년 A조 평가사	2025년 B조 법인	2025년 B조 평가사	2026년 A조 법인	2026년 A조 평가사	2026년 B조 법인	2026년 B조 평가사
세종	세종	대일	허성범	이화	김소영	대일	허성범	이화	김소영	대일	허성범	이화	김소영
		삼창	이상훈	동인	김용운	삼창	이상훈	동인	김용운	삼창	이상훈	동인	김용운
		사무소	박창준	제일	박성현	사무소	박창준	제일	박성현	사무소	박창준	경일	김예슬
경기	수원장안구	제일	권주혁	감동	전갑효	제일	권주혁	감동	전갑효	제일	권주혁	감동	전갑효
	수원권선구	사무소	박성은	경일	이기승	사무소	박성은	경일	이기승	사무소	박성은	경일	이기승
	수원팔달구	통일	박순민	가람	김선진	하나	이경원	태평양	김범섭	하나	이경원	태평양	김범섭
	수원영통구	통일	박순민	가람	김선진	하나	이경원	태평양	김범섭	하나	이경원	태평양	김범섭
	성남수정구	가람	김주용	나라	정서헌	가람	김주용	나라	정서헌	가람	김주용	나라	정서헌
	성남중원구	나라	김연수	비결	박민호	나라	김연수	비결	박민호	제일	신요환	사무소	강도원
	성남분당구	정원	이효춘	하나	배상섭	정원	이효춘	하나	배상섭	정원	이효춘	하나	배상섭
	의정부시	가온	조성식	대일	최승구	가온	조성식	대일	최승구	하나	신동진	대일	최승구
		경일	고은경	감동	김화주	경일	고은경	사무소	오현식	경일	고은경	사무소	최연순
	안양만안구	삼일	송연경	사무소	김현철	가람	위창수	사무소	김현철	가람	위창수	사무소	김현철
	안양동안구	정일	이혜란	하나	박찬명	써브	이해찬	가온	박영기	써브	이해찬	가온	박영기
	부천원미구	대화	성현영	가람	오재숙	대화	김성진	가람	오재숙	대화	김성진	가람	오재숙
	부천소사구	하나	김도현	사무소	김수경	중앙	강돈혁	사무소	김수경	중앙	강돈혁	가람	이정은
	부천오정구					통일	최현섭	신한	김정훈	통일	최현섭	신한	김정훈
	광명시	대화	남시현	대한	박민중	사무소	홍성락	대한	박민중	사무소	홍성락	하나	신민경
	평택시	가온	주정훈	통일	김용성	미래새한	정채선	프라임	박민성	미래새한	정채선	나라	박연정
		가온	류별희	중앙	최락필	태백	곽상학	중앙	최락필	태백	곽상학	중앙	최락필
		태양	김지혜	삼창	김동진	태양	김지혜	삼창	김동진	대교	김지혜	삼창	김동진
		나라	최준석	가온	최미화	나라	최준석	가온	최미화	나라	최준석	프라임	이가진
		신원	강상득	사무소	정기인	신원	강상득	사무소	정기인	신원	강상득	태평양	박종일
		중앙	김정민	사무소	전제니	중앙	김정민	사무소	전제니	하나	이광호	사무소	전제니
	동두천시	나라	두원	명문	김승철	가온	임현민	명문	김승철	가온	임현민	사무소	송익현
	안산상록구	대화	박필희	사무소	이석규	하나	이민복	사무소	이석규	삼일	최혁순	중앙	박용호
	안산단원구	써브	우종현	대일	임수민	사무소	류성우	대일	임수민	대한	조재호	대일	임수민
	고양덕양구	미래새한	정윤재	대일	빈수창	미래새한	정윤재	대한	박기창	미래새한	정윤재	사무소	안영미
		써브	최용석	통일	서성준	써브	최용석	통일	서성준	써브	최용석	대한	이승호
	고양일산동구	대화	채승훈	태평양	박희배	대화	채승훈	삼창	서은아	대화	채승훈	삼창	서은아
	고양일산서구	나라	정현우	대상	박준혁	나라	정현우	대상	박준혁	나라	장승욱	대상	박준혁
	과천시	정일	이혜란	하나	박찬영	써브	이해찬	가온	박영기	써브	이해찬	가온	박영기
	구리시	중앙	신동현	써브	구본승	대화	남시현	다우에셋	김현욱	대화	남시현	사무소	이용희
	남양주시	하나	전현구	사무소	이동원	태평양	이정은	사무소	이동원	태평양	이정은	사무소	이동원
		해민	이현주	미래새한	김성철	감동	이현주	경일	이현종	감동	이현주	통일	송요상
		호암	강우람	대화	황인석	대교	김은별	대화	황인석	대교	조윤옥	대화	황인석
		제일	황기석	삼성	김상철	제일	황기석	대교	손봉국	제일	황기석	대교	손봉국
	오산시	통일	이해승	태백	엄성길	통일	이해승	사무소	김종욱	통일	이해승	태평양	임진옥

시.도	시.군.구	2024년 A조		2024년 B조		2025년 A조		2025년 B조		2026년 A조		2026년 B조	
		법인	평가사	법인	평가사	법인	평가사	법인	평가사	법인	평가사	법인	평가사
경기	시흥시	나라	김은지	우솔	박해득	가온	김만진	우솔	박해득	가온	김만진	우솔	김무갑
		삼창	오성호	리얼티뱅크	천영석	삼창	오성호	리얼티뱅크	천영석	삼창	오성호	리얼티뱅크	천영석
	군포시	태백	곽상학	삼일	최미경	정일	서민석	가람	윤종헌	정일	서민석	가람	윤종헌
	의왕시	미래새한	박재범	리얼티뱅크	정문조	미래새한	박재범	리얼티뱅크	정문조	미래새한	박재범	리얼티뱅크	정문조
	하남시	대화	원강희	나무	설재경	대화	원강희	사무소	강윤철	대화	원강희	대일	박수연
	용인처인구	대일	남재근	정일	김광현	대일	남재근	정일	김광현	대일	남재근	정일	김광현
		가온	김영기	사무소	김경희	가온	김영기	사무소	김경희	동인	원효근	대화	김경훈
		대화	윤종필	현산	전진후	대화	윤종필	현산	전진후	통일	정치원	현산	전진후
	용인기흥구	태백	손민수	삼일	이선영	태백	손민수	삼일	송연경	태백	손민수	삼일	송연경
	용인수지구	하나	이우영	더밸류	장세은	하나	이우영	더밸류	장세은	하나	이우영	태평양	이륜기
	파주시	미래새한	조재항	중앙	김성규	미래새한	조재항	호암	오경수	미래새한	조재항	호암	오경수
		삼창	고명재	태평양	이석진	삼창	고명재	태평양	이석진	삼창	고명재	태평양	이석진
		대화	박중현	프라임	이영창	가온	김재윤	프라임	이영창	가온	김재윤	프라임	이영창
		신한	한인호	삼일	지원배	신한	한인호	나라	박용관	신한	한인호	나라	박용관
	이천시	대일	정동찬	사무소	최장인	대일	정동찬	사무소	최장인	중앙	김정민	사무소	이상범
		경일	사경선	동인	이재구	경일	사경선	동인	이재구	경일	사경선	동인	이재구
		삼일	김종진	에이원	유원돈	삼일	김종진	에이원	유원돈	제일	김대건	에이원	유원돈
	안성시	미래새한	정산호	퍼스트	남경진	가온	심재영	퍼스트	남경진	가온	심재영	퍼스트	남경진
		제일	조준묵	이화	전갑중	통일	김현우	건일	이수진	통일	김현우	건일	이수진
		삼일	유광애	공감	이성흠	대한	송창석	공감	이성흠	대한	송창석	사무소	박선영
		대한	안명찬	대일	이봉재	대한	안명찬	태평양	안창모	대한	안명찬	삼일	박승율
	김포시	대한	이정호	미래새한	김준구	대한	이정호	미래새한	김준구	대한	이정호	미래새한	김준구
		효산	박종경	삼창	조진협	효산	박종경	나라	이희건	효산	박종경	나라	이희건
		대화	배해경	사무소	송익현	대화	배해경	사무소	송익현	대화	배해경	세종	이철승
	화성시	제일	김관창	프라임	김철흥	제일	김관창	프라임	김철흥	제일	김관창	프라임	김철흥
		삼창	심성우	가온	소민섭	삼창	심성우	가온	소민섭	삼창	심성우	가온	소민섭
		정일	박찬우	제일	김정훈	정일	박찬우	제일	김정훈	써브	황선구	제일	김정훈
		에이원	장세재	삼일	정신근	이화	안건태	삼일	권상덕	정일	도기달	삼일	권상덕
		대화	정원정	명문	김태훈	대화	정원정	명문	김태훈	대화	정원정	명문	김태훈
		삼창	최영만	사무소	고윤정	삼창	최영만	사무소	고윤정	하나	이원석	사무소	이석규
	광주시	중앙	이호영	사무소	김일욱	중앙	이호영	사무소	김일욱	중앙	이호영	그린	이강수
		다우에셋	장태수	미래새한	주병석	머플러스	도시현	미래새한	주병석	머플러스	도시현	미래새한	주병석
		사무소	박덕용	삼창	임종민	프라임	김동현	삼창	임종민	프라임	김동현	삼창	임종민
	양주시	정원	장수선	대화	장호근	써브	황선구	중앙	윤재선	에이원	조인식	중앙	윤재선
		미래새한	박영창	프라임	김미래	하나	서상업	프라임	김미래	경일	홍태희	프라임	김미래
		나라	박찬수	사무소	전선호	나라	박찬수	사무소	전선호	하나	서상업	사무소	전선호
	포천시	제일	오승신	대일	박한진	대한	표충식	대일	박한진	대한	표충식	국토	전한철
		하나	김영준	유앤아이	조채윤	하나	김영준	유앤아이	조채윤	하나	김영준	삼성	장준우

X 공시지가 조사·평가 담당자 현황

시.도	시.군.구	2024년 A조 법인	2024년 A조 평가사	2024년 B조 법인	2024년 B조 평가사	2025년 A조 법인	2025년 A조 평가사	2025년 B조 법인	2025년 B조 평가사	2026년 A조 법인	2026년 A조 평가사	2026년 B조 법인	2026년 B조 평가사
경기	포천시	대화	홍창연	사무소	윤지현	대화	홍창연	사무소	윤지현	대화	홍창연	더밸류	박준식
	여주시	통일	김현우	사무소	장대희	대한	이재호	사무소	장대희	대한	이재호	사무소	장대희
		중앙	최재영	예일	최은영	중앙	최재영	예일	최은영	가람	변종래	대한	김주원
		삼일	신지훈	대일	신성원	삼일	신지훈	대일	신성원	삼일	신지훈	대일	신성원
	연천군	삼일	소순필	대교	이승철	삼일	소순필	대교	이승철	제일	이종화	정일	제행모
		경일	문용철	리얼티뱅크	엄정효	경일	문용철	리얼티뱅크	엄정효	삼창	조진협	리얼티뱅크	엄정효
		중앙	임채성	제일	장승언	미래새한	이광수	제일	장승언	미래새한	이광수	사무소	김경희
	가평군	사무소	김재유	대화	김정렬	사무소	김재유	대화	김정렬	하나	권원중	대화	김정렬
		제일	이기종	가온	김소림	제일	이기종	가온	김소림	제일	이기종	사무소	박덕용
	양평군	대일	양현곤	에이원	최길웅	대일	양현곤	에이원	최길웅	중앙	채혜성	에이원	최길웅
		가람	강동우	대한	도기달	가람	강동우	경일	박성호	가람	강동우	경일	박성호
		태평양	장한승	사무소	송경섭	대일	김봉식	사무소	송경섭	대일	김봉식	사무소	송경섭
		제일	이창규	감동	박재만	제일	이창규	감동	박재만	가온	김소림	감동	박재만
충북	청주상당구	대일	임종필	대화	안재광	대일	임종필	대화	안재광	대일	임종필	대화	안재광
		정일	김태훈	삼일	명노철	통일	이호준	삼일	명노철	통일	이호준	삼일	명노철
	청주서원구	제일	김태용	대한	이미화	제일	김태용	대한	이미화	제일	김태용	하나	소유선
		하나	유영기	정원	신백호	하나	유영기	미래새한	하영호	제일	김덕영	미래새한	하영호
	청주흥덕구	가온	정병진	중앙	채혜성	가온	정병진	세종	박범종	아시아	유우식	대한	박민중
		가온	이능규	태백	남궁윤	가온	이능규	대신	임민순	가온	이능규	대신	임민순
	청주청원구	사무소	박성현	삼창	허강백	사무소	박성현	미래새한	이준호	사무소	박성현	미래새한	이준호
		가온	정덕교	리얼티뱅크	임재철	가온	정덕교	리얼티뱅크	임재철	가온	정덕교	리얼티뱅크	임재철
	충주시	다우에셋	조원상	태평양	백진이	미래새한	이상춘	명문	최지훈	하나	송재완	명문	최지훈
		경일	김범식	해민	금각보	경일	김범식	해민	금각보	경일	김범식	통일	서형원
		가온	신동억	다안	유재현	대신	허동혁	세아	김범영	대신	허동혁	세아	김범영
		대한	권윤정	사무소	허재승	대한	권윤정	사무소	허재승	대한	권윤정	사무소	허재승
	제천시	나라	신정필	미래새한	김승현	태평양	김윤창	미래새한	김승현	태평양	김윤창	미래새한	김승현
		가온	강성모	하나	오준교	가온	강성모	하나	오준교	동인	조우영	하나	오준교
		통일	노재수	대교	이종은	통일	노재수	대교	이종은	가람	남재성	대교	이종은
	보은군	대일	김재용	대한	박영준	대일	김재용	대한	박영준	대일	김재용	대한	박영준
		중앙	신호식	나라	류재홍	중앙	신호식	나라	류재홍	중앙	신호식	나라	류재홍
	옥천군	미래새한	김장전	현산	윤장배	경일	강현정	현산	윤장배	가람	김성시	현산	윤장배
		라인	유성일	가온	조정연	삼성	유성일	가온	조정연	세종	유성일	경일	전상용
						가온	장동오	대일	김아인	가온	장동오	대일	김아인
	영동군	미래새한	오대윤	삼창	구민형	한강	이운범	삼창	구민형	한강	이운범	삼창	구민형
		태평양	양인숙	제일	최준헌	태평양	양인숙	제일	최준헌	태평양	양인숙	제일	최준헌
		가람	이현승	써브	박동준	가람	이현승	써브	박동준	가람	이현승	써브	박동준
	증평군	가람	박재현	현대	이호권	가람	박재현	태평양	노경아	하나	조영기	태평양	노경아
	진천군	나라	노충래	중앙	박지용	나라	노충래	태백	김누리	나라	노충래	세경	박소현

시.도	시.군.구	2024년 A조 법인	2024년 A조 평가사	2024년 B조 법인	2024년 B조 평가사	2025년 A조 법인	2025년 A조 평가사	2025년 B조 법인	2025년 B조 평가사	2026년 A조 법인	2026년 A조 평가사	2026년 B조 법인	2026년 B조 평가사
충북	진천군	삼일	신현기	대일	김소담	삼창	이윤주	대일	김소담	삼창	이윤주	대화	박정동
	괴산군	통일 하나	권세종 조영기	미래새한 프라임	이하양 정용집	통일 하나	권세종 조영기	미래새한 프라임	이하양 정용집	통일 태백	권세종 남궁윤	미래새한 프라임	이하양 정용집
	음성군	정일	김경래	대영	정상영	정일	김경래	대영	정상영	정일	김경래	대영	정상영
	음성군	중앙 대상	송주호 정해근	대한 효산	김주민 박혜주	중앙 대상	송주호 정해근	대한 효산	김주민 박혜주	중앙 대상	송주호 정해근	대한 효산	김주민 박혜주
	단양군	태백 대일	김수민 이홍규	태평양 중앙	황창호 신지훈	태백 대일	김수민 이홍규	태평양 중앙	황창호 신지훈	가인 대일	송경준 이홍규	태평양 중앙	황창호 신지훈
충남	천안동남구	삼일 에이원	안병현 정채봉	경일 가온	김신환 김재윤	대화 에이원 미래새한	이충훈 정채봉 한상범	가람 대화	홍선 윤여경 이민성	대화 효산 미래새한	이충훈 이진호 한상범	가람 정일 현대	문홍기 박찬우 이민성
	천안서북구	중앙 삼창	김지혜 변희정	태인 사무소	김혜원 문희수	중앙 삼일	김지혜 안병현	태인 사무소	김혜원 문희수	프라임 삼일	윤여경 안병현	태인 사무소	김혜원 문희수
	공주시	미래새한 중앙 대화 대일	이재형 신상훈 김해원 원병하	써브 사무소 하나 대교	임윤혁 윤만중 조병돈 전윤호	대한 중앙 대화 경일	신대철 신상훈 김해원 송다원	미래새한 사무소 하나 대교	권형 윤만중 조병돈 전윤호	대한 중앙 미래새한 경일	신대철 신상훈 이응기 송다원	미래새한 사무소 하나 대교	권형 윤만중 조병돈 전윤호
	보령시	제일 태평양 삼창	정영록 김관민 정우현	가람 제일 대화	정찬호 김주영 김민수	하나 태평양 삼창	신희중 김관민 정우현	가람 제일 대일	정찬호 김주영 이연희	하나 태평양 가온	신희중 김관민 박용남	그린 제일 신한	윤소현 김주영 권태훈
	아산시	나라 제일 대일 삼일	송효섭 김종관 이현준 양주훈	다우에셋 가람 대한 사무소	이정형 박은영 유인동 신정호	나라 제일 세종 삼일 명문	송효섭 김종관 서영준 양주훈 김남기	다우에셋 가람 대한 사무소 우솔	이정형 박은영 유인동 신정호 이완희	나라 제일 미래새한 대일 명문	송효섭 김종관 최윤석 박종혁 김남기	다우에셋 중앙 대한 사무소 사무소	이정형 이은한 유인동 신정호 남경흠
	서산시	통일 가온 경일 중앙	임하경 임재형 김민혁 구기풍	삼일 경일 중앙 사무소	신동규 전성진 한윤숙 박종연	통일 가온 경일 중앙	임하경 임재형 김민혁 구기풍	삼일 경일 중앙 사무소	신동규 전성진 한윤숙 박종연	통일 제일 경일 대일	임하경 김수진 이현화 신황숙	삼일 경일 중앙 사무소	신동규 전성진 한윤숙 박종연
	논산시	동인 하나 제일	박소연 유혜경 전주철	태평양 통일 태평양	김대희 정주영 한경희	동인 써브 하나 미래새한	박소연 박상원 유혜경 박민균	대일 통일 삼창 사무소	김대희 정주영 이정문 이득주	동인 써브 하나 대일	박소연 박상원 유혜경 이문환	대일 통일 가온 사무소	김대희 정주영 김도연 이득주
	계룡시	제일	전주철	태평양	한경희	대한	전주철	태평양	한경희	대한	전주철	태평양	한경희
	당진시	정일 사무소 명문 비결	김창진 안유라 서중권 이보람	삼창 태인 프라임 가람	박래현 차진영 정상범 이종현	정일 사무소 명문 더밸류	김창진 안유라 서중권 서문식	삼창 태인 프라임 가람	박래현 차진영 정상범 이종현	정일 사무소 명문 더밸류	김창진 심은정 서중권 서문식	삼창 태인 프라임 가람	박래현 차진영 정상범 이종현

X 공시지가 조사·평가 담당자 현황

시.도	시.군.구	2024년 A조 법인	2024년 A조 평가사	2024년 B조 법인	2024년 B조 평가사	2025년 A조 법인	2025년 A조 평가사	2025년 B조 법인	2025년 B조 평가사	2026년 A조 법인	2026년 A조 평가사	2026년 B조 법인	2026년 B조 평가사
충남	금산군	태평양 하나 가람	민병서 송재완 김건호	대화 삼창 사무소	허지은 이상원 박병호	태평양 하나 가람	민병서 송재완 김건호	대화 삼창 사무소	허지은 이상원 박병호	태평양 하나 가람	민병서 최윤경 김건호	대한 삼창 사무소	김태환 이상원 박병호
	부여군	경일 사무소 대한	임한결 정호순 정두환	삼창 태평양 통일	양준혁 김경표 김양태	사무소 경일 대한	정호순 임한결 정두환	삼창 태평양 통일	양준혁 김경표 김양태	사무소 이산 다안	정호순 전용호 한기환	삼창 태평양 통일	양준혁 김경표 김양태
	서천군	나라 미래새한 공감	장승욱 정진수 이정재	하나 대화 하나	김재원 이지혜 정재훈	태백 미래새한 공감	박광민 정진수 이정재	하나 라인 하나	김재원 강미현 정재훈	태백 미래새한 공감	박광민 정진수 이정재	삼창 대화 하나	김형권 박지용 정재훈
	청양군	나라 리얼티뱅크	최기훈 어정민	효산 대한	이명수 정태영	나라 리얼티뱅크	최기훈 어정민	효산 대한	이명수 정태영	나라 나라	최기훈 어정민	사무소 대한	김철순 임현묵
	홍성군	신한 태백 사무소	박승안 김건욱 조창호	가온 제일 경일	김홍철 박용일 나두영	신한 태백 사무소	박승안 김건욱 조창호	가온 제일 경일	김홍철 박용일 나두영	신한 태백 사무소	박승안 김건욱 조창호	가온 써브 경일	김홍철 임수천 나두영
	예산군	중앙 가람 감동	최현욱 권기영 김원웅	사무소 제일 사무소	이종은 육동우 문주완	중앙 가람 감동	최현욱 권기영 김원웅	사무소 제일 대화	이종은 육동우 김용배	중앙 가람 감동	최현욱 권기영 김원웅	사무소 제일 대화	이종은 육동우 김용배
	태안군	대화 감동 태평양	최태영 김원갑 나병기	미래새한 가온 효산	하영호 문정윤 김율희	대화 감동 제일	최태영 김원갑 유창봉	사무소 가온 효산	양애희 문정윤 김율희	대화 감동 감동	최태영 김원갑 유창봉	사무소 프라임 삼창	양애희 문정윤 박치정
전남	목포시	가온 나라	문세훈 박진수	프라임 효산	임용구 김진용	가온 나라	문세훈 박진수	프라임 효산	임용구 김진용	가온 중앙	문세훈 이영우	프라임 효산	임용구 김진용
	여수시	대일 명문 에이원 경일 태백 중앙	김용문 김영경 신용식 한영섭 이성범 이현우	세종 대화 리얼티뱅크 가람 나라 제일	김대현 이덕권 조창범 이태문 노광래 윤여일	대일 명문 에이원 삼일 미래새한 태양	김용문 김영경 신용식 김혜진 당원호 이현우	세종 가온 중앙 가람 써브 제일	김대현 우병국 이재황 이태문 신동원 윤여일	대한 명문 에이원 삼일 미래새한 대화	정호연 김영경 신용식 김혜진 당원호 조국형	세종 가온 중앙 가람 우솔 태백	김대현 우병국 이재황 이태문 이길호 권다은
	순천시	에이원 나라 중앙 하나 가온	김형선 박성구 문희성 김기택 조호림	나라 경일 미래새한 중앙 삼창	장철훈 김창식 김응철 김수영 권현철	에이원 가온 중앙 하나 가온	김형선 삼상기 문희성 김기택 조호림	나라 중앙 제일 경일 삼창	장철훈 김수영 박준석 김창식 권현철	에이원 가온 중앙 하나 가온	김형선 삼상기 문희성 김기택 조호림	씨비알이현 가람 제일 제일 삼창	윤미혜 이제휘 박준석 신재용 권현철
	나주시	삼창 나라 제일 가람 대화	이동철 정귀수 김원철 이강종 김창신	명문 가람 대한 대화 사무소	김상현 정지용 송원태 박진 강동채	삼창 나라 제일 가람 대화	이동철 정귀수 김원철 이강종 김창신	명문 가람 대한 미래새한 사무소	김상현 정지용 송원태 박정갑 강동채	삼창 나라 제일 가람 경일	이동철 정귀수 김원철 박천희 이동암	명문 가람 대한 미래새한 사무소	김상현 정지용 송원태 박정갑 강동채

시.도	시.군.구	2024년 A조		2024년 B조		2025년 A조		2025년 B조		2026년 A조		2026년 B조	
		법인	평가사	법인	평가사	법인	평가사	법인	평가사	법인	평가사	법인	평가사
전남	광양시	제일 리얼티뱅크 삼일	류현승 김호성 이지은	나라 가온 경일	김다희 박석환 최성길	제일 리얼티뱅크 삼일	류현승 김호성 이지은	나라 경일 나라	김종훈 최생길 김충연	정도 가람 삼일	장건상 김주리 이지은	나라 미래새한 나라	김종훈 정민규 김충연
	담양군	삼창 우솔 태백	김범수 임성모 김주한	사무소 제일 하나	정규호 박명주 김남석	삼창 우솔 태백	김범수 임성모 김주한	사무소 제일 하나	정규호 박명주 김남석	가람 나라 태백	박상률 김재현 김주한	사무소 제일 세경	정규호 박명주 조석하
	곡성군	대일 경일	박종호 김회석	가람 제일	김범회 이동훈	대일 기람	박종호 이경민	사무소 제일	최서정 이동훈	경일 명문	박종권 홍순경	한강 중앙	최서정 윤영천
	구례군	태백 대일	고영훈 이경훈	제일 삼창	장승욱 김우정	태백 미래새한	고영훈 임재준	대일 태평양	이경훈 성경기	태평양 미래새한	성경기 임재준	대일 하이테크	이경훈 조민선
	고흥군	티앤비 미래새한 하나 대한	김민석 조동진 박정진 천종철	가람 한국경제 태평양 티앤비	윤종환 박명수 김경문 권기현	티앤비 미래새한 하나 대한	김민석 조동진 박정진 천종철	가람 한국경제 태평양 티앤비	윤종환 박명수 김경문 권기현	경일 르메종 하나 대한	최성길 강현규 박정진 천종철	미래새한 한국경제 태평양 티앤비	조동진 박명수 김경문 강정구
	보성군	미래새한 삼창 대일 가람	정석주 고병관 추민수 최웅	중앙 가람 삼창 태평양	박재웅 최지현 윤현호 송재광	삼일 삼창 대일 가람	이수미 고병관 추민수 최웅	제일 가람 삼창 태평양	국광성 최지현 윤현호 송재광	삼일 대한 가온 가람	이수미 김덕진 김홍진 최웅	제일 제일 삼창 태평양	국광성 구한솔 윤현호 송재광
	화순군	제일 신진 가람	임보섭 이영훈 김다인	씨비알이 현 삼창 대화	배국현 문용주 강효성	태평양 나라 가람 제일	정선주 나윤혁 김다인 임보섭	씨비알이 현 삼창 대화 대일	배국현 문용주 강효성 정선우	태평양 나라 가람 감동	정선주 나윤혁 김다인 김우영	씨비알이 현 삼창 대화 대일	배국현 문용주 강효성 정선우
	장흥군	경일 대일 미래새한	고현 이신관 김창현	통일 태평양 하나	김영빈 오화평 김승일	경일 대일 중앙	고현 이신관 박재웅	통일 삼창 하나	김영빈 장범 김승일	경일 대일 중앙	고현 이신관 박재웅	중앙 삼창 정일	김수영 장범 윤다솜
	강진군	나라 하나 나라	민정현 이지훈 황운선	제일 사무소 경일	윤대현 조남철 박민호	나라 하나 나라	민정현 이지훈 황운선	제일 사무소 경일	윤대현 조남철 박민호	나라 하나 나라	민정현 이지훈 황운선	제일 사무소 경일	윤대현 조남철 박민호
	해남군	대교 정일 중앙 하나	황찬석 김황수 서영국 정재ون	대일 사무소 통일 태평양	노권일 배주연 전병규 박현범	삼창 정일 중앙 대화	최희정 김황수 서영국 정인수	미래새한 사무소 통일 태평양	이나현 배주연 전병규 박현범	통일 명문 중앙 대화	전병규 김황수 서영국 정인수	미래새한 사무소 대일 태평양	이나현 배주연 정준영 박현범
	영암군	통일 써브 통일	송요상 신경석 최동현	가온 대화 나라	이두희 이정택 이도경	통일 써브 통일	송요상 신경석 최동현	가온 대화 나라	이두희 이정택 이도경	삼창 써브 통일	홍석운 신경석 최동현	가온 나라 제일	이두희 이도경 고유희
	무안군	가온 태평양 통일	이의권 김경훈 김경수	미래새한 하나 대한	김규진 송화섭 이정욱	가온 태평양 통일	이의권 김경훈 김경수	미래새한 하나 대한	김규진 송화섭 이정욱	가온 태평양 통일	이의권 김경훈 김경수	미래새한 하나 대한	김규진 송화섭 이정욱

X 공시지가 조사·평가 담당자 현황

시.도	시.군.구	2024년 A조 법인	2024년 A조 평가사	2024년 B조 법인	2024년 B조 평가사	2025년 A조 법인	2025년 A조 평가사	2025년 B조 법인	2025년 B조 평가사	2026년 A조 법인	2026년 A조 평가사	2026년 B조 법인	2026년 B조 평가사
전남	함평군	제일 대일 가람	신정균 위재홍 박영학	대한 가람 제일	최기영 이용선 하태웅	제일 대일 경일	신정균 위재홍 정만대	대한 나라 제일	최기영 유영재 하태웅	제일 대일 경일	신정균 위재홍 정만대	가온 나라 제일	김은솔 유영재 하태웅
	영광군	대한 태평양 가람	최윤석 정현우 조병혁	태평양 미래새한 통일	박충희 이승우 김상균	태평양 대한 대일	정현우 최윤석 김형기	사무소 미래새한 삼일	김환 이승우 권태선	리얼티뱅크 대화 대일	조창범 김창신 김형기	한강 미래새한 삼일	김환 이승우 권태선
	장성군	미래새한 나라 리얼티뱅크	한송민 윤진상 서상민	정일 제일 제일	황선영 황승용 김현중	미래새한 나라 리얼티뱅크	한송민 윤진상 서상민	정일 제일 대화	황선영 황승용 조정용	미래새한 나라 리얼티뱅크	한송민 윤진상 서상민	정일 중앙 대화	황선영 정휘수 조정용
	완도군	제일 제일 미래새한 하나	홍성민 노진형 김영광 한재용	대일 삼일 대화 다우에셋	임완준 김성일 김기석 김경호	가람 제일 미래새한 하나	공무경 노진형 김영광 한재용	대한 경일 대화 다우에셋	이창곤 김현근 김기석 김경호	가람 대일 미래새한 하나	공무경 정승훈 김영광 한재용	대한 정원 대화 다우에셋	이창곤 김형선 김기석 김경호
	진도군	중앙 미래새한 씨비알이 현	김성동 김현기 신동윤	써브 하나 통일	조성일 양시웅 신현상	하나 씨비알이 현 태평양	양시웅 신동윤 정정길	미래새한 제일 통일	김현기 정해욱 신현상	리얼티뱅크 신원 태평양	장승욱 김상민 정정길	통일 제일 미래새한	신현상 정해욱 김현기
	신안군	하나 삼창 감동 경일	한상천 백승범 김우영 장순석	대화 중앙 나라 통일	이동규 민재식 김상윤 이해성	하나 삼창 감동 경일	한상천 백승범 김우영 장순석	대화 중앙 나라 제일	이동규 민재식 김상윤 모현민	하나 삼창 태백 나라	한상천 백승범 최현석 장순석	비결 중앙 나라 제일	권희재 민재식 김상윤 모현민
경북	포항남구	가람 통일 가람 대한	김성환 전재현 이웅 김상규	사무소 하나 삼일 가람	정철유 이수환 윤인규 이인범	가람 통일 가람 대한	김성환 전재현 이웅 김상규	사무소 하나 삼일 미래새한	정철유 이수환 윤인규 박재현	가람 경일 가람 대한	김성환 박진솔 이웅 김상규	사무소 하나 삼일 미래새한	정철유 이수환 윤인규 박재현
	포항북구	대한 대화 가람	윤종문 이영준 유남용	태백 중앙 삼창	최민석 이승화 이지백	대한 써브 가람	윤종문 이해성 유남용	태백 중앙 대화	최민석 이승화 양창민	삼창 프라임 가람	한규희 김유환 유남용	태백 중앙 대화	최민석 이승화 양창민
	경주시	미래새한 정일 퍼스트 제일 대한 정일	주원복 허태규 김동환 최규일 김세원 김태환	프라임 삼창 태평양 삼일 하나 삼일	김상태 장대규 문상옥 정민철 이민복 이정훈	태평양 정일 퍼스트 제일 대한 정일	김홍찬 허태규 김동환 최규일 김세원 김태환	프라임 경일 태평양 삼일 미래새한 삼일	김상태 양초원 문상옥 정민철 주원복 이정훈	태평양 정일 퍼스트 제일 대한 정일	김홍찬 허태규 김동환 최규일 김세원 김태환	프라임 경일 나라 삼일 삼창 삼일	김상태 양초원 이창현 정민철 최동림 이정훈
	김천시	대일 가온 가온 나라	이용제 임현민 임형근 송윤근	써브 세움 삼창 대한	임소연 이완희 김윤혁 조영호	대화 정원 사무소 가온 하나	고재휘 장수선 박우섭 이혜민 임형근	미래새한 하나 삼창 대한 감동	박희록 김성훈 김윤혁 조영호 조빈	대화 정원 세아 가온 하나	고재휘 장수선 박우섭 이혜민 임형근	미래새한 하나 삼창 대한 제일	박희록 김성훈 김윤혁 조영호 김정섭

시.도	시.군.구	2024년 A조		2024년 B조		2025년 A조		2025년 B조		2026년 A조		2026년 B조	
		법인	평가사	법인	평가사	법인	평가사	법인	평가사	법인	평가사	법인	평가사
경북	안동시	대한 대일 대한 경일 가람	유제혁 박병호 김도겸 이정호 안중희	대일 태양 예일 삼창 나라	장시만 이수진 안선종 김예지 손창호	대한 사무소 대화 경일 가람	유제혁 김대성 한지원 이정호 안중희	대일 태인 예일 삼창 나라	장시만 황소라 안선종 김예지 손창호	미래새한 사무소 대화 하나 가람	김영민 김대성 한지원 이준혁 안중희	대일 가온 예일 삼창 나라	장시만 오세범 안선종 김예지 손창호
	구미시	나라 경일 제일	손열 여운복 구민영	가온 미래새한 통일	천영길 유민재 최진호	나라 경일 통일 대일	손열 여운복 최진호 정용석	제일 중앙 효산 통일	구민영 현영대 권영석 배윤영	경일 에이원 통일 통일	여운복 유병민 최진호 배윤영	제일 대일 중앙 대한	구민영 정용석 현영대 손상원
	영주시	유앤아이 하나 한국경제	성낙정 박주형 김석호	제일 미래새한 경일	윤성찬 유철훈 문혜정	하나 유앤아이 한국경제	박주형 성낙정 김석호	제일 나라 경일	윤성찬 이재민 문혜정	하나 아시아 한국경제	박주형 성낙정 김석호	미래새한 나라 경일	오대윤 이재민 문혜정
	영천시	대화 대한 미래새한 대화	엄창우 윤지훈 정한웅 김대환	티앤비 사무소 가온 대한	임수정 최상황 서일옥 박성준	경일 대화 태평양 대화	김사우 엄창우 허봉조 김대환	티앤비 태백 가온 대한	임수정 이동석 서일옥 박성준	나라 대화 태평양 대화	최민석 엄창우 허봉조 김대환	티앤비 태백 가온 리얼티뱅크	임수정 이동석 서일옥 김기수
	상주시	제일 대일 경일 현대	허창길 배주현 정재영 박중진	다안 하나 중앙 경일	한기환 이병기 강돈혁 김일남	제일 경일 경일 현대 대일	허창길 배주현 정재영 박중진 김태훈	삼일 미래새한 하나 경일 대한	정도현 홍정한 이병기 김일남 김도겸	제일 경일 경일 현대 대일	허창길 배주현 정재영 박중진 김태훈	삼일 미래새한 하나 경일 대한	정도현 홍정한 이병기 김일남 김도겸
	문경시	가람 가온 하나	조경묵 김규태 추성연	경일 가람 태백	원주희 김성진 김동현	미래새한 가온 하나	최영길 김규태 추성연	경일 사무소 태백	원주희 채홍현 김동현	미래새한 하나 해민	최영길 추성연 금각보	제일 금호 태백	권영상 채홍현 김동현
	경산시	태평양 가온 삼창	배승민 채태영 박준현	대상 명문 미래새한	김동진 표은송 서상욱	태평양 대일 삼창	배승민 류정완 박준현	대상 명문 미래새한	김동진 표은송 서상욱	태평양 대일 삼창	배승민 류정완 박준현	대상 해민 미래새한	김동진 표정현 서상욱
	의성군	제일 삼창 나라 통일	박종태 강호민 박원득 조인식	대한 현산 가람 하나	류휘훈 이남련 권병수 신민경	제일 삼창 나라 사무소	박종태 강호민 박원득 이석원	대한 현산 가람 하나	류휘훈 이남련 권병수 신민경	공감 가온 나라 국토	고대진 박병철 박원득 이석원	효산 현산 가람 태인	김유진 이남련 권병수 조주현
	청송군	태평양 가온	김대형 이한영	대화 대화	황수남 홍상혁	써브 가온	홍상혁 이한영	대화 통일	황수남 이해성	써브 명문	홍상혁 김재숙	제일 통일	장동호 이해성
	영양군	제일 써브	김수한 조진용	리얼티뱅크 나라	박치영 장문창	제일 써브	김수한 조진용	리얼티뱅크 나라	박치영 장문창	제일 써브	김수한 조진용	대한 리얼티뱅크	유주현 박치영
	영덕군	삼창 가온 태평양	이석진 이동재 최형규	대일 중앙 정일	장대연 정석환 박규창	가람 삼일 태평양	이수민 지원배 최형규	대일 대화 중앙	장대연 박규창 장권수	가람 삼일 태평양	이수민 지원배 최형규	대일 대화 중앙	장대연 박규창 장권수

X 공시지가 조사·평가 담당자 현황

시.도	시.군.구	2024년 A조 법인	2024년 A조 평가사	2024년 B조 법인	2024년 B조 평가사	2025년 A조 법인	2025년 A조 평가사	2025년 B조 법인	2025년 B조 평가사	2026년 A조 법인	2026년 A조 평가사	2026년 B조 법인	2026년 B조 평가사
	청도군	삼일 대한 중앙	이승현 강홍락 기재우	제일 태평양 리얼티뱅크	정강희 정주암 유병민	삼일 동인 중앙	이승현 강동필 기재우	제일 태평양 대일	정강희 정주암 조연흠	삼일 동인 중앙	이승현 강동필 기재우	가람 태평양 대일	최성범 정주암 조연흠
	고령군	미래새한 태평양	우성하 권찬규	삼창 경일	신형철 김석배	미래새한 대일	우성하 권찬규	삼창 경일	신형철 김석배	사무소 대일	이창한 권찬규	삼창 사무소	신형철 최원호
	성주군	대한 태평양 중앙	차수길 이국준 조종학	동인 하나 명문	최근택 여규환 이재욱	대한 태평양 중앙	차수길 이국준 조종학	미래새한 나라 명문	김숙영 박해균 이재욱	가온 태평양 중앙	이동재 이국준 조종학	미래새한 나라 명문	김숙영 박해균 이재욱
	칠곡군	가람 중앙	정용우 윤정숙	사무소 하나	전경식 이상석	가람 대한	정용우 박정태	사무소 하나	전경식 이상석	가람 대한	정용우 박정태	사무소 통일	전경식 김외석
	예천군	대일 리얼티뱅크 경일	이동원 이준호 김태호	중앙 하나 삼창	박종찬 임수현 서귀성	대일 대화 경일	이동원 이완석 김태호	중앙 하나 삼창	박종찬 임수현 서귀성	대일 대화 경일	이동원 이완석 김태호	하이테크 하나 삼창	이경민 임수현 서귀성
	봉화군	중앙 통일	고재휘 박태종	세종 삼일	곽재혁 권상덕	삼창 통일	최병준 박태종	세종 가람	곽재혁 강무성	삼창 통일	최병준 박태종	세종 가람	곽재혁 강무성
	울진군	대화 나라 중앙	윤다빈 김정원 최영태	태평양 삼일 리얼티뱅크	윤만규 최기성 서상필	가온 나라 중앙	권승주 박성하 최영태	태평양 삼일 리얼티뱅크	윤만규 최기성 서상필	가온 나라 중앙	권승주 박성하 최영태	사무소 삼일 리얼티뱅크	최상황 최기성 서상필
	울릉군	가람	이웅	삼일	윤인규	가람	이웅	삼일	윤인규	가람	이웅	삼일	윤인규
경남	창원의창구	태평양 하나	윤종웅 장정익	경일 미래새한	이근성 정동혁	태평양 하나	윤종웅 장정익	미래새한 감동	정동혁 강승태	태평양 대화	윤종웅 이창수	미래새한 감동	정동혁 강승태
	창원성산구	태평양	신승훈	써브	이치윤	태평양	신승훈	써브	이치윤	태평양	신승훈	써브	이치윤
	창원마산합포구	미래새한 감동 가람	이승록 장주연 엄혁	가람 사무소 대한	석금자 류한민 윤정석	가온 감동 하나	김주성 장주연 김진리	경일 사무소 대한	이근성 류한민 윤정석	가온 감동 하나	김주성 장주연 김진리	경일 사무소 대한	이근성 류한민 윤정석
	창원마산회원구	나라 태평양	문준석 정수원	미래새한 신원	김현대 김경훈	나라 태평양	문준석 정수원	대한 신원	김정훈 김경훈	미래새한 나라	최장우 문준석	대한 신원	김정훈 김경훈
	창원진해구	사무소 제일	백경희 김근수	통일 중앙	서선미 추준호	사무소 삼창	백경희 박명인	통일 중앙	서선미 김상진	사무소 미래새한	백경희 김해준	통일 중앙	서선미 김상진
	진주시	대화 중앙 하나 나라 가람	손익경 권형근 이현재 신재영 박종현	대일 제일 대화 대한 미래새한	장윤민 구영돈 김동하 황인범 유동문	대화 중앙 하나 대화 가람	손익경 권형근 이현재 정은선 박종현	삼일 제일 대한 대일 미래새한	허광철 구영돈 황인범 장윤민 유동문	대화 제일 감동 대한 가람	손익경 구영돈 오인택 황인범 박종현	삼일 사무소 하나 중앙 하이테크	허광철 한봉수 이현재 박건우 강새롬
	통영시	동인 대한 나무	김태환 김정훈 김재철	가람 통일 나라	임건우 김찬용 이준혁	동인 미래새한 사무소	김태환 차준수 김영우	가람 통일 나라	임건우 김찬용 이준혁	동인 미래새한 사무소	김태환 차준수 김영우	가람 통일 대화	임건우 김찬용 백흥식

시.도	시.군.구	2024년 A조 법인	2024년 A조 평가사	2024년 B조 법인	2024년 B조 평가사	2025년 A조 법인	2025년 A조 평가사	2025년 B조 법인	2025년 B조 평가사	2026년 A조 법인	2026년 A조 평가사	2026년 B조 법인	2026년 B조 평가사
경남	사천시	에이원 중앙 가온 사무소	이정화 김준태 곽도관 최현규	삼일 경일 써브 나라	문종열 강민규 조태희 박민호	에이원 중앙 건일 미래새한	이정화 김준태 이승희 이승록	삼일 경일 써브 가온	문종열 강민규 조태희 오승훈	하나 중앙 가람 미래새한	나성경 김준태 김선진 이승록	삼일 경일 써브 가온	문종열 강민규 조태희 오승훈
	김해시	공감 사무소 삼일 삼창 미래새한	한석종 장은진 송상길 이수정 조재균	대화 중앙 나라 대한 신한	차현석 정후영 최종호 장은수 도지연	경일 사무소 태평양 삼창 미래새한	임다혜 장은진 김진교 이수정 조재균	대일 중앙 나라 대한 태평양	조청제 정후영 최종호 장은수 김대원	경일 사무소 태평양 삼창 대한	임다혜 장은진 김진교 이수정 장은수	가람 중앙 대화 리얼티뱅크 태평양	정영호 정후영 황은영 김재일 김대원
	밀양시	삼창 대일 제일 중앙 삼일	김철익 김기환 김창년 유찬영 양설영	대한 에이원 효산 통일 대일	정지혜 백일홍 김원혁 하용민 김장욱	삼창 대일 제일 삼창 삼일	김철익 김기환 김창년 안창환 양설영	대한 에이원 효산 통일 대일	정지혜 백일홍 김원혁 하용민 김장욱	삼창 대일 미래새한 삼창 하나	김철익 김기환 송석만 안창환 김형종	대한 에이원 효산 통일 대일	정지혜 백일홍 김원혁 하용민 김장욱
	거제시	가온 삼일 경일 대일	전문수 천병기 진영훈 임수원	대영 제일 가람 경일	김양희 원종혁 정영호 강성호	가온 삼일 경일 대일	전문수 천병기 진영훈 임수원	제일 제일 가람 경일	송정현 원종혁 정영호 강성호	가온 삼일 경일 대일	전문수 천병기 진영훈 임수원	제일 제일 대한 경일	송정현 원종혁 박상배 강성호
	양산시	가온 태평양 중앙	조규봉 이종찬 강석주	명문 리얼티뱅크 가람	장석규 김규승 정지욱	가온 태평양 중앙	조규봉 이종찬 강석주	명문 리얼티뱅크 가람	장석규 김규승 정지욱	가온 태평양 중앙	조규봉 이종찬 강석주	명문 가온 나라	장석규 김훈민 유승민
	의령군	가람 대일 중앙	조근아 허태리 한정훈	통일 태평양 명문	김성재 최명석 정창식	사무소 대일 중앙	장기영 허태리 한정훈	통일 태평양 명문	김성재 최명석 정창식	사무소 대일 중앙	장기영 허태리 한정훈	통일 태평양 삼창	김성재 최명석 조복만
	함안군	삼창 대한 삼창	윤성준 김보경 황도웅	대일 프라임 가온	조청제 박형국 심가영	삼창 대한 삼창	윤성준 김보경 황도웅	하나 프라임 사무소	박윤정 박형국 이영기	삼창 대한 삼일	윤성준 김보경 김정일	태백 프라임 사무소	김화주 박형국 이영기
	창녕군	미래새한 정일 미래새한	최영길 김성균 안진우	경일 중앙 중앙	배범수 황재범 김상진	중앙 정일 미래새한	추준호 김성균 안진우	경일 중앙 사무소	배범수 황재범 김용식	중앙 정일 미래새한	추준호 김성균 안진우	경일 중앙 사무소	배범수 황재범 김용식
	고성군	가람 중앙 하나 가온	정다연 강동석 변지환 김재욱	태백 대한 대화 세종	김상훈 조영수 정승우 김병철	가람 중앙 하나 가온	정다연 강동석 변지환 김재욱	태백 대한 대화 세종	김상훈 조영수 정승우 김병철	나라 중앙 하나 가온	정다연 강동석 변지환 김재욱	태백 대한 사무소 세종	김상훈 조영수 김성숙 김병철
	남해군	하나 삼창	구준수 유정준	미래새한 정일	이윤우 한상규	하나 삼일	구준수 강경석	미래새한 정일	이윤우 한상규	하나 삼일	구준수 강경석	정원 정일	윤득신 한상규

X 공시지가 조사·평가 담당자 현황

시.도	시.군.구	2024년 A조 법인	2024년 A조 평가사	2024년 B조 법인	2024년 B조 평가사	2025년 A조 법인	2025년 A조 평가사	2025년 B조 법인	2025년 B조 평가사	2026년 A조 법인	2026년 A조 평가사	2026년 B조 법인	2026년 B조 평가사
		사무소	목승혜	제일	박정우	사무소 중앙	목승혜 고석정	세움 제일	이정환 박정우	프라임 중앙	이재웅 고석정	세움 제일	이정환 박정우
	하동군	대상 대화 경일 미래새한	류미숙 이주윤 오완석 신춘일	태평양 하나 제일 태백	안영찬 송진규 권귀현 최현석	대상 대화 경일 나라	류미숙 이주윤 오완석 신재영	중앙 하나 제일 사무소	전용우 송진규 권귀현 박재우	대상 대화 경일 나라	류미숙 이주윤 오완석 신재영	중앙 하나 제일 사무소	전용우 송진규 권귀현 박재우
	산청군	하나 태평양	이원석 강준구	대한 나라	이대성 이병문	하나 태평양 가람	이원석 강준구 김현웅	대한 나라 제일	이대성 이병문 김성일	명문 태평양 가람	남기춘 강준구 김현웅	대한 사무소 제일	이대성 최현규 김성일
	함양군	하나 대한 가람	김형종 백상훈 문이룡	대일 삼창 호암	김지창 오무궁 이현진	호암 대한 가람	김종락 백상훈 문이룡	대일 삼창 태평양	김지창 오무궁 김정진	호암 비결 가람	김종락 박희서 문이룡	대일 삼창 중앙	김지창 오무궁 노주연
	거창군	삼창 나라 가온	조복만 김선중 김민석	하나 대화 태평양	정준규 손태정 김영규	중앙 나라 가온 삼창	조동옥 김선중 김민석 정문영	하나 대화 태평양 가람	정준규 손태정 김영규 정희용	중앙 태백 에이원 미래새한	조동옥 이재송 노기수 정지용	사무소 대일 제일 가람	양현철 이상훈 정재호 정희용
	합천군	중앙 대한 이화 대화	박경종 김대환 윤영술 박중걸	프라임 삼창 가람 리얼티뱅크	진승희 임주혁 김현웅 김준영	중앙 하나 이화 감동	박경종 임우진 윤영술 최석규	태평양 삼창 제일 리얼티뱅크	김태우 임주혁 정유미 김준영	중앙 하나 이화 사무소	박경종 임우진 윤영술 차승진	태평양 삼창 제일 통일	김태우 임주혁 정유미 서찬교
제주	제주시	정일 가온 가람 삼창 미래새한 하나 대일 태백	강정희 김형근 박명호 한동규 김현진 김경훈 김동규 함기철	가람 중앙 대화 나라 가람 태평양 삼일 미래새한	차남수 고경현 박철완 김영헌 고병철 김경남 강용고 유창환	정일 가온 가람 삼창 나라 하나 미래새한 태백	강정희 김형근 박명호 한동규 원윤경 김경훈 김상한 함기철	가람 중앙 대화 나라 가람 태평양 삼일 미래새한	차남수 고경현 박철완 김영헌 고병철 김경남 강용고 유창환	정일 가온 태백 대일 나라 하나 미래새한 가온	강정희 김형근 이미화 문주일 원윤경 김경훈 김상한 강동언	제일 중앙 대화 나라 가람 태평양 삼일 미래새한	차남수 고경현 박철완 김영헌 고병철 김경남 강용고 유창환
	서귀포시	대화 대한 중앙 제일 삼창	최성우 고성표 고승우 고대진 홍성우	나라 제일 경일 하나 태평양	원윤경 홍수진 임병성 홍승범 김필호	대화 대한 중앙 제일 삼창	최성우 고성표 고승우 고대진 홍성우	나라 제일 경일 하나 미래새한	박성수 홍수진 임병성 홍승범 김필호	대화 대한 중앙 가람 삼창	최성우 고성표 고승우 김경하 홍성우	나라 제일 경일 하나 사무소	박성수 홍수진 김현덕 홍승범 김동현
강원	춘천시	대한 대화 사무소	신민화 차경은 오현식	경일 중앙 대한	경봉현 최지혜 이재훈	대한 삼창 가온 예일	신민화 심재국 홍윤기 한석종	대화 중앙 대한 하나	임채성 최지혜 이재훈 엄민국	대한 아시아 가온 예일	신민화 조민호 홍윤기 한석종	대화 중앙 대한 하나	임채성 최지혜 이재훈 엄민국

2026년 표준지공시지가 조사·평가 업무요령 -부록-

시.도	시.군.구	2024년 A조 법인	2024년 A조 평가사	2024년 B조 법인	2024년 B조 평가사	2025년 A조 법인	2025년 A조 평가사	2025년 B조 법인	2025년 B조 평가사	2026년 A조 법인	2026년 A조 평가사	2026년 B조 법인	2026년 B조 평가사
	원주시	경일	우병화	가람	이준희	경일	우병화	가람	이준희	경일	우병화	가람	이준희
		삼창	심재국	태백	안민혁	삼일	이학서	태백	안민혁	경일	이학서	태백	안민혁
		미래새한	유재학	대일	김남균	미래새한	유재학	대일	김남균	삼창	박종열	삼일	김종진
	강릉시	미래새한	남상원	정일	서승호	미래새한	남상원	정일	서승호	미래새한	남상원	정일	서승호
		태평양	이화삼	대한	김상철	태평양	이화삼	대한	김상철	경일	원주희	대한	김상철
		써브	황선구	제일	안재석	사무소	임근식	제일	위흥	사무소	임근식	제일	위흥
		나라	박정관	명문	이창수	나라	박정관	명문	이창수	나라	박정관	명문	이창수
	동해시	미래새한	곽승호	통일	이장우	미래새한	곽승호	통일	이장우	미래새한	곽승호	통일	이장우
	태백시	경일	신웅수	삼창	김명호	미래새한	노영래	제일	안재석	그린	정다집	제일	안재석
	속초시	가온	류창범	미래새한	배세진	가온	류창범	미래새한	배세진	가온	류창범	미래새한	배세진
	삼척시	경일	박노식	하나	김용휴	경일	박노식	하나	김용휴	효산	김화영	태평양	이화삼
		중앙	최상순	신진	최장준	중앙	최상순	신진	최장준	중앙	최상순	신진	최장준
	홍천군	대일	김종완	리얼티뱅크	황혜원	대일	김종완	리얼티뱅크	황혜원	대일	김종완	리얼티뱅크	황혜원
		하나	이관희	써브	송백천	가온	김영희	써브	송백천	대일	조우현	써브	송백천
		중앙	김운	감동	황인호	중앙	김운	감동	황인호	삼창	김도현	감동	황인호
	횡성군	미래새한	권병우	삼창	박종열	미래새한	권병우	삼창	박종열	제일	정상기	대교	이승범
		대일	성열훈	제일	박정화	대일	성열훈	라인	윤소희	대일	성열훈	세종	최지수
	영월군	가람	류영준	태평양	유경태	가람	류영준	태평양	유경태	티앤비	권기현	태평양	유경태
		제일	곽명훈	대화	정혁철	제일	곽명훈	대화	정혁철	제일	곽명훈	대화	정혁철
	평창군	삼창	임동권	대화	정집연	삼창	임동권	대화	정집연	삼창	임동권	대화	정집연
		대한	김우진	삼일	이현석	대한	김우진	삼일	이현석	대한	김우진	삼일	이현석
	정선군	가람	이강민	제일	정상기	가람	이강민	제일	정상기	가람	이강민	가온	이다원
		태평양	강원혁	가람	이성호	태평양	강원혁	가람	이성호	태평양	강원혁	나라	길광일
	철원군	경일	심영민	제일	정희진	경일	심영민	제일	정희진	경일	심영민	사무소	송재영
		우솔	이정식	대한	표충식	우솔	이정식	중앙	최원철	감동	김귀수	중앙	최원철
		나라	박민기	삼창	백종철	나라	박민기	삼창	백종철	나라	박민기	삼창	백종철
	화천군	가온	지성근	통일	최우진	미래새한	황한음	통일	최우진	미래새한	황한음	통일	최우진
	양구군	삼일	이학서	유앤아이	최희영	하나	이관희	유앤아이	최희영	하나	이관희	유앤아이	최희영
	인제군	프라임	하세영	대한	장지영	프라임	하세영	대한	장지영	프라임	하세영	대한	장지영
		하나	윤세봉	티앤비	강정구	하나	윤세봉	티앤비	강정구	하나	윤세봉	가람	김세호
	고성군	가온	김태리	가람	이우교	가온	김태리	가람	이우교	써브	이성준	가온	임세환
		씨비알이 현	이승민	가온	김현중	씨비알이 현	이승민	가온	김현중	씨비알이 현	이승민	나라	고병남
	양양군	에이원	배준혁	하나	장기홍	에이원	배준혁	하나	장기홍	에이원	배준혁	하나	장기홍
		대화	김원기	나라	고병남	경일	김정기	제일	서수인	경일	김정기	삼창	김민수

X 공시지가 조사·평가 담당자 현황

시.도	시.군.구	2024년 A조 법인	2024년 A조 평가사	2024년 B조 법인	2024년 B조 평가사	2025년 A조 법인	2025년 A조 평가사	2025년 B조 법인	2025년 B조 평가사	2026년 A조 법인	2026년 A조 평가사	2026년 B조 법인	2026년 B조 평가사
전북	전주완산구	대한	이옥선	명문	김상훈	대일	이경택	명문	김상훈	대일	이경택	명문	김상훈
		퍼스트	하늘별	가온	김동현	퍼스트	하늘별	가람	구홍	퍼스트	하늘별	대일	박찬희
	전주덕진구	사무소	김성식	대화	윤정주	사무소	김성식	대화	윤정주	사무소	김성식	대화	윤정주
		태평양	이산하	가람	강희성	태평양	이산하	대한	양은지	태평양	이산하	대한	양은지
	군산시	제일	하동수	삼성	차혜원	제일	하동수	삼성	차혜원	태평양	박영선	삼성	차혜원
		태백	홍진희	나라	이남윤	태백	홍진희	나라	이남윤	태백	홍진희	나라	이남윤
		가온	유보람	가람	이우철	가온	유보람	대화	김재수	아시아	김요섭	대화	김재수
		통일	김현태	공감	김병주	통일	김현태	공감	김병주	통일	김현태	공감	김병주
	익산시	나라	김진문	대화	문성열	사무소	서원택	중앙	국정훈	사무소	서원택	중앙	국정훈
		리얼티뱅크	오해진	대한	김용덕	리얼티뱅크	오해진	경일	권석종	리얼티뱅크	오해진	경일	권석종
		태평양	이복철	대일	최영광	태평양	이복철	대일	최영광	하나	김창배	감동	고재훈
		경일	임익준	가람	유연일	경일	임익준	가람	유연일	제일	윤여일	삼창	이현철
								감동	권혁준	제일	고재훈	감동	권혁준	나라	김정국
	정읍시	나라	조성근	대일	이경택	나라	조성근	우솔	이우철	나라	조성근	사무소	김병락
		리얼티뱅크	박길남	경일	유영호	삼성	박길남	나라	김진문	삼성	박길남	나라	김진문
		미래새한	홍성우	제일	도승하	미래새한	홍성우	제일	도승하	미래새한	홍성우	다안	유재현
		미래새한	정희정	가온	이승희	미래새한	정희정	가온	이승희	중앙	오수인	가온	이승희
	남원시	나라	진동민	삼창	박진경	나라	진동민	삼창	박진경	가람	강희성	삼창	박진경
		경일	이동진	중앙	장원	경일	이동진	삼일	최진규	경일	이동진	삼일	최진규
		대한	김동일	태백	이혁제	대한	김동일	태백	이혁제	대한	김동일	사무소	윤성호
		프라임	정승열	삼창	김한규	프라임	정승열	삼창	김한규	프라임	정승열	삼창	김한규
	김제시	가온	손인태	미래새한	김효원	대한	김용덕	미래새한	김효원	대한	김용덕	미래새한	김효원
		하나	이원철	태평양	오태열	하나	이원철	태평양	오태열	하나	이원철	태평양	오태열
		대일	임창희	미래새한	박진수	대일	임창희	미래새한	박진수	대일	임창희	미래새한	박진수
	완주군	사무소	고지창	제일	박지훈	사무소	고지창	제일	박지훈	사무소	고지창	제일	박지훈
		써브	정대환	경일	유시혁	써브	정대환	경일	유시혁	써브	정대환	가람	김명수
		대화	변상범	더밸류	박둘순	대화	변상범	더밸류	박둘순	하나	장원	더밸류	박둘순

2026년 표준지공시지가 조사·평가 업무요령 -부록-

시.도	시.군.구	2024년 A조		2024년 B조		2025년 A조		2025년 B조		2026년 A조		2026년 B조	
		법인	평가사	법인	평가사	법인	평가사	법인	평가사	법인	평가사	법인	평가사
전북	진안군	경일	이의철	프라임	김기승	경일	이의철	프라임	김기승	경일	이의철	프라임	김기승
		정일	이상도	삼창	박민옥	정일	이상도	삼창	박민옥	제일	하동수	삼창	박민옥
		태평양	양현철	써브	정윤	태평양	양현철	써브	정윤	태평양	양현철	써브	정윤
	무주군	대한	이승호	하나	김창배	가람	김길중	하나	김창배	프라임	조성용	하나	김장호
		태평양	장도현	대일	김경모	세아	김인욱	대일	김경모	세아	김인욱	대일	김경모
	장수군	써브	양해영	가온	홍진혁	사무소	이영호	가온	최순걸	사무소	이영호	가온	강동우
		대일	정찬구	태평양	이민경	대일	정찬구	태평양	이민경	대일	정찬구	태평양	이민경
	임실군	경일	주병길	가온	윤대중	경일	주병길	가온	윤대중	경일	주병길	가온	윤대중
		대일	하재철	대화	김재수	대일	하재철	하나	김형주	대일	하재철	하나	김형주
	순창군	대일	양우진	가람	김양욱	대일	양우진	가온	장대진	대일	양우진	가람	이경수
		대일	김영화	나라	엄문진	대일	김영화	나라	엄문진	사무소	김상훈	나라	엄문진
	고창군	삼창	이현철	프라임	황성원	삼창	이현철	프라임	황성원	리얼뱅크	이우철	프라임	황성원
		하나	김상우	가온	육성민	하나	김상우	가온	육성민	대화	변상범	가온	육성민
		중앙	국정훈	통일	정치원	미래새한	김동준	통일	정치원	미래새한	김동준	삼창	장혜경
	부안군	사무소	홍준표	중앙	김정환	사무소	홍준표	중앙	김정환	사무소	홍준표	중앙	김정환
		삼창	조종천	중앙	김승욱	삼창	조종천	중앙	김승욱	삼창	조종천	가람	김영돈
		대화	김경호	삼일	박승율	대화	김경호	삼일	박승율	대화	김경호	중앙	구기풍

특수토지 표준지 조사 · 평가 담당자 현황 (2025, 2026)

권역	팀	시·군·구			A조	B조	권역	팀	시·군·구			A조	B조
서울특별시 인천광역시 경기도	1	인천광역시	김포시	의왕시	이청용 경일	김정주 하나	서울특별시 인천광역시 경기도	1	인천광역시	김포시	의왕시	김나윤 경일	김정주 하나
		부천시	안산단원구	화성시					부천시	안산단원구	화성시		
		시흥시	안산상록구	평택시					시흥시	안산상록구	평택시		
		고양덕양구	군포시	고양일산동구					고양덕양구	군포시	고양일산동구		
	2	서울특별시	양주시	파주시	김호민 태평양	서동환 나라		2	서울특별시	양주시	파주시	김호민 태평양	서동환 나라
		연천군	포천시	동두천시					연천군	포천시	동두천시		
		가평군	양평군	의정부시					가평군	양평군	의정부시		
	3	용인기흥구	수원영통구	여주시	손상혁 중앙	김미영 가온		3	용인기흥구	수원영통구	여주시	백형도 중앙	김미영 가온
		용인수지구	수원권선구	오산시					용인수지구	수원권선구	오산시		
		용인처인구							용인처인구				
	4	안성시	성남수정구	성남분당구	권덕희 미래새한	권오억 대화		4	안성시	성남수정구	성남분당구	유철훈 미래새한	권오억 대화
		구리시	남양주시	과천시					구리시	남양주시	과천시		
		하남시	이천시	광주시					하남시	이천시	광주시		
부산광역시 울산광역시 경상남도	5	부산광역시	밀양시	창원진해구	김기태 제일	박창호 대화	부산광역시 울산광역시 경상남도	5	부산광역시	밀양시	창원진해구	최수원 가온	구인근 나라
		울산광역시	사천시	창원마산합포구					울산광역시	사천시	창원마산합포구		
		김해시	양산시	창원의창구					김해시	양산시	창원의창구		
		거제시	의령군	창원마산회원구					거제시	의령군	창원마산회원구		
		거창군	진주시	합천군					거창군	진주시	합천군		
		고성군	창녕군	하동군					고성군	창녕군	하동군		
		남해군	통영시	산청군					남해군	통영시	산청군		
		함양군	함안군						함양군	함안군			

2026년 표준지공시지가 조사·평가 업무요령 -부록-

권역	팀	2025 시·군·구			A조	B조	권역	팀	2026 시·군·구			A조	B조
대구광역시 경상북도	6	대구광역시	안동시	성주군	박병호 대일	김경곤 대한	대구광역시 경상북도	6	대구광역시	안동시	성주군	박병호 대일	노진형 제일
		경주시	영덕군	포항남구					경주시	영덕군	포항남구		
		고령군	영천시	울진군					고령군	영천시	울진군		
		구미시	예천군	봉화군					구미시	예천군	봉화군		
		군위군	의성군	청송군					군위군	의성군	청송군		
		김천시	청도군	울릉군					김천시	청도군	울릉군		
		문경시	칠곡군	영양군					문경시	칠곡군	영양군		
		상주시	포항북구	영주시					상주시	포항북구	영주시		
		경산시							경산시				
광주광역시 전라남도	7	강진군	완도군	영암군	이동영 삼창	김수인 태평양	광주광역시 전라남도	7	강진군	완도군	영암군	이동영 삼창	김수인 태평양
		나주시	진도군	순천시					나주시	진도군	순천시		
		목포시	함평군	장흥군					목포시	함평군	장흥군		
		무안군	해남군	고흥군					무안군	해남군	고흥군		
		영광군							영광군				
	8	광주광역시	담양군	여수시	송운섭 가람	주정운 가온		8	광주광역시	담양군	여수시	송운섭 가람	조원빈 대화
		곡성군	보성군	화순군					곡성군	보성군	화순군		
		광양시	장성군	신안군					광양시	장성군	신안군		
		구례군							구례군				
대전 세종 충남	9	충청남도	대전광역시	세종특별자치시	최종성 대일	윤영범 통일	대전 세종 충남	9	충청남도	대전광역시	세종특별자치시	최종성 대일	윤영범 통일
강원도	10	고성군	동해시	태백시	정신근 삼일	진현철 가람	강원도	10	고성군	동해시	태백시	정신근 삼일	진현철 가람
		속초시	삼척시	인제군					속초시	삼척시	인제군		
		강릉시	정선군	양양군					강릉시	정선군	양양군		
		양구군							양구군				
	11	영월군	화천군	원주시	김상구 제일	안성일 중앙		11	영월군	화천군	원주시	김상구 제일	안성일 중앙
		철원군	평창군	횡성군					철원군	평창군	횡성군		
		춘천시	홍천군						춘천시	홍천군			
충청북도	12	충청북도			이성진 미래새한	류재봉 경일	충청북도	12	충청북도			이성진 미래새한	임효곤 대한
전라북도	13	전라북도			김정국 나라	장충용 대한	전라북도	13	전라북도			유영호 경일	장충용 대한
제주특별자치도	14	제주시	서귀포시		이기수 삼창	권해철 하나	제주특별자치도	14	제주시	서귀포시		김영조 삼창	진영택 하나

2026년 표준지공시지가 조사·평가 업무요령

초판 인쇄 2025년 12월 02일
초판 발행 2025년 12월 06일

저 자 국토교통부, 한국부동산원
발행인 김갑용

발행처 진한엠앤비
주소 서울시 서대문구 독립문로 14길 66 205호(냉천동 260)
전화 02) 364 - 8491(대) / 팩스 02) 319 - 3537
홈페이지주소 http://www.jinhanbook.co.kr
등록번호 제25100-2016-000019호 (등록일자 : 1993년 05월 25일)
ⓒ2023 jinhan M&B INC, Printed in Korea

ISBN 979-11-290-6221-5　(93320)　　[정가 58,000원]

☞ 이 책에 담긴 내용의 무단 전재 및 복제 행위를 금합니다.
☞ 잘못 만들어진 책자는 구입처에서 교환해 드립니다.
☞ 본 도서는 [공공데이터 제공 및 이용 활성화에 관한 법률]을 근거로 출판되었습니다.